i+ Interactif de Cheneli[illegible]
le nouveau standard de l'enseignement

- **Créer** des préparations de cours et des présentations animées.
- **Partager** des annotations, des documents et des hyperliens avec vos collègues et vos étudiants.
- **Captiver** votre auditoire en utilisant les différents outils performants.

Profitez dès maintenant des contenus spécialement conçus pour ce titre.

i+ Interactif

Créer | Partager | Captiver

CHENELIÈRE ÉDUCATION

3483-M ISBN 978-2-7651-0710-1

CODE D'ACCÈS ÉTUDIANT PDE8-6882-1629173-6616

VOUS ÊTES ENSEIGNANT ?
Communiquez avec votre représentant pour recevoir votre code d'accès permettant de consulter les ressources pédagogiques en ligne exclusives à l'enseignant.

http://mabibliotheque.cheneliere.ca

Psychologie du développement de l'enfant

8e édition

Diane E. Papalia
Ruth D. Feldman

Adaptation française dirigée par Annick Bève

Nicole Laquerre
François Gileau
Geneviève Scavone

Conception et rédaction des outils pédagogiques en ligne

Julie Benoit
Collège La Cité
Éliane Lafontaine
Cégep régional de Lanaudière à Joliette
Jacinthe Leduc
Cégep Saint-Jean-sur-Richelieu
Geneviève Scavone
Cégep régional de Lanaudière à Joliette

McGraw Hill Education
CHENELIÈRE ÉDUCATION

Psychologie du développement de l'enfant
8e édition

Traduction et adaptation de: *Experience Human Development, twelfth Edition* de Diane Papalia et Ruth Duskin Feldman
© 2012 Mc-Graw-Hill (ISBN 978-0-07-803514-2)

Conception éditoriale: Sylvain Giroux
Édition: Maxime Forcier
Coordination: Julie Garneau
Révision linguistique: Mireille L.-Rousseau
Correction d'épreuves: Annie Cloutier
Conception graphique: Martin Roux
Conception de la couverture: Martin Roux
Impression: TC Imprimeries Transcontinental

Catalogage avant publication
de Bibliothèque et Archives nationales du Québec
et Bibliothèque et Archives Canada

Papalia, Diane E.

[Human development. Français]

Psychologie du développement de l'enfant

8e édition.

Traduction de la 12e édition de: Experience human development.
Comprend des références bibliographiques et un index.

ISBN 978-2-7651-0710-1

1. Enfants – Développement. 2. Enfants – Psychologie. 3. Psychologie du développement. I. Feldman, Ruth Duskin. II. Bève, Annick, 1942- . III. Titre. IV. Titre: Human development. Français.

BF713.P35214 2014 155 C2014-940468-

CHENELIÈRE ÉDUCATION

5800, rue Saint-Denis, bureau 900
Montréal (Québec) H2S 3L5 Canada
Téléphone : 514 273-1066
Télécopieur : 514 276-0324 ou 1 800 814-0324
info@cheneliere.ca

ISBN 978-2-7651-0710-1

Dépôt légal: 2e trimestre 2014
Bibliothèque et Archives nationales du Québec
Bibliothèque et Archives Canada

Imprimé au Canada

1 2 3 4 5 ITIB 18 17 16 15 14

Nous reconnaissons l'aide financière du gouvernement du Canada par l'entremise du Fonds du livre du Canada (FLC) pour nos activités d'édition.

Gouvernement du Québec – Programme de crédit d'impôt pour l'édition de livres – Gestion SODEC.

AVANT-PROPOS

Nous avons le grand plaisir de vous présenter la huitième édition du Papalia et Feldman. L'édition précédente a connu un franc succès au sein du réseau collégial, mais il y a toujours place à l'amélioration. Aussi avons-nous tenu compte des précieux commentaires fournis par plusieurs professeurs qui ont utilisé notre manuel.

Dans cette nouvelle édition, la rigueur scientifique est demeurée notre priorité et la structure du contenu a été conservée. Les données statistiques ont été mises à jour et nous avons présenté les résultats de recherches récentes. Nous avons maintenu les mêmes exigences en ce qui concerne la qualité de la langue utilisée, soit la clarté, la précision et l'accessibilité. Les références au contexte québécois et canadien constituant une des forces de notre ouvrage, nous les avons privilégiées. Nous avons aussi accordé une plus grande place aux facteurs sociaux et culturels afin d'offrir une vision plus large de la diversité des influences qui façonnent l'individu. Nous avons également tenu compte davantage de la clientèle du secteur technique, à la fois dans les mises en situation et les exemples choisis, mais aussi en mettant l'accent sur ce qui favorise un développement sain. Enfin, nous avons amélioré la stratégie pédagogique en favorisant beaucoup plus l'intégration et le transfert des apprentissages. Pour ce faire, nous avons mieux relié les exemples concrets à la théorie et aux principes de développement. Nous savons quel défi représente le cours de psychologie du développement de l'enfant : couvrir une matière riche, abondante et parfois complexe en trop peu de temps. Pour rendre compte de cette complexité, nous avons mis en évidence la continuité, mais aussi les interactions multiples qui existent entre les différentes dimensions et étapes du développement de l'enfant, de la période prénatale jusqu'à l'âge de 12 ans. Nous avons par ailleurs gardé le souci constant de rendre la matière encore plus accessible aux étudiants.

Nous avons maintenu les quatre types d'encadrés présents dans l'édition précédente, mais plusieurs d'entre eux ont été remplacés par des encadrés portant sur des thèmes plus actuels, tandis que les autres étaient mis à jour. Deux nouveaux encadrés « Parole d'expert » ont été ajoutés, l'un portant sur l'attachement et l'autre sur l'incidence des technologies de l'information et des communications de plus en plus présentes dans les écoles du Québec. Par ailleurs, les autres encadrés Paroles d'expert ont été mis à jour avec la collaboration des chercheurs concernés.

Dans la rubrique « Faites le point », nous avons renforcé l'aspect pédagogique du manuel par l'ajout de questions portant sur des cas concrets qui favorisent l'intégration et l'application des connaissances. Dans le même esprit, nous avons placé les questions référant à chaque mise en situation à des endroits stratégiques dans chacun des chapitres et les avons identifiées par un symbole facilement repérable. Enfin, la présentation des résumés a été améliorée. Nous sommes donc convaincus d'avoir apporté des améliorations importantes à cette nouvelle édition, qui demeure un outil pédagogique indispensable pour les enseignants comme pour les étudiants. Ils y trouveront tout le support nécessaire à leur apprentissage.

Annick Bève

REMERCIEMENTS

REMERCIEMENTS DE L'ÉDITION ORIGINALE ANGLAISE

Nous souhaitons exprimer notre reconnaissance aux nombreux amis et collègues qui, par leur travail et leur intérêt pour notre projet, nous ont aidées à clarifier nos idées sur le développement de l'enfant. Nous remercions tout particulièrement Gabriela A. Martorell, du Virginial Wesleyan College, qui a collaboré étroitement avec nous tout au long du processus de révision.

Nous apprécions le soutien indéfectible de notre éditeur. Nous remercions tout spécialement Krista Bettino, qui a guidé les premières étapes de cette nouvelle édition; Alison McNamara, éditrice parraineuse; Dawn Groundwater, directeur du développement; Joanne Butler, éditrice pigiste, dont la supervision assidue a profité à notre projet d'innombrables façons; Carol Mulligan, qui a préparé la bibliographie avec le plus grand soin; Holly Paulsen, responsable de la production; et Cassandra Chu, directrice artistique.

Comme toujours, nous apprécions les commentaires de nos lecteurs, grâce auxquels nous continuons d'améliorer *Experience Human Development*.

Diane E. Papalia

Ruth Duskin Feldman

REMERCIEMENTS DE L'ADAPTATION FRANÇAISE

Cette huitième édition n'aurait pu voir le jour sans la collaboration de plusieurs personnes, auxquelles nous tenons à exprimer toute notre reconnaissance.

En premier lieu, nous souhaitons exprimer notre gratitude envers les professeurs du réseau collégial, dont les critiques pertinentes et constructives nous ont été d'une aide précieuse et nous ont permis d'améliorer la qualité de ce manuel: Mélanie Beaubien (Cégep de Trois-Rivières), Isabelle Bernard (Cégep de Lévis-Lauzon), Serge Marcotte (Cégep André-Laurendeau), Carmen Martinez (Collège de Rosemont), Marceline St-Pierre-Allaire (Collège de Rosemont) et Nathalie Talon (Cégep Marie-Victorin).

Nous tenons également à souligner la généreuse contribution des chercheurs québécois qui ont accepté de nous accorder des entrevues et de collaborer aux rubriques «Paroles d'expert», soit, par ordre d'apparition dans l'ouvrage: Réjean Tessier (professeur et chercheur à l'école de psychologie de l'Université Laval), Natacha Trudeau (professeure et chercheuse à l'école d'orthophonie et d'audiologie de l'Université de Montréal), Richard Cloutier (professeur retraité de l'école de psychologie de l'Université Laval), George M.Tarabulsy (professeur et chercheur à l'école de psychologie de l'Université Laval), Richard E. Tremblay (professeur émérite au département de psychologie de l'Université de Montréal et chercheur au centre de recherche de l'hôpital Sainte-Justine) et Thierry Karsenti (titulaire de la chaire de recherche du Canada sur les technologies en éducation et professeur titulaire à l'Université de Montréal).

Enfin, nous tenons à exprimer notre profonde reconnaissance à toute l'équipe de Chenelière Éducation pour son soutien, son entière collaboration et son professionnalisme. Plus particulièrement, nous tenons à remercier Sylvain Giroux (éditeur-concepteur), Maxime Forcier (éditeur) et Julie Garneau (chargée de projet), ainsi que Mireille Léger-Rousseau (réviseure linguistique) et Annie Cloutier (correctrice d'épreuves).

AUTEURES ET ADAPTATEURS

LES AUTEURES

DIANE PAPALIA

Docteure en psychologie, Diane E. Papalia a enseigné à des milliers d'étudiants du premier cycle de l'Université du Wisconsin à Madison et publié de nombreux articles dans des revues professionnelles, dont la plupart portaient sur son sujet de recherche principal, soit le développement cognitif de l'enfance à la vieillesse.

RUTH FELDMAN

Ruth Duskin Feldman est une écrivaine et une éducatrice récipiendaire de nombreux prix. Ex-enseignante, elle a développé du matériel pédagogique adapté à tous les niveaux, de l'école élémentaire jusqu'au collège, et préparé les annexes des livres de D. Papalia et S. Olds. Elle a écrit ou coécrit quatre ouvrages grand public. Conférencière reconnue, elle a publié des articles dans une multitude de journaux et de revues et donné de nombreuses entrevues dans les médias nationaux et locaux américains sur l'éducation et sur les enfants surdoués.

LES ADAPTATEURS

ANNICK BÈVE

Annick Bève est titulaire de certificats de licence de psychologie de l'Université de Lille, en France. Elle détient également un baccalauréat en sciences de l'éducation de l'Université de Montréal. Arrivée au Québec en 1967, elle a commencé la même année à enseigner la psychologie au collège Saint-Ignace et au collège Saint-Viateur, puis au Cegep Ahuntsic, où elle a poursuivi sa carrière jusqu'à sa retraite, en 2002. Durant toutes ces années, elle a donné la plupart des cours de psychologie inscrits au programme, mais plus particulièrement le cours *Psychologie du développement humain*. Elle a collaboré à l'évaluation et à la révision de nombreux manuels de psychologie publiés au Québec et a dirigé deux adaptations en langue française précédentes du livre *Human Development*, de Diane E. Papalia et Sally W. Olds, publiées respectivement en 2005 et en 2010. Annick Bève a signé l'adaptation du premier chapitre de cette 8e édition, en plus d'avoir assumé la direction pédagogique de l'ensemble de l'ouvrage.

NICOLE LAQUERRE

Nicole Laquerre a suivi une formation en psychologie à l'Université de Montréal avant de poursuivre des études supérieures spécialisées en formation à distance à l'Université du Québec. Elle est également détentrice d'un certificat de perfectionnement en enseignement au collégial de l'Université de Sherbrooke et a enseigné pendant plus de 30 ans la psychologie au collège de Rosemont. Conceptrice pédagogique de plusieurs cours offerts par le Cégep@distance, dont *Développement de l'enfant et de l'adolescent, Psychologie du développement et Introduction à la psychologie*, elle a obtenu en 1998, pour le cours *Introduction à la psychologie*, et en 2003, pour le cours *Développement de l'enfant et de l'adolescent*, le Prix d'excellence en conception pédagogique décerné par l'Association canadienne de l'éducation à distance. Nicole Laquerre a assuré l'adaptation des chapitres 2, 3, 5, 7 et 8.

FRANÇOIS GILEAU

Titulaire d'une maîtrise ès arts (M.A) en psychologie de l'Université de Montréal axée sur les stratégies cognitives du traitement de l'information chez les enfants d'âge préscolaire et scolaire, François Gileau a commencé sa carrière de professeur en tant que chargé de cours à l'Université du Québec avant de la poursuivre au niveau collégial. Il a collaboré à plusieurs ouvrages destinés aux étudiants et aux étudiantes du réseau collégial. Il est professeur de psychologie au Cégep de St-Hyacinthe et est responsable depuis plusieurs années des cours de psychologie de l'enfant qui sont donnés dans le programme Technique d'éducation à l'enfance. Son champ d'expertise est le développement cognitif de l'enfant. François Gileau est l'adaptateur du chapitre 4 de cette édition.

GENEVIÈVE SCAVONE

Geneviève Scavone possède un baccalauréat en psychologie et complète actuellement une maîtrise en psychologie à l'Université de Montréal. Elle détient une expérience en enseignement au Cégep régional de Lanaudière à Joliette pour les cours *Initiation à la psychologie et Analyses quantitatives en science humaine* ainsi qu'à l'Université de Montréal à titre d'auxiliaire d'enseignement, notamment pour les cours *Psychologie sociale, Psychologie physiologique* et *Relations interpersonnelles*. Elle a participé à diverses publications scientifiques au cours des cinq dernières années à titre d'assistante et de coordonnatrice de recherche en psychologie sociale et en neurosciences. Geneviève Scavone a adapté le chapitre 6 de cette édition.

CARACTÉRISTIQUES DE L'OUVRAGE

Cet ouvrage comporte plusieurs caractéristiques favorisant un apprentissage structuré et stimulant.

En ouverture de chapitre

CHAPITRE 1

Le développement humain : vue d'ensemble et approches théoriques

PLAN DU CHAPITRE

1.1 L'étude du développement humain
1.1.1 La vision actuelle du développement
1.1.2 Les principes du développement
1.1.3 Les dimensions du développement
1.1.4 Les périodes du cycle de vie
1.1.5 Les différences individuelles
1.1.6 Les facteurs d'influence : l'hérédité et l'environnement
1.1.7 L'étude scientifique du développement humain
1.2 Les approches théoriques du développement humain
1.2.1 L'approche psychanalytique
1.2.2 L'approche béhavioriste et néobéhavioriste
1.2.3 L'approche cognitiviste
1.2.4 L'approche humaniste
1.2.5 L'approche écologique
1.3 Les méthodes de recherche en psychologie du développement
1.3.1 L'élaboration des théories
1.3.2 Les caractéristiques des principales méthodes de recherche
1.3.3 Les stratégies de collecte des données
1.3.4 La dimension éthique de la recherche

Le développement humain est un processus dynamique et continu qui perdure tout au long de la vie. Tout en maintenant une certaine continuité, chaque dimension de la personne, qu'elle soit physique, cognitive, affective ou sociale, subit de profonds changements, sous les influences respectives et souvent combinées de l'hérédité et de l'environnement. Chacune d'elles se développe en interaction avec les autres, faisant alors du développement un processus global. Au fil du temps, différents courants de pensée se sont intéressés au développement humain, notamment les approches psychanalytique, béhavioriste, cognitiviste, humaniste et écologique. Toutefois, si aucune d'entre elles ne suffit à expliquer en totalité le développement et sa complexité, chacune propose un angle particulier essentiel à la compréhension des processus qui le composent.

Chaque ouverture comprend un **plan du chapitre** qui permet à l'étudiant d'avoir une vue d'ensemble des notions qui seront abordées dans le chapitre, en plus d'en structurer la lecture et l'étude.

L'ouverture de chapitre présente aussi un bref **aperçu** du contenu, rédigé sous forme de texte. Cette synthèse a pour but de placer le contenu dans une perspective globale et de susciter l'intérêt de l'étudiant pour les notions qui seront abordées.

À l'intérieur des chapitres

Le texte s'ouvre sur une **mise en situation** qui met en lumière certaines caractéristiques propres à la période de développement étudiée.

Des **symboles** référant à chaque mise en situation sont placés à des endroits stratégiques de chacun des chapitres. Certains sont accompagnés d'une question favorisant la réflexion de l'étudiant.

74 CHAPITRE 3

Mise en situation

Thomas a un an aujourd'hui. Toute la famille est réunie au chalet des grands-parents pour fêter cet anniversaire. Thomas et ses deux cousines – Juliette, 4 ans et Mégane, 20 mois – s'amusent au bord de l'eau sous la supervision des adultes.

Juliette creuse un trou dans le sable et essaie de le remplir d'eau avec son petit seau. Inlassablement, elle retourne chercher de l'eau, la verse dans le trou et la regarde disparaître dans le sable. Même s'il n'y a pas d'eau, grand-papa admire le « lac » de Juliette : « Bravo ma grande ! Tu vas nous faire un beau lac ! » et Juliette continue fièrement son jeu. Mégane, comme d'habitude, veut faire comme sa grande sœur. Elle court chercher de l'eau, mais comme sa coordination et son équilibre sont encore précaires, l'eau s'échappe de son contenant au fur et à mesure qu'elle approche du trou et, quand elle va le remplir, il ne reste presque plus rien. Elle se lasse vite de ce jeu et reste alors au bord de l'eau à regarder les petits poissons qui passent près de ses pieds. Son papa lui dit : « Oh ! Les petits poissons ! » et Mégane répète « ti-pessons ». Elle voudrait bien les attraper, mais les poissons sont trop rapides et disparaissent dès qu'elle fait un mouvement. Mégane dit alors « pati pessons » et papa lui répond : « Oui, ils sont partis les petits poissons. »

Thomas, quant à lui, se déplace à quatre pattes et s'arrête pour saisir un petit caillou. Alors qu'il s'apprête à le porter à sa bouche, maman le rattrape, le met debout et le prend par les deux mains pour le faire avancer. Thomas adore marcher ainsi. Ensuite, maman l'assoit au bord de l'eau avec une petite pelle et Thomas s'amuse à taper dans l'eau et à éclabousser autour de lui. Il rit aux éclats, mais lorsque Juliette vient récupérer sa pelle, ses rires se transforment en cris, jusqu'à ce qu'on lui donne une autre pelle semblable. Mégane vient s'asseoir à côté de son cousin et tape dans l'eau avec ses mains. Elle s'empare ensuite d'un poisson en plastique et tente d'éclabousser de plus en plus fort, avec toutes sortes d'objets. Au bout d'un certain temps, à force de recevoir de l'eau dans le visage, Thomas ferme les yeux dès qu'il voit Mégane se préparer à taper dans l'eau.

« Thomas ferme les yeux dès qu'il voit Mégane se préparer à taper dans l'eau. »

Quelques minutes plus tard, grand-maman arrive avec le gâteau de fête de Thomas et toute la famille se regroupe joyeusement autour de la table.

Tout au long de la lecture de ce chapitre, référez-vous à cette mise en situation pour répondre aux questions qui s'y rapportent.

3.1 Le développement physique

Dans cette première partie, nous allons aborder le développement des sens et de la motricité du bébé. Dans les premiers mois de la vie d'un enfant, il est difficile de faire la distinction entre son développement physique et son développement cognitif, tant les deux sont liés. Prenons l'exemple de l'apprentissage : à la base, il s'agit d'une fonction cognitive ; toutefois, les enfants apprennent beaucoup par l'action, c'est-à-dire au moyen des fonctions motrices et sensorielles. Le bébé a besoin d'explorer son environnement à l'aide de ses sens et par ses propres mouvements, car c'est cette exploration qui lui permet de savoir où finit son corps et où commence le reste du monde. Ainsi, les mouvements de Thomas avec l'eau lui apprennent comment son corps peut transformer son environnement.

Il en va de même pour les gestes qui accompagnent les premières tentatives de paroles. Quand un enfant dit « bye-bye ! », il ouvre et ferme la main, en plus de montrer qu'il est socialement en relation avec une personne. Quand un enfant dit « haut », il lève les bras, montrant ainsi à l'adulte où il veut aller. Le cerveau ne traite donc pas de façon séparée les fonctions sensorielles et motrices, les fonctions cognitives et les fonctions sociales : il les intègre. Par conséquent, lorsque nous étudions le développement de la personne, nous devons garder en tête l'importance de faire des liens entre toutes les dimensions, qu'elles soient physiques, cognitives, affectives ou sociales.

ENCADRÉ 1.1 D'UNE CULTURE À L'AUTRE

Objectifs et défis des recherches interculturelles

L'influence exercée par la culture a tendance à être sous-estimée dans la recherche en psychologie. Ainsi, les chercheurs «tendent à généraliser ce qu'ils observent dans les laboratoires européens ou nord-américains à l'entièreté de l'humanité, la plupart du temps sans vérifier que cela se justifie réellement» (Licata et Heine, 2012).

Pourtant, en observant les enfants issus de différents groupes culturels, les chercheurs peuvent découvrir les aspects du développement qui sont universels (et donc intrinsèques à la condition humaine), et ceux qui sont déterminés par la culture. Par exemple, les enfants de toutes les cultures apprennent à parler selon la même séquence, passant des gazouillis au babillage avant de prononcer des mots et de commencer à les combiner entre eux. Si les mots diffèrent d'une culture à l'autre, tous les jeunes enfants apprennent cependant à les assembler pour former les premières phrases, quelle que soit la complexité de leur langue maternelle. Ces observations permettent de croire que l'apprentissage du langage est inné et universel, comme nous le verrons dans le chapitre 3.

Le développement moteur des très jeunes enfants semble, lui aussi, largement influencé par la culture. Par exemple, dans plusieurs pays d'Amérique du Sud, d'Asie et d'Afrique, les mères portent leurs jeunes enfants sur le dos en les retenant par une bande de tissu. Les enfants africains, qui sont souvent placés dans cette position assise tandis que leur mère vaque à ses activités quotidiennes, tendent à s'asseoir et à marcher plus tôt que les enfants américains (Rogoff et Morelli, 1989). La culture influence également les habiletés qu'un enfant va acquérir. Ainsi, alors qu'un enfant québécois apprend très tôt à lire, puis à écrire et, de plus en plus souvent, à utiliser un ordinateur, un enfant du même âge né dans une zone rurale du Népal apprend à conduire les buffles et à se repérer dans les sentiers de montagne.

scientifiques à mener des recherches auprès de divers groupes culturels. Il ne faut jamais oublier que la science est ancrée dans son contexte culturel et que les sciences humaines, en particulier, font souvent preuve, à leur insu, d'ethnocentrisme. Ainsi, on peut s'appuyer sur les résultats de certaines recherches sans jamais les remettre en question, jusqu'au jour où l'on découvre que ces résultats sont dus à des influences culturelles particulières qui n'ont pas été mesurées. Parce que de très nombreuses recherches en psychologie du développement ont mis l'accent sur ce qui se passe dans les sociétés occidentales industrialisées, on peut en arriver à considérer que le développement type d'un enfant occidental représente la norme. Or, lorsque cette «norme» sert de mesure, cela peut conduire à des conclusions erronées sur le développement. À l'extrême, on peut même en arriver – à tort, bien sûr – à considérer comme anormal le développement des enfants issus d'autres cultures (Rogoff et Morelli, 1989).

Par ailleurs, si la psychologie du développement reconnaît de façon générale l'influence marquante de la culture, cette dernière est souvent présentée comme «un arrière-plan mal défini des phénomènes psychologiques» (Ratner, 2000). La culture est un ensemble instable et dynamique (Grenfield, 2009) d'individus qui «partagent certaines activités et relations sociales, (re) créent et (re) négocient en permanence les savoirs, les règles, les normes qui organisent leur vie commune» (Troadec, 2010). Elle se renouvelle constamment, ce qui peut expliquer la difficulté rencontrée par les chercheurs qui veulent «capturer» la façon dont elle influence nos comportements.

Les chercheurs se contentent souvent de comparer les ressemblances et les différences psychologiques qui existent entre des groupes de diverses origines culturelles, sans montrer vraiment à quels facteurs ou à quels

Cet ouvrage propose des **encadrés** qui abordent un aspect ou une problématique propre à un aspect du développement humain.

On trouve quatre types d'encadrés:

- **Application:** Cet encadré explore certaines applications pratiques de la recherche ou de la théorie sur le développement.
- **Approfondissement:** Cet encadré apporte un complément d'information pertinent à un élément abordé dans le chapitre.
- **D'une culture à l'autre:** Cet encadré propose d'autres perspectives en montrant comment un aspect du développement peut être vécu au sein d'autres cultures.
- **Paroles d'expert:** Cet encadré brosse le portrait d'un chercheur québécois ou d'une chercheuse québécoise dont les travaux contribuent à l'enrichissement de la connaissance en psychologie du développement.

Approche cognitiviste
Approche qui s'intéresse au développement de l'intelligence et des processus cognitifs tels que la perception, la mémoire ou la pensée, ainsi qu'aux comportements qui en résultent.

Certains termes clés, qui apparaissent en caractère gras et en couleur dans le texte, sont définis en marge. Ces définitions faciles à repérer se retrouvent également dans un glossaire général en fin de volume. Ces **définitions en marge** aident l'étudiant à mieux comprendre le vocabulaire d'usage en psychologie du développement.

TABLEAU 1.4 Les stades du développement cognitif selon J. Piaget

Stade	Âge	Principales caractéristiques	Principales acquisitions
Sensorimoteur	Naissance à 2 ans	À partir de l'exercice des réflexes, appréhension du monde par les sens et la motricité. Début d'organisation cognitive.	Permanence de l'objet
Préopératoire	2 à 6 ans	Développement d'un système de représentation. Utilisation croissante des symboles (imitation différée, jeu symbolique, langage). Égocentrisme. Non-conservation.	Langage, pensée symbolique
Opérations concrètes	6 à 12 ans	Utilisation d'opérations mentales pour résoudre des problèmes concrets. Compréhension croissante des relations spatiales et des liens de causalité.	Notions de conservation, classification, réversibilité, décentration
Opérations formelles	12 ans et plus	Pensée qui peut se détacher du concret et formuler des hypothèses. Peut envisager le possible. Peut réfléchir sur des idées, des données abstraites.	Pensée abstraite, raisonnement hypothético-déductif

Sigmund Freud
À l'aide des souvenirs d'enfance de ses patients adultes, le médecin viennois Sigmund Freud a développé une théorie du développement psychosexuel durant l'enfance. Sa fille Anna a suivi ses traces et élaboré ses propres théories du développement de la personnalité.

FIGURE 1.2 Le modèle bioécologique de Bronfenbrenner

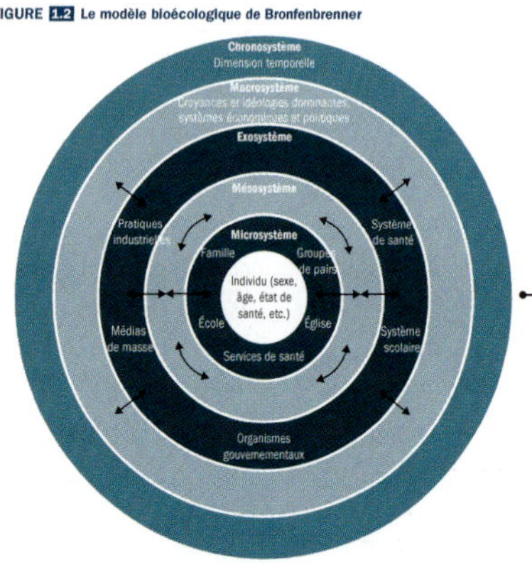

Les cercles concentriques montrent cinq niveaux d'influence environnementale, qui vont du plus intime (au centre) au plus extérieur, le tout dans un contexte temporel. Les cercles forment un ensemble d'influences imbriquées les unes dans les autres autour de la personne qui se développe. Les frontières entre les différents systèmes sont fluides et elles sont en interrelation.

Source: Adapté de http://en.wikipedia.org/wiki/File:Bronfenbrenner%27s_Ecological_Theory_of_Development.jpg

Plusieurs **tableaux, figures** et **photos**, en plus d'agrémenter et de dynamiser le texte, viennent préciser, illustrer et soutenir une explication donnée dans le texte. Ils permettent aussi parfois de synthétiser ou de simplifier des notions plus complexes, en vue d'en favoriser la compréhension.

FAITES LE POINT

5. À l'aide d'un exemple, illustrez comment les trois instances psychiques de la personnalité interagissent dans la théorie psychosexuelle.
6. Comment les approches béhavioriste et néobéhavioriste expliquent-elles le développement ?
7. Dans la théorie de Piaget, quels sont les deux mécanismes cognitifs qui permettent à l'enfant de s'adapter de mieux en mieux à son environnement et comment fonctionnent-ils ?
8. Vous avez cessé d'utiliser votre cellulaire en conduisant depuis que votre ami a renversé un cycliste alors qu'il textait au volant. À l'aide de quelle théorie pourriez-vous expliquer votre décision ?

À chaque fin de section, une rubrique **Faites le point** propose une série de questions permettant à l'étudiant de vérifier sa compréhension de la matière et de s'assurer de ses acquis. Les questions précédées d'un losange présentent des cas concrets favorisant l'intégration et l'application des connaissances.

En fin de chapitre

Résumé

L'étude du développement humain

- La psychologie du développement humain est l'étude scientifique des processus responsables des changements et de la continuité qui interviennent tout au long de la vie des individus.
- Le développement est un phénomène complexe, dynamique et continu. Il touche aux quatre dimensions de la personne : physique, cognitive, affective et sociale. Ces dimensions sont indissociables et en constante interaction.
- Les facteurs internes (la nature) réfèrent à l'hérédité, qui assure le contrôle de la maturation du corps et de ses fonctions. Les facteurs externes (la culture) concernent les influences du milieu où l'individu se développe. Ces influences en constante interaction peuvent être normatives ou non.
- Les connaissances acquises par l'étude scientifique du développement ont eu des retombées importantes, particulièrement sur les pratiques familiales et scolaires.

Les approches théoriques du développement humain

- L'approche psychanalytique de Freud suppose que le développement de la personnalité adulte est déterminé par les événements ayant eu lieu durant l'enfance. Freud identifie cinq stades de développement psychosexuel : les stades oral, anal et phallique, la période de latence et le stade génital, au cours desquels ces trois instances de la personnalité se développent : le ça, le moi et le surmoi.
- Selon Erikson et la théorie du développement psychosocial, les influences sociales sont les plus importantes et la recherche de l'identité est au cœur du développement, qui se poursuit tout au long du cycle de vie. Huit stades psychosociaux, caractérisés par une crise à résoudre, permettent au moi de se développer et d'atteindre un équilibre.
- L'approche béhavioriste ne s'intéresse qu'aux comportements observables, mesurables et quantifiables et accorde une importance déterminante à l'environnement. Le conditionnement répondant (Pavlov) et le conditionnement opérant (Skinner) sont les deux formes d'apprentissage qui expliquent les modifications survenant au cours du développement.
- La théorie de l'apprentissage social de Bandura reconnaît le rôle des processus cognitifs dans l'apprentissage. L'enfant apprend en observant des modèles et en imitant des comportements observés autour de lui, ainsi que leurs conséquences sur autrui.

Un **résumé** permet de revenir brièvement sur le contenu du chapitre afin d'en faire ressortir les points essentiels.

En fin de volume, vous pourrez consulter au besoin la bibliographie complète ainsi qu'un index général des sujets traités.

TABLE DES MATIÈRES

Chapitre 5

Le développement physique et cognitif de l'enfant de trois à six ans

Chapitre 6

Le développement affectif et social de l'enfant de trois à six ans

Chapitre 7

Le développement physique et cognitif de l'enfant de six à onze ans

Chapitre 8

Le développement affectif et social de l'enfant de six à onze ans

CHAPITRE 1

Le développement humain : vue d'ensemble et approches théoriques

PLAN DU CHAPITRE

Le développement humain est un processus dynamique et continu qui perdure tout au long de la vie. Tout en maintenant une certaine continuité, chaque dimension de la personne, qu'elle soit physique, cognitive, affective ou sociale, subit de profonds changements, sous les influences respectives et souvent combinées de l'hérédité et de l'environnement. Chacune d'elles se développe en interaction avec les autres, faisant alors du développement un processus global. Au fil du temps, différents courants de pensée se sont intéressés au développement humain, notamment les approches psychanalytique, béhavioriste, cognitiviste, humaniste et écologique. Toutefois, si aucune d'entre elles ne suffit à expliquer en totalité le développement et sa complexité, chacune propose un angle particulier essentiel à la compréhension des processus qui le composent.

Mise en situation

Carole a 42 ans. Elle est l'aînée d'une famille de trois enfants qui ont connu une enfance très difficile. Leur père, alcoolique, pouvait boire jusqu'à vingt bières en une journée. Sous l'effet de l'alcool, celui-ci devenait violent. Il criait constamment et il lui arrivait de frapper sa conjointe devant leurs enfants terrorisés. La mère de Carole, une femme soumise, mais courageuse et très croyante, n'avait jamais pu se résoudre à divorcer. Pour parvenir à nourrir sa famille, elle faisait des ménages. Elle aimait beaucoup ses enfants et les poussait à bien travailler à l'école. N'ayant que très peu d'argent, elle les récompensait pour leurs bons résultats en leur faisant leur dessert préféré. Son père, par contre, n'encourageait jamais Carole et répétait que la place des femmes était à la maison. Pourtant, l'école est vite devenue une sorte de refuge pour Carole : elle s'y sentait en sécurité et on la valorisait pour son travail. Au secondaire, un professeur de sciences qui connaissait sa situation familiale l'avait particulièrement aidée à garder espoir en son avenir et à ne pas décrocher. Il lui répétait qu'il croyait en elle et qu'elle avait les capacités nécessaires pour faire des études avancées. Carole l'admirait beaucoup et lui faisait confiance. Dès l'âge de 15 ans, elle avait commencé à travailler à temps partiel dans un supermarché et accumulé quelques économies. À force de persévérance et de volonté, Carole était entrée à l'université, où elle avait obtenu un baccalauréat en biologie.

« Carole avait beaucoup de difficultés à faire confiance à son conjoint. »

Aujourd'hui, Carole occupe un poste important dans une compagnie pharmaceutique. Elle est appréciée et gagne très bien sa vie. Elle est mariée depuis neuf ans. Au début de sa relation de couple, Carole a connu des moments difficiles : elle avait beaucoup de difficultés à faire confiance à son conjoint et doutait souvent de son amour pour elle. Peu à peu, cependant, leur relation s'est stabilisée et Carole est heureuse à présent. Toutefois, même si son mari désirait fonder une famille, Carole n'a jamais voulu avoir d'enfant. Les souvenirs de sa propre enfance sont encore très douloureux et, bien que son père soit décédé depuis des années, elle ne peut sentir l'odeur de la bière sans éprouver un grand malaise et avoir la nausée. Quand Carole parle d'elle-même avec sa meilleure amie, elle dit qu'elle est une « rescapée » !

Tout au long de la lecture de ce chapitre, référez-vous à cette mise en situation pour répondre aux questions qui s'y rapportent.

1.1 L'étude du développement humain

1.1.1 La vision actuelle du développement

Psychologie du développement humain
Étude des processus responsables des changements quantitatifs et qualitatifs et de la continuité qui interviennent tout au long de la vie des individus.

La **psychologie du développement humain** est l'étude scientifique des processus responsables des changements quantitatifs et qualitatifs et de la continuité qui interviennent tout au long de la vie des individus. Ces processus concernent tous les aspects du développement, à toutes les étapes de l'existence humaine. Le développement est un processus dynamique, cohérent et organisé qui a une fonction adaptative.

Les changements et la continuité

Changement quantitatif
Changement mesurable en nombre ou en quantité, concernant par exemple la taille, le poids et l'étendue du vocabulaire.

Changement qualitatif
Changement de nature, de structure ou d'organisation, concernant par exemple le type d'intelligence et l'évolution de l'attachement d'une personne.

Les chercheurs qui s'intéressent au développement humain étudient les nombreux changements qui interviennent de la conception à la maturité ainsi que les caractéristiques qui demeurent stables. Les changements développementaux interviennent à tout âge, même s'ils sont généralement plus visibles et plus rapides chez les enfants. Il existe deux types de changements : les changements quantitatifs et les changements qualitatifs. Les **changements quantitatifs** sont ceux que l'on peut mesurer, tels que les modifications de la taille et du poids, le nombre de mots de vocabulaire, l'augmentation ou la diminution des comportements agressifs, etc. Les **changements qualitatifs** désignent les transformations qui touchent à la nature de la personne ou à son organisation interne, telles que la nature de l'intelligence, l'évolution de l'attachement, l'orientation vers une nouvelle carrière, etc.

La plupart de ces changements vont dans le sens d'une plus grande adaptation, c'est-à-dire qu'ils prennent la forme d'une spécialisation et d'une complexification de plus en plus poussées. Cependant, si les personnes évoluent au cours de leur vie, elles font également preuve d'une certaine continuité dans leur comportement et dans leur personnalité. Par exemple, des recherches ont montré qu'environ 10 % à 15 % des enfants très timides le resteront, et que 10 % à 15 % de ceux qui sont très sociables dans l'enfance le seront encore à l'âge adulte (Kagan, 1989). Certaines caractéristiques comme l'extraversion et l'ouverture à de nouvelles expériences semblent persister jusqu'à l'âge adulte, alors que d'autres se modifient avec la maturité. Nous verrons plus loin quels sont les facteurs responsables de la continuité et du changement.

La complexité du développement

Le développement humain est un phénomène complexe. Il met en œuvre de multiples facteurs qui interagissent entre eux et qui influencent tous les individus. Par ailleurs, chaque être humain est unique et il est intéressant de découvrir ce qui détermine les différences individuelles. Qui ne s'est pas déjà demandé : « Suis-je normal ? » ou encore « Le développement de mon petit frère peut-il se comparer à celui des enfants de son âge ? » La compréhension du développement humain aide à trouver des réponses à ces questions.

C'est en examinant l'évolution des personnes que les chercheurs ont beaucoup appris sur ce qui est nécessaire à leur bon développement ; sur leur façon de réagir aux influences internes et externes ainsi que sur leur manière de réaliser pleinement leur potentiel en tant qu'individu comme en tant que membre d'une société.

Le cycle complet de la vie

Les scientifiques reconnaissent aujourd'hui que le développement humain est un processus qui se poursuit tout au long de la vie, soit de la conception à la mort de l'individu. Le champ de recherche qui, auparavant, s'intéressait surtout à l'enfance, couvre aujourd'hui l'adolescence, l'âge adulte et la vieillesse. Nous verrons plus loin dans ce chapitre l'approche de Paul B. Baltes sur le cycle complet de la vie.

1.1.2 Les principes du développement

Le développement est un processus dynamique et continu qui n'est pas le fruit du hasard. Avant comme après la naissance, il suit certains principes communs à tous les êtres humains. Ces principes sont la progression céphalo-caudale, la progression proximo-distale et la progression du simple au complexe.

La progression céphalo-caudale

Selon la **progression céphalo-caudale**, le développement commence par la tête et se termine par les membres inférieurs. La tête, le cerveau et les yeux de l'embryon sont en effet les premiers organes à se développer. La tête de l'embryon de deux mois représente ainsi la moitié de son corps, tandis qu'à la naissance, elle n'en représente plus que le quart. Puis sa proportion se réduit encore au cours de la croissance de l'organisme, jusqu'à constituer seulement un huitième du corps chez l'adulte. Le développement sensoriel et moteur suit le même principe. Les enfants apprennent en effet à utiliser les parties supérieures de leur corps avant les parties inférieures. Ainsi, les bébés lèvent la tête avant de maîtriser les mouvements du tronc, et ils peuvent saisir un objet avec leurs mains bien avant de savoir ramper ou marcher.

Progression céphalo-caudale
Principe selon lequel le développement se fait de la tête aux pieds, c'est-à-dire que les parties supérieures du corps se développent avant les parties inférieures.

La progression proximo-distale

Selon la **progression proximo-distale**, le développement procède du centre vers la périphérie, soit du tronc vers les extrémités du corps. Ainsi, chez l'embryon, la tête et le tronc se développent avant les bras et les jambes, et les mains et les pieds se développent avant les doigts et les orteils. Il en va de même pour le développement moteur. Le bébé apprend d'abord à maîtriser les articulations qui rattachent les bras et les jambes au tronc, puis les parties antérieures des bras et des jambes, les mains et les pieds et, finalement, les doigts et les orteils.

Progression proximo-distale
Principe selon lequel le développement se fait du centre vers la périphérie, c'est-à-dire que les parties près du tronc se développent avant les extrémités.

L'interaction entre les dimensions du développement

Ces enfants qui examinent un insecte dans un bocal illustrent bien les rapports qui existent entre les différentes dimensions du développement: la perception sensorielle, l'apprentissage cognitif et les interactions affectives et sociales.

La progression du simple au complexe

Selon cette progression, l'individu apprend d'abord à effectuer des choses simples avant de pouvoir réaliser des opérations plus complexes. Ce principe s'applique à l'acquisition de presque toutes les habiletés physiques et cognitives. Ainsi, avant d'être en mesure de marcher seul, l'enfant doit d'abord être tenu par les mains pour apprendre à mettre un pied devant l'autre; de même, il prononce des mots avant de pouvoir faire des phrases. Cette évolution progressive permet à l'individu de s'adapter de mieux en mieux à son milieu.

1.1.3 Les dimensions du développement

Les changements et la continuité concernent plusieurs dimensions du développement humain, soit le développement physique, le développement cognitif et le développement affectif et social. Toutefois, même si nous abordons séparément chacune d'entre elles pour en faciliter la compréhension, il ne faut pas perdre de vue qu'elles demeurent indissociables et qu'elles s'influencent mutuellement tout au long du processus de développement.

Le développement physique

Les changements concernant la maturation et la croissance du corps, l'évolution du cerveau, le développement des capacités sensorielles et motrices ainsi que la santé font tous partie du développement physique et peuvent toucher d'autres dimensions. Le développement physique exerce une influence majeure sur le développement de l'intelligence et de la personnalité. C'est d'abord au moyen de ses sens et de ses mouvements que le nouveau-né entre en contact avec le monde qui l'entoure. Ainsi, un enfant qui souffre de fréquentes infections aux oreilles pourrait connaître un retard sur le plan du développement du langage. À la puberté, les changements importants qui surviennent sur le plan des hormones et du corps agissent sur la façon dont le soi se développe. Enfin, chez certaines personnes vieillissantes, des modifications physiques dans le cerveau peuvent entraîner une détérioration des facultés intellectuelles et de la personnalité.

Le développement cognitif

Les habiletés mentales telles que la perception, l'apprentissage, la mémoire, le langage, le raisonnement et la créativité correspondent à plusieurs composantes du développement cognitif. Les progrès sur le plan cognitif, de même que les déclins, sont étroitement liés à des facteurs physiques, affectifs et sociaux. L'apprentissage du langage dépend ainsi du développement physique de la bouche et du cerveau. Par ailleurs, un enfant précoce sur le plan du langage sera plus susceptible d'interagir positivement avec les autres et de gagner par le fait même de la confiance en soi. D'autre part, l'évolution des processus de mémorisation reflète les gains et les pertes quant aux connexions neuronales du cerveau. Ainsi, un adulte qui a de la difficulté à mémoriser le nom des gens peut développer de la timidité lors des rencontres sociales.

Le développement affectif et social

La dimension affective et sociale du développement englobe les émotions, le concept de soi, la personnalité ainsi que les relations sociales dans différentes situations telles que la vie de famille, l'école et le milieu de travail. Le développement affectif et social peut influer sur le fonctionnement physique et cognitif. Ainsi, une personne privée de relations sociales significatives peut voir sa santé physique et mentale en être affectée.

On sait également que la motivation et la confiance en soi sont des facteurs importants de la réussite scolaire, alors que l'anxiété peut nuire à la performance lors d'un examen. Par ailleurs, les dimensions physiques et cognitives ont aussi des effets sur la vie affective et sociale : une personne âgée qui devient sourde peut se sentir socialement isolée et se replier sur elle-même, de la même façon qu'une personne analphabète peut avoir une piètre estime d'elle-même.

1.1.4 Les périodes du cycle de vie

Toute division du cycle de vie en périodes réfère à ce qui est communément accepté par les membres d'une société à une époque donnée : il s'agit donc d'une *construction sociale*.

Par conséquent, on ne peut dire objectivement à quel moment précis l'enfant devient adulte ou le jeune adulte, un adulte mature.

Dans les sociétés occidentales, la conception de l'adolescence vue comme une période distincte du développement humain n'est apparue que récemment. Jusqu'au début du XXe siècle, la personne était considérée comme un enfant jusqu'à ce qu'elle quitte l'école, entre sur le marché du travail ou se marie ; elle devenait alors adulte. Nous avons cependant choisi de diviser l'étude du cycle de vie en huit périodes : période prénatale, 0 à 2-3 ans, 3 à 6 ans, 6 à 11-12 ans, 12 à 20 ans, 20 à 40 ans, 40 à 65 ans, 65 ans et plus. Même si cette division est approximative et un peu arbitraire, particulièrement en ce qui concerne l'âge adulte, elle est généralement acceptée dans les sociétés occidentales. Les chercheurs qui étudient le développement considèrent en effet que chacune de ces périodes est marquée par des phénomènes qui lui sont propres.

1.1.5 Les différences individuelles

Nous avons souligné plus haut le caractère unique de chaque être humain. En effet, même si les personnes se développent généralement selon une séquence commune, il existe de nombreuses différences individuelles quant au moment et à la façon dont les changements se produisent. Par exemple, l'âge auquel un enfant commence à marcher ou à parler peut varier grandement. Dans ce livre, lorsque nous indiquons les âges auxquels se présentent certains phénomènes, nous nous référons donc à des âges moyens. Dans ce contexte, la réponse à la question : « Telle personne se développe-t-elle normalement ? » demande beaucoup de nuances. Nous considérons que le développement d'une personne est en avance ou en retard seulement en cas d'écart extrême.

La majorité des enfants franchissent les étapes du développement à des âges semblables parce que la maturation du corps et du cerveau suit une séquence relativement fixe. Cependant, les expériences particulières qui sont les nôtres, les différents milieux où nous vivons et les modes de vie que nous adoptons constituent autant d'éléments qui influencent notre développement et lui donnent son caractère unique.

1.1.6 Les facteurs d'influence : l'hérédité et l'environnement

Le développement est soumis à l'influence du bagage génétique et à celle des expériences faites par chaque individu dans un environnement donné, ou encore à la « nature » et à la « culture ». Les scientifiques tentent de comprendre comment ces facteurs d'influence interviennent respectivement dans les processus de développement et comment ils interagissent. Alors que l'hérédité transmet à chacun de nous un bagage unique, l'environnement dans lequel nous nous développons nous amène à vivre d'innombrables expériences. Certaines de ces expériences sont purement individuelles, tandis que d'autres sont communes à des ensembles d'individus, à des groupes d'âge, des générations, des sociétés ou des cultures.

Les facteurs internes

Hérédité
Ensemble des traits, individuels et spécifiques, transmis d'une génération à l'autre par les gènes.

Maturation
Succession de changements physiques, programmés génétiquement, qui rendent l'individu apte à maîtriser certaines habiletés.

Les influences internes sur le développement proviennent de l'**hérédité**. L'hérédité individuelle se définit comme l'ensemble des traits génétiques hérités des parents, alors que les traits hérités de l'espèce à laquelle nous appartenons constituent l'hérédité spécifique. La **maturation** désigne la succession des changements physiques, programmés génétiquement, qui rendent un individu apte à maîtriser certaines habiletés. Les modifications neurophysiologiques et biochimiques qui se produisent dans l'organisme au cours de la maturation ouvrent de nouvelles possibilités. De nombreux changements, surtout durant l'enfance et l'adolescence, sont liés à la maturation du corps, plus particulièrement à celle du cerveau. Ainsi, il est inutile de demander à un nourrisson de contrôler ses sphincters, puisque ses fonctions neurophysiologiques n'ont pas encore atteint le niveau de maturation nécessaire à l'acquisition de la propreté.

La maturation est un processus naturel et universel. Nous verrons dans le chapitre 3 comment ces changements liés à la maturation sont associés à une horloge biologique interne.

Les facteurs externes

Influence du milieu
Influence attribuable à la relation que l'individu entretient avec son environnement.

Les influences externes, ou **influences du milieu**, proviennent du contact avec le monde extérieur. Nous verrons dans le chapitre 2 que dès la fécondation, l'embryon, puis le fœtus, peut subir les influences du milieu prénatal. Toutefois, c'est surtout à partir de la naissance qu'une multitude de facteurs interviennent dans le développement du nourrisson: le type de famille dans laquelle il naît, le statut économique de celle-ci, la présence ou l'absence de frères et de sœurs, les relations avec les grands-parents, les caractéristiques du voisinage, le type de société et la culture d'appartenance sont parmi les facteurs les plus marquants.

Dans la mise en situation, Carole grandit dans un contexte familial difficile, ce qui exerce une influence déterminante sur certains de ses choix à l'âge adulte. L'influence respective de l'hérédité (la nature) par rapport à celle du milieu (la culture) a longtemps fait l'objet d'une controverse. Autrement dit, l'hérédité joue-t-elle un rôle plus grand que le milieu, ou est-ce plutôt l'inverse? Aujourd'hui, la plupart des théoriciens s'entendent pour dire que ces deux types d'influence sont conjointement impliqués dans le développement et qu'il est souvent très difficile de les distinguer. Par exemple, lorsque, sous l'effet de la maturation, le corps de la jeune fille se transforme lors de la puberté, les regards que les garçons plus âgés portent sur elle changent. Sous l'effet de cette nouvelle expérience venant de l'environnement, la jeune fille peut devenir plus coquette ou encore se sentir mal à l'aise dans son corps. Ainsi, l'étude du développement humain met en évidence l'interaction constante entre l'inné et l'acquis, entre la maturation et l'apprentissage.

Les influences normatives et les influences non normatives

On distingue deux sortes d'influences normatives. Les influences normatives liées à l'âge sont constituées des facteurs qui agissent de façon semblable sur la plupart des gens d'un groupe d'âge donné, quels que soient le lieu et l'époque où ils vivent. Elles comprennent des événements biologiques comme la puberté ou la ménopause et des événements socioculturels comme l'entrée à l'école, le mariage ou la retraite.

Cohorte
Groupe d'individus nés à peu près au même moment et ayant vécu des expériences semblables durant la même période de vie.

Les influences normatives liées à une génération sont des facteurs qui marquent profondément un groupe de personnes à un moment historique donné. Elles touchent toutes les personnes d'une **cohorte**, c'est-à-dire d'un groupe d'individus nés à peu près au même moment et qui ont vécu des expériences semblables durant la même période de vie. Par exemple, les personnes qui ont grandi durant la Seconde Guerre mondiale ont été profondément marquées par ces événements. Elles tendent à faire preuve d'un sentiment d'interdépendance sociale plus fort que les générations suivantes (Rogler, 2002). À la différence de leurs grands-parents, les enfants qui grandissent aujourd'hui sont influencés par l'usage de la télévision, des ordinateurs et d'Internet. Ainsi, des chercheurs de l'université de Montréal ont montré que l'exposition quotidienne précoce (entre 2 et 4 ans) à la télévision pourrait avoir une influence négative sur l'intérêt en classe et sur les habiletés mathématiques à l'âge de dix ans (Pagani, Fitzpatrick et Barnett, 2010).

Les influences non normatives sont liées à des événements inhabituels qui ont une influence marquante sur la vie d'un individu. Il peut s'agir d'événements courants qui se produisent à un âge inhabituel ou d'événements rares que la majorité des gens ne connaîtront jamais. Ces événements peuvent être heureux ou dramatiques : perdre ses parents alors qu'on est encore bébé ou développer une maladie grave, être accepté à l'université à l'âge de 15 ans ou gagner 30 millions de dollars à la loterie, etc. Une personne peut elle-même contribuer à créer ses propres événements non normatifs, par exemple en choisissant de pratiquer assidûment un sport comme le plongeon et en devenant championne olympique.

Un exemple d'influence normative

L'utilisation étendue des ordinateurs exerce une influence normative sur le développement de l'enfant, ce qui n'existait pas pour les générations précédentes.

Les périodes critiques ou sensibles

Une **période critique** constitue un moment particulier où un événement donné (ou son absence) aura plus d'incidence sur le développement de l'individu qu'à tout autre moment. Si l'existence de périodes critiques a bien été démontrée chez les animaux, comme nous le verrons dans le chapitre 4 avec les théories éthologiques de l'attachement, qu'en est-il des humains ? Comme nous le verrons dans le chapitre 2, lors de la grossesse, l'existence de périodes critiques pour le développement physique du fœtus est incontestable. Cependant, il n'en va pas de même des autres aspects du développement, pour lesquels l'existence de périodes critiques irréversibles est très controversée. Ainsi, l'immaturité du cerveau à la naissance et durant l'enfance lui confère une grande plasticité, et c'est la raison pour laquelle plusieurs chercheurs préfèrent parler alors de **période sensible**, c'est-à-dire d'une période durant laquelle une personne est particulièrement prête à répondre à certaines stimulations ou expériences (Bruer, 2001). Durant cette période, un apprentissage donné présentera une efficacité maximale.

i+

Pour plus d'informations sur la plasticité du cerveau, consulter l'encadré 1.1W « Approfondissement - La valeur adaptative de l'immaturité ».

Période critique
Moment particulier où un événement donné (ou son absence) aura plus d'incidence sur le développement qu'à tout autre moment.

Période sensible
Période de temps durant laquelle une personne est particulièrement prête à répondre à certaines stimulations ou expériences et durant laquelle un apprentissage donné présentera une efficacité maximale.

1.1.7 L'étude scientifique du développement humain

L'étude scientifique du développement humain a apporté des connaissances de plus en plus précises sur les processus qui le caractérisent aux différentes périodes de la vie. Ainsi, elle a modifié la façon dont les adultes considèrent les enfants et se comportent avec eux. C'est particulièrement vrai en ce qui concerne les pratiques éducatives familiales et scolaires, particulièrement à l'école, où la connaissance du développement cognitif de l'enfant a largement influencé l'enseignement des mathématiques. Elle a permis également de poser un regard plus ouvert sur les capacités réelles des personnes âgées.

Quel type d'influence l'alcoolisme du père de Carole représente-t-il ?

Les études sur l'enfance

Au fil des siècles, les conceptions de l'enfance et de l'éducation des enfants ont bien changé. Selon l'historien français Philippe Ariès (1960), ce n'est qu'au XVIIe siècle que les enfants ont commencé à être considérés comme des êtres qualitativement différents des adultes. Auparavant, une fois passée la période où leur survie était incertaine, ils étaient intégrés au monde des adultes. L'observation des tableaux anciens nous montre souvent des enfants qui possèdent des traits d'adultes et sont vêtus comme eux. Si cette position d'Ariès a été largement acceptée, d'autres analyses proposent un tableau différent. Le psychologue David Elkind (1987) a ainsi trouvé dans la Bible et dans des textes grecs et romains des éléments témoignant de la nature particulière des enfants.

Charles Darwin, le père de la théorie de l'évolution, fut l'un des premiers à reconnaître l'importance de l'enfance dans le développement humain. En observant et en tenant un journal sur les progrès quotidiens de son fils, né en 1839, il a constaté que la compréhension du développement durant la petite enfance était nécessaire à la compréhension de l'être humain en tant qu'individu et en tant que membre d'une espèce (Keegan et Gruber, 1985).

À partir de la fin du XIXe siècle, la psychologie fait officiellement son entrée dans le monde des sciences humaines. Non seulement elle se propose de comprendre et d'expliquer le comportement humain, mais elle va aussi considérer l'enfance comme une période déterminante du développement de la personne. Toutefois, à ses débuts, la psychologie du développement se limite essentiellement à la description des changements qui surviennent chez l'enfant.

Les études sur l'adolescence, l'âge adulte et le vieillissement

Il faut attendre le XXe siècle pour que l'adolescence soit vraiment considérée comme une période particulière du développement, avec la publication du livre de Stanley Hall (1904) *Adolescence*. La première moitié du siècle voit également la publication des travaux de Sigmund Freud et de Jean Piaget, qui auront une influence déterminante et dont nous parlerons plus loin.

Hall est aussi l'un des premiers psychologues à s'intéresser au vieillissement. En 1922, à l'âge de 78 ans, il publie *Senescence : The Last Half of Life*. Le premier centre de recherche important dédié à l'étude du vieillissement est ensuite mis sur pied en 1928, à l'Université Stanford, en Californie. Depuis la fin des années 1930, on s'intéresse également au développement de la personne à l'âge adulte. La première étude longitudinale a été menée à l'Université Harvard, où des étudiants ont été suivis de l'âge de 18 ans jusqu'à l'âge mûr. Au milieu des années 1950, des chercheurs tels que Bernice Neugarten et K. Warner Schaie ont poursuivi ces travaux sur l'adulte. Ces études et bien d'autres ont enrichi notre compréhension du développement humain à l'âge adulte.

Les études sur le cycle complet de la vie

Comme nous l'avons mentionné plus haut, la grande majorité des chercheurs reconnaissent que le développement se poursuit tout au long du cycle de vie (*life-span development* pour les auteurs anglophones). Paul B. Baltes (1936-2006) et ses collègues (Baltes, 1987 ; Baltes, Lindenberger et Staudinger, 1998 ; Baltes et Smith, 2004) ont relevé sept principes de base qui s'appliquent au développement humain au cours du cycle de vie et que nous pouvons résumer ainsi :

1. Le développement se poursuit tout au long de la vie. C'est un processus continu de transformation des capacités d'adaptation de l'individu à son environnement. Chaque période possède ses caractéristiques propres et aucune n'est plus importante qu'une autre. Chacune est influencée par la précédente et influence à son tour les périodes suivantes.

2. Le développement est multidimensionnel. Il est influencé par les dimensions biologique, psychologique et sociale qui sont en interaction et se déterminent mutuellement, mais qui évoluent à des rythmes différents.

3. Le développement comporte des gains et des pertes. Une personne peut, simultanément, faire des gains dans une dimension et des pertes dans une autre. Les individus cherchent à maximiser les gains en se concentrant sur ce qu'ils font bien et à minimiser les pertes en s'y adaptant ou en trouvant des compensations.

4. L'influence relative de la biologie et de la culture change au cours du cycle de vie. L'équilibre entre ces deux sources d'influence varie avec le temps.

5. Le développement implique des changements dans la répartition des ressources. Au cours de leur cycle de vie, les personnes choisissent d'investir leur temps, leur

énergie, leurs talents, leur argent et leur soutien social de diverses façons, que ce soit pour assurer le développement, pour maintenir un état ou pour le retrouver s'il a été perdu (par exemple, faire du sport afin de se maintenir en santé ou se remettre en forme après une maladie) ou encore pour faire face à une perte.

6. Le développement fait preuve de plasticité. De nombreuses habiletés, telles que la mémoire ou la force physique, peuvent être améliorées avec de l'entraînement et de la pratique, et ce, jusqu'à un âge avancé. Toutefois, cette plasticité a des limites, même durant l'enfance.
7. Le développement est influencé par le contexte historique et culturel. Chaque personne se développe dans des contextes multiples définis autant par son niveau de maturation que par le lieu et l'époque où elle vit. Si l'individu influence son contexte historique et culturel, il est également influencé par lui.

L'apport de l'étude du développement

L'étude scientifique du développement humain permet de le jalonner et de déterminer les étapes que toutes les personnes franchissent environ au même âge. Aujourd'hui, on ne se contente plus de décrire le comportement aux différentes étapes de la vie, on veut *expliquer*, prédire et, éventuellement, modifier celui-ci. En comprenant mieux les transitions qui surviennent au cours du cycle de vie et comment la plupart des gens y font face, chacun de nous est susceptible de mieux s'y préparer. Parmi ces événements importants, mentionnons l'arrivée d'un enfant, l'entrée à l'école, la première relation sexuelle, la formation d'un couple, l'entrée sur le marché du travail, l'apparition d'une maladie incurable, la retraite et le décès du conjoint. La psychologie du développement nous permet de mieux saisir l'importance de ces étapes et d'y faire face de façon plus adéquate. Elle permet également de mettre sur pied des programmes d'intervention plus efficaces afin de faciliter le développement des personnes qui vivent de telles transitions, comme nous le verrons plus loin.

FAITES LE POINT

1. Définissez la psychologie du développement humain.
2. Expliquez la différence entre un changement quantitatif et un changement qualitatif, puis donnez deux exemples de chacun de ces types de changement.
3. Pourquoi plusieurs chercheurs préfèrent-ils parler de « périodes sensibles » dans le développement plutôt que de « périodes critiques » ?
4. Que répondriez-vous à une personne qui affirme que le développement cognitif est la dimension la plus déterminante au cours de l'enfance ?

1.2 Les approches théoriques du développement humain

Pour expliquer comment l'être humain se développe, les scientifiques ont élaboré plusieurs théories. Une **théorie** se définit comme un ensemble cohérent d'énoncés et de concepts interreliés de façon logique. Elle vise à expliquer, à interpréter ou à prédire un phénomène. Une théorie est élaborée à partir de données, c'est-à-dire d'informations obtenues par la recherche et l'observation. Dans le domaine qui nous intéresse, l'objectif principal est d'expliquer le développement et de prédire quels comportements sont susceptibles d'apparaître sous certaines conditions. En organisant les données issues de la recherche, une théorie permet de formuler des *hypothèses*, c'est-à-dire des tentatives d'explication ou de prédiction d'un phénomène. Ces hypothèses

Théorie
Ensemble cohérent d'énoncés ou de concepts interreliés de façon logique et qui vise à expliquer, à interpréter et à prédire un phénomène.

seront, à leur tour, vérifiées par d'autres recherches. Une théorie peut donc être modifiée, améliorée ou remise en question à la lumière de nouveaux résultats de recherche.

Si aucune théorie ne permet à ce jour d'expliquer l'ensemble du développement humain, chacune apporte sa propre perspective et met davantage l'accent sur un aspect ou un autre du développement. Au moins cinq approches théoriques permettent d'aborder l'étude du développement, soit les approches psychanalytique, béhavioriste, cognitiviste, humaniste et écologique. Chacune a ses partisans et ses opposants, de sorte qu'aucune n'échappe à la critique. Néanmoins, ces cinq approches contribuent substantiellement à notre compréhension du développement humain. Le tableau 1.1 présente les caractéristiques de celles-ci, qui se distinguent surtout par trois points fondamentaux: l'influence respective de l'hérédité et de l'environnement, la participation active ou non de l'individu à son propre développement et la présence ou l'absence de stades dans le développement.

Croyez-vous que votre enfance a eu une influence sur la personne que vous êtes aujourd'hui? Est-il possible que Carole ait refusé d'avoir des enfants parce qu'elle a eu une enfance malheureuse?

1.2.1 L'approche psychanalytique

Approche psychanalytique
Approche qui stipule que le développement est marqué par l'action de forces inconscientes qui motivent le comportement humain et que les événements qui se produisent durant l'enfance déterminent le développement de la personnalité adulte.

C'est à Sigmund Freud que l'on doit l'**approche psychanalytique**. Cette approche stipule que le développement est marqué par l'action de forces inconscientes qui motivent le comportement humain et que les événements qui se produisent durant l'enfance déterminent le développement de la personnalité adulte. On dit de cette approche qu'elle est *psychodynamique*.

TABLEAU 1.1 Les cinq approches théoriques du développement

	Principale théorie	Postulat de base
Psychanalytique	Théorie psychosexuelle (Freud)	Le comportement est contrôlé par de puissantes pulsions inconscientes.
	Théorie psychosociale (Erikson)	La personnalité est influencée par la société et se développe en passant par différentes crises ou alternatives critiques.
Béhavioriste et néobéhavioriste	Béhaviorisme ou théorie traditionnelle de l'apprentissage (Pavlov, Watson et Skinner)	Les individus réagissent aux stimuli de l'environnement; le comportement est déterminé par l'environnement.
	Théorie de l'apprentissage social ou sociocognitive (Bandura)	Les enfants apprennent dans un contexte social donné, en observant et en imitant des modèles, et contribuent activement à leur apprentissage.
Cognitiviste	Théorie cognitiviste (Piaget)	Des changements qualitatifs de la pensée se produisent au cours de l'enfance et de l'adolescence. L'enfant amorce activement son propre développement, qui va dans le sens d'une adaptation croissante.
	Théorie socioculturelle (Vygotsky)	Les interactions sociales sont au centre du développement cognitif de l'enfant.
	Théorie du traitement de l'information	Les êtres humains sont en quelque sorte des processeurs de symboles.
Humaniste	L'actualisation de soi (Rogers)	L'être humain tend vers le développement de son plein potentiel en étant authentique et congruent.
	La pyramide des besoins (Maslow)	Les besoins de base doivent être satisfaits avant qu'une personne n'atteigne l'actualisation de soi.
Écologique	Modèle écologique (Bronfenbrenner)	L'individu se développe en fonction de six systèmes d'influence qui sont en interaction constante.

S. Freud : la théorie psychosexuelle

Sigmund Freud (1856-1939) naît en Moravie (actuelle République tchèque) dans une famille juive, mais il est élevé à partir de l'âge de trois ans à Vienne, en Autriche. Il y reçoit une formation en médecine. Malgré son désir de devenir chercheur, il se tourne vers la pratique privée, ses origines juives faisant alors obstacle à une carrière universitaire. Il s'intéresse particulièrement à la neurologie, soit à l'étude du cerveau et des troubles du système nerveux. Dans le cadre de sa pratique, il observe que certains maux dont souffrent ses patients demeurent inexplicables physiologiquement, symptômes que l'on attribuait alors à *l'hystérie*. Il entreprend donc de sonder plus en profondeur l'esprit de ces personnes en les questionnant. Peu à peu, il parvient à la conclusion que la majorité de leurs troubles physiques ont une cause psychologique et qu'ils sont dus à des expériences traumatisantes vécues dans l'enfance, mais qui ont été refoulées, c'est-à-dire oubliées.

Freud en vient à croire que le comportement humain est essentiellement déterminé par des forces inconscientes, soit des instincts fondamentaux qu'il appelle des « pulsions ». Celles-ci orientent le comportement vers la recherche du plaisir et l'évitement de la douleur. Deux pulsions dominent le comportement de façon inconsciente : la *pulsion de vie* (ou pulsion sexuelle) et la *pulsion de mort* (ou pulsion agressive). Pour lui, la pulsion sexuelle et son assouvissement constitue un élément essentiel du développement de la personnalité durant l'enfance. La **libido**, énergie psychique fondamentale et inconsciente, est le moteur de la pulsion de vie et elle est investie de diverses manières à partir des relations que l'enfant développe avec son entourage.

Sigmund Freud

À l'aide des souvenirs d'enfance de ses patients adultes, le médecin viennois Sigmund Freud a développé une théorie du développement psychosexuel durant l'enfance. Sa fille Anna a suivi ses traces et élaboré ses propres théories du développement de la personnalité.

Libido

Dans la théorie freudienne, la libido représente l'énergie psychique fondamentale et inconsciente. Elle est le moteur de la pulsion de vie.

Technique utilisée	Basée sur des stades	Cause	Individu actif ou passif
Observation clinique	Oui	Facteurs innés modifiés par l'expérience	Passif
Observation clinique	Oui	Interaction de facteurs innés et de facteurs dus à l'expérience	Actif
Procédure scientifique (expérimentale) rigoureuse	Non	Expérience	Passif
Procédure scientifique (expérimentale) rigoureuse	Non	Expérience modifiée par des facteurs innés	Actif et passif
Entrevues souples ; observation méticuleuse	Oui	Interaction de facteurs innés et de facteurs dus à l'expérience	Actif
Recherche interculturelle ; observation d'enfants interagissant avec des personnes plus compétentes	Non	Expérience	Actif
Recherches en laboratoire ; contrôle technologique de réponses physiologiques	Non	Interaction de facteurs innés et de facteurs dus à l'expérience	Actif et passif
Observation clinique	Non	Expérience	Actif et passif
Observation clinique	Non	Expérience	Actif et passif
Observation et analyse naturalistes	Non	Interaction de facteurs innés et de facteurs dus à l'expérience	Actif

Conflit intrapsychique
Conflit inconscient entre les pulsions fondamentales et les contraintes liées à la réalité extérieure et aux attentes sociales.

Théorie du développement psychosexuel
Théorie développée par Sigmund Freud, qui décrit une séquence invariable de stades dans le développement de la personnalité, depuis l'enfance jusqu'à l'adolescence, au cours de laquelle différentes zones érogènes sont investies.

Zone érogène
Partie du corps où se concentrent les tensions sexuelles et qui procure du plaisir. Chacune d'elles est associée à un stade du développement psychosexuel.

Ça
Selon Freud, instance innée et inconsciente de la personnalité, présente dès la naissance, qui obéit au principe de plaisir par la recherche d'une gratification immédiate.

Moi
Selon Freud, seconde instance de la personnalité, qui se développe à partir du contact avec le monde extérieur et qui obéit au principe de réalité dans la recherche de modes acceptables de satisfaction des désirs.

Surmoi
Selon Freud, troisième instance de la personnalité, qui représente les règles, les interdits et les principes moraux transmis à l'enfant par les parents et d'autres représentants de la société. Il obéit au principe de moralité et se développe vers l'âge de cinq ou six ans.

Cependant, les contraintes liées à la réalité extérieure et aux attentes sociales empêchent souvent la satisfaction de ces pulsions et créent alors des **conflits intrapsychiques**, la plupart du temps inconscients: la personne ne sait pas qu'elle vit ces conflits, alors que ces derniers influencent pourtant ses émotions, ses comportements et même sa santé. Ce n'est qu'avec l'aide d'une psychanalyse – une forme de thérapie élaborée par Freud – que ces conflits refoulés pourront revenir à la mémoire du patient.

Freud a mis sur pied une **théorie du développement psychosexuel** fondée sur des stades, lesquels constituent la base du développement de la personnalité. Il propose cinq stades du développement psychosexuel, soit les stades oral, anal et phallique, la période de latence et le stade génital. Le tableau 1.2 résume ces cinq stades. Les trois premiers, qui correspondent aux premières années de la vie, sont les plus déterminants: la façon dont chacun d'eux est franchi influence le développement de la personnalité adulte. Chaque stade du développement psychosexuel est lié à une **zone érogène**, soit une partie du corps où se concentrent les tensions sexuelles et qui procure du plaisir. Freud considère qu'un enfant qui reçoit trop ou trop peu de gratification durant l'un de ces stades risque de faire une *fixation*, c'est-à-dire un arrêt dans le développement qui risque d'influencer sa personnalité adulte.

Selon Freud, la personnalité est une structure dynamique qui se développe avec le temps. Elle est composée de trois instances psychiques, le ça, le moi et le surmoi. Les nouveau-nés sont gouvernés par le **ça**, qui est la seule instance présente à la naissance. Source des pulsions de base et réservoir de l'énergie psychique, le ça est totalement inconscient, donc inaccessible directement, et amoral. Il ne supporte pas la tension et obéit au *principe du plaisir,* c'est-à-dire qu'il exige une satisfaction immédiate des besoins sans tenir compte de la réalité externe. Dans la théorie freudienne, le rôle de la mère est vu comme un élément déterminant en ce qui concerne la satisfaction des besoins du très jeune enfant. Toutefois, celle-ci ne peut le satisfaire parfaitement. Par exemple, lorsque le biberon est prêt, mais qu'il est trop chaud, l'enfant doit attendre et différer son plaisir: il connaît alors la frustration. L'enfant est ainsi amené peu à peu à découvrir que le monde extérieur existe, ce qui conduit au développement du **moi**, la seconde instance de la personnalité.

Le moi obéit au *principe de réalité.* Il est rationnel et, en grande partie, conscient. Il joue un rôle de médiateur entre les exigences du ça et celles de la réalité extérieure; c'est un peu l'« administrateur » de la personnalité. Selon Freud, la conscience de soi émane du moi. Plus tard apparaît le **surmoi**, troisième instance de la personnalité, qui résulte de l'intériorisation des règles, des interdits et des principes moraux transmis par les parents et les autres représentants de la société. Le surmoi se forme au stade phallique, soit lorsque le complexe d'Œdipe est résolu et que l'enfant s'identifie à ses parents (*voir le chapitre 6*). En partie conscient, mais surtout inconscient, le

TABLEAU 1.2 Les stades du développement psychosexuel selon Freud

Stade	Âge	Zone érogène	Activités gratifiantes	Tâche à accomplir
Oral	Naissance à 12-18 mois	Bouche	Tétée, succion, morsure	Sevrage
Anal	12-18 mois à 3 ans	Anus	Rétention et expulsion des fèces	Apprentissage de la propreté
Phallique	3 à 6 ans	Organes génitaux	Attouchement des parties génitales	Résolution du complexe d'Œdipe, identification au parent de même sexe
Période de latence	6 ans à la puberté	Aucune en particulier	Calme relatif de la pulsion sexuelle	Développement des compétences cognitives et sociales
Génital	Puberté à la fin de la vie	Organes génitaux	Relations sexuelles	Choix d'un partenaire de sexe opposé, reproduction

surmoi obéit au *principe de moralité*. La plupart des conflits intrapsychiques naissent de l'opposition entre les exigences du ça et les interdits du surmoi. Lorsque les exigences du surmoi ne sont pas respectées, l'enfant peut se sentir coupable et développer de l'anxiété.

L'exemple suivant pourrait vous aider à mémoriser le rôle joué par les trois instances de la personnalité. Le ça crie : « Je veux encore de la crème glacée ! (principe de plaisir) », le moi répond : « Tu vas être malade si tu en manges trop ! (principe de réalité) » tandis que le surmoi murmure : « Tu n'as pas honte d'être aussi gourmand quand il y a autant d'enfants qui meurent de faim ? (principe de moralité) ».

Selon Freud, une personnalité saine implique un équilibre relatif entre les trois instances de la personnalité. Lorsque le moi ne parvient plus à jouer son rôle de régulateur entre le ça et le surmoi, le déséquilibre s'installe, engendrant de la tension et de l'anxiété. Le moi recourt alors à des **mécanismes de défense** inconscients qui consistent à déformer la réalité ou à la nier pour soulager l'anxiété. Le *refoulement* est un exemple de mécanisme de défense qui vise, entre autres, à empêcher un souvenir menaçant d'accéder à la conscience. Si vous donnez un coup de pied à votre chien après vous être disputé avec votre père, c'est un autre mécanisme de défense que vous utilisez : le déplacement. Selon Freud, tous les individus ont recours à des mécanismes de défense, mais certains le font d'une manière trop rigide ou de façon trop répétitive, ce qui peut entraîner des troubles psychologiques. Nous reparlerons des mécanismes de défense dans le chapitre 8.

Mécanisme de défense
Stratégie inconsciente utilisée par le moi pour réduire l'anxiété et qui consiste à nier la réalité ou à la déformer.

Erik Erikson
L'approche du psychanalyste Erik Erikson est fondée sur la théorie freudienne, mais celui-ci considère que les influences de la société touchent autant, sinon davantage, la personnalité que la pulsion sexuelle.

E. Erikson : la théorie psychosociale

Né en Allemagne d'un père qu'il ne connaîtra pas et d'une mère danoise d'origine juive, Erik Erikson (1902-1994) est initié à la psychanalyse en Autriche par Anna, la fille de Freud. Fuyant la menace nazie (qui finira par démanteler le cercle de Freud), il part s'installer aux États-Unis en 1933, où il deviendra professeur. Son nouveau statut d'immigrant l'oblige à redéfinir son identité. Ses expériences personnelles, dont nous reparlerons dans le chapitre 10, ainsi que des observations réalisées auprès d'adolescents troublés, de soldats au combat pendant la Seconde Guerre mondiale et de membres de groupes minoritaires, influencent l'élaboration de sa théorie (Erikson, 1968, 1973 ; Evans, 1967). Il travaille également auprès de groupes d'enfants amérindiens, ce qui l'amène à établir un lien entre le développement de la personnalité et l'influence des valeurs parentales, sociales et culturelles. Erikson accepte en grande partie les idées de Freud, mais il trouve que sa théorie sous-estime l'influence de la société en accordant trop de place à la pulsion sexuelle comme facteur central du développement.

Pour Erikson, l'émergence et le développement de l'identité sont au cœur du développement humain, et le moi conscient est l'instance la plus importante de la personnalité. Selon la **théorie du développement psychosocial** (Erikson, 1963, 1982 ; Erikson, Erikson et Kivnick, 1986), cette recherche de l'identité ne s'arrête pas à l'adolescence, mais se poursuit tout au long du cycle de vie. Contrairement à Freud, Erikson considère que ce sont les enjeux sociaux et culturels, bien plus que la libido, qui déterminent la personnalité. Il propose huit **stades psychosociaux** au cours desquels se développe le moi (*voir le tableau 1.3, à la page suivante*). À chacun de ces stades correspond une *tâche développementale* à accomplir, ce qui provoque une crise au sein de la personnalité. Pour se développer sainement, la personne doit résoudre chacune de ces huit crises et atteindre un équilibre entre deux pôles, l'un positif, l'autre négatif.

Théorie du développement psychosocial
Théorie développée par Erikson qui souligne l'importance des influences sociales et culturelles dans le développement de la personnalité, et au cœur de laquelle se situe la recherche de l'identité du moi.

Stade psychosocial
Selon Erikson, stade du développement de la personnalité. Chacun des huit stades psychosociaux est marqué par l'existence d'une crise à résoudre, c'est-à-dire par l'atteinte d'un équilibre entre deux pôles, l'un positif, l'autre négatif.

La résolution de chaque crise dépend de l'interaction entre l'individu et son environnement social. Pour Erikson, chaque crise développementale correspond à « une période cruciale de vulnérabilité accrue et de potentialité accentuée » (Erikson, 1972). Par exemple, au premier stade, la crise à résoudre est celle de la *confiance* ou de la *méfiance fondamentale*. Le nouveau-né doit se fier à son entourage pour satisfaire ses besoins de base. Si ces derniers sont relativement comblés, il développera peu à peu

Quelle crise Carole parvient-elle à résoudre avec l'aide de son professeur ?

une confiance fondamentale en autrui et en lui-même. Au contraire, si les relations avec sa mère et les autres personnes proches sont insatisfaisantes, c'est la méfiance qui s'installera. Selon Erikson, l'enfant doit trouver l'équilibre entre le fait d'accorder une confiance aveugle à tous ceux qui l'entourent et celui de rester en retrait à cause d'une trop grande méfiance : un enfant équilibré fera fondamentalement confiance au monde, mais gardera un minimum de méfiance pour se protéger des situations dangereuses ou malsaines. Lorsque la personne résout positivement la crise qu'elle traverse, elle développe alors une qualité particulière, une *force adaptative* qui lui permet de progresser dans son développement. La façon dont chacune des crises est résolue aura une incidence sur la personnalité. Selon Erikson, si une crise n'est pas franchie ou qu'elle l'est difficilement, l'enfant, et même l'adulte, pourra la résoudre ultérieurement, lorsque d'autres occasions se présenteront. Par exemple, un enfant qui traverse mal la crise de *confiance/méfiance* pourra, lors d'une première relation amoureuse, expérimenter une nouvelle forme d'attachement qui lui permettra de devenir plus confiant. Pour Erikson, c'est à l'adolescence, avec la crise d'identité, que se situe l'étape la plus importante du développement (*voir le chapitre 10*). Le tableau 1.3 présente les huit stades psychosociaux selon Erikson.

TABLEAU 1.3 Les stades du développement psychosocial selon E. Erikson

Stade : crise à résoudre	Âge	Résolution de la crise	Force adaptative
Confiance/Méfiance fondamentale	Naissance à 12-18 mois	L'enfant perçoit le monde extérieur comme un lieu amical et sécuritaire où ses besoins peuvent être satisfaits.	Espoir
Autonomie/Honte et doute	12-18 mois à 3 ans	Importance de l'apprentissage de la propreté, puis du langage : l'enfant découvre ses capacités de contrôle sur lui-même et sur les autres.	Volonté
Initiative/Culpabilité	3 à 6 ans	L'enfant développe le courage de poursuivre ses propres objectifs sans être inhibé par la culpabilité ou la peur d'être puni.	Capacité de se donner des buts
Travail/Infériorité	6 ans à la puberté	L'enfant se sent apte à maîtriser les habiletés et à accomplir les tâches qu'on attend de lui.	Compétence
Identité/Confusion des rôles	Puberté à jeune adulte	La personne développe une conception cohérente de soi intégrant les divers aspects de sa vie personnelle et sociale.	Fidélité
Intimité/Isolement	Jeune adulte	La personne est capable de s'engager affectivement avec une autre personne (formation d'un couple, d'une famille, etc.).	Amour
Générativité/Stagnation	Adulte d'âge moyen	La personne se sent de plus en plus concernée par les générations plus jeunes. Elle les guide, leur transmet ses connaissances et les fait profiter de son expérience.	Souci pour autrui (sollicitude)
Intégrité/Désespoir	Adulte d'âge avancé	La personne accepte la vie qu'elle a menée ainsi que sa mort prochaine.	Sagesse

Source : Adapté d'Erikson, 1982.

L'apport et les limites des théories psychanalytiques

Les travaux de Freud ont eu une influence majeure sur la vision que nous avons, aujourd'hui encore, de la psyché humaine, et plus particulièrement de la nature des désirs, des pensées et des émotions inconscientes. Freud nous a permis de mieux comprendre le rôle crucial de l'enfance dans le développement, de prendre conscience de la sexualité infantile et de saisir toute l'importance – et l'ambivalence – des relations parent-enfant. Parmi les nombreux penseurs qui ont suivi les traces de Freud, Erikson, en s'écartant plus ou moins de la théorie freudienne et en ouvrant de nouvelles perspectives, a largement contribué à la compréhension du développement humain. Une des forces de la théorie d'Erikson consiste à reconnaître que l'individu se développe tout au long de sa vie et qu'il est capable de faire des choix. Elle réside aussi dans l'importance accordée aux influences sociales et culturelles qui s'exercent sur le développement.

Les théories psychosexuelle et psychosociale ont toutes deux été critiquées. Certains reprochent à Freud d'accorder une importance exagérée aux processus inconscients, dont l'existence ne peut être prouvée de façon empirique. De plus, Freud a élaboré sa théorie à partir d'entretiens cliniques et non à partir d'études scientifiques. Ses observations portent surtout sur des femmes adultes, généralement issues de milieux favorisés et qui poursuivent une démarche thérapeutique : elles ne s'appuient donc pas sur un échantillon représentatif et ne permettent pas de généraliser ses conclusions à l'ensemble de la population. Si cette critique s'applique moins aux travaux d'Erikson, certaines recherches révèlent néanmoins qu'il existe peu de preuves selon lesquelles les stades se succèdent comme il le prétend (Chiriboga, 1989). Comme c'est le cas pour ceux de Freud, les concepts mis de l'avant par Erikson peuvent difficilement être vérifiés scientifiquement (Thomas, 2004). Enfin, Freud et Erikson reçoivent la même critique, quoique formulée différemment : ils ont tous deux centré leur théorie sur l'homme comme étant la norme d'un sain développement, au détriment de la femme, ce qui, de fait, laisse de côté la moitié de la population…

1.2.2 L' approche béhavioriste et néobéhavioriste

L'**approche béhavioriste** met l'accent sur l'étude des comportements observables, mesurables et quantifiables. À l'opposé de l'approche psychanalytique, elle nie les motivations inconscientes et considère le développement comme résultant de l'apprentissage, c'est-à-dire comme un ensemble de réactions à des stimuli et à des événements extérieurs. Selon les béhavioristes, les changements de comportements dus à l'apprentissage observés durant le développement découlent particulièrement de la façon dont un individu réagit aux stimuli agréables, douloureux ou menaçants qui viennent de son environnement. En effet, s'ils reconnaissent la limite imposée aux actions humaines par les mécanismes biologiques, les tenants de l'approche béhavioriste accordent à l'environnement un rôle déterminant dans l'orientation du comportement : on dit qu'ils sont **déterministes**. Par conséquent, si l'on parvient à cerner toutes les influences exercées par l'environnement sur l'individu, on pourra prédire ses comportements, voire les modifier.

Les tenants de cette approche se sont surtout intéressés à deux formes d'apprentissage, soit le conditionnement classique ou répondant et le conditionnement instrumental ou opérant.

Approche béhavioriste
Approche qui met l'accent sur l'étude des comportements observables, mesurables et quantifiables, et qui considère le développement comme le résultat d'un apprentissage, donc comme un ensemble de réactions à des stimuli et à des événements venant de l'environnement.

Déterminisme
Vision selon laquelle l'environnement joue un rôle déterminant dans l'orientation du comportement.

Conditionnement classique ou répondant
Apprentissage grâce auquel un stimulus finit par déclencher une réponse après avoir été associé à un autre stimulus qui, lui, provoque automatiquement cette réponse.

Comment Carole en est-elle arrivée à ne plus supporter l'odeur de la bière ?

I. Pavlov : le conditionnement classique ou répondant

Le physiologiste russe Ivan Pavlov (1849-1936) est devenu célèbre en apprenant à un chien à saliver au son d'une cloche. À la présentation de nourriture, le chien salive automatiquement. Comment l'amener à saliver au son d'une cloche ? Dans le cadre de cette étude, le chercheur a fait tinter une cloche juste avant de présenter de la nourriture au chien, et ce, de façon répétée. À la longue, le chien a associé le son de la cloche à la présence de nourriture, puis a commencé à saliver au seul son de la cloche. Dans cette expérience, la nourriture représente le stimulus inconditionnel (SI) provoquant naturellement la salivation, soit la réponse inconditionnelle (RI). Le son de la cloche est, au départ, un stimulus neutre (SN), puisqu'il ne provoque pas la salivation. Associé plusieurs fois à la nourriture, il devient un stimulus conditionnel (SC), à même d'entraîner la salivation, soit une réponse conditionnelle (RC). Cette expérience illustre le **conditionnement classique** ou **conditionnement répondant**, une forme d'apprentissage très présente dans le développement de l'enfant, particulièrement en ce qui concerne les expériences de bien-être ou de malaise associés à certaines personnes ou objets de son entourage. C'est ainsi qu'un enfant peut acquérir une *aversion gustative* envers un aliment donné à la suite d'une seule association. Il suffit, par exemple, qu'il vomisse après avoir mangé une banane pour que l'aversion s'installe et que la seule odeur de la banane lui donne la nausée.

Ivan Pavlov
Le physiologiste Ivan Pavlov est considéré comme le découvreur du conditionnement classique.

John Watson

Selon J. Watson, l'apprentissage est au centre des comportements humains.

Burrhus F. Skinner

Le psychologue Burrhus F. Skinner a énoncé les principes du conditionnement opérant.

Conditionnement instrumental ou opérant
Forme d'apprentissage dans laquelle une réponse continue de se produire parce qu'elle a été renforcée ou bien cesse de se produire parce qu'elle a été punie.

Quel rôle les desserts préparés par la mère de Carole peuvent-ils jouer?

Renforcement positif
Selon Skinner, stimulus agréable appliqué à la suite d'un comportement et qui augmente la probabilité de réapparition du comportement.

Renforcement négatif
Selon Skinner, stimulus désagréable retiré à la suite du comportement et qui augmente la probabilité de réapparition du comportement.

C'est à John B. Watson (1878-1958) que l'on doit le terme *béhaviorisme*. Watson a été le premier à appliquer le conditionnement classique à l'étude du développement de l'enfant. Ainsi, le bébé apprendra à aimer ses parents parce qu'il les associe peu à peu au sentiment de confort qu'il éprouve dans leurs bras et aux caresses qu'ils lui prodiguent. Les parents sont donc d'abord un stimulus neutre, qui deviennent ensuite conditionnel. En apprenant quels événements sont associés les uns aux autres, l'enfant peut anticiper ce qui va se produire, et le monde devient alors plus ordonné et plus prévisible. Selon Watson, à part quelques réflexes innés, tous les comportements résultent de l'apprentissage, qu'il conçoit comme un ensemble de réponses mesurables à des stimuli venant de l'environnement et qu'on peut définir objectivement (Cloutier et Parent, 2013). Le chercheur va jusqu'à affirmer qu'il peut conditionner n'importe quel enfant à devenir ce qu'il voudrait qu'il devienne, ce que l'on ne croit plus aujourd'hui. Malgré tout, Watson a influencé les pratiques éducatives de toute une génération de parents américains.

B. F. Skinner: le conditionnement instrumental ou opérant

Noémie repose dans son berceau. Quand elle se met à babiller (« ma-ma-ma », sa mère s'approche, sourit et répète les mêmes syllabes. Si cette situation se répète, Noémie va apprendre que son comportement (babiller) entraîne une conséquence agréable (recevoir de l'attention). Elle continuera donc à babiller pour obtenir de nouveau cette attention. Ce type de conditionnement est appelé **conditionnement instrumental** ou **conditionnement opérant**.

À la différence du conditionnement répondant, où l'association s'établit entre un stimulus venant de l'environnement et une réponse réflexe de l'organisme, dans le conditionnement opérant, l'association se fait entre une réponse et ses conséquences. C'est le psychologue américain Burrhus F. Skinner (1904-1990) qui a énoncé les principes de ce type de conditionnement fréquemment utilisé par les parents, les enseignants et les dompteurs d'animaux. Skinner (1938) a amené des pigeons à reconnaître des leviers de couleurs différentes en les récompensant avec de la nourriture lorsqu'ils appuyaient sur le bon levier. Il a ensuite montré que le même principe pouvait s'appliquer au comportement humain. Si un comportement entraîne une conséquence agréable (ou bien le retrait d'une conséquence désagréable), on dit qu'il est *renforcé*. La probabilité que le sujet adopte de nouveau le même comportement augmente alors. Si, au contraire, le comportement entraîne une conséquence désagréable (ou empêche une conséquence agréable), il est puni, et la probabilité que le sujet l'adopte à nouveau diminue.

Le renforcement et la punition

Le renforcement peut être positif ou négatif. Le **renforcement positif** consiste à donner une récompense telle que de la nourriture, une bonne note à un travail, de l'argent ou des compliments à la suite du comportement du sujet. Le **renforcement négatif** consiste à retirer de l'environnement du sujet un stimulus désagréable, par exemple une lumière aveuglante, un bruit désagréable ou des réprimandes, pour obtenir la réponse désirée. Pour ne pas avoir froid aux mains l'hiver, l'enfant apprend ainsi à mettre ses mitaines lorsqu'il va jouer à l'extérieur.

Si le renforcement augmente la probabilité d'apparition d'un comportement, la punition la réduit. En effet, lorsqu'une conséquence désagréable suit un comportement, celui-ci tend à diminuer ou même à disparaître. Il faut cependant bien distinguer le renforcement négatif de la punition: alors que le renforcement négatif augmente la probabilité d'apparition d'une réponse, la punition diminue au contraire cette probabilité. Par exemple, si un ami vous insulte lors d'une dispute, vous pouvez le punir en cessant de lui parler. Vous lui infligez alors une conséquence désagréable pour faire disparaître le comportement en question. À l'opposé, lorsque nous appliquons un renforcement négatif, nous retirons une conséquence désagréable si le comportement souhaité apparaît. Par exemple, si votre ami s'excuse après avoir proféré des paroles blessantes et que vous recommencez à le fréquenter, vous aurez alors retiré la conséquence désagréable que vous lui aviez infligée (ne plus lui parler). Généralement, l'individu reproduira un comportement qui fait cesser une conséquence désagréable.

Comme c'est le cas pour le renforcement, il existe des *punitions positives* et des *punitions négatives*. Si vous criez après votre petit frère parce qu'il est venu fouiller dans vos affaires, vous lui appliquez une punition positive (se faire réprimander est désagréable). Si, toutefois, pour la même raison, vous lui reprenez un livre que vous lui aviez donné, la punition est alors négative (retrait d'un stimulus agréable). Le conditionnement opérant est un outil puissant, utilisé pour former ou modifier le comportement des enfants et des adultes. Cependant, pour être vraiment efficace, le renforcement ou la punition doit être donné le plus tôt possible après le comportement visé, faute de quoi l'association entre le comportement et sa conséquence risque de ne pas se faire. Par ailleurs, selon plusieurs théoriciens de l'apprentissage, la punition positive n'est pas toujours considérée comme le meilleur moyen de modifier un comportement, comme nous le verrons dans le chapitre 6. Enfin, il faut savoir que ce qui représente un renforcement pour l'un peut être une punition pour l'autre. Par exemple, être félicité publiquement pour un travail bien fait peut être agréable pour une personne, mais très désagréable pour une autre, plus timide.

Les conditions environnementales se modifiant sans cesse, un comportement peut disparaître s'il cesse d'être renforcé, de la même façon qu'une réponse conditionnelle peut s'éteindre si elle n'est plus associée au stimulus conditionnel : on parle alors d'*extinction* du comportement ou de la réponse.

Albert Bandura

Le psychologue Albert Bandura est un éminent défenseur de la théorie de l'apprentissage social, selon laquelle l'apprentissage passe par l'observation et l'imitation de modèles.

A. Bandura : l'apprentissage social ou apprentissage par observation

La **théorie de l'apprentissage social**, ou **apprentissage par observation**, soutient que la personne apprend en observant et en imitant le comportement de modèles. L'enfant peut ainsi imiter les comportements de ses proches, de ses amis ou même de personnes vues à la télévision. Cette théorie, dont le psychologue canadien Albert Bandura (1925-) est le principal défenseur, met elle aussi l'accent sur l'impact de l'environnement. Toutefois, elle attribue à la personne un rôle beaucoup plus actif dans son développement que le béhaviorisme classique. En effet, selon cette théorie, l'individu choisit ses modèles : ainsi, un enfant peut choisir d'imiter le comportement d'un joueur de hockey pour qui il a une grande admiration ou un adolescent peut choisir de s'habiller comme un chanteur à la mode.

Comment la théorie de l'apprentissage social expliquerait-elle le choix de Carole pour la biologie ?

Parce qu'elle reconnaît l'importance de la pensée dans l'apprentissage, on classe cette théorie dans le courant *néobéhavioriste*. Depuis 1989, la théorie de l'apprentissage social est d'ailleurs nommée *théorie sociale cognitive* par Bandura (1986, 1989). Cette nouvelle appellation reflète bien toute l'importance qu'il accorde aux processus cognitifs. Lorsqu'elle observe les comportements d'autrui, la personne évalue leurs conséquences. Si la conduite observée est récompensé, elle aura tendance à la reproduire pour être récompensée à son tour. Si, au contraire, elle entraîne une conséquence désagréable, elle aura plutôt tendance à l'éviter. Ce type d'apprentissage *vicariant*, comme le nomme Bandura, nous permet d'apprendre un comportement sans que nous soyons directement renforcés ou punis. Ainsi, lorsqu'un automobiliste voit un autre conducteur se faire arrêter par les policiers pour un excès de vitesse, il sera porté à lever le pied de l'accélérateur pour ne pas subir la même conséquence négative.

Théorie de l'apprentissage social ou apprentissage par observation
Théorie principalement développée par Bandura, selon laquelle les comportements sont acquis par l'observation et l'imitation du comportement de modèles.

La sélection et la reproduction des comportements observés mettent en jeu plusieurs processus cognitifs tels que la capacité d'être attentif, d'organiser mentalement l'information sensorielle et de mémoriser. Ces processus agissent sur les apprentissages. Par exemple, un enfant peut décider d'imiter le comportement d'un camarade de classe particulièrement agressif parce que ce dernier exerce ainsi davantage d'ascendant sur ses pairs. Cependant, ce comportement peut être rejeté dans la famille de l'enfant. À partir des réactions obtenues dans divers contextes, il pourra alors former peu à peu

Efficacité personnelle
Conviction d'une personne de détenir les capacités nécessaires pour réussir ce qu'elle entreprend.

son jugement et mieux sélectionner ses modèles, ce qui développera son sentiment d'**efficacité personnelle**, c'est-à-dire sa conviction de détenir les capacités nécessaires pour réussir ce qu'il entreprend. Aujourd'hui, rares sont les chercheurs qui excluent la dimension cognitive de l'apprentissage comme le faisaient les tenants des conditionnements répondant et opérant. Les humains apprennent dans un contexte social et culturel complexe où la diversité des apprentissages à développer ne peut être expliquée par le simple conditionnement. L'imitation de modèles joue ainsi un rôle majeur dans l'acquisition du langage, dans le développement du sens moral et dans l'acquisition des comportements liés au genre, pour ne citer que ces exemples.

L'apport et les limites des théories de l'apprentissage

Grâce à une définition mesurable des comportements et à des expériences en laboratoire, le béhaviorisme a contribué à rendre plus rigoureuse l'étude du développement. Cette approche nous permet de mieux comprendre non seulement les mécanismes à l'œuvre dans l'apprentissage, mais aussi comment nous subissons, même à notre insu, l'influence de l'environnement. Parmi les principales contributions du béhaviorisme se trouvent les programmes conçus pour obtenir des modifications rapides du comportement (par exemple, cesser de fumer) ou pour inculquer de nouveaux comportements (tel que l'apprentissage de la propreté), sans avoir à plonger dans une recherche approfondie sur les conflits affectifs.

Cependant, cette approche a tendance à sous-estimer les facteurs biologiques et héréditaires, ainsi que les facteurs cognitifs, les motivations, le libre arbitre et les facteurs inconscients du comportement. Elle a également tendance à exagérer le déterminisme de l'environnement et fait peu de distinction entre les différentes périodes de la vie. Enfin, selon certains, le principal défaut de la théorie béhavioriste est qu'elle ne se penche pas sur les causes profondes des conduites humaines. Or, le fait de tendre simplement à éliminer un comportement indésirable (par exemple, mouiller son lit) peut entraîner un autre comportement tout aussi indésirable (comme voler des objets), parce que la vraie source du problème n'a pas été identifiée.

Les principales caractéristiques de la théorie de l'apprentissage social – soit l'accent sur le contexte social, la reconnaissance du rôle actif de la personne dans son propre développement et l'importance accordée aux processus cognitifs – représentent de nettes améliorations par rapport aux théories quelque peu réductionnistes du béhaviorisme classique. Cette théorie nous permet de mieux comprendre l'influence exercée par d'autres personnes sur nos propres comportements. Cependant, cette approche ne précise pas davantage comment interviennent les changements en fonction de l'âge. Enfin, même si ces deux théories nous aident à mieux comprendre le comportement humain, elles ne sont pas, à proprement parler, des théories du développement.

1.2.3 L'approche cognitiviste

Approche cognitiviste
Approche qui s'intéresse au développement de l'intelligence et des processus cognitifs tels que la perception, la mémoire ou la pensée, ainsi qu'aux comportements qui en résultent.

L'**approche cognitiviste** s'intéresse particulièrement au développement de l'intelligence et des processus cognitifs tels que la perception, la mémoire et la pensée, ainsi qu'aux comportements qui en résultent. Parmi les théoriciens qui s'inscrivent dans cette approche, Jean Piaget a eu une influence déterminante sur la compréhension de l'intelligence du jeune enfant. De son côté, Lev Vygotsky s'est également intéressé au développement cognitif des enfants, mais en situant les apprentissages dans un contexte socioculturel. Enfin, la théorie du traitement de l'information s'est surtout intéressée aux processus à l'œuvre dans la captation et la rétention de l'information.

J. Piaget : la théorie des stades du développement cognitif

Le théoricien suisse Jean Piaget (1896-1980) a été le plus éminent défenseur de l'approche cognitiviste. Ses recherches ont considérablement approfondi notre connaissance du développement de la pensée de l'enfant.

le cerveau à un ordinateur dans lequel les sensations « entrent » et les comportements « sortent ». Mais que se passe-t-il entre les deux? Comment, par exemple, votre cerveau utilise-t-il l'information sensorielle et perceptuelle obtenue en regardant un nouveau visage pour que vous puissiez le reconnaître plus tard? Les théoriciens ont développé des modèles de *traitement de l'information* qui permettent d'analyser les étapes du processus. Dans notre exemple, l'information visuelle (le nouveau visage) est *encodée* par le cerveau, c'est-à-dire transformée en un matériel qu'il peut utiliser. Cette information codée est ensuite *stockée* dans la mémoire, où elle pourra éventuellement être *récupérée,* vous permettant alors de reconnaître ce visage.

Les théoriciens du traitement de l'information pensent que l'individu participe activement à son développement, même si le modèle de l'ordinateur est « passif ». Ils voient le développement comme un processus continu et n'en parlent pas en termes de « stades » comme Piaget. Ils s'intéressent aux progrès observés au fur et à mesure que l'enfant grandit : ses processus mentaux gagnent en rapidité, en complexité et en efficacité, et le matériel qu'il peut stocker dans sa mémoire augmente en quantité et en variété, comme nous le verrons dans le chapitre 3.

La théorie du traitement de l'information a des applications pratiques. Elle permet par exemple aux parents et aux éducateurs d'aider l'enfant à être davantage conscient de ses propres processus mentaux et à développer des stratégies pour les améliorer, comme nous le verrons dans le chapitre 7. De plus, ce modèle permet de tester, de diagnostiquer et de traiter les problèmes d'apprentissage (Thomas, 2004; Williams, 2001).

L'apport et les limites des théories cognitivistes

De manière générale, les cognitivistes ont profondément modifié l'étude du développement en nous permettant de mieux saisir l'influence que la pensée peut exercer sur les comportements. Ils ont grandement amélioré notre compréhension du développement des habiletés cognitives, en particulier celui de l'intelligence. Plus que tout autre théoricien, Piaget a mis en évidence les caractéristiques uniques de la pensée enfantine et montré à quel point elle diffère de celle des adultes. De plus, en décrivant la façon dont les enfants pensent et se représentent le monde aux différents stades de leur développement cognitif, Piaget a fourni des barèmes précieux à tous ceux qui s'occupent d'enfants, particulièrement sur le plan scolaire. Cette contribution majeure à la psychologie du développement a inspiré de nombreux chercheurs et a donné naissance à une multitude de projets de recherche.

Toutefois, la théorie de Piaget n'a pas échappé à la critique. Ses travaux ont peu tenu compte des différences individuelles, de l'influence de l'éducation et des interactions sociales. Le rôle des motivations et des émotions a également été sous-estimé. Enfin, plusieurs théoriciens ont remis en question sa vision des stades du développement cognitif et des aptitudes qui y sont rattachées. Ainsi, on sait aujourd'hui qu'il a sous-estimé les habiletés cognitives des jeunes enfants. Lorsque nous aborderons le développement cognitif de l'adulte, nous verrons aussi que plusieurs chercheurs remettent en question l'idée selon laquelle la pensée cesse d'évoluer après le stade formel.

De son côté, la théorie socioculturelle de Vygotsky a le grand mérite d'avoir montré le rôle indéniable joué par l'environnement social et par la culture dans le développement cognitif des enfants. Elle a mis en évidence l'importance des interactions sociales pour guider l'enfant dans ce développement. Cependant, elle a négligé le rôle joué par la maturation biologique et n'a pas tenu compte de l'incidence du développement affectif sur les capacités intellectuelles.

Enfin, les recherches utilisant l'imagerie cérébrale et les études sur des personnes ayant des lésions au cerveau ont confirmé plusieurs aspects de la théorie du traitement de l'information, tels que l'existence de structures physiques séparées pour la mémoire consciente et la mémoire inconsciente (Schachter, 1999; Yingling, 2001). De plus, cette théorie a entraîné des applications pratiques intéressantes. Ceci étant, elle a négligé, elle aussi, le rôle des motivations et des émotions. Toutefois, la critique qui a été le plus souvent adressée à cette théorie reste le caractère réductionniste de la comparaison du cerveau à un ordinateur, comparaison qui ne tient pas compte de la complexité du fonctionnement cérébral.

1.2.4 L'approche humaniste

En 1962, un groupe de psychologues inspirés par les travaux de l'Américain Carl Rogers fondent l'Association de psychologie humaniste. Ces spécialistes sont en réaction contre la vision mécaniste et déterministe de l'approche béhavioriste. Ils rejettent aussi la vision essentiellement négative qui sous-tend, selon eux, la théorie psychanalytique. Ces psychologues avancent l'idée que la nature humaine est fondamentalement bonne et que ses aspects indésirables résultent de torts infligés par des facteurs provenant du milieu.

Approche humaniste
Approche selon laquelle chaque personne a la capacité de prendre sa vie en main et d'assumer son développement de manière saine et positive grâce à sa capacité d'exercer son libre arbitre, de créer et de tendre vers l'actualisation de soi.

L'**approche humaniste** s'appuie sur le postulat que chaque personne a la capacité de prendre sa vie en main et de veiller à son propre développement. Les humanistes insistent sur l'idée d'un potentiel inné de développement positif et sain et sur la capacité qu'a l'être humain d'exercer son *libre arbitre* et d'être créatif. La réalisation de ce potentiel, ou l'*actualisation de soi*, représente le but ultime de tout être humain.

C. Rogers : l'actualisation de soi

Carl Rogers
Carl Rogers, l'un des fondateurs du courant humaniste, considère l'être humain comme fondamentalement libre de ses actions.

Carl Rogers (1902-1987) est l'un des fondateurs du courant humaniste. Il est né aux États-Unis, dans une famille rurale protestante. Après des études en agronomie, puis en histoire, il entre, en 1926, à l'école normale de l'Université de Columbia, où il acquiert une formation en pédagogie et en psychologie clinique. Pendant plus de vingt ans, il enseignera la psychologie et la thérapie, en plus de mener de nombreuses recherches dans diverses universités américaines.

Congruence
Selon Rogers, état d'une personne qui ressent une correspondance entre ce qu'elle vit (son expérience), ce qu'elle en sait (sa prise de conscience) et ce qu'elle en dit (sa communication).

Selon Rogers, comme pour les autres humanistes, l'être humain est fondamentalement libre et peut donc orienter sa vie selon ses choix afin de se réaliser pleinement. Rogers s'intéresse essentiellement à la subjectivité des individus, c'est-à-dire à la façon dont ils perçoivent leurs expériences et les sentiments qui s'y rattachent. Au fur et à mesure que la personnalité se développe, le *concept de soi* se forme à partir de l'ensemble des perceptions qu'une personne a d'elle-même. Pour Rogers, l'authenticité est une valeur importante ; elle implique qu'une personne soit le plus possible « elle-même », c'est-à-dire en contact étroit avec ses sentiments, ses valeurs et ses espoirs. L'authenticité exige elle-même la **congruence**, que l'on peut définir comme la correspondance qui existe entre l'expérience (ce que vit la personne), la prise de conscience (ce que la personne en sait) et la communication (ce qu'elle en dit). Cependant, l'être humain ne peut se réaliser sans entrer en relation avec les autres. Ainsi, selon Rogers, ces apprentissages sociaux auront une influence sur le développement et pourront faire obstacle à la congruence. En effet, l'enfant a besoin de *considération positive* de la part des personnes significatives qui l'entourent, c'est-à-dire d'être aimé, respecté et accepté. Pour que sa personnalité se développe de façon saine et congruente, cette considération positive doit être *inconditionnelle* : l'enfant doit être aimé pour lui-même et accepté en tant que personne, même si ses comportements ne sont pas toujours adéquats. Ainsi, lorsqu'un enfant se conduit mal, il est important, lorsqu'on le réprimande, de bien lui faire comprendre que c'est son comportement qui est en cause et non sa personne. Dans la mise en situation, Carole ne reçoit pas de considération positive de la part de son père.

Rogers a également développé une approche thérapeutique dite *centrée sur le client*, par laquelle il poursuit l'objectif d'amener les individus à actualiser leur plein potentiel en prenant conscience de leur interprétation de la réalité. Les concepts clés de cette approche ont été utilisés non seulement en thérapie individuelle ou de groupe, mais également dans un contexte pédagogique inspirant le courant de la pédagogie dite *non directive*.

A. H. Maslow : la théorie de la hiérarchie des besoins

Abraham H. Maslow (1908-1970) est né aux États-Unis et a connu une enfance difficile dans une famille immigrante. Diplômé en psychologie, il a eu plusieurs mentors, dont Harry Harlow *(voir le chapitre 4)* et l'anthropologue Ruth Benedict. Son admiration pour ses différents mentors nourrit sa réflexion sur la réalisation du potentiel humain. Il a été l'un des chefs de file du mouvement humaniste et s'est surtout fait connaître par la pyramide de la hiérarchie des besoins, appelée communément « pyramide de Maslow » *(voir la figure 1.1)*.

Abraham H. Maslow

Abraham H. Maslow, cofondateur du courant humaniste avec Carl Rogers, est connu pour sa pyramide de la hiérarchie des besoins.

Pour Maslow, la satisfaction des besoins est directement liée au développement de la personnalité et ce n'est qu'une fois les besoins fondamentaux satisfaits, au moins en partie, que l'on peut atteindre la réalisation de soi (Maslow, 1971 et 1987). Chez le tout-petit, par exemple, ce sont surtout les besoins physiologiques qui doivent être satisfaits. Selon Maslow (1968), la personne adulte pleinement développée et actualisée présente toutes les caractéristiques suivantes : une perception aiguë de la réalité ; l'acceptation de soi, des autres et de la nature ; la spontanéité ; la capacité de résoudre des problèmes et l'autodétermination ; le détachement et le désir d'intimité ; la liberté de pensée et la richesse émotive ; des relations interpersonnelles satisfaisantes et dynamiques ; une attitude démocratique, la créativité et le sens des valeurs.

FIGURE 1.1 La pyramide des besoins de Maslow

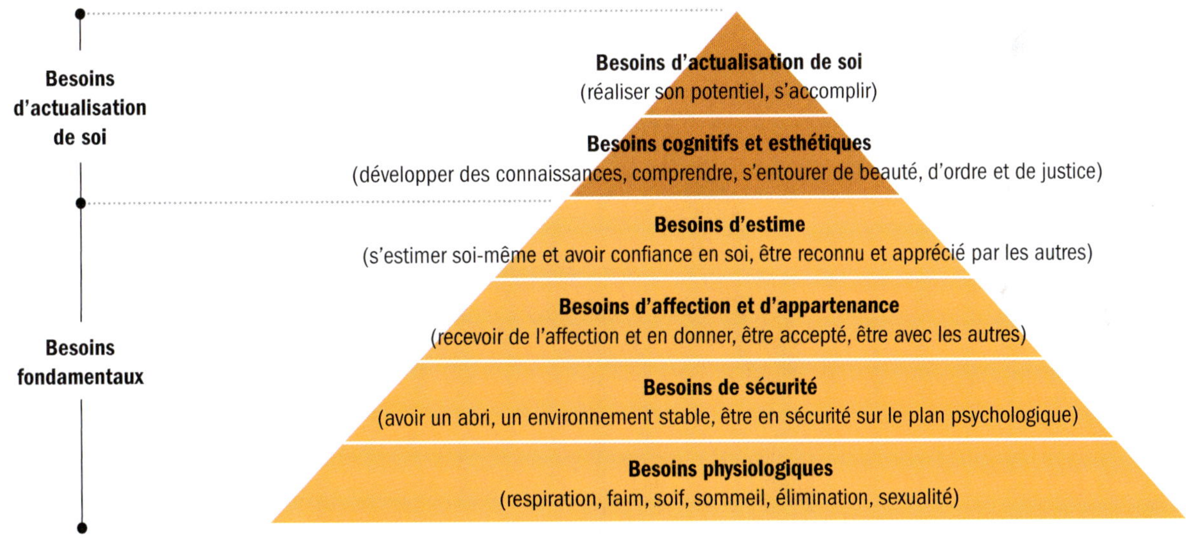

Selon Maslow, l'être humain n'accorde pas les mêmes priorités à ses différents besoins. Les besoins qui se manifestent en premier sont liés à la survie (base de la pyramide). Une personne affamée prendra en effet des risques importants pour trouver de la nourriture ; une fois sa survie assurée, elle commencera alors à penser à sa sécurité. Le besoin de sécurité doit ensuite être satisfait, au moins en partie, avant que la personne puisse combler son besoin d'affection. Et ainsi de suite : quand les besoins d'un niveau sont relativement satisfaits, la personne se préoccupe de satisfaire les besoins qui se situent au niveau supérieur. Cette progression n'est toutefois pas invariable ; ainsi, le sacrifice de soi serait un exemple d'exception (Maslow, 1968).

L'apport et les limites des théories humanistes

Contrairement au point de vue freudien, plutôt pessimiste, l'humanisme propose un modèle plus positif de la personne humaine. De plus, à l'opposé du béhaviorisme, il reconnaît l'importance des réalités intimes de la personne (ses sentiments, ses valeurs et ses espoirs) comme facteurs du développement. En ce sens, les théories humanistes ont contribué à l'élaboration de méthodes éducatives et thérapeutiques qui respectent le caractère unique de l'enfant.

Approche écologique
Approche qui conçoit le développement comme étant le résultat des interactions continuelles entre l'organisme et son environnement.

Modèle bioécologique
Modèle développé par Bronfenbrenner qui décrit l'ensemble des facteurs (familiaux, géographiques, politiques, économiques, culturels, etc.) susceptibles d'influencer le développement d'une personne et les interactions entre ces facteurs.

Urie Bronfenbrenner

Urie Bronfenbrenner a développé le modèle bioécologique pour expliquer le développement humain.

Par ailleurs, le caractère subjectif et peu mesurable des aspects étudiés limite quelque peu l'approche humaniste. Les concepts humanistes apparaissent flous et se traduisent difficilement en données quantifiables sur lesquelles la méthode scientifique pourrait s'exercer. De plus, l'approche humaniste ne distingue généralement pas de stades au cours de la vie, ce qui rend l'étude du développement plus difficile.

1.2.5 L'approche écologique

Selon l'**approche écologique**, le développement de tout organisme biologique est le résultat des interactions continuelles entre cet organisme et son environnement.

U. Bronfenbrenner : le modèle bioécologique

Dans le cadre de l'approche écologique, le psychologue américain Urie Bronfenbrenner (1917-2005) a développé un modèle qui propose une grille d'analyse nouvelle et prometteuse du développement humain : **le modèle bioécologique**.

Le modèle bioécologique de Bronfenbrenner (1979, 1986, 1994, 2001 ; Bronfenbrenner et Morris, 1998) décrit l'ensemble des facteurs (familiaux, géographiques, politiques, économiques, culturels, etc.) susceptibles d'influencer le développement d'une personne et les interactions qui existent entre ces facteurs (*voir la figure 1.2*). Selon

FIGURE 1.2 Le modèle bioécologique de Bronfenbrenner

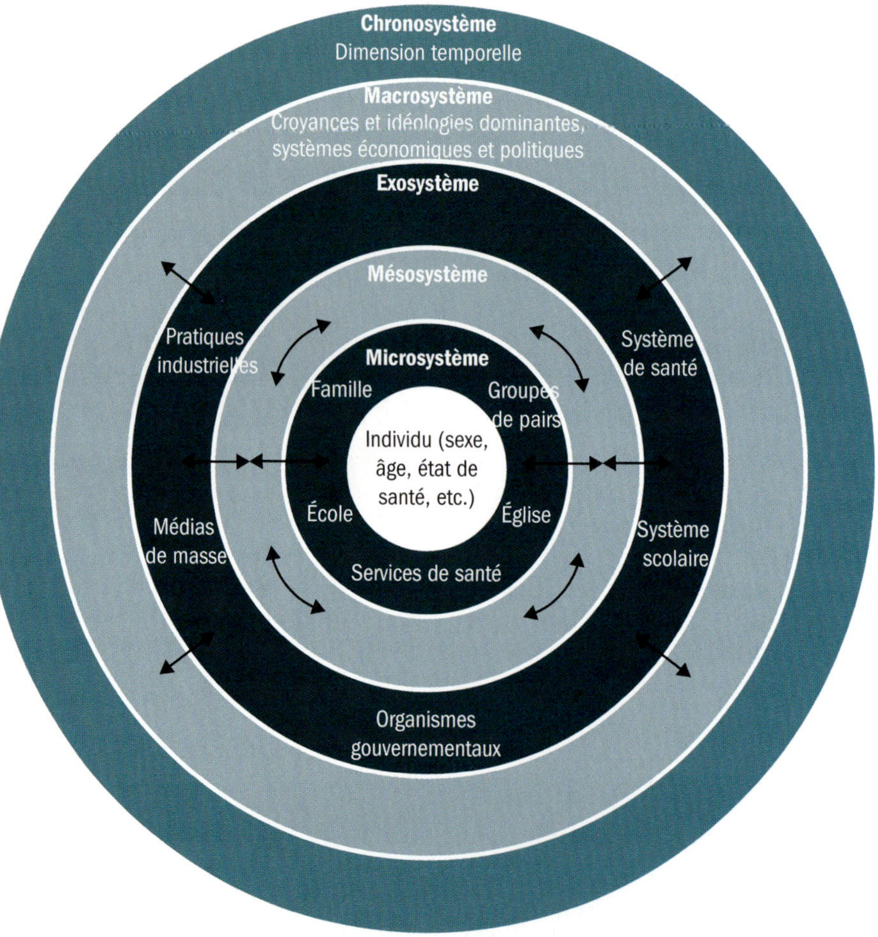

Les cercles concentriques montrent cinq niveaux d'influence environnementale, qui vont du plus intime (au centre) au plus extérieur, le tout dans un contexte temporel. Les cercles forment un ensemble d'influences imbriquées les unes dans les autres autour de la personne qui se développe. Les frontières entre les différents systèmes sont fluides et elles sont en interrelation.

Source : Adapté de http://en.wikipedia.org/wiki/File:Bronfenbrenner%27s_Ecological_Theory_of_Development.jpg

Bronfenbrenner, l'enfant se développe dans un environnement social d'une grande complexité : la famille est certes importante, mais elle n'est pas la seule composante qui influence l'enfant.

Selon la version révisée du modèle bioécologique (Bronfenbrenner et Morris, 1998), trois dimensions interreliées doivent être prises en considération dans l'étude du développement : 1) la dimension ontosystémique, ou **ontosystème**, c'est-à-dire les caractéristiques personnelles d'un individu aussi bien innées qu'acquises, telles que son bagage génétique, son genre, ses habiletés intellectuelles, ses valeurs, etc. ; 2) la dimension chronosystémique, ou **chronosystème**, qui représente le degré de stabilité ou de changement dans l'environnement de la personne, c'est-à-dire les influences qui résultent du passage du temps, les transitions vécues par l'individu au cours de sa vie et l'époque dans laquelle il s'inscrit et 3) le contexte et l'environnement dans lesquels la personne évolue. Ces dimensions s'influencent mutuellement.

Ontosystème
Selon Bronfenbrenner, facteur de développement lié aux caractéristiques individuelles aussi bien innées qu'acquises, telles que le bagage génétique, les habiletés intellectuelles, les valeurs, etc.

Chronosystème
Selon Bronfenbrenner, facteur de développement qui représente le degré de stabilité ou de changement dans l'environnement d'une personne et qui est lié au passage du temps, notamment les périodes de transition et l'époque dans laquelle elle s'inscrit.

Pour Bronfenbrenner, l'environnement, dans lequel tout être humain se développe et évolue, représente un système complexe divisé en quatre sous-systèmes : le microsystème, le mésosystème, l'exosystème et le macrosystème.

Le **microsystème** désigne le milieu quotidien fréquenté régulièrement par une personne et dans lequel elle entretient des relations étroites avec d'autres. Une même personne évolue au sein de plusieurs microsystèmes : par exemple, la maison familiale, la garderie, l'école pour l'enfant ; la maison, le collège, le cercle d'amis pour l'adolescent ; la maison, le milieu de travail, le centre de loisirs pour l'adulte. Dans chacun de ces microsystèmes, l'individu entretient des relations personnelles avec son entourage et joue différents rôles ; on nourrit des attentes à son égard et il doit suivre certaines règles. Le même individu peut connaître des difficultés d'adaptation dans un microsystème particulier et très bien fonctionner dans un autre. De plus, ces différents microsystèmes peuvent différer d'un individu à l'autre. Ainsi, certains enfants seront élevés dans une famille à l'aise économiquement alors que d'autres vivront dans une famille pauvre, certains auront des frères et sœurs, d'autres seront enfants uniques, certains verront souvent leurs grands-parents, d'autres pas.

Microsystème
Selon Bronfenbrenner, système qui correspond au milieu fréquenté quotidiennement par une personne et dans lequel elle entretient des relations étroites avec d'autres individus. Il existe plusieurs microsystèmes pour une même personne (la famille, l'école, le centre de loisirs, le lieu de travail, le voisinage, etc.).

Quels sont les deux microsystèmes où Carole vit des interactions très différentes ?

C'est aussi par l'entremise de ces microsystèmes que les influences plus lointaines, telles que les institutions sociales ou les valeurs culturelles, parviennent à l'individu. Par exemple, c'est par l'entremise de ses camarades de classe qu'un jeune peut ressentir l'homophobie qui prévaut dans sa société d'appartenance.

Le **mésosystème** correspond quant à lui aux interactions qui existent entre les différents microsystèmes d'une personne : entre l'école ou la garderie et la famille pour l'enfant, ou encore entre la maison et le travail ou le travail et la communauté pour l'adulte. Cette dimension inclut également les **réseaux de soutien social**, c'est-à-dire l'ensemble des personnes qui composent l'entourage et qui offrent un ou plusieurs types de soutien (celles à qui nous nous confions et qui nous donnent des conseils, celles avec qui nous pratiquons des loisirs, etc.). Un examen mésosystémique appelle à l'examen de la nature des interactions entre les microsystèmes. Par exemple, la façon dont un employeur très exigeant traite ses employés peut affecter négativement leur productivité ce qui, en retour, pourra augmenter les exigences de l'employeur. Stressés par l'attitude de ce dernier, les employés pourront être moins patients avec leurs enfants lorsqu'ils seront dans leur famille.

Mésosystème
Selon Bronfenbrenner, système qui correspond à l'ensemble des liens et des interactions qui existent entre les différents microsystèmes d'une personne.

Réseau de soutien social
Ensemble des individus qui font partie de l'entourage d'une personne, qui lui offrent différents types d'aide et avec qui elle entretient des relations interpersonnelles.

Pour examiner votre propre mésosystème, identifiez d'abord tous vos microsystèmes, puis analysez les liens qui existent entre eux, aussi bien les compatibilités que les contradictions. Par exemple, avez-vous l'impression que vos valeurs familiales sont compatibles avec celles de vos amis ? Votre travail s'agence-t-il bien avec votre vie d'étudiant quant à l'horaire et aux exigences ?

En troisième lieu, l'**exosystème** désigne des lieux (généralement des institutions) habituellement non fréquentés par la personne qui se développe, mais dont les décisions exercent une influence sur sa vie. C'est le cas, entre autres, des commissions scolaires,

Exosystème
Selon Bronfenbrenner, système qui correspond à des instances habituellement non fréquentées par la personne qui se développe, mais dont les décisions ont une incidence sur sa vie.

des conseils d'administration et des organismes gouvernementaux. Les décisions relatives aux droits de scolarité du cégep constituent un bon exemple de cette dimension exosystémique. En tant qu'étudiant, vous ne faites pas partie des instances qui décident d'augmenter les droits de scolarité, mais si une telle augmentation survient, elle aura une incidence concrète sur votre vie. Les décisions liées à la fixation du salaire minimum, aux heures d'ouverture des magasins, aux tarifs des transports en commun et des différentes formes d'énergie sont autant d'exemples de dimensions exosystémiques.

Macrosystème
Selon Bronfenbrenner, système qui inclut les valeurs et les normes véhiculées dans une société, une culture, un système économique et politique.

Enfin, le **macrosystème** représente le système le plus large puisqu'il comprend les trois précédents. Il constitue une sorte de toile de fond et inclut les modèles culturels, les idéologies et les valeurs d'une société, d'une culture. Les systèmes économiques et politiques en font également partie. De quelle façon le fait de vivre dans une société capitaliste et individualiste influence-t-il nos choix ? Les idées véhiculées au sujet des immigrants dans les médias, par exemple, influencent-elles nos amis ? Il faut se rappeler que ces quatre systèmes sont eux aussi interdépendants et en interaction. Ainsi, la mondialisation croissante des marchés (macrosystème) peut déclencher la restructuration de l'entreprise où travaille votre père (exosystème), ce qui peut entraîner sa mise à pied et la diminution du revenu familial (mésosystème). Vos parents peuvent alors être davantage stressés et incapables de continuer de payer vos études, ce qui peut vous pousser à trouver un emploi de fin de semaine (microsystème).

Enfin, selon Bronfenbrenner, la personne n'est pas seulement le produit de son développement, elle agit également sur lui par l'entremise de ses caractéristiques physiques et psychologiques, de ses talents et de ses habiletés, de ses forces et de ses faiblesses. Ainsi, dans la mise en situation, Carole ne se réduit pas au produit d'une famille dysfonctionnelle ; son courage et sa volonté lui permettent de s'en sortir.

L'apport et les limites de l'approche écologique

L'approche écologique a le grand mérite de tenter de tenir compte de l'ensemble des dimensions présentes dans la vie des personnes, particulièrement les dimensions socio-culturelles, et d'en analyser les multiples interactions. Contrairement aux autres approches, elle ne se centre pas uniquement sur les déterminants personnels pour comprendre le développement d'un individu ; elle met en évidence les influences de l'environnement sur l'individu, mais aussi celles de l'individu sur son environnement. Elle ne s'intéresse pas seulement au milieu familial, mais tente également de prendre en considération des facteurs plus rarement étudiés en psychologie : l'influence du milieu de travail, la dimension économique, les réseaux de soutien, les décisions gouvernementales, les valeurs sociales, les idéologies, etc. C'est enfin une approche qui permet d'élargir le mode d'intervention. En effet, alors que la plupart des interventions issues des théories psychanalytiques, béhavioristes, cognitivistes ou humanistes se concentrent essentiellement sur la modification des comportements ou des émotions de l'individu qui éprouve le problème, l'approche écologique permet de choisir des voies multidimensionnelles. C'est l'approche privilégiée par la psychologie communautaire. L'initiative *1,2,3 go!*, présentée dans l'encadré 1.2, est un programme d'intervention communautaire qui illustre bien l'application du modèle écologique.

Certaines critiques ont toutefois relevé des ambiguïtés et des imprécisions dans ce modèle. On lui reproche plus particulièrement de mal expliquer le développement passé et de ne pas être en mesure de prédire le développement futur (Thomas et Michel, 1998).

ENCADRÉ 1.2 APPLICATION

1,2,3 GO ! Un programme communautaire visant le mieux-être des tout-petits, de leur famille et de la communauté

Dans les années 1990, le Centraide du Grand Montréal a commencé à travailler sur un projet qui faisait la promotion du bien-être des jeunes enfants et qui deviendra le programme *1,2,3 GO!*. Le psychologue Camil Bouchard est un de ceux qui a participé à son élaboration. La mise sur pied de ce programme a été influencée par l'approche écologique de Bronfenbrenner, qui considère que le développement de l'enfant résulte de l'interaction entre celui-ci et son environnement humain et social et qu'il faut prendre en considération non seulement le milieu familial, mais aussi le contexte économique, politique, organisationnel et culturel dans lequel il grandit. À partir du constat voulant que les enfants qui vivent sur des territoires où le taux de pauvreté est élevé ont moins de chances de se développer pleinement, comparativement aux enfants provenant de milieux favorisés, les promoteurs du projet ont proposé à six territoires présentant des indices élevés de pauvreté de participer à un projet visant à soutenir les enfants ainsi que leur famille. Dominique Damant et ses collègues (1999) décrivent ainsi les objectifs poursuivis au départ par l'initiative *1,2,3 GO!* et qui favorisent l'émergence d'interventions multidimensionnelles :

- Objectifs ontosystémiques : Amélioration des compétences parentales, de la situation occupationnelle des parents, des habiletés cognitives et sociales des enfants et de la nutrition ;
- Objectifs microsystémiques : Amélioration des relations parent-enfant, des aires de jeux et de détente, de la salubrité et de la sécurité dans les parcs ;
- Objectifs mésosystémiques : Création de ressources d'entraide et de soutien entre les parents, enrichissement des liens entre les familles et les services sociaux et scolaires, amélioration du transport ;
- Objectifs exosystémiques : Amélioration de la qualité des services destinés aux parents ou aux enfants, meilleure intégration des services destinés aux familles et meilleure concertation entre les services ;
- Objectifs macrosystémiques : Tolérance et bienveillance accrues envers les enfants et préoccupation plus marquée de la communauté à l'égard de leur bien-être, association plus affirmée entre les acteurs du milieu économique et du milieu social, de manière à influencer les choix idéologiques à l'égard des enfants.

On peut dire que l'organisme *1,2,3 GO!* représente : « une stratégie de mobilisation et d'action qu'une communauté s'approprie et met en œuvre en faveur de ses tout-petits et de leurs parents » (Goulet *et al.*, 2005).

Ce programme est toujours bien vivant et il s'est étendu à d'autres centres urbains de la province comme Laval, Longueuil et Québec. En 2001, un centre *1,2,3 GO* ! a été créé pour coordonner les différents projets.

Un exemple récent du dynamisme de ce programme nous est fourni par l'Initiative *1,2,3 GO!* Limoilou. Ce secteur de la ville de Québec est un de ceux où l'on retrouve le plus d'enfants de 0 à 5 ans, en proportion comme en nombre absolu. Beaucoup vivent dans des familles défavorisées et des familles monoparentales, qui sont isolées socialement et particulièrement vulnérables psychologiquement. Les parents reçoivent peu de soutien pour améliorer leurs relations avec leurs enfants et leur pratique éducationnelle. Ils se sentent souvent démunis, impuissants et incompétents, ce qui, selon l'approche écologique, peut avoir des conséquences négatives sur le développement de leurs jeunes enfants. L'Initiative *1,2,3 GO!* Limoilou a déjà plusieurs réalisations communautaires à son actif telles que la cinquième édition d'une fête familiale dans le quartier en mai 2012 et l'utilisation d'un minibus d'animation qui parcourt le territoire. En juin 2012, en réponse aux besoins exprimés par plusieurs parents, l'Initiative *1,2,3 GO!* Limoilou, avec l'aide de plusieurs partenaires sociaux, a mis sur pied le projet « L'espace des tout-petits ». Cet endroit devrait offrir aux familles des espaces de jeu, un jardin d'enfants et des activités d'éveil culturel. Il se veut également un lieu de rencontre pour les parents et propose une offre concertée de services à la famille ainsi qu'un centre de matériaux récupérés dans la communauté. Comme l'écrivent les chargés de projet, ce centre a pour objectif : « [d]es enfants actifs, éveillés et entourés, des parents soutenus, des liens tissés serrés dans l'offre de services pour la petite enfance et une vie citoyenne et communautaire enrichie » (Pelletier, G. et J. Lapointe, 2012). Ce projet vise également le développement optimal des tout-petits ainsi que l'accès à des services éducatifs et récréatifs de qualité.

Pour les familles de ces enfants (microsystème), le projet veut :

- favoriser les échanges constructifs entre les parents et leurs enfants ;
- briser leur isolement social par la création de réseaux de soutien et favoriser l'accès à des services de proximité (mésosystème) ;
- développer leur pouvoir d'agir (*empowerment*), leur sentiment d'efficacité personnelle et la confiance dans leurs habiletés parentales.

Pour la communauté de Limoilou, ce projet communautaire doit s'inscrire dans le cadre de la politique familiale de la ville de Québec (exosystème). Sa réalisation nécessitera toutefois l'appui des instances gouvernementales provinciales (macrosystème). En ce qui concerne la pauvreté des familles, il est important de préciser ici le rôle déterminant joué par le macrosystème par l'entremise des politiques gouvernementales concernant, par exemple, l'accès à l'emploi, le salaire minimum, l'aide aux familles défavorisées, les places en garderie, etc. Ce projet communautaire représente un exemple concret de l'application des propositions mises de l'avant par le modèle de Bronfenbrenner et il met en pratique l'idée que le « développement de l'enfant est une responsabilité collective ». C'est un projet à suivre !

FAITES LE POINT

5. À l'aide d'un exemple, illustrez comment les trois instances psychiques de la personnalité interagissent dans la théorie psychosexuelle.
6. Comment les approches béhavioriste et néobéhavioriste expliquent-elles le développement ?
7. Dans la théorie de Piaget, quels sont les deux mécanismes cognitifs qui permettent à l'enfant de s'adapter de mieux en mieux à son environnement et comment fonctionnent-ils ?
8. Vous avez cessé d'utiliser votre cellulaire en conduisant depuis que votre ami a renversé un cycliste alors qu'il textait au volant. À l'aide de quelle théorie pourriez-vous expliquer votre décision ?

1.3 Les méthodes de recherche en psychologie du développement

Comme nous l'avons vu, aucune théorie du développement n'est universellement acceptée et aucune approche n'explique toutes les facettes du développement humain. La tendance actuelle est plutôt de proposer des « mini-théories » qui concernent des aspects précis du développement, par exemple les effets du vieillissement sur les relations sociales. Toutefois, comme nous l'avons déjà mentionné, même si la plupart des chercheurs sont assez éclectiques puisqu'ils tiennent compte de différentes approches, leurs recherches révèlent souvent une orientation qui leur est propre, que ce soit par les questions de recherche qu'ils posent ou par la méthodologie qu'ils utilisent. Ainsi, pour comprendre comment un enfant développe le sens du bien et du mal, un chercheur d'orientation béhavioriste observera plutôt quels comportements sont renforcés ou punis par les parents. Un théoricien de l'apprentissage social se concentrera plutôt sur les exemples de comportement moral que ces derniers fournissent à l'enfant et qu'il peut imiter. Enfin, un théoricien cognitiviste se penchera sur les capacités intellectuelles de l'enfant lui permettant de poser un jugement moral.

1.3.1 L'élaboration des théories

La recherche et la théorie sont toutes les deux indispensables et indissociables. Les théories aident en effet à organiser les données recueillies selon une structure cohérente : elles permettent de dépasser les observations faites à partir des recherches, elles leur donnent un sens et permettent de formuler des généralisations, c'est-à-dire de fournir des explications s'appliquant à l'ensemble des individus d'un même groupe d'âge. De plus, les approches théoriques façonnent les questions des chercheurs, leurs méthodes et leur interprétation des résultats. Elles nourrissent la recherche en fournissant des hypothèses à vérifier, une **hypothèse** étant une prédiction du résultat d'une expérience. Quand la recherche confirme une hypothèse, elle renforce alors la théorie dont elle s'inspire. Toutefois, il arrive aussi qu'une théorie doive être modifiée pour correspondre aux découvertes de la recherche. C'est ce qui permet à la science de progresser.

Hypothèse
Prédiction du résultat d'une expérience basée sur des connaissances antérieures au sujet d'un phénomène.

La recherche dans le domaine du développement humain comporte plusieurs étapes basées sur la méthode scientifique. L'utilisation rigoureuse de cette méthode permet aux chercheurs de tirer des conclusions sur le développement des personnes. Les étapes de la méthode scientifique sont les suivantes :

- définir un problème à étudier, qui découle généralement d'une théorie ou de recherches antérieures ;
- formuler une hypothèse qui sera testée durant l'étude ;
- effectuer la collecte des données ;

- analyser les données pour vérifier si elles appuient l'hypothèse ;
- tenter de formuler une conclusion ;
- diffuser les résultats de la recherche de manière à ce que d'autres chercheurs puissent la reproduire, évaluer sa validité, apprendre de cette recherche ou la poursuivre pour faire progresser les connaissances dans le domaine d'étude.

Les études menées dans le domaine du développement humain s'appuient par ailleurs sur une gamme diversifiée d'outils de recherche. Il existe en effet plusieurs techniques de collecte de données et plusieurs méthodes de recherche. On peut distinguer dans un premier temps les recherches qui recueillent des données *quantitatives,* c'est-à-dire des données mesurables objectivement, par exemple la proportion d'enfants qui présentent des réactions de peur et d'anxiété à la veille d'une intervention chirurgicale, de celles qui s'intéressent aux données *qualitatives*. À la différence des recherches quantitatives, qui, concernant un comportement, tentent surtout de répondre à la question : « Combien ? », les recherches qualitatives s'intéressent surtout à l'expérience subjective, au pourquoi et au comment. Par exemple, les chercheurs demanderont aux enfants qui vont être opérés de parler de leurs émotions, ou encore de dessiner ce qu'ils ressentent. Le choix d'une recherche de type quantitatif ou qualitatif dépend des objectifs de celle-ci, des connaissances déjà acquises sur le sujet de la recherche et de l'orientation théorique du chercheur.

1.3.2 Les caractéristiques des principales méthodes de recherche

L'étude du développement humain s'appuie principalement sur deux types de méthode, soit les méthodes expérimentales et les méthodes non expérimentales. Les méthodes expérimentales regroupent les expériences en laboratoire, les expériences sur le terrain et les expériences dites naturelles. Le tableau 1.5 présente ces méthodes expérimentales ainsi que leurs principales caractéristiques.

TABLEAU 1.5 Les méthodes de recherche expérimentales

Méthode	Description	Avantages	Inconvénients
Expérience en laboratoire	Expérience dont les variables sont manipulées par l'expérimentateur dans un milieu bien contrôlé.	Possibilité d'établir des liens de causalité. Interventions contrôlées de près et reproductibles. Possibilité de déterminer précisément l'objet sur lequel agit une variable.	Situation très artificielle maximisant les risques de comportements non représentatifs de la vie ordinaire. Impossibilité, pour des raisons éthiques, de manipuler certaines variables.
Expérience sur le terrain	Expérience dont les variables sont manipulées par l'expérimentateur dans un milieu naturel, afin d'en voir les effets (exemple : demander à des parents de lire avec leur enfant).	Possibilité de déterminer le lien de causalité le plus représentatif de la vie ordinaire.	Changement amené par la manipulation de certaines variables modifiant déjà légèrement la situation naturelle.
Expérience naturelle	Quasi-expérimentation mesurant les différences entre deux groupes qui sont séparés naturellement (exemple : comparer les degrés de stress des décrocheurs et des étudiants).	Méthode la plus proche de l'expérimentation. Permet d'étudier des variables qui ne peuvent être manipulées pour des raisons éthiques.	Impossibilité d'établir des liens de causalité. N'est pas une expérimentation à proprement parler.

De leur côté, les méthodes non expérimentales, très utilisées dans l'étude du développement, comprennent les études de cas, les observations sur le terrain et en laboratoire, les entrevues et les études de corrélation. Le tableau 1.6 (*voir la page suivante*) décrit ces méthodes ainsi que leurs principales caractéristiques.

TABLEAU 1.6 Les méthodes de recherche non expérimentales

Méthode	Principale caractéristique	Avantages	Inconvénients
Étude de cas	Étude approfondie d'un individu.	Portrait détaillé du comportement d'une personne.	Impossibilité de généraliser les observations à l'ensemble des gens. Biais de l'observateur.
Observation sur le terrain	Observation de personnes dans un contexte familier, sans interventions destinées à influencer leur comportement.	Bonne description du comportement. Absence de conditions artificielles susceptibles de modifier le comportement. Source d'hypothèses de recherche.	Absence de contrôle des variables. Impossibilité d'expliquer les liens de causalité. Biais de l'observateur.
Observation en laboratoire	Observation de personnes en laboratoire, sans interventions destinées à influencer leur comportement.	Bonne description du comportement. Meilleur contrôle des variables que l'observation sur le terrain, mais situation plus artificielle. Source d'hypothèses de recherche.	Milieu artificiel. Impossibilité d'expliquer les liens de causalité. Biais de l'observateur.
Entrevue	Questions destinées à obtenir des renseignements sur certains aspects de la vie des participants. L'entrevue peut être très structurée ou plus souple.	Renseignements fournis sur la vie, les attitudes et les opinions d'une personne plus approfondis qu'avec l'observation.	Imprécision des souvenirs. Risque de déformation des réponses afin qu'elles soient socialement acceptables. La façon de poser les questions peut influencer les réponses.
Étude de corrélation	Mesure de la direction et de la force d'une relation entre deux variables.	Formulation possible, en fonction d'une des variables, de prédictions au sujet de l'autre variable.	Impossibilité de déterminer l'existence de liens de causalité.

1.3.3 Les stratégies de collecte des données

Comme on le voit, le choix de la méthode de recherche influence la collecte des données. Toutefois, en psychologie du développement, trois stratégies de recherche sont particulièrement utilisées: les études transversales, les études longitudinales et les études séquentielles.

Étude transversale
Étude qui compare les résultats de sujets parvenus à des étapes différentes du développement.

Dans l'**étude transversale**, on compare les résultats de sujets parvenus à des étapes différentes de leur développement. Cette méthode est très utilisée et elle permet d'obtenir un aperçu général de l'effet de l'âge sur le développement, mais elle comporte aussi certaines limites.

Étude longitudinale
Étude qui suit l'évolution des mêmes sujets sur une longue période.

À la différence de l'étude transversale, l'**étude longitudinale** suit l'évolution des mêmes sujets sur une longue période, parfois sur plusieurs années. Les chercheurs peuvent s'intéresser à une caractéristique particulière, par exemple l'agressivité, ou à plusieurs en même temps afin de découvrir les relations qui existent entre elles. Si cette méthode cible bien l'effet du développement, elle est toutefois difficile à appliquer.

Étude séquentielle
Étude complexe qui combine les méthodes transversale et longitudinale pour dresser un portrait plus complet du développement.

La combinaison des deux méthodes décrites précédemment se retrouve dans l'**étude séquentielle**, une stratégie plus complexe qui permet d'obtenir un portrait plus complet du développement.

Le tableau 1.7 présente ces trois méthodes de collecte des données, ainsi que les avantages et les inconvénients qu'elles comportent.

1.3.4 La dimension éthique de la recherche

Peut-on permettre qu'une recherche susceptible de nuire aux sujets soit entreprise ? Comment trouver un juste équilibre entre les bénéfices potentiels pour l'avancement de la science et les risques de préjudices physiques ou psychologiques pour le sujet ?

TABLEAU 1.7 Les méthodes de collecte des données propres à l'étude du développement humain

Type de collecte	Caractéristique	Avantages	Inconvénients
Étude transversale	Étude qui compare des sujets parvenus à des étapes différentes de leur développement.	Donne un aperçu général de l'effet de l'âge sur le développement. Méthode relativement rapide et économique permettant d'aborder des sujets de recherche présentant un intérêt actuel. Pas de risque de perdre des sujets en cours de route.	Peut facilement confondre les effets du développement et les effets de cohorte. Voile les différences individuelles, car ne s'intéresse qu'aux moyennes de groupe. Donne peu de renseignements sur les séquences du développement.
Étude longitudinale	Étude qui suit l'évolution des mêmes sujets sur une longue période.	Cible bien l'effet du développement. Élimine la confusion des résultats avec l'effet de cohorte. Est sensible aux changements individuels. Permet d'observer les séquences du changement.	Demande beaucoup de temps et d'argent. Ne donne pas nécessairement de résultats généralisables aux autres cohortes. Exige de tenir compte, dans certains types d'études, de l'effet des tests répétés à plusieurs reprises. Biais possible de l'échantillon s'il s'agit de volontaires. Taux élevé d'abandon chez les sujets.
Étude séquentielle	Étude qui combine les deux autres méthodes. Étude de plusieurs cohortes au cours d'une période donnée.	Cible bien l'effet du développement. Élimine l'effet de cohorte tout en donnant des résultats pouvant être généralisés aux autres générations.	Méthode parfois difficile à utiliser.

Au Québec, en juin 2012, l'UQAM a mis sur pied un cadre normatif pour l'éthique de la recherche avec des êtres humains. Ce cadre s'appuie sur un ensemble de valeurs et de principes qui doivent diriger les actions des chercheurs :

- Le respect de la personne : Le terme « personne » inclut les personnes mineures ou placées dans une situation de dépendance ou de minorité. Le respect de la personne implique le droit à l'intimité, à la discrétion ainsi qu'à l'intégrité physique, psychique et culturelle.
- La recherche du bien pour autrui et la non-malfaisance : Les résultats escomptés d'une recherche passent après le bien-être des personnes qui en sont les sujets. Les chercheurs ne peuvent, volontairement ou par négligence, porter atteinte à la vie privée des personnes.
- L'équité : Les chercheurs doivent justifier leurs critères d'inclusion ou d'exclusion de certains sujets. À moins de raisons valables, personne ne peut être exclu de la recherche pour ses convictions religieuses ou son appartenance à un groupe ethnique ou culturel.
- Le choix réfléchi du sujet de la recherche : Le sujet de la recherche doit aller dans le sens du bien commun.
- L'évaluation et la réduction des risques par rapport aux avantages anticipés : Les risques encourus par les sujets doivent être évalués et réduits au minimum. Ils ne peuvent être supérieurs aux avantages, et doivent être présentés aux sujets ou aux parents de ces derniers s'il s'agit d'enfants. Si les risques sont importants, ils doivent être écrits sur le formulaire de consentement.
- Le consentement libre et éclairé : Chaque sujet a le droit de décider s'il accepte ou non de participer à une recherche. Selon le nouveau *Code civil du Québec*, même un mineur dont les parents ont donné leur accord à sa participation à une recherche a tout à fait le droit de refuser d'y participer (*Code civil,* article 21, ministère de la Justice du Québec, 1994). Pour que le consentement soit libre et éclairé, il faut que le sujet reçoive toutes les informations nécessaires sur la nature de la recherche, sur ses objectifs, sur les bénéfices potentiels et sur les risques encourus en y

participant. Le consentement doit être donné par écrit et il peut être révoqué en tout temps. Par ailleurs, l'accord d'une personne souffrant de déficience intellectuelle peut être jugé insuffisant pour lui donner le droit de participer à une expérience (bien que cette personne ait toujours le droit de refuser).

- Le droit de retrait et de soutien : Un sujet peut en tout temps se retirer de la recherche et le chercheur peut en tout temps interrompre cette dernière. Les sujets pouvant être troublés par leur propre comportement durant une expérience, particulièrement lorsqu'il s'agit d'enfants, les chercheurs doivent donc toujours veiller à ne pas ébranler l'estime de soi de leurs sujets.

  Si la recherche peut avoir des effets déstabilisants pour les sujets, le chercheur doit prévoir des ressources d'aide et de soutien.

- Le droit à la protection de la vie privée : Les renseignements obtenus lors de la recherche, particulièrement ceux concernant la santé physique ou mentale, l'histoire personnelle ou professionnelle du sujet, ne peuvent être divulgués et le chercheur doit respecter la plus grande confidentialité. Les données recueillies doivent être gardées secrètes.

FAITES LE POINT

9. Définissez ce qu'est une hypothèse et expliquez son rôle dans la recherche.
10. Comparez les trois méthodes suivantes : étude transversale, étude longitudinale, étude séquentielle.
11. Pourriez-vous, à titre d'étudiant en psychologie, dévoiler à un chercheur renommé le nom des participants à une étude que vous auriez menée, sous prétexte qu'il voudrait en approfondir certains aspects auprès des mêmes sujets ? Justifiez votre réponse.

Résumé

L'étude du développement humain

- La psychologie du développement humain est l'étude scientifique des processus responsables des changements et de la continuité qui interviennent tout au long de la vie des individus.
- Le développement est un phénomène complexe, dynamique et continu. Il touche aux quatre dimensions de la personne : physique, cognitive, affective et sociale. Ces dimensions sont indissociables et en constante interaction.
- Les facteurs internes (la nature) réfèrent à l'hérédité, qui assure le contrôle de la maturation du corps et de ses fonctions. Les facteurs externes (la culture) concernent les influences du milieu où l'individu se développe. Ces influences en constante interaction peuvent être normatives ou non.
- Les connaissances acquises par l'étude scientifique du développement ont eu des retombées importantes, particulièrement sur les pratiques familiales et scolaires.

Les approches théoriques du développement humain

- L'approche psychanalytique de Freud suppose que le développement de la personnalité adulte est déterminé par les événements ayant eu lieu durant l'enfance. Freud identifie cinq stades de développement psychosexuel : les stades oral, anal et phallique, la période de latence et le stade génital, au cours desquels ces trois instances de la personnalité se développent : le ça, le moi et le surmoi.
- Selon Erikson et la théorie du développement psychosocial, les influences sociales sont les plus importantes et la recherche de l'identité est au cœur du développement, qui se poursuit tout au long du cycle de vie. Huit stades psychosociaux, caractérisés par une crise à résoudre, permettent au moi de se développer et d'atteindre un équilibre.
- L'approche béhavioriste ne s'intéresse qu'aux comportements observables, mesurables et quantifiables et accorde une importance déterminante à l'environnement. Le conditionnement répondant (Pavlov) et le conditionnement opérant (Skinner) sont les deux formes d'apprentissage qui expliquent les modifications survenant au cours du développement.
- La théorie de l'apprentissage social de Bandura reconnaît le rôle des processus cognitifs dans l'apprentissage. L'enfant apprend en observant des modèles et en imitant des comportements observés autour de lui, ainsi que leurs conséquences sur autrui.

- L'approche cognitiviste s'intéresse surtout au développement des processus cognitifs. Selon Piaget, le développement cognitif se déroule en quatre stades et il est régi par trois principes: l'organisation cognitive, l'équilibration et l'adaptation. Deux mécanismes en interaction, l'assimilation et l'accommodation, permettent à l'individu de s'adapter toujours mieux à son environnement.
- Selon la théorie socioculturelle de Vygotsky, les influences sociales et culturelles jouent un rôle majeur dans le développement cognitif de l'enfant. Les personnes qui entourent l'enfant doivent lui servir de guides dans l'organisation de sa pensée.
- La théorie du traitement de l'information s'intéresse surtout aux processus mentaux, tels que la perception et la mémoire, permettant au cerveau de traiter l'information.
- L'approche humaniste considère que chaque être humain possède la capacité de se prendre en main et d'assurer son développement. Selon Rogers, l'actualisation de soi repose sur le libre arbitre et représente le but ultime du développement humain.
- Selon Maslow, la satisfaction des différents besoins est à la base du développement, mais elle se réalise selon une hiérarchie allant des besoins physiologiques à l'actualisation de soi.
- L'approche écologique, développée par Bronfenbrenner, explique le développement humain en tenant compte de tous les facteurs environnementaux qui l'influencent. Cette approche décrit l'environnement comme un système complexe subdivisé en quatre sous-systèmes – microsystème, mésosystème, exosystème et macrosystème –, qui sont en interaction.

Les méthodes de recherche en psychologie du développement

- Indispensables à la compréhension du développement humain, la recherche et la théorie sont indissociables: les théories alimentent la recherche en fournissant des hypothèses à vérifier.
- La recherche utilise des méthodes expérimentales, mais aussi des méthodes non expérimentales.
- Trois types de collecte de données sont particulièrement utilisés dans la recherche sur le développement: l'étude transversale, l'étude longitudinale et l'étude séquentielle.
- La dimension éthique est au cœur de la recherche sur le développement humain. Les chercheurs se doivent de respecter un certain nombre de normes éthiques dans leur travail.

CHAPITRE 2

La conception, le développement prénatal, la naissance et le nouveau-né

PLAN DU CHAPITRE

Deux cellules se rencontrent et s'unissent pour n'en former qu'une. Véritable usine à fabriquer de la vie, cette cellule-mère, détentrice du patrimoine génétique de notre espèce et des caractéristiques transmises par nos parents, produit bientôt un nouvel être humain, au cours d'un processus de croissance sans précédent. Dès cet instant, le développement du futur bébé s'amorce. Niché au sein de la matrice, dépendant de sa mère pour sa survie, le fœtus peut subir certaines influences nocives, lesquelles vont avoir des conséquences plus ou moins graves sur son développement. Sa naissance se fait dans un contexte plus ou moins facile pour sa mère et pour lui, alors qu'il s'apprête à goûter à la vie et au contexte rassurant de l'allaitement.

Mise en situation

Après trois ans de vie commune, Laurent et Monica se sentent prêts à avoir un enfant. Que de réflexions et de discussions avant d'arriver à cette décision !

Monica vient d'avoir 34 ans et il a toujours été clair pour elle qu'elle voulait des enfants. Son corps et sa tête semblaient se rejoindre dans ce rêve d'un petit être à chérir, mais le contexte n'était jamais assez favorable pour faire le grand pas : elle devait finir ses études, bâtir sa carrière, stabiliser sa situation financière… et surtout, trouver le père idéal et être amoureuse de lui.

Puis Laurent est arrivé dans sa vie et, graduellement, ce rêve d'enfant est devenu possible, faisant ressortir, du même coup, toutes les hésitations de Monica. Est-ce que je suis prête à voir mon corps déformé par la grossesse ? Est-ce que l'accouchement sera douloureux ? Suis-je capable d'être une bonne mère ? Puis-je mettre ma carrière en veilleuse pour un certain temps ? Laurent est-il prêt à restreindre ses projets à l'étranger ?

« Laurent cesse de fumer et Monica évite l'alcool. »

Finalement, la décision est prise et après quelques mois d'espoirs et de déceptions, où on a même craint l'infertilité, Monica est enfin enceinte. Les futurs parents prennent leur rôle au sérieux : Laurent cesse de fumer, Monica évite l'alcool, soigne son alimentation et se fait suivre par un médecin qu'une amie lui a recommandé. Ensemble ils suivent pas à pas le développement de leur bébé : le cœur qui commence à battre, la première échographie, l'apparition des mains et des doigts. Ils se renseignent en lisant beaucoup, ils participent à des cours prénataux, ils préparent la chambre du bébé. Parfois ils s'inquiètent, mais se rassurent bien vite. Ce sera la plus belle petite fille du monde !

Le grand jour arrive enfin et Maïa vient au monde après plusieurs heures de contractions. C'est un bébé de 3400 grammes qui mesure 49 cm, et son test d'Apgar est de 9/10. Laurent essuie une larme en déposant sa fille sur le ventre de Monica. Très émus, ils se regardent : ils sont devenus des parents !

Tout au long de la lecture du chapitre, référez-vous à cette mise en situation pour répondre aux questions qui s'y rapportent.

2.1 La conception

Que la grossesse soit voulue ou non, qu'elle survienne naturellement ou par des moyens extraordinaires, il faut qu'un ovule soit fécondé. Voyons comment se produit la fécondation.

2.1.1 La fécondation

La vie d'un nouvel être humain débute en moins d'une seconde lors de la fécondation par la rencontre des deux cellules sexuelles, ou **gamètes**. Un seul spermatozoïde, parmi les millions que produit le père, réussit à percer la membrane de l'ovule maternel. L'œuf fécondé, appelé **zygote**, commence alors à se diviser et à se différencier. Tous les zygotes ne survivent pas, mais si les circonstances sont favorables, un bébé formé de plusieurs trillions de cellules naîtra environ neuf mois plus tard.

Gamète
Cellule reproductrice sexuée (spermatozoïde ou ovule).

Zygote
Organisme unicellulaire provenant de l'union d'un spermatozoïde et d'un ovule.

Comment la vie de Maïa a-t-elle débuté ?

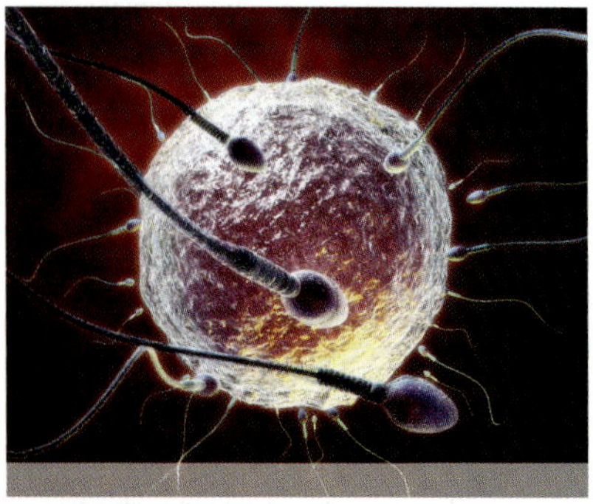

La fécondation
Un minuscule spermatozoïde réussira à percer la surface de l'ovule, la plus grosse cellule du corps humain.

Comme toutes les femmes, Monica possède des milliers d'ovules et chacun mesure environ le quart du point qui se trouve à la fin de cette phrase. Pourtant, l'ovule est la plus grosse cellule du corps humain. Lors de l'ovulation, habituellement vers le milieu du cycle menstruel, un ovule provenant de l'un ou l'autre des ovaires se libère de son follicule et amorce son voyage vers l'utérus en passant par l'une des trompes de Fallope.

Les spermatozoïdes, quant à eux, figurent parmi les plus petites cellules du corps et ne gardent leur capacité de féconder l'ovule que durant 48 heures environ. Lorsque les spermatozoïdes arrivent dans l'utérus, ils vont à la rencontre de l'ovule et la fécondation se produit, généralement dans les trompes de Fallope. Si la fécondation n'a pas lieu, les spermatozoïdes sont détruits par les globules blancs de la femme, tandis que l'ovule est éliminé lors des prochaines menstruations.

2.1.2 Les naissances multiples

Les naissances multiples peuvent se produire de deux façons. La plupart du temps, le corps de la mère libère deux ovules (ou plus) dans un intervalle très bref. Si ces ovules sont fécondés, il en résulte des **jumeaux dizygotes**, ou non identiques, aussi appelés jumeaux fraternels. La deuxième cause de naissances multiples provient de la division du zygote en deux après la fécondation. Les deux œufs qui en résultent sont donc identiques. On parle alors de **jumeaux monozygotes**, ou identiques, c'est-à-dire de vrais jumeaux. Les triplés, les quadruplés ou les autres naissances multiples peuvent résulter d'une combinaison de ces deux phénomènes.

Jumeau dizygote
Jumeau né de l'union de deux ovules différents et de deux spermatozoïdes différents; il est aussi appelé jumeau fraternel, faux jumeau ou jumeau non identique.

Jumeau monozygote
Jumeau né de la division d'un seul zygote après la fécondation; il est aussi appelé vrai jumeau ou jumeau identique.

Le bagage génétique des jumeaux dizygotes, qui proviennent de deux spermatozoïdes et de deux ovules différents, diffère autant que celui de chacun des autres enfants issus des mêmes parents. Ces jumeaux peuvent donc être du même sexe ou de sexe opposé. Les jumeaux monozygotes, pour leur part, sont nécessairement du même sexe. Toutefois, même s'ils possèdent le même bagage génétique, à cause de légères différences dans le milieu prénatal et postnatal qui agissent sur leur développement, ils présentent tout de même certaines distinctions. Nous reviendrons plus tard sur les causes de celles-ci.

Les vrais jumeaux

On essaie parfois d'accentuer les ressemblances entre jumeaux. Pourtant, ce n'est pas parce que des jumeaux se ressemblent qu'ils sont forcément des jumeaux monozygotes,

La conception de jumeaux monozygotes semble résulter du hasard, alors que celle de jumeaux dizygotes apparaît plus fréquente dans des cas de grossesses tardives, dans les familles où il y a déjà eu des jumeaux ainsi que chez certains groupes ethniques. Ces dernières années, le taux de naissances multiples a toutefois considérablement augmenté, et ce, dans plusieurs pays. Au Québec, il a atteint 2,9 % des naissances en 2011, et jusqu'à 3,1 % en 2010 (Institut de la statistique du Québec, 2012). On attribue cette augmentation à la tendance à retarder la maternité à un âge plus avancé, ainsi qu'aux médicaments fertilisants et aux techniques de procréation assistée, qui augmentent la quantité d'ovules libérés lors d'un même cycle de reproduction.

2.1.3 Les mécanismes de l'hérédité

Le code génétique

Nous venons de voir que la première cellule d'une nouvelle vie provient de l'union de deux cellules reproductrices, soit l'ovule et le spermatozoïde. Le noyau de chacune de ces cellules ne contient que 23 **chromosomes**, alors que toutes les autres cellules du corps humain en comptent 23 paires, soit 46. À la suite de l'union des deux gamètes, le zygote comprendra lui aussi 23 paires de chromosomes (*voir la figure 2.1, à la page suivante*). Ces 46 chromosomes, porteurs de milliers de gènes, contiennent toutes les informations génétiques qui guideront le développement du fœtus.

Chromosome
Segment d'ADN porteur des gènes qui transmettent les facteurs héréditaires. On en dénombre 46 chez l'être humain normal.

Le **gène**, un fragment d'acide désoxyribonucléique, est l'élément de base de l'hérédité. Chaque gène occupe une position définie sur le chromosome. Ce sont les gènes qui déterminent les caractéristiques héréditaires. Ils indiquent à chaque cellule sa spécialisation et la manière de faire la synthèse des protéines nécessaires aux principales fonctions de l'organisme.

Gène
Composante de base de l'hérédité située à un endroit précis sur le chromosome et qui détermine le trait hérité.

Le code génétique est unique à chaque personne, sauf dans le cas des jumeaux monozygotes. Après la division du zygote, un processus appelé **mitose**, chaque cellule-fille possédera 46 chromosomes identiques à ceux du zygote original, exception faite des cellules sexuelles. Chaque cellule du corps renferme donc la même information génétique, qui demeure constante tout au long de la vie. Ce qu'on appelle le **génome humain** est le résultat de l'identification par les scientifiques des séquences de gènes qui sont particuliers à l'espèce humaine. On en dénombre près de 25 000 (*voir*

Mitose
Division du noyau d'une cellule en deux cellules identiques.

Génome humain
Résultat de l'identification des séquences de gènes qui sont particuliers à l'espèce humaine.

Acide désoxyribonucléique (ADN)
Substance chimique du génome qui transporte les informations contrôlant la synthèse des protéines et, ce faisant, permet la formation et le fonctionnement des cellules.

l'encadré 2.1). Les gènes sont constitués d'**acide désoxyribonucléique (ADN)**, une substance qui transporte un ensemble précis d'informations nécessaires à la fabrication des protéines et, ce faisant, à la formation et au fonctionnement des cellules.

L'ADN comprend quatre bases chimiques qui sont désignées par des lettres : l'adénine (A), la thymine (T), la cytosine (C) et la guanine (G). Ces bases sont associées par paires et forment les barreaux d'une échelle en spirale. Il y a trois millions de paires de bases dans l'ADN humain.

On pourrait faire l'analogie suivante : l'ADN est comme un livre parmi plusieurs dans une bibliothèque. Tant que ce livre n'est pas lu et traduit par un enzyme (ARN), le message contenu dans le livre n'est pas actualisé. Et ce sont les facteurs environnementaux qui déterminent quels livres seront tirés de la bibliothèque, c'est-à-dire quels gènes seront activés ou non à divers moments du développement (Champagne et Mashoodh, 2009). L'action génétique qui déclenche le développement du corps et du cerveau est souvent contrôlée par les niveaux d'hormones – de la mère et de l'enfant en développement – qui dépendent eux-mêmes des conditions environnementales, comme la nutrition et le stress. Ainsi, dès le début, hérédité et environnement sont interreliés.

FIGURE 2.1 La composition héréditaire du zygote

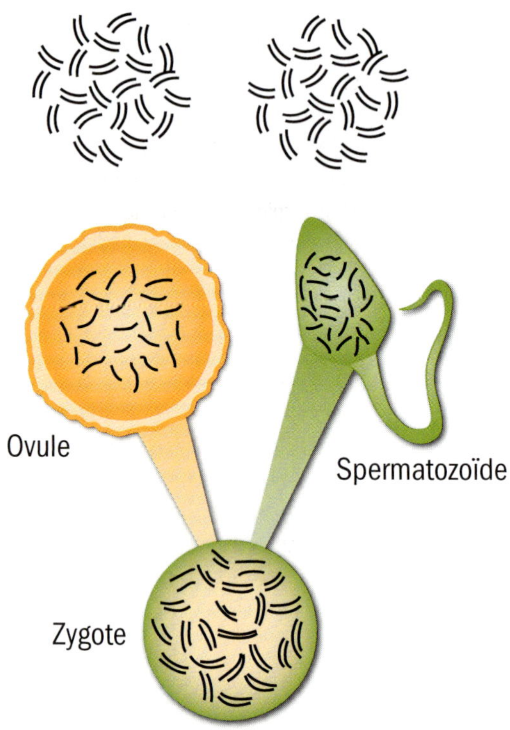

Les cellules de l'homme et de la femme contiennent 23 paires de chromosomes. À la suite de la méiose, chaque cellule sexuelle contient 23 chromosomes simples. Lors de la fécondation, les chromosomes de chaque parent se joignent pour former un zygote contenant 23 paires de chromosomes, dont une moitié provient de la mère et l'autre, du père.

Le mécanisme épigénétique : la modification des gènes par l'environnement

Jusqu'à récemment, les scientifiques croyaient que les gènes dont héritait un enfant étaient fixés pendant le développement prénatal, leurs effets sur le comportement pouvant cependant être modifiés par l'expérience. Des recherches récentes démontrent que les manifestations des gènes sont sous l'influence d'un troisième élément, soit un **mécanisme épigénétique**, qui contrôle le fonctionnement des gènes à l'intérieur d'une cellule, sans affecter la structure de l'ADN de cette cellule. Loin d'être fixée définitivement, l'activité épigénétique est continuellement influencée par des éléments non génétiques (Gottlieb, 2007 ; Mayo Foundation for Medical Education and Research, 2009). En d'autres mots, l'environnement peut influencer le moment où un gène sera activé ou désactivé.

Des molécules chimiques vont modifier la façon dont une cellule « lira » le gène, c'est-à-dire que ces molécules pourront déterminer quand, comment et jusqu'à quel point un gène doit s'exprimer.

Les changements épigénétiques peuvent se produire tout au long de la vie en réponse à des facteurs environnementaux tels que la nutrition, le tabagisme, les habitudes de sommeil, le stress ou l'activité physique. Ils peuvent expliquer pourquoi un jumeau monozygote peut être affecté par la schizophrénie et l'autre non, ou pourquoi les jumeaux peuvent présenter une même maladie, mais à des âges différents (Fraga *et al.*, 2005). Les cellules sont particulièrement sensibles aux modifications épigénétiques durant la puberté et la grossesse (Mayo Foundation for Medical Education and Research, 2009).

Mécanisme épigénétique
Mécanisme qui contrôle le fonctionnement des gènes à l'intérieur d'une cellule, sans affecter la structure de l'ADN de cette cellule.

La détermination du sexe

Dans certains villages du Népal, il est encore fréquent qu'un homme dont l'épouse ne lui a pas donné d'enfant mâle prenne une deuxième épouse. Pourtant, ironiquement, c'est le père qui est responsable du sexe de l'enfant à naître. En effet, comme nous l'avons vu plus haut, au moment de la conception, les 23 chromosomes du spermatozoïde forment des paires avec les 23 chromosomes de l'ovule. Sur ces 23 paires de chromosomes, 22 sont *autosomes*, c'est-à-dire non liées au sexe ; c'est donc la vingt-troisième paire, composée des *hétérochromosomes*, ou chromosomes sexuels, qui détermine le sexe de l'enfant. Chez la femme, la vingt-troisième paire de chromosomes

ENCADRÉ 2.1 APPROFONDISSEMENT

Les manipulations génétiques : à la limite de l'éthique ?

Les scientifiques ont maintenant complété la cartographie du génome humain et estimé qu'il contient 20 000 à 25 000 gènes (International Human Genome Sequencing Consortium, 2004). Cette cartographie du génome humain a considérablement amélioré notre capacité à reconnaître les gènes qui influent sur des traits ou des comportements précis et à identifier ceux qui causent, déclenchent ou augmentent certains désordres particuliers. Déjà, plus de 1000 tests génétiques sont disponibles dans les laboratoires spécialisés (U.S. Department of Energy Office of Science, 2008).

Aimeriez-vous savoir si vous avez un gène qui vous prédispose au cancer du poumon ? À la maladie d'Alzheimer ? Voudriez-vous que votre enfant passe les tests pour détecter ces gènes ?

Les tests génétiques soulèvent des questions éthiques fondamentales. D'une part, les prédictions demeurent imparfaites. D'autre part, un faux résultat négatif pourrait provoquer un excès de confiance, alors qu'un faux résultat positif pourrait provoquer de l'anxiété inutile. À quoi cela sert-il en effet de savoir qu'on possède le gène d'une maladie incurable ? D'autant plus que le fait de posséder le gène d'une maladie donnée ne signifie pas nécessairement qu'on va la développer, puisque la plupart des maladies génétiques impliquent une combinaison complexe de gènes et dépendent en partie du mode de vie ou d'autres facteurs environnementaux (Clayton, 2003).

Il faut également considérer la question du respect de la vie privée et de l'utilisation des informations obtenues. Serait-il acceptable de se servir du profil génétique d'une personne en santé pour lui refuser un emploi ou une assurance vie ? Or, même si les données médicales sont censées être confidentielles, il est presque toujours impossible de maintenir le caractère privé de ce genre d'informations.

D'autres considérations à prendre en compte se rattachent au dépistage chez les enfants. Qui devrait décider si un enfant doit être testé : les parents ou l'enfant ? Un enfant devrait-il être automatiquement testé si ce test peut profiter à l'un de ses frères ou sœurs ? Comment un enfant sera-t-il affecté psychologiquement s'il apprend qu'il est susceptible de développer une maladie dans vingt, trente ou cinquante ans ? Une éventualité particulièrement troublante est celle qui consisterait à utiliser des résultats de dépistage génétique pour justifier la stérilisation de personnes porteuses de certains gènes *indésirables*. De futurs parents pourraient aussi opter pour l'avortement si un fœtus était porteur d'un *mauvais* bagage génétique.

La thérapie génique risque-t-elle enfin d'être utilisée d'une façon abusive ? Ce genre de thérapie devrait-il être utilisé pour contrer la calvitie ? Pour faire grandir un enfant petit ou pour transformer un enfant obèse en enfant mince ? Pour améliorer l'apparence ou l'intelligence d'un bébé à naître ? Certains parents, qui en auraient les moyens financiers, pourraient très bien chercher à octroyer à leurs enfants les *meilleurs* gènes. La frontière entre la correction thérapeutique de problèmes de santé et la manipulation génétique à des fins esthétiques ou fonctionnelles est donc très mince et peut facilement entraîner des dérives. D'ici quelques années, le dépistage génétique risque de révolutionner la pratique de la médecine. On ne sait manifestement pas encore si les bénéfices viendront alors contrebalancer les risques.

Les tests génétiques ouvrent la porte à la thérapie génique, une technique expérimentale pour remplacer ou réparer des gènes défectueux ou pour modifier la probabilité qu'un gène soit activé ou non. Même si les premières expériences n'ont pas donné de bons résultats, la thérapie génique a récemment été utilisée pour améliorer la fonction immunitaire de neuf enfants italiens. Aucun de ces enfants n'a développé la leucémie, même si sept d'entre eux ont eu de sérieux effets secondaires, et tous étaient encore vivants après 2 à 8 ans (Aluti *et al.*, 2009).

se compose de deux chromosomes identiques XX, alors que chez l'homme, dans cette vingt-troisième paire, un chromosome X est uni à un chromosome Y, plus petit.

La **méiose** désigne une seconde forme de division cellulaire, différente de la mitose ; elle se produit lors de l'élaboration des gamètes (spermatozoïdes et ovules) dans les glandes sexuelles (testicules et ovaires) de l'adulte pubère. Chaque cellule sépare alors son patrimoine génétique en deux : ses paires de chromosomes se divisent et le nombre de ses chromosomes diminue donc de moitié. Après la méiose, chaque gamète mature ne contient finalement plus que 23 chromosomes. Dès lors, les bébés ne peuvent plus recevoir pour vingt-troisième chromosome qu'un chromosome X de la mère. C'est donc le père qui détermine le sexe de l'enfant en lui apportant soit un chromosome X, soit un chromosome Y. Dans notre mise en situation, l'ovule de Monica ne pouvait porter qu'un chromosome X, tandis que le spermatozoïde de Laurent pouvait porter soit un chromosome X, soit un chromosome Y.

Méiose
Division cellulaire au cours de laquelle le nombre de chromosomes diminue de moitié. L'infinité de combinaisons de gènes explique les différences de constitution génétique entre enfants issus de mêmes parents.

Quels sont les mécanismes biologiques qui font que Maïa est une petite fille ?

Un ovule fécondé par un spermatozoïde porteur d'un chromosome Y produit le zygote XY, donc un embryon mâle, tandis qu'un ovule fécondé par un spermatozoïde porteur d'un chromosome X produit le zygote XX, donc un embryon femelle (*voir la figure 2.2 à la page suivante*).

FIGURE 2.2 La détermination du sexe

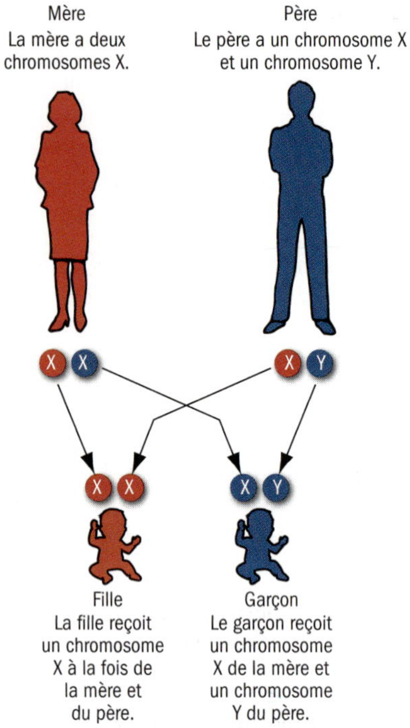

Les modèles de transmission génétique

Pourquoi une personne a-t-elle les yeux bleus et l'autre, les yeux bruns? Qu'est-ce qui cause le daltonisme? Pourquoi une maladie héréditaire n'affecte-t-elle que certains membres d'une même famille? Pour répondre à de telles questions, il est essentiel de comprendre comment sont transmis les traits héréditaires.

Le mode de transmission dominant-récessif Depuis les travaux de Mendel en 1860 sur le croisement des petits pois et la loi de la dominance qui en a résulté, nous savons que certaines caractéristiques génétiques sont transmises selon un **mode dominant-récessif**. Pour chaque caractéristique, l'individu reçoit au moins un gène de chaque parent. On appelle ces gènes des **allèles**. Lorsque ces allèles sont identiques, la caractéristique se manifeste chez l'individu alors que s'ils diffèrent, c'est l'allèle dominant qui se manifeste. Une caractéristique récessive, comme dans le cas de certaines maladies, n'apparaît pour sa part que si les deux allèles sont récessifs. L'individu n'est donc atteint que s'il hérite de ce gène récessif de ses deux parents. Lorsque deux parents sont porteurs du gène récessif de la maladie, les probabilités qu'un enfant soit atteint sont donc de 25 % (*voir la figure 2.3*).

La couleur des yeux, par exemple, se transmet en bonne partie selon un mode dominant-récessif. Ainsi, le gène récessif des yeux bleus empêche la mélanine de se déposer sur l'iris et de le pigmenter. Toutefois, d'autres gènes interviennent aussi dans l'intensité de la pigmentation.

En fait, peu de traits se transmettent uniquement selon le mode dominant-récessif, la transmission étant souvent beaucoup plus complexe.

Mode dominant-récessif
Mode de transmission génétique qui fait qu'un trait déterminé par un gène récessif se manifeste seulement s'il n'est pas en présence d'un gène dominant pour ce même trait.

Allèle
Chacune des formes possibles d'un même gène.

La transmission génétique

La présence de fossettes est un trait qui relève d'un gène dominant.

FIGURE 2.3 Le mode de transmission dominant-récessif

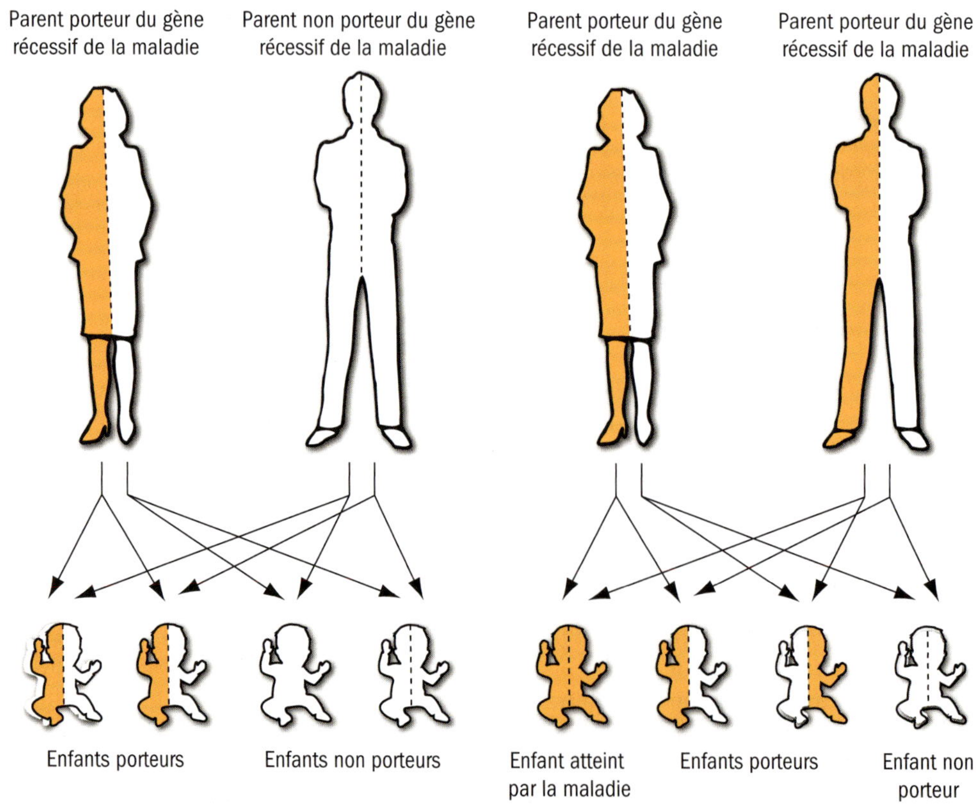

L'individu n'est atteint d'une maladie associée à un gène récessif que s'il hérite de ce gène récessif des deux parents. Dans le cas où les deux parents sont porteurs du gène récessif de la maladie, les probabilités qu'un enfant soit atteint sont donc de 25 %. Le sexe du parent porteur n'a aucun lien avec les probabilités d'être porteur ou non.

Le mode de transmission polygénique On parle de **mode polygénique** lorsque plusieurs gènes interviennent dans la transmission d'une caractéristique. C'est le cas pour la couleur de la peau, qui résulte au moins de trois ensembles de gènes situés sur trois chromosomes. Ces gènes se combinent pour produire des centaines de nuances. L'intelligence, elle, pourrait être affectée par plus de 50 gènes.

Mode polygénique
Mode de transmission génétique qui fait qu'une caractéristique est déterminée par plusieurs gènes.

Le mode de transmission plurifactoriel Les caractéristiques d'un individu résultent aussi souvent d'une combinaison de facteurs génétiques et de facteurs environnementaux. Certaines caractéristiques physiques (comme la taille et le poids) et la plupart des caractéristiques psychologiques (comme l'intelligence, la personnalité, l'habileté musicale et bien d'autres) proviennent d'une interaction complexe entre plusieurs gènes et des facteurs environnementaux; on parle alors d'une transmission selon un **mode plurifactoriel**.

Mode plurifactoriel
Mode de transmission génétique qui fait qu'une caractéristique résulte d'une interaction complexe entre plusieurs gènes et plusieurs facteurs environnementaux.

Le génotype et le phénotype

L'ensemble des caractéristiques physiques observables constitue le **phénotype**; le bagage génétique invisible et sous-jacent qui contribue à la manifestation de ces caractéristiques représente quant à lui le **génotype**. Tous les individus ont des génotypes différents, sauf les jumeaux monozygotes. Le phénotype résulte du génotype et des influences de l'environnement durant la vie prénatale et après la naissance. C'est ici qu'interviennent les mécanismes épigénétiques. Ainsi, la taille d'une personne, qui est normalement déterminée par son patrimoine génétique, peut être altérée par la maladie ou la malnutrition. Ce serait, par exemple, le cas d'un enfant dont la mère aurait consommé des drogues ayant affecté le développement du fœtus.

Phénotype
Ensemble des caractéristiques physiques observables d'un individu, résultant de l'interaction entre les facteurs héréditaires et les facteurs environnementaux.

Génotype
Ensemble des instructions sous-jacentes présentes dans les gènes.

Anomalie congénitale
Caractéristique anormale, présente à la naissance, qui peut être héréditaire ou acquise pendant le développement prénatal.

Ce que nous venons de voir soulève la question du rôle respectif de l'hérédité et de l'environnement dans le développement. Ainsi, certaines caractéristiques, comme la couleur des yeux ou le groupe sanguin, sont clairement héréditaires, alors que d'autres, relatives à la santé, à l'intelligence ou à la personnalité, résultent d'une interaction complexe entre l'hérédité et l'environnement. De la même façon, de nombreux troubles apparaissent lorsqu'une prédisposition héréditaire (une variation anormale d'un gène donné) entre en interaction avec un facteur environnemental avant ou après la naissance. C'est le cas du déficit d'attention avec hyperactivité, dont nous parlerons dans le chapitre 7 (Price *et al.*, 2001). Nous reviendrons un peu plus loin sur cette question du rôle joué par l'hérédité et l'environnement dans le développement.

TABLEAU 2.1 Prévalence de certaines anomalies congénitales au Québec entre 2004-2008 (taux annuel moyen pour 10 000)

Anomalie congénitale	Taux
Anomalies du tube neural	2,8
Cardiopathies congénitales	123,6
Fente palatine	6,6
Fente labiale (associée ou non à une fente palatine)	6,7
Anomalies réductionnelles des membres	4,4
Syndrome de Down	9,8

Source : MSSS, 2013.

Les anomalies génétiques et chromosomiques

Nous avons expliqué, au début de ce chapitre, le fonctionnement de base des mécanismes de l'hérédité. Malheureusement, il arrive que ce processus soit perturbé. Les enfants qui naissent avec une **anomalie congénitale**, c'est-à-dire une caractéristique anormale présente à la naissance et qui peut être héréditaire ou acquise durant le développement prénatal, courent ainsi un risque élevé de mourir à la naissance ou peu après; aux États-Unis, ils constituent environ 20 % des décès qui surviennent au cours de la première année de vie (Hoyert, Kung et Smith, 2005). Comme l'indique le tableau 2.1, les malformations graves les plus courantes sont le syndrome de Down ainsi que des malformations des lèvres ou du palais. On observe également des malformations du cœur ainsi que du tube neural. Toutefois, il est fréquent que la malformation ne touche qu'un seul organe; il est alors possible d'apporter une correction au moyen d'une chirurgie appropriée, comme dans les cas des fentes labiales et palatines, de certaines malformations cardiaques, du pied bot, des cataractes congénitales et des anomalies digestives et urogénitales (OMS, 2010).

i+

Le tableau 2.1W présente quelques exemples d'anomalies congénitales connues.

Les anomalies génétiques (transmission héréditaire) et chromosomiques (produites lors de la division cellulaire) ne sont pas toutes décelables à la naissance. Elles peuvent même apparaître aussi tard qu'à la fin de la trentaine ou même plus tard, comme la maladie de Huntington (une dégénération progressive du système nerveux). Certaines anomalies sont causées par des **mutations**, qui sont des modifications permanentes subies par

Mutation
Modification permanente subie par les gènes ou les chromosomes.

Le syndrome de Down

Cette enfant présente certaines caractéristiques physiques (yeux bridés, visage plus plat, etc.) montrant qu'elle est atteinte du syndrome de Down.

Syndrome de Down ou trisomie 21
Anomalie chromosomique habituellement causée par la présence d'un chromosome 21 supplémentaire et caractérisée par une déficience intellectuelle légère ou profonde, de même que par certaines anomalies physiques.

Amniocentèse
Ponction du liquide amniotique. Ce test prénatal permet de dépister certaines anomalies génétiques et de connaître le sexe du bébé ainsi que son âge fœtal.

les gènes ou les chromosomes, alors que d'autres résultent de l'interaction entre une prédisposition innée et un facteur environnemental survenant avant ou après la naissance.

Le **syndrome de Down**, ou **trisomie 21**, représente l'anomalie chromosomique la plus répandue avec environ une naissance sur 770 au Québec (Commissaire à la santé et au bien-être Québec, 2009). Le syndrome se manifeste par plusieurs signes: des yeux bridés, une petite tête, un nez aplati, une grosse langue, une déficience intellectuelle plus ou moins grave, une déficience motrice légère ou profonde et des malformations du cœur, des yeux et des oreilles. Le syndrome de Down est causé par la présence d'un chromosome supplémentaire à la vingt-et-unième paire, d'où le nom couramment utilisé de trisomie 21. Au Québec, on offre à toutes les mères la possibilité de passer un test de dépistage de la trisomie 21. Ce test est effectué à l'aide de deux prises de sang faites à partir de la 10e semaine de grossesse. Les résultats du test indiquent la probabilité – mais seulement la probabilité – que l'enfant soit atteint. Si la probabilité est élevée, les parents peuvent choisir ou non de poursuivre l'investigation avec l'**amniocentèse**, une ponction du liquide amniotique. Toutefois, l'amniocentèse comporte certains risques de complications qui pourraient aller jusqu'à la perte du bébé. La trisomie 21 risque surtout de se produire quand les parents, particulièrement la mère, sont relativement âgés au moment de la conception (*voir la figure 2.4*).

De nombreux enfants trisomiques sont souvent décrits comme étant attachants et affectueux, et plusieurs peuvent acquérir des habiletés qui leur permettront de subvenir à leurs besoins quand ils atteindront l'âge adulte.

Le rôle de l'hérédité et de l'environnement

Comme nous l'avons mentionné, la façon dont notre patrimoine génétique se manifeste dépend dans une large mesure du milieu dans lequel nous évoluons. De nombreux traits varient selon notre environnement, mais toujours à l'intérieur des limites fixées par nos gènes.

FIGURE 2.4 La probabilité de donner naissance à un enfant ayant la trisomie 21, selon l'âge de la femme

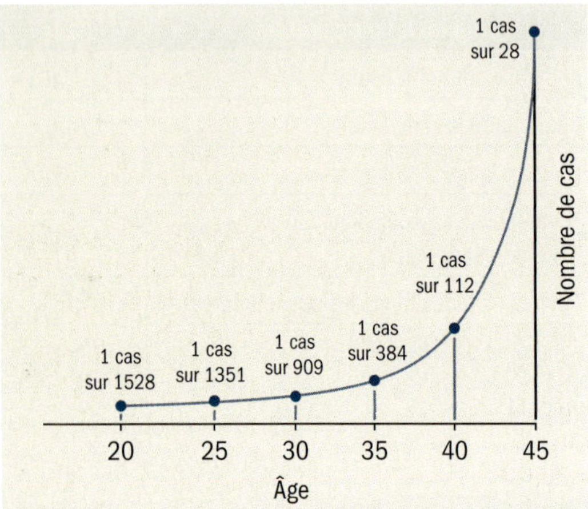

Source: Santé et services sociaux Québec, 2013.

Héritabilité
Mesure statistique de l'apport de l'hérédité dans la variabilité d'un trait particulier à une certaine période et pour une population donnée.

Écart de variation
Mesure de l'expression potentielle d'une caractéristique héréditaire.

La mesure de l'héritabilité L'**héritabilité** est une mesure statistique de l'apport de l'hérédité dans la variabilité d'un trait particulier, à une certaine période et pour une population donnée. L'héritabilité n'est pas la mesure de l'influence relative de l'hérédité et de l'environnement chez un individu en particulier. Elle ne nous dit pas non plus comment les traits se développent ou jusqu'à quel point ceux-ci peuvent être modifiés. Elle nous indique simplement jusqu'à quel point les gènes contribuent aux différences individuelles pour un trait donné, dans une certaine population.

L'**écart de variation** est une mesure de l'expression potentielle d'une caractéristique héréditaire. La taille, par exemple, dépend largement de processus biologiques qui sont régulés génétiquement. Toutefois, plusieurs tailles sont possibles dépendamment des conditions du milieu et du comportement de la personne. Dans les sociétés où la nutrition s'est nettement améliorée, une génération entière a grandi jusqu'à dépasser la précédente. Les enfants mieux nourris avaient les gènes de leurs parents, mais ils ont mieux évolué dans un environnement plus favorable à leur croissance. Toutefois, lorsque le niveau moyen d'alimentation est devenu adéquat pour plus d'une génération, les enfants ont alors eu tendance à avoir une taille similaire à celle de leurs parents. Cependant, la taille a des limites génétiques: on ne voit personne qui mesure 30 centimètres ou bien 3 mètres.

L'hérédité peut faire en sorte que l'écart de variation soit large ou étroit. Par exemple, un enfant né avec une anomalie produisant une faible limitation cognitive est plus apte à répondre à un environnement favorable qu'un autre qui a une limitation sévère. De la même façon, un enfant qui a une plus grande intelligence naturelle est plus en mesure de profiter d'un environnement enrichi dans la famille et à l'école qu'un enfant qui possède une intelligence «normale» (*voir la figure 2.5*).

L'héritabilité s'exprime par un nombre qui varie de 0,0 à 1,0 ; plus le nombre est élevé, plus l'héritabilité du trait est grande. Une héritabilité de 1,0 signifie que les gènes sont responsables à 100 % des différences dans un trait. Comme l'héritabilité ne peut pas se mesurer directement, les chercheurs s'appuient sur trois types de recherches corrélationnelles : les études sur les familles, sur les enfants adoptés et sur les jumeaux. De telles études se basent sur le principe que les membres d'une famille immédiate sont plus semblables génétiquement que les parents éloignés, que les jumeaux monozygotes sont plus semblables génétiquement que les jumeaux dizygotes, et enfin que les enfants adoptés sont plus proches génétiquement de leur famille biologique que de leur famille adoptive.

FIGURE 2.5 L'intelligence et l'écart de variabilité

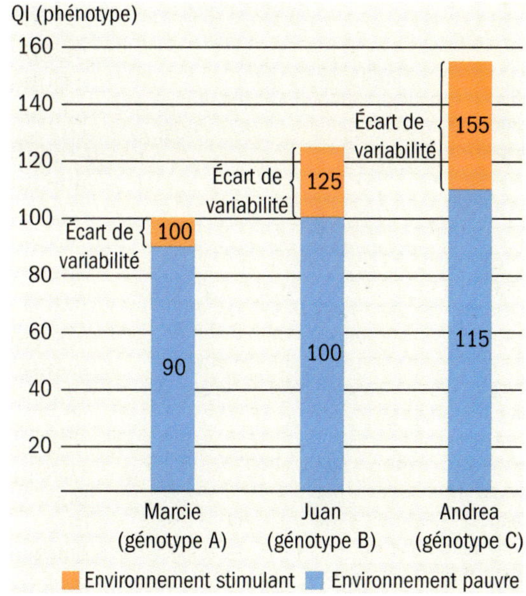

Les enfants dotés de génotypes distincts quant à l'intelligence vont présenter différentes gammes de réactions selon qu'ils évoluent dans un environnement pauvre ou stimulant.

Dans les études portant sur les familles, les chercheurs mesurent jusqu'à quel point les membres d'une même famille partagent certains traits et si le degré de parenté est associé au degré de similitude d'un trait. Si la corrélation est forte, les chercheurs en déduisent une influence génétique. Toutefois, de telles études n'écartent pas les influences environnementales. Ainsi, une étude sur les familles ne peut, à elle seule, nous dire si les enfants obèses de parents obèses ont hérité de ce trait ou s'ils sont obèses parce que leur alimentation est semblable à celle de leurs parents. C'est pourquoi les chercheurs ont aussi recours aux études sur l'adoption afin de séparer les effets de l'hérédité de ceux d'un environnement partagé.

Les études sur l'adoption observent les similitudes entre les enfants adoptés et leur famille adoptive, ainsi que celles entre les enfants adoptés et leur famille biologique. Quand les enfants adoptés ressemblent davantage à leurs parents biologiques ou à leurs frères et sœurs pour un trait particulier (l'obésité, par exemple), l'influence de l'hérédité est manifeste. Par contre, quand ils ressemblent plus à leur famille adoptive, l'influence de l'environnement peut être constatée.

Les études sur les jumeaux comparent des paires de jumeaux monozygotes et des paires de jumeaux dizygotes de même sexe. Génétiquement, les jumeaux monozygotes sont deux fois plus semblables, en moyenne, que les jumeaux dizygotes de même sexe. Lorsqu'ils présentent une plus grande concordance dans un trait particulier que les jumeaux dizygotes, la probabilité d'un facteur génétique peut être analysée plus à fond et appuyée par des études sur les enfants adoptés. En effet, des études sur des jumeaux monozygotes élevés séparément durant l'enfance ont confirmé de fortes ressemblances entre eux. Les études sur les jumeaux et sur les enfants adoptés confirment donc la part de l'hérédité dans plusieurs caractéristiques (McGuffin, Riley et Plomin, 2001).

L'obésité Le risque d'obésité est deux à trois fois plus élevé pour un enfant qui a un historique familial d'obésité (Nirmala *et al.*, 2008).

Plusieurs études révèlent que l'hérédité joue un rôle important dans l'obésité (Chen *et al.*, 2004). Par exemple, des chercheurs ont trouvé que, chez une petite proportion d'obèses, environ 30 gènes manquaient, et que toutes les personnes qui n'avaient pas ces gènes étaient obèses (Bochukova *et al.*, 2009). Toutefois, l'accroissement rapide des cas d'obésité dans les pays industrialisés ces dernières années laisse croire que l'environnement exerce aussi une influence primordiale. Des changements dans les habitudes alimentaires associés à une diminution de l'exercice physique seraient les premiers responsables de cette situation.

L'obésité

Un enfant dont le père ou la mère est obèse a de fortes chances de devenir lui-même obèse à l'âge adulte.

L'intelligence Même si aucun gène propre à l'intelligence n'a été identifié, l'hérédité semble jouer un rôle important dans l'intelligence générale ainsi que dans certaines habiletés cognitives particulières telles que la mémoire ainsi que les habiletés verbales et spatiales. Le rôle de l'hérédité dans l'intelligence a été mis en évidence par plusieurs études sur l'adoption et sur les jumeaux. En effet, le quotient intellectuel des enfants adoptés est systématiquement plus proche du quotient intellectuel de leur mère biologique que de celui de leurs parents adoptifs ou de leurs frères et sœurs. De leur côté, les jumeaux monozygotes se ressemblent plus sur le plan de l'intelligence que des jumeaux dizygotes (Petrill *et al.*, 2004).

Par ailleurs, l'influence génétique, qui est principalement responsable de la stabilité des performances cognitives, augmente avec l'âge. Le milieu familial semble avoir une influence prépondérante sur le jeune enfant, mais presque plus sur les adolescents, qui sont plus aptes à choisir un environnement qui convient à leurs habiletés cognitives héréditaires et à leurs intérêts. Le milieu extérieur, quant à lui, exerce une influence tout au long de la vie et il est principalement responsable des changements dans les performances cognitives (Toga et Thompson, 2005).

Tempérament
Ensemble des dispositions fondamentales, et relativement stables, qui modulent le style d'approche et de réaction à une situation donnée.

La personnalité Les scientifiques ont identifié des gènes liés à des traits de personnalité précis, comme le névrosisme, qui peut contribuer à l'anxiété et la tendance à la dépression. Le **tempérament**, qui constitue l'ensemble des dispositions fondamentales qui modulent les réactions à une situation donnée, est en grande partie inné et stable au cours des années, quoiqu'il soit sensible à la qualité des soins parentaux ou à certaines expériences particulières. Les frères et sœurs ont ainsi tendance à avoir des tempéraments semblables, même si les parents les voient souvent plus différents qu'ils ne le sont (Saudino *et al.*, 2004).

Autisme ou trouble autistique
Trouble grave du fonctionnement du cerveau caractérisé par un manque d'interactions sociales normales, des problèmes de communication, des mouvements répétitifs et un éventail restreint d'activités et d'intérêts.

Le tableau 2.2W présente les signes et les manifestations de l'autisme.

L'autisme L'**autisme**, ou **trouble autistique**, est un trouble du fonctionnement du cerveau qui se manifeste par un manque d'interactions sociales normales, des problèmes de communication, des mouvements répétitifs et un éventail restreint d'activités et d'intérêts. Il apparaît habituellement dans les trois premières années de la vie et touche surtout des garçons. L'autisme semble présenter une forte composante génétique, mais des facteurs environnementaux pourraient aussi être en cause (*voir l'encadré 2.2*).

ENCADRÉ 2.2 APPROFONDISSEMENT

Les multiples visages de l'autisme

L'autisme, ou trouble autistique, n'a été reconnu comme tel que vers 1980, dans le DSM-III (*Manuel diagnostique et statistique des troubles mentaux*). Dans les deux premières versions du DSM, parues en 1952 et en 1968, on parlait d'une forme sévère de schizophrénie infantile (Beaulne, 2012). Plusieurs précisions ont ensuite été apportées à ce diagnostic. Dans le DSM-IV (1994), l'autisme faisait partie des troubles envahissants du développement (TED), avec quatre autres troubles : le syndrome d'Asperger, le trouble envahissant du développement non spécifié, le syndrome de Rett et le trouble désintégratif de l'enfance. Comme il est difficile de distinguer ces sous-groupes à cause de la grande variabilité des symptômes, le DSM-V, paru en mai 2013, regroupe l'autisme, le syndrome d'Asperger et le trouble envahissant du développement non spécifié dans une grande catégorie appelée les « troubles du spectre de l'autisme » (TSA) (Collège des médecins du Québec et Ordre des psychologues du Québec, 2012).

Les TSA définissent des troubles graves du fonctionnement cérébral et se caractérisent par des atteintes plus ou moins prononcées sur le plan des interactions sociales et de la communication, ainsi que sur le plan du comportement, avec la présence de mouvements répétitifs et stéréotypés et une gamme très restreinte d'activités et d'intérêts (American Psychiatric Association, 2012). Chaque individu atteint se situe à des degrés différents pour chacun de ces aspects : certains ne parlent presque pas et d'autres sont volubiles, certains manifestent un désir d'entrer en relation alors que d'autres évitent les moindres marques de socialisation, certains présentent une déficience intellectuelle alors que d'autres sont très doués. C'est pourquoi on parle de spectre de l'autisme. Généralement, l'imagerie du cerveau permet de confirmer le diagnostic.

Les TSA semblent résulter d'une absence de coordination entre les différentes régions du cerveau qui sont sollicitées pour effectuer des tâches complexes (Just *et al.*, 2007). Des études portant sur la prévalence de l'autisme chez les jumeaux monozygotes et dizygotes, ainsi que le risque de récurrence chez les frères et sœurs, laissent croire qu'un facteur génétique serait en cause (Ronald et Hoeskstra, 2011). Des chercheurs ont suivi 92 enfants dont une sœur ou un frère plus âgé présentait les troubles du spectre de l'autisme. Des tests ont été faits à 6 mois, à 12 mois et à 24 mois : à ce moment, 28 des 92 enfants présentaient les critères pour un diagnostic de TSA. Les enfants qui ont développé des TSA présentaient une différence significative, de plus en plus prononcée au fil du temps, dans le développement de la matière blanche, les fibres nerveuses qui relient les régions du cerveau (Wolff *et al.*, 2012). Les scientifiques espèrent qu'ils arriveront à développer des outils qui permettront de détecter de plus en plus tôt les enfants à risque, afin d'intervenir avant même l'apparition des premiers symptômes.

Des facteurs environnementaux, agissant de pair avec une prédisposition génétique, peuvent aussi avoir une incidence : l'âge avancé des parents, les maladies maternelles pendant la grossesse, les infections virales, le stress prénatal extrême et la privation d'oxygène chez le bébé lors de l'accouchement (Nachshen *et al.*, 2008). De nombreux parents ont reproché au thimérosal, l'agent de conservation utilisé dans les vaccins, d'augmenter l'incidence de l'autisme, mais les multiples études sur le thimérosal et ses effets n'ont découvert aucun lien concluant entre l'agent de conservation et l'autisme, pas plus qu'elles n'ont réussi à trouver une relation entre celui-ci et la vaccination infantile (Baird *et al.*, 2008).

Les TSA sont présents dès la naissance, mais les symptômes n'apparaîtront généralement que quelques mois ou quelques années plus tard. Il est important d'établir un diagnostic précoce puisque le fonctionnement global des enfants atteints peut s'améliorer davantage durant les premières années de vie, lorsque la plasticité cérébrale est à son maximum. Plusieurs programmes gouvernementaux ont été mis en place afin de favoriser la détection et l'intervention rapide. Un soutien structuré peut aider l'enfant à améliorer son langage, à acquérir des habiletés sociales, à se responsabiliser et à devenir plus indépendant (Nachshen *et al.*, 2008).

La prévalence de ces affections a considérablement augmenté depuis le milieu des années 1970, peut-être parce qu'on les connaît mieux et que les diagnostics sont plus précis.

Aux États-Unis, on évalue à environ 1 sur 88 le nombre d'enfants touchés par les TSA alors qu'au Canada, c'est 1 sur 110 et les garçons atteints sont cinq fois plus nombreux que les filles (Centers for Disease Control and Prevention, 2012 ; Association des médecins psychiatres du Québec, 2012).

Les parents ne sont jamais préparés à recevoir un diagnostic de TSA ; ils passeront par une vaste gamme d'émotions avant de faire le deuil de l'enfant normal. Voici les principales étapes qu'ils traversent (inspiré de Autism Speaks, 2012) :

- Le choc

  Confusion et stupeur à l'annonce du diagnostic. Les parents ignorent ou nient la réalité du diagnostic.
- La tristesse et la douleur

  Grande tristesse qui peut ressembler à une dépression, mais les pleurs peuvent contribuer à réduire la tension et préparer les parents à surmonter les obstacles.
- La colère

  La tristesse se transforme en colère, contre les proches ou contre les parents d'enfants normaux. C'est une façon pour les parents d'exprimer leur sentiment d'injustice face au diagnostic.
- Le déni

  À certains moments, les parents sont incapables de croire ce qui arrive à leur enfant. Ils refusent d'admettre les faits relatifs au diagnostic et aux interventions thérapeutiques. C'est parfois une façon de traverser une période particulièrement difficile.
- La solitude

  La sensation d'isolement peut s'expliquer par le fait que les parents n'ont pas le temps d'entretenir leur vie sociale, ou encore parce qu'ils ont l'impression que les autres ne peuvent pas comprendre ce qu'ils vivent ni leur apporter du soutien.
- L'acceptation

  Accepter le diagnostic ne signifie pas accepter les TSA ; il signifie que les parents sont prêts à se battre pour leur enfant.

Comme le spectre des troubles est vaste, l'avenir des enfants touchés varie grandement. S'il n'y a pas de déficience intellectuelle, certaines personnes atteindront leur autonomie plus tard, mais elles peuvent avoir une vie relativement normale, avec un travail et une famille. Plusieurs auront besoin d'aide toute leur vie pour l'organisation quotidienne et pour gérer leurs relations sociales (Association des médecins psychiatres du Québec, 2012). Toutefois, plus l'intervention est rapide, plus les espoirs sont permis.

FAITES LE POINT

1. Expliquez la différence qui existe entre des jumeaux monozygotes et des jumeaux dizygotes.
2. Pourquoi dit-on que le père est responsable du sexe d'un enfant ?
3. Expliquez en quoi consiste le modèle de transmission génétique dominant-récessif et dites pourquoi il ne s'applique pas à la majorité des traits normaux.

2.2 Le développement prénatal

Le développement prénatal, appelé **gestation**, transforme une seule cellule en un être extrêmement complexe. Après un survol des motivations qui poussent un couple à vouloir un enfant, nous allons aborder les grandes étapes de ce processus, qui dure normalement entre 37 et 41 semaines, et voir comment certaines influences peuvent déjà en affecter le déroulement.

Gestation
Période de la vie qui va de la fécondation jusqu'à la naissance.

2.2.1 Le désir d'enfant

Comme on l'a vu avec Monica dans la mise en situation, le désir d'avoir un enfant est un phénomène complexe influencé par de nombreux facteurs aussi bien personnels que socioculturels. Il peut même être absent dans le cas de grossesses non planifiées ou non voulues, ce qui peut avoir une incidence sur le comportement de la mère, par exemple dans le cas d'une grossesse à l'adolescence. Si ce désir d'enfant représente souvent la réalisation de la féminité chez une femme, l'aboutissement de l'amour d'un couple, le besoin de se prolonger dans un autre être et la recherche d'un amour inconditionnel, il peut aussi répondre à des motivations socioéconomiques (par exemple, des parents peuvent souhaiter avoir des enfants pour les aider dans leur travail ou pour prendre soin d'eux lorsqu'ils seront âgés). Pour Freud, ce désir correspondrait à une forme d'instinct. Chez l'homme, il est moins lié à l'horloge biologique que chez la femme; l'homme veut plutôt reproduire le modèle familial qu'il a connu ou celui qu'il idéalise, il veut se projeter dans l'avenir et s'immortaliser à travers les générations ou, tout simplement, il veut faire plaisir à sa conjointe. Son sentiment de paternité devient bien réel surtout après la naissance de l'enfant (*voir l'encadré 2.3*).

i+ Pour en savoir plus sur la procréation assistée, consulter l'encadré 2.1W

Pour plusieurs couples, le désir d'enfant se heurte à certaines difficultés. Au Canada, la prévalence de l'infertilité est passée de 5% en 1984 à 16% en 2010 (Bushnik, Cook, Yuzpe *et al.*, 2012). Ces couples peuvent alors avoir recours à l'adoption ou, de plus en plus, à la procréation assistée. Depuis août 2010, les couples infertiles du Québec peuvent profiter d'un programme provincial de subventions pour les traitements de **fécondation in vitro (FIV)**. Ce programme vise à diminuer le nombre de grossesses multiples, qui sont souvent la cause de naissances prématurées et de problèmes de santé, en favorisant l'implantation d'un seul embryon à la fois. Le taux de naissances multiples est maintenant de 5,2% alors qu'il était de 27,8% avant la mise en place du programme. Le Québec a le plus bas taux de grossesses multiples à la suite d'une FIV au monde (janvier 2011). Malgré les traitements de fertilité, les chances de mener une

Fécondation in vitro (FIV)
Fécondation qui se fait en dehors du corps de la mère.

ENCADRÉ 2.3 APPLICATION

La grossesse : une symphonie d'émotions pour les futurs parents

Attendre la venue d'un enfant est une étape importante dans la vie d'une femme ou d'un couple. Les revues spécialisées et les sites Web regorgent d'informations et de conseils concernant les émotions que vivent les parents lors de cet événement. En voici un résumé.

Lorsque la femme apprend qu'elle est enceinte, des émotions contradictoires peuvent envahir les futurs parents : pour la mère, c'est souvent un sentiment de réussite ou de fierté à la pensée de pouvoir donner la vie, mais en même temps, c'est l'inquiétude de se retrouver devant un monde inconnu. Quant au père, la joie est souvent mêlée à l'appréhension face au tournant important que prendra sa vie. Si la grossesse survient à un moment non planifié, ce qui arrive dans bien des cas, les conjoints peuvent avoir de la difficulté à y croire et se questionner sur leur désir d'enfant.

Les changements physiques qui se produisent dans le corps de la femme enceinte seront source de sentiments mitigés. Au début de la grossesse, la mère a hâte d'en voir les signes tangibles, mais les nausées et la fatigue se font bientôt sentir et peuvent créer de l'inconfort. Des sentiments d'inquiétude concernant la santé du bébé surgissent : sera-t-il normal ? Aura-t-il une déficience ? Serai-je capable de m'en occuper correctement ?

Au deuxième trimestre, les symptômes désagréables disparaissent généralement et la mère se sent souvent plus sereine. L'entourage s'émerveille de ce petit bedon qui grossit et complimente la future maman, qui commence à sentir les coups de pied de son bébé. La mère se sent généralement heureuse et épanouie.

Au troisième trimestre, le bébé prend de plus en plus de place - toute la place - et des inconforts apparaissent : mal de dos, problèmes d'estomac, douleurs aux articulations, enflure ou crampes dans les jambes, et conséquemment, des problèmes de sommeil. Le ventre est de plus en plus embarrassant et la mère se sent parfois grosse, affreuse et peu désirable. La hâte de voir arriver le bébé se mêle à la crainte de l'accouchement.

Certaines femmes voient leur désir sexuel augmenter pendant leur grossesse, sous l'effet des changements hormonaux, alors qu'il diminue chez d'autres qui sont plus épuisées ou se sentent indésirables. Chez le père aussi, la libido peut varier; certains trouvent leur femme plus attirante à cause de ses rondeurs et d'autres évitent les rapports sexuels par crainte de faire mal au bébé. En général, il n'y a aucun danger à avoir des relations sexuelles pendant la grossesse : le bébé est bien protégé dans l'utérus.

Selon France Potvin (2007), psychologue spécialisée en périnatalité, un père sur dix développera le syndrome de la couvade et ressentira des symptômes qui s'apparentent à ceux de sa conjointe : prise de poids, nausées ou autres malaises. Ce syndrome, qui apparaît généralement quand le ventre de la mère commence à gonfler et disparaît à la naissance du bébé, peut traduire un désir de solidarité, un besoin d'assumer son rôle de père ou un sentiment d'impuissance.

grossesse à terme diminuent en fonction de l'âge de la mère: elles sont de 50% chez les femmes de moins de 35 ans et de seulement 5% à 42 ans (Holzer, 2012).

2.2.2 Les périodes du développement prénatal

Le développement prénatal de Maïa s'est déroulé en trois étapes: la période germinale, la période embryonnaire et la période fœtale. Nous aborderons ici les points les plus importants de chaque période.

La période germinale (de la fécondation à deux semaines environ)

Au cours de la **période germinale**, le zygote entreprend sa migration vers l'utérus. Pendant les 36 heures qui suivent la fécondation, le zygote amorce comme on l'a vu une période de division rapide: la mitose. Tout en se divisant, l'œuf fécondé descend le long de la trompe de Fallope pour atteindre l'utérus, après un voyage de trois à quatre jours (*voir la figure 2.6*). À ce stade, il adopte la forme d'une sphère remplie de fluide, le **blastocyste**, et il flotte librement pendant un jour ou deux dans l'utérus avant de s'y implanter. La différenciation des cellules commence: certaines cellules du blastocyste s'agglomèrent d'un côté pour former le *disque embryonnaire*, une masse de cellules à partir desquelles l'embryon va se développer. Autour, d'autres cellules seront à l'origine du système de soutien: le sac et le liquide amniotique, le placenta et le cordon ombilical. Environ 10 à 14 jours après la fécondation, cette enveloppe externe produit de minuscules filaments qui s'enfouissent dans la paroi utérine, créant ainsi une sorte de nid. Une fois implanté dans l'utérus, le blastocyste contient environ 150 cellules et devient un embryon. Toutefois, une minorité seulement des œufs fécondés parviendront à s'implanter et à poursuivre leur développement.

Période germinale
Stade du développement prénatal au cours duquel le zygote se divise et s'implante dans l'utérus.

Blastocyste
Stade de développement de l'embryon avant qu'il s'implante dans l'utérus.

La période embryonnaire (de la deuxième à la huitième semaine)

La **période embryonnaire** commence une fois que l'œuf est implanté et elle s'étend jusqu'à la fin de la 8e semaine. Le système de soutien termine son développement, et les principaux organes et systèmes (respiratoire, digestif, nerveux) commencent alors à se développer rapidement.

Période embryonnaire
Stade du développement prénatal qui s'étend de la 2e à la 8e semaine et au cours duquel les principaux organes et systèmes se développent.

FIGURE 2.6 La période germinale

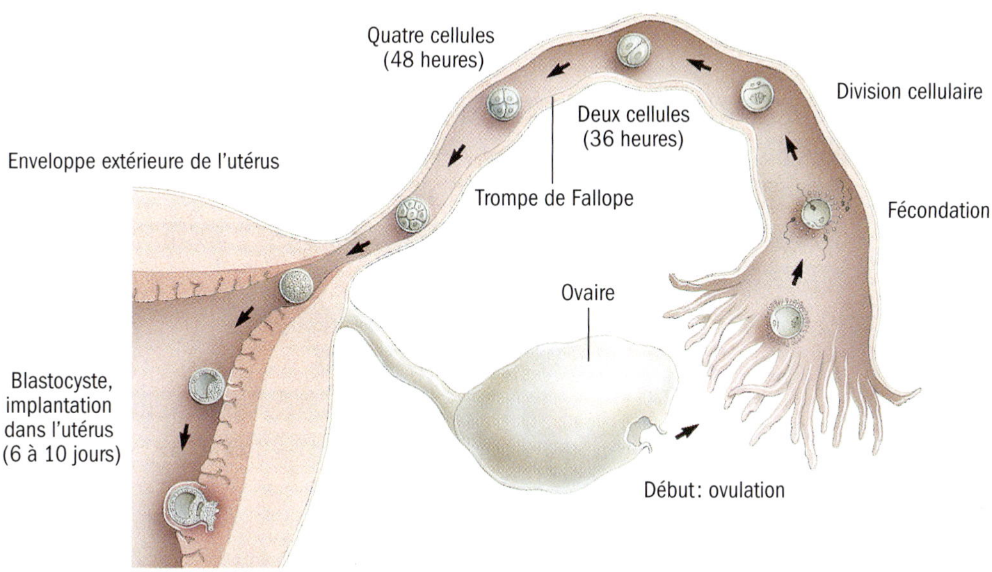

Ce schéma simplifié montre la progression de l'ovule à partir du moment où il quitte l'ovaire, où il est fécondé dans la trompe de Fallope, pour ensuite se diviser et s'implanter dans la paroi de l'utérus.

Sac amniotique ou amnios
Membrane qui entoure le bébé en gestation et qui renferme le liquide amniotique.

Placenta
Organe temporaire attaché à la paroi de l'utérus qui fait le lien entre le fœtus et le corps de la mère. Il permet d'apporter les nutriments de la mère au bébé, et d'éliminer les déchets du bébé en passant par la mère.

Cordon ombilical
Long cylindre constitué d'une veine et de deux artères, qui relie le nombril du bébé au placenta.

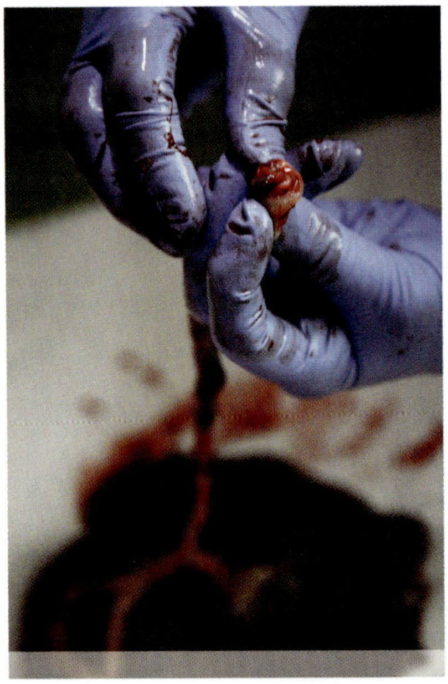

Le cordon ombilical et le placenta

Les échanges entre la mère et le bébé qu'elle porte se font à travers le cordon ombilical et le placenta.

Le **sac amniotique**, ou **amnios**, est la première structure du système de soutien. Il est formé d'une membrane qui renferme le liquide amniotique maintenu à température constante et dans lequel baigne le bébé en gestation. Le **placenta** est attaché à la paroi de l'utérus et il est relié à l'embryon par le **cordon ombilical**, constitué d'une veine et de deux artères. Le sang du bébé est transporté par les artères, avec le gaz carbonique et les déchets qu'il contient, vers le placenta pour être épuré. Il revient ensuite par la veine avec les nutriments et l'oxygène dont le bébé a besoin.

Les systèmes circulatoires de la mère et de l'embryon ne sont pas directement reliés. Les échanges se font plutôt à travers les parois des vaisseaux sanguins. Le placenta, en plus de produire certaines hormones nécessaires à la grossesse et à l'accouchement, contribue à combattre les infections internes en filtrant les substances nocives, mais ne peut pas toutes les éliminer, comme nous le verrons un peu plus loin.

Vers le 22e jour, une ébauche de cœur commence à battre : le système cardiovasculaire se met en place. Après un mois, le tube neural, qui formera le cerveau, se développe et le système nerveux prend forme. On commence d'abord à distinguer la tête, avec les yeux et les cellules olfactives, ainsi que les bourgeons qui deviendront les bras et les jambes. Ces derniers s'allongent au cours du 2e mois ; les doigts et les orteils finissent par apparaître. À la fin de la période embryonnaire, l'embryon a déjà la forme d'un être humain et ses principaux organes vitaux sont en place.

La forme très primitive de la structure de base de l'embryon et la rapidité de son développement le rendent très vulnérable aux influences nocives. Presque toutes les anomalies congénitales (bec-de-lièvre, membres incomplets ou absents, cécité, surdité, etc.) apparaissent durant cette période critique du premier trimestre de la grossesse (*voir la figure 2.7*).

FIGURE 2.7 L'occurrence des anomalies congénitales

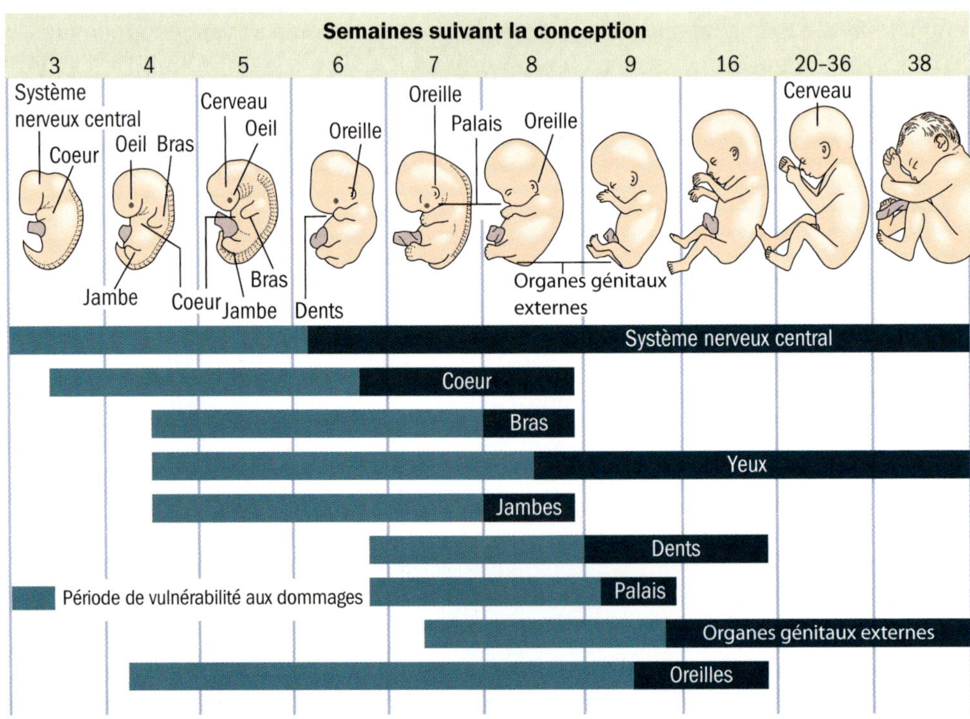

Les parties, systèmes et appareils du corps humain sont particulièrement vulnérables aux lésions durant certaines périodes critiques de développement rapide (les zones ombragées foncées), généralement durant le premier trimestre de la grossesse.

Source : Données tirées de Brody, 1995.

En général, les embryons les plus gravement atteints ne survivent pas au-delà de cette période, et la mère avorte alors spontanément : c'est ce qu'on appelle une *fausse couche*. Les fausses couches sont plus fréquentes chez les très jeunes mères et celles qui sont plus âgées (plus de 35 ans), et se produisent plus souvent dans les grossesses multiples (MacDorman et Kirmeyer, 2009).

La période fœtale (de la huitième semaine à la naissance)

La **période fœtale** commence vers la 8e semaine, quand les premières cellules osseuses apparaissent : l'embryon devient alors un **fœtus**. Au 3e mois de gestation, les organes génitaux se forment. Les six derniers mois serviront à peaufiner les structures et les systèmes déjà en place : les ongles, les paupières et les cheveux apparaîtront. Le cerveau grossit de plus en plus et les cellules nerveuses continuent leur développement, ce qui permettra au fœtus de réagir peu à peu aux stimuli, à la voix et aux battements de cœur de la mère, de même qu'aux vibrations de son corps, et d'exprimer ainsi qu'il peut entendre et sentir. Ces réactions débutent autour de la 26e semaine de gestation, augmentent et atteignent leur plateau vers la 32e semaine. C'est généralement au cours de cette période fœtale qu'on utilise l'**échographie**, un test permettant de voir le bébé à partir d'ultrasons. Enfin, durant les deux derniers mois de la grossesse, la taille et le poids du bébé augmentent considérablement.

Période fœtale
Stade du développement prénatal qui va environ de la 8e semaine à la naissance et au cours duquel le fœtus présente une apparence humaine.

Fœtus
Nom donné à l'embryon après la 8e semaine de la grossesse.

Échographie
Procédure médicale prénatale qui utilise les ultrasons pour voir le fœtus et ses mouvements. Ce test est aussi utilisé pour déterminer si une grossesse se déroule normalement.

Ainsi, loin d'être une passagère passive dans l'utérus de sa mère, Maïa, alors encore à l'état de fœtus, donnait des coups de pied, se retournait, s'étirait, faisait des pirouettes, avalait, fermait le poing, hoquetait et suçait déjà son pouce.

Le tableau 2.2 offre une description détaillée du développement prénatal mois après mois.

TABLEAU 2.2 Le développement prénatal

Mois		Description
1er mois	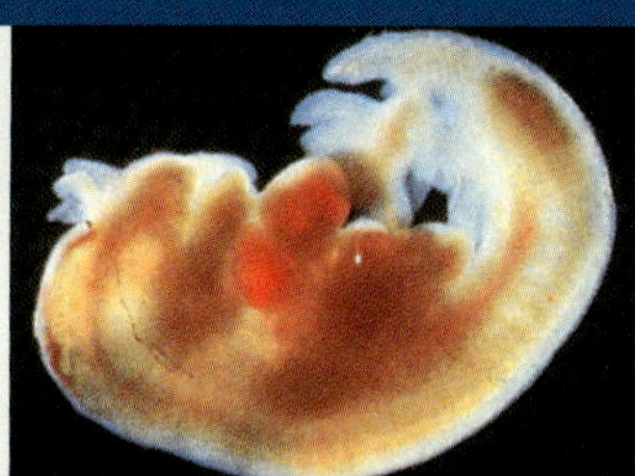	La croissance est plus rapide au cours du premier mois qu'à toute autre période de la vie : l'embryon devient 10 000 fois plus gros que le zygote. Il mesure maintenant entre 6 mm et 7 mm de longueur. Le sang circule dans ses veines et ses artères minuscules. Son petit cœur bat 65 fois à la minute. Son cerveau, ses reins, son foie et son système digestif commencent déjà à se former. Le cordon ombilical, lien vital avec sa mère, fonctionne.
2e mois	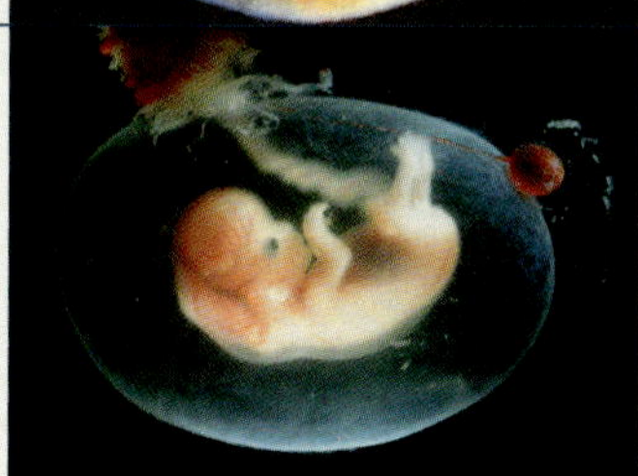	L'embryon mesure environ 2,5 cm et ne pèse que 2 g. La tête représente la moitié de la longueur totale du corps. On peut déjà distinguer les différentes parties du visage, ainsi que la langue et les bourgeons dentaires. Ses bras sont prolongés par des mains, des doigts et des pouces ; ses jambes, par des genoux, des chevilles et des orteils. Il est recouvert d'une peau mince, et ses mains et ses pieds peuvent laisser des empreintes. Les organes sexuels se développent. Les battements du cœur sont réguliers. Les reins filtrent l'acide urique dans le sang. La peau est maintenant suffisamment sensible pour réagir à la stimulation tactile.
3e mois	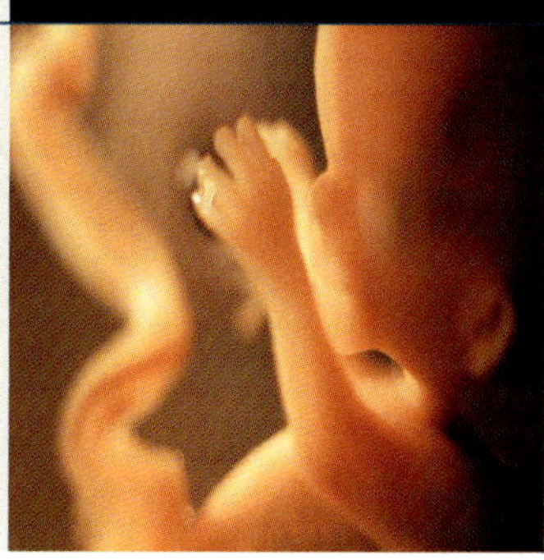	Le fœtus pèse environ 28 g et mesure 7,5 cm. Il a des ongles aux doigts et aux orteils, des paupières (encore fermées), des cordes vocales, des lèvres et un nez proéminent. Il a une grosse tête (environ le tiers de la longueur totale de son corps) et le front large. On peut facilement savoir s'il s'agit d'un garçon ou d'une fille. Les organes vitaux, appareils digestif et respiratoire, fonctionnent : le fœtus peut même uriner de temps à autre. Ses côtes et ses vertèbres se sont transformées en cartilage, et ses organes de reproduction internes contiennent des cellules primitives d'ovules ou de spermatozoïdes. À ce stade, le fœtus jouit d'une grande variété de réactions : il peut remuer les jambes, les mains et la tête, et sa bouche peut s'ouvrir, se fermer et avaler. Si l'on touche ses paumes, ses mains se referment à moitié ; si l'on touche ses lèvres, il suce, et si l'on touche à la plante de ses pieds, ses orteils se déploient. Ces comportements réflexes seront encore présents à la naissance, mais ils disparaîtront au cours des premiers mois de vie.

TABLEAU 2.2 Le développement prénatal (*suite*)

Mois	Description
4e mois 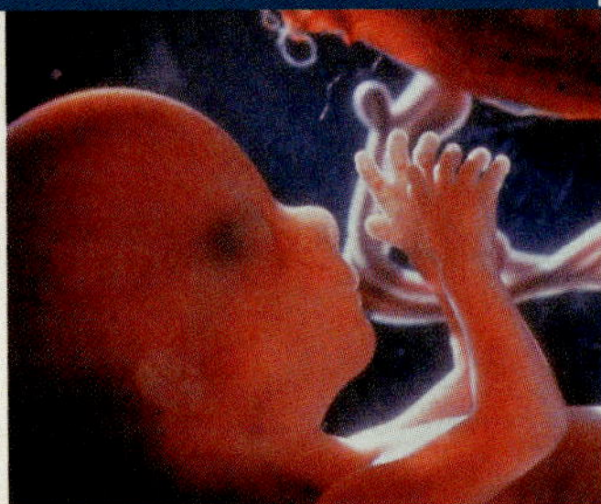	La tête ne représente plus que le quart de sa longueur totale, proportions qu'il aura à la naissance. Le fœtus mesure environ 15 cm à 25 cm et il pèse près de 200 g. Le cordon ombilical est aussi long que le fœtus et il continuera de croître avec lui. Le placenta est maintenant complètement développé et tous les organes sont formés. La mère peut sentir les coups de pied de son bébé. Grâce au développement du système musculaire, les réflexes apparus au 3e mois sont maintenant plus énergiques.
5e mois 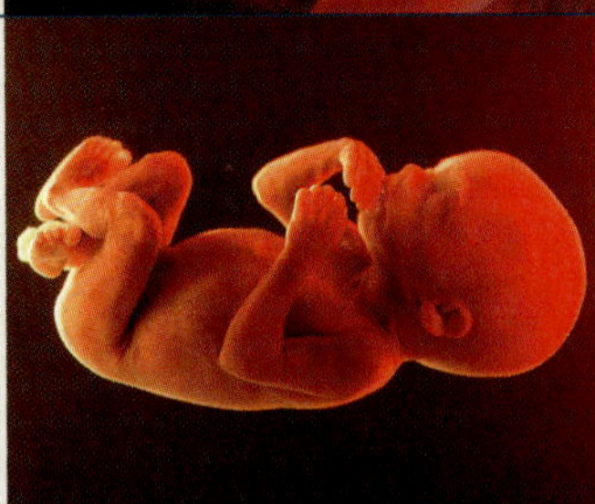	Le fœtus pèse maintenant entre 340 g et 450 g, il mesure environ 30 cm et des signes de son individualité commencent à se manifester. Son cycle sommeil-éveil est bien établi et il devient plus actif : il donne des coups de pied, s'étire, se tortille et a même des crises de hoquet. Si l'on appuie l'oreille contre le ventre de la mère, on peut entendre son cœur battre. De rudes cils et sourcils ont commencé à pousser, de fins cheveux couvrent sa tête et le lanugo, un duvet laineux qui disparaîtra plus tard, recouvre son corps. Le système respiratoire n'est pas encore suffisamment développé pour fonctionner en dehors de l'utérus ; un bébé qui naît à ce stade n'a aucune chance de survivre.
6e mois 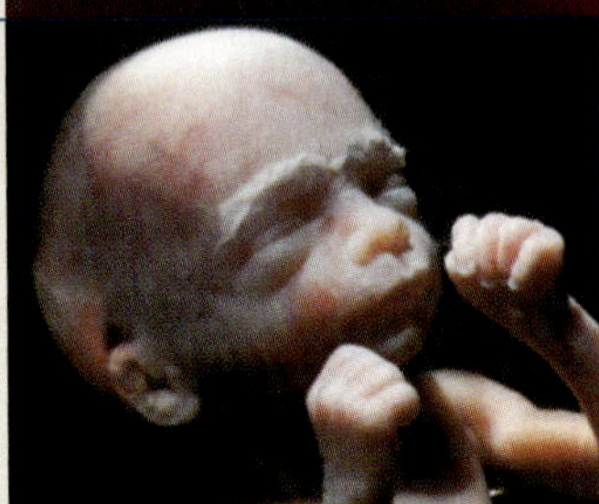	La croissance du fœtus a un peu ralenti. Il mesure maintenant environ 35 cm et pèse quelque 570 g. Des coussins adipeux se forment sous sa peau ; les yeux sont complets : il peut maintenant les ouvrir et les fermer. Sa respiration reste toujours régulière et il est capable de pleurer et de serrer les poings fermement. Toutefois, si le fœtus naissait à ce stade, ses chances de survie seraient encore très minces.
7e mois 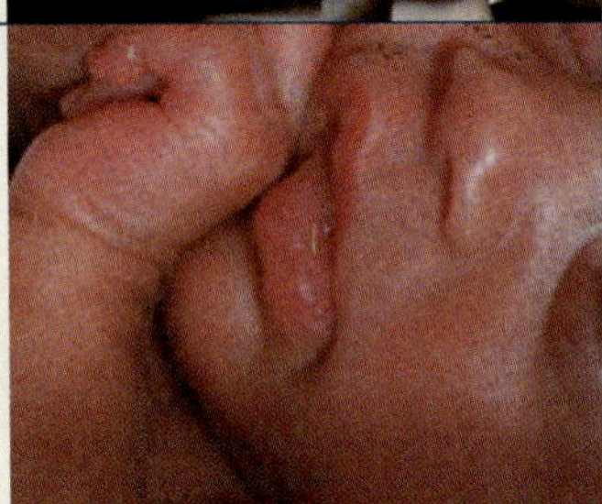	Le fœtus mesure environ 40 cm et pèse entre 1360 g et 2270 g. Ses réflexes sont maintenant complètement développés. Il pleure, respire, avale et peut même sucer son pouce. Le lanugo peut disparaître à cette période, mais demeure parfois jusqu'après la naissance. Les cheveux continuent parfois de pousser. Si le fœtus pèse au moins 1600 g, il a de bonnes chances de survivre hors de l'utérus, pourvu qu'il reçoive des soins médicaux intensifs.
8e mois 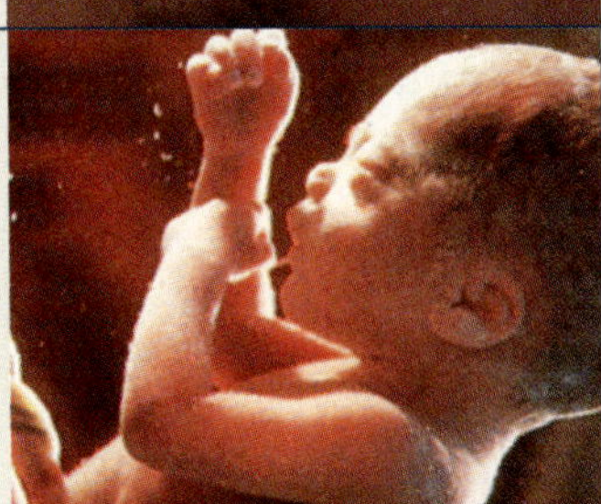	Le fœtus, qui mesure entre 45 cm et 50 cm et pèse entre 2270 g et 3180 g, est maintenant à l'étroit dans l'utérus, et ses mouvements sont réduits. Au cours des 8e et 9e mois, une couche adipeuse recouvre tout son corps pour lui permettre de s'adapter aux variations de température à l'extérieur de l'utérus.
9e mois 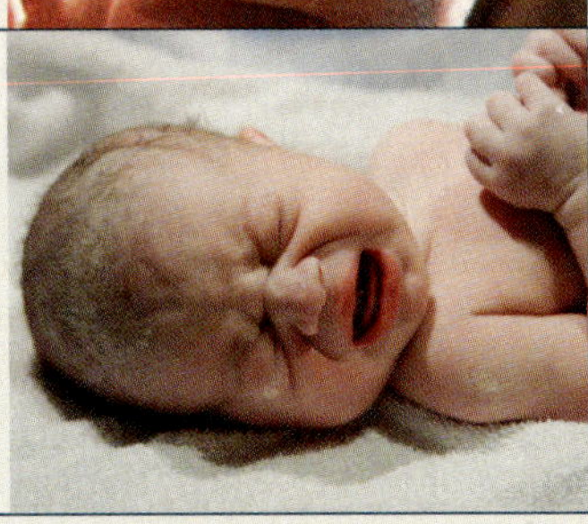	Environ une semaine avant la naissance, le fœtus cesse de grandir, ayant atteint un poids moyen de 3180 g et 50 cm de longueur. Des coussins adipeux continuent de se former, les organes fonctionnent mieux, le rythme cardiaque s'accélère et il élimine plus de déchets. La couleur rougeâtre de la peau s'estompe. Le jour de sa naissance, le fœtus aura séjourné environ 266 jours dans l'utérus, même si la durée de la gestation est normalement fixée à 280 jours par les médecins, qui situent le début de la grossesse à la dernière menstruation de la mère.

Remarque : Des différences individuelles apparaissent dès les premiers stades de la vie. Les mesures et les descriptions fournies ici représentent des tendances moyennes.

2.2.3 Les influences sur le développement prénatal

C'est le corps de la mère qui représente l'environnement prénatal. Par conséquent, tout ce qui peut l'affecter peut aussi influencer le développement du futur bébé. Toutefois, les diverses influences qui s'exercent sur le milieu prénatal n'affectent pas tous les fœtus de la même façon. Dans certains cas, le même agent environnemental peut être tératogène (c'est-à-dire avoir des conséquences nocives) et, dans d'autres, avoir des effets négligeables ou nuls. Un **agent tératogène** est un agent venant de l'environnement, tel qu'un virus, une drogue ou une radiation, et qui peut interférer avec le développement prénatal et entraîner des anomalies développementales. Les recherches semblent indiquer que le moment où intervient cet agent environnemental, de même que son intensité et son interaction avec d'autres facteurs, est déterminant. Voyons donc comment certains agents peuvent affecter le développement prénatal.

Agent tératogène
Agent venant de l'environnement, tel qu'un virus, une drogue ou une radiation, et qui peut interférer avec le développement prénatal et entraîner des anomalies développementales.

L'âge de la mère

Après 35 ans, une femme enceinte est plus susceptible de souffrir de haute pression, de saignements abondants et de complications dues au diabète. De plus, les fausses couches, les naissances prématurées et les complications à la naissance sont plus fréquentes, de même que les risques d'un syndrome de Down chez le bébé. Passé 40 ans, la probabilité de devoir procéder à une césarienne augmente. Ainsi, en 2011 au Québec, près de 40 % des bébés dont les mères avaient plus de 40 ans sont nés par césarienne (Santé et services sociaux Québec, 2012). Chez les femmes de plus de 50 ans, les bébés sont de deux à trois fois plus susceptibles de naître prématurément, d'être très petits ou encore de mourir à la naissance (Salibu *et al.*, 2003). Les adolescentes aussi ont tendance à avoir des bébés prématurés ou de faible poids ; il se pourrait que le corps en croissance des adolescentes consomme les substances nutritives dont le fœtus a besoin (Fraser, Brockert et Ward, 1995).

L'alimentation de la mère et son poids

Une femme de constitution moyenne qui prend entre 7 et 18 kilogrammes durant sa grossesse court moins de risques d'avoir des complications à la naissance qu'une autre qui en prend moins ou plus. Si une femme ne prend pas assez de poids, son bébé risque de souffrir d'un retard de croissance, de naître prématurément et même de mourir à la naissance ou peu après. Des recherches ont démontré que des restrictions alimentaires pendant la grossesse augmentaient les risques d'obésité plus tard chez l'enfant, peut-être parce que son métabolisme est ralenti (Caballero, 2006).

Monica a eu bien raison de surveiller son alimentation durant sa grossesse, car c'est aujourd'hui un fait reconnu : le régime alimentaire de la mère (avant et pendant la grossesse) a un effet déterminant sur la santé future de l'enfant. Des mères bien alimentées donnent naissance à des enfants en meilleure santé. Le problème est donc de taille dans les pays en voie de développement, où la majorité des individus souffrent de sous-alimentation. Dans certaines régions rurales de l'Afrique de l'Ouest, par exemple, les personnes qui naissent durant la période de famine sont dix fois plus susceptibles de mourir au début de l'âge adulte que celles qui naissent à une autre période de l'année (Moore *et al.*, 1997). Lors d'études faites au Royaume-Uni, des enfants dont les mères avaient manqué de vitamine D à la fin de leur grossesse présentaient une basse teneur minérale des os à l'âge de 9 ans, ce qui augmente le risque d'ostéoporose en vieillissant (Javaid *et al.*, 2006).

Ce n'est que depuis les années 1980 que les chercheurs ont commencé à reconnaître l'importance, lors de la grossesse, de l'acide folique, une vitamine B qui se retrouve principalement dans les fruits et les légumes. Une carence sur ce plan peut en effet causer des problèmes au tube neural. C'est pourquoi on recommande aux femmes de commencer à prendre de l'acide folique avant même d'être enceintes, les dommages se produisant généralement durant les toutes premières semaines de la grossesse.

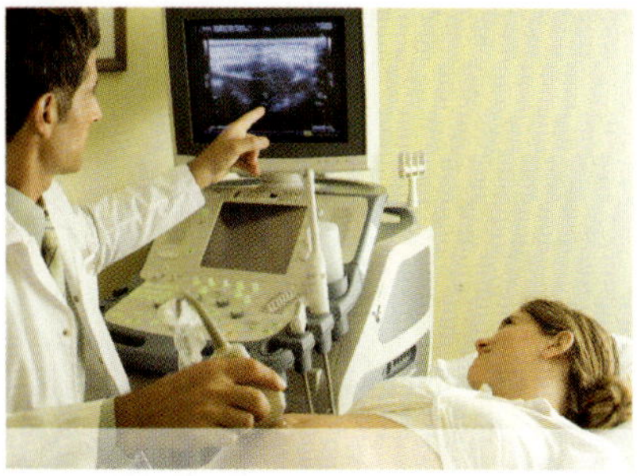

L'échographie

Les ultrasons dirigés vers l'abdomen de la mère permettent d'avoir une image du fœtus. On peut ainsi s'assurer qu'il est bien vivant, voir s'il y a plus d'un fœtus et dépister certaines anomalies.

Les médicaments et les drogues

Tout ce que la femme enceinte absorbe parvient à l'utérus. Les médicaments et les drogues peuvent donc traverser le placenta, tout comme le font l'oxygène, le dioxyde de carbone et l'eau. La vulnérabilité est encore plus grande durant les premiers mois de la grossesse, quand le développement du fœtus se fait à un rythme rapide. Arrêtons-nous sur les effets de quelques-unes de ces substances.

Les médicaments On a longtemps cru que le placenta protégeait le fœtus contre les drogues et les médicaments pris par la mère, jusqu'à ce qu'on découvre, au début des années 1960, les effets dramatiques que causait la thalidomide : ce médicament avait entraîné de graves malformations chez des milliers d'enfants. Ce drame a permis de sensibiliser les professionnels de la santé et le grand public aux dangers de la prise de médicaments durant la grossesse. Aujourd'hui, une trentaine de médicaments ont été reconnus comme présentant des effets tératogènes, surtout s'ils sont consommés durant le premier trimestre de la grossesse. Parmi ceux-ci, citons la tétracycline (un antibiotique), certains barbituriques, les opiacés et autres dépresseurs du système nerveux central, plusieurs hormones dont les anovulants, l'Accutane, un médicament souvent prescrit dans les cas graves d'acné, et même la simple aspirine (Koren, Pastuzak et Ito, 1998). Des médicaments anti-inflammatoires, comme le naproxène ou l'ibuprofène, ont été associés à des malformations congénitales lorsqu'ils sont pris n'importe quand à partir du premier trimestre (Cooper *et al.*, 2006).

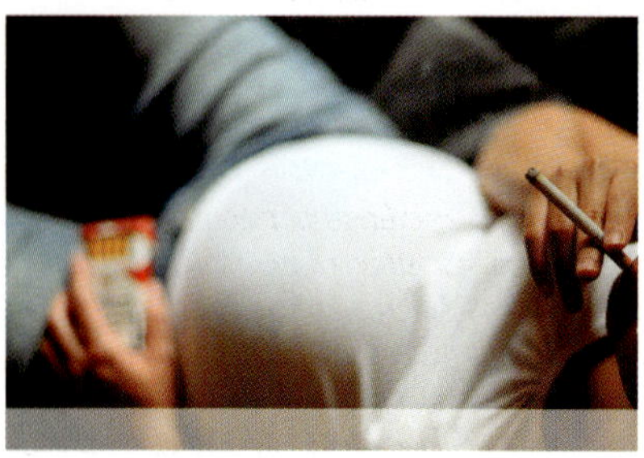

Non à la cigarette

Fumer quand on est enceinte peut avoir des conséquences graves sur le bébé.

La nicotine Fumer durant la grossesse est nocif pour le bébé. En effet, il est établi que le tabagisme de la mère est le facteur le plus important expliquant le faible poids à la naissance dans les pays développés. La nicotine franchit la barrière placentaire et peut nuire au développement du fœtus de plusieurs façons : ralentissement de la croissance, augmentation du débit cardiaque, risque de rupture prématurée des membranes et, par conséquent, de naissance prématurée, diminution de l'oxygène dans le sang amené au fœtus, etc. (DiFranza *et al.*, 2004). À long terme, on a découvert des problèmes respiratoires, neurologiques, cognitifs et comportementaux qui y sont aussi reliés (Martin *et al.*, 2007). Les effets nocifs de la fumée secondaire peuvent encore être plus importants s'ils sont combinés à d'autres facteurs éprouvants, comme l'exposition au plomb ou le manque de nutriments essentiels comme l'acide folique (Mook-Kanamori *et al.*, 2010). De plus, il a été démontré que le tabagisme durant la grossesse augmente considérablement le risque de mort subite du nourrisson, en retardant le développement de certaines structures du système nerveux central (Chang *et al.*, 2003). En outre, puisque plusieurs femmes ayant fumé durant leur grossesse continuent de le faire après l'accouchement et que chaque type d'exposition semble avoir des effets indépendants (DiFranza *et al.*, 2004), on a cherché à bien distinguer les effets d'une exposition prénatale de ceux d'une exposition postnatale en examinant 500 bébés de 2 jours avant qu'ils ne soient exposés à la fumée secondaire. Les chercheurs ont remarqué, là encore, que les bébés des mères qui avaient fumé durant la grossesse étaient plus petits et souffraient davantage de problèmes respiratoires que les bébés de mères non-fumeuses (Stick *et al.*, 1996).

Pourquoi Monica a-t-elle eu raison d'éviter l'alcool ?

Selon plusieurs chercheurs, le fait d'avoir été exposé à la nicotine pendant le développement prénatal aurait aussi des répercussions à l'âge scolaire : faible capacité d'attention, hyperactivité, troubles d'apprentissage et de comportement et faibles résultats aux tests de quotient intellectuel (Thapar *et al.*, 2003). Même si les nombreuses campagnes de publicité antitabac ont contribué à la diminution du tabagisme chez les femmes enceintes au Québec, plus de 17 % des femmes qui ont donné naissance à un enfant ont admis avoir fumé pendant leur grossesse (MSSS, 2011). Ce taux était de 25 % en 1998 (Institut de la statistique du Québec, 2012).

L'alcool Comme la nicotine, l'alcool peut causer des dommages importants au fœtus. Et plus une mère consomme d'alcool durant sa grossesse, plus les risques sont élevés. En effet, l'alcool consommé par la femme enceinte se retrouve dans le sang du bébé qu'elle porte et nuit à la croissance de ses cellules nerveuses. Les risques de susciter une déficience intellectuelle, des troubles de l'attention, de l'agitation, de l'irritabilité, de l'hyperactivité et des problèmes d'apprentissage augmentent donc avec la consommation d'alcool (Sokol, Delaney-Black et Nordstrom, 2003). Une étude effectuée sur plus de 500 femmes a même démontré que celles qui consommaient de petites quantités d'alcool durant leur grossesse avaient tendance à avoir des enfants qui étaient plus agressifs que les autres vers l'âge de six ou sept ans, tandis que les enfants de celles qui consommaient moyennement ou beaucoup d'alcool avaient tendance à avoir des problèmes plus sérieux de délinquance (Sood *et al.*, 2001).

Une forte consommation prolongée peut également conduire au **syndrome d'alcoolisation fœtale** (SAF), qui se manifeste, chez le bébé, par un sérieux retard de croissance, par des malformations du visage et par des troubles du système nerveux central. Au Canada, en moyenne un à deux enfants sur mille souffriraient du SAF, et près de un sur cent, des effets de l'alcool sur le fœtus. Dans des communautés plus isolées, comme certaines appartenant aux Premières Nations, c'est près d'un enfant sur cinq qui serait atteint du SAF (Santé Canada, 2007). L'ensemble des troubles causés par l'alcoolisation fœtale (ETCAF) comprend le SAF, le SAF partiel et les troubles neurologiques du développement liés à l'alcool. C'est la principale cause des troubles de développement évitables. Pour cette raison, l'Agence de la santé publique du Canada recommande aux femmes d'éviter de consommer de l'alcool durant leur grossesse, et même dès le moment où elles songent à concevoir jusqu'au moment où elles cessent d'allaiter (Agence de santé publique du Canada, 2012).

Le syndrome d'alcoolisation fœtale

Une mère qui consomme de l'alcool de manière excessive durant sa grossesse risque de mettre au monde un enfant atteint du syndrome d'alcoolisation fœtale, comme cet enfant de quatre ans.

Syndrome d'alcoolisation fœtale
Syndrome caractérisé par des anomalies cérébrales, motrices et développementales (retard de croissance, malformations du visage et du corps, troubles du système nerveux central, etc.) dont sont atteints les enfants de femmes qui ont consommé une quantité excessive d'alcool durant leur grossesse.

La marijuana, la cocaïne et la méthamphétamine Des études longitudinales sur la consommation de marijuana durant la grossesse l'ont associée à un déficit d'attention, à l'impulsivité et à des difficultés dans les habiletés perceptuelles, ce qui laisse croire que cette drogue peut affecter le fonctionnement du lobe frontal du cerveau (Fried et Smith, 2001).

La consommation de cocaïne peut entraîner un avortement spontané, un retard de croissance, un faible poids à la naissance, une petite tête, des anomalies congénitales et un ralentissement du développement neurologique (Shankaran *et al.*, 2004).

L'exposition à la méthamphétamine pendant le développement prénatal risque de causer des dommages aux régions du cerveau impliquées dans l'apprentissage, le contrôle et la mémoire (Roussotte *et al.*, 2011).

Le sida

Le **sida** (syndrome d'immunodéficience acquise) est une maladie causée par le virus d'immunodéficience humaine (VIH), lequel affaiblit le fonctionnement du système immunitaire. Si une mère porte le virus dans son sang, il peut se transmettre au sang du fœtus en traversant le placenta. Par ailleurs, plusieurs bébés sont aussi infectés au moment de l'accouchement ou par le lait maternel. On peut alors réduire ce risque d'infection en pratiquant une césarienne et en prescrivant un autre mode d'allaitement.

Sida
Syndrome d'immunodéficience acquise dû au VIH qui se caractérise par une faiblesse du système immunitaire favorisant le développement d'infections et de cancers.

Dans les pays les plus pauvres, on estime que, dans la seule année 2009, plus de 350 000 enfants ont été infectés par le VIH et qu'environ 50 000 femmes enceintes sont décédées à cause du sida. Par contre, dans les pays riches, le nombre de nouvelles infections chez les enfants, ainsi que les décès, sont presque nuls. Il existe un consensus mondial pour lutter contre ces inégalités et un plan, chapeauté par ONUSIDA, a été mis sur pied afin qu'en 2015, tous les enfants naissent sans le VIH et que leurs mères survivent (ONUSIDA, 2011).

Les autres maladies de la mère

On sait qu'une **rubéole** contractée avant la 11e semaine de grossesse entraîne presque à coup sûr une surdité et des anomalies cardiaques chez le bébé. Cette situation peut être évitée en vaccinant les femmes contre cette maladie longtemps avant leur grossesse, et de préférence avant la puberté.

Rubéole
Maladie contagieuse, généralement bénigne, dont les symptômes sont un gonflement des ganglions, la fièvre et des rougeurs sur la peau. Elle peut avoir des conséquences graves si la mère contracte cette maladie durant les premiers mois de sa grossesse.

Les femmes qui ont le diabète doivent s'assurer que leur taux de glucose dans le sang est sous contrôle avant d'être enceintes. Les enfants qui ont une mère dont le diabète est mal contrôlé ont 3 à 4 fois plus de risques que les autres de développer un grand nombre d'anomalies congénitales (Correa *et al.*, 2008).

L'herpès génital, une infection de plus en plus courante dans les pays développés, peut se transmettre au bébé lors de l'accouchement si la mère est atteinte. Chez le bébé, cette infection se présente sous forme de lésions cutanées, oculaires ou buccales ; elle peut aussi porter atteinte au système nerveux central et se manifester sous forme d'encéphalite et peut aller jusqu'à la mort, dans les cas les plus graves. Certains traitements existent pour contrôler les manifestations de l'infection pendant la grossesse et on recommande la césarienne lorsqu'on détecte la présence de symptômes au dernier trimestre (SOGC, 2008).

Le stress de la mère

Le stress et l'anxiété vécus par la mère pendant sa grossesse ont été associés à l'hyperactivité et au tempérament irritable du nouveau-né, de même qu'à des problèmes émotionnels et de comportement pendant l'enfance (DiPietro *et al.*, 2010 ; O'Connor *et al.*, 2002). De plus, un stress chronique peut causer un accouchement prématuré, peut-être à cause de la faiblesse du système immunitaire qui rend la femme plus vulnérable aux infections, ce qui peut déclencher le travail de l'accouchement (Schetter, 2009).

À la suite de la crise du verglas qu'a connue le Québec en 1998, l'Institut universitaire en santé mentale Douglas a mis sur pied un programme de recherche appelé « Projet verglas » afin d'étudier les conséquences d'un stress maternel prénatal chez les enfants. On a trouvé que les enfants exposés à un niveau de stress élevé avaient de plus faibles habiletés cognitives et langagières, de même que des capacités à jouer moindres à l'âge de 2 ans, 5 ans et demi et 8 ans et demi. Les chercheurs ont également observé des asymétries dans les empreintes digitales chez les enfants de mères qui ont vécu ce stress entre la 14e et la 22e semaine de grossesse. C'est justement à cette période du développement prénatal que les empreintes digitales et l'hippocampe se développent. Ainsi, des anomalies dans les empreintes digitales pourraient refléter des désordres dans le développement du cerveau, particulièrement l'hippocampe (Charil, Laplante, Vaillancourt, King, 2010). Deux autres volets se sont ajoutés à ce programme de recherche : l'Iowa Flood Study, qui porte sur des femmes enceintes exposées à des inondations en Iowa en 2008, et l'étude QF2011, qui suit des femmes australiennes de Queensland exposées aussi à des inondations en 2011.

Par ailleurs, un stress modéré n'est pas nécessairement néfaste pour le fœtus. En effet, à certaines périodes de la gestation, une légère dose de stress pourrait stimuler l'organisation du cerveau du fœtus en développement. Des nouveau-nés dont les mères avaient vécu un stress modéré, positif ou négatif, pendant la grossesse, présentaient des signes de développement neurologique accéléré (DiPietro *et al.*, 2010).

La dépression

La dépression de la mère peut avoir des effets semblables au stress sur le développement du fœtus. La grossesse est une période particulièrement sujette à l'anxiété et à la dépression. Des chercheurs ont suivi plus de deux cents femmes enceintes à bas risque (grossesse normale, absence de facteurs de risque, pas de prématurité) : ils ont évalué leur état dépressif au dernier trimestre de la grossesse et lorsque leur bébé avait deux, six et douze mois. À un an, les enfants de mères déprimées pendant leur grossesse présentaient un taux d'anxiété plus élevé et plus de problèmes de sommeil, particulièrement les garçons. On a aussi constaté qu'il y avait beaucoup plus de dépressions pré-partum que de dépressions post-partum (Gerardin, 2012). Une autre étude britannique a observé des niveaux élevés de comportements violents et antisociaux à l'adolescence chez les enfants de mères qui avaient été dépressives pendant leur grossesse (Hay *et al.*, 2010).

Les autres dangers environnementaux

Nous avons vu que tout ce qui agit sur la femme enceinte peut agir sur le fœtus. Il en va de même pour l'exposition à certains facteurs environnementaux, que ce soient les radiations telles que les rayons X, les conditions extrêmes de chaleur et d'humidité ou les produits chimiques et industriels. Les femmes enceintes qui respirent quotidiennement de l'air qui contient des particules de combustion sont plus susceptibles de donner naissance à des bébés prématurés ou de faible poids ou avec des anomalies chromosomiques (Parker *et al.*, 2005; Bocskay *et al.*, 2005). Une exposition prénatale, même à des niveaux peu élevés, à des toxines environnementales comme le plomb, le mercure, ainsi que la nicotine et l'éthanol, pourrait expliquer la nette augmentation d'asthme et d'allergies chez les enfants (Dietert, 2005). Certains cancers chez l'enfant, comme la leucémie, ont été associés à l'utilisation de pesticides (Menegaux *et al.*, 2006). Selon les recherches de Maryse Bouchard, qui travaille au Département de santé environnementale et santé au travail, de la Faculté de médecine de l'Université de Montréal, l'exposition aux pesticides lors de la grossesse a des répercussions négatives sur les habiletés cognitives des enfants (Bouchard *et al.*, 2011). Qu'arrivera-t-il à long terme aux enfants de la région de Fukushima, au Japon, qui sont nés dans les mois suivant la catastrophe nucléaire survenue à la suite du tsunami de mars 2011?

Les conséquences des radiations nucléaires sur la santé

Qu'arrivera-t-il à long terme aux enfants de la région de Fukushima, au Japon, qui sont nés dans les mois suivant la catastrophe nucléaire survenue à la suite du tsunami de mars 2011?

Les influences liées au père

L'âge avancé du père, et la détérioration du sperme qui en découle, peut aussi être à l'origine de malformations congénitales, de nanisme, de plusieurs cas de schizophrénie, de troubles bipolaires et d'autisme (Wyrobek *et al.*, 2006; Byrne *et al.*, 2003; Frans *et al.*, 2008; Tsuchiya *et al.*, 2008). La qualité du sperme du père peut être affectée par l'exposition au plomb, aux radiations et aux pesticides, de même que par une grande consommation de tabac, de marijuana ou d'alcool (Sokol et al., 2006).

Aussi, une recherche menée à New York et portant sur 214 femmes non-fumeuses a démontré que l'exposition combinée à la fumée secondaire du père et à l'air urbain pollué diminuait de 7 % le poids du bébé à la naissance et de 3 % la circonférence de sa tête (Perera *et al.*, 2004).

FAITES LE POINT

4. Nommez les trois stades du développement prénatal et expliquez ce qui se passe à chacun de ces stades.
5. Qu'est-ce qu'un agent tératogène? Nommez-en trois et décrivez leurs effets.
6. Quels sont les risques associés à une consommation élevée d'alcool pendant la grossesse?
7. France est enceinte d'une petite fille. Après 24 semaines, sa grossesse se déroulait bien et elle recevait un bon soutien de son conjoint et de sa mère, lorsque cette dernière est décédée brutalement dans un accident d'automobile. Le stress vécu par Claire actuellement peut-il affecter le développement du bébé qu'elle porte et, le cas échéant, comment?

2.3 La naissance

La façon de se préparer à la naissance et le cadre dans lequel elle se déroule reflètent les valeurs et les ressources d'une culture. Ainsi, une femme maya du Yucatan accouchera dans le hamac dans lequel elle dort chaque nuit, en présence du père et de la sage-femme. Pour éviter les mauvais esprits, la mère et son bébé resteront à la maison pendant une semaine. Par contre, chez les Ngonis d'Afrique de l'Est, les hommes sont exclus de l'événement, tandis que dans les régions rurales de la Thaïlande, la nouvelle mère reprend ses activités à peine quelques heures après la naissance de son enfant (Gardiner et Kosmitzki, 2005). Et chez nous, qu'en est-il?

2.3.1 L'accouchement

Nous ne savons pas exactement ce qui provoque le déclenchement du processus de l'accouchement, mais plusieurs hormones jouent un rôle important, particulièrement l'œstrogène. Même si la mère obtient une date précise d'accouchement (calculée en fonction de la première journée des dernières règles), le déclenchement du processus peut varier de plusieurs jours et, parfois, de quelques semaines. Par ailleurs, la sécurité de la mère et celle de l'enfant sont les premiers facteurs à considérer lors de l'accouchement. Associés au confort de la mère, ce sont en effet eux qui vont déterminer si l'accouchement se fera par voie naturelle ou par césarienne.

Les phases de l'accouchement par voie naturelle

Travail
Première phase de l'accouchement, caractérisée par la présence de contractions régulières.

Un accouchement par voie naturelle (aussi appelé accouchement vaginal ou par voie basse) se déroule en trois phases (*voir la figure 2.8*). La première phase de l'accouchement, appelée le **travail**, est la plus longue: elle dure en moyenne de 8 à 12 heures, et parfois plus chez la primipare (c'est-à-dire celle qui donne naissance à son premier enfant). Au cours de cette étape, le col de l'utérus s'efface et se dilate grâce aux contractions utérines. Il s'élargit jusqu'à ce que la tête du bébé puisse passer, soit jusqu'à 10 cm environ. Au début de cette phase, les contractions, peu douloureuses, durent une trentaine de secondes et surviennent environ toutes les 10 à 20 minutes. À mesure que le travail avance, les contractions deviennent de plus en plus longues, de plus en plus rapprochées et de plus en plus douloureuses. C'est souvent à cette étape que le sac amniotique se déchire, laissant s'écouler le liquide amniotique: c'est ce qu'on appelle communément «la perte des eaux», qui peut se produire aussi bien avant le début des contractions que pendant le travail.

Expulsion
Phase de l'accouchement qui débute au moment où la tête du bébé commence à s'engager dans le col et le vagin, et qui se termine lorsque le bébé est complètement sorti du corps de la mère.

Délivrance
Troisième phase de l'accouchement, pendant laquelle le placenta et le sac amniotique sont expulsés.

Lorsque le sommet du crâne du bébé commence à passer à travers le col utérin et à s'engager dans le passage vaginal, la deuxième phase commence: il s'agit de la phase de l'**expulsion**. Elle dure environ une heure et se termine lorsque le bébé est complètement sorti. Durant cette phase, la mère qui s'est bien préparée à l'accouchement peut pousser énergiquement en utilisant ses muscles abdominaux à chaque contraction de façon à aider le bébé à sortir. Une fois l'enfant né, on coupe alors le cordon ombilical, toujours attaché au placenta.

C'est là que commence la troisième phase, appelée la **délivrance**, qui ne dure que quelques minutes. Il s'agit du moment où le reste du cordon ombilical et le placenta sont expulsés du corps de la mère.

FIGURE 2.8 Un accouchement par voie naturelle

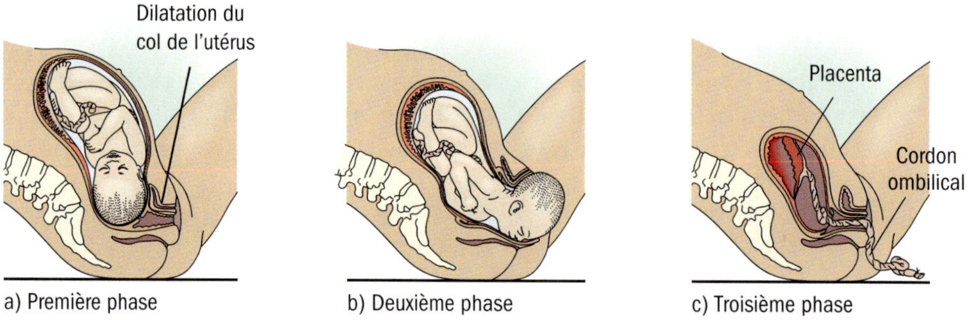

a) Au cours de la première phase, des contractions de plus en plus fortes dilatent le col de l'utérus de la mère. b) Au cours de la deuxième phase, la tête du bébé s'engage dans le col et émerge du vagin. c) Au cours de la dernière phase, après la sortie du bébé, le placenta et le reste du cordon ombilical sont expulsés de l'utérus.

Source: Adapté de Lagercrantz et Slotkin, 1986.

Pendant ces trois phases de l'accouchement, le bébé joue un rôle passif. Ce sont les contractions involontaires de l'utérus, déclenchées par des mécanismes hormonaux complexes, ainsi que les poussées volontaires de la mère, qui sont responsables de sa venue au monde.

L'accouchement par césarienne

La sécurité de la mère ou du bébé exige parfois un accouchement par **césarienne**, intervention chirurgicale qui consiste à extraire l'enfant de l'utérus en pratiquant une incision horizontale d'environ 10 cm juste au-dessus du pubis. On pratique généralement une césarienne si le bassin de la mère est trop étroit, si la dilatation du col ne se fait pas correctement, si le bébé semble éprouver des difficultés, s'il se présente en mauvaise position ou si la mère souffre d'une hémorragie. L'intervention est souvent pratiquée en urgence, mais peut aussi être programmée dans certaines situations.

Césarienne
Intervention chirurgicale qui consiste à pratiquer une incision dans la paroi abdominale afin d'extraire le bébé de l'utérus.

Au Québec, les naissances par césarienne représentent aujourd'hui 23 % de l'ensemble des naissances, alors que cette proportion était de 5 % en 1970 (MSSS, 2011). Ce taux, un peu plus bas que pour l'ensemble du Canada, est parmi les plus élevés au monde, et il dénote une médicalisation exagérée d'un acte normalement très naturel. Dans tous les pays de l'OCDE, les taux de césariennes ont considérablement augmenté au cours des dernières années, quoique certains pays aient commencé à inverser la tendance (*voir le tableau 2.3*). Cette augmentation du nombre de césariennes pourrait s'expliquer par les progrès médicaux (on peut désormais déceler la souffrance fœtale lorsqu'une modification des bruits du cœur et du rythme cardiaque apparaît au monitorage) et par un nombre plus élevé de grossesses à risques (notamment celles survenant à un âge avancé), ainsi que par le désir d'accommoder les horaires du médecin et de la patiente (OCDE, 2011). La césarienne est une intervention chirurgicale délicate pour la mère ; la cicatrisation peut être douloureuse, les complications hémorragiques ou infectieuses sont plus fréquentes que lors d'un accouchement naturel, tout comme le taux de mortalité (qui demeure tout de même assez bas). La Société des obstétriciens et gynécologues du Canada considère qu'il faut mettre en place des mesures visant à réduire le nombre de césariennes non nécessaires. Elle s'est donc opposée à la césarienne de convenance (faite à la demande de la mère, pour des raisons non médicales).

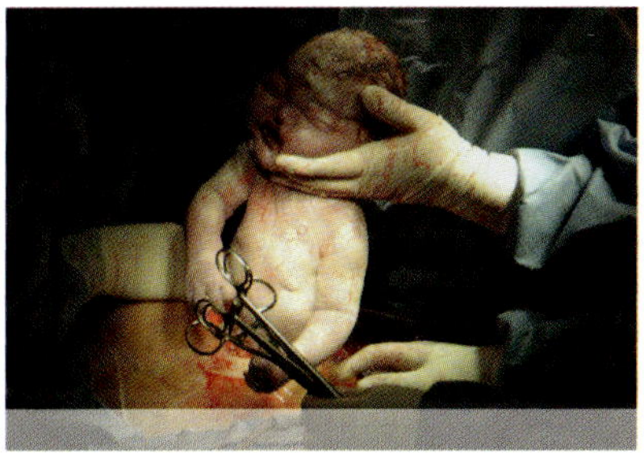

Une césarienne

Parfois la sécurité de la mère ou du bébé exige un accouchement par césarienne, une intervention chirurgicale qui consiste à extraire l'enfant de l'utérus en pratiquant une incision horizontale d'environ 10 cm juste au-dessus du pubis.

TABLEAU 2.3 Les pourcentages de césariennes pour 100 naissances vivantes par pays (en 2009 et variation 2000-2009)

Pays	Pourcentage (%) de césariennes pour 100 naissances vivantes 2009 (ou année la plus proche)	Taux (%) de croissance annuel moyen Variation 2000-2009 (ou année la plus proche)
Pays-Bas	14,3 %	+ 2,4 %
Norvège	17,1 %	+ 2,8 %
Suède	17,1 %	+ 2,1 %
Inde	17,8 %	+ 5,5 %
France	20 %	+ 1,7 %
Canada	26,6 %	+ 3,1 %
États-Unis	32,3 %	+ 4,4 %
Mexique	42 %	+ 4,5 %
Chine	46,2 %	n.d.
Brésil	47,4 %	n.d.

Source : OCDE, 2011.

L'utilisation de médicaments

La douleur des contractions est bien réelle, mais elle peut être atténuée par divers moyens. L'anesthésie générale, qui rend les femmes complètement inconscientes, est rarement utilisée de nos jours, même dans les cas de césarienne. On a plutôt recours à l'injection péridurale, une technique consistant à administrer, de façon progressive et continue, un médicament visant à diminuer (**analgésie péridurale**) ou à bloquer (**anesthésie péridurale**) la transmission de la douleur au cerveau.

Analgésie péridurale
Diminution de l'influx nerveux responsable de la douleur qui est induite par l'administration d'une substance appropriée dans l'espace péridural.

Anesthésie péridurale
Suppression de la sensibilité à la douleur qui est induite par l'administration d'une substance appropriée dans l'espace péridural.

Comme on l'a vu précédemment, les médicaments administrés à la femme enceinte ne sont pas sans risques. L'analgésie péridurale est efficace pour contrôler la douleur, mais elle provoque aussi des effets secondaires qui sont plus ou moins prononcés, comme une basse tension artérielle et de la fièvre chez la mère ainsi que l'augmentation de la durée du travail. Cette augmentation peut entraîner à son tour la nécessité d'avoir recours aux forceps, à des ventouses ou encore à l'ocytocine – une hormone qui accélère le travail (Anim-Somuah, Smyth et Jones, 2011).

Au Québec, plus que partout ailleurs au Canada, l'utilisation de la péridurale s'est accrue d'une façon continue et concerne actuellement 69 % des accouchements. La politique de périnatalité 2008-2018 du Québec veut mettre la priorité sur la réduction des interventions obstétricales en apportant aux femmes un meilleur soutien pendant la grossesse ainsi qu'à l'accouchement et en proposant d'autres méthodes non pharmacologiques de contrôle de la douleur (INESSS, 2012).

2.3.2 Le contexte de la naissance

La préparation à l'accouchement

La peur de l'inconnu est souvent une cause de stress pour une femme qui se prépare à donner la vie pour la première fois. C'est pourquoi la plupart des établissements de santé ont mis sur pied des cours ou des séances d'information pour les futurs parents. On y explique aux parents ce qui se passe lors de l'accouchement, on y enseigne des techniques de respiration, de relaxation et d'assouplissement physique, on leur donne des conseils préventifs concernant la grossesse et on les prépare à l'arrivée du bébé.

Le rôle des sages-femmes

Au Québec, les **sages-femmes** sont intégrées depuis 1999 au réseau de la santé et des services sociaux, mais ce n'est que depuis 2005 que les futures mères peuvent légalement accoucher à leur domicile avec l'aide d'une sage-femme. Depuis la reconnaissance de la profession, le taux de mortalité périnatale sous la supervision des sages-femmes a chuté de 57 % (Ordre des sages-femmes du Québec, 2013). On constate aussi une diminution importante de l'utilisation des techniques médicales (césarienne, **forceps**, ventouses, injection péridurale, **épisiotomie**), de la durée moyenne de la phase de travail, des naissances prématurées et des accouchements jugés difficiles.

Sage-femme
Professionnelle formée pour assister les femmes durant leur grossesse et leur accouchement et pour donner des soins au nouveau-né.

Forceps
Instrument en forme de deux cuillères croisées destiné à saisir la tête du bébé et à faciliter l'expulsion lors de l'accouchement.

Épisiotomie
Incision du périnée entre la vulve et l'anus destinée à agrandir l'orifice afin de faciliter la sortie du bébé.

Les sages-femmes font partie d'un ordre professionnel, soit l'Ordre des sages-femmes du Québec, qui considère l'accouchement comme un processus normal et significatif dans la vie d'une femme et de sa famille. Les sages-femmes établissent une relation personnalisée avec la mère tout au long de la grossesse, supervisent le déroulement de l'accouchement et assurent un suivi postnatal. Une formation universitaire de quatre ans comprenant de nombreux stages cliniques les prépare à détecter les grossesses à risque et à devenir des intervenantes de première ligne dans tout ce qui concerne le processus normal de la naissance.

Au Québec, les sages-femmes sont rattachées à un centre de santé et de services sociaux (CSSS) et leurs services sont offerts dans une **maison de naissance**. Comme il est souvent impossible de prédire les risques de complications durant l'accouchement,

Maison de naissance
Établissement convivial où l'on pratique des accouchements et où sont apportés des soins à la mère et au nouveau-né.

les maisons de naissance ont une entente avec un service ambulancier et un hôpital situé à proximité, et elles possèdent de l'équipement d'urgence sur place. En outre, à peu près tous les hôpitaux disposent maintenant de chambres de naissance, où les pères et d'autres personnes peuvent rester auprès de la mère durant le travail et tout au long de l'accouchement. Il existe actuellement plusieurs maisons de naissance un peu partout au Québec, mais ce nombre devrait encore augmenter d'ici quelques années puisque la politique de périnatalité 2008-2018 présentée par le gouvernement du Québec prévoit que les sages-femmes pourront assurer le suivi prénatal et assister l'accouchement de 10 % des femmes enceintes.

Environ 39 % des Québécoises en âge de procréer aimeraient être suivies et accompagnées par une sage-femme lors de l'accouchement (SOM, 2005). Actuellement, environ 2 % seulement des naissances sont assistées par une sage-femme et ce sont en majorité des femmes possédant un diplôme universitaire qui ont recours aux sages-femmes (Agence de la santé publique du Canada, 2009).

Le *baby blues* et la dépression post-partum

Plus de la moitié des femmes qui viennent d'accoucher ressentent des sentiments confus d'euphorie, de tristesse et d'anxiété, lesquels culminent vers le 3e ou 4e jour après la naissance de l'enfant. C'est ce qu'on appelle le ***baby blues***. Ces réactions durent de quelques heures à quelques jours et disparaissent généralement sans intervention particulière. On explique ces réactions par un changement hormonal rapide, mais aussi par la fatigue et les craintes ressenties relativement aux nouvelles responsabilités. Si ces symptômes persistent, ils peuvent conduire à une **dépression post-partum** qui, elle, nécessite un suivi psychologique et médical au même titre que toute autre forme de dépression.

Baby blues
Sentiment confus de tristesse et d'anxiété qui survient peu après un accouchement.

Dépression post-partum
Épisode dépressif majeur qui dure plus de deux semaines et qui survient dans les premières semaines suivant un accouchement.

La mère dépressive n'est pas disponible affectivement et est incapable de reconnaître les signaux que lui envoie son enfant. Elle ne peut donc répondre adéquatement aux besoins de son bébé, qui démontre alors moins d'intérêt dans l'interaction avec sa mère et exprime davantage de colère et de tristesse (Tissot, 2011) (*voir l'encadré 2.4*).

ENCADRÉ 2.4 D'UNE CULTURE À L'AUTRE

La dépression post-partum : passage obligé ?

La dépression post-partum, un épisode dépressif majeur qui dure plus de deux semaines et qui survient dans les premières semaines suivant un accouchement, touche environ 14 % des nouvelles mères (Wisner *et al.*, 2006).

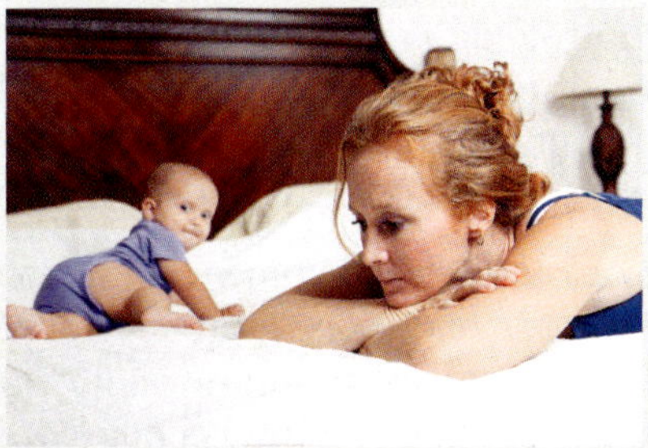

La baisse subite d'œstrogène et de progestérone suite à la naissance peut avoir une incidence sur la dépression, mais celle-ci peut aussi être liée aux changements importants auxquels la nouvelle mère doit faire face sur le plan émotionnel et dans son style de vie (Munk-Olsen *et al.*, 2006).

Selon Diop (2012), ce changement de statut et ce passage au rôle de mère sont largement influencés par la communauté dans laquelle la femme évolue. La plupart des sociétés ont mis en place des rituels ou des célébrations pour marquer les changements majeurs qui interviennent dans la vie de leurs membres, comme la naissance, la fin des études, le mariage, la mort et plusieurs autres moments marquants. Les rituels entourant l'arrivée d'un enfant vont aider les parents, particulièrement la mère, à vivre cette transition.

Dans plusieurs sociétés non occidentales, comme chez les Wolofs du Sénégal, en Afrique de l'Ouest, des cérémonies se déroulent peu après la naissance afin de faciliter la séparation de l'enfant du corps de la mère. On veut ainsi rappeler à la mère, ainsi qu'à tout l'entourage, que l'enfant appartient à toute la communauté. Ces rituels visent à apporter à la mère une sécurité et un soutien dans son nouveau rôle. Par ailleurs, aux États-Unis, la dépression post-partum pourrait résulter d'un manque de support et de considération pour la nouvelle mère et représenterait ainsi un phénomène culturel. Les valeurs accordées à la maternité, le soutien de l'entourage et l'attention portée à la situation familiale sont des facteurs déterminants dans les risques de dépression post-partum (Diop, 2012).

FAITES LE POINT

8. Quelles sont les phases d'un accouchement par voie naturelle et que se passe-t-il à chacune de ces phases ?
9. Comment peut-on expliquer l'augmentation importante du taux de césariennes ces dernières années ?
10. Pour devenir sage-femme, quelle formation doit-on suivre ?

2.4 Le nouveau-né

La naissance est une transition physiologique unique. Le nouveau-né doit apprendre à fonctionner dans un tout nouvel environnement. C'est là un défi de taille pour un être qui ne pèse que quelques kilogrammes. Néanmoins, comme nous le verrons, l'enfant arrive au monde avec des atouts lui permettant de relever brillamment ce défi.

2.4.1 L'aspect physique du nouveau-né

Les dimensions corporelles à la naissance dépendent de plusieurs facteurs, dont la taille et le poids des parents, leur origine ethnique, le sexe de l'enfant, l'alimentation et l'état de santé de la mère. Par exemple, les garçons ont tendance à être un peu plus grands et plus lourds que les filles, et le premier-né d'une famille pèse généralement moins que ses cadets. Avec ses 3400 g et ses 49 cm, on peut considérer que Maïa est un bébé moyen.

Comme tous les nouveau-nés, Maïa est née enduite d'une substance graisseuse appelée ***vernix caseosa***, qui la protège contre les infections et a facilité son passage lors de l'accouchement. Certains bébés sont également très velus puisque le **lanugo**, le fin duvet qui recouvre le fœtus dans le ventre maternel, n'est pas encore tombé. Il arrive aussi que la tête de certains bébés soit allongée et déformée par le *moulage* subi au cours de leur passage dans le pelvis maternel. Cette déformation, assez fréquente chez les bébés qui naissent par voie naturelle, n'est que temporaire. En effet, le crâne présente encore les **fontanelles**, un espace membraneux qui ne se soude que vers l'âge de 18 mois, laissant ainsi le temps à la tête de retrouver son aspect normal.

Vernix caseosa
Substance graisseuse qui recouvre le fœtus et le protège contre les infections et qui est absorbée par la peau dans les deux ou trois jours suivant la naissance.

Lanugo
Duvet qui recouvre le nouveau-né et qui disparaît quelque temps avant ou après la naissance.

Fontanelle
Espace membraneux entre les os du crâne du nouveau-né qui s'ossifie graduellement durant les premiers mois de sa croissance.

2.4.2 L'évaluation du nouveau-né

Avec son premier cri, Maïa est passée d'un environnement sombre, chaud et feutré à un environnement comportant une lumière intense, une température fraîche et des sons stridents. Avant sa naissance, sa respiration, son alimentation, son élimination et le contrôle de la température de son corps étaient pris en charge par le corps de sa mère. Après sa naissance, ses systèmes physiologiques doivent fonctionner de manière autonome. Or, la majeure partie de cette transition se produit dans les quatre à six heures suivant la naissance (Ferber et Makhoul, 2004).

La plupart des bébés commencent à respirer dès qu'ils sont exposés à l'air. Si un bébé ne respire pas encore cinq minutes après sa naissance, il risque alors de souffrir de dommages permanents au cerveau causés par l'**anoxie**, c'est-à-dire par un manque d'oxygène. De plus, comme les poumons du bébé ont dix fois moins de poches d'air que ceux des adultes, les nouveau-nés (et surtout ceux nés prématurément) sont plus susceptibles d'avoir des problèmes respiratoires.

Anoxie
Privation d'oxygène susceptible de causer des lésions cérébrales.

L'indice d'Apgar

Comme que les premières minutes qui suivent la naissance sont cruciales pour le développement futur de l'enfant, il importe de savoir le plus rapidement possible si le nouveau-né souffre d'un problème nécessitant des soins particuliers. Une minute après la naissance de Maïa, puis cinq minutes plus tard, on a donc procédé à son évaluation au moyen de l'**indice d'Apgar**. Nommé d'après la docteure Virginia Apgar (1953), cet indice sert à évaluer la vitalité d'un nouveau-né par la vérification de cinq points: la coloration de la peau, la fréquence cardiaque, la réactivité aux stimuli, le tonus musculaire et la respiration (*voir le tableau 2.4*). Chaque critère reçoit une note de zéro à deux, pour un total possible de dix. Quatre-vingt-dix pour cent des nouveau-nés obtiennent un résultat de sept et plus à ce test. Un résultat inférieur à sept indique généralement qu'une aide est nécessaire pour déclencher la respiration. Enfin, un résultat inférieur à quatre signale que l'enfant est en danger et a besoin de soins intensifs immédiats.

Indice d'Apgar
Évaluation standardisée de la condition du nouveau-né; elle consiste à mesurer la coloration, la fréquence cardiaque, la réactivité, le tonus musculaire et la respiration.

Maïa a obtenu 9/10 au test d'Apgar. Qu'est-ce que cela signifie?

L'indice d'Apgar a récemment été critiqué, en partie à cause de son manque de précision comparativement à des mesures physiologiques plus récentes (par exemple, un nouveau test permet de déterminer la quantité d'oxygène dans le sang du nouveau-né). Néanmoins, comme ce test est simple, peu coûteux et qu'il aide les intervenants à réagir plus rapidement quand cela est nécessaire, on choisit encore de le conserver.

Les tests de dépistage

Au Québec, dès la naissance, le bébé est examiné, pesé, mesuré et on vérifie ses réflexes. On fait aussi un prélèvement sanguin qu'on achemine au laboratoire du Centre hospitalier universitaire de Québec. Ce test, appelé « test de Guthrie », sert à dépister certaines maladies congénitales et héréditaires.

Lorsque le bébé a 21 jours, un échantillon d'urine est prélevé, puis envoyé au Centre hospitalier universitaire de Sherbrooke afin d'identifier les enfants atteints de certains autres types de désordres métaboliques héréditaires. Certains remettent en question ce dernier test, qui a été remplacé aux États-Unis et dans plusieurs provinces du Canada par la technologie MS/MS, une technologie plus performante qui permet de dépister un nombre beaucoup plus élevé de maladies potentielles (RQMO, 2011).

Dans les premiers jours qui suivent la naissance, le nouveau-né peut présenter des signes de jaunisse lorsque son foie immature a de la difficulté à éliminer la bilirubine, un pigment contenu dans le sang. Tout redevient généralement normal après quelques jours, mais si cet état persiste, il faut intervenir afin d'éviter des dommages au cerveau.

2.4.3 Les bébés de faible poids à la naissance

Le poids à la naissance et la durée de la gestation sont les deux plus importants prédicteurs de survie du nouveau-né et de sa bonne santé. On considère qu'un bébé a un faible poids lorsqu'il pèse moins de 2500 g. Ce faible poids peut être le fait d'un **bébé prématuré** (c'est-à-dire né avant la 37e semaine de gestation) ou d'un bébé de faible poids par rapport à son âge de gestation (donc qui pèse moins de 90 % du poids moyen des bébés de même âge). Chez ces derniers, un poids insuffisant est attribuable à un

Bébé prématuré
Bébé né avant la 37e semaine de gestation.

TABLEAU 2.4 L'indice d'Apgar

Signe* / Note	A	P	G	A	R
	Apparence (couleur de la peau)	Pouls (fréquence cardiaque)	Grimace (réponse aux irritations)	Activité (tonus musculaire)	Respiration
0	Bleue, pâle	Absent	Aucune réponse	Flasque	Absente
1	Corps rose, mains et pieds bleus	Faible (en dessous de 100)	Grimace	Faible	Irrégulière, faibles pleurs
2	Rose partout	Rapide (plus de 100)	Pleure, tousse, éternue	Forte, mouvements	Régulière, pleurs puissants

Note*: Chaque signe est évalué en termes d'absence ou de présence, de 0 à 2. La note maximale est de 10.

Source: Adapté de Apgar, 1953.

ralentissement de la croissance fœtale. Au Canada, environ 6 % des bébés naissent avec un faible poids (ICIS, 2010).

Les répercussions sur la santé du bébé

Mortalité infantile
Décès d'enfants de moins de un an.

Les très petits bébés souffrent de nombreuses complications, potentiellement mortelles. Au Canada, en 2009, le taux de **mortalité infantile** dans les 27 premiers jours de la vie était de 3,8 pour 1000 naissances vivantes (Statistique Canada, 2010). Les progrès médicaux ont permis de réduire le taux de mortalité, mais dans les dernières années, le nombre d'enfants nés de mères plus âgées de même que l'augmentation des naissances multiples ont fait en sorte d'accroître le nombre de nouveau-nés à risque.

Comme le système immunitaire des prématurés n'est pas entièrement développé, ils sont très vulnérables aux infections (Stoll *et al.*, 2004). De plus, l'immaturité de leur système nerveux peut les empêcher d'assurer certaines fonctions indispensables à leur survie, comme téter. Ayant moins de tissus adipeux que les autres bébés pour se protéger et générer de la chaleur, il leur est aussi plus difficile de maintenir leur température corporelle ; c'est pourquoi il faut les garder en couveuse. Ils présentent souvent un syndrome de détresse respiratoire, leur système respiratoire n'étant pas encore suffisamment développé, et courent plus de risques de présenter des atteintes au cerveau ou de mourir prématurément (Mathews et MacDorman, 2008).

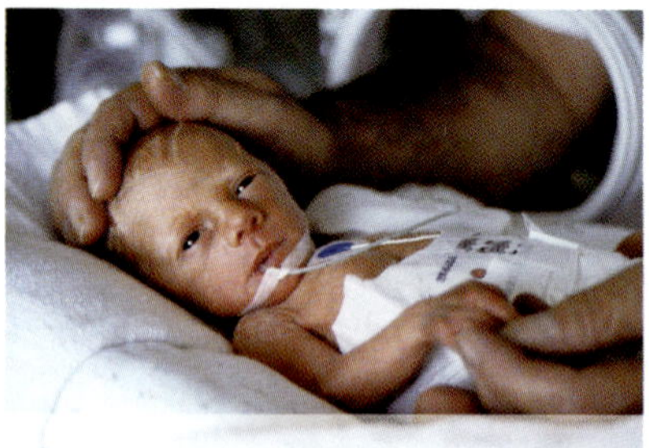

Un bébé prématuré

Les très petits bébés souffrent de nombreuses complications potentiellement mortelles.

Par ailleurs, plusieurs prématurés très petits manquent de surfactant, un enduit qui recouvre les parois des poumons et empêche les sacs d'air de se dégonfler. Leur respiration est donc irrégulière et peut même s'arrêter subitement. Heureusement, l'administration de surfactant aux prématurés à risque élevé a grandement amélioré leur taux de survie. Il est actuellement de plus de 90 % chez les bébés de très faible poids (1000 g à 1500 g) et de plus de 70 % chez les bébés extrêmement petits (500 g à 999 g). Toutefois, ce taux de survie accru entraîne aussi une augmentation de la proportion d'enfants vivant avec des problèmes respiratoires et neurologiques (Stoelhorst *et al.*, 2005).

L'amélioration globale du taux de survie des nouveau-nés semble attribuable, entre autres, à l'implantation de centres de soins prénataux et néonataux, ainsi qu'au dépistage précoce des grossesses à risque. Des programmes comme celui de la fondation québécoise OLO (pour œufs, lait et oranges), qui offre gratuitement des aliments aux jeunes mères de milieux défavorisés (qui sont les plus touchées par la prématurité) et leur procure aussi un soutien sur le plan psychosocial, contribuent également à diminuer le nombre d'enfants nés avant terme ou présentant un poids insuffisant à la naissance. Le tableau 2.5 dresse une liste des facteurs de risque associés au faible poids de naissance.

TABLEAU 2.5 Des facteurs augmentant la probabilité d'avoir un bébé de faible poids

Facteurs démographiques ou socioéconomiques	Facteurs médicaux antérieurs à la grossesse	Facteurs environnementaux agissant sur le développement prénatal	Facteurs médicaux associés à la grossesse
• Mère âgée de moins de 17 ans ou de plus de 40 ans • Pauvre • Célibataire • Non scolarisée	• Première grossesse • Avoir déjà plus de quatre enfants • Être petite ou très mince • Avoir déjà eu un enfant de faible poids • Avoir déjà eu des fausses-couches • Avoir été soi-même un bébé de faible poids • Avoir des problèmes génitaux ou urinaires • Hypertension chronique	• Malnutrition • Soins prénataux inadéquats • Tabagisme • Consommation d'alcool ou d'autres drogues • Exposition au stress • Exposition à des substances toxiques	• Saignements vaginaux • Infections • Pression sanguine trop haute ou trop basse • Anémie • Prise de poids insuffisante

Source : Arias *et al.*, 2003 ; Chomitz *et al.*, 1995.

Les effets à long terme

Même si les bébés de faible poids survivent aux premiers jours critiques, certaines inquiétudes demeurent. En effet, les bébés dont le poids est insuffisant à la naissance sont plus susceptibles de souffrir de diabète et de problèmes cardiovasculaires à l'âge adulte (Sperling, 2004). De plus, on a remarqué chez ces bébés des déficits cognitifs, particulièrement sur le plan de la mémoire et de la vitesse de traitement de l'information, qui persistaient jusqu'à l'âge adulte (Fearon *et al.*, 2004). Toutefois, au Canada, où il existe un système de soins universels, une majorité de prématurés surmontent les difficultés initiales et deviennent des adultes épanouis (Saigal *et al.*, 2006).

Sur le plan affectif, les parents ont tendance à s'inquiéter davantage de la santé de leur enfant de faible poids. Or, cette inquiétude peut avoir des conséquences négatives sur le processus d'attachement. En effet, angoissés à l'idée de perdre leur bébé, les parents ont parfois tendance à traiter l'enfant différemment: ils le touchent moins, sont mal à l'aise en sa présence, ce qui le prive de stimulations importantes pour son développement. C'est la raison pour laquelle plusieurs recherches explorent actuellement les effets bénéfiques de certaines mesures visant à stimuler le développement neurologique des bébés de faible poids, comme les massages ou les soins kangourou (*voir l'encadré 2.5*).

Quoi qu'il en soit, le poids à la naissance n'est pas un facteur isolé et il faut aussi tenir compte des autres facteurs environnementaux. Ainsi, les enfants de faible poids qui vivent avec leurs deux parents, ceux dont la mère est très scolarisée et ceux qui n'ont pas souffert de dommages importants au cerveau s'en sortent généralement mieux (Ment *et al.*, 2003).

ENCADRÉ 2.5 PAROLES D'EXPERT

Réjean Tessier | Professeur à l'école de psychologie de l'Université Laval et chercheur

À la rescousse des prématurés

Réjean Tessier est professeur titulaire à l'école de psychologie de l'Université Laval. Il est aussi membre titulaire du Centre de recherche du CHUQ au pavillon Saint-François d'Assise et membre titulaire du Centre de recherche sur le développement humain (CRDH) de l'Université Concordia. Depuis plus de 20 ans, il s'intéresse aux façons de minimiser les effets négatifs d'une naissance prématurée.

Selon Réjean Tessier, lorsqu'un enfant naît prématurément, il voit, en plus d'une croissance inachevée, son cerveau bombardé de stimulations qu'il n'est pas prêt à absorber. Il en résulte des séquelles neurologiques souvent importantes. Une connaissance précise des facteurs responsables du développement pourrait permettre d'améliorer le pronostic très tôt après la naissance et même de prédire le développement à long terme.

De récentes interventions mises en place en vue d'améliorer l'environnement des unités de soins intensifs ont déjà démontré des effets positifs sur la croissance physique, l'autonomie respiratoire des bébés et la durée d'hospitalisation.

La méthode Mère Kangourou (MMK) (*Kangaroo Mother Care*) est un exemple convaincant de cette nouvelle forme d'interventions visant à favoriser le développement des enfants par contraste avec les soins médicaux plus spécialisés et plus techniques. Cette méthode, qui devrait commencer aussitôt que l'état de santé de l'enfant est stabilisé, prévoit que celui-ci soit tenu sur la poitrine de sa mère, peau à peau, plusieurs heures par jour, et parfois même 24 heures sur 24. Il reçoit ainsi, en plus des stimulations visuelles, les stimulations olfactives qui proviennent du corps de sa mère, les stimulations auditives produites par sa voix, les stimulations kinesthésiques induites par ses mouvements et les stimulations tactiles causées par le contact de sa peau. Ce *cocon* peut aider à compenser l'expérience intra-utérine qu'il n'a pas eue et à réduire les surcharges d'informations sensorielles. Ces soins, prodigués très tôt, c'est-à-dire pendant les dernières semaines de gestation extra-utérine, auront un effet bénéfique sur le neurodéveloppement de l'enfant en intervenant à un moment critique et en permettant une maturation normale de son cerveau. De plus, l'implication du parent qui s'engage dans ce programme solidifie les liens mère-enfant et favorise le développement du lien d'attachement (Tessier *et al.*, 2011). Cela fait plusieurs années que les chercheurs accumulent des travaux montrant aussi les effets positifs du massage chez les enfants prématurés en favorisant le gain de poids. Considérant toutes les données scientifiques collectées au sujet du massage, il est peut-être temps de se questionner sur le bien-fondé de certaines pratiques qui induisent un minimum de contacts physiques et qui persistent dans les unités de soins intensifs.

Comme le souligne Réjean Tessier, « une meilleure connaissance de la prématurité et de ses effets à court et à long terme permettra aux parents, aux cliniciens, aux chercheurs ainsi qu'aux décideurs de prendre position sur la question suivante : sommes-nous prêts, en tant que société, à assurer des services à long terme aux enfants qui naissent de plus en plus tôt ? »

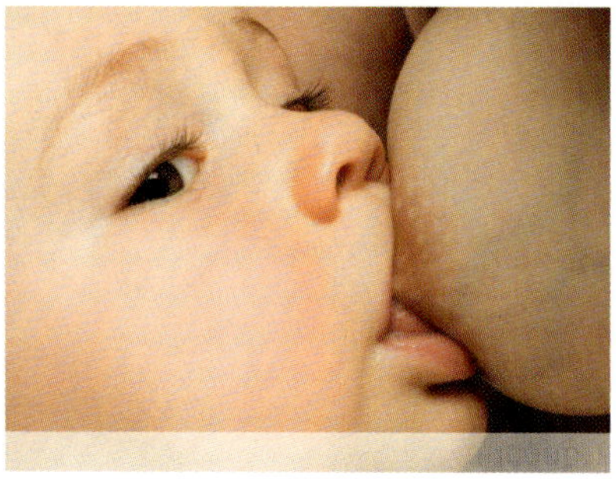

L'allaitement au sein

Le lait maternel est « l'aliment par excellence » puisqu'il offre de nombreux avantages pour le bébé sur les plans physique, cognitif et émotionnel.

Colostrum
Liquide sécrété par le sein juste avant la montée laiteuse, moins riche en graisses que le lait, mais adapté aux besoins du nouveau-né. Il contient, entre autres, des anticorps qui contribuent à l'immuniser contre certaines infections.

2.4.4 L'allaitement

Depuis les débuts de l'humanité, les enfants ont été nourris au sein. Les femmes qui ne pouvaient pas ou qui ne voulaient pas allaiter leur bébé trouvaient habituellement une nourrice pour allaiter l'enfant à leur place, soit une femme ayant elle-même eu un enfant peu de temps avant. Dans les années 1940, les progrès quant à la conservation et à la pasteurisation du lait ont rendu l'allaitement au biberon intéressant pour les mères.

Après avoir connu un déclin de popularité, l'allaitement maternel retrouve peu à peu, depuis la fin des années 1970, la faveur des femmes, et surtout de celles dont les niveaux d'instruction et de revenu sont supérieurs à la moyenne. Au Québec, la grande majorité des mères allaitent leur bébé et à six mois, près de la moitié des bébés sont toujours allaités au sein (*voir la figure 2.9*).

Les avantages de l'allaitement maternel

Le lait maternel est ce qui convient le mieux aux besoins du nourrisson. Il est plus facile à digérer que le lait de vache et moins susceptible d'entraîner des réactions allergiques. Le **colostrum**, qui a une texture différente du lait maternel et qui est produit durant les trois premiers jours de l'allaitement, immunise le bébé grâce à son taux élevé d'immunoglobulines et à d'autres facteurs de protection. Le lait maternel contient aussi des composantes complexes qui réduisent l'incidence ou la gravité de plusieurs problèmes ou maladies. Quelques-uns de ces avantages physiques sont présentés dans le tableau 2.6.

FIGURE 2.9 Le taux d'allaitement selon l'âge de la mère au Québec

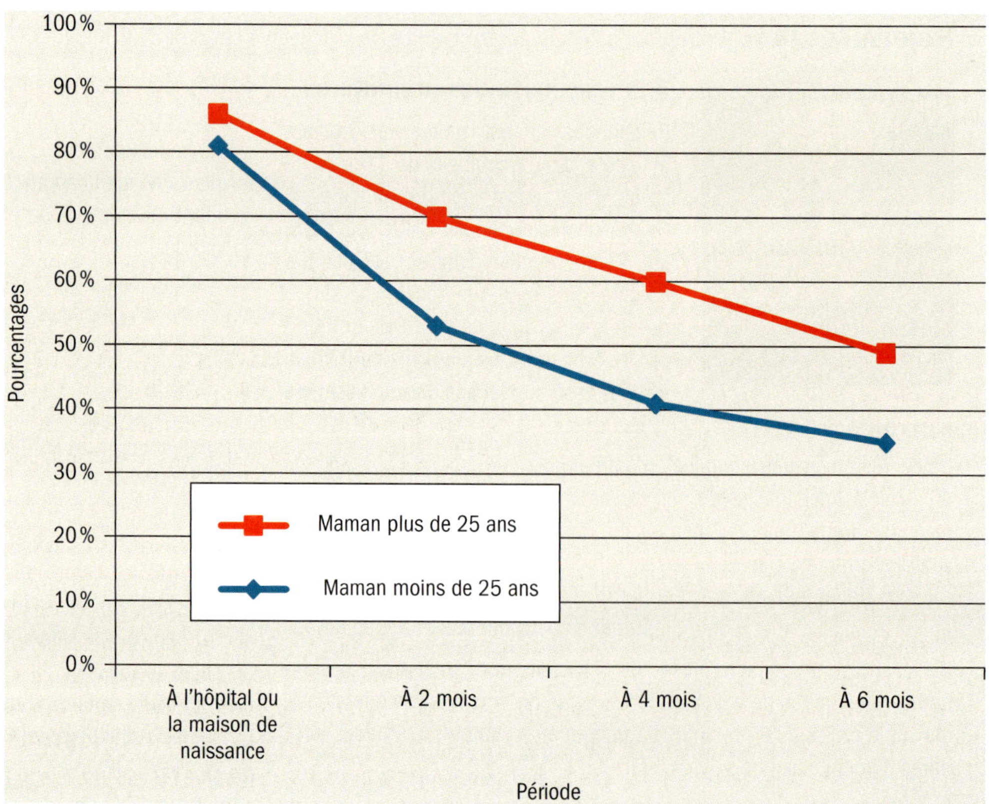

Source : MSSS, 2011.

TABLEAU 2.6 Les avantages de l'allaitement maternel

	Exemples
Pour le bébé	• Le lait maternel est digéré facilement et efficacement (WHO, 2009). • Sa composition est unique et complexe : on y trouve certains facteurs bioactifs, comme des immunoglobulines anti-infectieuses et des globules blancs, en plus des nutriments et d'autres facteurs qui stimulent la maturation du petit intestin (Riordan et Wambach, 2010 ; Hamosh, 1996). • Il assure une protection contre les infections aiguës, comme les otites de l'oreille moyenne, les infections gastro-intestinales et les infections des voies respiratoires (Kramer *et al.*, 2008). • Bien que certaines études aient révélé l'effet protecteur de l'allaitement maternel contre l'asthme, les études plus récentes ne vont pas toutes dans le même sens (Ip *et al.*, 2007 ; Scholtens *et al.*, 2009). • De nombreuses études ont révélé une corrélation entre l'allaitement maternel et le développement cognitif chez les enfants (Quigley *et al.*, 2011). • Des recherches d'observation ont fait ressortir l'effet protecteur de l'allaitement maternel sur le diabète de type 2 plus tard dans la vie (Ip *et al.*, 2007). • Il réduit le risque de syndrome de mort subite du nourrisson (Hauck *et al.*, 2011). • Il facilitera ensuite l'acceptation des autres aliments : comme le lait change de goût selon l'alimentation de la mère, le bébé aura déjà goûté différentes saveurs.
Pour la mère	• Il favorise une perte de poids plus rapide (Kramer et Kakuma, 2002). • Il est associé à une réduction du risque de diabète de type 2 plus tard dans la vie chez les femmes qui n'ont pas été atteintes de diabète gestationnel (Schwarz *et al.*, 2010). • Il diminue les risques du cancer du sein et du cancer des ovaires (Ip *et al.*, 2007). • Le lait est toujours disponible et à la bonne température.
Pour la communauté	• C'est la méthode la plus économique d'alimentation du nourrisson. • Il contribue à la diminution des coûts entourant les soins de santé, car les enfants allaités sont moins malades (Bartick et Reinhold, 2010). • L'allaitement maternel est une méthode écologique d'alimentation du nourrisson. En réduisant les quantités d'emballages et de déchets, il favorise une utilisation efficace de la terre, de l'eau et de l'énergie.

Source : Santé Canada, 2011, 2012.

L'allaitement maternel comporte aussi des avantages psychologiques. Plusieurs mères considèrent ainsi que l'allaitement au sein fait partie intégrante de la maternité : le fait de nourrir son enfant apporte la confirmation qu'on est une bonne mère. L'allaitement aide alors à s'adapter au rôle maternel et augmente la satisfaction liée à la condition de mère (Virden, 1988).

Santé Canada, conjointement avec la Société canadienne de pédiatrie, les Diététistes du Canada et le Comité canadien pour l'allaitement, recommande l'allaitement maternel exclusif pendant les six premiers mois et affirme qu'il est souhaitable de poursuivre celui-ci jusqu'à l'âge de deux ans en complétant avec un régime alimentaire approprié (Santé Canada, 2011).

L'impossibilité d'allaiter au sein Une infime proportion de femmes sont physiologiquement incapables d'allaiter, par exemple dans certains cas de réduction mammaire. D'autres doivent y renoncer parce qu'elles souffrent de certaines maladies comme le sida ou la tuberculose, qu'elles ont été exposées à des radiations ou qu'elles consomment des drogues. Il faut alors savoir que, la qualité de la relation entre la mère et l'enfant restant sans contredit l'élément central du développement, les enfants nourris au biberon et entourés d'amour ont, eux aussi, toutes les chances de se développer de manière saine et équilibrée. De plus, le comportement émotionnel, l'hyperactivité et le comportement prosocial de l'enfant ne semblent pas être liés au type d'allaitement qu'il a reçu (Kramer *et al.*, 2008).

FAITES LE POINT

11. Comment appelle-t-on le test fréquemment utilisé pour évaluer la condition du bébé à la naissance ? Sur quels critères se base-t-il ?
12. Quels sont les principaux écueils qui guettent les bébés de faible poids ?
13. Votre sœur aura un bébé dans quelques mois et elle se demande si elle devrait l'allaiter au sein ou au biberon. Son conjoint est plutôt favorable à l'allaitement au biberon. Il affirme que l'allaitement naturel est très dommageable pour le corps d'une femme et qu'il veut pouvoir donner le biberon et participer ainsi au développement de son enfant. Votre sœur sait que vous suivez actuellement un cours de psychologie et elle vous demande votre opinion. Que lui diriez-vous ?

Résumé

La conception

- La conception se produit lorsqu'un ovule s'unit à un spermatozoïde pour former un zygote.
- Les jumeaux dizygotes proviennent de deux ovules fécondés par deux spermatozoïdes et ils sont aussi différents que des frères et sœurs. Les jumeaux monozygotes sont issus de la division d'un zygote après la fécondation et ils possèdent le même bagage génétique.
- Un zygote contient 46 chromosomes (23 provenant du spermatozoïde et 23 provenant de l'ovule). Les chromosomes sont constitués d'ADN et portent les gènes, qui constituent l'élément de base de l'hérédité. Des mécanismes épigénétiques peuvent influencer le moment où les gènes sont activés.
- Le sexe d'un enfant est déterminé par la vingt-troisième paire de chromosomes. Chez une fille, cette paire est formée des chromosomes XX et chez un garçon, des chromosomes XY.
- Les traits héréditaires peuvent se transmettre selon un mode dominant-récessif, un mode polygénique ou un mode plurifactoriel. Les anomalies génétiques et chromosomiques ne sont pas toutes décelables à la naissance et la plus répandue demeure le syndrome de Down.
- La mesure de l'héritabilité s'appuie sur trois types de recherche corrélationnelle : les études sur les familles, celles sur l'adoption et celles sur les jumeaux. L'hérédité peut jouer un rôle important dans le développement de l'obésité, de l'intelligence et de certains traits de la personnalité.

Le développement prénatal

- Au cours de la période germinale, le zygote se divise rapidement. La différenciation des cellules s'amorce et le zygote s'implante dans la paroi utérine.
- La période embryonnaire s'étend de la 2e à la 8e semaine. L'embryon a alors la forme d'un être humain et ses principaux organes vitaux sont en place.
- La période fœtale sert à peaufiner les structures et les systèmes déjà en place : les cellules nerveuses continuent leur développement, ce qui permet au fœtus de réagir à certains stimuli.
- Des facteurs comme l'âge de la future mère, une alimentation déficiente, l'usage de nicotine, d'alcool, de drogues, le stress et certaines maladies peuvent avoir des répercussions graves sur l'issue de la grossesse, sur le développement du fœtus et, à plus long terme, sur l'enfant.

La naissance

- L'accouchement par voies naturelles débute généralement par les contractions utérines, qui provoquent la dilatation et l'effacement du col de l'utérus. Cette phase du travail est la plus longue.
- Au cours de l'expulsion, la tête du bébé s'engage dans le col et l'enfant naît. Lors de la délivrance, le cordon ombilical et le placenta sont expulsés.
- Au Québec, les naissances par césarienne sont plus nombreuses qu'auparavant, ce qui pourrait dénoter la surmédicalisation d'un acte très naturel.
- Pour soulager les douleurs des contractions ou pour pratiquer une césarienne, on peut avoir recours à une anesthésie péridurale, qui bloque les messages de transmission de la douleur au cerveau.
- Les sages-femmes jouent un rôle primordial: celui d'établir une relation privilégiée avec la future mère, de superviser le déroulement de l'accouchement et d'assurer un suivi postnatal.

Le nouveau-né

- À la naissance, le bébé est enduit d'une substance graisseuse, le *vernix caseos* et certains sont recouverts de lanugo.
- L'indice d'Apgar permet d'évaluer l'état du nouveau-né en cinq points: la coloration de la peau, la fréquence cardiaque, la réactivité aux stimuli, le tonus musculaire et la respiration.
- Un bébé est prématuré lorsqu'il naît avant la 37e semaine de grossesse, et ce, qu'il soit de faible poids ou non. Un nouveau-né de faible poids par rapport à son âge de gestation est un bébé trop petit.
- Les bébés de faible poids sont très vulnérables aux infections à cause de l'immaturité de leur système immunitaire et, à long terme, plus susceptibles de souffrir de problèmes physiques et cognitifs.
- L'allaitement maternel comporte de nombreux avantages, pour la mère comme pour l'enfant.

CHAPITRE 3

Le développement physique et cognitif de l'enfant, de la naissance à deux ou trois ans

PLAN DU CHAPITRE

Voir, entendre, toucher, sucer, bouger… Le bébé entre dans le monde avec ces quelques outils encore imparfaits, mais suffisants pour lui permettre d'établir les premières interactions avec son environnement. En deux ou trois ans, il passe petit à petit d'un état de totale dépendance à celui d'un petit explorateur déjà capable d'agir sur ce qui l'entoure à l'aide de ses sens et de sa motricité. Trottineur infatigable, il multiplie les expériences et les découvertes et développe ainsi un sentiment de maîtrise indispensable à l'établissement de sa confiance en lui. Au terme de cette période de croissance remarquable, il dispose de ses premières représentations mentales, signe manifeste du développement de son intelligence, et commence à communiquer avec son entourage au moyen du langage, instrument par excellence de son insertion sociale et culturelle.

Mise en situation

Thomas a un an aujourd'hui. Toute la famille est réunie au chalet des grands-parents pour fêter cet anniversaire. Thomas et ses deux cousines – Juliette, 4 ans et Mégane, 20 mois – s'amusent au bord de l'eau sous la supervision des adultes.

Juliette creuse un trou dans le sable et essaie de le remplir d'eau avec son petit seau. Inlassablement, elle retourne chercher de l'eau, la verse dans le trou et la regarde disparaître dans le sable. Même s'il n'y a pas d'eau, grand-papa admire le « lac » de Juliette : « Bravo ma grande ! Tu vas nous faire un beau lac ! » et Juliette continue fièrement son jeu. Mégane, comme d'habitude, veut faire comme sa grande sœur. Elle court chercher de l'eau, mais comme sa coordination et son équilibre sont encore précaires, l'eau s'échappe de son contenant au fur et à mesure qu'elle approche du trou et, quand elle va le remplir, il ne reste presque plus rien. Elle se lasse vite de ce jeu et reste alors au bord de l'eau à regarder les petits poissons qui passent près de ses pieds. Son papa lui dit : « Oh ! Les petits poissons ! » et Mégane répète « ti-pessons ». Elle voudrait bien les attraper, mais les poissons sont trop rapides et disparaissent dès qu'elle fait un mouvement. Mégane dit alors « pati pessons » et papa lui répond : « Oui, ils sont partis les petits poissons. »

« Thomas ferme les yeux dès qu'il voit Mégane se préparer à taper dans l'eau. »

Thomas, quant à lui, se déplace à quatre pattes et s'arrête pour saisir un petit caillou. Alors qu'il s'apprête à le porter à sa bouche, maman le rattrape, le met debout et le prend par les deux mains pour le faire avancer. Thomas adore marcher ainsi. Ensuite, maman l'assoit au bord de l'eau avec une petite pelle et Thomas s'amuse à taper dans l'eau et à éclabousser autour de lui. Il rit aux éclats, mais lorsque Juliette vient récupérer sa pelle, ses rires se transforment en cris, jusqu'à ce qu'on lui donne une autre pelle semblable. Mégane vient s'asseoir à côté de son cousin et tape dans l'eau avec ses mains. Elle s'empare ensuite d'un poisson en plastique et tente d'éclabousser de plus en plus fort, avec toutes sortes d'objets. Au bout d'un certain temps, à force de recevoir de l'eau dans le visage, Thomas ferme les yeux dès qu'il voit Mégane se préparer à taper dans l'eau.

Quelques minutes plus tard, grand-maman arrive avec le gâteau de fête de Thomas et toute la famille se regroupe joyeusement autour de la table.

Tout au long de la lecture de ce chapitre, référez-vous à cette mise en situation pour répondre aux questions qui s'y rapportent.

3.1 Le développement physique

Dans cette première partie, nous allons aborder le développement des sens et de la motricité du bébé. Dans les premiers mois de la vie d'un enfant, il est difficile de faire la distinction entre son développement physique et son développement cognitif, tant les deux sont liés. Prenons l'exemple de l'apprentissage : à la base, il s'agit d'une fonction cognitive ; toutefois, les enfants apprennent beaucoup par l'action, c'est-à-dire au moyen des fonctions motrices et sensorielles. Le bébé a besoin d'explorer son environnement à l'aide de ses sens et par ses propres mouvements, car c'est cette exploration qui lui permet de savoir où finit son corps et où commence le reste du monde. Ainsi, les mouvements de Thomas avec l'eau lui apprennent comment son corps peut transformer son environnement.

Il en va de même pour les gestes qui accompagnent les premières tentatives de paroles. Quand un enfant dit « bye-bye ! », il ouvre et ferme la main, en plus de montrer qu'il est socialement en relation avec une personne. Quand un enfant dit « haut », il lève les bras, montrant ainsi à l'adulte où il veut aller. Le cerveau ne traite donc pas de façon séparée les fonctions sensorielles et motrices, les fonctions cognitives et les fonctions sociales : il les intègre. Par conséquent, lorsque nous étudions le développement de la personne, nous devons garder en tête l'importance de faire des liens entre toutes les dimensions, qu'elles soient physiques, cognitives, affectives ou sociales.

3.1.1 Le développement du système nerveux

Le système nerveux se compose du système nerveux central (SNC) et du système nerveux périphérique (SNP). Le système nerveux central comprend le cerveau et la moelle épinière. Le système nerveux périphérique comprend le système somatique (les nerfs) et le système autonome (sympathique et parasympathique).

Le cerveau comprend trois parties : le tronc cérébral, le cervelet et le cortex cérébral (*voir la figure 3.1*). Le **tronc cérébral**, prolongé par la moelle épinière, contrôle les fonctions de base comme la respiration, le sommeil, la circulation sanguine et les réflexes. Le **cervelet** est responsable de l'équilibre et de la coordination. Le **cortex cérébral** représente la couche supérieure du cerveau et il est composé de la substance grise, qui contient plusieurs milliards de neurones. Il contrôle la pensée, la mémoire, le langage et les émotions, de même que les informations sensorielles et la motricité.

Tronc cérébral
Structure cérébrale située en haut de la moelle épinière. Il assure le passage des informations sensorielles et motrices entre celle-ci et les couches supérieures du cerveau. Il joue un rôle dans plusieurs fonctions biologiques de base.

Cortex cérébral
Couche supérieure du cerveau ou substance grise, siège des processus mentaux tels que la mémoire, l'apprentissage, l'intelligence, le langage et la capacité de résoudre des problèmes.

Cervelet
Structure située à la base du cerveau, derrière la moelle épinière. Il est responsable de l'équilibre et de la coordination motrice.

FIGURE 3.1 Les structures du cerveau

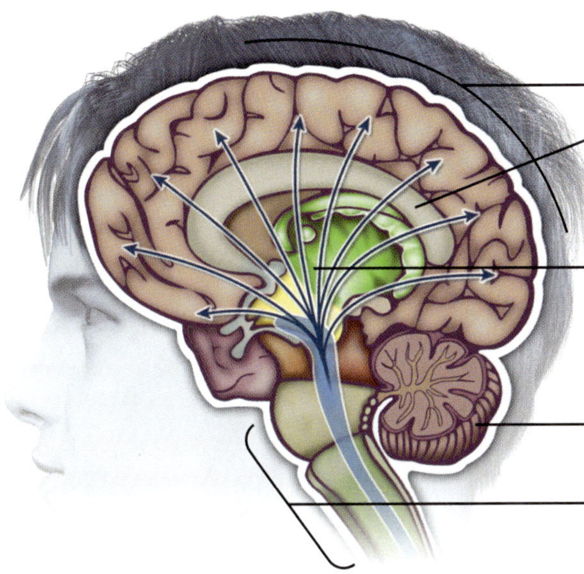

Le cerveau comprend trois parties : le tronc cérébral, le cervelet et, par-dessus tout cela, le cortex cérébral. Le tronc cérébral contrôle les fonctions de base comme la respiration, le sommeil, la circulation sanguine et les réflexes. Le cervelet est responsable de l'équilibre et de la coordination. Le cortex cérébral contrôle la pensée, la mémoire, le langage et les émotions, de même que les informations sensorielles et la motricité.

La croissance du cerveau, avant la naissance et durant l'enfance, est capitale pour le développement physique, cognitif et socioaffectif. Le développement du cerveau commence environ deux semaines après la conception, passant graduellement d'un long tube creux à une masse sphérique de cellules. Le tronc cérébral représente la structure la plus développée à la naissance. À ce moment, le cerveau humain possède environ 25 % de sa masse adulte (Toga, Thompson et Sowell, 2006). Certaines parties du cerveau vont croître plus rapidement que d'autres et à des moments différents. À l'âge de six ans, le cerveau aura presque atteint sa taille adulte, mais certaines fonctions spécifiques continueront de se développer jusqu'à l'âge adulte.

Le cervelet croît plus rapidement durant la première année. Le cortex cérébral comporte deux hémisphères formés de lobes ou sections, qui se développent à des rythmes différents. Par exemple, les régions impliquées dans la vision et l'audition arrivent à maturité vers l'âge de six mois alors que les lobes frontaux responsables des activités cognitives supérieures, comme la pensée, la mémoire et la résolution de problèmes, prendront encore quelques années pour parvenir à leur pleine maturité (Gilmore *et al.*, 2007).

La croissance des neurones et la formation des synapses

La croissance rapide des connexions cérébrales est cruciale pour le développement neurologique: elle débute autour du troisième trimestre de la grossesse et continue au moins jusqu'à l'âge de quatre ans. Sourire, babiller, ramper, marcher et parler sont des étapes importantes qui reflètent le développement rapide du cerveau, particulièrement celui du cortex cérébral.

Neurone
Cellule de base du système nerveux dont le rôle est de transmettre les impulsions nerveuses.

Le cerveau est composé de **neurones**, ou cellules nerveuses, et de cellules gliales. Les neurones captent et envoient l'information. Les cellules gliales protègent et nourrissent les neurones. C'est entre la 25ᵉ semaine de la gestation et les premiers mois après la naissance que le nombre de neurones croît le plus rapidement. À la naissance, la plupart des 100 milliards de neurones du cerveau adulte sont déjà formés, mais pas complètement développés. Au départ, les neurones ne sont que des corps cellulaires avec un noyau, composé d'ADN, qui contient le programme génétique. Ces cellules rudimentaires se déplacent vers les différentes régions du cerveau en développement. La plupart des neurones sont en place après 20 semaines de gestation et leur structure s'achève durant les 12 semaines suivantes.

Axone
Prolongement du neurone qui transmet l'information à d'autres neurones par l'arborisation terminale.

Dendrite
Prolongement du neurone dont les ramifications captent l'information provenant d'autres neurones.

Synapse
Zone de rencontre entre deux neurones par laquelle l'information passe de l'un à l'autre.

C'est alors que les **axones** et les **dendrites** apparaissent. Les axones envoient l'information aux autres neurones, alors que les dendrites reçoivent l'information en provenance des autres neurones. Ce transfert d'information se fait par les **synapses**, de petits espaces que l'influx nerveux traverse à l'aide de substances chimiques produites par les boutons terminaux des neurones et appelées neurotransmetteurs (*voir la figure 3.2*). Un seul neurone peut avoir de 5000 à 100 000 connexions synaptiques qui envoient et reçoivent l'information liée aux récepteurs sensoriels, aux muscles et aux autres neurones du système nerveux central.

FIGURE 3.2 Un neurone

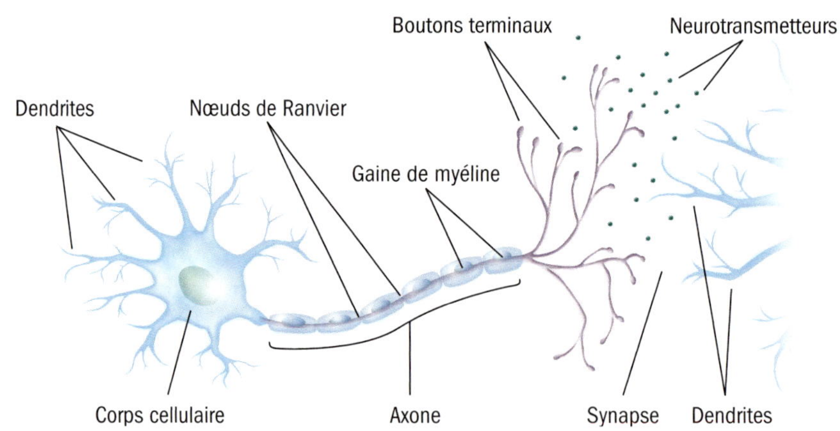

Processus d'élagage
Processus par lequel les connexions neuronales non utilisées ou défectueuses sont éliminées.

Environ seulement la moitié des neurones produits survivent et fonctionnent à l'âge adulte. Au cours du développement prénatal, le cerveau de l'embryon produit beaucoup plus de neurones qu'il n'en a besoin, mais, par un **processus d'élagage**, il élimine progressivement ce qui est superflu. Les connexions neuronales qui sont les plus utilisées se renforcent tandis que celles qui ne sont pas utilisées s'atrophient. Après la naissance, le cerveau connaît une nouvelle poussée de croissance lorsque les axones (qui envoient les signaux) et les dendrites (qui reçoivent les signaux) explosent avec de nouvelles connexions. L'activité électrique, déclenchée par un flot d'expériences sensorielles, raffine les circuits du cerveau en déterminant les connexions qui seront conservées et celles qui seront éliminées. Par ailleurs, même si des neurones inutilisés meurent, d'autres peuvent encore se former à l'âge adulte (Society for Neuroscience, 2008).

L'extension du réseau synaptique dépend des stimulations provenant de l'environnement. Comme nous le verrons plus loin, on sait aujourd'hui qu'un enfant qui grandit dans un environnement riche en stimulations développe un réseau synaptique plus complexe que celui qui vit dans un milieu pauvre en stimulations. Alors que les connexions synaptiques se renforcent et deviennent de plus en plus précises et fiables, le fonctionnement sensoriel, moteur et cognitif progresse et devient de plus en plus flexible (Society for Neuroscience, 2008).

L'efficacité du système de communication neuronal est directement liée au processus de **myélinisation**. Ce processus de recouvrement des axones par une gaine de substance graisseuse, appelée « myéline », permet une conduction plus rapide des influx nerveux. Les voies associées au toucher sont déjà entièrement myélinisées à la naissance, alors que celles qui sont associées à la vision commencent à être myélinisées à la naissance et continuent de l'être durant les cinq premiers mois de la vie. De leur côté, les parties du cortex qui contrôlent l'attention et la mémoire se développent plus lentement; elles ne seront pas totalement myélinisées avant le début de l'âge adulte. C'est cette myélinisation des voies sensorielles et motrices, effectuée dans la moelle épinière avant la naissance et dans le cortex cérébral ensuite, qui peut expliquer l'apparition et la disparition de certains réflexes.

Myélinisation
Processus de recouvrement des axones par une substance graisseuse appelée « myéline ». Elle permet une conduction plus rapide de l'influx nerveux.

Les réflexes

Les **réflexes** sont des réponses automatiques innées à des stimuli externes spécifiques. Lorsque vous clignez des yeux face à une lumière vive, le mouvement de vos paupières est une réponse involontaire, un réflexe. On estime à 27 le nombre de réflexes principaux (Gabbard, 1996), la plupart étant présents à la naissance ou apparaissant peu après. Ces réflexes jouent un rôle important dans le tout premier développement du système nerveux central et des muscles. Certains fournissent les premiers indices du développement cérébral et neurologique du bébé.

Réflexe
Réponse automatique innée à certaines stimulations spécifiques.

Les **réflexes primitifs** sont liés aux besoins instinctifs de survie et de protection et permettent au bébé de s'adapter dès la naissance. Leur apparition et leur disparition obéissant à une séquence prévisible, leur présence ou leur absence peut donc servir à l'évaluation du développement neurologique du nouveau-né. Ainsi le réflexe de succion, qui apparaît dès le développement prénatal, se déclenche dès qu'on introduit un objet dans la bouche d'un bébé, que ce soit le mamelon, une tétine ou même le doigt de papa. Au bout de quelques mois, le développement du cerveau ayant suivi son cours, le réflexe disparaît pour faire place à des réponses volontaires; la succion sera alors réservée au biberon et le doigt de papa sera plutôt mordillé. D'autres réflexes semblent témoigner de l'évolution de notre espèce. Par exemple, le réflexe d'agrippement est le même que celui qui permet au bébé singe de s'agripper aux poils de sa mère. Le réflexe des points cardinaux est un autre réflexe primitif: dès qu'un bébé est placé près du sein de sa mère, il tourne sa tête de manière réflexive dans la direction de la stimulation. Les réflexes *locomoteurs,* comme le réflexe de la marche automatique ou celui de la nage, sont présents dès la naissance. Ils ressemblent à des mouvements volontaires qui n'apparaîtront que plusieurs mois après la disparition du réflexe.

Réflexe primitif
Réflexe lié aux besoins de survie et de protection, qui permet au bébé de s'adapter dès la naissance, et qui disparaît au bout de quelques mois (succion, agrippement, etc.).

La plupart de ces réflexes disparaissent au cours des six à douze premiers mois, ce qui démontre que les voies neuromotrices du cortex sont suffisamment myélinisées pour permettre le passage aux mouvements volontaires. Le tableau 3.1 à la page suivante présente les principaux réflexes ainsi que ce qui les déclenche et l'âge où ils devraient normalement disparaître. En plus de ces réflexes primitifs, les êtres humains disposent de tout un arsenal de **réflexes adaptatifs** dont plusieurs jouent un rôle de protection, comme le clignement des yeux, le bâillement, la toux, la nausée, l'éternuement et le réflexe pupillaire (dilatation des pupilles dans le noir). Ces réflexes adaptatifs seront présents toute la vie durant.

Réflexe adaptatif
Réflexe qui joue un rôle de protection durant toute la vie (clignement des yeux, éternuement, etc.).

TABLEAU 3.1 Les réflexes du nouveau-né

Réflexe		Stimulation	Comportement	Âge moyen de disparition
Réflexe de succion	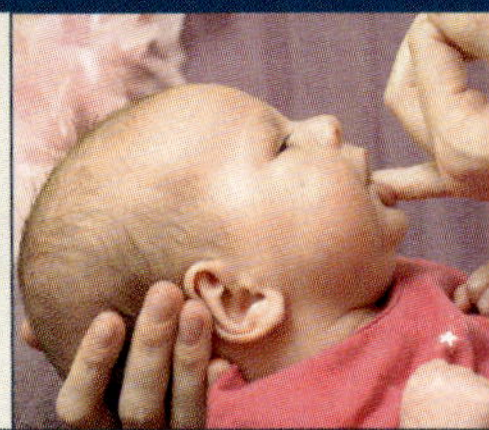	Mettre un objet (sein, tétine, doigt, etc.) dans la bouche de l'enfant.	Mouvements rythmiques de la langue et des lèvres.	6 mois
Réflexe des points cardinaux	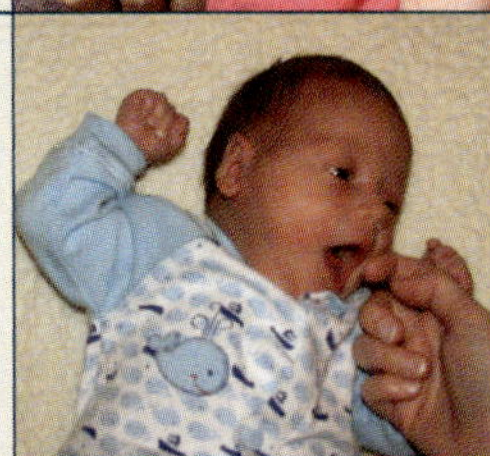	Frotter la joue avec le doigt ou le mamelon.	Bouche ouverte, le bébé tourne la tête.	9 mois
Réflexe de Darwin (agrippement)	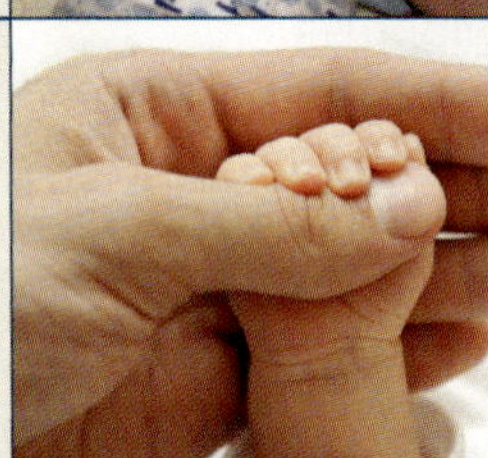	Frotter la paume de la main.	Le bébé ferme le poing.	4 mois
Réflexe tonique du cou	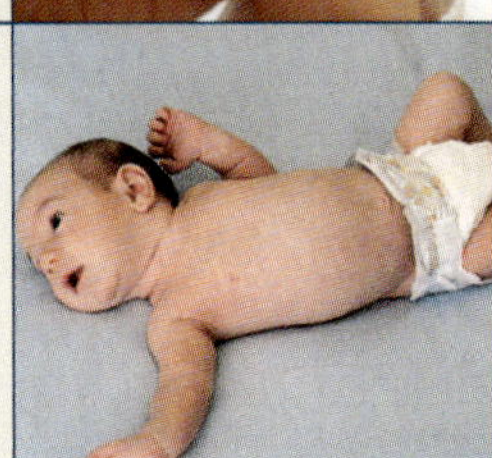	Coucher l'enfant sur le dos.	Le bébé tourne la tête d'un côté, prend la pose de l'*escrimeur*, étend le bras et la jambe de son côté préféré et fléchit les membres opposés.	5 mois
Réflexe de Moro	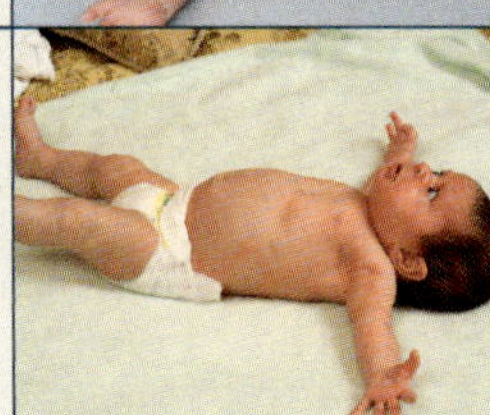	Soulever les fesses et le dos du bébé et les relâcher ou lui faire entendre un gros bruit.	Le bébé étend les jambes, les bras et les doigts, cambre le dos et rejette la tête en arrière.	3 mois
Réflexe de Babinski	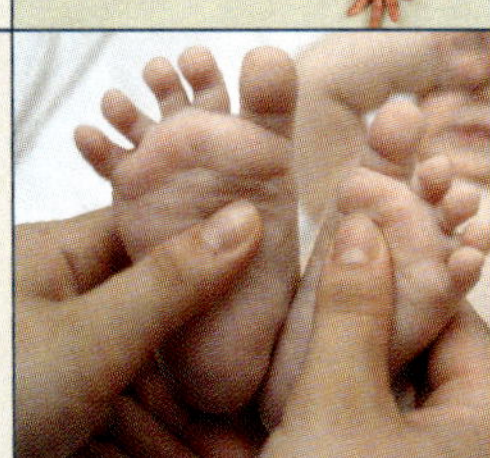	Frotter la plante du pied.	Le pied tourné vers l'intérieur, le bébé déploie les orteils.	4 mois
Réflexe de marche automatique	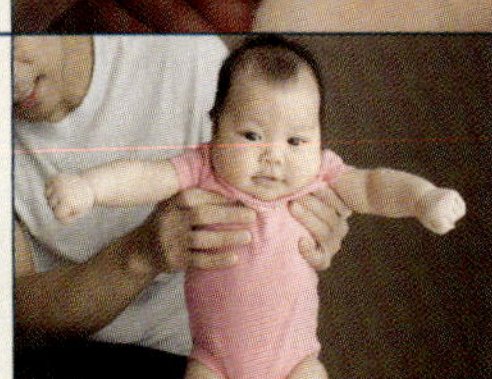	Soutenir le bébé sous les bras, les pieds nus sur une surface plane.	Le bébé exécute des pas qui ressemblent à la marche.	4 mois
Réflexe de nage	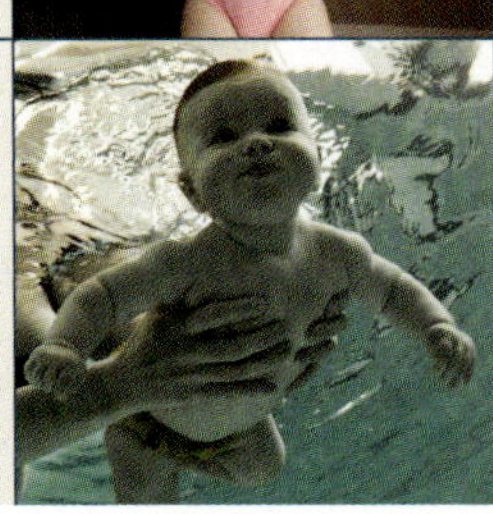	Placer l'enfant dans l'eau, la tête vers le bas.	Le bébé exécute des mouvements de nage bien synchronisés.	4 mois

La plasticité du cerveau

Même si, au départ, le développement du cerveau est programmé génétiquement, on sait aujourd'hui qu'il est continuellement influencé par les expériences faites par le nouveau-né, qu'elles soient positives ou négatives. Lors d'une recherche, un singe élevé avec une paupière fermée jusqu'à l'âge de six mois est devenu aveugle de cet œil, probablement parce que les connexions entre cet œil et le cortex visuel ne s'étaient pas faites. Cette étude nous démontre que si certaines connexions corticales ne sont pas établies tôt dans la vie, ces circuits peuvent disparaître à jamais (Society for Neuroscience, 2008). Cette **plasticité du cerveau**, c'est-à-dire sa capacité à se modifier et à se réorganiser en fonction de l'expérience, est essentielle au développement : c'est elle qui permet l'apprentissage.

Plasticité du cerveau
Capacité du cerveau à se modifier et à se réorganiser en fonction de l'expérience.

Le cerveau de l'enfant est particulièrement vulnérable durant les premières années de vie, où le manque de stimulations sensorielles, par exemple, peut avoir des effets à long terme sur le développement cérébral. Pour des raisons éthiques évidentes, les chercheurs ne peuvent appauvrir l'environnement d'un nourrisson afin d'en vérifier les effets à long terme. Toutefois, la découverte, en 1989, de milliers de jeunes enfants ayant passé la quasi-totalité de leur vie dans des orphelinats roumains surpeuplés a fourni un terrain naturel pour la recherche. Ces enfants étaient littéralement affamés et passifs et ne démontraient aucune émotion. Ils avaient passé le plus clair de leur temps couchés, en ayant peu de contacts entre eux ou avec le personnel soignant. La plupart des enfants âgés de deux ou trois ans ne marchaient pas et ne parlaient pas. Les scientifiques ont suivi trois groupes de ces enfants roumains : un premier groupe d'enfants abandonnés à la naissance et placés en institution, où ils sont restés ; un deuxième groupe d'enfants abandonnés à la naissance, placés en institution, puis répartis au hasard dans des familles d'accueil ; et enfin, un groupe de comparaison composé d'enfants vivant avec leurs parents biologiques. Les résultats nous indiquent que le fait de vivre dans un milieu appauvri a de profondes conséquences négatives sur la croissance physique et le langage ainsi que sur le développement cognitif et émotionnel. Par ailleurs, les recherches démontrent aussi que des soins de qualité prodigués par une famille d'accueil peuvent compenser en partie les effets négatifs du placement en institution (Moulson *et al.*, 2009).

3.1.2 Les capacités sensorielles du bébé

Les régions du cerveau qui contrôlent l'information sensorielle se développent rapidement durant les premiers mois de la vie. Les bébés sont capables de réagir à ce qu'ils touchent, voient, sentent, goûtent et entendent.

Le sens tactile et la sensibilité à la douleur

La peau du nouveau-né est déjà sensible aux stimulations : le bébé pleure au contact d'une couche mouillée ou se calme lorsqu'on le caresse. Nous avons vu également l'importance du contact réconfortant lors de l'allaitement. En outre, contrairement à ce que l'on croyait à une certaine époque où l'on pratiquait la circoncision sans anesthésie, le bébé peut aussi ressentir de la douleur, et ce, dès le troisième trimestre de la grossesse (Lee *et al.,* 2005). Cette sensibilité augmente rapidement dans les jours suivant la naissance. L'Académie américaine de pédiatrie et la Société canadienne de pédiatrie (2000) affirment aujourd'hui qu'une douleur intense et prolongée peut avoir des effets néfastes à long terme chez le nourrisson et que le soulagement de la douleur est donc essentiel.

Le goût et l'odorat

Au même titre que le sens tactile, le goût et l'odorat semblent aussi se développer avant la naissance. La saveur et les odeurs des aliments consommés par la mère pourraient être transmises au fœtus par le liquide amniotique, puis lors de l'allaitement. Le nouveau-né repousse ainsi les aliments qui ont mauvais goût et semble préférer les goûts sucrés aux saveurs amères et sures. Il est possible que cette préférence innée pour le sucré aide le bébé à s'adapter, puisque le lait maternel est lui-même plutôt sucré. Le nouveau-né est également sensible aux odeurs et il peut manifester une préférence pour l'odeur du lait de sa mère. Ce serait là aussi un autre mécanisme de survie (Rakison, 2005).

L'ouïe

L'audition est une autre activité sensorielle qui est fonctionnelle avant la naissance, le système auditif ayant presque atteint sa maturité au septième mois de la vie prénatale. La discrimination des sons se développe rapidement après la naissance. Ainsi, des expériences ont permis de démontrer que, dès l'âge de trois jours, des bébés peuvent distinguer des sons différents de ceux qu'ils ont déjà entendus, même s'ils sont très semblables. Cette capacité permettrait à un bébé de reconnaître la voix de sa mère et même sa langue maternelle, comme nous le verrons un peu plus loin. Puisque l'audition est la clé du développement du langage, il est essentiel de détecter le plus tôt possible toute déficience auditive.

Les yeux du bébé

Dès la naissance, un bébé peut suivre des yeux un objet en mouvement, mais c'est seulement vers quatre ou cinq mois que la convergence de ses deux yeux lui permettra de percevoir la profondeur.

La vue

La vision est le sens le moins performant à la naissance, mais un bébé peut quand même voir dès ses tout premiers jours. Toutefois, la rétine et le nerf optique ne sont pas complètement développés, ce qui limite son acuité visuelle. Dès la naissance, c'est à une distance d'environ 20 à 30 cm que sa vision est la meilleure, distance qui correspond par ailleurs à celle existant entre le bébé et le visage de sa mère lorsqu'elle le nourrit, ce qui pourrait avoir une valeur adaptative pour l'établissement de la relation avec la mère. De plus, le bébé peut percevoir les mouvements d'un visage humain s'ils sont très marqués et même les imiter, comme nous le verrons plus loin. C'est seulement vers quatre ou cinq mois que la vision binoculaire est finalement établie, la convergence de ses deux yeux permettant alors au bébé de percevoir la distance et la profondeur.

Falaise visuelle
Appareil conçu pour donner une illusion de profondeur et utilisé pour évaluer la perception de la profondeur chez les jeunes enfants.

Dans l'expérience classique de la **falaise visuelle** de Walk et Gibson, en 1961, des bébés de six mois ont été placés sur une surface en partie transparente qui donnait l'illusion de profondeur et de vide au centre de la table, comme au bord d'une falaise. Les enfants ont rampé librement sur les bords qui semblaient pleins, en évitant le centre de la table, même si leur mère les invitait à traverser pour la rejoindre de l'autre côté, ce qui montre qu'ils percevaient la profondeur. Enfin l'acuité visuelle du bébé atteindra 20/20 vers le huitième mois (Kellman et Arterberry, 1998).

Si les capacités sensorielles sont relativement fonctionnelles dès la naissance, il n'en est pas de même pour les capacités perceptuelles (comme la compréhension de la signification des sons et des images), qui se développeront graduellement dans les mois et les années à venir.

3.1.3 Les cycles physiologiques

Horloge biologique
Mécanisme interne qui contrôle le cycle des variations physiologiques.

Sommeil paradoxal
Type de sommeil caractérisé par une activité cérébrale intense et associé aux rêves.

Notre organisme est en grande partie réglé par des horloges internes, ou **horloges biologiques**, qui cadencent nos cycles d'alimentation, de sommeil ou d'élimination et, possiblement aussi, nos humeurs. Le sommeil constitue la principale activité des nouveau-nés, qui dorment environ 18 heures par jour. Jusque vers trois mois, le bébé se réveille habituellement toutes les deux ou trois heures, de nuit comme de jour, pour être nourri. Des périodes de sommeil calme ou régulier alternent avec des périodes de sommeil actif ou irrégulier. Le sommeil actif, qui constitue environ 50 % du temps de sommeil chez le bébé, serait l'équivalent du **sommeil paradoxal** chez l'adulte, lequel est associé aux rêves. Ce type de sommeil diminue de plus de 20 % vers l'âge de trois ans et continue de décroître régulièrement tout au long de la vie. C'est vers l'âge de six mois qu'un enfant arrive généralement à « faire ses nuits », c'est-à-dire à dormir environ six heures d'affilée durant la nuit. À deux ans, un enfant dort en moyenne

13 heures par jour, incluant le temps de sieste pendant la journée (Hoban, 2004). Il arrive malheureusement que certains enfants meurent durant leur sommeil, sans cause apparente. C'est ce qu'on appelle le « syndrome de mort subite du nourrisson » (*voir l'encadré 3.1*).

L'éveil, l'activité et la vivacité qui augmentent le jour s'accompagnent habituellement d'un rapide développement physique, cognitif et affectif. Les réactions des parents devant un bébé qui sommeille presque toujours ou qui, au contraire, est souvent éveillé sont alors très différentes, tout comme celles provoquées par un bébé plutôt calme ou souvent en pleurs. Les états du nourrisson agissent en effet sur le comportement des parents, ce dernier agissant à son tour sur le type d'individu que deviendra le nourrisson. Par exemple, un bébé facile à calmer rehausse le sentiment de compétence et d'estime de soi des personnes qui s'en occupent, ce qui contribue à établir un cycle de renforcement mutuel. Il arrive aussi que des parents soient exaspérés parce qu'ils sont incapables de calmer leur enfant, certains allant même jusqu'à secouer leur bébé pour faire cesser ses pleurs. Or, ces gestes, même s'ils sont de courte durée, peuvent provoquer de sérieuses lésions au cerveau et donc avoir de graves conséquences. Le *syndrome du bébé secoué* est souvent mal diagnostiqué et non rapporté, mais on estime sa réelle fréquence à environ cent cas par an au Canada. Environ 20 % de ces enfants meurent quelques jours après avoir été secoués (CLIPP, 2005).

i+

Pour avoir plus d'informations sur le syndrome du bébé secoué, consulter l'encadré 3.1W sur notre site web.

3.1.4 La croissance

La croissance n'est jamais aussi rapide que durant les trois premières années de la vie, et plus particulièrement durant les premiers mois.

ENCADRÉ 3.1 APPLICATION

Le syndrome de mort subite du nourrisson (SMSN)

Le syndrome de mort subite du nourrisson (SMSN) désigne la mort soudaine d'un bébé de moins d'un an dont la cause demeure inexpliquée après un examen approfondi incluant une autopsie. En 2009, au Canada, il a été responsable de 5,6 % des décès chez les enfants de moins d'un an, ce qui représente un taux de 28,3 pour 100 000 naissances vivantes (Statistique Canada, 2011).

Le SMSN est vraisemblablement causé par une combinaison de facteurs ; une anomalie biologique peut rendre certains nourrissons vulnérables, durant une période critique, à certains événements déclencheurs. L'un des principaux facteurs de risque connus est l'exposition prénatale à la nicotine. En l'absence de facteurs de risque, modifiables ou non, le SMSN est rare. De plus, les bébés qui y succombent présentent plusieurs facteurs de risque ou y ont été fréquemment exposés (Ostfeld, Esposity, Perl et Hegyl, 2010).

Près de 10 % des victimes présentent des mutations ou des variations génétiques associées à un rythme cardiaque irrégulier (Arnestad *et al.*, 2007). Les chercheurs ont découvert des anomalies du tronc cérébral, qui régit la respiration, le rythme cardiaque, la température corporelle et l'éveil (Paterson *et al.*, 2006). Ces anomalies pourraient empêcher les victimes du SMSN qui dorment sur le ventre ou sur le côté de se réveiller ou de tourner la tête lorsqu'elles respirent l'air chargé de dioxyde de carbone emprisonné sous leurs couvertures. Aussi, les bébés qui présentent un faible taux de sérotonine pourraient ne pas se réveiller lorsque l'oxygène se raréfie et que s'accumule le dioxyde de carbone, ce qui les rend plus vulnérables (Duncan *et al.*, 2010). La présence d'un ventilateur pour faire circuler l'air dans la pièce où dort le bébé a été associée à une réduction de 72 % du risque de mort subite du nourrisson (Coleman-Phox, Odouli et De-Kun, 2008).

L'Agence de la santé publique du Canada (2012) a élaboré, de concert avec plusieurs organismes, dont la Société canadienne de pédiatrie, Santé Canada, l'Institut canadien de la santé infantile et des experts dans le domaine de la santé publique, un *Énoncé conjoint sur le sommeil sécuritaire : Prévenir les décès subits des nourrissons au Canada*. Voici leurs principales recommandations :

- Coucher le bébé sur le dos ;
- L'allaiter au sein ;
- Ne pas laisser le nourrisson dormir sur une surface moelleuse comme un oreiller, une couette ou une peau de mouton ni sous des couvertures lâches ;
- Ne pas laisser le bébé dormir dans le même lit qu'un adulte ;
- Éviter les couvertures qui peuvent provoquer un excès de chaleur ;
- Ne pas fumer pendant la grossesse ;
- Éviter la fumée secondaire pour le nourrisson ;
- Donner une sucette au bébé pour dormir.

La tête du bébé, qui semble énorme à cause de la croissance rapide du cerveau avant la naissance, devient proportionnellement plus petite au fur et à mesure que l'enfant grandit et que les parties inférieures se développent (*voir la figure 3.3*).

FIGURE 3.3 L'évolution des proportions du corps humain au cours de la croissance

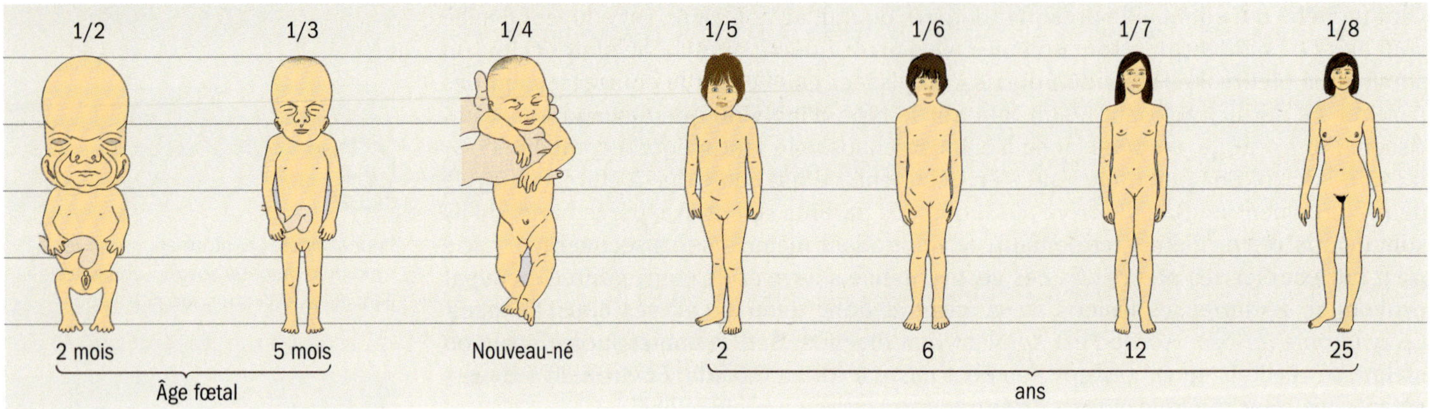

La transformation la plus frappante est la diminution de la proportion de la tête par rapport au reste du corps. Les fractions indiquent la proportion que représente la tête par rapport à la longueur totale du corps à différents âges.

Source : Adapté de Cole et Cole, 1989.

FIGURE 3.4 L'augmentation de la taille et du poids de la naissance à 24 mois

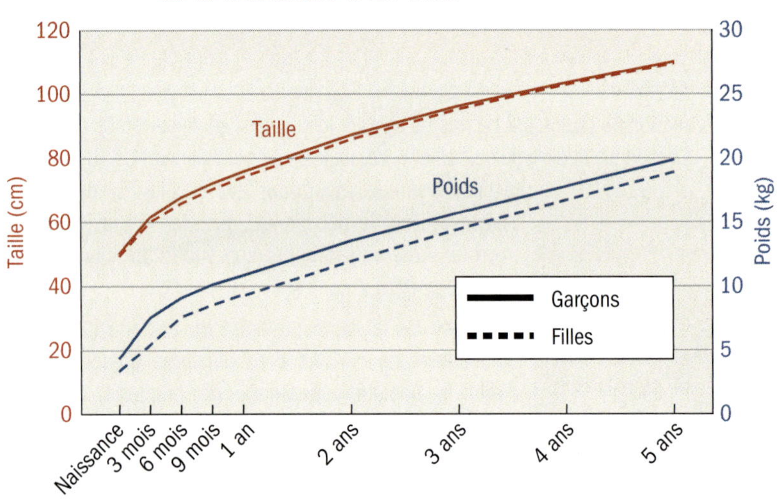

La croissance la plus rapide, en taille comme en poids, se produit dans les premiers mois de la vie, puis elle ralentit progressivement.

Source : Les diététistes du Canada, 2010.

La taille et le poids du bébé augmentent rapidement dans les premiers mois, mais ralentissent un peu par la suite. Pour évaluer si la croissance d'un enfant se fait bien, la Société canadienne de pédiatrie utilise les nouvelles courbes de croissance révisées de l'Organisation mondiale de la santé (OMS). Ces courbes proviennent d'un échantillon d'enfants en santé de six pays qui ont été allaités au moins pendant 4 à 6 mois (*voir la figure 3.4*).

La silhouette générale du corps dépend principalement des gènes : ceux-ci déterminent, par exemple, si l'individu sera grand et mince ou encore court et trapu. Habituellement, les garçons sont légèrement plus grands et plus lourds que les filles à la naissance, et ils le demeurent généralement tout au long de la vie adulte, à l'exception de la courte période de la puberté, pendant laquelle la poussée de croissance est plus précoce chez les filles.

Cependant, la taille et le poids sont également influencés par des facteurs environnementaux comme l'alimentation, les conditions de vie et l'état de santé général. Les enfants de milieux favorisés, peu importe l'origine ethnique de leurs parents, deviennent plus grands, plus gros et atteignent souvent leur maturité sexuelle plus tôt que ceux qui vivent dans des milieux plus pauvres. Ainsi, l'environnement et l'hérédité entrent constamment en interaction dans le processus de la croissance physiologique.

3.1.5 Le développement de la motricité

Les nouveau-nés sont très actifs : ils tournent la tête, donnent des coups de pied, battent l'air de leurs bras et manifestent, comme nous l'avons vu, toute une gamme de réflexes. Vers le quatrième mois, ce sont les mouvements volontaires, gérés par le cortex, qui prennent le dessus. La capacité de se déplacer délibérément et de manipuler les objets avec de plus en plus de précision se développe alors rapidement et sans relâche durant les trois premières années, au fur et à mesure que l'enfant commence à utiliser consciemment certaines parties de son corps.

Le développement de la coordination vision-mouvement se trouve au centre de ces progrès. L'ordre dans lequel ce contrôle s'acquiert respecte les principes du développement définis au premier chapitre. Par exemple, le bébé peut tourner la tête avant d'être capable de se retourner du ventre sur le dos (progression céphalo-caudale). Il commence aussi par prendre des objets avec la totalité de sa main, les doigts se refermant sur la paume, avant de pouvoir perfectionner sa technique par des mouvements de pince et prendre de petits objets entre le pouce et l'index (progression proximo-distale).

Les jalons du développement de la motricité

Le développement moteur est marqué par une série d'événements qui le jalonnent, la maîtrise de chaque nouvelle habileté préparant l'enfant à aborder la suivante. Ainsi, les jeunes enfants développent d'abord des habiletés simples, qu'ils combinent pour en arriver à des systèmes d'action de plus en plus complexes, ce qui leur permet de mieux contrôler leur environnement. Si la maturation suit un cours apparemment bien déterminé, le moment précis où chaque enfant acquiert les habiletés de base varie par contre considérablement. Il n'y a donc pas véritablement de *bon âge* pour se tenir debout ou pour marcher. Toutefois, on peut déterminer l'âge moyen auquel la majorité des enfants développent certaines habiletés. Le tableau 3.2 (*voir la page suivante*) décrit les grandes lignes de ce développement.

Contrôle de la tête et du corps À la naissance, la plupart des bébés sont capables de tourner la tête d'un côté ou de l'autre lorsqu'ils sont sur le dos. À plat ventre, plusieurs peuvent lever la tête suffisamment pour la tourner. Avant 2 ou 3 mois, ils lèvent la tête de plus en plus haut, parfois au point de tourner sur le dos accidentellement. Vers 4 mois, presque tous les bébés sont capables de tenir leur tête droite lorsqu'on les prend.

À partir de trois mois, l'enfant moyen commence à rouler délibérément sur lui-même, d'abord sur le dos, puis sur le ventre. Le bébé peut ensuite rester assis sans appui vers l'âge de cinq ou six mois et, deux mois plus tard environ, il arrive à se mettre seul en position assise.

La locomotion Vers l'âge de six mois, la plupart des bébés peuvent se mouvoir sans aide, en rampant. Vers neuf ou dix mois, ils se déplacent alors assez bien, généralement à quatre pattes. Le fait de pouvoir se déplacer par lui-même semble marquer un tournant dans le développement du jeune enfant. Cette nouvelle capacité a en effet des répercussions sur de nombreux aspects physiques, cognitifs et socioaffectifs, et elle apporte à l'enfant des perspectives nouvelles sur le monde.

1. En se déplaçant, les enfants deviennent plus sensibles à la position des objets, à leur taille et à la façon de les bouger. Marcher à quatre pattes aide les bébés à évaluer les distances et la profondeur; ils se rendent compte que les personnes et les objets leur apparaissent différemment selon qu'ils sont proches ou éloignés.
2. Lorsqu'ils commencent à se déplacer, les enfants entendent plus souvent des mises en garde telles que « Reviens ! » et « Ne touche pas ! », et ils apprennent à prendre en considération les consignes données par les parents pour déterminer si une situation est dangereuse ou non.
3. Un enfant qui veut se rapprocher d'un de ses parents ou s'éloigner d'un étranger peut maintenant le faire. Cette étape importante lui donne un sentiment de maîtrise sur le monde et contribue grandement à développer sa confiance et son estime de soi.

Avant que Thomas puisse marcher seul, quelles sont les grandes étapes qu'il doit franchir dans son développement moteur ?

Le jalon suivant est posé lorsque l'enfant arrive à se lever et à se tenir debout. Lorsqu'ils sont capables de se tenir debout tout seuls, la plupart des enfants se déplacent en

TABLEAU 3.2 Les jalons du développement de la motricité

Habileté		50 %	90 %	Habileté		50 %	90 %
Roule sur lui-même	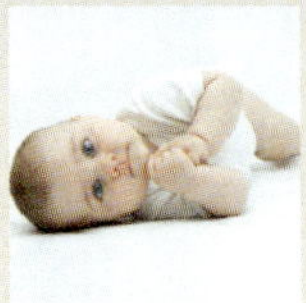	3,2 mois	5,4 mois	Marche bien		12,3 mois	14,9 mois
S'assoit sans soutien		5,9 mois	6,8 mois	Construit une tour de deux blocs		14,8 mois	20,6 mois
Se tient debout avec un appui		7,2 mois	8,5 mois	Monte un escalier debout		16,6 mois	21,6 mois
Rampe ou marche à quatre pattes		7,5 mois	9,4 mois	Saute sur place		23,8 mois	2,4 ans
Saisit un objet avec le pouce et l'index		8,2 mois	10,2 mois	Reproduit un cercle		3,4 ans	4 ans
Se tient debout sans appui		11,5 mois	13,7 mois				

Note : Ce tableau montre vers quel âge 50 % ou 90 % des enfants maîtrisent chaque habileté.

Source : Adapté de Frankenburg *et al.*, 1992.

se tenant aux meubles, en donnant la main, comme Thomas, puis réussissent leurs premiers pas sans aide. Ils tombent, recommencent à quatre pattes, puis tentent de nouveau leur chance. Peu après son premier anniversaire, le bébé moyen marche relativement bien, quoique d'un pas mal assuré au début. Durant l'année qui suit le début de son apprentissage de la marche, le bébé raffinera ses habiletés motrices. Il pourra alors courir, sauter ou faire des roulades, et ses progrès, tant sur le plan de la coordination que sur celui de l'équilibre, seront remarquables.

Motricité globale
Mouvements qui nécessitent la participation de tout le corps ou de parties importantes du corps (marcher, courir, danser).

Motricité fine
Mouvements qui demandent la participation des doigts et des mains (saisir, insérer, dessiner).

Contrôle des mains Parallèlement à la **motricité globale**, le jeune enfant fait aussi des progrès sur le plan de la **motricité fine**. Le réflexe d'agrippement disparaît et le bébé devient capable de saisir des objets de taille moyenne, comme un hochet. Toutefois, ce n'est qu'un peu plus tard qu'il pourra les relâcher de manière volontaire.

Entre 7 et 11 mois, l'enfant passe ensuite d'une préhension palmaire, c'est-à-dire de l'utilisation du pouce en opposition à la paume de la main, à une préhension digitale, avec opposition du pouce et des doigts. Peu à peu, le contrôle des doigts devient alors suffisamment raffiné pour saisir de petits objets, comme une miette de pain, ou le petit caillou que Thomas saisit, en utilisant le pouce et l'index: c'est ce qu'on appelle la **préhension en pince**.

Préhension en pince
Mode de préhension qui utilise l'opposition du pouce et de l'index.

Les influences du milieu sur le développement de la motricité

L'être humain semble programmé pour s'asseoir, se tenir debout et marcher; cela fait partie de son hérédité spécifique. Des spécialistes du développement trouvent toutefois cette explication un peu simpliste. Selon la **théorie des systèmes dynamiques** d'Esther Thelen (1995; Smith et Thelen, 2003), le développement moteur se fait selon un processus continu d'interactions entre le bébé et son environnement. Il faut tenir compte de la motivation de l'enfant à agir (par exemple, lorsqu'il veut prendre un jouet ou aller dans une autre pièce), de même que de l'aménagement physique de son environnement (l'enfant est couché dans son berceau ou placé par terre). Au cours d'une même journée, plusieurs situations se présentent, pouvant être favorables ou non au développement de certaines habiletés. L'enfant expérimentera alors différents comportements avant de retenir celui qui lui permettra le mieux d'atteindre son but. Ainsi, la maturation du cerveau n'est pas la seule impliquée, elle n'est que l'une des composantes du processus.

Théorie des systèmes dynamiques
Le développement moteur est un processus continu qui résulte d'interactions entre le corps, les actions et l'environnement.

Selon Thelen, la plupart des bébés développent les mêmes habiletés motrices dans le même ordre parce qu'ils sont bâtis de façon assez semblable et qu'ils font face à des besoins et des défis similaires. Ils finissent donc par découvrir que, dans la plupart des situations, la marche est préférable au déplacement à quatre pattes, puisqu'elle libère les mains. Chaque nouvelle habileté maîtrisée donne à l'enfant encore plus d'occasions d'explorer son environnement et d'en retirer une stimulation sensorielle et intellectuelle. Cela pourrait expliquer pourquoi certains bébés apprennent à marcher plus tôt que d'autres.

En général, lorsqu'on assure aux enfants une saine alimentation, de bons soins, la liberté de mouvement et l'occasion de pratiquer leurs aptitudes motrices, la motricité se développe normalement. Cependant, si le milieu présente de graves lacunes dans l'un ou l'autre de ces domaines, le développement moteur de l'enfant peut en souffrir, comme nous l'avons vu plus haut avec les enfants des orphelinats roumains.

Les influences culturelles

La culture influence également le développement de la motricité, comme nous l'avons vu dans l'encadré 1.1 (*voir la page 24*). En Ouganda, par exemple, la plupart des bébés marchent en moyenne à 10 mois, comparativement à 12 mois aux États-Unis et à 15 mois en France (Gardiner et Kosmitzki, 2005). De telles variations peuvent s'expliquer par des différences culturelles dans les pratiques éducatives. Certaines cultures encouragent en effet le développement hâtif des habiletés motrices par des exercices qui renforcent les muscles du bébé. D'autres, par contre, veulent plutôt le ralentir, comme chez les Indiens Aches du Paraguay, où les bébés ne commencent à marcher que vers 18 à 20 mois. Peut-être est-ce dû au fait que, chez cette population nomade, les mères, par crainte du danger, ont tendance à empêcher les enfants de s'éloigner lorsqu'ils commencent à ramper. Quoi qu'il en soit, vers l'âge de 8 ou 10 ans, ces enfants grimpent en haut des arbres, coupent des branches et manifestent plusieurs habiletés physiques normales pour leur âge (Kaplan et Dove, 1987). Cela démontre que le développement n'a pas forcément besoin de suivre la même chronologie pour atteindre les mêmes objectifs.

La préhension en pince
Cet enfant utilise sa préhension en pince pour saisir les petits morceaux de nourriture.

Le développement de la motricité et de la perception

Les activités motrices, combinées à la conscience des changements corporels, permettent aux jeunes enfants de comprendre ce qui arrivera s'ils bougent de telle ou telle façon. Ce lien entre la perception et l'action, établi par le cerveau en développement, donne aux enfants des informations importantes sur eux-mêmes et sur leur environnement.

Piaget et d'autres chercheurs ont longtemps affirmé que la capacité d'atteindre un objet dépendait de l'utilisation des yeux pour guider les mouvements de la main (ou d'une autre partie du corps). On sait maintenant que des bébés âgés d'environ 5 mois sont capables d'utiliser des indices sensoriels pour atteindre un objet. Ils peuvent situer un hochet par son bruit, comme ils sont capables également d'atteindre un objet lumineux dans le noir même s'ils ne voient pas leurs mains (Clifton *et al.*, 1993).

Perception tactile
Habileté à acquérir de l'information sur les objets, comme la grosseur, le poids ou la texture, en les manipulant.

Entre 5 et 7 mois, les enfants développent la **perception tactile**, c'est-à-dire l'habileté à acquérir de l'information en touchant les objets plutôt qu'en les regardant simplement. La perception tactile permet aux bébés de réagir à des indices comme la grosseur relative des objets ou des différences de textures et de formes (Bushnell et Boudreau, 1993). Les enfants apprennent continuellement à évaluer leurs habiletés et les environnements dans lesquels ils se déplacent, en adaptant leurs mouvements et en développant de nouvelles stratégies. Un bébé qui apprend jusqu'où il doit tendre la main pour atteindre un jouet lorsqu'il est assis doit à nouveau apprendre les notions de distance lorsqu'il commence à ramper. De la même façon, un bébé qui marche à quatre pattes et qui a maîtrisé les pentes doit se réajuster aux pentes quand il commence à marcher. Ce processus d'apprentissage combine l'action et la perception (Adolph, 2008).

Un objectif à atteindre
L'objectif de cet enfant – atteindre son jouet – favorisera le développement de sa motricité. Ce développement ne dépend pas seulement de la maturation, mais aussi des conditions de l'environnement.

FAITES LE POINT

1. Expliquez comment se fait la croissance des neurones chez le nouveau-né.
2. Expliquez en quoi consiste la plasticité du cerveau.
3. Quelles sont les principales capacités sensorielles du bébé à la naissance?
4. Expliquez comment l'hérédité et l'environnement agissent en interaction dans le développement de la motricité chez le jeune enfant.

3.2 Le développement cognitif

Comment le bébé apprend-il? Comment sa mémoire se développe-t-elle? Pourquoi y a-t-il des différences dans les habiletés cognitives des individus? Peut-on mesurer l'intelligence d'un bébé et prédire ses capacités futures? Ces questions ont longtemps intrigué les scientifiques du développement et c'est sous l'angle de différentes approches, dont la plupart ont été vues au chapitre 1, qu'ils ont poursuivi leurs recherches.

3.2.1 L'approche béhavioriste et l'apprentissage chez le nourrisson

Apprentissage
Modification durable du comportement résultant de l'expérience.

Selon cette approche, l'**apprentissage** est au cœur du développement: c'est une modification relativement durable du comportement qui résulte habituellement de l'expérience. Si l'être humain possède la capacité innée d'apprendre, l'apprentissage comme tel ne se produit qu'avec l'expérience.

Nous avons vu que le bébé n'a pas besoin d'apprendre à téter puisque ce réflexe est présent avant même la naissance. Cependant, il apprend rapidement que le fait de téter lui procure le lait qui satisfait sa faim. De la même manière, le premier cri d'un enfant n'est pas un comportement appris. Toutefois, le bébé découvre vite que ses pleurs l'aident à obtenir ce qu'il désire: il apprend la fonction du cri, tout comme Thomas, quand on lui redonne une petite pelle à la suite de ses cris.

L'apprentissage par conditionnement répondant (ou conditionnement classique)

Dans la mise en situation, Thomas ferme les yeux par réflexe lorsqu'il reçoit de l'eau dans le visage. Après s'être fait arroser à quelques reprises par sa cousine, la seule vue de celle-ci qui s'apprête à éclabousser lui fait fermer les yeux.

Le comportement de Thomas illustre bien le *conditionnement répondant,* que nous avons présenté dans le chapitre 1. Dans cet apprentissage de base, une personne ou un animal apprend à réagir de façon réflexe ou involontaire à un stimulus qui est neutre à l'origine, parce que ce stimulus a été associé à celui qui provoque habituellement cette réponse.

L'apprentissage par conditionnement opérant

Un bébé qui crie pour attirer l'attention de ses parents offre un exemple de *conditionnement opérant*, c'est-à-dire un apprentissage basé sur le renforcement ou la punition, au cours duquel l'apprenant agit sur son environnement. L'enfant apprend à manifester un comportement particulier (crier) pour obtenir une réaction spécifique (attirer l'attention de ses parents). S'il l'obtient, le comportement de l'enfant est alors renforcé. Le conditionnement opérant permet aux enfants d'apprendre des comportements volontaires comme crier ou sourire. Lorsque son grand-père félicite Juliette pour son beau lac, il l'encourage à continuer son jeu, il la renforce.

L'apprentissage

Un enfant apprend rapidement que ses pleurs peuvent l'aider à obtenir ce qu'il désire.

Le conditionnement opérant a été utilisé dans des recherches sur la mémoire du jeune enfant. Pour cela, on a attaché un mobile au pied des bébés à l'aide d'un ruban et on leur a appris à donner des coups de pied pour l'actionner. Quelques jours ou quelques semaines plus tard, lorsqu'ils étaient replacés dans la même situation, des bébés âgés de deux à six mois donnaient encore des coups de pied, même s'ils n'étaient plus attachés au mobile, indiquant ainsi que seule la reconnaissance du mobile stimulait le rappel de l'expérience initiale. La durée de la rétention de la réponse augmentait avec l'âge : de 2 jours pour les bébés de 2 mois à 13 semaines pour ceux de 18 mois. Ces recherches démontrent que les bébés peuvent répéter une action plusieurs semaines plus tard si on les expose périodiquement à la situation dans laquelle ils l'ont apprise (Rovee-Collier, 1999).

3.2.2 L'approche psychométrique

L'approche psychométrique mesure, à l'aide de tests, des différences quantitatives dans les habiletés qui composent l'intelligence. Même s'il est pratiquement impossible de mesurer l'intelligence d'un jeune enfant, on peut évaluer son niveau de développement en le situant par rapport à des normes établies à partir d'observations d'un grand nombre d'enfants. Les Échelles de développement du jeune enfant de Bayley (1969, 1993, 2005) est un test utilisé pour évaluer le développement des enfants de 1 mois à 3 ans et demie. Cet instrument donne des indications sur les forces ou les retards de développement sur les plans cognitif, verbal, moteur, émotionnel et relationnel. Nous reviendrons sur l'utilisation des tests dans un chapitre ultérieur.

3.2.3 La théorie de Piaget : le stade sensorimoteur

Nous avons vu dans le chapitre 1 que, pour Piaget, la pensée de l'enfant se développe selon des stades qualitativement différents, chaque stade correspondant à une forme d'intelligence particulière au fur et à mesure que le développement cognitif progresse. Le **stade sensorimoteur** est le premier stade du développement cognitif : il s'étend de la naissance à environ deux ans. Selon Piaget, les très jeunes enfants se découvrent et découvrent le monde par l'intermédiaire de leurs schèmes sensoriels et moteurs. À partir des réflexes innés et de comportements aléatoires, ils parviennent peu à peu à assimiler les informations sensorielles et motrices et à les utiliser, grâce à l'accommodation, pour résoudre des problèmes simples.

Stade sensorimoteur
Selon Piaget, premier stade du développement cognitif qui va de la naissance à deux ans. À ce stade, l'enfant apprend par ses sens et par ses activités motrices.

Réaction circulaire
Selon Piaget, action que l'enfant répète.

Les sous-stades du stade sensorimoteur

Au cours du stade sensorimoteur, le développement cognitif progresse selon six sous-stades (*voir le tableau 3.3*).

La transition de l'un à l'autre de ces six sous-stades s'effectue à mesure que les différents schèmes de l'enfant se précisent. Ces progrès cognitifs se font principalement par les **réactions circulaires**, par lesquelles un enfant apprend à reproduire un événement plaisant ou intéressant qu'il a d'abord expérimenté par hasard (*voir la figure 3.5*).

Sous-stade 1: l'exercice des réflexes (de la naissance à un mois) Le nouveau-né exerce ses réflexes et, avec la pratique, en acquiert une certaine maîtrise (rôle de l'accommodation). Il commence à produire certains comportements réflexes, même en l'absence des stimuli qui les déclenchent. Par exemple, le nouveau-né a le réflexe de téter lorsqu'on lui touche les lèvres. Au cours du premier mois, il tète même lorsqu'on ne le touche pas et commence donc à s'exercer à téter même s'il n'a pas faim

TABLEAU 3.3 Les six sous-stades du stade sensorimoteur du développement cognitif (selon Piaget)

Sous-stade	Description	Permanence de l'objet	Exemple de comportement
Sous-stade 1 De la naissance à 1 mois L'exercice des réflexes	Le bébé exerce ses réflexes et parvient à les maîtriser jusqu'à un certain point. Il ne coordonne pas l'information provenant de ses sens (par exemple, lorsqu'il ne saisit pas l'objet qu'il regarde).	Il n'a pas acquis le schème de la permanence de l'objet.	Noémie commence à téter lorsque le sein de sa mère est dans sa bouche.
Sous-stade 2 De 1 à 4 mois Les réactions circulaires primaires	Le bébé reproduit des comportements, d'abord survenus par hasard, qui lui donnent des sensations agréables. Ses activités sont centrées sur son corps plutôt que sur l'environnement. Il manifeste ses premières adaptations acquises; par exemple, il varie sa manière de sucer selon l'objet. Il commence à coordonner l'information sensorielle.	Il n'a pas acquis le schème de la permanence de l'objet.	Si on agite un hochet près de la tête de Margot, celle-ci tourne la tête vers le bruit.
Sous-stade 3 De 4 à 8 mois Les réactions circulaires secondaires	Le bébé s'intéresse davantage à l'environnement, il répète les actions qui produisent des résultats intéressants. Quoiqu'intentionnelles, ses actions ne sont pas orientées vers un but.	Le bébé peut chercher un objet caché s'il en voit une partie.	Benjamin agite les jambes afin de faire bouger le mobile suspendu au-dessus de son lit.
Sous-stade 4 De 8 à 12 mois La coordination des schèmes secondaires	Le comportement devient plus délibéré et orienté vers un but. Le bébé peut prévoir des événements.	Le schème de la permanence de l'objet se développe, mais le bébé cherchera encore un objet dans sa première cachette, même si on le déplace, sous ses yeux, vers une autre cachette.	Alice s'amuse avec un jeu où elle doit manipuler différemment des boutons afin d'ouvrir les quatre portes qui font sortir les quatre personnages. Elle est capable de presser, glisser, tirer et tourner les boutons appropriés.
Sous-stade 5 De 12 à 18 mois Les réactions circulaires tertiaires	Le bébé manifeste de la curiosité et varie intentionnellement ses actions pour en voir les effets. Il explore activement son univers dans le but de découvrir comment un objet ou une situation peut offrir de la nouveauté. Il essaie des activités nouvelles et résout des problèmes simples par essais et erreurs.	Le bébé peut suivre les déplacements d'un objet, mais comme il est incapable d'imaginer un mouvement qu'il ne voit pas, il ne cherchera pas un objet ailleurs que là où il l'a vu disparaître.	Au dîner, Sami s'amuse à écraser ses rondelles de carottes avant de les manger. Au dessert, il prend chaque morceau de sa salade de fruits et essaie de les écraser. Il découvre ainsi que certains peuvent être écrasés et d'autres non.
Sous-stade 6 De 18 mois à 2 ans Les combinaisons mentales	Le bébé peut maintenant se représenter mentalement certains comportements. Il a élaboré un premier système de symboles qui lui permet de prévoir des événements sans avoir besoin de poser un geste concret. Il n'a donc plus besoin de recourir à l'apprentissage par essais et erreurs pour résoudre des problèmes simples.	Le schème de l'objet permanent est complètement formé.	Sarah joue avec sa boule de formes à encastrer. Avant même de l'essayer, elle cherche soigneusement le trou qui convient à la forme et l'insère au bon endroit.

FIGURE 3.5 Les réactions circulaires

Le bébé suce son pouce. — Le bébé éprouve du plaisir à sucer son pouce.

Réaction circulaire primaire : L'action et la réaction se rapportent au corps de l'enfant (1 à 4 mois).

Le bébé gazouille. — Le bébé voit un visage souriant.

Réaction circulaire secondaire : L'action produit une réaction émanant d'une personne ou d'un objet ; cette réaction amène l'enfant à répéter l'action originale (4 à 8 mois).

Le bébé marche sur un canard en caoutchouc. — Le bébé presse le canard. — Le canard émet un son.

Réaction circulaire tertiaire : L'action produit un résultat agréable, amenant le bébé à expérimenter d'autres actions pour obtenir des résultats semblables (12 à 18 mois).

(assimilation). L'enfant, loin d'être un récepteur passif, joue un rôle actif et contributif dans le développement des comportements qu'il acquiert.

Sous-stade 2 : les réactions circulaires primaires (de un à quatre mois) Le bébé couché dans son berceau, en train de sucer son pouce avec bonheur, illustre ce que Piaget a appelé les **réactions circulaires primaires**. Ce sont des gestes simples, répétitifs, centrés sur le corps de l'enfant et destinés à reproduire une sensation agréable découverte par hasard. Un jour, le bébé a exercé son schème de succion alors que son pouce se trouvait dans sa bouche. Aimant cette nouvelle sensation, il essaie de la reproduire par tâtonnements. Lorsqu'il y parvient, il s'efforce délibérément de mettre son pouce dans sa bouche et de le sucer. Ce faisant, il réalise une première adaptation acquise : il s'accommode en suçant son pouce d'une manière différente de celle qu'il utilise pour téter le sein. Cet apprentissage modifie ainsi son schème de succion.

Réaction circulaire primaire
Action simple et répétitive centrée sur le corps de l'enfant et destinée à reproduire une sensation agréable découverte par hasard. Elle est caractéristique du deuxième sous-stade du stade sensori moteur de Piaget.

Le bébé commence également à coordonner et à organiser différents types d'informations sensorielles. Par exemple, quand il entend la voix de sa mère, il tourne la tête vers le son et finit par découvrir que celui-ci provient de la bouche de sa mère. Son monde commence à prendre un sens. Les premiers schèmes commencent à se coordonner.

Sous-stade 3 : les réactions circulaires secondaires (de quatre à huit mois) Le troisième sous-stade coïncide avec un intérêt nouveau de l'enfant pour la manipulation des objets. C'est le début des **réactions circulaires secondaires** : des gestes intentionnels sont répétés non pas pour le plaisir corporel qu'ils procurent, comme dans le sous-stade précédent, mais dans le but d'obtenir des résultats extérieurs au corps. Un bébé aime alors agiter un hochet pour entendre le bruit qu'il fait, ou encore il découvre que lorsqu'il émet un son doux à l'apparition d'une personne au visage amical, celle-ci a tendance à rester plus longtemps en sa présence.

Réaction circulaire secondaire
Action intentionnelle répétée pour obtenir des résultats extérieurs au corps de l'enfant. Elle est caractéristique du troisième sous-stade du stade sensorimoteur de Piaget.

Sous-stade 4 : la coordination des schèmes secondaires (de 8 à 12 mois) Parvenu au quatrième sous-stade, l'enfant a déjà bien enrichi le petit nombre de schèmes primitifs qu'il possédait à la naissance en les adaptant en fonction de son environnement. Il commence à utiliser des réactions déjà maîtrisées et à les combiner pour résoudre de nouveaux problèmes.

La découverte des objets
Au stade sensorimoteur, l'enfant découvre le monde qui l'entoure à travers ses sens et sa motricité.

On observe maintenant clairement chez lui l'émergence de comportements intentionnels et un début de compréhension des liens de causalité. Supposons qu'un bébé joue avec son centre d'activités ou tout autre jouet sollicitant des mouvements différents : au stade précédent, par tâtonnements, il a appris qu'il doit tourner la manette rouge pour produire un bruit ; pousser le bouton vert pour faire apparaître le lapin ; glisser le bouton bleu pour ouvrir la petite porte, etc. Au quatrième sous-stade, il adapte ses mouvements à chaque activité différente. Il n'a plus à essayer tous ses schèmes un

Selon Piaget, pourquoi Mégane prend-elle plaisir à taper dans l'eau avec différents objets?

Réaction circulaire tertiaire
Action destinée à explorer de nouvelles façons de produire un résultat. Elle est caractéristique du cinquième sous-stade du stade sensorimoteur de Piaget.

Représentation mentale
Capacité de se rappeler et de se représenter mentalement des objets et des expériences sans l'aide de stimuli, principalement par le recours à des symboles.

Imitation différée
Reproduction après un certain laps de temps d'un comportement observé qui est rendue possible grâce à la récupération de sa représentation en mémoire.

Permanence de l'objet
Selon Piaget, fait pour un enfant de comprendre qu'un objet ou une personne continuent d'exister même s'ils ne sont pas dans son champ de perception.

à un (pousser-glisser-tourner) pour savoir ce qu'il doit faire pour faire apparaître le lapin: il pousse le bouton vert.

Sous-stade 5: les réactions circulaires tertiaires (de 12 à 18 mois) Au cours du cinquième sous-stade, l'enfant devient un véritable explorateur: lorsqu'il commence à marcher, sa curiosité est attirée par un grand nombre d'objets nouveaux, qu'il découvre en explorant son milieu. Il manifeste des **réactions circulaires tertiaires**, c'est-à-dire qu'il varie ses actions originales pour voir ce qui va se produire, plutôt que de simplement répéter, comme avant, des comportements agréables découverts par hasard. À ce stade de l'expérimentation, le jeune enfant peut ramper pour entrer dans une grande boîte, s'y coucher et y placer des objets. Il utilise la méthode d'essais et erreurs pour résoudre des problèmes simples et trouver le meilleur moyen d'atteindre son but.

Sous-stade 6: les combinaisons mentales (de 18 à 24 mois) Selon Piaget, vers 18 mois, l'enfant devient capable de **représentation mentale**: il forme des images d'événements dans son esprit et peut, par conséquent, réfléchir à ses actions avant de les réaliser. Il commence aussi à utiliser des symboles, c'est à dire des images mentales et des mots. Puisqu'il possède maintenant une certaine notion du lien de causalité, il n'a plus besoin de passer par de laborieux essais et erreurs pour résoudre de nouveaux problèmes. Il fait plutôt appel à la représentation mentale pour imaginer des solutions et abandonner celles qu'il estime inefficaces. Il peut aussi imiter des actions, même si l'objet ou la personne qu'il imite n'est plus devant lui. C'est ce qu'on appelle de l'**imitation différée**. Le jeu du *faire semblant* apparaît. Par exemple, un petit garçon de 20 mois peut jouer à faire manger son toutou en lui mettant un bloc sur la bouche. Cette capacité de représentation mentale, qui se manifeste particulièrement par la permanence de l'objet, annonce le second stade; soit le stade préopératoire, dont nous parlerons dans le chapitre 5.

La permanence de l'objet

Le concept d'objet, à savoir l'idée que les objets ont leur propre existence indépendante des autres objets et des autres personnes, leurs propres caractéristiques et leur propre emplacement dans l'espace est essentiel pour une bonne compréhension de la réalité physique. Selon Piaget, les enfants prennent conscience des objets en voyant les résultats de leurs propres actions; autrement dit, en coordonnant l'information visuelle et motrice. En ce sens, le jeu du *coucou* contribue particulièrement à cette prise de conscience.

La **permanence de l'objet**, aussi appelée « schème de l'objet permanent », c'est la compréhension du fait que les objets et les personnes continuent d'exister en dehors de nous, même si on ne les perçoit plus. Le schème de l'objet permanent se construit graduellement durant le stade sensorimoteur, dont il est la principale acquisition. Au début, le nourrisson ne fait pas la distinction entre lui-même et le monde environnant, qu'il perçoit d'abord comme une extension de sa propre personne. Puis, peu à peu, il se rend compte que les objets et les autres personnes possèdent une existence distincte de la sienne.

Ainsi, vers l'âge de quatre mois, le bébé peut chercher l'objet qu'il a laissé tomber ou qui est partiellement caché, mais il se comporte comme si l'objet n'existait plus lorsque celui-ci est entièrement caché. Par exemple, si sa mère recouvre de sa main les clés qu'il veut prendre, il s'intéressera tout simplement à autre chose.

Vers huit mois, l'enfant commence à comprendre qu'un objet existe toujours, même s'il ne le voit plus: pour Piaget, c'est là le début de la permanence de l'objet. Ainsi, même si sa mère recouvre les clés de sa main, l'enfant cherchera à soulever la main, parce qu'il sait maintenant que les clés sont en dessous. Toutefois, si l'on cache devant ce bébé de 8 à 12 mois un objet que l'on déplace par la suite, il ira le chercher dans sa première cachette, même si le déplacement s'est effectué sous ses yeux. Selon Piaget, le nourrisson croit que l'existence de l'objet est liée à un endroit précis (celui où l'objet a été trouvé la première fois) et à ses propres actions pour le récupérer à cet endroit. Une explication plus récente révèle que les nourrissons, et même les enfants d'âge préscolaire, trouvent tout simplement difficile de retenir l'impulsion qui les pousse à répéter un comportement qui a été couronné de succès auparavant (Zelazo, Reznick et Spinazzola, 1998).

Pour en savoir plus sur la notion de la permanence de l'objet, consulter l'encadré 3.2W sur notre site web.

Autour d'un an, l'enfant ne commet plus cette erreur et il cherche cette fois l'objet au dernier endroit où il a vu qu'on le cachait. Néanmoins, il ne peut pas encore comprendre qu'un objet se déplace s'il ne le voit pas se déplacer. Aussi, si sa mère referme la main sur les clés avant de les placer sous une couverture, l'enfant cherchera encore les clés dans la main de sa mère, parce que c'est là qu'il les aura vues disparaître. À la fin du stade sensorimoteur, soit entre 18 et 24 mois, la permanence de l'objet est enfin complètement acquise. L'enfant peut alors comprendre que si la main se déplace, les clés, qu'il ne voit pas, se déplacent aussi. Il peut maintenant se représenter mentalement le déplacement d'un objet. Il peut donc se mettre à chercher son toutou qu'il ne retrouve plus dans différents endroits de la maison, simplement parce qu'il y a pensé. Cette acquisition de la permanence de l'objet va aussi permettre à l'enfant dont les parents se sont absentés de se sentir rassuré en sachant qu'ils existent toujours et qu'ils reviendront. Elle est essentielle à l'enfant pour comprendre le temps, l'espace et un monde en perpétuel changement.

Lorsque Thomas crie quand sa cousine lui enlève sa pelle, c'est parce que la pelle est pour lui un objet permanent; il sait qu'elle continue d'exister – et qu'elle est intéressante – même s'il ne la voit plus. L'âge auquel la permanence de l'objet se développe a toutefois été remis en question par d'autres recherches, dont nous parlerons un peu plus loin.

La causalité

La **causalité** est une autre notion importante acquise durant le stade sensorimoteur. C'est le terme employé par Piaget pour désigner le fait que l'enfant comprend peu à peu que certains événements en causent d'autres.

Causalité
Principe selon lequel certains événements découlent d'autres événements ou en sont la cause.

Vers quatre à six mois environ, lorsque le bébé acquiert la capacité de saisir les objets, il commence à réaliser qu'il possède un pouvoir sur son environnement. Cependant, d'après Piaget, jusque vers l'âge d'un an, le nourrisson ignore encore que les causes doivent précéder les effets, et il ne réalise pas que d'autres éléments peuvent agir sur les objets et les événements.

L'expérience de la causalité
Ce bébé est en train de prendre conscience de son pouvoir sur les objets. Selon Piaget, c'est une première étape vers la compréhension de la causalité.

Vers 10 mois, le bébé est plus en mesure de faire ses propres expériences: dans sa chaise haute, il tape sur une flaque de lait pour voir les éclaboussures; il joue avec des commutateurs électriques, s'amusant à allumer et à éteindre la lumière; il sourit pour qu'on lui réponde. Ses jouets préférés sont ceux qu'il peut manipuler en les faisant rouler, en les laissant tomber ou ceux qui font du bruit. Les actions des enfants de cet âge montrent qu'ils comprennent leur pouvoir de causer certains événements. En continuant de taper dans l'eau, Thomas est en train de découvrir que ce sont ses mouvements qui produisent les éclaboussures.

Selon Piaget, bien qu'à cet âge des notions aussi importantes que la permanence de l'objet et la causalité prennent racine, les enfants ne les saisissent toutefois pas encore pleinement parce que leur capacité de représentation, c'est-à-dire leur capacité d'imaginer et de se rappeler mentalement des objets ou des actions, est limitée, du moins tant que le stade sensorimoteur n'est pas achevé.

De nouvelles avenues sur la théorie de Piaget

Comme nous l'avons dit plus haut, divers chercheurs ayant à leur tour étudié les concepts cognitifs décrits pour la première fois par Piaget ont découvert que ceux-ci apparaissaient plus tôt que ne l'avait observé le psychologue suisse. Pour eux, il semble que Piaget ait sous-estimé les capacités cognitives des enfants à cause de la façon dont il les interrogeait. Voici donc quelques précisions provenant des résultats de ces recherches récentes.

La permanence de l'objet Concernant la permanence de l'objet, Piaget soutenait que le bébé ne cherche pas un objet qu'il ne voit pas avant l'âge de huit mois, même si l'on a caché l'objet devant lui. Si l'objet est complètement caché, le bébé agit comme s'il n'existait pas. Cependant, un jeune enfant peut aussi ne pas chercher un objet caché pour la seule raison qu'il est incapable d'effectuer les séquences de gestes nécessaires pour le faire, comme déplacer un coussin et attraper l'objet caché derrière. Quand on lui donne l'occasion de pratiquer cette tâche pendant un certain temps, un enfant plus jeune arrive à la maîtriser (Bojzyk et Corbetta, 2004).

La causalité Selon Piaget, jusque vers un an, les jeunes enfants ne savent pas que les causes se produisent avant les effets et que des forces extérieures à eux peuvent produire des effets. Toutefois, des recherches sur le traitement de l'information suggèrent que la compréhension de la causalité peut apparaître plus tôt, dès que les enfants sont capables d'observer quand et comment les objets bougent (Saxe et Carey, 2006). De plus, des enfants de 7 mois qui ont commencé à se traîner reconnaissent le mouvement autonome des objets, mais pas les enfants de 7 mois qui ne se traînent pas. Ceci laisse croire que la capacité d'identifier le mouvement autonome est liée au développement de la locomotion, ce qui donne aux jeunes enfants de nouvelles façons de comprendre les objets qui les entourent (Cicchino et Rakison, 2008).

Imitation invisible
Imitation réalisée avec des parties du corps que l'on ne peut voir, par exemple la bouche.

Imitation visible
Imitation réalisée avec des parties du corps que l'on peut voir, par exemple les mains ou les pieds.

L'imitation L'imitation est un moyen d'apprentissage important. Piaget affirmait que l'**imitation invisible**, soit l'imitation à l'aide de parties de son corps que le bébé ne peut voir (comme la bouche), commence vers l'âge de neuf mois et succède à une période d'**imitation visible**, où le bébé imite en utilisant des parties de son corps qu'il peut voir (les mouvements de ses mains ou de ses pieds). Meltzoff et Moore (1989) ont observé que des bébés âgés de trois jours semblaient imiter certains mouvements du visage des adultes comme ouvrir la bouche et tirer la langue, ce qui, selon eux, serait une prédisposition innée à imiter les visages adultes, un mécanisme de survie qui servirait à communiquer avec la personne qui donne les soins (Rakison, 2005). D'autres chercheurs ont noté que cette réaction disparaissait vers l'âge de deux mois. Sortir la langue ne serait qu'un mécanisme d'adaptation pour le très jeune enfant, alors que chez un enfant plus vieux, ce serait une réponse basée sur une représentation cognitive du comportement d'une autre personne. Dans les deux cas, le terme « imitation » serait donc inapproprié (Kagan, 2008).

L'imitation différée
Selon Piaget, l'imitation différée ne se développe pas avant 18 mois, mais certains chercheurs affirment que ce serait plus tôt.

L'imitation différée Comme nous l'avons vu plus haut, l'imitation différée ne se développerait pas avant 18 mois, l'enfant ne pouvant garder en mémoire des représentations mentales à long terme avant cet âge. Or, des recherches plus récentes rapportent un phénomène d'imitation différée chez des enfants de moins d'un an. Des bébés de 6 semaines ont en effet imité 24 heures plus tard les mouvements faciaux d'un adulte, alors qu'ils étaient à nouveau mis en sa présence et que celui-ci gardait cette fois le visage immobile (Meltzoff et Moore, 1998). Ces résultats laissent donc croire que l'imitation différée se produit plus tôt que Piaget ne l'avait supposé. L'imitation différée d'événements nouveaux ou complexes commencerait entre six et neuf mois (Bauer, 2002).

Hypothèse de la double représentation
Hypothèse selon laquelle les enfants de moins de trois ans ont de la difficulté à comprendre les relations spatiales à cause de la nécessité de garder en tête plus d'une représentation mentale en même temps.

La compréhension des images Selon l'**hypothèse de la double représentation**, il est difficile pour un jeune enfant de se représenter mentalement en même temps une image (une représentation de la réalité) et l'objet qu'elle représente. Même si les enfants passent beaucoup de temps devant la télévision, ils peuvent ne pas réaliser tout de suite qu'ils regardent une représentation de la réalité. Ainsi, dans une expérience menée avec des enfants de deux ans et deux ans et demi, un film était projeté qui montrait un adulte en train de cacher un objet dans une pièce. Tout de suite après le visionnement, les enfants étaient amenés dans la pièce en question. Ceux de deux ans et demi ont facilement trouvé l'objet, alors que ceux de deux ans en étaient incapables. Pourtant, ces derniers étaient capables de trouver l'objet s'ils avaient vu, à travers une fenêtre, l'adulte le cacher. Cela prouve que la capacité de comprendre la fonction représentative des images sur un écran semble encore manquer aux enfants de deux ans (DeLoache, Pierroutsakos et Uttal, 2003).

Les enfants font aussi des erreurs dans la perception de la taille des objets. On voit souvent de jeunes enfants tenter de se glisser dans une chaise de poupée ou essayer de s'asseoir dans une voiture miniature. De telles erreurs dans l'estimation de la grandeur des objets diffèrent nettement du jeu symbolique (DeLoache, Uttal et Rosengren, 2004) et résultent possiblement d'un manque de contrôle sur les impulsions. Selon les chercheurs, deux systèmes différents du cerveau travaillent normalement ensemble durant les interactions avec les objets familiers. Un système permet à l'enfant de reconnaître l'objet ou sa catégorie (« C'est une voiture. ») et de savoir ce qu'il va faire avec cet objet (« Je vais m'asseoir dedans. »). L'autre système serait impliqué dans la perception de la taille de l'objet et l'utilisation de cette information pour contrôler les actions relatives à cet objet. Une complémentarité déficiente entre ces deux systèmes immatures pourrait expliquer les fréquentes erreurs d'échelle commises par les jeunes enfants (DeLoache, 2006).

L'évaluation du stade sensorimoteur de Piaget Si les travaux de plusieurs psychologues viennent nuancer la théorie de Piaget, sa contribution au domaine de la psychologie du développement demeure sans conteste inestimable. Toutefois, il se peut que Piaget ait effectivement accordé trop d'importance aux expériences motrices comme agents premiers du développement cognitif. Aujourd'hui, les nouveaux outils de recherche utilisés portent à croire que certaines des limitations cognitives observées par Piaget refléteraient plutôt l'immaturité des habiletés motrices et linguistiques. Les habiletés perceptives des nouveau-nés sont plus développées que leurs habiletés motrices, et les méthodes de recherche actuelles permettent maintenant d'explorer ces habiletés. Comme nous allons le voir, la relation entre la perception et la cognition est devenue aujourd'hui un champ de recherches des plus importants.

3.2.4 La théorie du traitement de l'information : perception et mémoire

Les tenants de cette théorie analysent les différents éléments qui entrent en jeu lors d'une tâche complexe (par exemple, chercher un objet) afin de comprendre quelles sont les habiletés cognitives qui sont nécessaires à sa réalisation et à quel âge ces habiletés se développent. Les chercheurs évaluent l'efficacité du traitement de l'information chez les bébés en mesurant la variation de leur attention. On mesure, par exemple, le temps d'habituation à un stimulus familier ou le temps nécessaire pour capter leur attention par un nouveau stimulus.

L'habituation

Un enfant qui entend le son provenant d'une boîte à musique est d'abord très intéressé par celui-ci, mais après un certain temps, il n'y porte plus attention : il s'y est alors habitué. L'**habituation** est une forme élémentaire d'apprentissage dans lequel l'exposition répétée à un stimulus réduit ou stoppe une réponse. Elle permet à l'individu d'économiser son énergie et de se concentrer sur les éléments nouveaux de l'environnement qui attirent son attention. Du fait qu'elle est associée au développement normal, la présence ou l'absence de l'habituation, ainsi que la rapidité avec laquelle elle s'installe, peut nous fournir de précieux renseignements sur le développement cognitif d'un enfant. Puisque la capacité d'habituation augmente dans les dix premières semaines de vie, on la considère comme un signe de maturation. Cette capacité de s'habituer est déficiente chez les bébés qui ont un faible indice d'Apgar, qui sont atteints du syndrome de Down, qui naissent avec des lésions cérébrales ou qui souffrent de détresse à la naissance, de même que chez les nouveau-nés dont la mère a été fortement anesthésiée durant l'accouchement. En outre, un enfant qui

Habituation
Forme d'apprentissage élémentaire par laquelle l'enfant, une fois habitué à un son, à une sensation visuelle ou à tout autre stimulus, réagit de manière moins intense ou cesse complètement de réagir.

ne manifeste aucune habituation durant la période néonatale risque d'éprouver des difficultés d'apprentissage ultérieures (Colombo, 1993).

Les habiletés perceptuelles

Le temps respectif qu'un bébé passe à regarder différentes sortes de stimuli qui lui sont présentés permet de mesurer sa préférence visuelle. Ainsi, les bébés naissants semblent préférer les représentations de visages à d'autres images (Turati *et al.*, 2002). La préférence visuelle repose sur la capacité de faire des distinctions. En effet, la **mémoire de reconnaissance visuelle** est une habileté permettant de distinguer un stimulus familier d'un nouveau stimulus lorsque ces deux stimuli sont présentés en même temps. Des recherches ont montré que des bébés de deux jours peuvent faire preuve de cette habileté (Turati *et al.*, 2002). Si l'enfant accorde plus d'attention au nouveau stimulus qu'à l'autre, ce qu'on appelle la « préférence pour la nouveauté », il manifeste qu'il peut distinguer le nouveau de l'ancien. Selon les tenants de la théorie du traitement de l'information, cela signifie que l'enfant a mémorisé l'ancien stimulus, c'est-à-dire qu'il en a une certaine représentation mentale.

Mémoire de reconnaissance visuelle
Habileté à distinguer un stimulus familier d'un nouveau stimulus lorsqu'ils sont présentés en même temps.

L'intérêt pour la nouveauté

L'habituation permet à l'enfant de se concentrer sur les éléments nouveaux qui attirent son attention.

Contrairement à la position de Piaget, les études sur l'habituation et la préférence pour la nouveauté suggèrent donc qu'il existe au moins une capacité de représentation mentale rudimentaire à la naissance ou très tôt après celle-ci. Les différences individuelles dans l'efficacité du traitement de l'information témoignent de la vitesse à laquelle les bébés peuvent former de telles images mentales et s'y référer (Rose, Feldman et Jankowski, 2001). Par ailleurs, des études ont également montré que les nouveau-nés possédaient la même capacité de discrimination sur le plan auditif.

L'attention

La façon dont les enfants accordent leur attention est un autre indice de l'efficacité du traitement de l'information étudié par les chercheurs. De la naissance jusqu'à environ dix semaines, le temps que les bébés passent à regarder un nouveau stimulus augmente. De deux à neuf mois, il diminue au fur et à mesure que les enfants apprennent à reconnaître l'information plus efficacement. À partir de neuf ou dix mois, ce comportement d'attention va augmenter lorsque l'attention sera orientée volontairement vers un objectif (Colombo *et al.*, 2004).

La capacité d'**attention conjointe**, c'est-à-dire celle permettant de porter attention à la chose que quelqu'un d'autre regarde ou montre, apparaît vers l'âge de 12 mois, quand l'enfant est capable de regarder dans la direction du regard de l'adulte. Cette habileté est à la base des interactions sociales, de l'acquisition du langage et de l'empathie. Chez les jeunes enfants, le fait de regarder trop longtemps la télévision peut nuire au développement de l'attention conjointe. Dans une recherche longitudinale menée aux États-Unis, on a en effet démontré que plus des enfants âgés d'un à trois ans passaient de temps devant la télévision, moins ils s'initiaient aux interactions sociales et plus ils étaient susceptibles d'avoir des problèmes d'attention à l'âge de sept ans (Christakis *et al.*, 2004). L'encadré 3.2 fait le point sur l'écoute de la télévision chez les jeunes enfants.

Attention conjointe
Capacité de porter attention à la chose que quelqu'un d'autre regarde ou montre.

La mémoire

Des recherches récentes sur le cerveau confirment l'hypothèse de Piaget selon laquelle la maturation neurologique est un facteur crucial du développement cognitif. Les poussées de croissance du cerveau, périodes de croissance rapide et de développement, coïncident avec des changements cognitifs semblables à ceux décrits par Piaget (Fisher et Rose, 1995).

Différents chercheurs ont utilisé le scanneur pour tenter de déterminer quelles structures du cerveau sont impliquées dans les différents aspects du développement cognitif,

ENCADRÉ 3.2 APPLICATION

Les bébés regardent-ils trop de télévision ?

La petite Sandra, six mois, se trémousse, applaudit et rit bruyamment devant les images pimpantes du DVD *Baby Einstein* qui défilent à l'écran. Sandra n'est pas une enfant précoce ou singulière. Selon un sondage mené auprès de 1000 parents d'enfants d'âge préscolaire (Zimmerman, Christakis et Meltzoff, 2007), à partir de 3 mois, 40 % des enfants aux États-Unis regardent quotidiennement une heure de télévision, de DVD ou de vidéos.

Au cours de la dernière décennie, les bébés et les tout-petits ont été ensevelis sous une multitude de médias conçus et vendus à leur intention. Certaines émissions de télévision s'adressent maintenant à des enfants d'à peine 12 mois ; on trouve même des jeux vidéo assortis d'un clavier spécial à la portée d'un bébé de 9 mois, et certains DVD éducatifs visent les nourrissons âgés de quatre semaines.

Ce visionnement accru va à l'encontre des recommandations de l'American Academy of Pediatrics (Concil on Communications and Media Executive Committee, 2011), qui déconseille l'écoute de la télévision pour les enfants de moins de deux ans. À cet âge, le développement psychomoteur du bébé mobilise tous ses sens : il veut voir, toucher la texture, sentir les odeurs, entendre les bruits qu'il produit. La télévision le rend passif plutôt qu'acteur de son propre développement en ne sollicitant que les yeux et les oreilles.

Mais pourquoi les parents exposent-ils leurs jeunes enfants à la télévision ou à d'autres médias électroniques ? La première raison invoquée est la conviction que le média choisi est éducatif. Or une étude longitudinale a montré que l'écoute de la télévision de la naissance à deux ans n'a pas amélioré les habiletés langagières à trois ans (Schmidt *et al.*, 2009). Dans une autre étude, des chercheurs ont exposé des enfants à un DVD éducatif qui portait sur des mots de vocabulaire ; les enfants de 12 à 18 mois n'ont pas présenté de différences notables avec ceux des groupes témoins qui n'avaient pas été exposés à la vidéo éducative (DeLoache *et al.*, 2010).

Les parents exposent aussi leurs jeunes enfants aux médias parce qu'ils jugent que ceux-ci sont relaxants et agréables pour les tout-petits, et parce que le média tient lieu de nounou électronique (Zimmerman *et al.*, 2007). Une chose est sûre : le temps passé devant la télé ou un autre écran est du temps que l'enfant ne passe pas à explorer son environnement et à interagir avec les membres de sa famille, deux activités cruciales sur le plan du développement. En effet, la présence de la télévision en fond sonore et visuel nuit à la quantité et à la qualité des interactions parent-enfant (Kirkorian *et al.*, 2009).

Quelle incidence la consommation constante des médias électroniques a-t-elle sur le développement neurologique et cognitif ? Stimule-t-elle l'agressivité ? La présence de la télévision dans la chambre nuit-elle au sommeil ? Les jeux vidéo sont-ils bons pour les habiletés visuelles et spatiales ou favorisent-ils la fatigue oculaire et les problèmes de nature ergonomique ?

La consommation de télévision ne semble pas toujours associée à des problèmes, pas plus qu'elle ne semble associée à des bienfaits. Cependant, compte tenu de nos connaissances entourant le rôle des premières expériences sur le développement cérébral, des indications voulant que les téléspectateurs assidus puissent développer certains troubles de l'attention et du risque que la télé remplace des activités plus physiques ou plus stimulantes, les parents devraient faire preuve de prudence (Courage et Setliff, 2009). À ce jour, la meilleure activité pour un jeune enfant demeure l'interaction avec une personne en chair et en os, qui réagit à ses agissements et qui stimule son intérêt pour la découverte.

en particulier celui de la mémoire. Ils ont constaté que les structures du cerveau impliquées dans la **mémoire implicite**, ou mémoire procédurale, une forme de mémoire à long terme qui se produit sans effort conscient et qui est souvent associée aux habitudes ou aux habiletés (savoir lancer un ballon, savoir nager) différaient de celles qui se rapportent à la **mémoire explicite**, ou mémoire déclarative, une forme de mémoire à long terme qui intervient dans le rappel volontaire (rappel de noms, de connaissances, d'événements). Chez les bébés, quand les structures du cerveau impliquées dans la formation des souvenirs ne sont pas complètement formées, les différentes formes de mémoire sont plutôt volatiles. La mémoire implicite se développerait la première, au cours des premiers mois de la vie. La maturation de l'hippocampe, entre autres, rendrait possible la mémoire à long terme, plus particulièrement la mémoire explicite, et se poursuivrait au moins jusqu'à l'âge de cinq ans (Bauer *et al.*, 2000, 2003).

Durant la deuxième moitié de la première année, le développement du cortex préfrontal et des circuits qui y sont associés permet l'apparition de la **mémoire de travail**, une mémoire à court terme qui correspond à l'information en cours de traitement.

Mémoire explicite
Mémoire à long terme qui utilise le rappel conscient des souvenirs (rappel de noms, de connaissances ou d'événements). On l'appelle aussi « mémoire déclarative ».

Mémoire implicite
Mémoire à long terme qui se produit sans efforts conscients et qui est habituellement associée aux habitudes ou aux habiletés (lancer un ballon, nager, etc.). On l'appelle aussi « mémoire procédurale ».

Mémoire de travail
Mémoire à court terme qui correspond à l'information qu'on est en train de traiter.

La mémoire explicite et la mémoire implicite

Les habiletés liées au fait de pédaler sur un tricycle relèvent de la mémoire implicite, alors que le souvenir de l'événement, lui, sera conservé dans la mémoire explicite de cet enfant.

Le cortex préfrontal (partie du cerveau située directement sous le front) est reconnu pour contrôler plusieurs aspects de la cognition : c'est donc là que les représentations mentales seraient traitées avant d'être enregistrées ou rappelées. Cette partie du cerveau se développant plus lentement que toute autre, l'apparition relativement tardive de la mémoire de travail pourrait être en grande partie responsable de la lenteur du développement de la permanence de l'objet (Nelson, 1995).

Même si les différents systèmes qui forment la mémoire continuent de se développer au-delà de l'enfance, l'émergence rapide des structures de la mémoire dans le cerveau souligne l'importance de la stimulation par l'environnement dès les premiers mois de la vie.

3.2.5 L'approche socioculturelle : les interactions entre l'enfant et les personnes de son entourage

Participation guidée

Selon Vygotsky, interactions entre l'adulte et l'enfant qui aident ce dernier à mieux comprendre l'activité en cours.

Les recherches inspirées de la théorie socioculturelle de Lev S. Vygotsky se penchent sur la manière dont le contexte culturel influence les premières interactions sociales de l'enfant, et comment celles-ci peuvent favoriser les compétences cognitives. La **participation guidée** – à savoir les interactions entre l'adulte, ou un enfant plus vieux, et l'enfant, qui aident ce dernier à mieux comprendre l'activité en cours – survient généralement dans les situations de jeux partagés ou dans les activités quotidiennes au cours desquelles les enfants acquièrent les connaissances, les habiletés et les valeurs importantes de leur culture, comme nous l'avons vu dans le chapitre 1.

Des chercheurs ont observé des mères de différentes cultures lorsqu'elles aidaient leurs enfants à s'habiller et à découvrir un jouet non familier. Par exemple, au Guatemala, où les enfants accompagnent leur mère au travail (travail dans les champs, couture à la maison, etc.), ils jouent généralement seuls ou avec d'autres enfants. Pour une tâche donnée (par exemple, attacher ses chaussures), la mère, ou un autre adulte, fait une démonstration, souvent non verbale, et les enfants se débrouillent ensuite seuls pendant que l'adulte demeure disponible en cas de besoin. Par contre, pour les enfants américains dont la mère reste à la maison ou qui passent la journée en garderie, les interactions avec les adultes se font davantage dans un contexte de jeu plutôt que dans un contexte de travail ou de milieu social. Les parents vont alors parler davantage avec leur enfant et le motiver à apprendre avec enthousiasme et en prodiguant beaucoup d'éloges (Rogoff *et al.*, 1993).

Les parents : des acteurs importants dans le développement cognitif de l'enfant

La façon dont les parents se comportent avec leur enfant représente l'un des principaux facteurs qui influencent son développement cognitif.

La façon dont les parents se comportent avec leur enfant constitue l'un des principaux facteurs qui influencent le développement cognitif. Des programmes ont déjà été mis sur pied pour aider les mères à développer des attitudes et des comportements susceptibles de stimuler le développement cognitif de leurs enfants. Les résultats montrent que les mères ainsi formées donnent à leur enfant plus d'instructions, d'informations et d'encouragements que les mères d'un groupe témoin. Elles posent plus de questions, encouragent leur enfant à penser et à parler, mettent des jeux plus adéquats à sa disposition et permettent une routine plus souple. De plus, sur le plan émotif, elles réagissent davantage et se montrent à la fois plus sensibles et plus tolérantes ; elles s'interposent et critiquent moins. À l'âge de trois ans, les enfants de ces mères obtiennent de meilleurs résultats aux tests que les autres enfants (Ramey et Ramey, 1998). Ces résultats montrent que les soins accordés aux bébés de même que le comportement de leur mère à leur égard peuvent avoir des effets positifs sur leur développement intellectuel. Quoique la plupart de ces études aient porté sur le seul comportement de la mère, leurs conclusions peuvent fort probablement s'appliquer aussi au père et aux autres personnes proches de l'enfant.

L'encadré 3.3 résume les différentes pratiques éducatives qui favorisent le développement cognitif des enfants.

ENCADRÉ 3.3 APPLICATION

De la théorie à la pratique: comment développer les compétences cognitives du jeune enfant

Quand on réfléchit aux conseils pratiques qui sont souvent donnés aux parents et aux éducateurs pour favoriser le développement cognitif des jeunes enfants, on remarque que les grandes lignes directrices rejoignent plusieurs notions théoriques présentées dans ce chapitre. Voyons comment ces notions théoriques peuvent se traduire en pratiques éducatives utiles aux futurs parents que vous serez peut-être un jour.

- Un environnement riche en stimulations variées favorise le développement cognitif.
  - Offrir des stimulations sensorielles dès les premiers mois de vie, mais éviter les stimulations excessives et les bruits qui dérangent, puisqu'un surcroît d'informations sensorielles pourrait créer un stress inutile.
  - Créer un environnement qui favorise l'apprentissage, c'est-à-dire un environnement comprenant des objets intéressants (qui ne sont pas nécessairement des jouets chers), des livres et un endroit pour jouer.
- L'enfant participe activement à son propre développement.
  - Donner au bébé la liberté d'explorer. Le placer dans un endroit sécuritaire, mais qui lui permet d'avoir suffisamment d'espace pour se déplacer et découvrir son environnement.
- Selon Piaget, l'enfant au stade sensorimoteur apprend par ses sens et par ses activités motrices.
  - Donner au bébé le pouvoir de modifier les choses à l'aide de jouets qui peuvent être secoués, façonnés ou déplacés selon son désir.
  - Lui donner l'occasion d'acquérir des compétences de base, comme manipuler, comparer, trier des objets (par exemple, par taille ou par couleur), les placer dans un ordre précis et observer les conséquences de ses actes.
  - L'amener à faire des liens entre les causes et les effets. Aider le bébé à découvrir, par exemple, que tourner la poignée d'une porte lui permet de l'ouvrir, qu'appuyer sur un interrupteur lui permet d'allumer une lampe et qu'ouvrir un robinet fait couler de l'eau dans la baignoire et le laisser expérimenter.
- Selon Vygotsky, les adultes doivent guider activement l'enfant dans ses apprentissages.
  - Répondre aux signaux du bébé, afin de créer chez lui un sentiment de confiance, de favoriser son appréhension du monde en tant qu'environnement accueillant et de l'aider à développer un sentiment d'efficacité personnelle.
  - Guider l'enfant lors de l'apprentissage d'une tâche nouvelle sans faire les choses à sa place s'il se trompe ou ne va pas assez vite.
- Selon les théories de l'apprentissage, le renforcement favorise l'établissement des comportements souhaitables et la punition vise leur élimination.
  - Féliciter le bébé pour ses nouvelles compétences et l'aider à les développer et à les améliorer. Rester à proximité, mais sans s'imposer.
  - Utiliser la punition avec modération. Ne pas punir l'enfant ou le ridiculiser pour les résultats obtenus à la suite d'une exploration par essais et erreurs tout à fait normale.
- L'apprentissage du langage nécessite des interactions avec d'autres personnes.
  - Parler au bébé, car ce n'est pas en écoutant la radio ou la télévision qu'il apprendra à parler.
  - Nommer les objets qu'il observe ou qu'il manipule, commenter les actions qu'il entreprend.
  - Faire la lecture au bébé dès son plus jeune âge dans une atmosphère chaleureuse et aimante.
  - Lire une histoire à haute voix, puis en discuter avec l'enfant, lui poser des questions.

FAITES LE POINT

5. Dressez les grandes lignes du développement de la permanence de l'objet selon Piaget.
6. Comment les chercheurs s'y prennent-ils pour évaluer l'efficacité du traitement de l'information chez les bébés ?
7. Expliquez la différence entre la mémoire implicite et la mémoire explicite.
8. À sa naissance, votre fille a reçu en cadeau une poupée avec un gros visage souriant, des cheveux en filaments et des vêtements colorés qui présentent toutes sortes de textures qui produisent des sons différents lorsqu'on les manipule. Elle est douce au toucher et très malléable. En vous inspirant des sous-stades de l'intelligence sensorimotrice de la théorie de Piaget, expliquez comment votre petite fille pourrait jouer avec cette poupée à l'âge de deux mois, de six mois et de quatorze mois.

3.3 Le développement du langage

Lorsque Mégane répète « ti-pessons » quand elle voit des poissons, elle nous fournit un exemple du lien qui existe entre le langage, un système de communication basé sur les mots et la grammaire, ainsi que le développement cognitif. Mégane fait le lien entre les petits poissons et les sons qui peuvent symboliser ceux-ci.

Une fois qu'un enfant connaît les mots, il possède un système de symboles qu'il peut utiliser pour se représenter des actions ainsi que pour évoquer les objets et les personnes qui l'entourent. Il peut réfléchir sur ces objets et ces personnes et communiquer ses besoins, ses sentiments ou ses opinions. Il développe ainsi une maîtrise de plus en plus grande sur sa vie. Mais comment l'enfant arrive-t-il à percer le code de communication ?

Le développement du langage illustre très bien l'interaction qui existe entre tous les aspects du développement. En effet, au fur et à mesure que les structures physiques nécessaires à la production des sons deviennent matures et que les connexions nerveuses nécessaires à l'association des sons et du sens des mots deviennent actives, l'interaction sociale avec les adultes amène l'enfant à développer un système de communication. Nous allons voir maintenant les étapes du développement du langage et la manière dont les parents et les autres personnes de l'entourage peuvent aider l'enfant dans ce processus, qui lui permettra plus tard de lire et d'écrire.

3.3.1 Les étapes du développement du langage

Le développement du langage ne commence pas seulement lorsque l'enfant dit son premier mot. Avant de pouvoir utiliser des mots pour manifester ses besoins et ses émotions, le bébé se fait d'abord comprendre par une variété de sons. La progression, à peu près la même pour tous, va des pleurs à l'imitation accidentelle, en passant par le gazouillis et le babillage, pour aboutir enfin à l'imitation délibérée : c'est ce qu'on appelle le **langage prélinguistique**. Peu après, le vocabulaire s'étend, les mots se combinent pour former des phrases et l'enfant commence à intégrer quelques règles de syntaxe (*voir le tableau 3.4*).

Langage prélinguistique
Mode d'expression orale qui précède le langage véritable. Il se compose de pleurs, de gazouillis, de babillages, d'imitations accidentelles puis délibérées de sons que l'enfant ne comprend pas.

La reconnaissance des sons

La capacité de différencier les sons est essentielle au développement du langage. Nous avons vu que le fœtus pouvait entendre bien avant de naître. Le fait d'entendre sa langue maternelle avant la naissance pourrait préparer l'oreille du bébé à repérer plus tard les **phonèmes** de base, c'est-à-dire les sons des voyelles et des consonnes propres à sa langue (DeCasper *et al.,* 1994).

Phonème
Son de base d'une langue, généralement une voyelle ou une consonne.

Chaque langue a son propre système de sons. Autour de six mois, les enfants apprennent à reconnaître les phonèmes de base de leur langue maternelle et ils peuvent s'ajuster à de légères différences dans la façon dont ils sont prononcés. La perception phonétique joue alors un rôle important dans l'acquisition du langage puisque le cerveau s'ajuste aux modèles de sons de la langue entendue en excluant ceux qui n'en font pas partie (Kuhl *et al.*, 2005). De plus, les bébés exposés à deux langues régulièrement vont reconnaître non seulement les sons de ces deux systèmes, mais ils seront capables de distinguer les modèles et les rythmes qui différencient ces deux langues (Burns et Werker, 2010).

Enfin, vers dix mois, les enfants perdent l'aptitude qui leur permettait de distinguer les phonèmes qui ne font pas partie de la langue parlée par leur entourage. Par exemple, les enfants japonais ne sont plus capables de différencier les sons « ra » et « la », puisque la distinction entre ces sons n'existe pas dans la langue japonaise (Lalonde et Werker, 1995). Toutefois, avec des efforts, cette aptitude peut être réactivée plus tard.

TABLEAU 3.4 Les jalons du développement du langage

Âge en mois	Développement
Naissance	Peut percevoir le langage, pleure, peut réagir aux sons.
1 et demie à 3	Gazouille.
3	Joue avec les sons.
6 à 7	Reconnaît les phonèmes de sa langue maternelle.
6 à 10	Babille en séquences des consonnes et des voyelles.
9 à 10	Imite des sons intentionnellement.
9 à 12	Utilise quelques gestes sociaux.
10 à 12	Ne peut plus distinguer les autres sons et sa langue maternelle.
10 à 14	Dit son premier mot (habituellement pour nommer quelque chose).
10 à 18	Dit des mots uniques – holophrases.
11 à 13	Comprend la fonction symbolique des mots. Le vocabulaire passif s'enrichit.
13 à 14	Utilise des gestes symboliques.
16 à 24	Apprend plusieurs mots nouveaux et étend son vocabulaire rapidement (de 50 à environ 400 mots). Utilise des verbes et des adjectifs.
18 à 24	Dit ses premières phrases de deux mots. Langage télégraphique.
20 à 24	Utilise moins les gestes et nomme plus de choses.
20 à 30	Apprend des nouveaux mots tous les jours, utilise des combinaisons de trois mots ou plus, fait des erreurs de syntaxe, se préoccupe de plus en plus d'être compris.
36	Arrive à bien se faire comprendre.

Le langage prélinguistique

Les pleurs Les pleurs constituent le premier et l'unique mode de communication du nouveau-né. Les pleurs d'un bébé peuvent sembler identiques pour une oreille étrangère, mais les différences de ton, de modulation et d'intensité qui signalent la faim, la fatigue, la douleur ou la colère sont reconnues par l'oreille exercée des parents. Les adultes trouvent les pleurs agressants pour une bonne raison : ils doivent trouver la source du problème et s'en occuper. Ainsi, pour le bébé, pleurer constitue un bon mécanisme d'adaptation.

Les gazouillis Entre six semaines et trois mois, le bébé commence à rire et à **gazouiller** lorsqu'il est content : il crie, glousse et prononce des voyelles comme le « a ». Vers l'âge de trois mois commence ensuite un genre de tennis verbal : l'enfant s'amuse à émettre une variété de sons qui semblent reproduire ceux qu'il entend autour de lui. Souvenons-nous que c'est vers quatre mois que l'enfant passe des réactions circulaires primaires aux réactions circulaires secondaires. Ainsi, il gazouille d'abord pour le simple plaisir de produire des sons et, ensuite, au stade des réactions circulaires secondaires, il peut gazouiller pour attirer ou garder l'attention.

Gazouiller
Émettre des gazouillis, premiers sons simples émis par les bébés.

Le babillage Le **babillage**, c'est-à-dire la répétition de chaînes composées d'une consonne et d'une voyelle comme « ma-ma-ma-ma », se produit entre six et dix mois ; on les confond souvent avec les premiers mots de l'enfant. Or, le babillage n'est pas un langage à proprement parler, même s'il se rapproche néanmoins peu à peu des mots et qu'il conduit généralement aux premières paroles. Au départ, le bébé imite par hasard les sons entendus, puis il imite ses propres sons. Vers neuf ou dix mois, il imite délibérément d'autres sons qu'il entend autour de lui, sans les comprendre pour autant. Une fois

Babillage
Répétition de sons composés d'une consonne et d'une voyelle.

qu'il possède son répertoire de sons, il arrive que le jeune enfant les rassemble selon un modèle qui ressemble au langage réel, mais qui n'a aucune signification particulière. Bien avant de pouvoir relier les sons à leur signification, l'enfant est capable de reconnaître les sons entendus fréquemment comme son nom. On a observé qu'un enfant de cinq mois écoute plus longtemps son nom que d'autres noms (Newman, 2005). Finalement, une fois que les enfants sont familiarisés avec les sons des mots et des phrases, ils commencent à leur attribuer une signification (Fernald, Perfors et Marchman, 2006).

Geste social conventionnel
Geste qui sert à communiquer et qui est utilisé par l'ensemble de la communauté.

Geste symbolique
Geste qui sert à représenter des objets ou des situations.

Lorsque Thomas tend les bras, de quel type de geste s'agit-il ?

L'expression gestuelle Avant de pouvoir parler, les bébés pointent le doigt. Ce geste indique qu'ils veulent communiquer quelque chose. Entre 9 et 12 mois, les enfants apprennent quelques **gestes sociaux conventionnels**: agiter la main pour exprimer un « au revoir », hocher la tête pour dire « oui » ou secouer la tête pour dire « non », taper dans les mains pour manifester leur joie, etc. Peu à peu, les gestes se rapportent à des significations plus complexes: lever les bras pour se faire prendre ou porter un verre vide à sa bouche pour exprimer le désir de boire. Les **gestes symboliques**, comme souffler pour dire que c'est chaud, apparaissent souvent en même temps que les premiers mots et ils fonctionnent d'ailleurs comme eux. Ces gestes montrent qu'avant de pouvoir parler, l'enfant comprend que les objets et les concepts ont des noms et qu'il peut utiliser des symboles pour désigner tous les objets et les événements de sa vie quotidienne. Ces gestes symboliques sont habituellement utilisés avant que le vocabulaire de l'enfant n'atteigne 25 mots, et ils disparaissent généralement lorsque l'enfant a appris les mots correspondant aux idées qu'il exprimait jusque-là par des gestes (Lock *et al.*, 1990).

L'expression gestuelle
Même si les mots sont absents, cette enfant sait très bien comment utiliser des gestes conventionnels pour signifier ce qu'elle veut.

L'expression gestuelle semble se produire spontanément. On a remarqué que les enfants aveugles produisent eux aussi des gestes en parlant, comme le font les voyants. L'utilisation de gestes ne dépend donc pas seulement de la présence d'un modèle ou d'un observateur, mais semble faire partie intégrante du processus d'acquisition du langage.

Bien que les enfants construisent presque tous leurs gestes, le rôle des parents demeure important. Des chercheurs considèrent en effet que les gestes utilisés par un enfant de 14 mois, comme pointer l'index en direction de ce qu'il désire, traduisent son besoin de communiquer et d'agir sur son environnement. En filmant des enfants pendant 90 minutes, ils ont constaté qu'à 14 mois, les enfants utilisaient en moyenne 20 gestes signifiants et prononçaient 13 mots. Ils ont évalué de nouveau le vocabulaire de ces enfants à l'âge de quatre ans et demi et ont constaté que plus l'enfant utilisait de gestes à 14 mois, plus son vocabulaire était riche. Si l'enfant grandit dans un milieu pauvre en stimulations sensorielles, c'est-à-dire avec des parents dépressifs, malades, sans ressources, etc., il sera moins exposé à des gestes signifiants et son manque de vocabulaire risquera alors d'avoir une incidence sur sa scolarité (Rowe et Goldin-Meadow, 2009).

L'utilisation des mots et des phrases

L'enfant moyen prononce son premier mot entre 10 et 14 mois, amorçant par là son usage du langage véritable. Rapidement, l'enfant utilisera beaucoup de mots et manifestera une certaine compréhension de la grammaire, de la prononciation, de l'intonation et du rythme.

Les premiers mots Comme nous l'avons vu, le « ma-ma-ma-ma » que l'enfant de huit ou neuf mois prononce à l'étape du babillage est souvent considéré par les parents comme le premier mot de l'enfant pour dire « maman ». C'est pourtant rarement exact. C'est donc quand le son « ma-ma » sert vraiment à désigner ou à appeler sa maman qu'on peut affirmer que l'enfant a prononcé son premier mot. À ce stade-ci, cependant, le répertoire de l'enfant risque de se limiter à « maman » ou « papa ». Il est aussi probable que l'enfant ne puisse prononcer qu'une seule syllabe, qui aura plusieurs significations selon les circonstances. Par exemple, le « da » d'un enfant peut signifier: « Je veux ceci. » s'il désigne en même temps un objet précis; « Je veux sortir. » s'il pointe la porte; « Où est papa ? » s'il prend un air interrogateur. On appelle ce genre de mot une **holophrase**, car, à lui seul, il exprime une pensée complète, souvent accompagnée d'une composante émotive.

Holophrase
Mot qui exprime une pensée complète.

Tout au long du stade du mot unique, qui dure jusqu'à l'âge de 18 mois environ, le vocabulaire s'enrichit. Les sons et les rythmes de la parole évoluent et, même si une grande partie du discours de l'enfant en reste au stade du babillage (beaucoup d'enfants de plus d'un an babillent en effet presque constamment), ce babillage est plutôt expressif.

Le développement du vocabulaire Entre 11 et 13 mois, l'enfant semble généralement saisir la fonction symbolique de la désignation, c'est-à-dire qu'il se rend compte qu'un mot désigne un objet ou un événement précis. À cet âge, et durant toute la vie, le **langage réceptif**, c'est-à-dire la compréhension des mots, est beaucoup plus étendu que le **langage expressif**, c'est-à-dire la capacité de s'exprimer avec des mots. Généralement, l'enfant comprend d'abord soit son propre nom, soit le mot « non », ce qui n'est pas très étonnant si l'on considère le fait que ce sont les deux mots qu'un enfant actif risque d'entendre le plus souvent. Il a aussi tendance à généraliser les concepts : le mot « balle » peut ainsi désigner une orange, tandis qu'un « chat » peut aussi être un chien. C'est au fur et à mesure que les concepts se définissent que le vocabulaire se précise.

Langage réceptif
Capacité de comprendre la signification des mots.

Langage expressif
Capacité de s'exprimer avec des mots.

Au début, l'augmentation du vocabulaire se fait assez graduellement. Toutefois, vers la fin de la deuxième année (soit entre 16 et 24 mois), on assiste soudainement à une explosion de mots. Les noms d'objets ou de personnes sont alors plus faciles à apprendre pour l'enfant. Des études ont même démontré que, quelle que soit la langue maternelle (français, espagnol, allemand, hébreu, italien, coréen ou anglais), les enfants de 20 mois utilisaient dans toutes ces langues plus de noms que n'importe quelle autre catégorie de mots (Bornstein *et al.,* 2004).

L'encadré 3.4 à la page suivante, aborde la question du développement du vocabulaire chez les enfants francophones du Québec.

Les premières phrases En général, les enfants agencent deux ou plusieurs mots pour exprimer une idée lorsqu'ils ont entre 18 et 24 mois, mais cela demeure néanmoins très variable. Bien que le langage prélinguistique soit relativement lié à l'âge chronologique, le langage verbal, lui, ne l'est pas. Certains enfants qui commencent à parler relativement tard rattrapent ainsi assez rapidement le temps perdu.

Les premières phrases prononcées ne comportent d'abord que des mots essentiels à la compréhension de l'idée générale : c'est un **langage télégraphique**. Lorsque Mégane dit « pati pessons », elle combine deux mots qu'elle connaît bien pour exprimer une pensée complète : « C'était des poissons et ils ne sont plus là. » Comme dans le cas des holophrases, les phrases de deux mots peuvent présenter des significations différentes selon leur contexte de production. Ainsi, un enfant qui dit « auto maman » peut vouloir dire que l'auto qu'il désigne appartient à maman, qu'il entend l'auto de maman, que maman est partie en auto ou qu'il désire se promener en auto avec maman.

Langage télégraphique
Langage qui utilise des phrases ne comportant que quelques mots essentiels.

L'apparition de la syntaxe Ce n'est pas parce que l'enfant n'utilise pas les mots de fonction qu'il ne les comprend pas. Au début, les articles et les prépositions lui font défaut (« Tombé soulier. »), tout comme les sujets et les attributs (« Boit lait. »). L'enfant peut ensuite agencer deux relations élémentaires (« Vincent frappe. » et « Frappe balle. ») pour enfin être capable d'établir une relation plus complexe (« Vincent frappe balle. »)

Entre 20 et 30 mois, le jeune enfant fait un progrès remarquable sur le plan de la **syntaxe** ; il maîtrise de plus en plus les règles qui président à l'organisation des mots et des phrases. Il commence à utiliser des articles, des mots au pluriel et des terminaisons de verbes. À trois ans, il peut répondre et poser des questions qui commencent

Syntaxe
Règles qui président à l'organisation des mots et des phrases.

ENCADRÉ 3.4 PAROLES D'EXPERT

Natacha Trudeau | Professeure à l'école d'orthophonie et d'audiologie de l'Université de Montréal et chercheuse

Le développement du vocabulaire chez les enfants francophones du Québec

Orthophoniste et détentrice d'un doctorat en sciences biomédicales, Natacha Trudeau poursuit ses recherches au CRIR-IRD et au CHU Ste-Justine tout en étant professeure agrégée à l'École d'orthophonie et d'audiologie de l'Université de Montréal. Son champ de recherche principal est le développement du langage chez les enfants francophones du Québec, de la naissance à l'âge de 5 ans.

Il existe relativement peu de ressources pour évaluer le développement du langage chez les enfants francophones du Québec, bien que de plus en plus de chercheurs travaillent sur cette question et rendent disponibles des données pertinentes sur le développement du français québécois.

Le développement du langage des enfants québécois respecte les grandes lignes du développement observées dans d'autres langues ou d'autres communautés culturelles (français du Québec par rapport au français d'Europe). Toutefois, des données propres à certaines caractéristiques du français au Québec sont maintenant disponibles. Par exemple, sur le plan de la taille du vocabulaire, les francophones du Québec ont tendance à se situer au-dessus des Français (Trudeau et Sutton, 2011). Au Québec, des données montrent toutefois que les petits francophones ont un nombre de mots moins élevé que les anglophones du même âge (Elin Thordardottir, 2005). Madame Trudeau avance quelques hypothèses pour expliquer cette différence avec l'anglais. La première, c'est que les mots en français sont souvent plus longs et plus complexes que les mots en anglais. Ainsi, l'enfant en apprend un peu moins au début. La deuxième explication avancée, c'est que le français étant plus riche sur le plan de la morphologie (règles de formation des mots), on suppose que l'enfant développe en parallèle d'autres aspects et commence déjà à exprimer la morphologie, même si son lexique demeure restreint, ce qui est confirmé par l'étude d'Elin Thordardottir (2005). Il est par contre plus difficile d'expliquer pourquoi le vocabulaire du jeune enfant est plus large au Québec qu'en France. Il s'agirait probablement de différences culturelles plutôt que linguistiques, puisqu'on obtient le même constat avec l'anglais. Les jeunes enfants britanniques auraient en effet eux aussi un lexique moins étendu que les Américains. Le parent européen serait-il donc plus strict lorsqu'il rapporte les mots maîtrisés par son enfant ? À moins, bien sûr, que les échantillons américains et européens aient été différents sur le plan du niveau de scolarité des parents, du rang dans la famille ou du sexe de l'enfant ; variables qui peuvent influencer la taille du lexique (Trudeau et Sutton, 2011). Par exemple, une recherche récente montre que les filles ont un léger avantage sur les garçons en ce qui concerne la taille du lexique (Bouchard, Trudeau, Sutton, Boudreault et Deneault, 2009). De même, si l'on savait déjà que le niveau d'éducation des parents est un facteur important dans le développement du langage des enfants, les dernières données ont permis de préciser que c'est pour les groupes très peu scolarisés (moins que secondaire 5) que le niveau d'éducation constitue un réel désavantage dans le développement du lexique (Boudreault, Trudeau et Bouchard, 2006).

Les recherches ont également permis d'établir l'ordre d'apparition de certains mots dans le lexique des enfants québécois et de comprendre la séquence d'acquisition des catégories de mots (noms, verbes, articles). Au début, le lexique de l'enfant est dominé par des noms et des mots liés à des routines sociales. Plus le lexique s'élargit, plus les verbes, les mots grammaticaux et les descripteurs prennent de l'importance (Trudeau et Sutton, 2011). Le fait de connaître l'ordre d'émergence de certains concepts et de savoir à partir de quel âge un enfant peut commencer à former des phrases plus ou moins complexes peut aider l'entourage à stimuler certaines habiletés particulières et amener ainsi l'enfant à un niveau d'apprentissage plus élevé. Selon le sexe de l'enfant, on constate là encore des différences dans l'ordre d'acquisition des mots. Par exemple, le mot « camion » apparaît plus tôt chez les garçons que chez les filles.

Il est donc toujours important de connaître les caractéristiques de la communauté à laquelle un enfant appartient lorsqu'on se questionne sur le développement de son langage. Les travaux de Natacha Trudeau ont permis de décrire l'acquisition typique du lexique dans la communauté québécoise, ce qui donne des repères plus précis quand on observe un enfant. Les performances langagières en bas âge sont liées à son développement subséquent. Par exemple, le nombre de mots produits par l'enfant à 26-28 mois permet de prédire la complexité des phrases 6 mois plus tard (Trudeau et Sutton, 2011). Une identification précoce des difficultés ainsi qu'une intervention appropriée pourront favoriser un développement harmonieux et optimal de l'enfant.

---

par « qu'est-ce que » ou par « où », mais il éprouve plus de difficulté avec les « pourquoi » et les « comment ».

Bien que le jeune enfant parle enfin couramment de façon intelligible et passablement correcte d'un point de vue grammatical, son discours est encore truffé d'erreurs parce qu'il ignore les exceptions aux règles. Une erreur comme « il tiennait » au lieu de « il tenait » dénote donc un signe de progrès dans l'apprentissage d'une langue. Une fois que l'enfant découvre les règles, il a en effet tendance à les appliquer sans distinction. C'est ce qu'on appelle la **surgénéralisation des règles**. Le résultat est la plupart du temps correct, sauf pour les exceptions. Ayant appris les règles du pluriel et de

Surgénéralisation des règles
Emploi généralisé de règles grammaticales ou de règles de syntaxe qui ne tient pas compte des exceptions.

l'imparfait, il peut dire que « les chats pleuraient » ou que « les poupées mangeaient des fraises », mais la surgénéralisation des règles l'amènera à dire que « les oiseaux sontaient petits » au lieu de « étaient ». De même, c'est parce qu'il généralise l'accord du participe passé des verbes comme « couru », « connu » ou « reconnu » que l'enfant dira qu'il a « pleuvu ». À mesure que l'enfant entend les gens parler et qu'il participe lui-même aux conversations, il remarque alors que la conjugaison des verbes irréguliers diffère notablement de celle du modèle régulier. On pourrait donc penser que de telles « erreurs » constituent un pas en arrière, alors qu'en réalité, elles indiquent au contraire un progrès considérable dans l'apprentissage d'une langue.

À trois ans, un enfant arrive ainsi généralement très bien à se faire comprendre et, à la fin de l'enfance, il a acquis la pleine maîtrise de la grammaire, même si son vocabulaire et la complexité de ses phrases continuent de s'accroître. Le langage des enfants n'est donc pas simplement une version simplifiée du langage des adultes : il présente de véritables traits distinctifs. Le tableau 3.5 résume quelques-unes de ces caractéristiques du langage des jeunes enfants.

TABLEAU 3.5 Les caractéristiques du langage enfantin

Caractéristique	Description	Exemple
L'enfant simplifie.	Il en dit juste assez pour être compris.	Juliette dit « bon nana » au lieu de « C'est bon des ananas. »
L'enfant restreint la signification des mots.	Il croit qu'un concept ne peut désigner qu'une seule chose.	Papa répare une porte, il dit « Je vais prendre mes outils. » et il prend un marteau. Pour Éric, le mot « outils » va désigner seulement le marteau et non les autres outils.
L'enfant généralise les concepts.	Il étend l'utilisation d'un concept pour désigner des éléments qui sont semblables.	Pour Benito, tous les hommes qui ont des cheveux gris sont des grands-papas.
L'enfant comprend plus qu'il ne dit.	Il comprend les relations grammaticales avant de pouvoir les exprimer avec des mots.	Anouk dit « Chien court. » Elle comprend que le chien court après l'écureuil, mais elle ne peut pas encore enchaîner suffisamment de mots pour dire « Le chien court après l'écureuil. »
L'enfant généralise les règles grammaticales.	Il utilise des règles grammaticales pour former des mots nouveaux, mais il ne tient pas compte des exceptions aux règles.	Maman regarde par la fenêtre et dit « C'est venteux et pluvieux. » Éva ajoute « et froideux ».

3.3.2 Les théories de l'acquisition du langage

Est-ce que les habiletés langagières sont innées ou acquises ? Dans les années 1950, un vif débat s'est engagé entre deux écoles de pensées : l'une menée par Burrhus Frederic Skinner, partisan de l'apprentissage, et l'autre, par le linguiste Noam Chomsky, partisan d'un facteur inné dans l'acquisition du langage.

Les théories de l'apprentissage

Skinner (1957) soutenait que les enfants apprennent à parler comme ils apprennent d'autres comportements, c'est-à-dire de façon opérante, par renforcement. Les enfants émettraient des sons au hasard. Ceux qui ressemblent au discours adulte seraient renforcés par un sourire, de l'attention ou l'obtention de l'objet désiré, et seraient donc utilisés de nouveau.

L'apprentissage du langage
Selon les théoriciens de l'apprentissage social, les enfants apprennent à parler par observation, imitation et renforcement.

Selon les théoriciens de l'apprentissage social, les enfants imitent les phonèmes qu'ils entendent prononcer dans leur entourage, et les adultes y réagissent. Puisque les parents encouragent leurs enfants lorsqu'ils émettent des sons qui imitent le langage adulte, ceux-ci émettent alors de plus en plus de sons. Les renforcements obtenus seraient toutefois sélectifs. Ainsi le mot « chat » n'est renforcé que lorsque c'est le chat de la maison qui apparaît et non le chien. Avec le temps, les enfants finissent par adopter un langage de plus en plus semblable à celui des adultes.

La théorie innéiste

Selon Chomsky (1957), l'observation, l'imitation et le renforcement ne peuvent expliquer à eux seuls tout le développement du langage. Tout d'abord, les combinaisons de mots et les nuances sont si nombreuses et si complexes qu'elles ne peuvent être apprises uniquement par imitation et renforcement. Ensuite, les adultes qui prennent soin de l'enfant renforcent souvent des énoncés qui sont grammaticalement incorrects, mais qui ont un sens. De plus, le discours de l'adulte lui-même n'est pas toujours un modèle à imiter (mots mal prononcés, phrases incomplètes ou mal structurées, etc.). Enfin, les théories de l'apprentissage ne peuvent pas expliquer la grande créativité de l'enfant dans ses façons de dire des choses qu'il n'a jamais entendues, comme le fait de dire d'un avion au loin qu'il était « très là-bas » ou que l'autobus était « bruiteux ».

Théorie innéiste
Théorie selon laquelle l'acquisition du langage relève d'une capacité innée.

Dispositif d'acquisition du langage
Selon la théorie innéiste de Noam Chomsky, ensemble des structures mentales innées permettant à l'enfant de déduire les règles grammaticales par l'analyse du langage qu'il entend dans son entourage.

Le point de vue de Chomsky sur l'acquisition du langage est appelé **théorie innéiste**. Contrairement aux théories de l'apprentissage, la théorie innéiste met l'accent sur le rôle actif de l'apprenant. Comme le langage est universel chez les êtres humains, Chomsky prétend qu'ils possèdent la capacité d'apprendre à parler aussi naturellement qu'ils apprennent à marcher. Le nouveau-né posséderait donc un **dispositif d'acquisition du langage** inné, qui le prédisposerait à donner une signification aux sons qu'il entend et à comprendre les règles sous-jacentes à sa langue (Chomsky, 1957, 1972). Plusieurs faits semblent confirmer ce point de vue :

- Les nouveau-nés sont capables de différencier des sons semblables, ce qui laisse croire qu'ils naissent avec un mécanisme de perception qui leur permet de capter les caractéristiques du discours.
- Quelle que soit la complexité de leur langue maternelle, presque tous les enfants l'apprennent, et ils en acquièrent les principes de base sans enseignement formel, selon une séquence déterminée par leur âge.
- L'enfant qui commence à parler ne se limite pas à répéter des phrases toutes faites. Il crée des mots nouveaux et structure continuellement de nouvelles phrases, même sans jamais les avoir entendues auparavant.
- L'être humain, le seul animal doué de la parole, est aussi le seul dont le cerveau est plus volumineux d'un côté que de l'autre ; d'autre part, cet hémisphère (généralement le gauche) possède des structures spécialisées pour le langage (Gannon *et al.*, 1998).

Néanmoins, la perspective innéiste n'explique pas pourquoi certains enfants parlent mieux et plus rapidement que d'autres. Elle n'explique pas non plus les différences individuelles dans les aptitudes grammaticales et la facilité d'élocution, ni pourquoi l'acquisition du langage dépend de la présence d'un interlocuteur et pas simplement de l'écoute de la langue.

Le langage des signes
Les enfants sourds commencent à babiller avec leurs mains à l'âge où les enfants non sourds commencent à babiller vocalement.

L'apport de ces deux théories

Des éléments de ces deux théories (de l'apprentissage et innéiste) ont été utilisés pour expliquer comment les enfants sourds apprennent le langage des signes.

Les théoriciens de l'apprentissage constatent que les enfants sourds qui ont des parents sourds semblent imiter le langage des signes qu'ils voient chez leurs parents. En utilisant des mouvements des mains d'une manière plus systématique et délibérée que les bébés qui entendent, ils combinent des gestes sans signification et les répètent inlassablement, telle une sorte de babillage des mains. À mesure que les parents renforcent de tels gestes, les bébés leur associent alors une signification.

De leur côté, les théoriciens innéistes signalent que des enfants sourds peuvent produire leur propre langage des signes, même s'ils n'ont aucun modèle à imiter. Ils commencent à babiller avec leurs mains au même âge où les enfants non sourds commencent à babiller vocalement, et on observe cette même correspondance dans la construction de phrases (Goldin-Meadow, 2007). Il semble donc qu'une même capacité innée soit à la base de l'acquisition de la langue parlée et de la langue des signes et que les progrès dans ces deux sortes de langage sont liés à la maturation du cerveau.

Aujourd'hui, la plupart des spécialistes du langage croient que l'acquisition du langage, comme la plupart des autres aspects du développement, dépend d'une interaction entre les facteurs innés et ceux provenant de l'environnement. Dès la naissance, les enfants, qu'ils entendent ou non, seraient donc dotés de la capacité d'acquérir une langue, capacité qui serait activée, puis développée par l'expérience.

3.3.3 Les facteurs d'influence de l'acquisition du langage

Qu'est-ce qui détermine la rapidité et la facilité avec lesquelles un enfant apprend à parler? Ici encore, il est possible de constater les influences respectives de l'hérédité et du milieu.

La maturation du cerveau

L'incroyable croissance du cerveau et sa réorganisation durant les premiers mois et les premières années de vie sont étroitement liées au développement du langage. Les pleurs du nouveau-né sont contrôlés par le tronc cérébral, une des parties les plus primitives du cerveau et parmi les premières à se développer *(voir la figure 3.1, à la page 75)*. Le babillage répétitif commencerait par la maturation de certaines parties de la zone motrice qui contrôle les mouvements du visage et du larynx. On a en effet observé, dans le cerveau, l'émergence de liens entre les perceptions phonétiques et les zones motrices dès l'âge de 6 mois, des connexions qui se raffermissent entre 6 et 12 mois (Imada *et al.*, 2006). Les régions corticales associées au langage n'atteignent toutefois leur complète maturité qu'à la fin de l'âge préscolaire et même au-delà, certaines ne l'atteignant même pas avant l'âge adulte.

La latéralisation des fonctions linguistiques dans le cerveau apparaît très tôt dans la vie. Dans 98 % des cas, même si l'hémisphère droit participe, l'hémisphère gauche domine en tout ce qui a trait au langage. Chez les jeunes enfants qui ont un vocabulaire étendu, l'activation du cerveau semble se concentrer dans le côté gauche des lobes temporal et pariétal alors que chez les enfants au vocabulaire restreint, l'activation du cerveau est plus dispersée (Kuhl et Rivera-Gaxiola, 2008).

Selon des études réalisées sur des enfants dont le cerveau était endommagé, il semblerait aussi qu'il existe une période critique avant que la latéralisation du langage ne soit fermement établie. La plasticité du cerveau du nourrisson permettrait en effet le transfert de fonctions depuis les zones endommagées vers d'autres régions. Alors qu'un adulte dont l'hémisphère gauche est blessé peut souffrir de pertes considérables sur le plan du langage, un jeune enfant qui subirait le même problème pourrait ainsi conserver une élocution et une compréhension à peu près normales (Nobre et Plunkett, 1997).

D'autres preuves de la plasticité cérébrale ont été apportées lorsqu'on a découvert que les régions supérieures du lobe temporal, qui sont impliquées dans la compréhension de la parole, pouvaient être activées chez une personne sourde dès sa naissance si celle-ci utilisait le langage des signes (Nishimura *et al.*, 1999). De telles découvertes suggèrent que l'attribution des fonctions langagières aux structures cérébrales est un processus graduel lié à l'expérience verbale et au développement cognitif.

Les interactions sociales et le rôle des parents

Le langage est un comportement social. Il ne suffit pas d'avoir la maturation biologique et les structures cognitives nécessaires pour l'acquérir, mais il faut aussi des interactions avec un interlocuteur vivant. Les parents ainsi que toutes les personnes qui s'occupent d'un enfant jouent un rôle important à chaque étape du développement du langage, en procurant à l'enfant des occasions de communiquer et en le motivant à parler. Aussi, les enfants qui grandissent sans interactions sociales normales n'ont pas un développement du langage normal, comme on l'a vu avec les enfants des orphelinats roumains, et ceux qui ne sont exposés au langage que par l'entremise de la télévision ou de l'ordinateur n'en ont pas davantage. Toutefois, cela peut changer à mesure que l'enfant vieillit puisque des études menées auprès d'enfants de 30 à 42 mois, chez qui les structures de base du langage étaient déjà établies, ont montré qu'ils pouvaient apprendre comment utiliser un nouveau verbe en regardant la télévision (Roseberry *et al.*, 2009).

La période prélinguistique

À l'étape du babillage, les parents peuvent aider leur enfant à progresser en répétant les sons qu'il produit. Le bébé entre rapidement dans le jeu et répète les sons en retour. Ces interactions agissent sur le rythme d'acquisition du langage et permettent d'expérimenter l'aspect social du langage. Elles initient le bébé au fait que la conversation se fait à tour de rôle.

Est-ce que le papa de Mégane s'y prend correctement pour stimuler le développement du vocabulaire chez sa fille? Pourquoi?

Des chercheurs californiens ont mis au point une méthode (*Baby Signs*) pour apprendre aux enfants à communiquer par gestes, avant même qu'ils soient capables de parler. Actuellement, des ateliers basés sur cette méthode sont offerts aux parents un peu partout dans le monde, dont plusieurs au Québec. Une recherche longitudinale portant sur des enfants de 15 à 36 mois démontre que l'utilisation de gestes ne nuit pas au langage verbal, mais qu'au contraire, il favorise à la fois le langage réceptif et le langage expressif (Goodwyn *et al.*, 2000).

Deux langues en même temps

Les enfants qui vivent dans des foyers bilingues sont tout à fait capables de faire la distinction entre deux langues.

Le développement du vocabulaire

Quand le bébé commence à parler, les parents peuvent accélérer l'acquisition du vocabulaire en répétant les mots qu'il dit et en les prononçant correctement. Selon une étude longitudinale, la réaction des mères aux vocalisations de leur bébé de neuf mois permet de prédire les moments d'apparition des grands jalons du langage, comme les premiers mots et les premières phrases (Tamis-LeMonda, Bornstein et Baumwell, 2001).

Les mères qui ont un statut socioéconomique élevé ont tendance à utiliser un vocabulaire plus riche et des énoncés plus longs lorsqu'elles parlent à leur bébé, et ce dernier a par conséquent tendance à recourir lui-même à un vocabulaire assez varié lorsqu'il commence à construire ses premières phrases (Hoff, 2003). Cependant, la sensibilité de la mère et ses réactions appropriées sur le plan du développement de l'enfant sont plus importantes que le nombre de gestes ou de mots qu'elle utilise.

Apprendre plus d'une langue

Dans les familles où plus d'une langue est utilisée, les enfants maîtrisent les différentes étapes d'acquisition de chaque langue au même moment que les enfants qui sont exposés à une seule langue, mais leur vocabulaire est un peu moindre dans chacune des langues (Hoff, 2006). Les enfants bilingues utilisent souvent des éléments des deux langues, parfois dans la même phrase («c'est un *monkey*»): c'est ce qu'on appelle le **mélange de codes**. Toutefois, cela ne signifie pas qu'ils confondent les deux langues (Pettito et Kovelman, 2003). Des enfants québécois de deux ans vivant dans des foyers bilingues se sont montrés tout à fait capables de distinguer les deux langues; ils vont par exemple s'adresser à leur mère francophone en français et à leur père anglophone en anglais (Genesee, Nicoladis et Paradis, 1995). Cette habileté à passer d'une langue à l'autre s'appelle l'**alternance de code**. Nous reviendrons dans le chapitre 5 sur cette question du bilinguisme chez les enfants.

Mélange de codes
Utilisation d'éléments de deux langues, souvent dans la même phrase, par de jeunes enfants vivant dans des familles où les deux langues sont utilisées.

Alternance de code
Chez les jeunes enfants, passage d'une langue à une autre pour s'ajuster à la situation, comme chez les personnes bilingues.

Langage de bébé
Langage souvent utilisé pour se mettre à la portée des bébés. Ce langage est simplifié: il comprend beaucoup d'intonations, de phrases courtes, de répétitions et un registre plus aigu.

Le langage de bébé

Souvent, les adultes parlent d'une bien drôle de façon lorsqu'ils s'adressent à des enfants qui apprennent à parler. Comparativement au langage ordinaire, le **langage de bébé** est un langage simplifié qui possède davantage d'intonations, qui exagère les sons des voyelles, qui utilise des phrases plus courtes et qui présente beaucoup de répétitions. Dans plusieurs langues et cultures différentes, on a remarqué que la plupart des adultes et des enfants l'utilisent de manière spontanée.

Les voix de mères américaines, russes et suédoises ont été enregistrées alors qu'elles parlaient à leur enfant âgé de deux à cinq mois; et elles produisaient toutes plus de sons exagérés de voyelles lorsqu'elles s'adressaient à leur enfant que lorsqu'elles parlaient à des adultes. Plusieurs chercheurs croient que le langage de bébé favorise l'apprentissage de la langue maternelle en dirigeant l'attention de l'enfant sur les caractéristiques distinctives des sons (Kuhl *et al.*, 2005).

La lecture dirigée

Faire la lecture à un jeune enfant permet de partager des moments d'intimité avec lui, en plus de favoriser la communication verbale entre le parent et l'enfant.

Les adultes ont tendance à utiliser trois styles de lecture avec les enfants: le style descriptif, le style compréhensif et le style orienté sur la performance. Le parent qui utilise le style descriptif se concentre sur la description de ce qui est illustré sur l'image et invite l'enfant à faire de même: «Qu'est-ce qu'il y a dans l'arbre?» Le parent qui a recours au style compréhensif encourage l'enfant à aller un peu plus loin dans la signification de l'histoire en émettant des déductions et des hypothèses («Qu'est-ce que le pompier devrait faire maintenant?») Enfin, un parent dont le style est orienté sur la performance va lire toute l'histoire en introduisant d'avance les termes principaux et en posant ensuite des questions à l'enfant (Reese et Cox, 1999).

La lecture dirigée

Dans la lecture dirigée, le parent pose des questions et aide l'enfant à faire des liens entre l'histoire et ses propres expériences. Cette technique favorise le développement du langage et de la littératie.

Des enfants de 14 mois à trois ans venant de milieux défavorisés à qui l'on a fait la lecture quotidiennement avaient de meilleures habiletés cognitives et langagières à 3 ans que ceux d'un groupe contrôle (Raikes *et al.*, 2006). La fréquence à laquelle les parents font la lecture avec leur enfant, ainsi que la manière dont ils le font, peut influencer le développement de la **littératie**, qui désigne l'habileté à lire et à écrire. Les enfants qui apprennent à lire plus tôt sont généralement ceux à qui les parents ont fait beaucoup de lecture quand ils étaient très jeunes.

Littératie
Habiletés de lecture et d'écriture.

Une autre technique, qui ressemble au style descriptif, semble bénéfique pour le développement des habiletés langagières chez le jeune enfant et, plus tard, pour sa compréhension de la lecture à sept ans: c'est la **lecture dirigée**, une méthode selon laquelle l'enfant devient le *lecteur*. Les parents posent des questions ouvertes («Qu'est-ce qu'il y a dans l'arbre?») plutôt que des questions fermées, qui amènent une réponse par «oui» ou par «non» («Est-ce que l'oiseau est dans l'arbre?») Ils prolongent alors la réponse de l'enfant avec d'autres questions, ils répètent et s'étendent sur ce que l'enfant a dit, ils corrigent les mauvaises réponses et proposent d'autres possibilités, tout en aidant l'enfant s'il en a besoin, en l'encourageant et en le félicitant. Ils amènent aussi l'enfant à faire des liens entre l'histoire et ses propres expériences («As-tu déjà vu un chat qui se léchait?» «Comment fait-il cela?»)

Lecture dirigée
Méthode de lecture où l'on pose des questions à l'enfant et où on l'amène à faire des liens avec ses propres expériences.

Pour pouvoir parler et communiquer, l'enfant doit pratiquer le langage et interagir. En lui parlant, les parents et les autres personnes responsables lui montrent donc comment utiliser de nouveaux mots, comment structurer des phrases et s'exprimer par la parole. De plus, ils lui communiquent le sens élémentaire du déroulement d'une conversation, soit comment introduire un sujet, le commenter, le développer et parler à son tour.

Selon le modèle de U. Bronfenbrenner (*voir le chapitre 1*), l'âge des parents, la façon dont ils interagissent avec leur enfant, le rang de celui-ci dans la fratrie, ses expériences au service de garde et, plus tard, avec ses pairs ainsi que son exposition à la télévision sont autant de facteurs qui affectent le rythme d'acquisition du langage. Il en va de même pour la culture. En effet, les jalons du développement du langage décrits dans ce chapitre sont typiques de la culture occidentale et des enfants de classe moyenne à qui l'on s'adresse directement. Ils ne sont donc pas nécessairement les mêmes dans toutes les cultures, ni pour des niveaux socioéconomiques différents dans une culture donnée (Hoff, 2006).

FAITES LE POINT

9. Quelles sont les grandes étapes du langage prélinguistique?
10. Quelles sont les deux théories qui s'opposent concernant la façon dont les enfants acquièrent le langage et comment arrive-t-on à les concilier?
11. Tommy a deux mois et ses parents se demandent comment ils pourraient favoriser le développement du langage chez leur enfant dans les prochains mois. Qu'allez-vous conseiller à ces parents?

Résumé

Le développement physique

- Le cerveau du bébé croît rapidement avant la naissance, mais le cortex cérébral poursuit son développement durant quelques années encore après la naissance.
- Lors de la formation du réseau synaptique, un processus d'élagage a lieu: les connexions les plus utilisées sont renforcées et celles qui ne le sont pas ou qui ne fonctionnent pas correctement sont éliminées.
- Les réflexes primitifs disparaissent au bout de quelques mois, au fur et à mesure que le développement cérébral et neurologique se poursuit.
- À cause de la grande plasticité du cerveau de l'enfant, les premières expériences de vie sont d'une importance capitale dans son développement; les stimulations sensorielles renforcent certaines connexions, tandis que certaines lésions semblent être compensées par d'autres connexions.
- Tous les sens fonctionnent dès la naissance. Le nouveau-né peut ressentir de la douleur dès le premier jour, distinguer plusieurs saveurs et reconnaître la provenance d'une odeur. Il entend bien et parvient à voir les objets qui se trouvent à 20 cm de ses yeux.
- Le sommeil du bébé alterne entre des périodes de sommeil calme ou régulier et des périodes de sommeil actif ou irrégulier.
- À la naissance, les garçons sont généralement un peu plus grands et plus lourds que les filles. La croissance est rapide durant les premiers mois de la vie, et on remarque que la proportion de la tête diminue au fur et à mesure que l'enfant grandit.
- Le développement de la coordination vision-mouvement est au centre des progrès de la motricité dans les premiers mois.
- Le fait de pouvoir se déplacer par lui-même marque un tournant dans le développement de l'enfant.
- Outre la maturation physiologique, d'autres facteurs, comme la motivation de l'enfant et l'environnement dans lequel il évolue, exercent aussi une certaine influence dans le développement de la motricité.

Le développement cognitif

- À la naissance, le bébé possède déjà la capacité d'apprendre, mais c'est dans un environnement stimulant qu'il pourra développer son plein potentiel.
- Au moyen du conditionnement répondant, l'enfant apprend à réagir de façon réflexe ou involontaire à un stimulus qui, au départ, est neutre. En utilisant les récompenses et les punitions, le conditionnement opérant permet pour sa part aux enfants de produire des comportements volontaires.
- Il est difficile d'évaluer l'intelligence d'un jeune enfant, mais certains tests évaluent son niveau de développement en le situant par rapport à des normes établies.
- Le stade sensorimoteur s'étend de la naissance jusque vers l'âge de deux ans; c'est le premier stade de développement cognitif défini par Piaget, celui au cours duquel l'enfant découvre le monde par l'entremise de ses activités sensorielles et motrices.
- Le stade sensorimoteur est divisé en six sous-stades: le stade de l'exercice des réflexes, le stade des réactions circulaires primaires, le stade des réactions circulaires secondaires, le stade de la coordination des schèmes secondaires, le stade des réactions circulaires tertiaires et le stade des combinaisons mentales et du début de la représentation symbolique.
- Vers huit mois apparaît ce que Piaget appelle le «schème de l'objet permanent». C'est vers la fin du stade sensorimoteur que le bébé pourra se représenter mentalement le déplacement d'un objet.
- Des chercheurs soutiennent que certaines acquisitions décrites par Piaget se produiraient plus tôt. Pour eux, si l'enfant ne semble pas comprendre la permanence de l'objet ou la causalité, c'est parce qu'il est limité quant aux habiletés motrices nécessaires pour le démontrer.
- Les chercheurs évaluent l'efficacité du traitement de l'information chez le bébé en mesurant la variation de son attention et sa rapidité d'habituation.

- La mémoire implicite, sur laquelle reposent les habitudes et les habiletés, se développe avant la mémoire explicite, liée aux rappels d'événements ou de connaissances.
- Les recherches inspirées de la théorie socioculturelle de Vygotsky postulent que la participation guidée peut avoir des effets positifs sur le développement intellectuel de l'enfant.

Le développement du langage

- Présente dès la naissance et même avant, la capacité de distinguer les sons les uns des autres est essentielle au développement du langage ; un bébé de quelques jours peut distinguer des sons différents.
- Le langage prélinguistique suit une progression qui va des gazouillis à l'expression gestuelle, en passant par le babillage. Les premiers mots et holophrases apparaissent vers un an.
- Le développement du vocabulaire, plutôt graduel au début, se fait plus rapidement vers la fin de la deuxième année.
- À tout âge, le langage réceptif est toujours plus étendu que le langage expressif.
- Les premières phrases apparaissent souvent vers l'âge de 18 à 24 mois. Elles ressemblent à un langage télégraphique et ne comportent que les mots essentiels.
- C'est entre 20 et 30 mois que l'enfant acquiert les rudiments de la syntaxe. Toutefois, il en applique les règles sans tenir compte des exceptions, un phénomène appelé la « surgénéralisation des règles ».
- La théorie de l'apprentissage soutient que le langage s'acquiert par l'expérience, principalement par imitation et par renforcement, alors que la théorie innéiste de Chomsky et ses confrères affirme que le nouveau-né possède un dispositif inné d'acquisition du langage.
- L'acquisition du langage est liée à la maturation du cerveau et aux interactions entre l'enfant et les personnes qui prennent soin de lui.
- Il est aussi important de réagir aux vocalisations du bébé au stade du langage prélinguistique que de stimuler sa communication lorsqu'il développe son vocabulaire.

CHAPITRE 4

Le développement affectif et social de l'enfant, de la naissance à deux ou trois ans

PLAN DU CHAPITRE

Prisonnier de ses besoins de base qu'il ne peut exprimer que par ses pleurs et dépendant des autres pour leur satisfaction, le nourrisson s'ouvre peu à peu au monde en prenant conscience de son existence et de celle des autres. Bébé au tempérament facile ou difficile, ses premières émotions apparaissent et constituent son premier moyen de communication. Souvent aimé et choyé par sa famille, parfois négligé ou maltraité, le bébé perçoit le monde comme une source d'amour et de bien-être ou comme un lieu hostile dont il doit se méfier et se protéger. La qualité des soins reçus, les marques d'affection prodiguées par sa mère et par le reste de son entourage déterminent sa confiance en ce monde et lui permettent de développer un attachement sécurisant. Sûr d'être aimé, le jeune enfant peut alors se lancer sans crainte à la découverte de son environnement.

Mise en situation

Le matin, la vie est plutôt trépidante chez les Labonté. La routine matinale est réglée au quart de tour pour les deux parents, qui travaillent à l'extérieur ; les deux enfants, qui vont à l'école primaire et Raphaël, qui a deux ans et demi. Il doit se rendre au CPE (Centre de la Petite Enfance) qu'il fréquente depuis près d'un an. Aujourd'hui, c'est au tour du papa de Raphaël de le conduire, accompagné, comme il se doit, de son inséparable couverture qu'il appelle « Doudou ».

À son entrée au CPE, Raphaël jette un regard furtif tout autour de lui et va directement s'asseoir sur le petit banc pour se déshabiller. Nathalie, son éducatrice, l'accueille chaleureusement et salue son père avant qu'il ne parte. Après un câlin à son papa, Raphaël se dirige vers son local habituel et commence à s'amuser avec divers objets près des autres enfants de son groupe.

L'arrivée de Lili au CPE ne passe pas inaperçue. Sa mère, qui déteste entendre pleurer sa fille, profite d'un moment d'inattention de Lili pour partir à son insu. Dès que Lili s'aperçoit de son départ, elle se met à crier et à pleurer à chaudes larmes. Il faut beaucoup de temps à Nathalie pour la rassurer et l'amener à participer aux activités de son groupe. Au moindre prétexte, Lili bouscule les autres enfants et leur tire les cheveux. Nathalie, en éducatrice expérimentée, sait que dans un tel cas, il vaut mieux resserrer l'encadrement de Lili. Le repas du midi est source de grand bonheur pour la plupart des enfants, car aujourd'hui il y a du spaghetti au menu. Raphaël mange gloutonnement son assiette et, le visage barbouillé de sauce aux tomates, affiche un sourire radieux, nullement gêné de s'être tant sali. Lili, quant à elle, ne supporte pas le moindre signe d'éclaboussure.

« Au moindre prétexte, Lili bouscule les autres enfants et leur tire les cheveux. »

Le retour des parents en fin d'après-midi est attendu avec fébrilité par les enfants. Lorsque le papa de Raphaël arrive à l'heure habituelle, il est accueilli d'un large sourire par son fils. Raphaël ne veut cependant pas s'en aller avant d'avoir terminé son casse-tête. « Non, non, Raph pas partir », dit-il. Une fois son casse-tête terminé, il va s'habiller et se dirige d'un pas assuré vers la sortie en disant « Bye Nalie, à demain ». Le papa de Raphaël doit mettre fin à sa conversation avec Nathalie pour rattraper son fils. Lili est presque la dernière à partir ce soir. À l'arrivée de sa mère, elle l'observe du coin de l'œil, mais ne manifeste aucun signe de rapprochement. Elle se montre récalcitrante quand sa mère veut l'aider à s'habiller. Irritée par les caprices de sa fille, la mère de Lili ramasse ses vêtements et quitte précipitamment le CPE aussi fâchée que sa fille.

Tout au long de la lecture de ce chapitre, référez-vous à cette mise en situation pour répondre aux questions qui s'y rapportent.

4.1 Les fondements du développement affectif et social

Les fondements du développement affectif et social sont multiples et complexes, et ils résultent, dès la naissance, de l'interaction entre l'enfant et son environnement. Même si les chercheurs ont identifié les principaux aspects de ce développement de la naissance à trois ans, chaque enfant possède, dès le départ, un ensemble de caractéristiques – son tempérament, sa façon de vivre ses émotions ou d'interagir avec les autres – qui font de lui une personne unique (*voir le tableau 4.1*). C'est ce sur quoi nous allons nous concentrer dans la prochaine section.

4.1.1 L'apparition de la conscience de soi

Conscience de soi
Capacité de prendre conscience de nous-mêmes et de comprendre que nous sommes des êtres uniques dotés de caractéristiques spécifiques qui nous différencient des autres

Le bébé naissant n'est pas conscient de son existence, car il ne se différencie pas de l'environnement. C'est pourquoi nous affirmons qu'il n'a pas encore acquis la **conscience de soi**, cette capacité qui nous permet de prendre conscience de nous-mêmes et de comprendre que nous sommes des êtres uniques dotés de caractéristiques spécifiques qui nous différencient des autres. Cette conscience de soi, appelée

TABLEAU 4.1 Les jalons du développement psychosocial des enfants de la naissance à trois ans

Âge approximatif	Caractéristiques
0-3 mois	Les nourrissons sont ouverts à la stimulation. Ils commencent à manifester de l'intérêt et de la curiosité et ils sourient volontiers aux gens.
3-6 mois	Les nourrissons peuvent anticiper ce qui se passera et sont déçus si cela ne se produit pas. Ils l'expriment en se fâchant et en devenant méfiants. Ils sourient, gazouillent et rient souvent. C'est la période de l'éveil social et des premiers échanges réciproques entre l'enfant et la personne qui s'occupe de lui.
6-9 mois	Les nourrissons se prêtent à des «jeux sociaux» et cherchent à susciter l'intérêt des gens. Ils «parlent», ils touchent et cajolent les autres bébés pour provoquer une réaction de leur part. Ils expriment des émotions plus différenciées, comme la joie, la peur, la colère et la surprise.
9-12 mois	Les nourrissons sont extrêmement préoccupés par la personne qui s'occupe d'eux au quotidien, ils peuvent devenir craintifs envers les étrangers et agir de façon timorée dans des situations nouvelles. Vers l'âge d'un an, ils communiquent leurs émotions plus clairement. Ils expriment leur humeur, leur ambivalence et des émotions d'intensité variable.
12-18 mois	Les enfants explorent leur environnement en s'appuyant sur les personnes auxquelles ils sont le plus attachés comme base de sécurité. Au fur et à mesure qu'ils maîtrisent l'environnement, ils gagnent en confiance et s'affirment davantage.
18 mois-3 ans	Les enfants peuvent parfois éprouver de l'anxiété, parce qu'ils réalisent maintenant qu'ils se séparent peu à peu de la personne qui s'occupe d'eux. Ils s'amusent à tester leurs limites par l'imaginaire et le jeu ainsi qu'en s'identifiant aux adultes.

Source: Adapté de Sroufe, 1979.

aussi le «concept de soi», va se développer graduellement au cours des premières années (Harter, 1998).

Le **moi subjectif**, ou **moi existentiel**, émerge lorsque le bébé apprend qu'il est un être «séparé» et entier, soit durant la période qui va de 3 à 15 mois. Cette prise de conscience surgit des interactions de l'enfant avec les objets et les personnes qui l'entourent, comme Piaget l'a démontré dans son explication du développement cognitif. Au fur et à mesure que le bébé devient plus mobile, ses mouvements font apparaître dans son champ de vision des parties de son corps qu'il va volontiers porter à sa bouche. C'est la première façon dont le bébé apprend à se connaître.

Moi subjectif ou moi existentiel
Compréhension par l'enfant qu'il est un être entier, séparé des personnes de son entourage, et qu'il peut agir sur son environnement.

Comme nous l'avons vu dans le chapitre précédent, c'est d'abord par hasard que l'enfant fait bouger des objets présents autour de lui (par exemple, un mobile). En tentant de les faire bouger de nouveau, il réalise graduellement que c'est lui qui cause leur mouvement. Par ses diverses expérimentations, l'enfant comprend peu à peu qu'il est différent des objets qui l'entourent. Par ailleurs, quand il pleure ou pousse un cri et que les personnes de son entourage y portent attention, il réalise qu'il peut exercer une certaine influence sur elles et qu'il est donc une personne séparée des autres. Évidemment, le moi subjectif évolue parallèlement à l'acquisition de la permanence de l'objet. Plus l'enfant comprend que les objets existent et perdurent dans le temps, plus il réalise qu'il existe et perdure lui aussi dans le temps. Toutefois, c'est lors de la seconde étape, de 15 à 24 mois, que la conscience de soi apparaît clairement, soit lorsque le **moi objectif**, ou **moi différentiel** (appelé parfois «moi catégoriel»), se met en place. L'enfant devient alors pleinement conscient qu'il est un individu à part entière et cherche à identifier les caractéristiques qui le différentient des autres. Selon Piaget, cela se produit lorsque l'enfant est capable de se former une représentation mentale de lui-même et qu'il a acquis la permanence de l'objet. La capacité de se représenter soi-même est très bien mise en évidence dans l'expérimentation du miroir conduite par le chercheur Michael Lewis (1997). Pour vérifier l'existence de la conscience de soi chez les enfants, Lewis a dessiné à leur insu un point rouge sur le nez d'enfants âgés de 6 à 24 mois et les a placés devant un miroir. On pouvait inférer la présence de la conscience de soi si l'enfant touchait son nez plutôt que toucher son reflet dans le miroir. Les résultats indiquent que la plupart des bébés âgés de 18 mois et tous ceux âgés de 24 mois ont touché leur nez plus souvent pendant l'expérimentation.

Le moi subjectif
L'accès au moi subjectif permet à l'enfant de comprendre qu'il peut agir sur son environnement.

Moi objectif ou moi différentiel
Capacité de se représenter soi-même par la compréhension et l'intégration de différentes catégories: le sexe, la taille, la couleur des cheveux, etc.

Le développement de la conscience de soi

Cette trottineuse démontre sa conscience de soi en touchant sur son visage l'endroit exact où elle voit dans le miroir le dessin d'un point rouge. Selon cette expérience, on peut affirmer que les enfants commencent à reconnaître leur propre visage entre 18 et 24 mois.

Par contre, aucun des bébés âgés de 15 mois et moins ne l'a fait. Le comportement des enfants plus âgés au cours de cette expérience démontre donc avec éloquence qu'ils ont conscience de leur visage, qu'ils savent qu'ils n'ont habituellement pas de point rouge sur le nez et qu'ils peuvent reconnaître leur reflet dans le miroir.

L'utilisation du pronom moi, qui survient vers 20 ou 24 mois, est une autre manifestation de la conscience de soi. Le développement du langage permet à l'enfant de parler de lui et de se représenter en intégrant les descriptions verbales des adultes à son image de soi (Stipek, Gralinski et Kopp, 1990).

Par ailleurs, le développement de l'**identité de genre** constitue une autre étape de la conscience de soi. Il s'agit du processus par lequel l'enfant prend conscience qu'il fait partie de l'un des deux genres «fille» ou «garçon». Quand il commence à se définir dans l'une de ces catégories, il refuse souvent d'être appelé «bébé», préférant «gan gasson» ou «gande fille». Il appert qu'au même moment où apparaît le moi objectif chez l'enfant, les garçons et les filles démontrent des préférences marquées en ce qui concerne leurs jouets, leurs jeux, ou leurs partenaires de jeu (Campbell *et al.*, 2000; Serbin *et al.*, 2001). À 17 mois, on note que les garçons ont tendance à jouer de façon plus agressive que les filles (Baillargeon *et al.*, 2007). Entre deux et trois ans, les garçons utilisent plus de mots que l'on peut qualifier de typiquement masculins comme «tracteur», tandis que les filles utilisent plus de mots typiquement féminins comme «collier» (Stennes, Burch, Sen et Bauer, 2005). Alors que son moi objectif s'élabore, l'enfant cherche à identifier les caractéristiques qui le définissent spécifiquement et il est clair que le genre est l'une des caractéristiques qui le préoccupe. Nous verrons plus en profondeur dans le chapitre 6 comment l'identité de genre se développe de deux ans jusqu'à six ans.

Identité de genre
Représentation qu'une personne se fait d'elle-même en fonction de son appartenance à un sexe.

Émotion
Réaction subjective associée à des changements physiologiques et comportementaux qui survient en réponse à des situations et à des expériences vécues par la personne.

4.1.2 Les premières manifestations émotives

Les **émotions** comme la joie, la tristesse, la colère ou la peur constituent des réactions subjectives qui sont associées à des changements physiologiques et comportementaux (Sroufe, 1997). Tous les humains éprouvent normalement des émotions, mais des différences existent dans la façon particulière de les ressentir, dans les types d'événements qui les déclenchent et dans les comportements qui en résultent. La culture joue un rôle fondamental dans l'expression des émotions. À titre d'exemple, dans les cultures asiatiques où l'on prône l'harmonie interpersonnelle, l'expression de la colère est découragée et l'accent est mis davantage sur l'expression de la honte. Dans notre culture, plus individualiste, on encourage plutôt l'affirmation et l'expression de soi, parfois aux dépens du bien commun (Cole, Bruschi et Tamang, 2002).

Les pleurs, premier moyen de communication

Pleurer est le moyen le plus puissant, et parfois le seul, dont le bébé dispose pour communiquer ses besoins. Les parents apprennent vite à différencier les pleurs dus à la faim de ceux qui sont dus à la colère, à la frustration ou à la douleur.

Les émotions ont de nombreuses fonctions. Premièrement, elles servent à communiquer un besoin, une intention ou un désir. Elles appellent une réponse de l'entourage et jouent donc un rôle prépondérant dans le développement social de l'enfant. Deuxièmement, dans les cas d'émotions négatives comme la peur, elles peuvent servir à mobiliser l'énergie nécessaire pour réagir en cas d'urgence, ce qui constitue un mécanisme d'adaptation non négligeable. Troisièmement, des émotions comme l'enthousiasme ou l'intérêt favorisent l'exploration de l'environnement et, par le fait même, permettent une meilleure connaissance du monde.

Le principe du simple au complexe, que nous avons vu dans le chapitre 1, s'applique lui aussi au développement des émotions. La plupart des chercheurs s'entendent aujourd'hui pour affirmer que le développement émotionnel procède selon une séquence ordonnée, dans laquelle les émotions complexes découlent de réactions émotionnelles plus simples. Les réactions émotionnelles commencent à se développer dès la naissance et constituent l'un des éléments de base de la personnalité. Le tableau 4.2 illustre bien l'apparition de certaines réactions émotionnelles au cours des trois premières années de vie.

TABLEAU 4.2 L'expression des émotions au cours des trois premières années

	Expression des émotions
Naissance	L'enfant sourit pendant son sommeil. Il montre des signes de dégoût en réaction à certaines substances gustatives et olfactives. Il manifeste des signes de détresse en réponse à l'inconfort et à la douleur. Un bruit soudain le fait sursauter.
1 mois	L'enfant sourit parfois lorsqu'il entend une personne parler ou qu'il la voit. Il manifeste des signes d'intérêt pour les objets qui bougent ou qui présentent des zones fortement contrastées.
2 mois	L'enfant exprime de la colère, mais ces épisodes sont rares et peu intenses. Il répond aux sourires qu'on lui adresse. Si une personne le regarde avec une expression faciale manifestant de la colère, il peut exprimer lui aussi de la colère. Le visage humain et la nouveauté suscitent un intérêt particulier.
4 mois	L'enfant commence à rire lorsqu'il est chatouillé. Les signes de colère deviennent plus nombreux et plus évidents, surtout quand il ne parvient pas à atteindre certains objets ou à les manipuler.
6 mois	L'enfant sourit davantage aux personnes familières et exprime parfois de la méfiance à l'égard des personnes étrangères. Certains sons le font rire.
7 mois	L'enfant manifeste les premiers signes de peur à l'égard de la hauteur. Un événement inhabituel entraîne une réaction de surprise.
8 mois	L'enfant exprime une réaction de peur à l'égard des personnes étrangères, particulièrement lorsqu'elles s'approchent rapidement et qu'elles établissent un contact physique. Certains jeux avec l'adulte commencent à le faire rire.
9 mois	L'enfant montre des signes de peur et de détresse lorsqu'il est séparé de ses parents.
12 mois	L'enfant rit lorsqu'il voit l'adulte agir de façon bouffonne. Le rire par anticipation fait son apparition dans les jeux qui comportent une série d'actions répétitives.
18 mois	L'enfant exprime de la honte lorsqu'il échoue devant les autres.
2 ans	Des gestes agressifs peuvent accompagner l'expression de sa colère.
3 ans	L'enfant montre des signes de culpabilité lorsque l'adulte lui fait remarquer qu'il a enfreint une règle. Il manifeste de la fierté à l'égard de ses réalisations.

Source : Cloutier, Gosselin et Tap, 2005.

Les pleurs

Même s'il est souvent pénible pour un parent d'entendre son enfant pleurer, cette réaction est essentielle puisqu'elle représente la seule forme d'expression dont dispose le bébé naissant pour manifester qu'il a faim, qu'il est en colère, qu'il est frustré ou qu'il ressent de l'inconfort ou de la douleur. Une réponse adaptée aux besoins de l'enfant contribuera, au fil des mois, à diminuer graduellement la fréquence de ces pleurs et leur intensité. Le bébé dont les pleurs sont soulagés commence à réaliser qu'ils peuvent servir à communiquer. À l'âge de cinq mois, les bébés ont appris à décoder les comportements des personnes qui s'occupent d'eux. Si elles ignorent leurs pleurs, ils vont d'abord pleurer plus fort pour attirer l'attention, et si cela ne fonctionne pas, ils vont alors s'arrêter de pleurer (Goldstein, Schwade et Bornstein, 2009). Certains parents ont de fortes réserves à répondre rapidement aux pleurs de leur bébé de peur de le gâter. Il n'en est rien. C'est même le contraire qui peut se produire, surtout si le niveau de détresse du bébé est élevé. Par exemple, si les parents attendent que les cris de détresse deviennent des cris de rage, il sera alors plus difficile de calmer l'enfant. Il ne faut pas perdre de vue que les pleurs sont d'abord un moyen de communication pour le bébé et non pas un moyen de manipulation de ses parents. En effet, une réponse rapide et sensible des mères aux pleurs de leur bébé est associée à une meilleure compétence sociale ultérieure, que ce bébé ait pleuré souvent ou pas (Leerkes, Blankson et O'Brien, 2009). Quand on répond rapidement aux pleurs des bébés, on leur apprend graduellement à avoir confiance en leur entourage et, par la suite, à avoir confiance en eux-mêmes.

L'apparition du rire

Cet enfant de six mois rit en compagnie de ses parents. Rire pour des choses inhabituelles ou inattendues montre que la compréhension cognitive se développe.

Le sourire et le rire

Quand un nourrisson s'endort en souriant, on dit qu'« il sourit aux anges ». Il s'agit d'un sourire involontaire, qui ne s'adresse à personne, et qui résulterait de l'activité nerveuse subcorticale. Il faut attendre qu'il ait environ deux semaines pour voir apparaître un premier sourire qui survient en réaction à une stimulation extérieure, comme une légère caresse sur la joue. À partir d'un mois, le bébé sourit plus fréquemment et ses sourires indiquent davantage un intérêt envers l'environnement. Vers deux mois, alors que la reconnaissance visuelle se développe, le bébé sourit davantage à la vue de visages connus (Sroufe, 1997). Le sourire social, c'est-à-dire celui qui apparaît lorsque l'enfant sourit à une personne qui lui parle ou s'occupe de lui, survient à partir de deux mois. Les premiers éclats de rire se produisent quant à eux autour de quatre mois. Le bébé, alors plus enjoué, peut par exemple manifester son plaisir d'être chatouillé. Dès six mois, il peut aussi s'esclaffer en entendant son père émettre des sons bizarres ou en voyant sa mère avec le visage caché par un mouchoir. Vers l'âge de dix mois, les bébés peuvent même tenter de remettre le mouchoir sur le visage de leur mère lorsque celui-ci est tombé.

Toutes ces réactions sont le reflet du développement cognitif du bébé. En riant à la suite de situations inattendues, les bébés montrent qu'ils savent à quoi s'attendre et qu'ils reconnaissent les situations particulières (Sroufe, 1997). Ces comportements sont également le reflet des premières manifestations de la permanence de l'objet : par exemple, le bébé montre qu'il a gardé en mémoire les caractéristiques habituelles de ses parents.

À partir de six mois, en relation avec la maturation neurologique, les premières manifestations émotives se transforment en émotions de base, telles que la joie, la surprise, la tristesse, le dégoût, la peur et la colère. Toutefois, leur étude demeure difficile puisque les enfants de cet âge ne peuvent exprimer verbalement ce qu'ils ressentent. Pour mieux comprendre l'apparition des émotions chez les bébés, Izard et ses collègues (1980) ont enregistré sur vidéo les expressions faciales de bébés de cinq, sept et neuf mois placés dans différentes situations. Lorsqu'on a ensuite demandé à des individus de visionner les vidéos et d'identifier les expressions des bébés, ils ont dit distinguer de la joie, de la tristesse, de l'intérêt, de la peur et, à un degré moindre, de la colère, de la surprise et du dégoût, ce qui démontrerait l'existence, chez ces jeunes enfants, d'un vaste répertoire d'émotions. Ces émotions de base se complexifient encore lorsque la conscience de soi apparaît et, par conséquent, la reconnaissance des personnes de l'entourage.

La peur de l'étranger et l'anxiété de séparation

Comme son nom l'indique, la **peur de l'étranger** est une réaction négative de la part du bébé à l'endroit d'une personne qu'il voit pour la première fois. L'**anxiété de séparation** correspond pour sa part à la détresse ressentie par l'enfant lorsque les adultes qui s'occupent de lui le quittent. Dans la mise en situation, dès que Lili s'aperçoit du départ de sa mère, elle manifeste bruyamment sa détresse en criant et en pleurant à chaudes larmes.

Peur de l'étranger
Méfiance qu'éprouve un enfant à l'égard de personnes inconnues, et qui apparaît généralement entre l'âge de six mois et d'un an.

Anxiété de séparation
Sentiment de détresse ressenti par un enfant quand la personne qui s'occupe habituellement de lui le quitte.

La peur des étrangers est quasi inexistante chez les bébés de moins de six mois. Elle apparaît autour de huit ou neuf mois et peut durer jusqu'à un an (Sroufe, 1997). Il est intéressant de souligner le lien existant entre la peur des étrangers et la permanence de l'objet telle que décrite par Piaget. En effet, la peur des étrangers implique que le bébé est capable de garder en mémoire les caractéristiques du visage de son parent et de les comparer à celles d'un autre visage, de la même manière qu'il peut garder en mémoire l'objet disparu et se mettre à sa recherche (Golse, 2001). Si, dans le passé, on attribuait ces réactions à tous les enfants, on sait aujourd'hui que ces réactions varient beaucoup en fonction de la situation et du tempérament de chacun. Ainsi, un enfant qui possède un tempérament facile, comme nous le verrons dans la section 4.1.3, réagira moins qu'un enfant au tempérament plus difficile. De plus, la peur des étrangers est assez facilement surmontable pour la plupart des bébés. Si on laisse à l'enfant la chance de se trouver en présence d'un étranger, il pourra graduellement réagir plus positivement (Sroufe, 1997). De son côté, l'anxiété de séparation ne serait peut-être pas attribuable à la séparation elle-même, mais plutôt à la qualité des soins prodigués par la personne à qui l'on confie l'enfant. En effet, quand cette personne est chaleureuse et joue avec l'enfant âgé de neuf mois avant même qu'il ne se mette à pleurer, celui-ci pleure moins lorsque son parent le quitte (Gunnar *et al.*, 1992). La stabilité des soins est donc très importante.

Les émotions autoévaluatives

Les émotions comme l'embarras et l'envie n'apparaissent que lorsque l'enfant a développé la conscience de soi, c'est-à-dire entre 15 et 24 mois. Elle permet à l'enfant de savoir à quel moment il est le centre de l'attention et de désirer ce qu'une autre personne possède. Vers l'âge de trois ans, l'enfant a non seulement acquis la conscience de soi, mais il a aussi intégré plusieurs règles sociales. Cette évolution favorise l'apparition des **émotions autoévaluatives** telles que la fierté, la honte et la culpabilité. Ces émotions impliquent que l'enfant porte un jugement sur lui-même et qu'il peut évaluer ses propres pensées, ses désirs et ses comportements en fonction des attentes de la société (Lewis, 1998). Ainsi, la culpabilité et la honte constituent deux émotions distinctes. La culpabilité implique qu'un enfant regrette un comportement inadéquat, comme d'avoir cassé un jouet ou d'avoir bousculé un autre enfant. L'émotion est alors centrée sur son comportement. Par contre, lorsqu'il a honte, l'enfant centre son émotion sur lui-même : il se sent incompétent comme individu parce qu'il a cassé un jouet ou parce qu'il a fait mal à un autre enfant. La honte, c'est la colère dirigée vers soi. L'enfant qui se sent coupable essaiera plutôt de corriger son mauvais comportement en réparant le jouet ou en réconfortant l'enfant bousculé, tandis que l'enfant qui se sent honteux aura davantage tendance à cacher sa faute ou à aller bouder dans un coin (Eisenberg, 2000).

L'anxiété de séparation

Cet enfant démontre des signes d'anxiété de séparation. L'anxiété de séparation est un phénomène courant chez les enfants âgés de huit mois à un an.

Les comportements altruistes et l'empathie

Alex, un enfant âgé de 18 mois, n'a jamais vu auparavant l'invité que reçoit son père. Lorsque celui-ci laisse tomber un crayon qui roule sous un meuble hors de sa portée, Alex rampe sous le meuble, récupère le crayon et le donne spontanément à l'invité. En agissant de cette façon, Alex démontre un **comportement altruiste** puisqu'en posant ce geste, il n'a aucune attente de récompense (Warneken et Tomasello, 2006). Les comportements altruistes semblent apparaître naturellement chez les trottineurs. Bien avant deux ans, les enfants offrent souvent de l'aide aux autres, partagent de la nourriture et donnent du réconfort (Warneken et Tomasello, 2008 ; Zahn-Waxler *et al.*, 1992).

Les enfants de 18 mois font aussi preuve d'**empathie** en étant en mesure de se mettre à la place d'une autre personne et de ressentir ce qu'elle ressent. On peut noter les premiers rudiments de l'empathie très tôt chez les poupons. Ainsi, à deux ou trois mois, les bébés réagissent aux expressions émotionnelles des autres (Tomassello, 2007). L'empathie dépend aussi de la **cognition sociale**, cette capacité de comprendre les pensées des autres et de pouvoir juger de leurs sentiments et de leurs intentions. À partir de neuf mois, l'enfant réagit différemment envers une personne qui veut lui donner un jouet, mais qui le laisse tomber par mégarde, comparativement à une autre personne qui refuse de lui donner le jouet. Cela suggère que les enfants de cet âge commencent à tenir compte des intentions des autres (Behne, Carpenter, Call et Tomasello, 2005).

Émotion autoévaluative
Émotion comme la fierté, la honte et la culpabilité, qui dépend de la conscience de soi et de la connaissance des normes sociales quant aux comportements jugés acceptables.

Comportement altruiste
Comportement visant à aider une autre personne sans attente de récompense.

Empathie
Capacité à se mettre à la place d'une autre personne et à ressentir ce qu'elle ressent.

Cognition sociale
Capacité de comprendre les pensées des autres et de juger de leurs sentiments et de leurs intentions.

La croissance du cerveau et le développement émotionnel

La croissance du cerveau est étroitement liée au développement émotionnel. Ainsi, un nouveau-né est facilement dérangé par les bruits ou la lumière. Toutefois, au fur et à mesure que se développe le système nerveux central et que les cellules nerveuses sont myélinisées, les réactions du bébé sont moins éparpillées et deviennent plus tempérées. Un changement majeur se produit lorsque, vers 9 ou 10 mois, les lobes frontaux commencent à interagir avec le système limbique, siège des réactions émotionnelles. Les relations entre la sphère cognitive et la sphère affective se trouvent en effet facilitées. Comme les connexions deviennent plus denses et plus élaborées, le bébé peut expérimenter et interpréter les émotions en même temps. En outre, les émotions sont également liées au développement physiologique plus large. C'est pourquoi un enfant négligé, qui n'est pas pris dans les bras, qui n'est pas caressé et à qui on ne parle pas, peut développer le **syndrome d'arrêt de croissance non organique**. Ce syndrome se caractérise par l'absence de croissance et de prise de poids, et ce,

Syndrome d'arrêt de croissance non organique
Arrêt de la croissance physique d'un bébé, malgré une alimentation adéquate.

malgré une alimentation adéquate. Par chance, lorsqu'on s'occupe des bébés atteints de ce syndrome, qu'on les hospitalise et qu'on leur offre le soutien émotionnel requis, ils ont de bonnes chances de reprendre leur rythme de croissance normal et de surmonter les effets de ce type de négligence. L'abus, la maltraitance et la négligence ont donc aussi des effets sur le développement de l'enfant, comme le montre l'encadré 4.1.

ENCADRÉ 4.1 APPROFONDISSEMENT

Les mauvais traitements envers les enfants

Les mauvais traitements envers les enfants concernent les situations où la sécurité ou le développement d'un enfant sont compromis. Dans l'ensemble des dossiers signalés retenus à la Direction de la Protection de la Jeunesse (DPJ) en 2012-2013, 22,5 % proviennent de négligence et 13,5 % d'un risque sérieux de négligence ; 22,2 %, d'abus physique et 7,1 %, de risque sérieux d'abus physique ; 13,8 %, de mauvais traitements psychologiques ; 10,4 %, de troubles de comportements sérieux ; 5,7 %, d'abus sexuel et 4,5 %, de risque sérieux d'abus sexuel ; et 0,43 %, d'abandon.

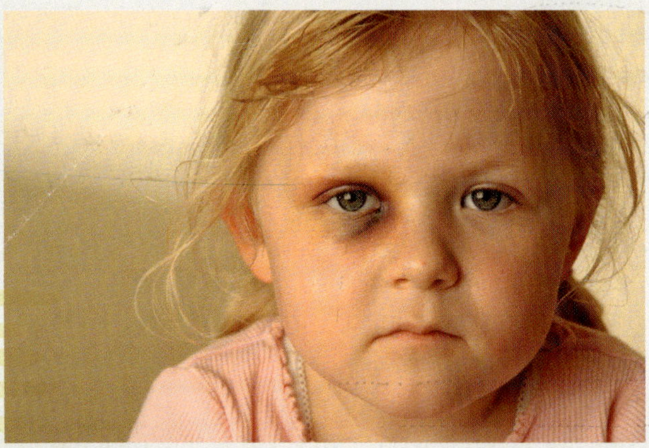

En 2009, le Centre de liaison sur l'intervention et la prévention psychosociales (CLIPP) trace un bilan des connaissances scientifiques sur ce sujet (Lemire *et al.*, 2009). La maltraitance est le résultat complexe de l'interaction de plusieurs facteurs de risque. La pauvreté, le niveau socioéconomique, le support social, la monoparentalité et le stress, pour n'en nommer que quelques-uns, peuvent augmenter les incidences de manifestation de mauvais traitements. Les antécédents de mauvais traitements chez les parents sont aussi un facteur à considérer. En effet, le tiers des enfants victimes de mauvais traitements vivent avec au moins un parent qui en a lui-même été victime durant son enfance. Néanmoins, sans minimiser la transmission intergénérationnelle, force est de constater que les deux tiers des parents qui abusent n'ont pas eux-mêmes été abusés durant leur enfance (Tourigny *et al.*, 2002). Le CLIPP a aussi identifié la présence de facteurs de protection dans l'environnement des enfants signalés à la DPJ. Les facteurs de protection identifiés réfèrent, la plupart du temps, à la présence d'un parent qui procure un soutien émotionnel à l'enfant, qui croit ce que l'enfant lui dit et qui pose des gestes pour le protéger. Les victimes de sévices sexuels sont les enfants qui bénéficient du plus grand nombre de facteurs de protection dans leur entourage, alors que les enfants victimes de négligence sont ceux qui en ont le moins.

Une des conclusions de l'étude concerne justement la gravité du phénomène de la négligence, qui est le type de mauvais traitement le plus fréquent au Québec. En effet, la proportion d'enfants victimes de négligence pendant plus de six mois y est de 65 %. Cette négligence, qui est définie comme l'omission sur le plan physique, affectif et intellectuel de comportements bénéfiques à l'enfant, est souvent associée au phénomène de la transmission intergénérationnelle et aussi plus fréquemment associée à une autre forme de sévices. Les conditions de vie des enfants victimes de négligence s'avèrent difficiles, puisqu'on dénombre également des problèmes familiaux et parentaux ainsi qu'une pauvreté économique et sociale constante (Tourigny *et al.*, 2002).

En 2012-2013, la DPJ a traité 80 540 signalements (Bilan des Directeurs de la protection de la jeunesse 2013). Cela équivaut à 5 % des enfants âgés de 0 à 17 ans. Les conséquences de la négligence chez les enfants sont nombreuses et elles doivent être prises en considération dans le soutien offert aux familles (Faugeras, Moisan et Laquerre, 2000). Les conséquences principales sont :

- des troubles de l'attachement dans la relation parent-enfant ;
- des problèmes de santé et des retards de croissance ;
- des retards de développement ;
- des troubles de comportement sérieux, de la délinquance, de la toxicomanie à plus long terme ;
- la transmission intergénérationnelle des comportements de négligence.

Étant donné l'ampleur des problèmes identifiés, il importe de mettre en place des mécanismes de soutien pour les familles. Il existe au Québec de plus en plus de programmes d'intervention précoce offerts aux familles présentant certains facteurs de risque (faible statut socioéconomique, faible niveau de scolarité, monoparentalité, isolement social, jeune âge de la mère). Dans certains de ces programmes, des rencontres avec les parents, animées par des intervenants ou d'autres parents, visent à offrir des modèles et des encouragements aux parents, à développer les habiletés parentales et à favoriser l'attachement.

La Fondation de la Visite est un exemple particulièrement intéressant d'intervention de type communautaire s'inspirant de l'approche de l'*empowerment* afin d'aider les gens à reprendre le contrôle de leur vie. Elle offre un service gratuit d'accompagnement aux femmes enceintes et aux parents de nouveau-nés dans six secteurs montréalais. Les intervenants sont des mères et des pères vivant dans le même quartier que ceux et celles qu'ils aident en les visitant à domicile au moins une fois par semaine pour leur apporter le soutien nécessaire et les accompagner, au besoin, vers les ressources communautaires de leur quartier. La stratégie d'intervention de la Fondation La Visite s'avère très efficace auprès des familles immigrantes, car en 2011-2012, 84 % des 251 familles suivies provenaient de ce type de famille. Leur expertise est maintenant reconnue pour briser l'isolement de parents issus de différentes communautés culturelles.

4.1.3 Le tempérament

Le **tempérament** est un autre facteur pouvant influer sur le développement émotionnel de l'enfant. Il correspond à une manière spécifique, et relativement stable, de réagir aux personnes et aux situations. Il caractériserait l'enfant dès le début de sa vie et aurait des bases biologiques (Royer, 2004).

Tempérament
Ensemble des prédispositions fondamentales, et relativement stables, qui modulent le style d'approche et de réaction aux personnes et aux situations.

Dans la mise en situation, Raphaël et Lili ne réagissent pas de la même façon à cause de leur tempérament. Raphaël s'adapte plus facilement et affiche une humeur plus positive tandis que Lili réagit fortement aux frustrations et manifeste fortement son humeur.

L'origine du tempérament

À la naissance, chaque bébé possède déjà certaines prédispositions innées qui l'amènent à réagir à son environnement d'une façon qui lui est propre. Le tempérament dépend, à la source, d'une multitude de facteurs génétiques ainsi que de nombreuses conditions prénatales, comme la nutrition et l'état de santé de la mère durant sa grossesse. Après la naissance, il se consolide en fonction du contexte social et des expériences de l'enfant. Le tempérament est donc au bébé ce que la personnalité est à l'enfant plus vieux ou à l'adulte. Il représente, en quelque sorte, une base fondamentale sur laquelle se développera sa personnalité future.

Les types de tempérament

L'Étude longitudinale de New York (NYLS) fournit des informations précieuses sur les types de tempérament. Dans cette recherche, 133 personnes ont été observées et testées, de la petite enfance jusqu'à l'âge adulte. Les chercheurs ont examiné le degré d'activité des enfants, la régularité de leurs fonctions biologiques (faim, sommeil, élimination); leurs réactions à une situation nouvelle ou à un étranger; leur capacité d'adaptation aux changements de routine; leur sensibilité au bruit, à la lumière ou à d'autres stimuli; l'intensité de leurs réactions; leur humeur (si l'enfant tend à être joyeux et amical ou malheureux et peu ouvert aux autres); leur tendance à la distraction; leur capacité d'attention et leur persistance dans l'effort. Les auteurs de l'étude ont constaté que les deux tiers des enfants pouvaient être classés en trois catégories: les **enfants faciles**, les **enfants difficiles** et les **enfants plus lents à réagir** (*voir le tableau 4.3, à la page suivante*). Ils ont également découvert que l'appartenance à une catégorie demeurait relativement stable jusqu'à l'âge adulte (Thomas et Chess, 1984).

Enfant facile
Enfant démontrant un tempérament généralement joyeux, une ouverture aux nouvelles expériences et ayant des rythmes biologiques réguliers.

Enfant difficile
Enfant au tempérament irritable, ayant un rythme biologique irrégulier et des réactions émotionnelles intenses.

Enfant plus lent à réagir
Enfant dont le tempérament est généralement calme, mais qui se montre hésitant devant de nouvelles situations.

Les résultats de l'étude de Thomas et Chess (1984) ont montré que 40 % des enfants entraient dans la catégorie des enfants faciles: ils faisaient preuve de gaieté, de régularité biologique et d'ouverture à l'égard des nouvelles expériences. L'étude indique que 10 % des enfants étaient des enfants difficiles: ils étaient plus irritables et difficiles à satisfaire, irréguliers dans leurs rythmes biologiques et plus intenses dans l'expression de leurs émotions. Enfin, 15 % des enfants étaient plus lents à réagir: leurs réactions (positives ou négatives) étaient de faible intensité, mais ils mettaient plus de temps à s'adapter à des situations nouvelles ou à des personnes inconnues (Thomas et Chess, 1984). Il importe toutefois de noter que plusieurs enfants (dont 35 % des enfants de l'échantillon de la NYLS) n'entrent dans aucune de ces trois catégories de tempérament. En effet, un enfant peut par exemple manger et dormir avec régularité, mais craindre néanmoins les étrangers, tandis qu'un autre peut s'adapter lentement à un nouvel aliment, mais s'attacher très vite à une nouvelle gardienne. Ces variantes sont donc assez courantes.

Pouvez-vous identifier les types de tempérament qui correspondent à celui de Raphaël et à celui de Lili?

Par ailleurs, les enfants dits «difficiles» ne sont pas nécessairement destinés à une mauvaise adaptation. Selon la NYLS, la clé d'un développement sain réside dans le degré d'**adéquation** entre le tempérament de l'enfant et les exigences de son environnement. Si nous attendons d'un enfant très actif qu'il reste tranquille pendant de longues périodes, ou si nous plaçons constamment un enfant plus lent à réagir devant de nouvelles situations, nous ne favorisons pas cette adéquation. Il est donc important que les parents et les éducateurs reconnaissent le tempérament de l'enfant et ajustent leurs demandes en fonction de celui-ci.

Adéquation
Concordance entre le tempérament d'un enfant et les caractéristiques de son environnement.

TABLEAU 4.3 Les trois types de tempérament

Enfant facile	Enfant difficile	Enfant plus lent à réagir
Réagit bien à la nouveauté et au changement.	Réagit mal à la nouveauté et au changement.	Réagit lentement à la nouveauté et au changement.
Développe rapidement des horaires réguliers de sommeil et d'alimentation.	A des horaires de sommeil et d'alimentation irréguliers.	Dort et mange plus régulièrement que l'enfant difficile, mais moins régulièrement que l'enfant facile.
S'habitue facilement à de nouveaux aliments.	S'adapte lentement à de nouveaux aliments.	Devant un nouveau stimulus (un nouvel aliment, une nouvelle personne, un nouvel endroit, etc.), présente une réponse initiale négative de faible intensité.
Sourit aux étrangers.	Se méfie des étrangers.	S'habitue graduellement à un nouveau stimulus au terme d'expositions répétées, sans subir de pression.
S'adapte facilement à des situations nouvelles.	S'adapte lentement aux situations nouvelles.	Présente des réactions, positives ou négatives, de faible intensité.
Accepte bien la plupart des frustrations.	Réagit à la frustration par des manifestations de colère.	Demeure relativement insensible aux frustrations. Ne réagit pas beaucoup.
S'adapte rapidement à une nouvelle routine et aux règles de nouveaux jeux.	S'adapte lentement à une nouvelle routine.	S'adapte assez rapidement aux nouvelles routines. Ne semble pas affecté positivement ou négativement.
Affiche des humeurs d'intensité faible à moyenne et habituellement positives.	Pleure souvent fort, rit fort, manifeste des humeurs intenses et souvent maussades.	Affiche une humeur généralement neutre. N'est ni content ni triste, mais semble plutôt indifférent.

Source : Adapté de Thomas et Chess, 1984.

Ainsi, la mère de Lili génère une tension inutile en n'adaptant pas sa conduite à celle de sa fille. Les enfants de tempérament difficile peuvent manifester une plus grande sensibilité aux réactions parentales que les enfants des deux autres catégories ; ils peuvent avoir besoin de plus de soutien émotionnel tout en voyant leur autonomie respectée (Stright, Gallager et Kelley, 2008). En acceptant le tempérament inné de leur enfant, les parents se libèrent d'une lourde charge émotive et risquent donc moins de devenir impatients et sévères envers lui. Ils comprennent que leur enfant n'agit ni par entêtement ni par malveillance et ils peuvent alors l'aider à utiliser son tempérament comme une force.

Un bébé au tempérament facile

Cette fillette accepte volontiers de goûter de nouveaux aliments. Ces signes démontrent un tempérament facile.

La stabilité du tempérament

Le tempérament semble largement inné, probablement héréditaire (Thomas et Chess, 1984), et relativement stable. Les nouveau-nés affichent en effet des tempéraments différents qui persistent dans le temps. Ainsi, des chercheurs qui ont utilisé une classification des tempéraments semblable à celle de la NYLS ont montré que le tempérament à l'âge de 3 ans permet de prédire de façon étroite la personnalité à l'âge de 18 et 21 ans (Caspi, 2000). Cependant, il semble que seul un faible pourcentage d'enfants très difficiles (10 %) maintienne ce tempérament jusqu'à l'entrée à l'école (Rubin *et al.*, 1997). En fait, le tempérament n'est pas complètement formé à la naissance et continue de se développer dans l'enfance lorsque les diverses émotions et les habiletés d'autorégulation apparaissent (Rothbart, Ahadi et Evans, 2000). Il peut donc changer en fonction de l'attitude des parents. Par exemple, de jeunes garçons qui se montrent craintifs et timides sont plus susceptibles de l'être encore à l'âge de trois ans si leurs parents acceptent leurs réactions. Par contre, si les parents les encouragent à affronter de nouvelles situations, ils tendent à être moins inhibés (Park *et al.*, 1997).

La culture influence aussi la stabilité du tempérament. En effet, selon la culture d'appartenance, les parents vont encourager les enfants à maintenir un type de tempérament plutôt qu'un autre. Au Canada, comme dans les autres pays occidentaux, les enfants timides et inhibés sont plus susceptibles d'être perçus comme immatures et incompétents socialement, alors qu'en Chine, la timidité et l'effacement sont socialement approuvés. Ainsi, une étude comparative Canada-Chine a montré que les mères canadiennes d'enfants timides se montraient plutôt punitives ou surprotectrices, alors que les mères chinoises étaient plus chaleureuses et acceptaient davantage leur enfant (Chen *et al.*, 1998).

Les efforts du pédiatre Gilles Julien auprès des enfants issus de milieux défavorisés, dont il est question dans l'encadré 4.2, montrent bien que le tempérament demeure malléable durant l'enfance et qu'il continue de se modifier en fonction de l'entourage de l'enfant. En effet, les résultats d'une intervention précoce auprès des clientèles à risque ont montré des comportements d'interaction plus positifs entre les mères et leurs nourrissons (Cloutier et Moreau, 1990).

ENCADRÉ 4.2 APPLICATION

Le docteur Julien et la pédiatrie sociale

Le docteur Gilles Julien est surtout connu à cause de la Guignolée annuelle fortement médiatisée qui porte son nom et à laquelle participent de nombreux artistes. Pédiatre de formation, depuis les années 1990, il prêche et milite en faveur de la pédiatrie sociale comme approche à privilégier auprès des enfants. Sa perspective théorique s'inspire résolument du modèle écologique de Bronfenbrenner en cherchant à faire converger les ressources autour de l'enfant pour mieux l'aider dans son développement.

Selon le modèle de la pédiatrie sociale en communauté, les maladies et les difficultés des enfants ne dépendent pas uniquement de leur condition physique, mais également de leur situation socioéconomique. Les enfants des milieux difficiles et défavorisés sont donc particulièrement à risque, la pauvreté faisant souvent de ces enfants des exclus du système. La pédiatrie sociale en communauté favorise une intervention intégrée de tous les acteurs qui entourent l'enfant, tels les CPE, les écoles, les CSSS et les hôpitaux, afin d'améliorer son état général de santé.

Gilles Julien a testé l'efficacité de son approche en ouvrant deux premiers centres de pédiatrie communautaire dans les quartiers montréalais d'Hochelaga-Maisonneuve en 1997 et de Côte-des-Neiges en 2003, particulièrement défavorisés. Ces centres, composés principalement d'intervenants et de professionnels du milieu de la santé et des services sociaux et épaulés par de nombreux bénévoles, accueillent les enfants et les personnes clés de leur entourage pour les aider à comprendre la problématique et à mieux traverser certaines crises inévitables. Dans tous les cas, les ressources du milieu sont mobilisées afin d'aider les familles à se prendre en charge elles-mêmes. La pédiatrie sociale mise sur la prévention et croit que le dépistage rapide des enfants à risque permet d'intervenir avant que les problèmes ne s'aggravent. Le succès de la pédiatrie sociale du Dr Julien a poussé des équipes à développer d'autres centres à Montréal et ailleurs au Québec. À ce jour, on compte 14 centres, installés ou en voie de démarrage, dans des villes comme Québec, Trois-Rivières et Gatineau.

FAITES LE POINT

1. Comment se manifeste l'apparition de la conscience de soi chez l'enfant ?
2. Décrivez la peur de l'étranger et l'anxiété de séparation.
3. Expliquez la différence fondamentale entre les émotions de base, comme le sourire et les pleurs, et les émotions autoévaluatives.
4. Nommez et définissez les différents types de tempérament.

4.2 Les théories du développement de la personnalité

Comme nous l'avons vu dans le chapitre 1, selon l'approche psychanalytique, la personnalité se développe au fil de stades successifs de développement, compte tenu des besoins de l'enfant et des réponses que son milieu lui offre. Voyons maintenant les stades de la théorie psychosexuelle de Freud et ceux de la théorie psychosociale d'Érikson.

4.2.1 La théorie psychosexuelle de Freud

Pour Freud, à chaque stade de son développement, l'enfant investit une partie de son corps qui devient une zone érogène. Le degré ou la qualité du plaisir sexuel qu'elle procure ainsi que la façon dont chaque stade est franchi aura une incidence sur la personnalité de l'enfant (*voir le chapitre 1*). Pour Freud, la mère joue un rôle fondamental puisqu'elle représente pour l'enfant le premier objet d'amour et que la nature de leur relation teintera les relations de l'enfant avec son entourage pour le reste de sa vie. Durant les trois premières années de la vie, l'enfant passe par deux stades de développement psychosexuel : le stade oral et le stade anal.

Le stade oral

Stade oral
Selon Freud, premier stade du développement psychosexuel, durant lequel la satisfaction est obtenue principalement par la bouche, l'incorporation et la relation avec la mère.

Durant le **stade oral** (de la naissance à 18 mois), la zone érogène investie est la bouche. L'enfant tire du plaisir à téter, à sucer puis à mordiller tout ce qui lui tombe sous la main. Selon Freud, la façon dont la mère répond à ce besoin a une incidence fondamentale sur la personnalité de l'enfant. Le nouveau-né entretient une relation symbiotique avec sa mère et ne se perçoit pas comme séparé d'elle, il est donc fondamental que le sevrage se fasse, mais pas de façon hâtive ni trop brutale. Le développement d'une personnalité saine résulte, en effet, d'un juste équilibre entre la satisfaction adéquate des besoins oraux de l'enfant et la présence d'un espace pour le développement de la force du moi. Par exemple, une mère qui cesserait brusquement son allaitement ou qui empêcherait son bébé de porter des objets à sa bouche créerait une frustration trop grande chez lui. À l'opposé, une mère qui irait toujours au-devant des besoins de son bébé ne lui permettrait pas de les exprimer par lui-même, alors que cet apprentissage s'avère pourtant nécessaire à la construction de sa personnalité. Dans les deux cas, on assisterait à l'apparition d'un conflit intrapsychique, c'est-à-dire à un déséquilibre entre les besoins du ça (celui qui ne veut que téter) et les exigences extérieures, qui ne permettent pas toujours la satisfaction immédiate de ces besoins. Selon Freud, un tel déséquilibre au stade oral crée une personnalité dépendante, caractérisée par la difficulté de ressentir une sécurité émotionnelle et de devenir autonome dans ses relations interpersonnelles.

Le stade anal

Stade anal
Selon Freud, deuxième stade du développement psychosexuel, durant lequel la satisfaction est obtenue grâce à la rétention et à l'expulsion des selles et, d'une manière plus large, au contrôle de soi et des autres.

i+

Le tableau 4.1W présente quelques mécanismes de défense souvent utilisés par les poupons et les trottineurs.

Au **stade anal** (de 18 mois à 3 ans), ce sont l'anus et le rectum qui deviennent sources de plaisir pour l'enfant. Dans un premier temps, la défécation lui procure du plaisir ; le fait de retenir ou au contraire de relâcher ses sphincters lorsqu'il en a acquis le contrôle est à la base de la gratification. L'apprentissage de la propreté représente donc un moment critique durant ce stade. Encore une fois, selon Freud, le rôle de la mère est de laisser l'enfant jouir de son plaisir tout en l'encadrant dans le contrôle qu'il doit désormais exercer. Une mère trop contrôlante ou, à l'inverse, trop laxiste influencera négativement le développement de la personnalité de l'enfant. Un déséquilibre au stade anal peut ainsi créer une personnalité marquée par l'obsession du contrôle de soi et des autres ou, au contraire, par l'absence totale de structure. Il faut se souvenir qu'à cet âge, l'enfant est beaucoup plus évolué physiquement et cognitivement qu'au stade précédent ; il apprend qu'il peut non seulement exercer un contrôle sur lui-même, mais également sur ses parents.

Tout au long des stades oral et anal, les jeunes enfants sont soumis à des frustrations qui génèrent de l'anxiété. Pour composer avec celle-ci, le moi a recours à divers mécanismes de défense. Par exemple, l'enfant peut transformer une pulsion inacceptable en utilisant le mécanisme de défense appelé « substitution », c'est-à-dire, par exemple, en jouant avec de la pâte à modeler plutôt qu'avec ses excréments. Nous reparlerons des mécanismes de défense du moi dans le chapitre 8.

4.2.2 La théorie psychosociale d'Erikson

Nous avons vu qu'à chacun des stades du développement psychosocial proposés par Erikson survient une crise qui doit se résoudre par l'atteinte d'un équilibre satisfaisant entre des forces qui s'opposent, faute de quoi le développement du moi risque d'être compromis. Deux crises se produisent au cours des trois premières années : la crise de la confiance *versus* la méfiance, et celle de l'autonomie *versus* la honte et le doute.

La première crise : confiance *versus* méfiance fondamentales

L'opposition **confiance *versus* méfiance fondamentales** marque la première crise que traverse l'enfant de la naissance à 18 mois. L'enfant est alors totalement dépendant des autres pour la satisfaction de ses besoins. Si la personne qui s'occupe de lui, généralement sa mère, les comble rapidement, l'enfant va acquérir une confiance inébranlable envers elle et, de façon plus large, envers l'environnement pourvoyeur. Par ailleurs, si on ne répond pas à ses besoins ou si l'on tarde trop à y répondre, l'enfant apprendra à se méfier de cet environnement peu fiable. La qualité de l'entourage de l'enfant est donc de toute première importance pour que celui-ci puisse développer un modèle interne solide de confiance fondamentale. Plus encore, à force d'être convaincu qu'il peut faire confiance aux autres, l'enfant finit par être convaincu qu'il peut, de la même façon, se faire confiance. Selon Erikson, la confiance en soi tire donc son origine de la manière dont l'entourage a répondu aux premiers besoins de l'enfant.

Confiance *versus* méfiance fondamentales
Selon Erikson, première crise du développement psychosocial (0 à 18 mois), au cours de laquelle le nourrisson investit le monde sur la base d'un sentiment de confiance ou de méfiance. La qualité de l'interaction avec la mère joue un rôle important dans l'établissement de la confiance.

Cependant, l'enfant doit aussi apprendre qu'il ne peut pas toujours avoir une confiance aveugle et naïve envers l'environnement. Il doit réaliser qu'il doit parfois se montrer circonspect et prudent pour ne pas se laisser berner. Cette méfiance fondamentale est utile et nécessaire, mais elle ne doit pas être exagérée, ce qui conduirait à un retrait affectif et social. Le développement sain de la personnalité n'est atteint que par un juste équilibre entre la confiance, nécessaire à l'établissement de relations interpersonnelles authentiques, et la méfiance, nécessaire à la protection de soi. Comme nous l'avons vu dans le tableau 1.3 du chapitre 1, la force adaptative développée lors de cette crise est l'espoir, qui donne à l'enfant la certitude que le monde qui l'entoure est un endroit sécuritaire et prévisible, et sur lequel il peut agir. Contrairement à Freud, pour qui l'alimentation était source de gratification orale, pour Erikson, c'est la nature de l'interaction affective entre la mère et l'enfant qui influe sur l'établissement du sentiment de confiance de ce dernier. La mère qui réagit favorablement aux besoins de l'enfant, qui tantôt le rassure et tantôt le laisse explorer son univers, facilite sa transition vers le stade suivant, puisque l'enfant intériorise alors l'idée que sa mère est disponible même si elle n'est pas constamment présente.

L'entraînement à la propreté
Pour Erikson, l'entraînement à la propreté est une étape importante vers l'autonomie et la maîtrise de soi.

La seconde crise : l'autonomie *versus* la honte et le doute

L'opposition **autonomie *versus* honte et doute** constitue la deuxième crise traversée par l'enfant de 18 mois à 3 ans. Le sentiment de confiance développé lors de la première crise a engendré chez l'enfant le désir de s'ouvrir au monde extérieur sans trop de crainte. Il veut donc maintenant explorer et croire en sa capacité d'agir de manière autonome. Cependant, il doit aussi reconnaître ses limites et entretenir des doutes raisonnables sur ses capacités. L'enfant de cet âge éprouve beaucoup de plaisir à faire des choses par lui-même et à démontrer aux adultes qu'il peut tout faire. « Je suis capable » revient souvent dans ses échanges avec les adultes. Il va insister pour se verser lui-même un verre de lait et se montrer très surpris d'en renverser. Cette poussée vers l'autonomie dépend en partie de la maturation de ses nouvelles capacités motrices. En effet, comme nous l'avons vu dans le chapitre 3, l'enfant peut maintenant agir davantage par lui-même. Rapidement, grâce au langage, il est même en mesure de mieux exprimer ses désirs.

Autonomie *versus* honte et doute
Selon Erikson, deuxième crise du développement psychosocial (18 mois à 3 ans), au cours de laquelle l'enfant doit trouver un équilibre entre, d'une part, l'autonomie (indépendance, autodétermination) et, d'autre part, la honte et le doute.

La force adaptative qui émerge durant ce stade est la volonté. Toutefois, si son besoin d'explorer et de s'affirmer est trop souvent contrecarré par l'entourage, ou si celui-ci lui reproche continuellement ses échecs, l'enfant peut finalement en conclure qu'il vaut mieux ne pas faire preuve d'autonomie afin d'éviter les problèmes. Encore une fois, les parents et les éducateurs doivent faire preuve de discernement. Pour certains enfants, il faut resserrer l'encadrement afin d'éviter les accidents, car ils manifestent un « excès » d'autonomie. Pour d'autres, il faut plutôt les pousser à faire les choses par eux-mêmes, car ils ont trop peur d'échouer. L'entraînement à la propreté, qui est acquise plus rapidement chez la plupart des enfants s'il commence après 27 mois (Blum, Taubman et Nemeth, 2003), représente un pas important vers l'acquisition de l'autonomie et du contrôle de soi.

Quels sont les comportements de Raphaël qui manifestent son désir d'autonomie ?

Négativisme
Comportement caractéristique du jeune enfant (autour de deux ans) qui l'amène à exprimer son désir d'autonomie en s'opposant fermement à ce qu'on lui demande de faire.

Le **négativisme**, qui apparaît autour de deux ans, constitue une manifestation courante de cette autonomie. Parfois, ce négativisme peut s'exprimer par des «non» à répétition, comme pour Raphaël, qui ne veut pas partir tout de suite du CPE. L'enfant de cet âge veut exprimer ses propres idées et expérimenter selon ses préférences. Si l'autonomie est l'issue souhaitable de cette seconde crise, l'enfant doit cependant évaluer de façon réaliste ses propres limites; c'est là une composante essentielle d'une personnalité équilibrée. Les parents doivent donc être attentifs à cette période particulière du développement et mettre sur pied des stratégies qui aideront l'enfant à devenir autonome (*voir le tableau 4.4*).

TABLEAU 4.4 Les attitudes éducatives à privilégier en fonction de différentes théories du développement

Théorie	Principe de développement	Attitudes éducatives à privilégier
Théorie de la pyramide des besoins de Maslow[a]	Répondre aux besoins de l'enfant (physiologiques, de sécurité, affectifs).	• Être attentif aux besoins de l'enfant (dormir, manger, être en sécurité, être réconforté, etc.) plutôt que s'en tenir à un horaire fixe.
Théorie du développement psychosocial d'Erikson	Développer la confiance fondamentale.	• Répondre rapidement aux besoins de l'enfant afin qu'il développe de la confiance envers l'environnement pourvoyeur. • Assurer une sécurité maximale autour de l'enfant pour qu'il fasse confiance à son environnement et en vienne à se faire confiance. • Être prévenant, plein d'attention et encourager les expérimentations personnelles de l'enfant.
	Développer une saine méfiance.	• Montrer à l'enfant comment agir prudemment lors de ses expérimentations, mais le réconforter quand il se cogne la tête, tombe ou se pince les doigts.
	Développer l'autonomie.	• Permettre à l'enfant de faire des choix (par exemple, choisir ses vêtements), de les exercer (par exemple, s'habiller, se verser du lait) et d'en assumer les conséquences (par exemple, aider à ramasser les dégâts). • Laisser une marge de manœuvre à l'enfant, mais se montrer ferme dans les mises en garde («Au terrain de jeu, il ne faut jamais dépasser la barrière»). • Accepter avec sagesse l'opposition systématique de l'enfant: les «Non» à répétition et les «Je suis capable tout seul». • Présenter les tâches moins agréables (par exemple, ramasser ses jouets) comme des tâches amusantes qui ne peuvent être accomplies que par des «grands».
	Développer une saine attitude de doute.	• Accepter les échecs d'autonomie de l'enfant plutôt que les lui reprocher («Je le savais que tu ne serais pas capable!»). • Aider l'enfant à comprendre la raison de son incapacité. • Resserrer l'encadrement et la surveillance quand l'enfant est frustré (par exemple, cris, comportements agressifs à l'égard des autres, etc.).
Théorie de l'attachement de Bowlby et Ainsworth[b]	Développer le sentiment d'attachement.	• Être une présence rassurante (base de sécurité) quand l'enfant explore afin qu'il soit convaincu que «rien de grave ne peut m'arriver, car maman est là!».
Théorie de l'apprentissage social de Bandura[a]	Tenir compte de l'imitation des modèles.	• Ne pas dramatiser inutilement les chutes bénignes, les blessures superficielles et les peurs de l'enfant. Ne pas montrer de la peur et de l'effroi.
Théorie de la référence sociale de Hertenstein et Campos[b]	Tenir compte de l'interprétation émotionnelle faite par l'enfant.	• Se montrer affable et rassurant dans des situations nouvelles et devant les étrangers (expression chaleureuse du visage).
Théorie du développement psychosexuel de Freud[a]	Savoir composer avec les pulsions du stade oral.	• Laisser les pulsions naturelles de l'enfant s'exprimer sur son corps et sur les objets et ne pas chercher à les brimer trop tôt. • Éviter la présence d'objets dangereux ou de produits dangereux que l'enfant risquerait d'ingérer. • Apprendre à l'enfant à respecter certaines limites (ne pas mordre les autres). • Réduire les occasions de frustration en détournant d'abord son attention (arrêter une activité intéressante).

TABLEAU 4.4 Les attitudes éducatives à privilégier en fonction de différentes théories du développement (*suite*)

Théorie	Principe de développement	Attitudes éducatives à privilégier
	Savoir composer avec les pulsions du stade anal.	• Accepter avec sagesse le fait que l'enfant aime beaucoup se salir (par exemple, avec de la boue, de la nourriture, etc.). • Montrer de l'intérêt à ses efforts pour être propre et approuver sa joie quand il réussit. • Préparer l'enfant à mettre fin à une activité («Nous allons devoir partir bientôt»). • Faire preuve d'indulgence et de compassion dans les moments difficiles que peut vivre l'enfant (par exemple, faire pipi à nouveau dans ses culottes à la naissance d'un frère ou d'une sœur).
Théorie du conditionnement classique ou répondant de Pavlov[a]	Associer le parent à un signal positif.	• Faire en sorte que l'enfant associe ses parents à des expériences agréables plutôt que désagréables (par exemple, éviter d'utiliser systématiquement la punition pour ne pas être perçu de façon négative).
Théorie du conditionnement opérant de Skinner[a]	Renforcer les conduites adéquates et punir les conduites inadéquates.	• Utiliser souvent les renforcements positifs (par exemple, sourires, mots pour faire apprendre ou maintenir les comportements souhaités). • Privilégier le retrait de l'enfant (punition négative) plutôt que la punition (punition positive) dans les cas d'agressivité. • Éviter l'emploi de la punition physique, car elle augmente la frustration à la fois de l'enfant et des parents.

Notes:

[a] Théorie présentée dans le chapitre 1.

[b] Théorie présentée plus loin dans ce chapitre.

Source: Inspiré d'Haswell, Hock et Wenar, 1981; Kochanska et Aksan, 1995; Kopp, 1982; Kuczynski et Kochanska, 1995; Power et Chapieski, 1986.

4.2.3 L'évaluation des théories du développement de la personnalité

Les théories de Freud et d'Erikson nous aident à mieux comprendre le développement de la personnalité des enfants. Toutefois, ces deux théories possèdent certaines limites, surtout liées à la difficulté de valider objectivement les concepts qu'elles mettent de l'avant. Qu'est-ce exactement que la confiance fondamentale et comment la mesurer objectivement? Comment évaluer avec certitude que c'est bien l'insatisfaction orale qui crée une personnalité dépendante? Les recherches qui ont tenté de confirmer les postulats de ces théories n'ont pas abouti à des résultats concluants. Par ailleurs, toutes deux considèrent la mère comme la principale responsable du développement de la personnalité de l'enfant et ne laissent que peu de place au père et aux autres adultes significatifs, de même qu'au milieu de vie de l'enfant. Toutefois, ces théories nous renseignent sur l'importance des premières relations affectives de l'enfant, comme le font d'ailleurs les théories de l'attachement que nous verrons maintenant.

La confiance fondamentale

D'après Erikson, ce poupon développera sa confiance dans le monde extérieur grâce aux soins attentifs et réguliers de sa mère ou de la personne qui en prend soin.

FAITES LE POINT

5. Nommez et expliquez les deux premiers stades selon la théorie freudienne, ainsi que les deux premières crises selon celle d'Erikson.
6. Quelles sont les différences fondamentales entre ces deux théories?
7. Quelles sont les limites de ces théories du développement de la personnalité?
8. Une de vos amies se plaint du caractère difficile de sa petite fille de deux ans et demi, qui refuse systématiquement de faire ce qu'elle lui demande par des «non» catégoriques. Elle ne sait pas comment réagir face à cette attitude. Que pourriez-vous lui dire pour l'aider à mieux comprendre le comportement de sa fille?

4.3 Les théories de l'attachement

Attachement
Relation affective réciproque et dynamique qui s'établit entre deux individus et qui a une fonction adaptative pour l'enfant. L'interaction entre ces deux personnes contribue à renforcer et à raffermir ce lien.

L'**attachement** se définit comme le lien affectif, durable et réciproque entre un enfant et la personne qui en prend soin. L'attachement a une fonction adaptative pour l'enfant. Il lui assure le bien-être physique et affectif dont il a besoin. Ce lien d'attachement développé durant la petite enfance semble être déterminant pour l'établissement et la qualité des liens interpersonnels futurs chez l'individu. Trois grands courants théoriques ont tenté d'expliquer l'attachement : les théories de l'apprentissage, les théories éthologiques et la théorie éthologico-psychanalytique.

4.3.1 Les théories de l'apprentissage

Ces théories s'appuient sur les notions de conditionnement et de renforcement que nous avons étudiées dans le chapitre 1. Elles postulent que l'attachement se crée essentiellement par l'entremise des interactions entre les parents et l'enfant, interactions qui permettent à celui-ci de faire des apprentissages de type répondant ou opérant. Ainsi, le bébé apprend selon les principes du conditionnement répondant lorsqu'il établit, par exemple, une association entre la personne qui lui donne le biberon et l'assouvissement de sa faim. Il apprend plutôt selon les principes du conditionnement opérant quand il y a renforcement dans la relation bébé-adulte. En effet, le fait qu'un parent réponde en souriant au bébé qui gazouille renforce ce comportement chez l'enfant et encourage la proximité entre eux. Les théories béhavioristes ont insisté depuis longtemps sur le fait que les parents façonnent le comportement de leurs enfants selon des processus de conditionnement et considèrent que ces conditionnements sont réciproques (Rubin *et al.,* 1996). Enfin, la théorie de l'apprentissage social peut également servir à la compréhension des processus d'attachement. Selon celle-ci, l'enfant apprend comment se créent les interactions intimes lorsqu'il observe des comportements modèles qui font appel à la proximité, par exemple en voyant son grand frère qui pleure se faire consoler par sa mère. Les théories de l'apprentissage suggèrent enfin que l'attachement ne se crée pas seulement avec la mère, mais avec toutes les personnes qui s'occupent régulièrement de l'enfant, comme le père, la grand-mère ou l'éducatrice de la garderie.

4.3.2 Les théories éthologiques de l'attachement

Éthologiste
Scientifique qui étudie les comportements caractéristiques des différentes espèces.

Empreinte
Processus génétiquement programmé qui se produit durant une période critique du développement d'un organisme, et par lequel l'organisme réagit à un stimulus d'une manière difficilement modifiable par la suite.

Konrad Lorenz, un **éthologiste** célèbre lauréat d'un prix Nobel de physiologie, a mis en évidence le processus de l'**empreinte**, appelé aussi « imprégnation », chez les animaux. Il a montré que des poussins fraîchement éclos suivent le premier objet mobile qu'ils perçoivent, lequel, dans leur environnement naturel, est habituellement la mère. L'empreinte, un processus génétiquement programmé, démontre que les petits manifestent donc des comportements visant à les maintenir à proximité de la mère. Ce comportement de survie est-il lié au besoin de nourriture ?

Nous avons vu que, pour Freud, la mère devient un objet d'amour parce qu'elle satisfait un besoin primaire : l'alimentation. Cependant, certains éthologistes comme Harry Harlow ont remis en question la position de Freud sur l'établissement de l'attachement. Lors d'une expérience classique, Harlow a voulu vérifier les facteurs responsables de l'établissement de l'attachement de singes rhésus de 6 à 12 semaines à partir des dimensions suivantes : l'apport de nourriture, le réconfort fourni par le contact d'un tissu pelucheux, la température et le mouvement. Il a séparé les jeunes singes de leur mère biologique 6 à 12 heures après leur naissance et les a élevés avec des mères de substitution : une « mère » en fil métallique à laquelle était accroché un biberon et une « mère » sans biberon, mais recouverte d'un doux tissu en peluche. Les jeunes singes étaient libres de choisir leur mère de substitution. Tous, sans exception, ont choisi le contact et le réconfort fourni par la mère en tissu pelucheux. Même s'ils se nourrissaient auprès de la mère métallique, ils allaient ensuite se réfugier auprès de l'autre mère. De plus, lorsqu'ils étaient soumis à un stimulus effrayant, ils se tournaient systématiquement vers la mère de peluche. Harlow en a conclu que le contact réconfortant est plus puissant que les autres facteurs tels que le mouvement, la température et même l'apport de nourriture. Toutefois, bien que les petits élevés par des mères de substitution aient démontré un intérêt plus grand pour l'exploration et un certain attachement à leur mère en peluche, celle-ci n'a pas réussi à remplacer une vraie mère. En effet, aucun des animaux des deux groupes n'a connu un développement normal et aucun n'a pu, par la suite, materner ses propres petits (Harlow et Harlow, 1962; Suomi et Harlow, 1972). Néanmoins, cette expérience débouche sur une conclusion irréfutable: ce n'est pas l'apport de nourriture qui favorise l'établissement d'un lien d'attachement, mais plutôt la satisfaction du besoin de contact physique, doux et réconfortant (Parent et Saucier, 1999).

Le besoin de contact réconfortant

Dans une série d'expériences classiques, Harry et Margaret Harlow ont montré que la nourriture n'est pas ce qui compte le plus dans l'établissement de l'attachement. Lorsque des bébés singes rhésus pouvaient choisir entre une «mère nourricière» en fil de fer ou une «maman» douce et chaude en tissu pelucheux, ils passaient plus de temps accrochés à leur mère en tissu, même s'ils étaient nourris par des bouteilles attachées à leur «mère métallique».

4.3.3 La théorie éthologico-psychanalytique

John Bowlby, pédiatre et psychanalyste anglais, a travaillé auprès d'enfants séparés de leurs parents durant la dernière guerre mondiale, chez qui il a pu observer les carences sur le plan du développement affectif. Il s'est aussi beaucoup intéressé aux travaux des éthologistes, convaincu en effet que cette théorie pouvait servir à expliquer la construction du lien affectif entre la mère et l'enfant chez les humains. Son postulat de base repose sur l'idée que, tout comme la plupart des animaux, l'être humain a le besoin primaire d'établir des liens d'intimité forts avec ses parents, de manière à protéger sa survie et celle de son espèce (Bowlby, 1969). Ne pouvant assurer seul sa survie, le bébé est génétiquement programmé à maintenir une proximité avec une personne capable de le protéger, en émettant des signes comme les pleurs, les cris, le sourire, etc. (Parent et Saucier, 1999). Pour Bowlby, la personne avec qui ce premier lien d'attachement s'établit n'est pas nécessairement la mère biologique. L'attachement est un lien affectif positif qui s'accompagne d'un sentiment de sécurité et qui ne peut être observé directement. Ce que nous pouvons observer, ce sont des **comportements d'attachement**, tels que des regards, des sourires, des contacts, des pleurs. Ainsi, dans la mise en situation, Raphaël et Lili démontrent des comportements d'attachement très différents. De tels comportements apparaissent surtout lorsque l'enfant a besoin d'être soigné, réconforté ou sécurisé, c'est-à-dire lorsqu'il veut maintenir le contact ou se rapprocher de sa figure d'attachement. Les carences dans l'établissement du lien d'attachement sont irréversibles si elles interviennent au premier âge (Bowlby, 1969).

Comportement d'attachement
Signe émis par l'enfant (regard, sourire, contact, pleur, etc.) qui appelle une réponse de l'adulte qui s'en occupe.

La création du lien d'attachement

La création du lien d'attachement entre un enfant et une autre personne est un processus qui se développe lentement. Pour Bowlby (1969), l'attachement s'établit en trois phases: le préattachement, l'émergence de l'attachement et l'attachement véritable.

Avant deux ou trois mois, un ensemble de comportements d'attachement innés sont manifestés par l'enfant (pleurs, agrippements, sourires, etc.), mais ils ne sont pas différenciés en fonction des personnes qui prennent soin de lui (Ainsworth, 1989). Dès la huitième semaine, le bébé se met à orienter ses comportements d'attachement vers les personnes proches de lui, et plus particulièrement sa mère. Ses avances portent fruit quand la mère répond chaleureusement et avec plaisir, lui offrant de fréquents contacts physiques et la liberté d'explorer. Le bébé se rend compte alors de l'effet de ses actions et acquiert progressivement à la fois un sentiment d'emprise sur le monde et un sentiment de confiance en lui, lié à sa capacité d'obtenir des résultats. Toutefois, il n'est pas encore véritablement attaché à elle. En effet, l'attachement véritable n'apparaîtrait pas avant six ou huit mois: une personne, généralement la mère, devient alors la figure d'attachement principale, comme nous le verrons plus loin.

Le développement de l'attachement

Par la façon dont elles interagissent, cette mère et sa fille contribuent toutes deux à créer un lien d'attachement. La façon dont le bébé étreint sa mère montre qu'il a confiance en elle, ce qui renforce les sentiments que la mère éprouve pour son enfant.

Selon Bowlby (1969), l'enfant est actif dans la création d'un lien d'attachement. Pour ce faire, il se construit un modèle opérationnel interne (MOI), c'est-à-dire une représentation des comportements et des attitudes de la personne la plus significative pour lui, généralement sa mère. Tant que celle-ci agit conformément à ce modèle interne, le bébé ne change pas. Si toutefois la mère modifie de façon consistante sa manière d'agir avec l'enfant, celui-ci doit modifier son modèle interne et le type d'attachement peut alors en être affecté.

L'enfant se construit de la même manière plusieurs modèles internes d'attachement au contact des personnes qui sont significatives pour lui. Contrairement à ce que l'on a longtemps cru, il semble que les bébés développent des liens d'attachement avec leurs deux parents à peu près au même moment. La plupart du temps, le type d'attachement au père et à la mère est également similaire. Il arrive cependant qu'un attachement insécurisant avec l'un des parents soit compensé par un attachement sécurisant avec l'autre (Verschueren et Marcoen, 1999).

Situation étrange
Expérience de laboratoire développée par Mary Ainsworth visant à évaluer le type d'attachement entre une mère et son enfant.

Attachement sécurisant
Type d'attachement dans lequel l'enfant manifeste de la confiance en présence de sa mère, de la détresse lors de son absence, et un retour à la confiance lors de la réunion avec la mère.

Attachement insécurisant de type évitant
Type d'attachement perturbé, dans lequel l'enfant manifeste une distance à l'égard de sa mère lorsqu'elle est présente, une indifférence lors de son départ, et une absence de réconfort lors du retour.

Attachement insécurisant de type ambivalent
Type d'attachement perturbé, dans lequel l'enfant affiche une anxiété en présence et en l'absence de sa mère. Lors de la réunion avec cette dernière, l'enfant démontre tout à la fois une recherche de réconfort et des comportements de rejet et de résistance à la mère.

Les formes d'attachement

Mary Ainsworth a d'abord étudié le phénomène de l'attachement lorsqu'elle était une jeune collaboratrice de Bowlby, puis chez des bébés ougandais, dans des contextes d'observation naturelle. Par la suite, elle a conçu la célèbre expérience de la **situation étrange**, une technique standardisée d'observation en laboratoire visant à mesurer les types d'attachement entre un bébé et un adulte. Durant cette expérience, qui dure au total moins de 30 minutes, la mère laisse l'enfant seul à deux reprises dans un environnement nouveau pour lui. La première fois, elle le laisse en compagnie d'un étranger tandis que, la deuxième fois, elle le laisse seul. Pendant qu'il est seul, l'étranger revient en premier dans la pièce, suivi peu après de la mère. Lorsque la mère revient, l'étranger quitte une nouvelle fois la pièce. La mère encourage alors le bébé à poursuivre son exploration et ses jeux, et elle le réconforte au besoin. Ce qui intéressait le plus Ainsworth dans cette expérience de la situation étrange était d'observer les réactions du bébé au retour de la mère. Elle a ainsi pu constater que les bébés ne réagissaient pas tous de la même façon. Certains étaient contents et sautaient dans les bras de leur mère en la voyant apparaître; d'autres enfants semblaient quant à eux ne pas être affectés par son retour; d'autres enfin manifestaient de la colère et de l'anxiété qui ne se calmaient pas à la vue de la mère.

Ces observations auprès d'un nombre significatif d'enfants d'un an ont permis à la chercheuse et à ses collègues de décrire trois formes d'attachement : une d'**attachement sécurisant** (la forme la plus courante, 66 % des bébés), et deux formes d'attachement insécurisant, l'**attachement insécurisant de type évitant** (20 % des bébés) et l'**attachement insécurisant de type ambivalent** (12 % des bébés), ces deux dernières formes étant anxiogènes (Ainsworth *et al.,* 1978).

Base de sécurité
Utilisation du parent comme point de référence permettant à l'enfant d'explorer son environnement et de revenir au besoin pour recevoir un réconfort émotionnel.

Le bébé qui fait preuve d'un attachement sécurisant pleure ou proteste quand sa mère quitte la pièce et il l'accueille avec joie quand elle revient. Lorsqu'elle est présente, le bébé se sert de sa mère comme d'une **base de sécurité** à partir de laquelle il explore son environnement. Il peut s'éloigner d'elle temporairement pour observer et manipuler des jouets, par exemple, mais tout en jetant régulièrement un coup d'œil dans sa direction ou en tentant d'attirer son attention en lui montrant ses découvertes. Il revient également de temps à autre auprès d'elle pour trouver du réconfort et se sécuriser.

Le bébé qui manifeste un attachement insécurisant de type évitant réagit peu au départ de sa mère et accepte généralement les contacts avec une personne étrangère. Quand la mère revient, il n'accourt pas vers elle et reste distant, même s'il exprime de la colère. De même, lorsqu'il s'éloigne pour jouer, l'enfant de type évitant ne cherche pas à attirer l'attention de sa mère.

Enfin, le bébé qui vit un attachement insécurisant de type ambivalent est anxieux, même en présence de sa mère. Il est extrêmement bouleversé lorsqu'elle part et, à son retour, il manifeste son ambivalence en cherchant à la fois un contact avec elle, mais en lui résistant par des coups de pied et des contorsions. En général, ces enfants réagissent fortement à une personne étrangère et sont moins portés à s'éloigner de leur mère pour explorer leur environnement.

Fait remarquable, ces trois types d'attachement sont présents dans toutes les cultures dans lesquelles ils ont été étudiés, soit en Afrique, en Chine et en Israël. On note toutefois que la proportion d'enfants de chaque catégorie diffère alors de celles identifiées dans les études d'Ainsworth (van IJzendoorn et Sagi, 1999). D'autres chercheurs ont décrit une quatrième forme d'attachement, soit l'**attachement désorganisé et désorienté** (Main et Solomon, 1986). Souvent subtile et difficile à observer, cette forme d'attachement a cependant été validée par plus de 80 études (van IJzendoorn, Schuengen et Bakermans-Kranenburg, 1999). Le bébé qui présente cette forme d'attachement manifeste souvent des comportements contradictoires. Au retour de la mère, il affiche un comportement erratique : il semble joyeux, mais il peut en même temps se détourner ou s'approcher sans regarder sa mère. Il semble confus et apeuré ou, au contraire, il paraît figé et peut passer très rapidement d'une émotion à l'autre. Il s'agit probablement du type d'attachement le plus insécurisant. Il apparaît le plus souvent chez des enfants dont les mères sont insensibles, intrusives ou abusives (Carlson, 1998), ou qui consomment de l'alcool et des drogues (Vondra et Barnett, 1999). Le tableau 4.5 décrit les comportements types associés à chacune de ces quatre formes d'attachement.

Attachement désorganisé et désorienté
Type d'attachement perturbé, dans lequel l'enfant démontre de multiples contradictions dans son comportement à l'égard de sa mère et manifeste de la confusion et de la peur.

Quel modèle d'attachement correspond à celui de Raphaël, puis à celui de Lili ?

La quasi-totalité des recherches sur l'attachement reposent sur l'étude de la situation étrange. Néanmoins, plusieurs chercheurs ont remis en question sa validité. En effet, la situation est non seulement étrange, mais artificielle. Au cours de l'expérience, la mère et l'enfant sont conduits dans un lieu qu'ils ne connaissaient pas auparavant.

La mère est ensuite invitée à ne pas engager d'interaction avec l'enfant. De plus, on expose l'enfant aux allées et venues répétées de personnes non familières, c'est-à-dire d'« étrangers », et on s'attend à ce que l'enfant leur prête attention. L'attachement se manifestant habituellement par des comportements beaucoup plus variés que ceux observés dans la situation étrange, certains chercheurs comme Waters et Deane (1985) ont proposé une autre méthode pour observer les enfants dans des situations naturelles. L'AQS (pour *Attachment Q-set*) demande à la mère, ou à tout autre observateur présent à la maison, d'évaluer l'enfant à partir d'une liste de mots ou de phrases décrivant des comportements précis (par exemple, « pleure souvent », « a tendance à se cramponner », etc.). L'observateur doit déterminer si chaque description caractérise bien, ou peu, l'enfant observé. Par la suite, cette évaluation est comparée à la description type d'un enfant sécurisé et confiant, fixée par les experts. Cette méthode permet ainsi d'analyser de manière plus réaliste l'attachement chez un enfant.

TABLEAU 4.5 Les comportements d'attachement dans la situation étrange

Forme d'attachement	Comportement
Attachement sécurisant	Noémie joue et explore à volonté en présence de sa mère. Elle l'accueille avec joie quand elle revient.
Attachement insécurisant de type évitant	Lorsque la maman d'Émile revient, celui-ci ne la regarde pas et ne l'accueille pas. Il agit presque comme s'il n'avait pas remarqué son retour.
Attachement insécurisant de type ambivalent	Miguel erre près de sa mère pendant la plus grande partie de la situation étrange, mais il ne l'accueille pas avec enthousiasme lorsqu'il la retrouve. Au contraire, il est fâché et contrarié.
Attachement insécurisant de type désorganisé et désorienté	Catherine répond à la situation étrange par un comportement inconsistant et contradictoire. Elle semble s'effondrer, écrasée par le poids du stress.

Source : Adapté de Thompson, 1998.

FAITES LE POINT

9. Expliquez la différence fondamentale entre la théorie de l'apprentissage et la théorie éthologique concernant l'attachement.
10. Décrivez ce que Bowlby entend par le « comportement d'attachement ».
11. Nommez et décrivez les quatre formes d'attachement chez l'enfant.

4.4 Les facteurs d'influence et les conséquences de l'attachement

Le processus d'attachement est le résultat de l'interaction entre le tempérament, l'état émotionnel de l'enfant et la qualité de la relation parent-enfant. Toutefois, il importe de garder en mémoire que de nombreux autres facteurs peuvent grandement influencer le développement de l'enfant. Nous allons donc aborder dans cette section les différents facteurs d'influence ainsi que les conséquences de l'attachement.

4.4.1 Le rôle du tempérament

Le tempérament de l'enfant a-t-il une influence sur l'attachement ? La réponse à cette question varie selon les chercheurs. Certaines études révèlent en effet que le degré de frustration, la quantité de pleurs, l'irritabilité et la peur des bébés représentent des facteurs de prédiction de l'attachement (Kochanska, 1997). Par ailleurs, les manifestations du tempérament du bébé, en agissant sur le comportement des parents, pourraient aussi avoir une incidence sur l'attachement. Une série d'études menées aux Pays-Bas a même démontré que des bébés ayant des tempéraments difficiles risquaient davantage de développer un attachement insécurisant (van den Boom, 1994). Toutefois, l'effet du tempérament ne semble pas aussi déterminant que certains chercheurs le suggèrent, notamment lorsque les parents s'accommodent mieux que d'autres du tempérament de leur enfant ou disposent de plus de ressources dans leur environnement (Cloutier *et al.,* 2005). Ainsi, des recherches ont prouvé que des enfants difficiles dont la mère avait été soutenue par les conseils d'une professionnelle sur les façons de calmer un bébé avaient autant de chance que les autres enfants de développer un attachement sécurisant. La qualité de l'ajustement entre le parent et l'enfant est probablement la clé pour comprendre le processus d'attachement.

Un père qui joue

Les pères sensibles savent doser leurs interventions en accélérant ou en ralentissant le jeu. Ils s'ajustent ainsi aux besoins ponctuels de leur enfant.

4.4.2 L'influence des parents

Tout comme le tempérament de l'enfant, la personnalité des parents influence grandement la qualité de l'attachement puisque le bébé dépend entièrement d'eux pour assouvir ses besoins. Il ne faut pas oublier que c'est l'enfant qui construit lui-même son modèle interne d'attachement, mais qu'il le fait à partir des interactions avec ses parents. Peut-il avoir la certitude que, peu importe ce qui va se passer, ils seront « toujours là » quand il aura besoin d'eux ? Une fois cette certitude acquise, l'enfant n'a pas besoin de se tenir près de ses parents parce qu'il les « traîne » en fait toujours avec lui, mais dans sa tête. Cette liberté lui permet d'explorer sans crainte de perdre sa base de sécurité. Les parents attentionnés qui ont habitué graduellement leur enfant à leurs absences aident celui-ci à développer un attachement sécurisant.

Ainsworth et ses collaborateurs (1978) avaient déjà relevé dans leurs recherches des différences marquées dans les modes de maternage, différences qui se répercutaient sur l'attachement du bébé. Ainsi, les mères de bébés qui manifestaient un attachement sécurisant étaient le plus à l'écoute de leur nourrisson durant la première année de leur vie. Par exemple, elles respectaient vraiment les « demandes » de boire de l'enfant et tenaient compte des signes du bébé leur indiquant à quel moment arrêter et à quel rythme (rapide ou lent) le nourrir (Ainsworth, 1979). Bref, elles semblaient avoir la sensibilité nécessaire pour interpréter adéquatement les signaux de leur enfant et elles y répondaient de manière appropriée. Chez les pères, cette même sensibilité tend plutôt à s'exprimer dans un contexte de jeu ou d'activité récréative. Un père sensible dose ses interventions en tenant compte des besoins ponctuels de son enfant, par exemple en le stimulant davantage, ou au contraire, en ralentissant le jeu (Cloutier *et al.,* 2005). Enfin, les facteurs contextuels comme le travail de la mère, et encore plus son attitude par rapport au fait qu'elle travaille, peuvent aussi avoir une incidence sur l'attachement.

4.4.3 Les conséquences à long terme de l'attachement

Comme la théorie de l'attachement le prédit, ce lien influe sur les compétences émotionnelles, cognitives et sociales d'un individu (van IJzendoorn et Sagi, 1997). Ainsi, plus l'enfant est attaché de façon sécurisante à l'adulte qui s'occupe de lui, plus il lui sera facile de s'en détacher et de développer de bonnes relations avec les autres personnes. Les enfants qui vivent un attachement sécurisant n'ont donc pas besoin de rester accrochés à leur mère; ils veulent faire de nouvelles expériences et résoudre à leur façon les problèmes rencontrés. Globalement, ils entretiennent aussi une attitude plus positive à l'égard de l'inconnu.

Une recherche portant sur 70 bébés de 15 mois qui avaient un attachement sécurisant avec leur mère (tel que mesuré par la situation étrange) a démontré que ces enfants présentaient par la suite moins de stress à l'égard d'autres personnes qui prenaient soin d'eux, comparativement aux enfants qui avaient vécu un attachement insécurisant (Ahnert *et al.,* 2004).

Sur le plan des relations sociales, des observations faites auprès d'enfants de tous âges concluent que ceux qui vivent un attachement sécurisant (comparés à ceux qui vivent un attachement insécurisant de type évitant ou ambivalent) sont plus sociables et plus populaires auprès de leurs pairs; bref, ils s'adaptent plus facilement à la vie en société (Goldberg, 2000). L'attachement sécurisant semble donc préparer l'enfant à l'intimité des relations amicales (Carlson, Sroufe et Egeland, 2004). En outre, on a aussi démontré que les enfants qui vivent un attachement sécurisant possèdent un vocabulaire plus varié que ceux dont l'attachement est insécurisant (Meins, 1998). De trois à cinq ans, ils se montrent plus curieux, plus compétents, plus empathiques et plus confiants en eux-mêmes (Elicker, Englund et Sroufe, 1992). Ils ont non seulement une meilleure estime de soi, mais ils démontrent également moins de comportements agressifs et font preuve de persévérance dans l'exécution d'une tâche (Cloutier *et al.,* 2005). À l'âge scolaire et à l'adolescence, les enfants qui ont développé un attachement sécurisant tendent à avoir les relations d'amitié les plus étroites et les plus stables, du moins dans les pays occidentaux où ont été faites la plupart des recherches (Schneider, Atkinson et Tardif, 2001) et à être mieux adaptés socialement (Jaffari-Bimmel *et al.,* 2006).

L'attachement sécurisant

Les enfants qui ont connu un attachement sécurisant lorsqu'ils étaient nourrissons ont tendance à bien s'entendre avec les autres enfants et à former des amitiés fortes.

De leur côté, les enfants qui ont développé un attachement insécurisant connaissent plus souvent des problèmes à long terme: ils sont inhibés, éprouvent plus d'émotions négatives, sont plus colériques ou agressifs. Ils sont plus hostiles envers d'autres enfants à l'âge de cinq ans et sont plus dépendants à l'âge scolaire (Sroufe, 1983; Kochanska, 2001). Quant aux enfants qui vivent un attachement désorganisé, ils risquent davantage de présenter des problèmes de comportement à l'école et de développer des troubles psychiatriques vers l'âge de 17 ans (Carlson, 1998).

Les études longitudinales montrent également l'influence des formes d'attachement, aussi bien à l'adolescence qu'au début de l'âge adulte (Tarabulsy, Larose *et al.*, 2012). Les incidences d'un attachement sécurisant sur le développement de la personne sont développées dans l'encadré 4.3 (*voir la page suivante*). Un attachement sécurisant durant l'enfance semble influencer la qualité de l'attachement du jeune adulte à son partenaire amoureux (Simpson *et al.*, 2007). On retrouve la même influence à la fois positive et négative chez les enfants qui ont été adoptés. Il apparaît qu'il existe deux périodes critiques où les enfants sont plus fragiles pour l'adoption : de 6 à 12 mois, parce que la formation de l'attachement proprement dit se fait à cet âge, et après 24 mois, alors qu'un nouvel attachement est plus difficile à établir après un premier détachement (Habersaat, Tessier *et al.*, 2010).

ENCADRÉ 4.3 PAROLES D'EXPERT

George M. Tarabulsy | Professeur titulaire à l'École de psychologie de l'Université Laval

L'importance de l'attachement sur le développement de l'enfant

George M. Tarabulsy a consacré l'essentiel de ses travaux à l'importance de l'attachement pour le développement humain. Tout en poursuivant des recherches théoriques sur le processus de l'attachement, il a développé une méthode novatrice de rétroaction pour intervenir efficacement auprès des mères qui ont de la difficulté à établir des liens d'attachement avec leur enfant. L'application de ses recherches empiriques est maintenant reconnue par de nombreux chercheurs et intervenants dans le domaine et son expertise est utilisée dans les protocoles d'intervention de la Direction de la protection de la jeunesse (DPJ) pour aider les mères en difficulté à apprendre comment mieux interagir avec leur enfant.

Dans son mémoire de maîtrise, présenté à l'Université McGill, le chercheur s'intéresse plus particulièrement aux changements temporaires et permanents vécus par les enfants lors de la séparation conjugale. Son doctorat à l'Université Laval l'amène à faire une incursion en psychopathologie du développement. Partisan d'une approche éclectique, il propose d'intégrer à la théorie de l'attachement de John Bowlby et de Mary Ainsworth les principes éthologiques, piagétiens et béhavioristes. Un stage postdoctoral à la University of Western Ontario à London lui permet de raffiner ses techniques d'observation et l'amène à s'intéresser plus particulièrement aux interventions possibles pour favoriser l'attachement des bébés.

De retour au Québec, George M. Tarabulsy enseigne pendant cinq ans à l'Université du Québec à Trois Rivières (UQTR) et se consacre à un projet d'envergure auprès des mères adolescentes âgées de 15 à 19 ans et de leurs enfants. Dans une étude longitudinale où ces enfants sont suivis de l'âge de six mois jusqu'à huit ans (Lemelin, Tarabulsy, Lemelin et Provost, 2006), il constate que les difficultés émotionnelles et relationnelles peuvent être détectées dès l'âge de six mois et qu'elles sont des précurseurs de problèmes ultérieurs sur les plans cognitif, affectif et social. Il utilise l'enregistrement vidéo comme moyen de rétroaction permettant aux mères adolescentes d'observer leurs interventions. La rétroaction, essentiellement axée sur le renforcement des comportements appropriés, encourage autant quantitativement (nombre de comportements adéquats manifestés par la mère) que qualitativement (types de comportements verbaux et non verbaux adéquats manifestés par la mère) les interactions de la mère vis-à-vis de son enfant. Cette procédure s'est avérée efficace pour améliorer l'attitude maternelle, permettant à l'enfant de bâtir un attachement sécurisant.

Au début des années 2000, George M. Tarabulsy commence à collaborer avec Ellen Moss, spécialiste des enfants d'âge préscolaire ; Annie Bernier, spécialiste des jeunes adultes et Réjean Tessier, spécialiste des relations parents-enfants. Cette équipe articule ses travaux autour de trois axes : les précurseurs de l'attachement, les séquelles d'un attachement insécurisant et les interventions pour développer l'attachement. Leurs recherches n'ont pas tardé à intéresser les décideurs et les intervenants du réseau de la santé et du ministère de la Famille du Québec, autant pour le dépistage que pour les stratégies d'intervention efficaces. Ainsi, le programme de prévention destiné aux enfants âgés de zéro à cinq ans, développé en collaboration avec l'Institut national de santé publique du Québec (INSPQ), est considéré par plusieurs comme l'un des meilleurs au monde. Tout le défi du groupe de recherche consiste à montrer la validité de l'intervention en matière d'attachement et à transférer vers le milieu les outils d'intervention nécessaires. En contrepartie, les données acquises grâce aux interventions permettent d'améliorer les devis expérimentaux (structures fondamentales des recherches expérimentales) sur le modèle de développement de l'attachement et sur la mesure de la sensibilité de l'attachement. Cette constante interaction entre la recherche fondamentale et les applications des connaissances acquises caractérise cette équipe de recherche interuniversitaire.

Pour George M. Tarabulsy, les avancées dans le domaine de l'attachement chez le jeune enfant ont connu un succès empirique sans précédent. Il faut maintenant vérifier si les principes en jeu peuvent s'appliquer à d'autres périodes du développement. Le type d'attachement des jeunes adultes peut-il influencer leurs relations amoureuses ? Dans quelle mesure le type d'attachement des parents influence-t-il la façon dont l'enfant va bâtir son modèle interne d'attachement ? Toutes ces questions et bien d'autres montrent à quel point ce qui se passe dans la petite enfance a des incidences considérables sur le développement ultérieur de l'enfant, de l'adolescent et de l'adulte.

Après toutes ces années de recherche, George M. Tarabulsy peut témoigner de l'importance qu'a l'affection des parents sur le développement de leurs enfants. Encore faut-il que les enfants soient convaincus du caractère inconditionnel de l'affection de leurs parents. Toute la complexité de l'attachement repose sur cette équation, qui parait si simple à première vue !

FAITES LE POINT

12. Expliquez le rôle du tempérament dans l'attachement.
13. En quoi l'influence des parents est-elle importante dans le développement de l'attachement?
14. Quelles sont les conséquences à long terme de l'attachement sécurisant chez un enfant?

4.5 La famille : le premier contexte du développement affectif et social

La famille constitue le terrain par excellence des premières expériences de l'enfant avec le monde extérieur. Selon le modèle écologique, nous pouvons dire que l'ontosystème «enfant» se développe à la base dans le microsystème «famille», la famille se situant elle-même dans un contexte plus large. Le type de famille, le travail des parents, leur revenu, mais aussi les autres personnes qui s'occupent de l'enfant, les normes qui régissent la société ou les croyances qu'entretiennent les adultes à l'égard des enfants et de la façon de les éduquer sont autant d'éléments qui, dans toutes les cultures, influencent le développement de l'enfant. Toutefois, ces éléments varient énormément d'une culture à une autre. Ainsi, à Bali, les bébés sont vus comme étant des ancêtres revenus à la vie dans un corps d'enfant et ils doivent donc être traités avec le plus grand respect (DeLoache et Gottlieb, 2000). En Afrique centrale, dans la tribu des Efes, on croit qu'il est sain pour l'enfant de développer des attachements multiples. Aussi, les nourrissons reçoivent des soins d'au moins cinq adultes et sont allaités par plusieurs femmes (Tronick, Morelle et Ivey, 1992).

L'époque dans laquelle l'enfant grandit influence également les processus familiaux. Il y a de fortes chances que vous ayez vous-même grandi dans une famille différente de celle de vos grands-parents. Comparativement à la génération précédente, l'enfant qui naît aujourd'hui au Québec a plus de chances d'être un enfant unique ou de n'avoir qu'un frère ou une sœur. Sa mère est davantage amenée à travailler à l'extérieur et son père participe en moyenne davantage à la vie de famille que ne le faisait le père ou le grand-père de celui-ci. En effet, selon l'Institut de la Statistique du Québec, en 2011, 46,8 % des familles québécoises avaient un seul enfant, 38,3 % en avaient deux et 14,9 % en avaient trois et plus. Avant d'examiner plus en détail le rôle des parents et de la fratrie, examinons d'abord quatre phénomènes importants qui caractérisent le processus du développement de l'enfant au sein de sa famille, soit la régulation mutuelle, l'autorégulation, la référence sociale et, enfin, la socialisation.

4.5.1 La régulation mutuelle

Nous l'avons vu, dès sa naissance, le bébé apprend graduellement à se distinguer de son entourage par la conscience de soi et développe déjà, à deux ans, une autonomie bien à lui. Ces progrès sont dus en partie à la **régulation mutuelle**. Cette régulation mutuelle, ou **synchronie**, réfère à la capacité du parent (ou de l'adulte qui prend soin de l'enfant) d'être attentif aux signaux émis par le bébé et d'y ajuster ses réponses. Il s'agit d'une sorte de processus d'adéquation, mais à plus petite échelle. Donnons un exemple concret: un bébé tend les bras vers son père en gazouillant et celui-ci le prend et lui parle. Il lui présente ensuite un jouet en peluche très coloré, mais le bébé se tourne en faisant la moue. Le père laisse alors le jouet de côté afin de respecter le besoin de l'enfant de ne plus être stimulé. C'est cette régulation mutuelle qui aide les bébés à interpréter et à prévoir le comportement des autres. Même de très jeunes enfants sont effectivement en mesure de percevoir les émotions exprimées par d'autres personnes et d'ajuster leurs comportements en conséquence (Legerstee et Varghese, 2001; Montague et Walker-Andrews, 2001). Inversement, l'interruption du contact interpersonnel a pour effet de perturber ces comportements (Striano, 2004).

Régulation mutuelle ou synchronie
Accord entre les rythmes émotionnels et les réponses mutuelles de deux personnes en interaction.

Paradigme du visage inexpressif
Méthode de recherche utilisée pour mesurer la régulation mutuelle chez des bébés de deux à neuf mois.

Le **paradigme du visage inexpressif** (Tronick *et al.*, 1978) est une méthode de recherche servant à mesurer la régulation mutuelle chez les bébés de deux à neuf mois. Alors que la mère et l'enfant interagissent normalement, tout à coup, le visage de la mère devient inexpressif; elle se tait et ne répond plus à l'enfant. Les bébés soumis à cette expérience cessent alors de sourire et de regarder leur mère. Ils grimacent, émettent des sons ou gesticulent. Ils se touchent ou touchent leurs vêtements, vraisemblablement pour se rassurer ou pour diminuer le stress induit par ce changement si soudain du comportement maternel (Weinberg et Tronick, 1996). Quelques minutes plus tard, la mère reprend ses interactions avec l'enfant et son visage redevient expressif. Une analyse plus fine des comportements des enfants de six mois lors de l'expérience révèle qu'ils ont une double réaction. Lorsque la mère redevient expressive, l'enfant adopte des comportements de rapprochement avec elle: il gazouille et lui tend les bras. Cependant, ses expressions faciales restent tendues, tristes ou fâchées. Il manifeste aussi davantage de signes de stress prouvant qu'il est affecté par ce bris de la régulation mutuelle. Cette étude suggère également que l'enfant est capable d'être actif dans ses tentatives de rétablir cette régulation et que la façon dont le parent répond à l'enfant affecte la réaction de ce dernier. Ainsi, les enfants dont les parents sont habituellement sensibles à leurs besoins affectifs semblent se consoler plus facilement et ont moins de réactions négatives durant l'épisode du «visage inexpressif» (Tarabulsy *et al.*, 2003). Ceci est important, parce que la capacité d'un enfant de 4 mois de se réconforter par lui-même prédit la formation d'un attachement sécurisant à l'âge de 12 mois (Rosenblum *et al.*, 2002). Nous devons donc retenir que le comportement de l'adulte à l'égard de l'enfant est encore là primordial.

Pour que ce jeune enfant cesse, par lui-même, de mettre ses doigts dans la prise de courant, il doit faire preuve d'autorégulation.

4.5.2 L'autorégulation

Autorégulation
Contrôle interne sur ses comportements dont fait preuve l'enfant en fonction des attentes sociales.

Catherine a deux ans. Elle est sur le point de mettre ses doigts dans une prise de courant lorsque son père s'écrie: «Non!» Elle retire alors sa main en vitesse. Quelques jours plus tard, Catherine repasse devant la même prise de courant. Elle pointe son doigt, puis dit: «Non.» Elle fait preuve ici d'autorégulation en s'empêchant elle-même, sans la présence d'un contrôle extérieur, de commettre un geste non souhaité. Avec l'**autorégulation**, l'enfant exerce un contrôle interne sur ses comportements en fonction des attentes sociales; elle constitue la base de la socialisation et implique toutes les dimensions du développement. Catherine est maintenant capable de marcher jusqu'à la prise électrique. Pour ne pas y mettre les doigts, elle doit comprendre clairement ce que son père lui a dit et s'en souvenir. Catherine doit aussi faire preuve de contrôle émotionnel pour restreindre ses envies.

En prenant conscience de la réponse émotionnelle de leurs parents par rapport à leurs comportements, les enfants apprennent ce que ces derniers approuvent ou désapprouvent. Le désir intense des enfants de plaire à leurs parents les amène à choisir des comportements souhaités par eux, même en leur absence. Dans la mise en situation, Raphaël sait comment agir quand il arrive au CPE. Il se déshabille lui-même et va s'amuser sans qu'on le lui demande. Ce n'est pas le cas pour Lili.

La régulation mutuelle durant la petite enfance aide les enfants, en particulier les enfants au tempérament difficile, à faire preuve d'autorégulation (Feldman, Greenbaum et Yirmiya, 1999). Un attachement sécurisant et des interactions chaleureuses entre l'enfant et le parent contribuent aussi au développement de cette autorégulation (Eisenberg, 2000). La sensibilité maternelle, la tendance des parents à utiliser des concepts quand ils s'adressent à leurs enfants et la façon dont ils supportent les comportements autonomes de leurs enfants ont une grande importance pour favoriser l'autorégulation (Bernier, Carlson et Whipple, 2010).

4.5.3 La référence sociale

Vers la fin de la première année, alors que les comportements du bébé deviennent plus complexes, un changement important se produit: celui-ci peut désormais se servir des adultes qui l'entourent comme source de référence pour ajuster ses réactions à des situations nouvelles. Par exemple, en présence d'une nouvelle personne, l'enfant peut observer ses parents pour obtenir des indications sur la façon dont il doit lui-même réagir. Si ses parents semblent contents de se trouver en présence de cette personne, l'enfant aura alors davantage tendance à bien réagir. Ces progrès sont à la base de la **référence sociale**, c'est-à-dire de la capacité à comprendre comment se comporter dans une situation nouvelle, confuse ou ambiguë en obtenant d'une autre personne une information d'ordre affectif (Hertenstein et Campos, 2004). Des chercheurs ont mis en évidence la présence de cette référence sociale chez les bébés dès l'âge de 12 mois : lorsque ceux-ci étaient exposés à des jouets qui vibraient ou qui se déplaçaient rapidement sur le sol ou le plafond, les enfants de 12 et de 18 mois s'éloignaient ou se rapprochaient du jouet en fonction de l'expression émotionnelle de l'expérimentateur, qui feignait d'avoir peur ou de trouver la situation amusante (Moses *et al.*, 2001). Dans une autre étude, des enfants de 12 mois (mais pas ceux de 10 mois) alignaient leur comportement vis-à-vis des objets non familiers sur les signaux émotionnels non verbaux émis par une comédienne sur un écran de télévision (Mumme et Fernald, 2003).

Référence sociale
Capacité à comprendre comment se comporter dans une situation nouvelle, confuse ou ambiguë en obtenant d'une autre personne une information d'ordre affectif.

4.5.4 La socialisation

La **socialisation** est le processus par lequel les enfants développent des habitudes, des habiletés, des valeurs et des motivations qui leur permettent de devenir des membres responsables de leur société d'appartenance. La socialisation se base sur l'intériorisation des règles sociales que l'enfant va utiliser pour s'autoréguler. Les parents sont les premiers agents de socialisation de l'enfant, une sorte de courroie de transmission entre eux et la société. Certaines règles ont trait à la sécurité (par exemple, éviter de toucher aux couteaux), alors que d'autres concernent les rapports avec les autres (par exemple, dire « bonjour » ou remercier). Raphaël, dans la mise en situation, fait preuve de compétence sociale lorsqu'il salue l'éducatrice quand il quitte le CPE en fin de journée.

Socialisation
Processus d'apprentissage des comportements considérés comme appropriés dans une société ou une culture donnée.

Les enfants les apprennent dès leur plus jeune âge dans leur famille. Ceux qui sont bien socialisés obéissent aux règles établies non pas pour éviter une punition ou pour obtenir une récompense, mais parce qu'ils ont intégré ces règles comme étant les leurs (Kochanska, Tjebkes et Forman, 1998). Certes, certains enfants sont plus faciles à socialiser que d'autres. Le tempérament de l'enfant et la qualité du lien avec le parent peuvent autant faciliter cette socialisation que lui nuire. La sécurité de l'attachement, la possibilité d'apprendre en observant et l'ouverture mutuelle entre les parents et l'enfant constituent également les déterminants importants d'une socialisation réussie (Kochanska *et al.*, 2004). Les conflits qui surgissent lorsque l'enfant se comporte mal peuvent représenter des occasions constructives pour l'aider à développer son sens moral. Leur résolution doit pour cela impliquer la négociation et le raisonnement, qui permettent alors à l'enfant de voir un autre point de vue que le sien, mais aborder aussi les aspects affectifs de la situation (« Comment te sentirais-tu si… ? ») pour aider l'enfant à développer sa propre conscience (Laible et Thompson, 2002).

Un père qui s'implique
Cette petite fille adore dessiner avec son papa. L'implication active de son père contribue à son développement cognitif et émotionnel.

4.5.5 Le rôle de la mère et du père

Freud affirmait que la conduite future d'un enfant, bonne ou mauvaise, dépendait exclusivement de sa mère. Or, même si la mère demeure une figure centrale dans l'histoire du développement de son enfant, nous savons maintenant qu'elle n'est pas la seule personne importante dans la vie de celui-ci. Depuis les années 1970, la présence accrue des femmes sur le marché du travail, la remise en question des rôles sexuels traditionnels et le désir des pères de s'investir davantage dans la vie de leurs enfants ont contribué à un plus grand engagement de ceux-ci dans les jeux et les soins prodigués aux enfants. Les recherches sur l'engagement paternel confirment d'ailleurs qu'une présence positive et stable du père dans la vie de l'enfant a des effets positifs sur son bien-être et sur son développement physique, cognitif et social (Cabrera *et al.,* 2000). Les soins prodigués par les pères à leurs jeunes enfants varient beaucoup selon la nature des tâches à accomplir (Pacaut, Gourdes-Vachon et Tremblay, 2011). Bien que peu de pères assument complètement la vie au quotidien de leurs enfants, ils s'impliquent à parts égales avec les mères dans les jeux, les déplacements des enfants et les routines du coucher. Cependant, ils sont nettement moins actifs pour s'occuper des devoirs, de l'habillement et des enfants malades. Les familles issues de l'immigration semblent plus disposées à partager de façon plus équitable les responsabilités parentales (Pacaut, Gourdes-Vachon et Tremblay, 2011).

Les différences entre les hommes et les femmes, sur le plan biologique comme sur les plans social et culturel, font que chacun joue un rôle unique et apporte sa contribution particulière au sein de la famille. Contrairement à ce que véhiculent certains préjugés, les pères possèdent, tout comme les mères, les compétences nécessaires pour élever un enfant. On remarque cependant des différences entre les pères et les mères quant aux façons d'interagir avec leurs enfants. Les mères seraient plus sécurisantes et plus verbales dans leurs interactions avec l'enfant, alors que les pères seraient davantage orientés vers l'action (Lamb, 2004). Le degré de participation des pères aux tâches parentales varie en fonction de l'interaction de plusieurs facteurs : les caractéristiques individuelles (motivation, croyances, traits de personnalité, rapport au père à l'enfance, etc.), le contexte familial (type de relations conjugales, tempérament des enfants, etc.) et le contexte social (conditions de travail, soutien social, services offerts, etc.) (Pacaut, Gourdes-Vachon et Tremblay, 2011).

4.5.6 Les relations avec les frères et sœurs

Fratrie
Ensemble des frères et des sœurs d'une famille.

Élément important du microsystème, la **fratrie** joue un rôle unique dans la socialisation, différent de celui des parents ou des pairs. Les bébés s'attachent en effet beaucoup à leur grand frère ou à leur grande sœur. Et plus l'attachement parent-enfant est sécurisant, plus les enfants s'entendent bien entre eux (Teti et Ablard, 1989). Cependant, les conflits qui existent entre frères et sœurs peuvent aussi être un moyen de comprendre les relations sociales, car plus les enfants se développent sur les plans cognitif et social, plus les conflits tendent à devenir constructifs (Ram et Ross, 2001). Les conflits entre frères et sœurs aident en effet les enfants à reconnaître les besoins, les désirs et les points de vue de l'autre. Ils permettent ainsi à l'enfant d'apprendre à tolérer la présence de désaccords et favorisent la recherche de compromis dans un contexte stable et sécurisant (Vandell et Bailey, 1992). Étant donné la diminution du nombre d'enfants dans les familles, l'apprentissage de la gestion des conflits peut également se faire à la garderie avec les pairs, comme nous le verrons dans le chapitre 6.

Les relations avec la fratrie

Il a été démontré que plus l'attachement avec les parents est de type sécurisant, plus les frères et sœurs s'entendent bien entre eux.

4.5.7 Les perturbations des relations familiales

Nous avons vu combien les parents jouent un rôle fondamental dans la vie de leurs enfants. Lorsque les relations parents-enfants sont perturbées, les conséquences peuvent parfois être graves pour la famille entière et pour l'enfant en particulier, comme vous avez pu le voir dans l'encadré 4.1 sur les mauvais traitements infligés aux enfants. Toutefois, il est important de garder à l'esprit la remarquable capacité d'adaptation des enfants et des adultes, qui leur permet de trouver les moyens d'affronter des perturbations très sérieuses et de faire preuve ainsi de résilience, comme nous le verrons dans le chapitre 8.

Le divorce ou la séparation des parents

Même si la majorité des enfants québécois habitent avec leurs deux parents, les séparations et les divorces sont beaucoup plus nombreux aujourd'hui qu'ils ne l'étaient il y a 50 ans. Cette situation a attiré l'attention des chercheurs, lesquels se sont attardés à comprendre son effet sur les enfants et sur les parents. La séparation des parents contribue à augmenter les signes d'anxiété-dépression chez les jeunes enfants. De plus, même si les enfants de parents séparés manifestent un niveau d'opposition plus élevé, la rupture des parents ne contribue pas à une hausse subséquente de gestes d'opposition. Chez les enfants provenant de familles qui présentaient des problèmes de fonctionnement avant la rupture, cette dernière produit même moins de signes d'anxiété-séparation. La séparation des parents augmente chez les enfants les problèmes intériorisés telles la tristesse et l'anxiété, mais n'a pas ou très peu d'incidence sur les problèmes extériorisés tels les comportements antisociaux (Desrosiers, Cardin, Belleau, 2012).

Par ailleurs, le divorce implique souvent une baisse de revenu pour les deux parents, la diminution ou même la perte des contacts avec l'un des parents pour l'enfant, et parfois un déménagement et un changement d'école. De plus, si l'enfant est en garde partagée, il doit sans cesse circuler entre les foyers de ses deux parents. Toutes ces dimensions peuvent être à l'origine de difficultés. L'acceptation du divorce par la société joue cependant son rôle. En effet, plus les divorces sont nombreux et moins l'enfant se sent « à part ».

Malgré toutes les difficultés évoquées, on estime que 70 % à 80 % des enfants dans cette situation ne présentent pas de problème notable, que ce soit sur le plan émotionnel, comportemental ou développemental. Chez les enfants de familles intactes, ce taux est de 85 % à 92 % (Bray, 1999). Ce constat amène Saint-Jacques et Drapeau (2009) à affirmer que « ce sont les processus relationnels et les conditions de vie objectives qui expliquent l'adaptation des enfants aux transitions familiales, et non le fait d'avoir des parents séparés ou de vivre dans une famille recomposée ». Dans le cas des divorces, comme lors de tout événement stressant, il est donc important de prendre en considération la multiplicité des facteurs en jeu.

L'encadré 4.1W traite de l'incidence de la séparation parentale.

L'hospitalisation de l'enfant

La séparation d'avec les parents peut également survenir à cause d'une maladie qui affecte l'enfant. Dès les années 1960, Bowlby a ainsi observé les effets négatifs de l'hospitalisation sur l'enfant et a noté que des bébés hospitalisés âgés entre six mois et trois ans passent par trois stades d'angoisse liée à la séparation. Les bébés réagissent d'abord par la protestation. Ils pleurent, se débattent et communiquent leur besoin de retrouver le contact avec le parent. Dans un deuxième temps, les bébés deviennent plus calmes, non pas parce qu'ils s'habituent à cette situation, mais parce que ces premières réactions n'ont pas donné de résultats fructueux. En fait, ils deviennent plus passifs. La troisième phase est quant à elle caractérisée par le détachement. Le bébé reprend ses habitudes : il mange, s'amuse avec ses jouets, sourit et se montre sociable. Toutefois, lorsque le bébé reçoit la visite de sa mère, on peut voir qu'il n'est pas tout à fait rétabli : il reste apathique et peut même se détourner, ce qui suggère que les mécanismes de l'attachement sont perturbés, du moins momentanément. Les travaux classiques de René Spitz (1945, 1946) sur l'hospitalisme ont mis en évidence que les très jeunes enfants qui sont hospitalisés ont besoin de soins les plus semblables possible à de bons soins maternels, sous peine de graves séquelles.

Il existe des moyens d'aider l'enfant à traverser cette épreuve. Les parents peuvent bien entendu séjourner avec lui à l'hôpital ou, à la limite, lui rendre visite tous les jours. Si l'enfant a un « doudou », il est important qu'il puisse le garder près de lui. Cela compensera en effet, du moins en partie, l'absence des parents. Durant l'absence des parents, le personnel soignant va en quelque sorte remplacer les parents. Aussi, les interactions chaleureuses et affectueuses de l'enfant avec l'infirmière peuvent faire toute la différence dans son rétablissement affectif une fois de retour à la maison.

FAITES LE POINT

15. Distinguez les notions de régulation mutuelle et d'autorégulation.
16. Expliquez le rôle des parents pour ce qui est de la référence sociale et de la socialisation.
17. Votre frère est en voie de se séparer de sa conjointe, mais il s'inquiète beaucoup des conséquences de cette rupture sur son fils de trois ans et se demande comment le préparer à cette situation. Quels conseils pourriez-vous lui donner?

Résumé

Les fondements du développement affectif et social

- Le développement de la conscience de soi se construit progressivement au cours des deux premières années et représente un des fondements du développement affectif et social.
- Les premières émotions se manifestent d'abord par les pleurs, puis par le sourire et le rire.
- Au fur et à mesure que l'enfant développe sa conscience de soi et qu'il reconnaît les personnes familières, ses réactions émotives deviennent plus complexes. La peur des étrangers et l'anxiété de séparation peuvent alors survenir.
- Vers trois ans, la présence d'émotions autoévaluatives, telles que la fierté ou la honte, reflète la capacité de l'enfant à porter un jugement positif ou négatif sur lui-même.
- Dès leur deuxième année, les enfants offrent spontanément de l'aide aux autres, manifestant ainsi des comportements altruistes. De plus, ils font preuve d'empathie en étant capables de se mettre à la place d'une autre personne.
- Le tempérament est héréditaire et relativement stable. Les stimulations et les soins reçus ainsi que l'adéquation entre le tempérament de l'enfant et les exigences de son environnement se trouvent à la base d'un développement sain.

Les théories du développement de la personnalité

- Selon la théorie psychosexuelle, l'enfant se situe au stade oral de la naissance à 18 mois. Pour Freud, la façon dont la mère satisfait les besoins oraux de l'enfant exerce alors une influence fondamentale sur le développement de sa personnalité.
- De 18 mois à 3 ans, l'enfant atteint le stade anal, moment où l'apprentissage de la propreté devient un élément majeur de son développement.
- Selon la théorie psychosociale d'Erikson, l'enfant traverse sa première crise de la naissance à 18 mois, alors qu'il doit trouver un équilibre entre la confiance et la méfiance fondamentales.
- De 18 mois à 3 ans, l'enfant est confronté à une deuxième crise : l'autonomie ou la honte et le doute. Le négativisme, qui survient vers l'âge de deux ans, est une manifestation courante de cette recherche d'autonomie.

Les théories de l'attachement

- L'attachement réfère au lien affectif durable et réciproque qui s'établit entre l'enfant et la personne qui en prend soin. Il exerce une influence sur les compétences émotionnelles, cognitives et sociales de l'enfant.
- Les théories de l'apprentissage postulent que le développement de l'attachement repose essentiellement sur un conditionnement réciproque entre l'enfant, ses parents et les autres personnes de son entourage.
- Selon l'éthologiste Harlow, le développement du lien d'attachement reposerait davantage sur la satisfaction du besoin de contact réconfortant.
- La théorie éthologico-psychanalytique de Bowlby conçoit l'attachement comme un lien affectif positif qui s'accompagne d'un sentiment de sécurité.
- On a identifié quatre formes d'attachement : un attachement sécurisant, un attachement insécurisant de type évitant, un attachement insécurisant de type ambivalent et un attachement insécurisant de type désorganisé et désorienté.

Les facteurs d'influence et les conséquences de l'attachement

- Le processus d'attachement semble être surtout le résultat de l'interaction entre l'état émotionnel de l'enfant et la qualité de la relation parent-enfant.
- Selon qu'il est facile ou difficile, le tempérament de l'enfant peut avoir une influence sur l'attachement. La capacité des parents à s'adapter à ce tempérament apparaît alors déterminante.
- L'attachement sécurisant semble le plus favorable au bon développement de l'enfant, contrairement à l'attachement

insécurisant, qui représente davantage un facteur de risque à long terme.

- L'attachement a une influence sur les relations interpersonnelles futures de l'enfant.

La famille : premier contexte du développement affectif et social

- Le type de famille dans laquelle l'enfant va grandir ainsi que le contexte historique et social plus large influencent les processus familiaux.
- Alors que la régulation mutuelle réfère à la capacité du parent de bien percevoir les signaux émis par l'enfant et d'y donner des réponses adaptées, l'autorégulation permet à l'enfant d'exercer un contrôle interne sur ses comportements et constitue ainsi la base de la socialisation.
- La socialisation représente le processus qui permet à l'enfant de devenir un membre responsable de sa société d'appartenance.
- Si la mère demeure un élément central du développement de l'enfant, le père ainsi que les autres personnes de l'entourage, particulièrement la fratrie, jouent un rôle prépondérant dans sa socialisation.
- Plus fréquent qu'auparavant, le divorce représente une perturbation majeure dans la vie de l'enfant.
- Toutefois, les capacités d'adaptation et de résilience de l'enfant lui permettent généralement de surmonter les situations difficiles et de poursuivre adéquatement son développement.

CHAPITRE 5

Le développement physique et cognitif de l'enfant de trois à six ans

PLAN DU CHAPITRE

Courir, sauter, grimper, s'habiller, dessiner… Notre petit explorateur maladroit est devenu aventureux et intrépide. Il utilise ses nouvelles habiletés motrices pour élargir ses horizons, ce qui ne va pas sans quelques plaies et bosses. Centré sur lui-même et sur sa façon de se représenter le monde, il peut difficilement adopter un autre point de vue que le sien. Il possède néanmoins une pensée symbolique qui lui permet d'imiter son entourage, d'établir ses premiers liens logiques, de développer une certaine compréhension des nombres et, surtout, d'acquérir une maîtrise du langage déjà remarquable. Cet outil fantastique favorise les interactions de l'enfant avec ses proches, dont le rôle socialisateur s'accentue. Tandis que sa mémoire se développe, celui-ci prend peu à peu conscience de ses propres processus mentaux. Il fait ses premiers pas hors de sa famille et découvre avec la garderie un monde nouveau, dans lequel son autonomie est amenée à progresser.

Mise en situation

Jeudi matin, Tristan, quatre ans, se réveille tout excité. C'est aujourd'hui qu'il va au zoo avec la garderie. Depuis deux semaines, les enfants se préparent à cette sortie à l'Écomuséum, un zoo avec des animaux du Québec. Les enfants ont bricolé des masques de différents animaux et l'éducatrice a raconté des histoires qui parlent de caribous, de loutres, d'ours, de ratons-laveurs et de moufettes. Tristan connaît bien les mouffettes puisque, tous les soirs, son papa regarde des livres avec lui et l'un de ses préférés est «Justine, la moufette qui cherchait des amis». Il a bien hâte d'en voir une vraie.

Donc, ce matin, tous les enfants du Centre de la petite enfance La maison rouge prennent un autobus scolaire pour se rendre au zoo. «Un autobus colère?» demande Tristan, «Pourquoi il est fâché?» Geneviève, l'éducatrice, rectifie: «Mais non Tristan, il n'est pas fâché! C'est un autobus SCO-laire. Ça veut dire qu'il transporte des enfants à l'école.» Rassuré, Tristan continue de s'habiller, mais il a besoin d'un peu d'aide pour attacher sa fermeture éclair.

« Tristan demande à son éducatrice si elle est triste parce qu'elle n'a pas autant de jus que lui. »

Au zoo, les enfants s'exclament devant les prouesses des ratons-laveurs qui grimpent jusque sur les branches les plus hautes. Ils s'émerveillent de tout: les loutres qui nagent, le loup qui se cache et les caribous qui mangent tranquillement sans se préoccuper des enfants qui tentent d'attirer leur attention. «Combien y a-t-il de tortues?» demande leur éducatrice. Les enfants commencent à les compter à mesure qu'ils les aperçoivent et ils arrivent à en compter 12, aidés par Geneviève pour dire les chiffres dans l'ordre. Après la visite, c'est l'heure de la collation dans la grande salle: des biscuits et un verre de jus. Tristan demande à son éducatrice si elle est triste parce qu'elle n'a pas autant de jus que lui. Geneviève lui dit qu'ils en ont autant, mais Tristan est convaincu qu'il va en boire plus dans son petit verre tout plein que Geneviève dans son grand verre à moitié plein.

Dans les jours suivants, les enfants jouent à sauter comme les lièvres et à marcher comme les ours. En imitant l'ours qui marche, Tristan prend une grosse voix et dit: «Je veux aller me coucher», et il se recroqueville sous une chaise. Dans les mains des enfants, des formes rudimentaires de pâte à modeler deviennent des caribous, des coyotes ou des renards qui veulent manger... des boulettes de pâte qui représentent la nourriture. Décidément, cette journée au zoo restera un beau souvenir pour les «amis» de la garderie.

Tout au long de la lecture de ce chapitre, référez-vous à cette mise en situation pour répondre aux questions qui s'y rapportent.

5.1 Le développement physique

Au cours de la petite enfance, les enfants s'amincissent et s'allongent. Ils dorment moins qu'avant, mais ils sont plus susceptibles d'avoir des problèmes de sommeil. Ils deviennent meilleurs pour courir, sauter, grimper ou lancer des balles, et ils font des progrès pour dessiner, lacer leurs souliers ou se verser des céréales. Ils commencent aussi à démontrer une certaine préférence pour leur main gauche ou droite.

5.1.1 La croissance et les transformations physiques

La croissance physique

On constate des changements physiques chez ces deux frères qui ont deux ans d'écart: en vieillissant, la proportion de la tête diminue alors que les membres s'allongent.

De trois à six ans, les enfants grandissent encore rapidement, mais un peu moins vite que durant les trois années précédentes. Les filles comme les garçons gagnent environ cinq à sept centimètres et prennent environ deux à trois kilos par année. Leurs rondeurs potelées cèdent normalement la place à une silhouette plus allongée. Avec le raffermissement des muscles abdominaux, le petit ventre rebondi s'efface. Le tronc, les bras et les jambes s'allongent. La tête est encore relativement volumineuse, mais les autres parties du corps continuent de se développer, et les proportions du corps s'apparentent de plus en plus à celles de l'adulte, ce qui modifie le centre de gravité de l'enfant et lui donne un meilleur équilibre.

Ces modifications dans l'apparence résultent de la croissance musculaire et osseuse qui progresse et fortifie l'enfant. Le cartilage se transforme en masse osseuse à un rythme plus rapide qu'auparavant. Les os durcissent, ce qui, en plus de rendre l'enfant plus solide, constitue une protection pour les organes internes. De plus, les capacités accrues des systèmes respiratoire et circulatoire améliorent la vigueur physique de l'enfant. Combinées à un système immunitaire en plein développement, elles contribuent à le maintenir en santé. Ces changements, qui sont liés à la maturation du cerveau et du système nerveux, favorisent le développement d'une foule d'habiletés motrices qui font appel aux grands comme aux petits muscles.

5.1.2 Le développement du cerveau

Le développement du cerveau durant cette période est moins spectaculaire que durant les premières années de la vie, mais sa croissance continue néanmoins jusqu'à ce que la densité des synapses dans le cortex préfrontal atteigne son apogée vers l'âge de quatre ans. À six ans, le cerveau a atteint près de 95 % de son volume maximal. Il peut exister, toutefois, d'importantes différences individuelles (Lenroot et Giedd, 2006).

Un changement progressif se produit dans le corps calleux, la région qui relie les hémisphères droit et gauche: la myélinisation progressive des fibres du corps calleux permet une transmission plus rapide et une meilleure intégration des informations (Toga *et al.,* 2006). Ce développement, qui va se poursuivre jusqu'à l'âge d'environ 15 ans, améliore différentes fonctions telles que la coordination des informations sensorielles, les processus de la mémoire et de l'attention, le langage et l'audition (Lenroot et Giedd, 2006). De trois à six ans, la croissance la plus rapide se produit dans les régions frontales, qui sont responsables de la planification et de l'organisation des actions.

5.1.3 Les habiletés motrices

Le développement des aires sensorielles et motrices du cortex ainsi que la poursuite de la myélinisation permettent une meilleure coordination entre ce que l'enfant veut faire et ce qu'il est capable de faire. Nous allons voir ici comment l'enfant continue de progresser de façon importante sur le plan du développement moteur.

La motricité globale

Les différents modules de ce parcours de gymnastique permettent aux enfants de développer leur motricité globale.

La motricité globale

Les actions qui relèvent de la motricité globale constituent les bases sur lesquelles se développeront les habiletés plus spécialisées nécessaires à la plupart des disciplines athlétiques, sportives et artistiques. On peut diviser ces habiletés en quatre catégories: les actions de locomotion, c'est-à-dire celles qui impliquent un déplacement du corps d'un endroit à un autre (marcher, courir, grimper, sauter, glisser, etc.); les actions de changement de position, soit celles qui nécessitent des changements d'orientation ou de posture (tourner, se balancer, se redresser, etc.); les actions de transmission de force (pousser, tirer, lancer, frapper, soulever, donner un coup de pied, etc.); et les actions d'équilibration ou de stabilisation (rester debout, s'accroupir, se pencher, se tenir sur un pied, etc.).

Selon Paoletti (1999), l'enfant passe par un stade initial, puis par un stade intermédiaire, avant de parvenir, vers l'âge de sept ou huit ans, au stade final, où il acquiert une bonne maîtrise de la plupart de ces comportements moteurs fondamentaux (*voir le tableau 5.1, à la page suivante*). La période qui s'étend de l'âge de deux ou trois ans à sept ou huit ans constitue un moment propice pour le développement moteur, puisque l'enfant de cet âge adore jouer: les activités motrices l'amènent à satisfaire son besoin de bouger tout en lui permettant d'acquérir de nouveaux savoir-faire. Cette période est tout aussi critique pour l'intégration du stade final de ces habiletés motrices globales. En effet, alors que les stades initial et intermédiaire dépendent surtout de la maturation physique, l'atteinte du stade final dépend surtout de la pratique. Aussi, de cinq à sept ans, si l'enfant n'a pas beaucoup l'occasion d'exercer ces habiletés, il pourrait avoir beaucoup de difficulté à les maîtriser par la suite (Paoletti, 1999).

Les performances des enfants varient beaucoup selon leur potentiel génétique et selon les occasions qu'ils ont d'apprendre et de pratiquer certaines habiletés. Avant six

TABLEAU 5.1 Les stades de développement de la motricité globale

	Comportement et exemple illustré : donner un coup de pied
Stade initial	Ébauche du comportement, limité aux membres qui contribuent à l'effet final souhaité, enchaînement incomplet 
Stade intermédiaire	Coordination améliorée des séquences, déplacements plus amples, mouvements encore un peu maladroits et manque de fluidité 
Stade final	Actions coordonnées et fluides, amplitude et continuité dans les mouvements 

Source : Paoletti, 1999.

Quelles sont les actions de Tristan qui relèvent de la motricité fine et celles qui relèvent de la motricité globale ?

La motricité fine

Les actions que cet enfant doit faire pour bien ajuster les blocs les uns aux autres contribuent au développement de la motricité fine.

ans, les enfants sont par ailleurs rarement prêts à pratiquer un sport organisé, non seulement en fonction de leurs capacités motrices, mais aussi parce qu'ils ne sont pas encore en mesure de comprendre les règles du jeu, comme nous le verrons un peu plus loin. Les activités physiques non structurées leur conviennent davantage.

La motricité fine

À partir du moment où l'enfant maîtrise mieux sa motricité fine, il est en mesure de satisfaire davantage ses besoins personnels, ce qui lui donne un sentiment de compétence et d'autonomie et augmente son estime de soi, comme nous le verrons dans le chapitre 6. À trois ans, par exemple, il peut manger avec une cuillère, verser du lait dans ses céréales, s'habiller ou se déshabiller, aller aux toilettes, se laver les mains et se brosser les dents presque sans l'aide d'un adulte. Un peu plus tard, il pourra boutonner son manteau et attacher ses souliers. La maîtrise de ces habiletés motrices fines, qui fait surtout appel à la coordination œil-main, prépare l'enfant aux apprentissages scolaires.

Comme le montre le tableau 5.2, on distingue six catégories d'actions liées aux activités manuelles : les actions d'orientation-approche, les actions de préhension, les actions de manipulation, les actions de restitution, les actions de projection et l'action graphique. Ce qui distingue ces catégories, c'est l'intention à la base de l'action (Paoletti, 1999). La maturation du cerveau permet en effet des actions de plus en plus complexes, comme en témoignent, par exemple, les changements observés dans les dessins des jeunes enfants.

L'évolution graphique

Avant même de commencer à dessiner, l'enfant avait découvert le plaisir de laisser une trace, que ce soit par les marques de ses mains ou de ses pieds dans le sable ou par les traces de ses doigts enduits de peinture ou de confiture. À deux ans, l'enfant gribouille ; il ne le fait toutefois pas au hasard, mais selon certaines structures, soit en traçant des lignes verticales ou des zigzags. Son plaisir réside autant dans le mouvement que dans la trace, tandis qu'il apprend peu à peu à exercer le contrôle de ses

TABLEAU 5.2 La classification des activités manuelles

Action	Intention	Exemples
Orientation-approche (pointage, toucher, poursuite, approche)	Visée	• Appuyer sur un bouton • Suivre du doigt le vol d'un oiseau • Porter sa main sous un robinet
Préhension	Prise de contrôle manuelle	• Saisir un verre • Attraper une balle
Manipulation (palpation, soutien, déplacement, maniement, transformation)	Contrôle manipulatoire	• Tâter un fruit • Tenir une bouteille • Retourner un verre • Manger à l'aide d'une cuillère • Transformer de la pâte à modeler
Restitution (lâcher, dépôt)	Relâchement de la prise	• Laisser tomber un caillou • Poser un verre
Projection (frapper, lancer)	Transmission de la force	• Donner un coup de marteau • Lancer une fléchette
Action graphique	Contrôle graphique	• Tracer, colorier, copier, écrire

gestes. Avec l'avènement de la fonction symbolique, dont nous parlerons plus loin, son œil s'efforce de guider sa main pour arriver, peu à peu, à donner un sens à sa production (Baldy, 2005). À trois ans, l'enfant dessine des formes, surtout des cercles et des croix, mais il éprouve encore de la difficulté à fermer les figures. Il va ensuite commencer à combiner ces formes dans des motifs plus complexes, le stade pictural commençant généralement vers quatre ou cinq ans.

Le passage des formes abstraites à la représentation d'objets réels indique un changement majeur dans les objectifs du dessin de l'enfant et traduit un progrès cognitif dans les habiletés de représentation mentale de ce dernier. C'est en examinant ses dessins d'un bonhomme que nous pouvons observer les progrès réalisés par un enfant dans la construction de son **schéma corporel**, c'est-à-dire dans la représentation qu'il se fait de son propre corps, des éléments qui le composent et de leurs proportions. Ainsi, les premiers dessins du bonhomme sont incomplets : un seul cercle ou des pièces détachées le représentent. Vers quatre ans apparaît le bonhomme « têtard » : un cercle représente la tête et des membres s'attachent à ce cercle. Peu à peu, l'enfant cherche alors à remplir l'espace entre la tête et les jambes : bras accrochés aux jambes, trait entre les jambes, boutons, etc. C'est là une étape de transition avant d'en arriver, vers l'âge de cinq ans, à l'ajout du tronc et à l'obtention d'un bonhomme complet. Ce premier bonhomme filiforme est appelé « fil de fer », puis bonhomme « tube », avec des bras et des jambes dessinés sous la forme d'un trait double. Vers sept ou huit ans, l'enfant arrive enfin à dessiner un bonhomme avec une certaine organisation d'ensemble. Selon l'approche socioculturelle de Vygotsky, les habiletés nécessaires au dessin se développent dans un contexte d'interactions sociales ; par exemple, les enfants modifient leur façon de dessiner en regardant et en échangeant des commentaires sur les dessins des uns et des autres (Braswell, 2006).

Schéma corporel
Image qu'on se fait de son propre corps.

Dessin de bonhomme
Bonhomme têtard, bonhomme fil de fer, bonhomme tube, bonhomme complet

Le tableau 5.1W présente l'évolution du dessin du bonhomme.

La latéralité manuelle

Les deux hémisphères du cerveau sont en grande partie symétriques et accomplissent de concert un grand nombre de fonctions, mais chacun possède des fonctions spécialisées : c'est ce qu'on appelle le processus de latéralisation. Sur le plan de la motricité, puisque les nerfs se croisent, l'hémisphère gauche du cerveau régit le côté droit du corps, alors que l'hémisphère droit régit le côté gauche. La **latéralité** désigne la dominance d'une des parties paires du corps (mains, pieds, yeux, etc.).

Latéralité
Dominance d'une des parties paires du corps (mains, pieds, yeux, etc.).

La latéralité

La préférence pour l'utilisation d'une main plutôt que l'autre devient évidente vers l'âge de trois ans.

La latéralité manuelle, c'est-à-dire la préférence pour l'utilisation d'une main plutôt que l'autre, est habituellement évidente vers l'âge de trois ans. L'hémisphère gauche du cerveau étant généralement dominant, la plupart des gens utilisent donc leur main droite. Néanmoins, chez ceux dont le cerveau est plus symétrique, l'hémisphère droit tend à dominer, ce qui les rend alors gauchers. Les garçons sont plus souvent gauchers que les filles. Toutefois, la dominance n'apparaît pas toujours aussi clairement et plusieurs personnes utilisent ainsi indifféremment une main ou l'autre. D'autres utiliseront une ou l'autre main selon la tâche à exécuter.

La dominance de la main relève-t-elle de la génétique ou de l'apprentissage? Certains chercheurs expliquent la dominance de la main droite par l'existence d'un gène particulier. Selon leur théorie, les personnes qui héritent de ce gène – soit environ 82 % de la population – sont droitières. Toutefois, les individus qui ne le reçoivent pas ont quand même 50 % des chances d'être droitiers ; autrement, ils seront gauchers ou ambidextres. Le fait que la dominance de la main relève alors du hasard chez ceux qui ne reçoivent pas ce gène pourrait expliquer pourquoi des jumeaux homozygotes peuvent avoir des mains dominantes différentes et pourquoi 8 % des enfants de deux parents droitiers sont gauchers (Klar, 1996).

5.1.4 Les habitudes de vie

La nutrition et la malnutrition

À partir de deux ans, la croissance commence à ralentir et les enfants ont besoin de moins de calories proportionnellement à leur poids qu'auparavant. Pourtant, selon Santé et Services sociaux Québec (2013b), 26 % des jeunes enfants de deux à cinq ans présentent de l'embonpoint ou de l'obésité, ce qui représente une hausse considérable observée également un peu partout dans le monde ces dernières années. On estime en effet que près de 22 millions d'enfants de moins de cinq ans sont obèses dans le monde (Belizzi, 2002). Les enfants qui vivent dans les familles moins scolarisées ou plus pauvres sont les plus touchés.

Des données recueillies auprès de plus de 8550 enfants d'âge préscolaire mettent en évidence trois facteurs qui seraient associés à la prévention de l'obésité : 1) prendre régulièrement le repas du soir en famille ; 2) dormir suffisamment et 3) regarder la télévision moins de deux heures par jour (Anderson et Whitaker, 2010). Le manque d'activité physique représente lui aussi un facteur important de l'excès de poids. Nous reviendrons sur le problème de l'obésité dans le chapitre 7.

Par ailleurs, plusieurs enfants ne sont pas suffisamment ou correctement nourris. La sous-alimentation est la cause première de la mortalité des enfants de moins de cinq ans (Bryce *et al.*, 2005). Selon l'UNICEF (2008), environ 28 % des jeunes enfants de par le monde ne mangent pas à leur faim, principalement en Asie du Sud et en Afrique subsaharienne. Au Québec, 6,9 % des ménages vivent dans une situation d'insécurité alimentaire, ce qui est un peu moins élevé que pour la moyenne canadienne (Santé Canada, 2012). Lorsque le contenu du panier d'épicerie diminue, les premiers éléments à être supprimés sont habituellement les aliments santé comme les viandes maigres, les produits laitiers, les grains entiers, les légumes et les fruits (Drewnowski et Eichelsdoerfer, 2009).

Les retards de croissance en bas âge résultent souvent d'un apport insuffisant de nutriments sur une longue période et ils sont difficilement réversibles. Ils s'accompagnent généralement d'un retard dans le développement de la motricité et des fonctions cognitives, et ils peuvent alors être la cause de faibles résultats scolaires (UNICEF, 2007). Parce que ces enfants vivent habituellement dans un milieu très appauvri sur tous les plans, les effets particuliers de cette malnutrition sont encore difficiles à isoler.

Le sommeil

À mesure que l'enfant grandit, ses heures de sommeil diminuent, et il développe son propre rythme de sommeil. La plupart des enfants de cinq ans dorment en moyenne 11 heures par nuit et ne font plus de sieste le jour (Hoban, 2004). Ils dorment aussi d'un sommeil profond, plus profond qu'à n'importe quelle autre période de leur vie.

L'heure du coucher provoque parfois une certaine forme d'anxiété de séparation, ce qui amène l'enfant à chercher toutes sortes de façons de l'éviter; il ne veut pas quitter un univers stimulant et peuplé de gens pour se retrouver tout seul dans son lit. Il semble que la façon la plus efficace d'éliminer ce problème est d'établir avec l'enfant une routine simple et stable, qui comprend une heure fixe pour le coucher et des rituels de mise au lit qui s'effectuent dans le calme et ne s'éternisent pas.

Les troubles du sommeil

Plusieurs enfants âgés de trois à huit ans souffrent de cauchemars ou de terreurs nocturnes. Le **cauchemar** est un rêve terrifiant qui se produit souvent lorsque l'enfant reste éveillé trop longtemps ou qu'il est surexcité. Les cauchemars sont assez répandus chez les jeunes enfants, et à leur réveil, ils en gardent un vif souvenir. Un mauvais rêve de temps en temps n'a bien entendu rien d'inquiétant, mais des cauchemars fréquents, surtout s'ils rendent l'enfant craintif et anxieux durant les périodes d'éveil, peuvent signaler un stress excessif (Hoban, 2004).

Cauchemar
Rêve terrifiant dont l'enfant garde généralement un vif souvenir.

Terreur nocturne
Manifestation d'un état de panique pendant le sommeil profond dont l'enfant ne garde habituellement aucun souvenir.

L'enfant qui éprouve des **terreurs nocturnes** semble quant à lui sortir brusquement d'un sommeil profond et se réveille dans un état de panique. Il peut crier et s'asseoir dans son lit en respirant rapidement et en regardant dans le vide devant lui. Toutefois, il n'a pas conscience d'avoir fait un mauvais rêve ou d'avoir pensé à une chose terrifiante. Il se rendort rapidement et, au petit matin, il ne se souviendra pas de s'être réveillé au cours de la nuit. Ces terreurs nocturnes surviennent plus souvent chez les garçons et se produisent, la plupart du temps, entre 3 et 13 ans (Laberge *et al.*, 2000).

Les terreurs nocturnes

L'enfant se réveille dans un état de panique, mais n'a aucun souvenir de cette expérience le lendemain matin.

Le **somnambulisme** (le fait de marcher en dormant) et la **somniloquie** (le fait de parler en dormant) sont aussi des troubles du sommeil assez fréquents chez les enfants. Le somnambulisme en soi est sans danger, même s'il peut arriver qu'une personne heurte un objet en quittant son lit. Il est donc préférable de ne pas réveiller le somnambule, de même que l'enfant qui vit des terreurs nocturnes, puisque le réveil peut troubler l'enfant et susciter ensuite de la peur (Hoban, 2004). Ces troubles du sommeil, comme les cauchemars et les terreurs nocturnes, sont dus à une activation accidentelle du système de contrôle moteur du cerveau (Hobson et Silvestri, 1999). Ces problèmes, souvent associés à l'anxiété de séparation, disparaissent généralement d'eux-mêmes (Petit *et al.*, 2007).

Somnambulisme
Fait de marcher en dormant, dont la personne ne garde habituellement aucun souvenir.

Somniloquie
Fait de parler en dormant, dont la personne ne garde habituellement aucun souvenir.

L'énurésie

À partir de l'âge de trois à cinq ans, la plupart des enfants sont capables de rester au sec, le jour comme la nuit. Toutefois, selon la Société canadienne de pédiatrie (SCP), l'**énurésie** se manifeste chez environ 10 % à 15 % des enfants de cinq ans, principalement des garçons, qui continuent d'uriner au lit pendant la nuit (SCP, 2007). Même s'il se peut que leur vessie soit plus petite, moins de 1 % des enfants qui souffrent d'énurésie présentent un problème physique. La découverte de l'emplacement d'un gène lié à l'énurésie sur le chromosome 13q indique que l'hérédité en est un facteur majeur (Eiberg, 1995), facteur qui peut être combiné à une lente maturation motrice, à une capacité réduite de la vessie et à des difficultés à sortir de la phase du sommeil profond (Hoban, 2004).

Énurésie
Émission involontaire d'urine souvent associée au sommeil nocturne des enfants.

Les enfants ainsi que leurs parents doivent cependant être rassurés: l'énurésie est un phénomène fréquent et bénin, qui finit par disparaître de lui-même. Selon la SCP (2007), on ne devrait pas traiter les enfants qui ne se sentent pas dérangés par l'énurésie nocturne primaire. À l'âge de huit ans, ce problème a effectivement disparu dans 50 % des cas sans aucune intervention et, à 15 ans, les jeunes ne sont plus que 1 % à souffrir d'énurésie.

5.1.5 La santé et la sécurité des enfants

Au cours de la petite enfance, les enfants sont généralement en bonne santé, surtout depuis que les principales maladies qui les frappaient autrefois sont devenues relativement rares en raison de la généralisation de la vaccination. Il en est autrement dans les pays en voie de développement. L'encadré 5.1 s'attarde sur les chances de survie des enfants de cet âge dans le monde.

L'influence de la pauvreté sur la santé

La pauvreté est un facteur déterminant dans les problèmes de santé et, par conséquent, dans le développement. Souvent, les enfants pauvres mangent mal, vivent dans des logements insalubres, n'obtiennent pas le suivi médical nécessaire et ne grandissent pas normalement. Une étude longitudinale menée par le Département de médecine sociale de l'Université de Montréal a demandé aux mères de 1929 enfants si elles avaient pu assurer tous les besoins de base de leurs enfants (nourriture, logement, vêtements, médicaments) lorsque ceux-ci avaient entre deux ans et quatre ans. Dans les familles démunies, 20,4 % des enfants présentaient un retard de croissance à quatre ans alors que cette proportion était de 9,6 % dans les familles dont les besoins de base étaient comblés. Un nombre significatif d'enfants sont affectés même si les ressources sont devenues suffisantes à quatre ans. On en conclut que la pauvreté affecte particulièrement la croissance des enfants en bas âge. Les chercheurs croient

ENCADRÉ 5.1 D'UNE CULTURE À L'AUTRE

Survivre aux cinq premières années de la vie

Entre 1990 et 2011, le taux d'enfants de moins de 5 ans qui meurent chaque année a été réduit de 41 % à l'échelle mondiale (UNICEF, 2012). Toutefois, même si aujourd'hui, un enfant a plus de chances de vivre jusqu'à l'âge de 5 ans qu'il y a une vingtaine d'années, ses chances de survie dépendent en grande partie de l'endroit où il réside. Par exemple, en Afrique subsaharienne, 1 enfant sur 9 meurt avant l'âge de 5 ans. C'est 16 fois plus que la moyenne des pays développés (WHO, 2012).

Les efforts internationaux destinés à améliorer la santé infantile visent les cinq premières années de la vie parce que, dans le groupe des enfants de moins de 15 ans, près de 90 % des décès ont lieu pendant ces premières années. En outre, au moins 98 % des décès infantiles se produisent dans les régions pauvres et rurales des pays en développement, principalement en Afrique subsaharienne et en Asie du sud, où l'alimentation est inadéquate, l'eau insalubre et les installations sanitaires, déficientes (UNICEF, 2009). Les principales causes de décès chez les enfants âgés de moins de cinq ans sont les maladies contagieuses (pneumonie, diarrhée et malaria), les complications à la naissance et la sous-alimentation (WHO, 2012).

Une étude financée par la Fondation Bill et Melinda Gates a suivi plus de 120 000 naissances et a démontré qu'avec des interventions relativement peu coûteuses auprès des sages-femmes, on a réduit considérablement les décès à la naissance dans les pays en développement. En leur donnant une formation sur les soins des nouveau-nés, et en leur procurant le matériel médical de base, on a fait passer le taux de décès à la naissance de 23 pour 1000 à 16 (Carlo *et al.*, 2010).

Dans les pays émergents, lesquels sont situés en Méditerranée orientale, en Amérique latine et en Asie, on observe par ailleurs un changement qui ressemble à celui des pays développés : les décès d'enfants sont davantage causés par des complications à la naissance. En Inde et en Chine, le taux de mortalité infantile a chuté de manière impressionnante. Ainsi, bien que l'écart entre les pays développés et les autres ait diminué, les disparités entre les régions en développement, elles, se sont accrues (WHO, 2012).

C'est en Amérique latine et dans les Caraïbes qu'on a observé les diminutions annuelles les plus spectaculaires du taux de mortalité infantile de 1990 à 2011 (diminution annuelle moyenne de 4,8 pour mille). En revanche, le taux de mortalité des enfants haïtiens est encore de 70 pour 1000, soit 5 fois celui de l'Argentine (WHO, 2012).

Les enfants des pays pauvres et les enfants pauvres des pays riches sont donc plus susceptibles de mourir jeunes que les autres. En outre, les progrès en matière de survie ont surtout profité aux personnes à revenus plus élevés.

que le retard est dû non seulement à la malnutrition, mais aussi aux conditions dans lesquelles les enfants vivent et qui peuvent entraîner des problèmes de santé comme l'asthme ou d'autres infections respiratoires (Ehounoux *et al.*, 2009).

Les allergies et les intolérances alimentaires

Environ 7 % des enfants canadiens souffrent d'une allergie alimentaire (Soller *et al.*, 2012). Une allergie est une réaction du système immunitaire qui produit des anticorps pour se défendre contre un aliment qu'il croit, à tort, nocif. Cette réaction va affecter le système respiratoire, le tractus gastro-intestinal, la peau ou le système cardiovasculaire et peut aller jusqu'à provoquer la mort (Santé Canada, 2013). Les enfants les plus à risque de présenter une allergie alimentaire sont ceux qui ont déjà fait de l'urticaire, de l'eczéma ou de l'asthme ou dont les parents ont des antécédents d'allergies (Santé et Services sociaux Québec, 2013a).

Une intolérance alimentaire est une difficulté à digérer ou absorber certains aliments, mais le système immunitaire n'est pas impliqué et les répercussions en sont moins graves. L'intolérance au lactose, le sucre présent dans le lait, est la plus fréquente, mais elle s'estompe généralement d'elle-même (Santé Canada, 2013).

L'exposition à la fumée secondaire, aux pesticides et au plomb

Les dangers liés à l'exposition à la fumée secondaire sont plus grands durant l'enfance qu'à toute autre période de la vie. L'exposition passive à la fumée secondaire augmente en effet les risques de problèmes médicaux comme la bronchite, la pneumonie, les infections respiratoires, les otites et l'asthme (Office on Smoking and Health, 2006). Heureusement, plusieurs campagnes de sensibilisation, tant au Québec qu'au Canada, visent en ce moment à faire baisser ce taux.

Les enfants sont également plus vulnérables aux effets néfastes des pesticides que les adultes, et on a des raisons de croire que l'exposition aux pesticides, même à de faibles doses, peut affecter le développement de leur cerveau (Weiss, Amler et Amler, 2004).

L'empoisonnement au plomb peut causer divers problèmes neurologiques et comportementaux et ainsi nuire sérieusement au développement cognitif. Il n'existe pas de seuil sécuritaire d'exposition au plomb, puisqu'il est démontré qu'une exposition, aussi faible soit-elle, peut avoir des effets néfastes sur les jeunes enfants. Or, les dommages sur le cerveau en développement des enfants sont apparemment irréversibles (Bellinger, 2004). Au Québec, le plomb peut être présent, entre autres, dans les peintures, les soudures ainsi que dans certaines canalisations d'eau potable. Des mesures gouvernementales sont prises pour limiter les concentrations de plomb dans l'eau potable (Développement durable, Environnement, Faune et Parcs Québec, 2013).

L'exposition à la fumée secondaire

Les parents qui fument à côté de leurs enfants savent-ils qu'ils augmentent les dangers pour la santé de ceux-ci ?

FAITES LE POINT

1. Pourquoi dit-on que la période allant de deux ou trois ans à sept ou huit ans est une période critique pour l'intégration du stade final des habiletés motrices ?
2. Vers quel âge les enfants arrivent-ils généralement à dessiner un personnage avec une bonne structure, et comment évoluent les dessins d'un bonhomme ?
3. Vers quel âge peut-on considérer que la latéralité est déterminée ?
4. Quelles sont les causes possibles de l'énurésie chez les enfants ?
5. Max, trois ans, vit avec sa mère et ses deux frères de cinq et sept ans, dans un quartier défavorisé. Sa mère est un peu dépressive et, même si elle ne travaille pas à l'extérieur, elle trouve rarement l'énergie et les ressources financières pour préparer des repas équilibrés pour ses enfants. Leur logement est sale et délabré, des mégots de cigarettes, des restes de nourriture et des bouteilles de bière traînent un peu partout. Comment le milieu de pauvreté dans lequel vit Max peut-il affecter sa santé ?

5.2 Le développement cognitif

À partir de trois à six ans, l'enfant fait preuve d'une maîtrise accrue des notions d'âge, de temps et d'espace. Il développe aussi ses capacités d'attention et d'utilisation des symboles et devient de plus en plus efficace pour traiter de nouvelles informations.

5.2.1 Le stade préopératoire de Piaget

Stade préopératoire
Selon Piaget, deuxième stade du développement cognitif, qui se situe de deux à six ans et au cours duquel l'enfant peut se représenter mentalement des objets qui ne sont pas physiquement présents. Ces représentations sont toutefois limitées par le fait que l'enfant ne peut encore penser logiquement.

Opération mentale
Réflexion mentale qui permet de comparer, de mesurer, de transformer et de combiner des ensembles d'objets.

L'étape que traverse l'enfant de deux à six ans a été appelée par Piaget le **stade préopératoire**. Selon lui, les enfants de cet âge ne sont pas encore prêts à effectuer des **opérations mentales** qui font appel à une pensée logique. Nous verrons plus en détail certains de ces progrès et de ces limites identifiés par Piaget au stade préopératoire, ainsi que les nuances apportées par des recherches récentes sur ces aspects du développement.

Les progrès cognitifs au stade préopératoire

Fonction symbolique
Selon Piaget, capacité de l'enfant à utiliser certains symboles (mots, nombres ou images) qui ont pour lui une signification.

La fonction symbolique La caractéristique principale du stade préopératoire est l'utilisation croissante des capacités de représentation apparues à la fin du stade sensorimoteur et de la **fonction symbolique**. Lorsque, dans la mise en situation de ce chapitre, Tristan se recroqueville sous une chaise après avoir dit avec une grosse voix: « Je veux aller me coucher », il démontre qu'il peut se représenter mentalement un ours qui va se coucher. La possibilité de se représenter mentalement un objet, une personne ou une situation sans qu'ils soient physiquement présents caractérise la fonction symbolique. Le fait de disposer de symboles (mots, chiffres, images) pour représenter diverses réalités constitue par conséquent un progrès considérable dans le développement cognitif. Sans la fonction symbolique, les gens seraient en effet incapables de converser, de lire une carte ou de chérir la photo d'une personne aimée qui se trouve loin d'eux.

La fonction symbolique
À travers des objets ressemblants ou non, la fonction symbolique permet à un enfant du stade préopératoire de représenter la réalité.

Le mot constitue le symbole le plus usuel et probablement le plus important pour la pensée, qu'il soit verbalisé ou écrit. Comme nous l'avons vu dans le chapitre précédent en évoquant les bases du langage, un enfant qui utilise le mot « pomme » pour désigner un objet absent attribue à ce son un caractère symbolique. C'est donc dans l'utilisation du langage que la fonction symbolique prend tout son sens. Cette fonction se manifeste aussi par l'imitation différée, qui consiste à reproduire une action observée, mais en l'absence du modèle, comme les enfants qui, dans la mise en situation, jouent à sauter comme un lièvre ou à marcher comme un ours, après leur visite au zoo. Enfin, la fonction symbolique peut aussi s'exprimer dans le jeu symbolique, dont nous parlerons plus loin.

Transduction
Selon Piaget, tendance de l'enfant du stade préopératoire à établir un lien de causalité, logique ou non, entre deux événements, sur la seule base de leur occurrence commune.

La compréhension de la causalité Au début du stade préopératoire, l'enfant saisit de façon générale les relations fonctionnelles élémentaires qui existent entre les objets et les événements. Par exemple, un enfant de trois ans sait qu'en tirant sur un cordon, le rideau s'ouvre, et qu'en appuyant sur un interrupteur, la lumière s'allume. Bien qu'il ne comprenne pas encore pourquoi telle action en entraîne telle autre, il perçoit tout de même le rapport qui existe entre les deux actions. Si Piaget admet que les jeunes enfants ont une certaine compréhension des relations de cause à effet, il considère toutefois que le raisonnement de l'enfant du stade préopératoire n'est pas logique, mais plutôt transductif. La **transduction** est le fait d'établir un lien de causalité, logique ou non, entre deux événements sur la seule base de leur proximité dans le temps. Dans ce type de raisonnement, l'enfant n'utilise donc ni la logique inductive (le fait de tirer une conclusion générale à partir de données particulières), ni la logique déductive (le fait de partir de données générales pour en tirer une conclusion particulière). Si deux événements surviennent en même temps ou sont perçus dans le même contexte, l'enfant croit alors que l'un est la cause de l'autre. C'est ce raisonnement transductif qui pourrait amener un enfant à croire, par exemple, que ses parents divorcent parce qu'il s'est disputé avec sa sœur.

Toutefois, lorsqu'on teste les jeunes enfants sur des situations compréhensibles pour eux, on constate qu'ils sont capables de relier correctement les causes aux effets. Il suffit d'écouter les enfants parler pour remarquer que, dans les faits, leur discours révèle souvent une meilleure compréhension des relations causales que ne l'a cru Piaget. Même s'ils éprouvent parfois des difficultés à répondre aux «pourquoi» des adultes, ils utilisent spontanément des phrases contenant des «parce que» ou des «alors»: «Maman a mis un pansement parce que j'avais un bobo.» ou «La fée a pris sa baguette magique, alors la petite souris est devenue grande.» Par contre, il est vrai que les enfants de cet âge tendent à croire que tous les événements ont des relations causales prévisibles. Ainsi, un enfant de quatre ans peut croire qu'on sera automatiquement malade si l'on ne se lave pas les mains avant de manger: pour lui, ce lien de cause à effet est aussi prévisible que celui de voir retomber un ballon lancé dans les airs.

La classification La classification requiert la capacité d'identifier les similitudes et les différences. Vers quatre ans, les enfants sont capables de classer les objets selon deux critères à la fois, comme la forme et la couleur. Ils vont utiliser cette habileté pour sérier et pour catégoriser des éléments de leur entourage comme bon ou mauvais, gentil ou méchant.

La maîtrise des nombres Vers cinq ans, la plupart des enfants sont capables (si on le leur a appris, la plupart du temps en jouant) de réciter dans l'ordre les chiffres jusqu'à 20 et de résoudre des problèmes simples sur des groupes de moins de dix objets. (Laurie a pris sept pommes et Bianca en a pris cinq. Laquelle en a le plus?) Toutefois, pour pouvoir dire qu'un enfant maîtrise les nombres, il doit connaître les principes de la numération suivants:

- Principe d'ordre stable: dire les noms des nombres dans un ordre précis («Un, deux, trois...» et non «Trois, un, deux...»).
- Principe de correspondance biunivoque: utiliser un nom de nombre, et seulement un, pour chaque élément compté («un pour le premier élément, deux pour le deuxième élément, trois pour...»).
- Principe de cardinalité: le dernier nombre énoncé représente le total des éléments comptés. Si le dernier nombre énoncé est «cinq», cela signifie qu'il y a cinq éléments.
- Principe de non-pertinence de l'ordre de départ: si l'on compte cinq éléments, que l'on commence à compter par le premier ou le troisième, le total restera le même.
- Principe d'abstraction: les précédents principes s'appliquent à tous les objets comptés.

Quels sont les principes de la numération que possèdent les enfants de la mise en situation?

On croyait auparavant que c'était la compréhension de ces principes qui permettait aux enfants d'apprendre à compter. Des recherches récentes affirment que c'est l'inverse; c'est en comptant qu'ils parviennent à dégager les principes de numération (Siegler, 1998).

Le principe de **cardinalité**, selon lequel on utilise un seul nom de nombre pour chaque élément compté, le dernier nombre énoncé représentant le total des éléments, n'est pas appliqué systématiquement par les enfants avant trois ans et demi. Vers quatre ou cinq ans, l'**ordinalité**, c'est-à-dire la capacité de comparer des quantités numériques, permet ensuite à l'enfant de comprendre les notions de «plus» et de «moins» (trois biscuits, c'est plus que deux). L'ordinalité apparaît autour de 12 à 18 mois, mais à cet âge, elle demeure limitée à la comparaison d'un nombre restreint d'objets.

Cardinalité
Principe selon lequel on utilise un seul nom de nombre pour chaque élément compté, le dernier nombre énoncé représentant le total des éléments.

Ordinalité
Capacité de comparer des quantités numériques.

Lorsqu'ils entrent en première année du primaire, la plupart des enfants ont déjà développé le sens de la numération. Le niveau de base des habiletés de numération comprend la capacité de compter, l'ordinalité (la comparaison de quantités), les transformations numériques (les additions et les soustractions simples), l'estimation

L'ordinalité et la cardinalité

Les principes de la numération – L'utilisation du boulier aidera cette petite fille à maîtriser les principes de la numération.

(ce groupe de points est-il inférieur ou supérieur à 5) et la reconnaissance d'un modèle d'équation (2 plus 2 font 4, 3 plus 1 aussi) (Jordan *et al.*, 2006).

Bien sûr, même si l'acquisition des connaissances se rapportant à la numération est universelle, elle se développe à des rythmes différents selon l'importance qui lui est accordée par la famille ou la culture à laquelle l'enfant appartient. À quatre ans, les enfants de la classe moyenne ont généralement des habiletés numériques nettement meilleures que les enfants de milieux défavorisés, et leur avantage initial a tendance à se maintenir. La maîtrise des nombres à cet âge est un bon indicateur des performances scolaires en mathématique en troisième année (Jordan *et al.*, 2009).

Les limites de la pensée préopératoire

La pensée préopératoire est encore rudimentaire comparativement à ce que l'enfant pourra accomplir une fois parvenu au stade des opérations concrètes. Selon Piaget, la principale limite du stade préopératoire est la **centration**, c'est-à-dire la tendance à se concentrer sur un seul aspect d'une situation en négligeant tous les autres. La centration a des répercussions à la fois sur la compréhension du monde physique et sur celle des relations sociales. Ainsi, dans la mise en situation, Tristan évalue la quantité de jus qu'il boit en se basant sur le fait qu'un verre soit plein ou non. Le sien est plein, il en contient donc plus que le verre de son éducatrice à moitié plein.

Centration
Selon Piaget, limite de la pensée préopératoire qui amène l'enfant à ne percevoir qu'un seul aspect d'une situation au détriment des autres.

L'égocentrisme L'**égocentrisme** représente une forme de centration et n'a rien à voir avec l'égoïsme. Selon Piaget, les enfants de trois ans croient encore que l'univers tourne autour d'eux et ils sont tellement centrés sur leur propre point de vue qu'ils sont incapables d'en considérer un autre.

Égocentrisme
Selon Piaget, caractéristique de la pensée préopératoire qui rend impossible la prise en compte du point de vue d'une autre personne.

Fascinée par le vacarme incessant des vagues, une fillette de quatre ans se tourne vers son père en lui disant: « Mais quand est-ce que ça arrête ? » « Jamais », lui répond son père. Sur quoi la fillette demande, incrédule: « Même pas quand on dort ? » L'égocentrisme pourrait expliquer pourquoi les jeunes enfants ont parfois du mal à séparer la réalité de ce qu'ils imaginent et pourquoi ils sont parfois confus en ce qui concerne les liens de causalité.

On entend aussi parfois un enfant dire que le soleil se couche parce qu'il est fatigué. C'est un exemple de ce que Piaget appelle l'**animisme**, une forme d'égocentrisme qui consiste à attribuer des caractéristiques humaines à des objets inanimés, comme Tristan, qui croit qu'un autobus peut se mettre en colère.

Animisme
Tendance à concevoir les objets inanimés comme possédant des caractéristiques humaines.

En interrogeant des enfants à propos du soleil, du vent et des nuages, Piaget a obtenu des réponses qui l'ont amené à conclure que les enfants éprouvent de la difficulté à distinguer ce qui est vivant de ce qui ne l'est pas, surtout lorsque les éléments non vivants sont en mouvement. Il a alors attribué cela à l'animisme. Toutefois, d'autres recherches ont démontré depuis que des enfants de trois à quatre ans comprennent que les gens sont vivants et que les cailloux ne le sont pas. Ainsi, au cours d'une expérience, des enfants n'ont attribué ni pensées ni émotions aux cailloux, et ils ont mentionné que si les poupées ne peuvent pas se déplacer par elles-mêmes, c'est qu'elles ne sont pas vivantes (Gelman, Spelke et Meck, 1983). La différence entre les réponses obtenues par Piaget et celles obtenues par d'autres chercheurs s'explique peut-être par le fait que les objets présentés aux enfants par Piaget se déplaçaient d'eux-mêmes et n'offraient aucune possibilité de manipulation concrète.

Une expérience classique de Piaget, la tâche des trois montagnes, illustre bien cet égocentrisme. L'expérimentateur assoit un enfant devant trois monticules (*voir la figure 5.1*) et place une poupée sur une chaise, de l'autre côté de la table. Il demande alors à l'enfant de lui dire comment la poupée voit les montagnes. Le jeune enfant ne peut répondre à cette question. En effet, il décrit chaque fois les montagnes selon sa propre perspective. Pour Piaget, cela met en évidence l'incapacité de l'enfant à imaginer un point de vue différent du sien (Piaget et Inhelder, 1967).

FIGURE 5.1 La tâche des trois montagnes de Piaget

Au stade préopératoire, un enfant est incapable de décrire les montagnes selon le point de vue de la poupée. Selon Piaget, c'est là une manifestation de l'égocentrisme.

Dans une autre expérience, on a cependant présenté le problème d'une manière différente et on a alors obtenu des résultats différents. Un enfant était assis en face d'un panneau divisé en quatre sections par des «murs». Un personnage représentant un policier se tenait d'un côté du panneau tandis qu'une poupée était déplacée d'une section à l'autre. Après chaque déplacement, on demandait à l'enfant: «Est-ce que le policier peut voir la poupée?» Puis un autre personnage policier entrait en action, et on demandait à l'enfant de cacher la poupée de manière à ce qu'aucun policier ne la voie. Des enfants âgés de trois ans et demi à cinq ans ont donné la bonne réponse neuf fois sur dix (Hughes, 1975). Pourquoi ces enfants étaient-ils capables de considérer le point de vue d'une autre personne (le policier), alors que ceux à qui l'on présentait le problème des montagnes en étaient incapables? Il est possible que ce soit parce que le problème du policier les amène à penser d'une façon plus usuelle et moins abstraite. En effet, les jeunes enfants ne regardent généralement pas les montagnes de cette façon et ne se questionnent pas sur ce que les autres personnes voient en les regardant. Toutefois, la plupart des enfants de trois ans connaissent les poupées, les policiers et le jeu de la cachette. Ainsi, les jeunes enfants peuvent effectivement faire preuve d'égocentrisme au premier abord, mais principalement dans des situations qui dépassent leur expérience immédiate.

La non-conservation Une autre expérience classique de Piaget illustre bien comment la centration vient limiter la pensée enfantine. Piaget a conçu cette expérience pour évaluer la notion de **conservation**, qui est le principe selon lequel deux quantités égales (liquide, poids, nombre, surface, etc.) restent égales malgré une transformation apparente, tant et aussi longtemps qu'on ne leur ajoute ou qu'on ne leur enlève rien. Il a ainsi découvert que les jeunes enfants ne comprennent pas pleinement ce principe avant le stade des opérations concrètes. Dans cette expérience, on présente à un enfant deux verres identiques, bas et évasés, qui contiennent la même quantité d'eau. On verse ensuite l'eau d'un des verres dans un troisième verre, haut et étroit, puis on demande à l'enfant s'il y a un verre qui contient plus d'eau ou si les deux verres contiennent la même quantité d'eau. Que l'enfant ait vu l'expérimentateur verser l'eau du verre bas et évasé dans le verre haut et étroit ou qu'il ait versé l'eau lui-même, il répond toujours que l'un des deux verres contient plus d'eau. Lorsqu'on lui demande pourquoi, il répond: «Celui-ci est plus grand ici.», en montrant la hauteur (ou la largeur) du verre. Au stade préopératoire, l'enfant est donc incapable de considérer la hauteur et la largeur en même temps. Il centre sa pensée sur l'un ou l'autre de ces aspects, et sa réponse découle par conséquent de l'évaluation d'une seule dimension du verre.

Conservation
Selon Piaget, capacité de comprendre que deux quantités égales (liquide, poids, nombre, surface, etc.) restent égales malgré leur transformation apparente si rien n'est enlevé ou ajouté.

Cette compréhension de la conservation est également limitée par l'**irréversibilité** de la pensée, c'est-à-dire par l'incapacité de comprendre qu'une opération peut se faire dans les deux sens. L'enfant ne parvient pas à imaginer qu'il suffirait de reverser l'eau dans le premier verre pour démontrer que la quantité est toujours la même. Au stade préopératoire, selon Piaget, l'enfant pense comme s'il observait les images statiques d'une pellicule: il se concentre sur les états successifs, mais ne reconnaît pas les transformations d'un état à un autre. Ainsi, l'enfant prend séparément en considération l'eau qui se trouve dans chacun des verres, au lieu de la considérer comme une même substance pouvant être transvasée d'un verre à l'autre.

Irréversibilité
Limite de la pensée préopératoire qui empêche l'enfant de comprendre qu'une opération sur un objet peut être faite en sens inverse pour revenir à l'état initial de l'objet.

Il existe différents tests permettant d'évaluer la notion de conservation. Les principaux sont présentés dans le tableau 5.3 (*voir la page suivante*).

TABLEAU 5.3 Les principaux tests de conservation

Type de conservation	1. Présenter à l'enfant	2. Opérer une transformation	3. Demander à l'enfant	4. Réponse habituelle d'un enfant du stade préopératoire
Nombre	Deux rangées parallèles de bonbons. 	On augmente l'espace entre les bonbons de l'une des rangées. 	Est-ce qu'il y a le même nombre de bonbons dans chaque rangée ou est-ce que l'une des deux rangées en a plus que l'autre ?	La rangée plus espacée a plus de bonbons.
Longueur	Deux trains parallèles de même longueur. 	On déplace l'un des trains vers la droite. 	Est-ce que les deux trains sont de la même longueur ou est-ce que l'un des deux trains est plus long ?	Le train qui est le plus avancé à droite est le plus long.
Liquide	Deux verres identiques, transparents, avec la même quantité de jus. 	On verse le liquide de l'un des verres dans un autre, plus étroit. 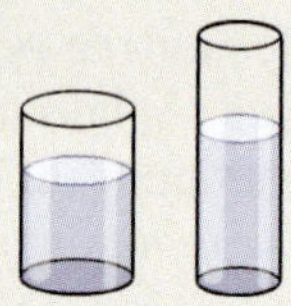	Est-ce que les deux verres contiennent la même quantité de jus ou est-ce que l'un des deux verres en contient plus ?	Le verre où le jus monte plus haut contient plus de jus que l'autre.
Substance	Deux boules identiques de pâte à modeler. 	On roule une des boules pour en faire un serpent. 	Est-ce qu'il y a la même quantité de pâte à modeler dans la boule et le serpent ou est-ce que l'un des deux en contient plus ?	Le serpent contient plus de pâte à modeler.
Poids	Deux boules identiques de pâte à modeler. 	On roule une des boules pour en faire une saucisse. 	Est-ce que la boule et la saucisse pèsent le même poids ou est-ce que l'une des deux est plus lourde que l'autre ?	La boule est plus lourde que la saucisse (ou parfois l'inverse).
Surface	Des petits blocs (représentant des maisons) placés sur deux feuilles de papier vert (représentant de l'herbe), et on dépose sur chaque feuille une vache qui doit manger l'herbe. 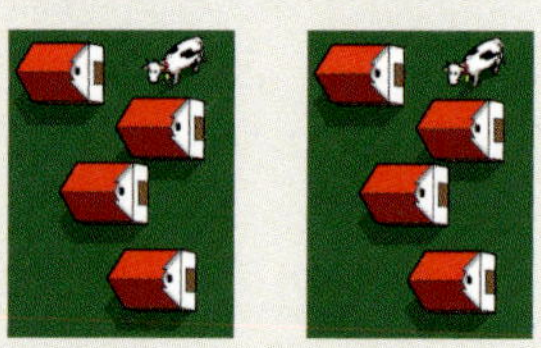	On déplace les maisons de l'une des feuilles afin de les coller les unes aux autres. 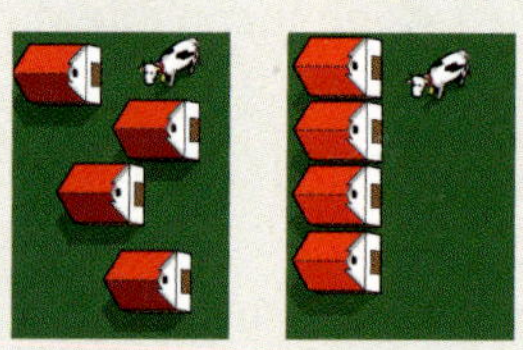	Est-ce que les deux vaches ont la même quantité d'herbe à manger ou est-ce que l'une des deux en a plus que l'autre ?	La vache de la feuille où les maisons sont collées a plus d'herbe à manger.
Masse	Deux contenants avec une quantité égale d'eau et deux boules de pâte à modeler identiques. 	On met une des boules de pâte à modeler dans l'un des contenants et on défait l'autre en petits morceaux. 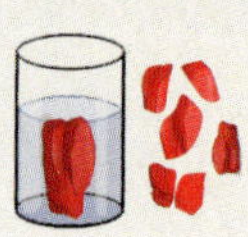	Si on met tous les morceaux de pâte à modeler dans le contenant, est-ce que le niveau de l'eau sera égal dans les deux contenants ou l'un des deux sera-t-il plus haut ?	L'eau va monter plus haut dans le contenant avec les petits morceaux.

5.2.2 Les jeunes enfants et les théories de l'esprit

Piaget (1929) a été le premier à étudier les **théories de l'esprit** chez les enfants, c'est-à-dire la prise de conscience de leurs propres processus mentaux (désirs, intentions, croyances, etc.) et la capacité de comprendre que les autres ont les leurs également. Avoir une théorie de l'esprit nous permet de comprendre et de prévoir le comportement d'autrui et rend notre environnement social intelligible.

Théorie de l'esprit
Conscience de ses propres processus mentaux et capacité de comprendre que les autres ont les leurs également.

Piaget a posé à des enfants des questions du type « D'où viennent les rêves ? » ou « Avec quoi penses-tu ? » Les réponses reçues l'ont amené à conclure que les enfants de moins de six ans sont incapables de faire la différence entre les pensées ou les rêves et la réalité physique, et qu'ils n'ont donc pas de théorie de l'esprit. Cependant, des recherches plus récentes, où l'on observe les enfants dans leurs activités quotidiennes, indiquent quant à elles qu'entre l'âge de deux et cinq ans, la connaissance que démontrent les enfants en matière de processus mentaux – les leurs et ceux des autres – augmente de façon spectaculaire (Cross et Watson, 2001).

La prise de conscience de la pensée

De trois à cinq ans, les enfants commencent à comprendre que les pensées se passent dans la tête, que nous pouvons penser à des choses réelles ou imaginaires, qu'une personne peut penser à des objets même en ayant les yeux fermés et les oreilles bouchées, et que penser constitue une action différente de celles de voir, parler ou toucher (Flavell *et al.*, 1995).

Toutefois, à cet âge, les enfants croient généralement que l'activité mentale a un début et une fin. Ce n'est pas avant le milieu de l'enfance qu'ils se rendent compte finalement que la pensée est continuellement active. Les jeunes enfants n'ont donc pas (ou très peu) conscience que les gens « se parlent dans leur tête, avec des mots » ou qu'ils pensent en même temps qu'ils regardent, écoutent, lisent ou parlent (Flavell *et al.*, 1997). Ils ont aussi tendance à confondre les rêves et l'imagination, et ils croient qu'ils peuvent décider de ce dont ils vont rêver. C'est seulement vers l'âge de 11 ans que les enfants réalisent vraiment qu'ils ne peuvent pas contrôler leurs rêves (Woolley et Berger, 2002).

Les fausses croyances et la tromperie

Un chercheur montre une boîte de bonbons à Sarah, une petite fille de trois ans, et lui demande ce qu'il y a dedans. « Des bonbons », répond-elle. Or, lorsqu'elle ouvre la boîte, Sarah y trouve des crayons et non des bonbons. « D'après toi, qu'est-ce qu'un autre enfant qui n'a pas ouvert la boîte croira trouver dedans? » demande le chercheur. « Des crayons », dit Sarah, ne comprenant pas qu'un autre enfant serait lui aussi trompé par la boîte, comme elle-même l'a été. Pour comprendre que quelqu'un peut avoir de fausses croyances, il faut que l'enfant ait d'abord pris conscience qu'on peut se faire une représentation de la réalité et que celle-ci peut parfois être erronée. Or, les enfants de trois ans, comme Sarah, n'ont pas cette compréhension (Flavell *et al.,* 1995).

Ce type de recherches sur les fausses croyances a été repris un peu partout dans le monde et on arrive toujours aux mêmes résultats; un enfant de trois ans ne peut comprendre les fausses croyances. Toutefois, si l'on demande aux enfants de répondre avec des gestes plutôt qu'avec des mots, ceux qui sont à la veille d'avoir quatre ans parviennent alors mieux à reconnaître les fausses croyances, les gestes pouvant aider les enfants sur le point de comprendre le concept des fausses croyances à franchir cette étape (Carlson *et al.,* 2005).

L'incapacité des enfants de trois ans à reconnaître les fausses croyances peut découler de leur pensée égocentrique. À cet âge, l'enfant a effectivement tendance à croire que toutes les autres personnes savent ce qu'il sait et croient ce qu'il croit. Il a donc du mal à comprendre que ses propres pensées peuvent être fausses (Lillard et Curenton, 1999). À quatre ans, les enfants parviennent enfin à comprendre que des personnes qui entendent ou qui voient des versions différentes d'un même événement peuvent développer des croyances différentes. Toutefois, ce n'est pas avant six ans que les enfants réalisent que deux personnes qui voient ou entendent la même chose peuvent l'interpréter différemment (Pillow et Henrichon, 1996).

La tromperie est une tentative destinée à créer une fausse croyance dans la pensée de quelqu'un. Or, pour pouvoir mentir, l'enfant doit auparavant supprimer son impulsion d'être franc. En d'autres termes, on peut dire que, chez l'enfant, le mensonge est un signe de développement cognitif. Des recherches ont montré que certains enfants sont capables de mentir dès l'âge de deux ou trois ans, d'autres vers quatre ou cinq ans seulement. La différence semble liée au moyen que les enfants utilisent pour tromper. En effet, on a demandé à des enfants de trois ans s'ils voulaient jouer un tour à quelqu'un en lui donnant de fausses indications quant à laquelle de deux boîtes contenait une balle. Les enfants mentaient plus facilement quand on leur demandait de mettre l'image d'une balle sur la mauvaise boîte que lorsqu'ils devaient pointer la boîte du doigt, ce qu'ils font habituellement de manière honnête à cet âge (Carlson, Moses et Hix, 1998).

Les tableaux 5.4 et 5.5 résument les principaux progrès cognitifs, mais aussi les limites qui, selon Piaget, caractérisent les enfants du stade préopératoire.

TABLEAU 5.4 Les progrès cognitifs au stade préopératoire (selon Piaget)

Progrès	Description	Exemple
Fonction symbolique	Les enfants peuvent penser à une personne, à un objet absent ou à un événement qui ne se déroule pas dans le présent.	Jérémie se souvient d'avoir mangé un cornet de crème glacée chez sa grand-mère la veille, et il en réclame un autre aujourd'hui.
	Les enfants peuvent imaginer que les objets ou les personnes possèdent des propriétés différentes de celles qu'ils ont en réalité.	Mathieu utilise le rouleau de carton provenant d'un papier d'emballage pour jouer à l'épée.
Compréhension de l'identité	Les enfants savent que des modifications superficielles ne changent pas la nature des choses.	Alexis sait que, même si son grand frère est déguisé en pirate, il demeure toujours son grand frère.
Compréhension des liens de causalité (causes et effets)	Les enfants réalisent que les événements ont des causes.	Jade voit un ballon surgir de derrière un mur et va regarder derrière celui-ci pour voir qui a lancé le ballon.
Capacité de classifier	Les enfants classent les objets, les personnes et les événements en catégories significatives.	Norma trie les cocottes qu'elle a ramassées dans la forêt. Elle les répartit en deux séries selon leur taille : les « petites » et les « grandes ».
Compréhension des nombres	Les enfants peuvent compter et gérer les quantités.	Laurence partage quelques bonbons avec ses amies en les comptant un à un, de façon à ce que chacune d'elles en ait le même nombre.
Empathie	Les enfants deviennent plus à même d'imaginer comment les autres se sentent.	Pierre essaie de réconforter son ami qui est triste en lui faisant un câlin.
Théorie de l'esprit	Les enfants deviennent plus conscients de l'activité mentale et du fonctionnement de l'esprit.	Camille veut cacher des biscuits pour que son petit frère ne les trouve pas. Elle choisit de les mettre dans sa boîte à crayons, car elle sait qu'il ne les cherchera pas dans un endroit où il ne s'attend pas à trouver des biscuits.

TABLEAU 5.5 Les limites de la pensée préopératoire (selon Piaget)

Limite	Description	Exemple
Centration	L'enfant ne perçoit qu'un seul aspect d'une situation au détriment des autres; il ne peut pas opérer de décentration.	Maxime croit que Juliette a plus de blocs que lui parce que ceux-ci sont répandus sur le plancher et occupent plus d'espace que les siens, qui sont bien rangés dans leur boîte. Il se centre uniquement sur l'espace occupé.
Irréversibilité	L'enfant ne comprend pas que certaines actions ou opérations sur un objet peuvent être faites en sens inverse pour revenir à l'état initial de l'objet.	Coralie ne réalise pas que si l'on remet ses framboises dans son bol, elle en a toujours la même quantité.
Fixation sur l'état plutôt que sur la transformation	L'enfant ne comprend pas le sens de la transformation d'un état à un autre.	Sylvia considère son biscuit brisé en morceaux en croyant en avoir plusieurs. Elle ne conçoit pas que le biscuit a simplement été divisé.
Raisonnement transductif	L'enfant n'utilise pas le raisonnement inductif ou déductif. Il tend à établir un lien de causalité, logique ou non, entre deux événements en sautant d'une particularité à une autre.	Sarah a été méchante avec son frère juste avant que celui-ci tombe malade. Sarah en conclut donc qu'elle a rendu son frère malade.
Égocentrisme	L'enfant ne peut pas prendre en considération le point de vue d'une autre personne.	Clémence parle au téléphone avec sa grand-mère et montre en même temps du doigt les dessins dont elle parle.
Animisme	L'enfant tend à donner vie à des objets inanimés.	Paolo dit que le soleil se couche parce qu'il est fatigué.
Incapacité à reconnaître les fausses croyances	L'enfant ne comprend pas que quelqu'un d'autre peut être trompé par les apparences.	Après avoir constaté que sa boîte de blocs ne contenait pas des blocs, mais une poupée, Karen ne comprend pas qu'un autre enfant serait lui aussi trompé par l'apparence de la boîte.

La distinction entre l'imaginaire et la réalité

De 18 mois à 3 ans, les enfants apprennent à faire la distinction entre des événements réels et des événements imaginaires. À trois ans, les enfants peuvent faire semblant et sont capables de reconnaître que quelqu'un d'autre fait semblant. Ils savent aussi que le fait de faire semblant est intentionnel: ils font bien la différence entre le fait de faire quelque chose et le fait de prétendre faire cette chose (Rakoczy, Tomasello et Striano, 2004). Toutefois, la ligne qu'ils tracent entre la fantaisie et la réalité n'est pas toujours très nette. Ainsi, une étude a montré que des enfants âgés de quatre à six ans, qui étaient laissés seuls dans une pièce, préféraient toucher une boîte contenant un ourson imaginaire plutôt qu'une boîte contenant un monstre imaginaire, même si la plupart affirmaient que c'était juste pour faire semblant (Harris *et al.*, 1991).

Les enfants de trois ans et plus font souvent preuve de **pensée magique**, c'est-à-dire qu'ils croient que tout est possible. Certains chercheurs suggèrent que cette forme de pensée ne proviendrait pas de la confusion entre l'imaginaire et la réalité, mais qu'elle servirait surtout à expliquer des événements qui ne semblent pas avoir une explication réaliste évidente (souvent parce que les enfants manquent de connaissances sur le sujet) ou encore à céder aux plaisirs de l'invention. Tout comme les adultes, les enfants sont en effet généralement très conscients de la nature magique de personnages imaginaires tels que les sorcières et les dragons, mais ils se plaisent tout simplement à entretenir l'éventualité de leur existence. La pensée magique a tendance à décliner vers la fin de l'âge préscolaire (Woolley, 1999).

Pensée magique
Façon d'interpréter la réalité selon laquelle tout est possible.

Les **amis imaginaires** sont un autre phénomène fréquent chez les enfants de 3 à 10 ans, surtout chez les aînés et les enfants uniques. C'est une forme de jeu symbolique dans lequel l'enfant est tout à fait capable de distinguer la réalité de la fantaisie. L'ami imaginaire créé par l'enfant comporte des avantages pour ce dernier: c'est un compagnon avec qui l'enfant peut s'amuser, il réalise des désirs au moyen de l'imagination, il sert

Ami imaginaire
Personnage imaginaire créé par un jeune enfant. Ce personnage est généralement du même sexe que l'enfant et disparaît au bout d'un certain temps.

Réalité ou imagination

Peut-il me mordre pour vrai?

de bouc émissaire pour des comportements inacceptables et il peut aussi l'aider à traverser des situations difficiles, comme un déménagement ou une séparation (British Psychological Society, 2013). Les parents ne devraient pas s'inquiéter ou nier leur existence; ces amis imaginaires disparaissent généralement d'eux-mêmes lorsque l'enfant commence à établir de vraies relations d'amitié.

Les diverses influences sur les théories de l'esprit

Une certaine maturation du cerveau est nécessaire pour le développement des théories de l'esprit et l'activité neurologique du cortex préfrontal est particulièrement importante. Lors d'une recherche, des enfants qui étaient capables de raisonner correctement au sujet de l'état émotionnel de personnages de films d'animation présentaient une activation cérébrale dans le cortex préfrontal gauche, ce qui n'était pas le cas pour les enfants qui ne pouvaient réussir la tâche (Liu *et al.*, 2009).

Les compétences sociales et le développement du langage contribuent également à la compréhension des pensées et des émotions.

(i+) Le phénomène des amis imaginaires est abordé dans l'encadré 5.1W.

Les enfants ont tendance à développer de meilleures habiletés liées aux théories de l'esprit lorsque leur mère leur parle de l'attitude mentale des autres (Jenkins *et al.*, 2003). En outre, les enfants bilingues, comme nous le verrons plus loin, sont aussi avantagés sur ce plan (Goetz, 2003).

Enfin, les familles qui encouragent le jeu du faire semblant stimulent le développement des habiletés liées aux théories de l'esprit. En effet, quand les enfants jouent entre eux à faire semblant, ils sont obligés de tenir compte de leurs mondes imaginaires respectifs. De plus, lorsqu'ils se mettent à jouer des rôles, ils doivent alors adopter une perspective autre. Enfin, lors des séances de lecture dirigée, on peut aider l'enfant à développer sa compréhension sociale en parlant avec lui des sentiments vécus par les personnages d'une histoire (Lillard et Curenton, 1999).

5.2.3 La théorie du traitement de l'information : le développement de la mémoire

Durant la petite enfance, la capacité d'attention des enfants s'améliore, de même que la vitesse et l'efficacité avec laquelle ils traitent l'information. Ils commencent aussi à former des souvenirs à long terme. Malgré tout, leur mémoire n'est pas aussi efficace que celle des enfants plus âgés, parce que les jeunes enfants ont tendance à se concentrer sur les détails d'un événement, qui sont facilement oubliés, tandis que les enfants plus âgés et les adultes se concentrent généralement sur l'essentiel de ce qui se produit. Par ailleurs, les jeunes enfants, à cause de leurs connaissances réduites sur le monde, ne prêtent pas nécessairement attention à des aspects importants d'une situation, comme le lieu et le moment où elle s'est produite, ce qui pourrait les aider à mieux se souvenir.

FIGURE 5.2 Les paliers de la mémoire

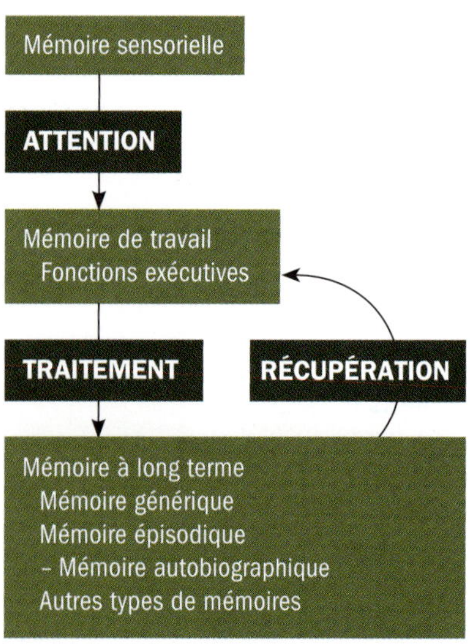

Le fonctionnement de la mémoire

Comme le montre la figure 5.2, les modèles du traitement de l'information représentent le cerveau comme le réservoir de stockage de trois types de mémoire : la mémoire sensorielle, la mémoire de travail et la mémoire à long terme.

La **mémoire sensorielle** est un réservoir temporaire pour toutes les informations sensorielles qui arrivent : si on ne leur prête pas attention, elles s'estompent très rapidement. Ce type de mémoire change peu à partir de l'enfance.

Mémoire sensorielle
Stockage initial, bref et temporaire des informations sensorielles.

Les informations qui sont traitées ou qui sont récupérées se trouvent, elles, dans la mémoire de travail. C'est le réservoir à court terme des informations avec lesquelles la personne travaille activement : ce à quoi elle pense, ce dont elle se souvient ou ce qu'elle tente de comprendre. Ses capacités de stockage sont limitées à plus ou moins sept éléments.

La croissance de la mémoire de travail permet le développement des **fonctions exécutives**, c'est-à-dire la planification et la réalisation d'activités mentales orientées vers un objectif précis. Selon le modèle de Baddeley (1996, 1998), un **système exécutif central** contrôle en effet les processus de traitement de la mémoire de travail. C'est ce système qui permet de transférer l'information encodée dans la **mémoire à long terme**, un dernier réservoir qui jouit d'une capacité illimitée, qui conserve l'information pour de longues périodes et qui permet aussi de la récupérer.

Fonctions exécutives
Planification et réalisation d'activités mentales orientées vers un objectif précis.

Système exécutif central
Selon Baddeley, élément de la mémoire de travail qui contrôle l'attention et le traitement de l'information dans la mémoire de travail.

Mémoire à long terme
Stockage pratiquement permanent des informations qui sont conservées en mémoire.

La capacité d'attention est primordiale dans le développement du système exécutif central. À mesure que les enfants se développent, leur habileté à diriger leur attention vers des stimuli précis en ignorant les informations non pertinentes et à modifier leur attention lorsque c'est nécessaire augmente considérablement. Il y a des liens entre la mémoire de travail et la fonction exécutive parce que la rétention du matériel dans la mémoire de travail est contrôlée par l'attention qu'on lui prête. Si l'attention se déplace, le matériel est perdu.

La fonction exécutive implique aussi la capacité de se retenir, comme attendre son tour pour une activité excitante. Pour atteindre un but souhaité, l'enfant doit souvent faire preuve de patience et contrôler ses impulsions; avec l'âge, ce contrôle augmente de plus en plus. Enfin, pour passer d'une tâche à l'autre, l'enfant doit être capable de modifier volontairement son attention: c'est une habileté essentielle - et la plus difficile - qui sous-tend la fonction exécutive (Garon, Bryson et Smith, 2008).

La formation des souvenirs d'enfance

En général, les jeunes enfants se souviennent seulement des événements qui ont produit chez eux une forte impression, la plupart de ces souvenirs ne semblant pas durer très longtemps. Un chercheur a néanmoins distingué trois types de mémoire à long terme particuliers à l'enfance et qui fonctionnent différemment: la mémoire générique, la mémoire épisodique et la mémoire autobiographique.

La **mémoire générique**, qui débute autour de l'âge de deux ans, produit des scénarios ou des lignes générales d'événements familiers qui se sont répétés, mais sans détails concernant le temps ou le lieu. Chaque scénario contient des routines pour les situations qui reviennent souvent: il permet à l'enfant de savoir à quoi s'attendre et comment se comporter. Les éducatrices en garderie comptent beaucoup sur la mémoire générique pour établir des routines pour les différents moments de la journée, comme la routine du dîner, qui comprend le lavage de mains, une chanson en attendant d'être servi, le rangement de son assiette après avoir mangé, le brossage des dents et la toilette.

Mémoire générique
Mémoire qui produit des scénarios de routines familières servant à orienter le comportement.

La **mémoire épisodique** réfère à la conscience d'avoir vécu une expérience particulière dans un lieu et dans un temps déterminés. Les jeunes enfants se souviennent mieux des événements qui sont nouveaux pour eux. Ainsi, Tristan et ses amis pourront se rappeler assez longtemps leur visite au zoo, tandis que les souvenirs génériques de situations fréquentes (par exemple, une sortie au parc) seront plutôt flous. Étant donné la capacité limitée de la mémoire chez les jeunes enfants, ces souvenirs épisodiques sont temporaires, à moins qu'ils ne se répètent souvent. Ils sont conservés pendant quelques semaines ou quelques mois, puis ils s'estompent.

Mémoire épisodique
Mémoire qui réfère à la conscience d'avoir vécu une expérience particulière dans un lieu et un temps déterminé.

L'**amnésie infantile** réfère à l'incapacité, pour l'adulte, de se souvenir d'événements qui se sont produits avant l'âge de deux à quatre ans (Robinson-Riegler, 2012). L'âge des premiers souvenirs varie selon la méthode utilisée pour le rappel et selon l'âge de la personne. Ainsi, les enfants peuvent se souvenir de plus d'événements s'étant produits à un jeune âge que les adultes. Vers l'âge de deux ans, des enfants peuvent se rappeler des faits qui se sont produits il y a plusieurs semaines, même s'ils n'ont pas le vocabulaire pour décrire ces faits. Toutefois, l'acquisition du langage est essentielle pour que les souvenirs persistent. Des chercheurs ont trouvé que l'apparition du vocabulaire relatif à certains événements précédait de quelques mois les souvenirs de ces événements. Ils en concluent qu'il faut pouvoir transformer une connaissance conceptuelle (un événement vécu) en mots, qui serviront d'indices de rappel, pour que les souvenirs épisodiques

Amnésie infantile
Incapacité, pour des adultes, de retracer des souvenirs de la mémoire épisodique qui se sont produits dans les premières années de la vie.

perdurent (Morrison et Conway, 2010). Les recherches démontrent que les enfants peuvent avoir des souvenirs d'événements qui se sont produits lorsqu'ils avaient autour d'un an, mais ces souvenirs s'estompent lorsqu'ils grandissent et finissent par disparaître puisqu'ils ne sont pas encodés verbalement (Tustin et Hayne, 2010).

Comme les souvenirs des premières années tendent à disparaître, la mémoire épisodique liée à ces âges est perméable aux suggestions et aux faux souvenirs. Ainsi, la fiabilité de la mémoire épisodique chez les enfants est devenue une préoccupation

ENCADRÉ 5.2 APPROFONDISSEMENT

Les témoignages des enfants sont-ils fiables?

Les sévices et les abus sexuels dont sont victimes les jeunes enfants soulèvent généralement l'indignation du public, qui désire que les prédateurs soient mis hors d'état de nuire. Or, dans la plupart des cas, les sévices sexuels ne peuvent être prouvés que par le témoignage de l'enfant. Par conséquent, si ce témoignage est erroné, un adulte innocent peut être condamné. *A contrario,* si l'on ne tient pas compte du témoignage de l'enfant, un adulte dangereux peut demeurer en liberté.

Compte tenu du niveau de leur développement cognitif, il est possible que les jeunes enfants ne sachent pas toujours s'ils ont vraiment vécu une expérience, s'ils l'ont imaginée ou s'ils en ont seulement entendu parler. Ainsi, des enfants de trois à six ans qui participaient à une recherche se sont «souvenus» d'événements qui ne s'étaient jamais produits. Dans cette expérience, un homme appelé Sam Stone visitait pendant quelques minutes une garderie. Le visiteur se promenait dans la pièce, émettait un commentaire sur l'histoire que les enfants étaient en train de lire, leur disait au revoir de la main puis s'en allait. Cependant, avant la visite, on avait décrit Sam Stone à certains enfants comme étant un gentil bouffon ayant déjà déchiré un livre et sali un ours en peluche. Or, après quatre entrevues réalisées à raison d'une par semaine, près de la moitié des enfants de trois à quatre ans et 30 % des enfants de cinq à six ans à qui l'on avait parlé du bouffon Sam Stone et de ses faux agissements disaient spontanément à un nouvel intervieweur que Sam Stone avait déchiré un livre et sali un ourson lors de sa visite. De plus, dès qu'on leur posait des questions plus précises, près de 75 % des enfants disaient alors que le visiteur avait fait l'un ou l'autre. Par contre, aucun des enfants du groupe contrôle (soit le groupe d'enfants à qui l'on n'avait donné aucune information erronée au préalable) n'a rapporté de fausse information (Leichtman et Ceci, 1995). Cette expérience prouve donc que le témoignage des enfants peut être exact s'il est mené de manière neutre.

Les jeunes enfants sont plus influençables que les enfants plus âgés. Cette différence pourrait s'expliquer par leur faible capacité de mémoriser des événements particuliers, par leur grande vulnérabilité aux suggestions, menaces et attentes des adultes et par leur désir d'être approuvés par eux. Par ailleurs, les jeunes enfants peuvent se tromper dans le rappel de certains détails précis concernant un événement qui se produit fréquemment. Ils ont effectivement tendance à confondre ce qui est arrivé au cours d'un épisode particulier avec ce qui s'est produit au cours d'un épisode semblable. Ainsi, un enfant peut avoir de la difficulté à répondre à des questions à propos d'un aspect particulier de l'abus, même s'il se rappelle le «modèle» général de l'abus.

Des chercheurs de l'Université de Montréal ont récemment testé une version française d'un protocole du National Institute of Child Health and Human Development (NICHD), un outil utilisé dans différents pays, qui permet de recueillir les témoignages d'enfants victimes d'agression sexuelle.

Ce protocole est divisé en cinq parties (Lamb *et al.*, 2007):

1. Phase d'introduction : Après s'être présenté, l'intervieweur précise à l'enfant ce qu'on attend de lui et lui rappelle qu'il peut toujours dire qu'il ne sait pas, ne se souvient pas, ne comprend pas, et qu'il peut aussi corriger ce que dit l'intervieweur.
2. Phase de contact: On s'assure que le climat est détendu et positif et on demande à l'enfant de parler d'un événement neutre en donnant quelques détails.
3. Phase de transition: On utilise des incitations, non suggestives, pour amener l'enfant à parler de l'agression.
4. Phase de rappel libre: Quand l'enfant fait une allusion à l'agression, on commence à poser des questions ouvertes «Que s'est-il passé ensuite?», «Tu m'as parlé de... Dis-moi tout ce que tu sais à ce sujet.»
5. Phase de questionnement directif: C'est seulement à cette étape qu'on peut poser des questions directives portant sur ce que l'enfant a dit «Quand cela s'est-il passé? Quelle était la couleur de...?» On limite les questions qui demandent une réponse par oui ou non. Il est déconseillé d'utiliser des phrases suggestives portant sur une information qu'on croit véridique, mais dont l'enfant n'a jamais parlé.

Les entretiens ont été menés par des policiers et des travailleurs sociaux québécois auprès de 83 enfants âgés de 3 à 13 ans. Les résultats démontrent que peu importe l'âge, les détails sont plus nombreux et plus précis à l'aide de ce protocole (Cyr et Lamb, 2009).

Dans les cas de témoignages d'enfants, il est important de respecter un protocole. D'une part, le protocole permet d'éviter que la personne qui mène l'interrogatoire n'oriente les réponses de l'enfant dans le sens qu'elle désire afin d'obtenir rapidement des résultats, et d'autre part, il diminue les risques qu'un enfant ne donne des réponses qu'il croit être attendues d'une personne à qui il fait confiance.

importante pour les poursuites judiciaires dans les cas de sévices sexuels, comme on peut le voir dans l'encadré 5.2.

La **mémoire autobiographique** est une forme de mémoire épisodique; elle réfère aux souvenirs qui forment l'histoire de la vie d'une personne. Néanmoins, tous les souvenirs épisodiques n'en font pas partie, mais seulement ceux qui présentent une signification personnelle et spéciale pour l'enfant. La mémoire autobiographique apparaît généralement entre trois et quatre ans (Nelson, 2005).

Mémoire autobiographique
Mémoire qui réfère aux événements vécus par une personne.

La mémoire autobiographique

Tu te souviens quand nous sommes allés à la Fête de Neiges? Les jeunes enfants se rappellent plus facilement un événement unique.

Pour expliquer cette apparition relativement tardive de la mémoire autobiographique, certains avancent l'idée que l'enfant ne peut mettre en mémoire des événements qui concernent sa propre vie tant qu'il n'a pas développé le concept de soi. Par ailleurs, la rétention des souvenirs autobiographiques est certainement liée au développement du langage: tant que l'enfant est incapable de transposer ses souvenirs en mots, il ne peut les maintenir dans ses pensées, y réfléchir et les comparer aux souvenirs des autres (Nelson, 2005).

Les interactions sociales et la mémoire

Pourquoi certains souvenirs durent-ils plus longtemps que d'autres? La rareté d'un événement et sa charge émotionnelle sont deux premiers facteurs, ainsi que la participation active de l'enfant; les jeunes enfants se souviennent mieux des choses qu'ils ont faites que des choses qu'ils ont vues. Mais le facteur le plus important est la façon dont les parents parlent de cet événement avec lui.

Ainsi, une étude impliquant des enfants de trois à cinq ans qui avaient participé à une sortie au zoo a montré qu'une conversation détaillée avec l'enfant quelques jours après cette sortie avait eu une plus grande influence sur sa mémorisation de l'événement que la même conversation qui s'était tenue avant ou pendant l'événement. En effet, un tel échange peut aider l'enfant à encoder l'information sur cette expérience récente en lui fournissant à la fois des étiquettes verbales pour les différents aspects de l'événement ainsi qu'une structure ordonnée et compréhensible. La conversation détaillée permet aussi d'établir des «frontières» autour des représentations mentales de l'événement et de prévenir ainsi l'intrusion d'informations erronées ou non pertinentes (McGuigan et Salmon, 2004).

Comment l'éducatrice de la mise en situation pourrait-elle aider les enfants à se souvenir de tout ce qu'ils ont appris lors de la visite au zoo?

En s'inspirant de la théorie socioculturelle de Vygotsky, des chercheurs ont proposé un modèle d'interactions sociales où les enfants construisent conjointement avec leurs parents ou d'autres adultes leurs souvenirs autobiographiques en parlant des événements qu'ils ont vécus. Les adultes amorcent et guident ces conversations, montrant ainsi aux enfants comment les souvenirs sont organisés dans une forme narrative propre à leur culture. Ainsi, lorsque les parents posent à leur enfant de deux ou trois ans des questions portant sur le contexte de l'événement («Quand as-tu trouvé la chenille? Où l'as-tu trouvée? Qui était avec toi?»), celui-ci apprend vite à inclure ces informations. De même, quand les parents émettent des commentaires sur les émotions relatives à l'événement («Tu voulais aller sur cette balançoire.» ou encore «La petite fille était triste.»), les enfants de cinq ans et demi sont ensuite plus susceptibles d'inclure de telles précisions dans leurs souvenirs (Fivush et Haden, 2006).

5.2.4 L'influence des parents et du milieu sur le développement cognitif

Le développement cognitif d'un enfant est influencé par de nombreux facteurs tels que son tempérament, le degré de correspondance entre son mode cognitif et les situations dans lesquelles il se trouve, sa maturité sociale et affective, son milieu socioéconomique et ses origines ethniques. Toutefois, l'une des plus grandes influences provient des parents et de leur façon de stimuler leur enfant.

La zone proximale de développement

Les parents peuvent diriger l'apprentissage d'un enfant en l'amenant au point où il peut réussir une tâche avec juste un peu d'aide, de façon à lui faire franchir cette zone appelée par Vygotsky *zone proximale de développement*.

L'attitude des parents

Les parents d'enfants brillants sont souvent des parents sensibles, chaleureux et aimants. Ils se montrent généralement très ouverts en regard du comportement de leurs enfants, en leur laissant la liberté d'explorer et de s'exprimer. Pour modifier certains aspects de ce comportement, ils font aussi appel au raisonnement ou aux sentiments plutôt qu'à des règles strictes. Ils utilisent enfin un langage et des techniques qui encouragent l'autonomie et la créativité des enfants et recourent à la lecture, à l'enseignement et au jeu pour favoriser leur développement. Les enfants réagissent alors à cette attention en faisant preuve de plus de curiosité, de créativité et d'intérêt.

Comme nous l'avons vu dans le chapitre 1 avec l'approche socioculturelle de Vygotsky, il est important que les parents identifient la zone proximale de développement et guident l'enfant en l'amenant à prendre conscience de ses propres processus cognitifs et de ce qu'il est capable de faire seul, et à reconnaître le moment où il a besoin d'aide. En agissant ainsi, les parents incitent leur enfant à devenir responsable de son apprentissage. Les enfants d'âge préscolaire qui reçoivent ce genre de soutien sont ensuite plus en mesure d'ajuster leurs techniques d'apprentissage lorsqu'ils entrent à l'école (Neitzel et Stright, 2003).

Les ressources du milieu

Comme nous l'avons vu avec le modèle bioécologique de Bronfenbrenner, les parents ne représentent cependant qu'un seul des facteurs qui influent sur le développement de l'enfant. En effet, la famille fait partie d'un environnement plus large qui comporte d'autres ressources pouvant elles aussi participer au sain développement de l'enfant. Ainsi, les enfants qui vivent dans un quartier possédant de nombreuses ressources communautaires (parcs, aires de loisirs, organismes sportifs et culturels, bibliothèques, etc.) obtiennent de meilleurs résultats aux tests de développement physique, affectif, social et intellectuel que les enfants vivant dans un quartier qui offre moins de ressources civiques (Conseil canadien de développement social, 2002). De plus, le microsystème d'une majorité d'enfants s'élargit puisqu'ils passent aujourd'hui plus de temps qu'auparavant en dehors du milieu familial, alors qu'ils sont pris en charge par diverses formes de services de garde. Nous y reviendrons un peu plus loin.

FAITES LE POINT

6. Quels sont les progrès réalisés par l'enfant qui est parvenu au stade préopératoire ?
7. Piaget a utilisé une expérience classique pour évaluer la notion de conservation chez les enfants. Décrivez cette expérience et expliquez les réponses typiques d'un enfant du stade préopératoire.
8. Quels sont les principaux facteurs qui font qu'un enfant se rappellera davantage un événement particulier plutôt qu'un autre ?

5.3 La maîtrise du langage

Nous avons vu dans le chapitre 3 comment se développait le langage, en passant du babillage aux premières phrases. Nous allons voir maintenant de quelle façon l'enfant parvient de mieux en mieux à maîtriser cette habileté qui lui permet de communiquer avec les autres.

5.3.1 L'augmentation du vocabulaire et les progrès en syntaxe

À trois ans, un enfant moyen peut utiliser près de 1000 mots, alors qu'à six ans, son vocabulaire expressif compte environ 2600 mots et qu'il en comprend plus de 20 000.

Avec la scolarisation, le vocabulaire réceptif passera à environ 80 000 à la fin du primaire (Owens, 1996).

Comment les enfants étendent-ils leur vocabulaire aussi rapidement? Apparemment, cela est rendu possible grâce à la **catégorisation rapide**, un processus leur permettant d'intégrer le sens d'un nouveau mot après l'avoir entendu seulement une ou deux fois dans une conversation. Selon le contexte, les enfants semblent se faire une hypothèse rapide sur le sens du mot, qu'ils stockent alors dans leur mémoire.

Catégorisation rapide
Processus de traitement de l'information qui consiste à poser rapidement une hypothèse. Par extension, processus selon lequel un enfant absorbe le sens d'un nouveau mot après l'avoir entendu seulement une ou deux fois.

Il semble que les mots désignant des objets (les noms communs) soient plus faciles et rapides à catégoriser que ceux qui désignent des actions (les verbes), ces derniers étant moins concrets (Golinkoff et *al.,* 1996). Les linguistes ne savent pas exactement comment fonctionne cette catégorisation rapide, mais il semblerait que les enfants se basent sur ce qu'ils connaissent des règles de formation des mots, des mots similaires, du contexte immédiat et du sujet abordé dans la discussion. Prenons l'exemple de Louis, à qui on raconte une histoire. On lui dit: «Le petit garçon a perdu ses chaussettes et il se promène pieds nus.» Louis ne connaît pas encore le mot «chaussette», mais il connaît le mot «chaussures». La catégorisation rapide lui permet de reconnaître que le mot «chaussette» ressemble à «chaussure», qu'il existe probablement un lien avec les pieds, que c'est sans doute quelque chose qui les recouvre. Louis pourra même utiliser ce nouveau mot lorsque viendra le temps de se déshabiller. Ce processus de catégorisation rapide se fait souvent sans que les parents en soient conscients. Ils notent des progrès fulgurants, mais ils ne savent pas toujours si le mot nouveau est utilisé ou non pour la première fois par leur enfant. Ils ne le remarquent souvent que lorsque leur enfant fait des erreurs de surgénéralisation, comme nous l'avons vu dans le chapitre 3.

Par ailleurs, l'augmentation rapide du vocabulaire vient du fait qu'un enfant de deux à trois ans commence à comprendre qu'un même objet peut faire partie de plusieurs catégories. Cette flexibilité dans l'utilisation des mots lui permet d'étiqueter son environnement ainsi que les situations qu'il vit. À cet âge, le défi consiste donc à comprendre qu'un objet peut appartenir à différentes catégories conceptuelles et que, parmi celles-ci, il existe différents niveaux hiérarchiques: Garfield est un chat, un chat est un animal, et un animal peut aussi être un chien ou un poisson. Cette capacité de comprendre l'inclusion des classes pourrait être liée à l'apprentissage simultané de plus d'une langue, comme le montre l'encadré 5.3 (*voir la page suivante*), qui porte sur les avantages du bilinguisme.

Les façons de combiner les syllabes en mots et les mots en phrases deviennent elles aussi plus raffinées. Vers l'âge de trois ans, les enfants commencent généralement à utiliser le pluriel, le possessif et la conjugaison au passé; ils connaissent aussi la différence entre les pronoms «je», «tu» et «nous»; ils utilisent des adjectifs et des prépositions, mais ils oublient souvent les déterminants, comme «un», «le» et «la». Leurs phrases sont habituellement courtes et simples, environ quatre ou cinq mots, et elles peuvent prendre la forme affirmative («Je veux du jus.»), interrogative («Pourquoi tu fais ça?») ou impérative («Donne-moi le ballon!»). Autour de quatre ou cinq ans, ils sont en mesure d'utiliser des phrases plus complexes comprenant des propositions subordonnées («Il est parti se coucher parce qu'il était fatigué.») si leurs parents utilisent eux-mêmes souvent de telles phrases (Huttenlocher *et al.,* 2002).

Toutefois, la compréhension reste parfois immature. Par exemple, un enfant de quatre ans peut comprendre une directive qui comporte deux étapes («Ramasse tes jouets et vient t'asseoir»), mais si on lui dit: «Tu peux regarder la télévision après avoir ramassé tes jouets», il peut traiter les mots dans l'ordre où il les a entendus et penser qu'il peut regarder la télévision et ensuite ramasser ses jouets.

Les pairs ont aussi une influence sur le développement du langage. Si un enfant est en contact avec des pairs qui ont de grandes habiletés langagières, il en résulte un effet positif minime, mais significatif sur son propre langage (Mashburn *et al.*, 2009).

ENCADRÉ 5.3 APPROFONDISSEMENT

Deux langues valent mieux qu'une !

Au Québec, un nombre croissant d'enfants grandissent dans un environnement où l'on parle plus d'une langue. On estime que plus de la moitié de la population mondiale est bilingue (Grosjean, 2010).

Le bilinguisme précoce s'acquiert de deux façons. On parle de « bilinguisme simultané » si l'enfant grandit dans un milieu bilingue, dans un contexte où deux ou plusieurs langues sont utilisées simultanément lorsqu'il apprend à parler. On parle de « bilinguisme consécutif » lorsque l'enfant acquiert d'abord une première langue avant de baigner dans un milieu qui utilise une langue différente, par exemple au service de garde ou à l'école. Dans cet autre cas, à partir du moment où l'enfant prend conscience que les autres utilisent un langage différent, il franchit généralement quatre étapes.

1. Il tente dans un premier temps d'utiliser la langue qu'il connaît pour se faire comprendre.
2. Quand il voit que cela ne fonctionne pas, il reste alors muet. Même s'il donne l'impression d'être passif, il apprend toutefois activement en se laissant imprégner par l'autre langue.
3. Il utilise ensuite un langage télégraphique, semblable à celui du jeune enfant.
4. Enfin, il est en mesure à la dernière étape de faire des phrases complètes et de mieux en mieux structurées (Abdelilah-Bauer, 2006).

Le fait d'être exposé à plus d'une langue est-il bénéfique pour un enfant ? Existe-t-il un danger de surcharge cognitive ? Les recherches démontrent que l'apprentissage de deux langues ou plus peut se faire tout à fait naturellement, sans que cela limite les autres apprentissages. Au contraire ! Le dispositif d'acquisition du langage, qui est présent chez les jeunes enfants, utilise la plasticité du cerveau pour développer les connexions nécessaires à travers plusieurs circuits. Chez les enfants plus âgés et les adultes, ce dispositif s'estompe et l'apprentissage d'une autre langue se fait alors au moyen des structures cognitives du cerveau qui servent à la résolution de problème (Abdelilah-Bauer, 2006).

Sur le plan cognitif, les enfants bilingues sont capables d'utiliser deux catégories de symboles ; ils savent donc qu'un objet ou une idée peuvent être représentés linguistiquement de plus d'une manière. Ils deviennent ainsi conscients du fait que le langage est quelque chose de relatif, qu'il est un système de communication accepté par une communauté donnée. La nécessité d'accorder leur langage avec celui de leur interlocuteur peut les aider à voir que des personnes différentes peuvent avoir des perspectives différentes. Cela expliquerait pourquoi les enfants bilingues réussissent mieux dans certaines tâches portant sur les théories de l'esprit ; ils sont en effet plus aptes à se concentrer sur ce qui est vrai et réel plutôt que sur les apparences (Goetz, 2003). Les études ont aussi montré que les enfants bilingues étaient avantagés sur le plan de la flexibilité mentale et de la résolution de problèmes non verbaux (Nicoladis, Charbonnier et Popescu, 2006).

Selon une recherche transversale menée par Barac et Bialystok (2012), le bilinguisme favorise le développement des fonctions exécutives de contrôle qui sont au cœur de la pensée intelligente. Ces fonctions permettent à l'enfant de centrer son attention sur les aspects propres au problème et d'inhiber son attention envers des aspects inutiles. Voici les éléments principaux de cette recherche :

Sujets : 104 enfants de 6 ans de la région de Toronto, répartis en 4 groupes : unilingues anglais, bilingues anglais-français, bilingues anglais-espagnol, bilingues anglais-chinois.

Tous les enfants fréquentaient une école publique et vivaient dans un environnement économique et social semblable.

Tâche : Regarder une série d'images présentées sur ordinateur et presser une touche de clavier. Première tâche : Doit choisir entre deux catégories.

Deuxième tâche : Doit changer de bouton pour une nouvelle catégorie.

Cette tâche implique trois processus mentaux : 1) la capacité de garder une règle en mémoire (mémoire de travail) ; 2) l'inhibition (la capacité de se retenir de transgresser une règle) et 3) le transfert (la capacité de faire un changement et d'utiliser une autre règle). Ces trois processus relèvent de la fonction exécutive.

Les chercheurs mesuraient la justesse des réponses et la rapidité à répondre.

Résultats : Les quatre groupes ont obtenu des résultats similaires pour la justesse des réponses.

Les trois groupes bilingues ont été plus rapides que les enfants unilingues lorsqu'ils devaient changer de tâche ou de catégorie.

Conclusion : Les enfants qui grandissent en parlant deux langues sont meilleurs dans les changements de tâches que les enfants unilingues. Par extension, les enfants bilingues sont avantagés sur le plan de la fonction exécutive.

Par ailleurs, sur le plan des habiletés langagières, les jeunes enfants bilingues ont en général un vocabulaire moins étendu dans chacune des langues utilisées, comparativement aux enfants qui n'utilisent qu'une seule langue. On peut donc parfois avoir l'impression que l'enfant présente un certain retard, mais si l'on combine les acquisitions des deux langues, on s'aperçoit alors que le développement se fait au même rythme que chez un enfant monolingue, les mêmes étapes étant franchies au même moment.

Si les deux langues partagent un même système écrit, les enfants bilingues progresseront plus rapidement pour apprendre à lire, alors que si les systèmes d'écriture diffèrent (par exemple, le français et le chinois), les enfants bilingues n'auront ni avantage ni désavantage par rapport aux monolingues (Bialystok, Luk et Kwan, 2005).

Enfin, pourquoi un enfant apprend-il aussi facilement une autre langue que sa langue maternelle ? Tout simplement parce qu'il en a besoin pour communiquer, pour se faire comprendre d'un membre de sa famille ou des amis de la garderie ou de l'école. Si le parent comprend facilement la langue maternelle de l'enfant, si la garderie ou le milieu social n'utilise pas une autre langue, si l'entourage ne valorise pas cette deuxième langue, alors le besoin n'est plus là et l'apprentissage ne se fera pas, du moins, pas en bas âge.

5.3.2 Le langage social

À mesure que l'enfant maîtrise les mots et qu'il intègre la syntaxe, il devient plus habile dans la connaissance pragmatique des règles qui régissent l'utilisation du langage pour la communication. Il sait comment demander quelque chose, comment raconter une histoire, comment commencer ou poursuivre une conversation et comment ajuster son propos en fonction de la personne à qui il s'adresse. Ce sont là les diverses habiletés du **langage social** : un langage par lequel on cherche à être compris par un interlocuteur.

Le langage social

S'il était possible d'entendre ce que disent ces deux enfants, on se rendrait compte qu'ils sont capables d'ajuster leur langage en fonction de leur interlocuteur.

Avec le langage social, l'enfant veut et peut établir des liens avec autrui. Si on ne le comprend pas, il essaiera alors de s'exprimer de façon plus claire. Les enfants de quatre ans, surtout les filles, simplifient leur langage et utilisent un registre plus aigu quand ils parlent à des enfants de deux ans. La plupart des enfants de cinq ans savent recourir à des mots pour régler des disputes et ils peuvent utiliser un langage plus poli avec les adultes qu'avec les enfants (Owen, 1996). Environ la moitié des enfants de cinq ans peuvent faire une douzaine d'échanges sur un même sujet de conversation, s'ils connaissent bien le sujet et s'ils sont à l'aise avec leur interlocuteur.

Langage social
Langage destiné à un interlocuteur.

5.3.3 Le soliloque

Il arrive que les enfants parlent sans chercher à communiquer avec qui que ce soit ; ils s'adonnent alors à une forme de discours appelé **soliloque**. Le soliloque est à la fois normal et courant chez les enfants d'âge préscolaire et scolaire. Ainsi, entre 20 % et 50 % des paroles prononcées par les enfants de trois à cinq ans sont des énoncés personnels qui vont de la répétition rythmique et ludique (semblable au babillage des bébés) aux pensées exprimées à haute voix, en passant par le marmonnement indistinct (Berk, 1992).

Soliloque
Action de penser à haute voix sans intention de communiquer ; courant chez les enfants d'âge préscolaire et scolaire.

Piaget considère le soliloque comme un manque de maturité sur le plan cognitif. À cause de son égocentrisme, l'enfant serait incapable d'ajuster son discours en fonction d'une autre personne. Il ne ferait donc que verbaliser ce qui se trouve dans ses pensées. En revanche, Vygotsky considère le soliloque comme une variante de la communication, soit comme une communication avec soi-même. Pour lui, le soliloque permettrait de faire la transition entre le début du langage social (souvent vécu sous la forme d'ordres provenant d'un adulte) et le discours intérieur (qui permet de penser avec des mots). Il marquerait donc une transition vers l'autorégulation du comportement. (« Maintenant, je dois déposer mon pinceau pour ne pas me salir. ») Vygotsky estime ainsi que l'enfant utilise de plus en plus le soliloque pour guider et maîtriser ses actions. Cela expliquerait pourquoi les soliloques augmentent de trois à cinq ans, puis s'estompent ensuite au fur et à mesure que l'enfant établit ce contrôle interne par la pensée silencieuse. Cette forme de langage tend d'ailleurs à augmenter lorsque l'enfant essaie de résoudre un problème ou qu'il doit exécuter une tâche difficile sans la supervision d'un adulte (Berk, 1992).

5.3.4 Les retards de langage

Le fait de savoir qu'Albert Einstein n'a pas commencé à parler avant l'âge de deux ou trois ans (Isaacson, 2007) peut rassurer les parents d'enfants dont le langage accuse un retard. Les scientifiques ne savent pas vraiment pourquoi certains enfants parlent tardivement alors qu'ils ne manquent pas nécessairement de stimulation linguistique à la maison. Des problèmes auditifs ou des malformations de la tête ou du visage peuvent être associés aux retards de langage, tout comme une naissance prématurée, des facteurs socioéconomiques et autres retards développementaux. L'hérédité semble également jouer un rôle. Par ailleurs, les garçons sont plus susceptibles de parler tardivement que les filles (U.S. Preventive Services Task Force, 2006).

Les habiletés préparatoires à la lecture

Cet enfant réalisera rapidement qu'en français, on lit de gauche à droite et de haut en bas. Il se prépare à apprendre à lire.

Plusieurs enfants qui ont un retard de langage – surtout ceux dont la compréhension est normale – vont éventuellement se rattraper. Une des plus larges études entreprises jusqu'à maintenant a déterminé que 80 % des enfants accusant un retard de langage à deux ans rattrapent leurs pairs à sept ans (Rice, Taylor et Zubrick, 2008). Toutefois, des retards de langage chez certains jeunes enfants, s'ils ne sont pas traités, peuvent avoir des conséquences négatives à long terme sur les plans cognitif, social et émotionnel.

5.3.5 Les habiletés préparatoires à la lecture

Les habiletés préparatoires à la lecture se divisent en deux catégories : 1) les habiletés langagières, comme le vocabulaire, la syntaxe, la structure narrative et la compréhension du fait que le langage sert à communiquer ; 2) des habiletés spécifiques en phonétique (relier les lettres à des sons) qui vont aider à décoder les mots écrits.

Dans une étude longitudinale de deux ans portant sur 90 enfants britanniques qui sont entrés à l'école un peu avant l'âge de cinq ans, le développement de la reconnaissance des mots est apparu comme dépendant des habiletés phonétiques (connaissance des lettres et conscience phonétique). D'autre part, les habiletés générales en linguistique telles que le vocabulaire et la syntaxe se sont révélées les meilleurs prédicteurs de la compréhension en lecture (Muter *et al.*, 2004).

À mesure que les enfants développent les habiletés nécessaires pour traduire les mots écrits en paroles, ils apprennent aussi que l'écriture sert à exprimer des idées, des pensées et des sentiments. Il arrive souvent que les enfants prétendent écrire, tout en gribouillant ou en traçant des lignes de traits quelconques de gauche à droite. Un peu plus tard, ils commencent néanmoins à utiliser des numéros, des lettres ou des semblants de lettres pour représenter des mots ou des phrases. Les enfants à qui l'on a fait la lecture quand ils étaient jeunes ont appris qu'en français, on lit et on écrit de gauche à droite et de haut en bas, et que les mots sont séparés par des espaces. Ils sont généralement motivés à apprendre à lire (Whitehurst et Lonigan, 1998).

FAITES LE POINT

9. Expliquez comment la catégorisation rapide permet à l'enfant d'augmenter son vocabulaire.
10. Quelle distinction faites-vous entre le langage social et le soliloque ?
11. Un retard de langage à deux ans signifie-t-il que l'enfant aura aussi un retard dans son apprentissage de la lecture ? Précisez.

166 à 170.
Diapo. 10

5.4 La place du jeu dans le développement

Lucas, trois ans, prétend que les céréales qui flottent dans son bol de lait sont des poissons qu'il pêche, une cuillerée après l'autre. Quand le déjeuner est fini, il s'empare d'une mallette et s'en va travailler. Il pédale sur son tricycle à travers les flaques d'eau, rentre pour donner un coup de fil imaginaire, déplace un morceau de bois comme un camion et fait « Vroum-vroum ». Dans la journée de Lucas, les jeux se succèdent sans qu'il ne se lasse.

Ce serait une erreur de dire que les activités de Lucas servent « juste à s'amuser ». Loin d'être un simple passe-temps, le jeu s'avère essentiel au développement global de l'enfant. Tous les enfants du monde jouent et n'ont pas besoin d'apprendre à jouer. En jouant, l'enfant stimule ses sens, gagne la maîtrise de son corps et acquiert de nouvelles habiletés tant physiques que cognitives. C'est par le jeu que l'enfant s'exprime, qu'il apprivoise son milieu, qu'il expérimente, qu'il apprend et qu'il s'initie aux réalités sociales. Dans la plupart des programmes éducatifs, l'accent est mis sur l'importance du jeu dans la vie de l'enfant.

Les enfants d'âge préscolaire s'engagent dans différents types de jeux que les chercheurs classent selon leur but (ce que les enfants font quand ils jouent) et leur dimension sociale (si les enfants jouent seuls ou avec d'autres).

5.4.1 Les types de jeux

Selon Piaget, c'est le développement cognitif du petit enfant qui lui permet de s'adonner à des jeux de plus en plus complexes. De même, la pratique de jeux plus complexes contribue elle aussi au développement cognitif. Comme le montre le tableau 5.6, on peut identifier quatre catégories de jeux qui présentent des degrés de complexité croissants sur le plan cognitif (Smilansky, 1968).

La forme la plus simple de jeu, qui commence très tôt dans l'enfance, est le **jeu fonctionnel**. Ce type de jeu est constitué d'actions répétitives impliquant des mouvements musculaires tels que secouer des jouets bruyants, frapper sur des chevilles, faire rouler une balle, pousser un chariot, etc. À mesure que la motricité globale s'améliore, l'enfant devient capable de sauter, de lancer, de patiner et de viser avec de plus en plus d'adresse. Particulièrement présent au stade sensori-moteur, ce type de jeu n'est pas réservé qu'aux jeunes enfants ; les adultes qui font du ski, qui jouent au badminton ou qui effectuent des parcours dans les arbres s'adonnent à un jeu fonctionnel.

Jeu fonctionnel
Jeu constitué d'actions répétitives avec ou sans objets (par exemple, faire rouler une balle ou tirer un jouet sur roues).

Jeu constructif
Jeu qui consiste à utiliser des objets pour construire ou créer autre chose.

Le deuxième degré de complexité cognitive des jeux apparaît vers l'âge d'un an avec le **jeu constructif**, qui consiste à utiliser des objets pour construire ou créer autre chose (jeux de construction, jeux de bricolage, matériel pour le dessin, la peinture, etc.). On estime que les enfants passent de 10 % à 15 % de leur temps à jouer à ce type de jeux, qui deviennent de plus en plus élaborés vers cinq ou six ans (Bjorklund et Pellegrini, 2002).

Jeu symbolique, jeu dramatique ou jeu du faire semblant
Jeu dans lequel l'enfant invente une situation imaginaire comme faire semblant d'être quelque chose ou quelqu'un d'autre, en s'adonnant à des activités d'abord relativement simples puis de plus en plus complexes.

Le troisième degré de complexité apparaît au cours de la deuxième année avec le **jeu symbolique**, que l'on nomme également **jeu dramatique** ou **jeu du faire semblant**. Comme nous l'avons vu précédemment, ce type de jeu repose sur la fonction symbolique, qui apparaît à la fin du stade sensorimoteur. Ce jeu atteint son apogée au stade préopératoire, entre deux et six ans, alors qu'il gagne en fréquence et en complexité (Bjorklund et Pellegrini, 2002). Qui n'a pas joué à la maman, au docteur, à la maîtresse d'école ou au pompier ? Comme le jeu constructif, il occupe une place importante dans les jeux observés chez les enfants en garderie ou en centre de la petite enfance.

Pouvez-vous associer les jeux auxquels s'adonnent Tristan et ses amis de la garderie aux différents types de jeux présentés ici ?

TABLEAU 5.6 Les catégories de jeux liés au développement cognitif

Jeu fonctionnel	Jeu constructif	Jeu symbolique	Jeu formel

Actions répétitives impliquant des mouvements musculaires	Utilisation d'objets pour construire ou créer autre chose	• Utilisation de symboles, à travers des objets ou non • Aussi nommé « jeu dramatique » ou « jeu du faire semblant »	• Observation de règles ou de procédures connues par tous les partenaires • Aussi nommé « jeu de règles »

Le jeu symbolique

Cet enfant imagine qu'il est docteur et fait semblant d'ausculter son ourson malade.

Ce type de jeu remplit une fonction importante, non seulement dans le développement cognitif, mais aussi dans l'évolution de la personnalité globale de l'enfant. En jouant des rôles, l'enfant se familiarise avec une gamme d'émotions complexes qu'il doit apprendre à gérer; il commence alors à s'affirmer, à contrôler ses tendances agressives, à partager, etc. De même, en faisant semblant, le jeune enfant tente de comprendre le point de vue d'une autre personne; il développe ainsi sa capacité de résoudre des problèmes d'ordre social et devient plus créatif.

Nous pouvons aussi affirmer que le jeu symbolique est un moyen d'expression, une sorte de langage des émotions que l'enfant utilise pour exprimer ses besoins et ses préoccupations. En l'observant, on comprend ce qu'il ressent ou comment il vit une situation difficile. Par exemple, une petite fille qui parle à sa poupée en lui disant qu'elle ne doit pas avoir peur ou qui la gronde parce qu'elle refuse de s'habiller ne fait pas qu'imiter sa maman; elle exprime aussi sa peur ou sa culpabilité. Il arrive aussi qu'on se serve du jeu en thérapie, comme dans le cas d'enfants abusés sexuellement qui ne peuvent verbaliser ce qu'ils vivent, mais qui vont l'exprimer sous forme de jeu avec des poupées. Le jeu symbolique combine le comportement moteur, les cognitions, le langage et les émotions. Il contribue ainsi à renforcer le développement des connexions du cerveau et à consolider la future capacité de penser abstraitement. La tendance actuelle des services de garde à planifier des programmes structurés, de plus en plus orientés vers la scolarisation, risque de limiter le temps que les enfants consacrent au jeu symbolique (Ginsburg *et al.*, 2007). Quoi qu'il en soit, le jeu symbolique diminue de lui-même à mesure que l'enfant d'âge scolaire s'engage dans des jeux faisant partie du dernier degré de complexité.

Jeu formel ou jeu de règles
Jeu comportant des règles, une structure et un objectif tel que la victoire (marelle, billes, etc.).

Le quatrième et dernier degré de complexité comprend les **jeux formels** ou **jeux de règles** (marelle, ballon chasseur, serpents et échelles, jeu de loto). Ces jeux établissent des procédures qui doivent être connues de tous les partenaires. Ce n'est que vers la fin du stade préopératoire que l'enfant peut participer efficacement à ce type de jeux, puisque ceux-ci nécessitent généralement la mise en relation de plusieurs aspects d'une situation (compréhension des règles, des stratégies, du chacun son tour, etc.).

Tous les types de jeu contribuent donc au développement cognitif de l'enfant en lui permettant de développer ses habiletés langagières et sa capacité à résoudre des problèmes. À son insu, il assimile les concepts qui seront à la base de ses apprentissages scolaires ultérieurs. En effet, repérer les détails sur les pièces d'un casse-tête, faire semblant de lire un message ou encore trouver des différences entre deux images semblables sont autant d'activités qui le préparent à la littératie. Par ailleurs, l'enfant assimile des notions mathématiques lorsqu'il fait une tour de blocs « la plus haute », qu'il partage ses figurines avec ses amis ou qu'il classe ses cailloux selon leur grosseur.

5.4.2 L'aspect social du jeu

Jeu social
Jeu dans lequel les enfants interagissent les uns avec les autres.

Le **jeu social** reflète à quel point l'enfant interagit avec d'autres enfants en jouant. Dans une étude classique, Mildred Parten (1932) a recensé six types de jeu social, qui vont du moins social au plus social (*voir le tableau 5.7*). Selon elle, plus les enfants grandissent, plus la dimension sociale et coopérative de leurs jeux se développe. Des recherches récentes arrivent toutefois à des conclusions quelque peu différentes et montrent qu'à tout âge, les enfants s'engagent dans chaque catégorie de jeu déterminée par Parten (Rubin, Bukowski et Parker, 1998).

L'enfant qui joue seul fait-il preuve d'une moins grande maturité que celui qui joue en groupe? Parten et d'autres observateurs affirment que le jeune enfant qui joue seul risque de développer des problèmes sur les plans psychologique et social et de connaître des troubles d'apprentissage. Cependant, d'autres travaux laissent croire au contraire que le jeu non social est souvent fait d'activités à la fois constructives et

TABLEAU 5.7 Les jeux sociaux chez le petit enfant

Type de jeu social	Description
Comportement oisif	L'enfant ne joue pas, mais il observe tout ce qui peut présenter un intérêt passager.
Comportement du spectateur	L'enfant passe le plus clair de son temps à regarder les autres jouer. Il parle souvent aux enfants qu'il observe, leur pose des questions ou fait des suggestions, mais il n'entre pas vraiment dans le jeu. Il s'intéresse plus particulièrement à certains groupes d'enfants plutôt qu'à quoi que ce soit d'autre.
Jeu solitaire indépendant	L'enfant joue à proximité des autres avec des jouets différents et ne fait aucun effort pour se rapprocher d'eux.
Activité parallèle	L'enfant joue parmi d'autres enfants de façon indépendante. Il utilise des jouets semblables, mais pas nécessairement de la même façon. Il joue à côté des autres plutôt qu'avec eux et n'essaie pas d'influencer leurs jeux.
Jeu associatif	L'enfant joue avec les autres. Ils parlent ensemble de leurs jeux, se prêtent des jouets, se suivent les uns les autres et cherchent à décider qui peut se joindre au groupe. Ils jouent tous de façon semblable, voire identique. Il n'y a pas de partage des tâches ni d'organisation en fonction d'un but commun : chaque enfant se comporte comme il l'entend et s'intéresse davantage aux autres enfants qu'à l'activité comme telle.
Jeu coopératif	L'enfant joue dans un groupe organisé en fonction d'un but, de règles formelles ou de la mise en scène d'une situation. Un ou deux enfants décident des jeux et déterminent qui fait partie du groupe. En vertu d'une certaine division du travail, les enfants assument différents rôles et leurs efforts se complètent.

Source : Adapté de Parten, 1932 ; Sroufe, 1979.

éducatives. Les chercheurs ne regardent plus seulement si un enfant joue seul, mais pourquoi il joue seul. Une recherche effectuée auprès d'enfants de quatre ans a ainsi démontré que la pratique en parallèle de certains jeux non sociaux (par exemple, construire un casse-tête à côté d'autres enfants faisant la même chose) est l'activité la plus souvent choisie par des enfants qui font preuve d'habiletés dans la résolution de problèmes, qui sont très appréciés par les autres enfants et qui sont considérés comme socialement compétents par leurs éducatrices ou éducateurs (Rubin, 1982). Le choix de tels jeux par les enfants peut donc être un signe d'indépendance et de maturité ; il peut indiquer que les enfants qui font ce choix sont davantage orientés sur la tâche plutôt que sur les personnes. Cependant, il est possible que le choix de jeux solitaires chez certains enfants soit aussi un signe de timidité, d'anxiété ou de rejet social (Coplan *et al.*, 2004).

Le jeu solitaire

Faire un casse-tête est une activité souvent choisie par des enfants appréciés des autres et qui montrent des habiletés dans la résolution de problèmes.

Les jeux symboliques deviennent quant à eux de plus en plus sociaux durant les années préscolaires. Les enfants passent alors du faire semblant solitaire au jeu dramatique impliquant d'autres enfants, et parfois même des amis imaginaires. Ils suivent des règles tacites autant dans l'organisation du jeu dramatique et sa mise en scène que dans la définition et la distribution des rôles. À mesure que la collaboration augmente, les intrigues deviennent plus complexes et plus créatives. En jouant à faire semblant ensemble, les enfants améliorent leurs habiletés verbales, leur compréhension du point de vue des autres et ils se construisent une image du monde social (Smith, 2005).

5.4.3 L'influence du sexe de l'enfant et de la culture sur le jeu

Une tendance à jouer différemment selon l'appartenance à un sexe semble être présente dans toutes les cultures. D'un point de vue évolutionniste, ces différences liées au sexe dans les jeux des enfants servent de pratique pour les comportements adultes nécessaires à la survie et à la reproduction. Toutefois, même si les composantes biologiques semblent influencer fortement les différences de jeux selon le sexe, l'influence du groupe de pairs semble aussi très puissante (Smith, 2005).

La plupart des garçons, quel que soit leur âge, préfèrent les jeux actifs qui se pratiquent dans de grands groupes ; les filles, elles, sont plus portées à jouer à des jeux tranquilles, avec une seule compagne. Les garçons jouent aussi spontanément dans la rue, sur les trottoirs et dans les terrains vagues, alors que les filles ont tendance à choisir des activités plus structurées et supervisées par des adultes. Les jeux dramatiques des garçons impliquent aussi souvent du danger, des désaccords ainsi que des rôles dominants et compétitifs comme dans les jeux de batailles fictives. Les jeux dramatiques des filles, eux, sont généralement centrés sur les relations sociales, les soins ou les rôles domestiques (Pellegrini et Archer, 2005). Peu importe le groupe culturel d'où ils proviennent, les garçons ont tendance à s'engager dans des jeux d'exploration tandis que les filles apprécient davantage les jeux symboliques et le faire semblant (Cote et Bornstein, 2009).

FAITES LE POINT

12. Définissez les quatre catégories de jeux liées au développement cognitif, selon Piaget.
13. L'enfant qui joue seul fait-il preuve d'une moins grande maturité que celui qui joue en groupe ?
14. Quelles différences peut-on observer dans la façon de jouer des garçons et des filles ?
15. Julie a décidé de faire des cadeaux éducatifs de Noël à tous ses neveux et nièces. Identifiez un cadeau qu'elle pourrait faire à chacun, et dites comment le cadeau choisi pourra aider au développement de l'enfant. Voici la liste de ses neveux : Justine, 6 ans ; Valéria, 4 ans ; Gabriel, 3 ans ; Benjamin, 2 ans et Laurence, 13 mois.

Le service de garde

En fréquentant un service de garde, l'enfant découvre un monde extérieur à son milieu familial et peut aussi découvrir d'autres cultures.

5.5 L'éducation préscolaire

L'entrée à la garderie est une étape importante qui élargit l'environnement physique, cognitif et social de l'enfant. Aujourd'hui, les parents sont de plus en plus nombreux à recourir aux services de garde pour leurs enfants d'âge préscolaire. Au Québec, les options qui s'offrent à eux sont les centres de la petite enfance (CPE), les garderies à but lucratif (dont la plupart sont conventionnées, c'est-à-dire qu'elles accueillent des enfants admissibles à la contribution réduite), les services de garde en milieu familial régis par les bureaux coordonnateurs et les services de garde en milieu familial non régis. En 2011, 53 % des enfants de moins de cinq ans fréquentaient un service de garde (Institut de la statistique du Québec, 2013).

5.5.1 Le programme éducatif des centres de la petite enfance

Le programme éducatif des CPE tire son origine de plusieurs études américaines, dont *Head Start,* qui ont montré l'effet bénéfique de divers programmes de stimulation précoce destinés aux enfants. En effet, les enfants issus de milieux défavorisés qui ont déjà bénéficié de ces programmes connaissent moins de problèmes d'apprentissage, de comportement et de marginalisation. De plus, les parents qui participent à ces programmes améliorent la qualité de leurs interactions et de leurs stratégies disciplinaires avec leurs enfants. À la lumière de ces constatations, le Québec a annoncé en 1997 une série de mesures sans précédent en Amérique du Nord en matière de soutien à la famille et d'éducation à la petite enfance. Plusieurs services destinés aux enfants ont ainsi été mis sur pied et un programme éducatif a été élaboré.

Le programme éducatif des services de garde vise le développement intégral de l'enfant, incluant son autonomie, sa motricité et ses habiletés langagières. Il cherche également à l'éveiller au monde qui l'entoure, comme la sortie au zoo pour Tristan et ses amis et à l'aider dans son épanouissement personnel.

Les éducatrices et éducateurs jouent sans doute le rôle le plus important dans la progression de l'enfant dans toutes les dimensions de son développement. Ils doivent être sensibles aux besoins des enfants, savoir exercer leur autorité sans être restrictifs et se montrer stimulants et affectueux. Au Québec, ils reçoivent une formation collégiale de trois ans, incluant des cours sur le développement de l'enfant, sur les programmes éducatifs, sur la santé et la sécurité et font plusieurs stages dans le milieu. Toutefois, cette formation n'est pas obligatoire pour les responsables des services de garde en milieu familial, où on n'exige que 45 heures de formation en tout, ce qui est nettement insuffisant selon Bigras et Lemay (2012).

Est-il préférable pour un jeune enfant de fréquenter un service de garde ou de rester à la maison? Plusieurs parents se posent la question. Les recherches sur le sujet arrivent à des conclusions nuancées; cela dépend du milieu socioéconomique dans lequel l'enfant vit et de la qualité du service de garde. La fréquentation d'un service de garde peut avoir un effet positif sur tous les aspects du développement de l'enfant; on lui offre des stimulations cognitives, un contexte de socialisation qui l'ouvre à d'autres milieux que le sien et l'occasion d'interagir avec ses pairs et de développer des habiletés sociales et émotionnelles. Toutefois, ces bénéfices sont beaucoup plus grands pour les enfants qui proviennent d'un milieu défavorisé puisque le service de garde vient compenser les lacunes de ce milieu. Dans les classes sociales plus aisées, où les enfants baignent dans un environnement enrichissant et sont exposés à des activités diversifiées, les effets bénéfiques du service de garde sont moins évidents (Bigras et Lemay, 2012). Par ailleurs, il existe des services de garde où les enfants sont peu stimulés et où les pratiques disciplinaires sont inadéquates, allant même jusqu'à la violence verbale et physique.

5.5.2 La maternelle

À l'origine, la maternelle était une année de transition entre la relative liberté de la maison ou de la garderie et la structure établie de la «vraie» école. Désormais, la maternelle ressemble beaucoup plus à une première année scolaire. Alors qu'elle se tenait autrefois sur une demi-journée, elle dure aujourd'hui toute la journée. Les enfants passent aussi moins de temps dans des activités libres et davantage devant des feuilles de travail et des activités préparatoires à la lecture. Dans le système scolaire québécois, un enfant commence la maternelle à cinq ans, mais quelques écoles situées dans des milieux défavorisés offrent une maternelle à quatre ans. Le gouvernement étudie actuellement un projet pour étendre la maternelle à quatre ans à un plus grand nombre d'enfants.

Depuis septembre 2001, un nouveau programme d'éducation préscolaire a été mis en œuvre dans toutes les maternelles des écoles publiques et privées du Québec. Ses objectifs visent le développement chez le jeune enfant des aspects suivants: agir avec efficacité dans différents contextes sur le plan sensoriel et moteur, affirmer sa personnalité, interagir de façon harmonieuse avec les autres, communiquer en utilisant les ressources de la langue, construire sa compréhension du monde, mener à terme une activité ou un projet (Ministère de l'Éducation du Québec, 2006).

Au-delà de ces objectifs, les recherches mettent en lumière l'importance de la préparation qu'un enfant reçoit avant son entrée en maternelle. L'analyse de six études longitudinales menées dans trois pays différents (Canada, États-Unis et Grande-Bretagne) a en effet montré de fortes corrélations entre l'acquisition des compétences de base en mathématique avant l'entrée en maternelle et la réussite scolaire en cinquième année. Les habiletés de lecture (vocabulaire, connaissance des lettres) arrivaient au second rang dans les facteurs de réussite scolaire, suivies des habiletés d'attention et de concentration. Selon cette analyse, les comportements perturbateurs ou le repli sur soi n'avaient pas d'incidence négative sur la réussite ultérieure (Duncan *et al.*, 2007). Les chercheurs en ont conclu qu'il est souhaitable de stimuler, dès les années préscolaires, les habiletés mathématiques et les habiletés préparatoires à la lecture à travers le jeu ainsi que par des moyens informels, sans en faire un apprentissage structuré. Par ailleurs, selon les enseignants du préscolaire, l'ajustement social et émotionnel est un autre facteur important dans la préparation pour la maternelle et la prédiction du succès scolaire. L'enfant doit être capable de rester assis, de suivre des directives, d'attendre son tour et d'organiser son propre apprentissage (Brooks-Gunn, 2003). Toutefois, comme nous l'avons dit, le facteur principal de l'efficacité des programmes préscolaires demeure la qualification des intervenants en petite enfance. Des éducatrices et éducateurs centrés sur les besoins des enfants, enjoués, à l'écoute, mais capables aussi d'exprimer leurs limites sont mieux à même de faire des programmes préscolaires de véritables milieux d'apprentissage pour le jeune enfant (Bertrand, 2007). L'épanouissement des habiletés physiques et cognitives dans la tendre enfance a des répercussions autant sur l'image de soi des enfants et sur leur adaptation émotionnelle que sur leur façon de se comporter à la maison et avec leurs camarades, comme nous le verrons dans le chapitre 6.

FAITES LE POINT

16. Quels sont les principaux objectifs du programme éducatif des services de garde à l'enfance ?
17. Selon les résultats de plusieurs études longitudinales, quelles habiletés un enfant d'âge préscolaire doit-il développer pour favoriser sa réussite scolaire dans les années suivantes ?

Résumé

Le développement physique

- À partir de l'âge de trois ans, les proportions du corps de l'enfant commencent à ressembler davantage à celles de l'adulte, alors que la myélinisation et la croissance de son cerveau se poursuivent.
- Les performances motrices des enfants sont influencées par leur potentiel génétique et la pratique. À l'âge préscolaire, les activités physiques non structurées sont préférables aux sports organisés.
- Les changements observés dans les dessins des enfants semblent refléter la maturation du cerveau et celle de la motricité fine.
- La dominance de la main, évidente vers l'âge de trois ans, serait d'origine génétique.
- L'obésité est un problème qui apparaît de plus en plus tôt et qui est de plus en plus fréquent.
- À partir de trois ans, les besoins de sommeil diminuent graduellement. Les troubles du sommeil sont alors assez fréquents, mais ils constituent rarement un problème grave.
- L'hérédité serait un facteur majeur de l'énurésie, un problème qui touche surtout les garçons.
- La qualité du milieu familial, la situation financière, l'accès aux soins de santé ainsi que l'environnement physique et social représentent des facteurs importants en ce qui concerne la vulnérabilité à la maladie.

Le développement cognitif

- Selon Piaget, les enfants de deux à six ans sont au stade préopératoire, qui se caractérise par l'utilisation de la fonction symbolique, c'est-à-dire la capacité d'utiliser des symboles tels que le mot pour représenter des objets. Ils ne sont cependant pas prêts à effectuer des opérations mentales qui exigent une pensée logique.
- Plusieurs progrès cognitifs surviennent de deux à six ans. L'enfant apprend notamment que les événements ont des causes, il devient capable d'imaginer comment un autre se sent, il commence à pouvoir compter et, vers l'âge de quatre ou cinq ans, il maîtrise alors l'ordinalité et la cardinalité.
- Au stade préopératoire, la pensée de l'enfant présente certaines limites. L'enfant ne perçoit qu'un seul aspect d'une situation et ne comprend pas qu'on peut inverser des opérations. Il se centre sur l'état des objets, sans tenir compte de leur transformation et ne parvient pas à maîtriser la notion de conservation. Son raisonnement est transductif, et l'égocentrisme l'empêche de prendre en considération le point de vue d'une autre personne.
- Les théories de l'esprit et la cognition sociale s'améliorent grandement de deux à cinq ans. Les enfants prennent conscience qu'ils peuvent penser à des choses réelles, mais aussi imaginaires. Vers cinq ou six ans, ils commenceraient à faire la distinction entre les apparences et la réalité, et entre les fantaisies et la réalité.

- Selon les modèles du traitement de l'information, le cerveau est capable de stocker trois types de mémoire: la mémoire sensorielle, la mémoire de travail et la mémoire à long terme.
- La mémoire générique permet de se souvenir de routines alors que la mémoire épisodique et la mémoire autobiographique réfèrent à des expériences particulières vécues par l'enfant.
- L'attention est une habileté qui sous-tend la fonction exécutive. Elle s'améliore à mesure que l'enfant avance en âge.
- Les parents et le milieu dans lequel l'enfant grandit jouent un rôle primordial dans le développement cognitif.

La maîtrise du langage

- Le vocabulaire des enfants progresse rapidement grâce à la catégorisation rapide, qui leur permet d'émettre une hypothèse sur le sens d'un mot simplement à partir du contexte dans lequel ils l'entendent.
- Le jeune enfant est capable d'ajuster son langage en fonction de l'interlocuteur, mais il s'adonne souvent au soliloque, un langage pour soi-même, qui guide son comportement et l'aide à formuler sa pensée.
- La plupart des enfants qui ont un retard de langage en bas âge rattrapent leurs pairs vers sept ans.
- Les enfants qui apprennent à lire rapidement sont généralement ceux à qui on a fait la lecture lorsqu'ils étaient plus jeunes.

La place du jeu dans le développement

- Les enfants d'âge préscolaire s'engagent dans différents types de jeux que les chercheurs classent selon leur but et selon leur dimension sociale.
- Le jeu fonctionnel commence très tôt et implique des mouvements musculaires. Il est suivi vers l'âge d'un an du jeu constructif, qui consiste à utiliser des objets pour construire autre chose: il devient de plus en plus élaboré à mesure que l'enfant avance en âge.
- Le jeu symbolique apparaît à la fin du stade sensorimoteur et atteint son apogée entre deux et six ans. En faisant semblant, l'enfant apprend à comprendre le point de vue d'une autre personne, il développe sa capacité de résoudre des problèmes d'ordre social et devient plus créatif.
- Les jeux formels, ou jeux de règles, apparaissent seulement vers l'âge de cinq ou six ans, puisqu'ils nécessitent la mise en relation de plusieurs aspects d'une situation et des procédures devant être connues et appliquées par tous les partenaires.
- Les jeux non sociaux ne dénotent pas nécessairement une mauvaise adaptation sociale puisqu'ils comportent souvent des activités constructives et éducatives.

L'éducation préscolaire

- Le programme éducatif des services de garde aide l'enfant à développer son autonomie, sa motricité et son langage. Son objectif est d'éveiller l'enfant au monde qui l'entoure et de l'amener à avoir confiance en lui, à apprendre à partager, à respecter les règles, à résoudre des conflits et à développer son estime de soi.
- La stimulation cognitive qu'un enfant reçoit avant son entrée en maternelle, ainsi qu'un ajustement social et émotionnel, est un bon prédicateur du succès scolaire.

CHAPITRE 6

Le développement affectif et social de l'enfant de trois à six ans

PLAN DU CHAPITRE

Fier de ses nouvelles habiletés, le jeune enfant multiplie les initiatives pour montrer ce dont il est capable. Les encouragements de ses proches l'aident à se construire une estime de soi élevée, indispensable au développement de ses compétences sociales. Qu'il soit un garçon ou une fille, l'enfant sait maintenant qu'il appartient à l'un des deux genres et amorce son apprentissage des rôles sexuels. En imitant les divers modèles proposés par son milieu, l'enfant développe ainsi des comportements plus ou moins stéréotypés sexuellement. Curieux du monde et des autres, il veut faire de plus en plus de choses par lui-même, il vit ses premières relations d'amitié et découvre l'importance de l'échange et de l'entraide. Ses parents ont alors la responsabilité de lui inculquer des comportements socialement acceptables, en adoptant des méthodes éducatives fermes, mais bienveillantes, qui doivent faire appel au raisonnement de l'enfant et être dénuées de toute forme de violence.

Mise en situation

Aurélie a quatre ans et elle habite avec ses parents et son petit frère. Aujourd'hui, elle va passer l'Halloween avec sa voisine Léa et le père de celle-ci. Elle porte un costume de princesse qu'elle a choisi elle-même pour ressembler à Cendrillon. Aurélie se trouve très jolie avec ses cheveux aussi longs que ceux de sa Barbie et le rouge à lèvres de sa mère qui lui donne l'air d'une «madame». Lorsqu'on sonne à la porte, elle se précipite, mais reste figée dès qu'elle l'ouvre: «Tu as l'air d'un garçon!» dit-elle à Léa, qui porte un costume de pirate. Léa regarde son père avec insécurité, mais celui-ci sourit et explique à Aurélie qu'une fille peut aussi se déguiser en pirate.

Avant de sortir, Aurélie s'assure auprès de sa mère que son père sera là à son retour pour voir sa robe de princesse: elle a tellement hâte qu'il lui dise qu'elle est belle! Plus tard, lorsqu'Aurélie revient à la maison, elle raconte à sa mère qu'elle était la plus jolie parce qu'une dame lui a donné deux bonbons de plus en disant qu'elle était la plus belle princesse de la soirée, mais qu'elle les a partagés avec Léa, pour lui faire plaisir. Soudain, alors qu'Aurélie trie les friandises avec sa mère, elle réalise que son papa n'est pas là et elle devient très triste, même si Anne, sa maman, lui explique que son père travaille tard ce soir. Les bras croisés, la mine basse et les sourcils froncés, elle ne ressemble plus du tout à la petite fille heureuse qu'elle était quelques minutes auparavant.

Lorsque le petit frère d'Aurélie atteint les piles de bonbons et qu'il les mélange, Aurélie se fâche et lui donne une claque en plein visage. «Qu'est-ce que tu fais?» lui crie sa mère avec colère. Elle prend Louis dans ses bras, tandis qu'Aurélie se met à pleurer à gros sanglots, car elle a eu très peur de la réaction de sa maman. Après avoir rassuré Louis, Anne demande à Aurélie d'expliquer son comportement: Aurélie croit que sa mère la déteste parce qu'elle lui a crié dessus. Anne lui répond qu'elle est fâchée parce qu'elle a fait mal à son frère, mais que cela ne signifie pas qu'elle la déteste. En écoutant les explications de sa fille, Anne comprend que sa colère est liée à l'absence de son père. Ensemble, elles cherchent une solution et c'est Aurélie qui la trouve: maman va prendre une photo pour la montrer à papa. Anne félicite Aurélie d'y avoir pensé! Aurélie se couche un peu soulagée: son papa pourra la voir dans sa belle robe.

«Aurélie se fâche et donne une claque en plein visage à son petit frère.»

Tout au long de la lecture de ce chapitre, référez-vous à cette mise en situation pour répondre aux questions qui s'y rapportent.

6.1 L'évolution de la conscience de soi

La période de trois à six ans constitue une étape significative dans le développement affectif et social de l'enfant. Nous avons vu dans le chapitre 4 comment s'amorçait l'ébauche de la conscience de soi, alors que l'enfant comprend qu'il est une personne distincte des autres. Il possède maintenant une série d'habiletés cognitives et émotionnelles qui vont lui permettre d'intégrer les informations en provenance de son environnement et les messages qu'il reçoit constamment sur lui-même. L'enfant de cet âge développe ainsi une représentation de lui-même beaucoup plus complète et intégrée qu'auparavant et il est en mesure d'aimer ou de ne pas aimer ce qu'il est. Il découvre également qu'il fait partie de la catégorie des garçons ou des filles, ce qui vient compléter cette représentation de lui-même. Néanmoins, ce n'est qu'au cours des années subséquentes qu'il apprendra à adopter un regard nuancé sur son concept de soi.

6.1.1 Le concept de soi

Concept de soi
Ensemble des représentations qu'une personne possède au sujet d'elle-même.

Le **concept de soi** renvoie à la représentation globale que nous nous faisons de nous-mêmes, de nos caractéristiques et de nos traits. Cette construction, de type cognitif, est à la fois descriptive et évaluative; elle détermine ce que nous croyons être et guide notre action (Harter, 1996). Il comporte l'image de soi, l'estime de soi et le soi idéal (Duclos, 2010). Le concept de soi se développe par l'intermédiaire des expériences quotidiennes qui permettent à l'enfant de se représenter comme un être ayant des caractéristiques particulières, mais intègre aussi un aspect social par l'entremise des informations reçues de son entourage («c'est une petite qui se débrouille très bien» ou encore «c'est un enfant qui se décourage facilement»).

L'aspect identitaire du concept de soi, l'image de soi, évolue constamment. Il débute avec la conscience de soi, puis se développe et se complexifie durant la petite enfance, l'adolescence et l'âge adulte, parallèlement au développement cognitif. Ainsi, à l'âge de quatre ans, un enfant est capable de se définir lui-même, mais ces premières descriptions se centrent davantage sur des aspects extérieurs et sur des comportements concrets que sur ses propres émotions ou sa personnalité. Il peut par exemple nommer la couleur de ses yeux, énumérer les membres de sa famille, décrire la maison qu'il habite, affirmer ce qu'il aime ou n'aime pas manger et décrire ses habiletés. Par ailleurs, l'enfant tend à se décrire lui-même de manière très positive et idéalisée. Il faudra attendre l'âge de sept ans environ pour qu'il fasse preuve de plus de nuances et de réalisme dans sa description de lui-même. Il pourra alors se décrire par des traits généraux plutôt qu'en fonction d'habiletés particulières (par exemple, en disant «je suis intelligent»), reconnaître qu'il peut expérimenter des émotions conflictuelles et faire preuve d'autocritique sur ses forces et ses faiblesses («je suis bon pour courir vite, mais moins pour attraper un ballon»).

L'image de soi

L'image que le jeune enfant se fait de lui-même est principalement fondée sur des caractéristiques extérieures telles que les traits physiques.

Selon une analyse néopiagétienne, les changements qui surviennent de cinq à sept ans apparaissent en trois étapes (Case, 1985, 1992; Fischer, 1980). Dans un premier temps, l'enfant de quatre ans se représente selon une seule dimension («j'aime la pizza», «je suis fort»). Puisque l'enfant n'a pas la capacité cognitive d'intégrer deux éléments à la fois, sa perception de lui-même s'effectue au cas par cas, sans lien logique, et elle est circonscrite aux événements récents (Duclos, 2010). Ainsi, il élabore ses pensées envers lui-même en termes de tout ou rien.

Vers l'âge de cinq ou six ans, l'enfant accède à une seconde étape et commence à faire certaines connexions logiques entre différents aspects de sa personnalité («je cours vite, je saute haut, je suis fort et je peux lancer une balle très loin: un jour, je pourrai faire partie d'une équipe de baseball»). Toutefois, à ce stade, il n'est pas encore en mesure de considérer qu'il peut être bon dans certains domaines et moins performant dans d'autres. Ce n'est qu'à la troisième étape, soit vers le milieu de l'enfance, que l'enfant pourra enfin intégrer dans un concept de soi général et multidimensionnel les différentes caractéristiques qui le définissent. Sa description de lui-même deviendra plus nuancée et réaliste: «Je suis bon au hockey, mais pas en français.»

6.1.2 L'estime de soi

L'**estime de soi** est la valeur, positive ou négative, qu'une personne s'accorde à elle-même. Elle représente donc la partie évaluative du concept de soi, c'est-à-dire le jugement que l'enfant porte sur lui-même en fonction de ses caractéristiques. L'estime de soi repose sur l'écart entre l'image de soi et le soi idéal. Comme nous le verrons dans le chapitre 8, le soi idéal correspond à ce qu'on aimerait être (Duclos, 2010). Tout comme pour le concept de soi, l'estime de soi de l'enfant de moins de cinq ou six ans n'est pas nuancée: l'enfant se définit globalement comme étant bon ou mauvais. De plus, son évaluation de lui-même peut être biaisée, car l'enfant tend à accepter le jugement des adultes qui lui donnent des rétroactions positives, exemptes de critique (Harter, 1993, 1996, 1998). Il n'a ainsi pas toujours la capacité de distinguer son image de soi et son moi idéal. Par exemple, dans la mise en situation, Aurélie a surtout retenu le commentaire de la dame qui lui a dit qu'elle était la plus belle de la soirée. Au fur et à mesure qu'il grandit, l'enfant acquiert une vision plus réaliste de ses forces et de ses faiblesses («je suis bon en dessin, mais moins bon en lecture»). Ce n'est qu'au milieu de l'enfance que son évaluation personnelle, fondée sur l'internalisation des normes parentales et sociétales, commence à façonner et à maintenir une estime de lui-même qui repose davantage sur l'ensemble de ses capacités que sur des comportements précis (Harter, 1996, 1998).

Estime de soi

Valeur positive ou négative qu'une personne s'accorde à elle-même.

L'estime de soi présenterait néanmoins une certaine stabilité au cours de l'enfance. C'est ce que suggère une étude longitudinale belge (Verschueren, Buyck et Marcoen, 2001), qui a démontré que le niveau d'estime de soi (évalué selon différents aspects de la perception de soi: apparence physique, habiletés scolaires et athlétiques, acceptation sociale et façon de se comporter) chez des enfants de cinq ans permet de prédire l'estime de soi et le fonctionnement socioémotionnel à l'âge de huit ans. En résumé, l'estime de soi présente avant cinq ou six ans évolue au cours de l'enfance, mais constitue déjà une base stable qui persistera au cours des années à venir.

L'estime de soi trouve sa source dans les interactions précoces de l'enfant avec les adultes qui en prennent soin. En effet, si les mécanismes que nous avons décrits dans le chapitre 4 sont présents dans la vie de l'enfant, notamment la régulation mutuelle et l'attachement sécurisant, celui-ci a de meilleures chances de ressentir qu'il a sa place, qu'il est une bonne personne et qu'il est digne d'être aimé. L'estime de soi n'est donc pas innée; elle se façonne à partir des relations significatives que l'enfant entretient avec son entourage. Un enfant ayant une estime de soi élevée part avec une longueur d'avance dans la vie, puisque cette force lui permettra de développer des compétences sociales qui, en retour, l'amèneront à renforcer son estime de soi (Royer, 2004).

L'estime de soi est un facteur de protection essentiel contre les problèmes d'adaptation et d'apprentissage chez les enfants. L'estime de soi pourrait même prévenir certains problèmes de santé mentale ultérieurs, tels que la dépression à l'âge adulte (Duclos, 2010). Certains indicateurs peuvent renseigner sur la présence d'une bonne estime de soi dans la petite enfance: le fait de se sentir bien dans son corps, d'être fier d'être un garçon ou une fille, de croire en ses capacités, d'avoir le sentiment d'être aimable, d'être à l'aise en compagnie des autres ou encore d'avoir confiance que ses besoins seront reconnus et comblés dans un avenir rapproché (Duclos, 2010). Les parents et les éducateurs ont donc un rôle à jouer dans le développement de l'estime de soi, en stimulant les quatre composantes fondamentales (Duclos, 2010; Laporte, 2002): le sentiment de sécurité, l'identité positive, le sentiment d'appartenance et le sentiment de compétence.

Le sentiment de sécurité

Le premier élément favorisant l'estime de soi de l'enfant est l'acquisition de la confiance et de la sécurité. Les adultes de l'entourage peuvent favoriser ce sentiment en établissant une discipline qui tient compte du rythme de l'enfant et en s'assurant que celui-ci en comprend et respecte les règles. Pour y parvenir, le parent ou l'éducateur doit bien connaître les besoins de l'enfant et chercher à les combler adéquatement, ce qui implique de savoir décoder ses messages et ses demandes. D'autre part, il faut offrir à l'enfant un environnement stable, où les changements qu'il aura à vivre seront limités. Dans la mise en situation, la mère d'Aurélie décode bien le message de sa fille et comprend que la colère qu'elle manifeste envers son frère reflète sa déception face à l'absence de son père, ce qui lui permet de réagir adéquatement.

L'identité positive

Le deuxième élément favorisant l'estime de soi est l'identité positive, qui passe par la connaissance de soi. Cette dernière s'élabore grâce à la reconnaissance et à l'acceptation du tempérament propre à l'enfant par les parents et les éducateurs. Ceci implique de lui mentionner ses forces, mais également d'accepter ses faiblesses et d'être en mesure de lui en parler de manière constructive. Toutes les personnes de son entourage peuvent aider l'enfant à identifier ses émotions, à comprendre que ses difficultés sont temporaires et à l'amener ainsi à se projeter positivement dans l'avenir (Laporte, 2002).

Le sentiment d'appartenance

Le troisième élément favorisant l'estime de soi est le sentiment d'appartenance. Pour aider l'enfant à développer ses habiletés verbales, sociales et relationnelles, les parents et éducateurs doivent permettre à l'enfant de vivre des relations significatives et stables. Par exemple, pour favoriser le sentiment d'appartenance à un groupe, le parent peut organiser des rituels (soirées cinéma, sorties, activités), qui aident à resserrer les liens entre les membres de la famille.

L'adulte doit également démontrer qu'il valorise la vie sociale en adoptant lui-même des comportements prosociaux. Les éducateurs jouent un rôle particulièrement important puisqu'ils accompagnent l'enfant dans le développement des comportements sociaux dans le groupe de pairs. Ainsi, ils aident l'enfant à apprendre comment établir un contact de façon adéquate, à s'affirmer de façon constructive, à prendre conscience des besoins des autres, à gérer sa frustration et à résoudre des conflits (Duclos, 2010).

Le sentiment de compétence

Le quatrième élément qui favorise l'estime de soi est le sentiment de compétence, qui se développe en fonction du sentiment d'autonomie et des rétroactions positives que l'enfant reçoit. Il est ainsi fortement lié à l'attitude des parents et des éducateurs. En offrant à l'enfant l'occasion de tenter de nouvelles expériences, les adultes l'aident à réaliser qu'il exerce du pouvoir sur son environnement. Le fait de lui confier de petites responsabilités peut également contribuer au développement du sentiment de compétence. Lorsque l'enfant accomplit une tâche ou une activité, l'adulte peut renforcer son sentiment de compétence en le comparant à lui-même plutôt qu'aux autres, en l'encourageant à recommencer s'il ne réussit pas du premier coup et en le félicitant pour les étapes réussies. L'échec sera ainsi expérimenté de manière constructive, ce qui amènera l'enfant à persévérer dans ses entreprises (Duclos, 2010). Enfin, lorsque le parent réprimande l'enfant, les rétroactions liées à un comportement particulier (« Lorsque tu ne ranges pas tes jouets, ça me dérange. ») favorisent une estime de soi élevée, contrairement à un jugement global de l'enfant (« Tu es vraiment désordonné. »).

Dans la mise en situation, quelles sont les responsabilités qui sont confiées à Aurélie et qui contribuent à développer son sentiment de compétence ?

L'estime de soi sera plus élevée chez l'enfant qui se sent compétent. De plus, sa motivation à entreprendre et à réussir l'amènera à expérimenter plus de succès dans ses activités et dans ses relations sociales, ce qui viendra également renforcer son estime de soi. En effet, l'enfant qui se sent compétent attribuera ses échecs à des facteurs extérieurs ou à un manque d'efforts et donc à une situation temporaire. Il fera ainsi plus de tentatives afin de réussir ou de changer la situation (Pomerantz et Saxon, 2001). Or, ces bénéfices ne sont pas observés chez les enfants pour qui l'estime de soi est conditionnelle à la réussite. Ces derniers attribuent les échecs et la critique à leurs caractéristiques personnelles et, l'enfant de moins de sept ans, n'ayant pas la capacité de nuancer sa vision de lui-même, pourra se percevoir comme globalement mauvais. Cette perception peut à son tour entraîner un sentiment d'impuissance à changer la situation.

La rétroaction positive

La rétroaction positive contribue beaucoup à l'estime de soi de l'enfant de trois ou quatre ans en favorisant l'internalisation des normes de valorisation personnelle.

Cette impuissance apprise peut empêcher l'enfant de persister dans une tâche difficile à réussir (Burhans et Dweck, 1995 ; Ruble et Dweck, 1995) : il va abandonner, se sentir honteux et choisir une tâche qu'il peut réussir facilement. Devant le rejet par ses pairs, il préférera retourner jouer seul plutôt que d'analyser la situation et de voir par quels moyens il pourrait intéresser ses amis. Les enfants qui ont une estime de soi conditionnelle à la réussite ont une motivation extrinsèque. Les parents et les éducateurs peuvent favoriser la motivation intrinsèque de l'enfant en offrant des rétroactions positives qui mettent l'accent sur le processus plutôt que sur le résultat de la tâche (Deci et Ryan, 2000).

6.1.3 La compréhension et la régulation des émotions

La compréhension et la régulation des états internes représentent l'une des acquisitions majeures de la petite enfance (Dennis, 2006). En effet, l'enfant qui comprend ses propres émotions est capable de mieux les contrôler et d'être plus sensible à ce que les autres ressentent. La régulation des émotions guide les comportements de l'enfant (Laible et Thomson, 1998) et contribue à développer chez lui la capacité de bien s'entendre avec les autres (Denham *et al.*, 2003).

Les enfants d'âge préscolaire peuvent parler de ce qu'ils ressentent et sont souvent en mesure de discerner comment les autres se sentent. De plus, ils comprennent que les émotions sont liées aux expériences et aux désirs (Saarni, Mumme et Campos,

1998). Par exemple, ils conçoivent qu'une personne qui obtient ce qu'elle désire sera contente et, à l'inverse, qu'elle sera déçue et triste si elle ne l'obtient pas.

La compréhension émotionnelle devient plus complexe avec l'âge et le développement du concept de soi. Lagattuta (2005) a demandé à 32 enfants âgés de 4 à 8 ans et à 32 adultes d'imaginer comment un jeune garçon se sentirait si sa balle roulait jusque dans la rue et qu'il avait ou non le droit d'aller la récupérer. Les enfants de quatre et cinq ans ont eu tendance à croire que le garçon serait content s'il allait chercher sa balle, même s'il devait enfreindre une règle, alors qu'il serait malheureux s'il ne le faisait pas, expliquant davantage les émotions en fonction du but du personnage. De leur côté, les enfants de sept et huit ans, tout comme les adultes, étaient plus enclins à croire que l'obéissance à la règle ferait en sorte que le garçon se sentirait bien, alors que la désobéissance l'amènerait à se sentir coupable (Lagattuta, 2005). Une des raisons qui peut expliquer la confusion éprouvée par les plus jeunes enfants à l'égard de leurs émotions concerne leur difficulté à comprendre qu'ils peuvent avoir des émotions contradictoires simultanément. Par exemple, ils sont incapables à ce stade d'imaginer qu'on puisse être à la fois joyeux et effrayé. Cette difficulté de compréhension les amène à tirer des conclusions erronées sur les sentiments des gens. C'est ce qui est illustré dans la mise en situation lorsqu'Aurélie croit que sa mère la déteste parce qu'elle est fâchée. Comme nous le verrons dans le chapitre 8, cette compréhension se précisera durant la prochaine période de développement.

FAITES LE POINT

1. Quelles sont les trois étapes de changement qui surviennent dans la représentation de soi de l'enfant selon la perspective néopiagétienne ?
2. Définissez les termes « concept de soi » et « estime de soi », et dites en quoi ils sont liés.
3. En quoi la régulation des émotions peut-elle être avantageuse pour un enfant ?
4. Yan, cinq ans, réalise qu'il aide souvent sa petite sœur et qu'il partage sa collation avec ses amis à l'école alors il se dit qu'il aime aider les gens. Quelle est la capacité nouvelle qui permet à Yan de tirer cette conclusion ?

6.2 Le développement de l'identité de genre

Le fait d'être un garçon ou une fille a certes une incidence sur l'apparence physique, les vêtements portés et la façon de bouger, mais l'appartenance à un sexe influence également le concept de soi et la perception qu'on a des autres. Comme nous l'avons vu dans le chapitre 4, l'identité de genre constitue la représentation qu'une personne se fait d'elle-même, selon son appartenance à un sexe et dans une société donnée.

6.2.1 Les différences de genre

Quelles différences peut-on observer entre les garçons et les filles à l'âge préscolaire ? Dans les faits, mise à part l'anatomie des organes génitaux, les différences mesurables entre les sexes sont assez peu nombreuses, du moins dans les échantillons nord-américains. Selon Hyde (2005), 78 % des différences entre les filles et les garçons seraient négligeables, et certaines différences, telles que l'estime de soi, changent avec l'âge.

Physiquement, les bébés garçons sont un peu plus grands, un peu plus lourds et un peu plus forts, mais ils sont plus vulnérables. Dès avant la naissance, ils sont plus actifs que les filles, alors que ces dernières réagissent moins au stress et sont plus susceptibles de survivre à l'enfance (Davis et Emory, 1995; Keenan et Shaw, 1997). À la naissance, le cerveau des garçons est en moyenne 10 % plus gros que celui des filles, une différence qui se maintient jusqu'à l'âge adulte (Gilmore *et al.,* 2007). Par ailleurs, garçons et filles peuvent s'asseoir et marcher environ au même âge et ils franchissent les différentes étapes du développement moteur à peu près au même rythme.

Sur le plan cognitif, les différences entre les genres sont faibles et peu nombreuses (Spelke, 2005). Globalement, les scores moyens aux tests d'intelligence ne montrent aucune dissemblance (Keenan et Shaw, 1997). De plus, les deux sexes réussissent tout aussi bien dans les tâches qui impliquent des habiletés mathématiques de base et ils sont tout aussi aptes à apprendre les mathématiques. Toutefois, on note des différences pour certaines activités particulières. Ainsi, les filles seraient meilleures dans les tâches qui font appel à la fluidité verbale, au calcul mathématique et à la mémoire pour localiser des objets, alors que les garçons seraient plus habiles dans les analogies verbales, la résolution de problèmes mathématiques et la mémoire visuospatiale (Spelke, 2005). Enfin, il y aurait une plus grande variabilité interindividuelle dans les habiletés mathématiques chez les garçons que chez les filles, c'est-à-dire qu'il y a plus de garçons aux extrêmes (faible et élevé) pour cette habileté (Halpern *et al.*, 2007).

Sur le plan comportemental, les garçons se distinguent par leur propension à recourir davantage à l'agressivité. Ainsi, dès l'âge de 17 mois, les garçons tendent à jouer plus agressivement que les filles (Baillargeon *et al.*, 2007). À partir de deux ans, les garçons se démarquent par une propension légèrement plus élevée pour les comportements agressifs (Hyde, 2005; Baillargeon 2007; Archer, 2004; Pellegrini et Archer, 2005). Toutefois, en bas âge, les bébés filles sont capables de frapper, de mordre ou de faire des crises tout autant que les garçons. Nous reviendrons sur l'agressivité plus tard dans le chapitre.

La recherche sur les enfants de 2 ans et demi à 8 ans démontre des différences importantes entre les deux sexes quant à la préférence de jeux. L'augmentation de la préférence pour ceux qui sont associés aux rôles sexuels entre la petite enfance et le milieu de l'enfance, ainsi que le degré de comportements stéréotypés adoptés tôt dans la vie, peuvent prédire le degré d'adoption de comportements fondés sur le genre plus tard dans la vie (Golombok *et al.*, 2008).

Quoi qu'il en soit, il faut se souvenir que les différences sexuelles sont mesurées à partir de très grands échantillons et ne sont donc valides que pour des grands groupes et non pour chaque enfant pris individuellement.

6.2.2 Les étapes du développement de l'identité de genre

Selon Langis et Germain (2009), l'identité de genre s'établit selon quatre phases successives :

1. la conscience du genre, de 18 à 24 mois, qui permet à l'enfant de comprendre que le monde animal et humain se partage en deux catégories : le genre masculin et le genre féminin ;
2. l'identification du genre, de deux à trois ans, qui amène l'enfant à comprendre qu'il appartient lui aussi à l'un des deux genres ;
3. la stabilité du genre, de trois à cinq ans, qui permet à l'enfant de concevoir l'appartenance à un genre comme une réalité permanente liée au sexe anatomique ;
4. la consolidation ou la constance du genre, de cinq à six ans, qui amène l'enfant à renforcer son sentiment d'appartenance au sexe féminin ou masculin. De la connaissance de son appartenance physique à un genre, il passe à une identification psychologique qui génère un sentiment d'appartenance plus profond et plus stable. Au cours de ce processus, l'enfant réalise que ses comportements ou sa façon de s'habiller n'affectent pas son genre et il devient moins rigide dans l'adhésion aux normes liées au genre (Martin *et al.*, 2002).

Quels sont les éléments qui nous permettent de déterminer la phase de l'identité de genre à laquelle se trouve Aurélie ?

Une fois l'identité de genre établie, l'enfant réalise que ni son apparence, ni son comportement ne peuvent modifier son genre.

Un garçon élevé comme une fille

L'identité du genre est-elle biologique? Cet ouvrage décrit le cas célèbre d'un nourrisson dont le pénis a été coupé lors d'une circoncision et qui a alors été élevé comme une fille, mais qui a rejeté plus tard son identité féminine pour vivre comme un homme.

Un « vrai petit homme »

Ce garçon déguisé en cowboy a développé un sens marqué des rôles sexuels. La principale différence comportementale entre les petits garçons et les petites filles réside dans la présence d'une plus grande agressivité chez les garçons.

6.2.3 Les influences biologiques

La similarité de plusieurs rôles sexuels dans de nombreuses cultures laisse à penser que certaines différences sexuelles pourraient avoir un fondement biologique, une hypothèse qui semble corroborée par certaines découvertes sur les plans génétique, hormonal et neurologique.

Les scientifiques ont ainsi identifié plus de 50 gènes pouvant expliquer les différences anatomiques et fonctionnelles existant entre des cerveaux mâles et femelles de souris. S'il existe des différences génétiques similaires chez les humains, l'identité sexuelle pourrait donc déjà être programmée dans le cerveau avant même la formation des organes sexuels ou le début de l'activité hormonale (Dewing *et al.,* 2003). En outre, vers l'âge de cinq ans, soit lorsque le cerveau atteint approximativement sa taille adulte, celui des garçons est environ 10 % plus large que celui des filles, principalement parce que les garçons ont une plus grande proportion de matière grise dans le cortex, alors que les filles ont une plus grande densité neuronale (Halpern *et al.,* 2007; Reiss *et al.,* 1996).

Les hormones auxquelles est exposé le fœtus pendant la grossesse influencent le développement des caractéristiques sexuelles physiques et du cerveau. La testostérone est une hormone mâle associée à l'agressivité chez les animaux adultes. L'effet de la testostérone sur le comportement a été remis en question chez les humains (Constantino *et al.*, 1993; Simpson, 2001), mais une récente étude suggère néanmoins qu'un niveau élevé de testostérone fœtale serait corrélé avec l'adoption de jeux typiquement masculins chez les garçons (Auyeng *et al.*, 2009).

Afin de mieux cerner l'influence des hormones dans l'identité de genre, certaines recherches ont mis l'accent sur l'étude d'enfants ayant des problèmes hormonaux particuliers. Ces recherches démontrent que les filles qui naissent avec une maladie produisant un niveau beaucoup plus élevé d'androgènes (les hormones sexuelles mâles) que la normale préfèrent les jouets de garçons et les jeux de bataille (Hines, 2010), choisissent des compagnons de jeu masculins (Hines, 2010) et font preuve de grandes habiletés visuospatiales (Berenbaum, Bryk et Beltz, 2012). Une étude récente suggère néanmoins que la socialisation par les parents aurait autant d'incidence sur ces caractéristiques que le niveau d'exposition prénatale aux androgènes.

Des chercheurs se sont aussi intéressés aux anomalies de différenciation sexuelle, tel que l'hermaphrodisme, qui se caractérisent par la présence simultanée de caractères sexuels féminin et masculin à la naissance.

Dans le cadre d'une étude, 14 enfants génétiquement mâles, qui étaient nés avec une malformation sexuelle, ont subi une chirurgie pour modifier leurs organes génitaux un mois après leur naissance et ont été élevés comme des filles. Entre l'âge de 5 et 16 ans, huit de ces enfants ont déclaré qu'ils se considéraient comme des garçons. Cinq autres de ces enfants ont affirmé avoir une identité féminine, mais ont révélé avoir des difficultés à s'entendre avec d'autres filles. Quant au dernier sujet, après avoir appris qu'elle était en fait un garçon, elle a refusé de discuter de la question avec quiconque. Par ailleurs, deux garçons dont les parents avaient refusé qu'on attribue un sexe féminin à leur enfant sont demeurés des garçons (Reiner et Gearhart, 2004). Dans une autre étude, 25 garçons sur 27 nés sans pénis ont aussi été élevés comme des filles, mais ils se considéraient par la suite comme des garçons et s'engageaient dans des jeux plus rudes et plus typiquement masculins (Reiner, 2000). Lorsque l'on considère les données dans leur ensemble, on constate qu'il est encore difficile de distinguer les influences hormonales des effets génétiques et des influences provenant de l'environnement sur l'identité de genre.

6.2.4 Les rôles et les stéréotypes sexuels

À partir du moment où l'enfant est considéré comme appartenant au genre masculin ou féminin, la culture attend de lui certains comportements, centres d'intérêt ou attitudes qu'elle associe à son sexe et que l'on nomme des **rôles sexuels**. On entend par rôles sexuels les traits de personnalité, les comportements, les centres d'intérêt, les attitudes et les habiletés qu'une culture associe aux femmes ou aux hommes et qu'elle souhaite les voir adopter. Ces rôles sexuels sont présents dans toutes les sociétés. Historiquement, dans la plupart des cultures, on a appliqué un **double standard** à l'égard des deux sexes. Ainsi, on a attendu des femmes qu'elles soient plus orientées vers les soins et l'empathie, qu'elles soient plus accommodantes et aimantes, et on a voulu des hommes qu'ils soient plus actifs et pourvoyeurs, affirmatifs et compétitifs. Cependant, au cours des dernières décennies, on a assisté à une diversification et à un grand assouplissement des rôles sexuels, du moins en Occident. Ce changement est largement attribuable au féminisme : il a favorisé la libération de la femme de ses rôles traditionnels et son entrée massive sur le marché du travail et il a entraîné un partage plus grand entre les hommes et les femmes des rôles de pourvoyeur économique et d'éducateur auprès des enfants.

Rôle sexuel
Ensemble des traits de personnalité, comportements, centres d'intérêt, attitudes et habiletés qu'une culture considère comme appartenant aux femmes ou aux hommes.

Double standard
Attentes de la société qui diffèrent en fonction du sexe de la personne.

Les rôles sexuels sont eux-mêmes nettement influencés par les **stéréotypes sexuels**. Ces derniers correspondent à des généralisations sur le plan de la masculinité et de la féminité. Dire que toutes les femmes sont passives et dépendantes et que tous les hommes sont agressifs et indépendants sont des exemples de stéréotypes sexuels. Ces stéréotypes imprègnent chaque culture ; ils sont appris par les enfants dès leur plus jeune âge, en même temps que les rôles sexuels, et sont transmis principalement par la famille. Ainsi, ils se manifestent chez les jeunes enfants dès l'âge de deux ou trois ans et augmentent pendant la période préscolaire jusqu'à atteindre un sommet autour de l'âge de cinq ans (Campbell, Shirley et Candy, 2004 ; Ruble et Martin, 1998). Cependant, les enfants n'adhèrent pas tous autant aux stéréotypes sexuels. En effet, des garçons peuvent adopter des caractéristiques plus « féminines » et des filles peuvent afficher des côtés plus « masculins ».

Stéréotype sexuel
Généralisation portant sur la masculinité et la féminité.

Les éléments qui permettent à Aurélie d'affirmer qu'elle ressemble à une « madame » sont-ils fondés sur des stéréotypes sexuels ? Pourquoi ?

L'influence des parents et du modèle familial

Le jeune enfant qui développe son identité de genre se constitue une idée du rôle de la femme et de l'homme en général en s'inspirant principalement du parent du même sexe que lui (Langis et Germain, 2009). En plus d'être un modèle, l'attitude du parent peut renforcer ou décourager des comportements qui sont associés ou non à leur genre. Certaines études démontrent que les parents, particulièrement les pères, seraient plus souples envers leur fille qu'envers leur fils, en ce qui a trait à l'adhésion aux rôles sexuels. Ainsi, les pères n'aiment généralement pas voir leur fils jouer avec une poupée (Miedzian, 1991 ; Sandnabba et Ahlberg, 1999).

L'âge de l'enfant et le type de famille a également une influence sur l'adoption de stéréotypes sexuels par l'enfant. Dans une étude de Sinno et Killen (2009), on a demandé à 67 enfants de 7 ans et à 54 enfants de 9 ans ce qu'ils trouveraient normal pour chacun de leur parent : travailler à temps plein ou encore rester à la maison pour s'occuper des enfants. La plupart des enfants ont considéré comme acceptable, tant pour les mères que pour les pères, de travailler à temps plein et ont évoqué des motifs similaires (choix personnel, raisons sociales). En revanche, les enfants ont trouvé moins acceptable pour les pères de rester à la maison que pour les mères et ils ont utilisé les stéréotypes sexuels pour justifier leur position (« Les pères ne sauraient pas quoi faire », « les mères sont meilleures pour s'occuper des enfants »). De façon générale, les enfants de sept ans étaient plus rigides dans leur raisonnement que ceux de neuf ans et utilisaient davantage les stéréotypes dans leurs évaluations. Par ailleurs, les enfants qui vivaient dans des structures familiales traditionnelles présentaient plus de stéréotypes sexuels.

La transmission des rôles sexuels
Un père qui encourage son fils à effectuer des activités traditionnellement masculines lui transmet le message qu'il existe des centres d'intérêt qui sont appropriés aux garçons.

Ce résultat est appuyé par une autre étude menée en Angleterre et en Hongrie qui a montré que les garçons et les filles de quatre ans qui vivaient avec un père qui participait aux tâches ménagères et aux soins des enfants étaient moins conscients des stéréotypes sexuels et, par le fait même, s'engageaient moins dans des jeux stéréotypés sexuellement (Turner et Gervai, 1995). De même, le vécu d'une famille monoparentale dans laquelle le parent doit assumer les rôles dits féminins et masculins semble influencer le comportement des enfants. Ces derniers adoptent en effet moins fréquemment des comportements traditionnellement associés à leur sexe (Leve et Fagot, 1997). Ainsi, les comportements des parents influencent l'adoption de certains stéréotypes sexuels par les enfants.

Selon le recensement de 2011, 1 % des couples en cohabitation au Québec rapportent être en union avec une personne du même sexe, un chiffre en hausse depuis 2006 (Statistique Canada, 2006, 2011). Il faut néanmoins souligner que les statistiques portant sur les homosexuels peuvent être sous-estimées puisque plusieurs d'entre eux ne révèlent pas leur orientation sexuelle par crainte de discrimination ou de se faire retirer la garde de leur enfant (Dubé et Julien, 2000). Il existerait en effet dans la société certains questionnements quant au développement des enfants élevés par des parents homosexuels. Or, une étude effectuée aux Pays-Bas a démontré qu'il n'y avait pas de différence sur le plan de l'adaptation psychosociale entre des enfants de 8 à 12 ans provenant de familles homoparentales (mères lesbiennes) et hétérosexuelles (Bos et Theo, 2010). De plus, les enfants ayant des mères lesbiennes ressentaient moins de pression parentale pour se conformer aux stéréotypes de genre et adoptaient moins de comportements discriminatoires envers l'autre genre. Ceci peut s'expliquer par le fait que les parents homosexuels offrent aux enfants un modèle de partage des tâches indépendant du genre (Goldberg, 2010; Farr et Patterson, 2011). L'étude de Bos et Theo rapporte par ailleurs plus d'incertitude quant à leur orientation sexuelle chez les enfants de parents homosexuels.

Ces résultats sont cohérents avec ce qui avait été rapporté dans une importante revue de littérature effectuée en 2000 (Dubé et Julien), dans laquelle les conséquences de l'homoparentalité sur l'identité sexuelle ont été évaluées selon trois dimensions: l'identité de genre, les rôles sexuels et l'orientation sexuelle. Dans l'ensemble, les données démontrent que les enfants provenant de familles homosexuelles et hétérosexuelles ne diffèrent pas quant au développement de leur identité sexuelle et à leur satisfaction à cet égard. Par rapport aux rôles sexuels (évalués par la préférence de jouets, d'activités et de centres d'intérêt), si, de façon générale, les études rapportent que les deux groupes ne diffèrent pas, deux études rapportent néanmoins une attitude moins stéréotypée chez les filles de mères lesbiennes. La probabilité pour l'enfant élevé dans une famille homosexuelle d'adopter plus tard la même orientation sexuelle requiert plus d'études, mais il semblerait que les filles de mères homosexuelles seraient plus ouvertes à envisager des relations sexuelles avec une partenaire de même sexe, ce qui ne serait pas le cas pour les garçons (Tasker et Golombok, 1997). De façon générale, il semble que les enfants de parents homosexuels ne présentent pas de problème d'identité lié à leur contexte familial. Ils semblent se distinguer surtout par une plus grande ouverture d'esprit quant aux rôles et au choix de l'orientation sexuelle.

L'influence de la fratrie et des pairs

L'influence qu'exercent les frères et sœurs sur le développement de l'identité de genre dépend du rang de l'enfant dans la fratrie. En effet, les aînés ont tendance à être plus influencés par leurs parents, tandis que les cadets tenteraient davantage d'adopter les comportements et les attitudes de leurs aînés (McHale *et al.,* 2001). Les enfants qui ont un frère ou une sœur de même sexe, mais plus âgé, tendent à adopter davantage de comportements liés à leur sexe que ceux ayant un grand frère ou une grande sœur de sexe opposé (Iervolino *et al.*, 2005).

De leur côté, les pairs commencent très tôt à exercer une influence sur la formation de l'identité de genre puisque dès l'âge de trois ans, les enfants jouent généralement déjà dans des groupes de même sexe, ce qui renforce les comportements de genre. Cette influence du groupe de pairs augmente avec l'âge (Martin, Ruble et Szkybalo, 2002). On note également que les pairs désapprouvent davantage les garçons qui agissent comme des filles que les filles que l'on dépeint comme des « garçons manqués » (Ruble et Martin, 1998). De manière générale, l'influence des amis et celle des parents se renforcent mutuellement. Comme nous le verrons plus loin, la théorie de l'apprentissage social suggère que le groupe de pairs ne constitue pas une source de référence isolée. Il s'imbrique dans un système culturel complexe qui inclut non seulement les parents, mais aussi d'autres influences, dont les médias (Bussey et Bandura, 1999).

L'influence des médias

Le marché très lucratif des films et produits dérivés sur les princesses, développé par la compagnie Disney, repose sur le besoin des jeunes filles de s'identifier à des modèles féminins (England, 2011). Leur présence importante sur le marché international se traduirait par une grande influence sur les rôles sexuels adoptés par les enfants à travers le monde (Hubka *et al.*, 2009). En revanche, les changements sociétaux quant à l'égalité des sexes tardent à être reflétés par les modèles féminins et masculins présentés dans leurs films, où le travail domestique est majoritairement effectué par des personnages féminins (Wiserma, 2001). Par exemple, pour Blanche-Neige, le travail domestique exprime la servitude et représente un moyen de gagner l'amour. Même si, au cours des dernières années, on peut voir davantage de personnages féminins avec des caractéristiques typiquement masculines, les stéréotypes et les comportements sexistes sont encore très répandus dans les films de Disney (England, 2011). Par exemple, Pocahontas et Mulan, qui s'engagent dans des activités typiquement masculines et font preuve de volonté et de courage, montrent également des traits respectifs de douceur et de soumission et optent finalement pour la vie familiale plutôt que de poursuivre d'autres buts (England, 2011).

La télévision, identifiée comme une source dominante d'influence sociale sur le concept de genre, présente des programmes qui contiennent également des messages hautement stéréotypés, comme le révèle une étude qui a analysé des dessins animés d'aventure présentés à la télévision américaine (Leaper *et al.*, 2002). Au Québec, on présente maintenant des émissions pour enfants et des feuilletons qui sont plus proches de la diversité des familles actuelles et dans lesquels on peut voir des pères monoparentaux, des mères au travail, des parents homosexuels ou des familles reconstituées.

Enfin, il faut souligner que la télévision n'est pas le seul média qui véhicule des stéréotypes sexuels. Une étude canadienne (Dionne, 2007) a évalué les rôles des pères et des mères présentés dans un ensemble de livres jeunesse canadiens francophones. Les résultats démontrent que les rôles traditionnels prédominent, principalement en ce qui concerne les mères, qui ont davantage d'interactions avec les enfants. L'étude a néanmoins montré que, bien que moins fréquents, les pères adoptaient également des comportements affectueux avec leurs enfants, ce qui suggère une certaine évolution dans la représentation de leur rôle au sein de la littérature enfantine canadienne francophone.

FAITES LE POINT

5. Nommez les quatre étapes du développement de l'identité de genre.
6. Expliquez la différence entre un rôle sexuel et un stéréotype sexuel.
7. Expliquez l'incidence des médias sur la transmission des valeurs culturelles relatives aux rôles et aux stéréotypes sexuels.
8. Les parents de Jérémy et Flora, qui sont jumeaux, ont trouvé amusant d'habiller leurs deux enfants avec les robes de Flora, mais Jérémy s'y est opposé en disant qu'il ne voulait pas devenir une fille. À quelle phase de l'identité de genre Jérémy se trouve-t-il et pourquoi ?

6.3 Les théories du développement de l'identité de genre

Parmi les théories qui tentent d'expliquer l'acquisition de l'identité de genre, nous aborderons brièvement la théorie psychanalytique, qui sera mieux explicitée dans la section portant sur les théories du développement de la personnalité, ainsi que les théories cognitives de Kohlberg, de Bandura et de Bem.

6.3.1 La théorie psychanalytique

Identification
Selon Freud, processus par lequel un jeune enfant adopte les caractéristiques, croyances, attitudes, valeurs et comportements du parent du même sexe que lui.

Selon l'approche psychanalytique, le développement de l'identité de genre doit passer par un processus d'**identification**, c'est-à-dire par un processus selon lequel un enfant adopte les caractéristiques, les croyances, les attitudes, les valeurs et les comportements du parent de son sexe. Nous verrons plus loin que de trois à six ans, l'enfant passe par une période où le parent de même sexe que lui devient son rival, puisqu'il désire inconsciemment le parent de sexe opposé. Or, cette situation provoque une tension chez l'enfant, qui finit néanmoins généralement par s'identifier à son père (pour le petit garçon) ou à sa mère (pour la petite fille) et par adopter les caractéristiques, attitudes et comportements du parent de son sexe. Ce processus sera abordé plus en détail dans la section 6.4.1.

6.3.2 Les théories cognitives

Parce que les autres lui disent qu'il est un garçon ou qu'elle est une fille, l'enfant se perçoit comme tel et finit, à force d'observations et de réflexion, par conclure à la permanence de son sexe. En effet, pour les théories cognitives, la construction de l'identité de genre met en jeu différents processus cognitifs que l'enfant utilise activement.

La théorie développementale cognitive de Kohlberg

Selon Kohlberg (1966), la connaissance du genre précède le comportement de genre («je suis un garçon, donc j'aime faire des activités de garçon»). Les enfants cherchent activement dans leur entourage des indices qui les informent sur leur genre, puis lorsqu'ils réalisent à quel genre ils appartiennent, ils adoptent des comportements qu'ils estiment compatibles avec leur sexe. À l'âge de trois ans, une fille préfère généralement jouer avec des poupées plutôt qu'avec des camions parce qu'elle a vu d'autres petites filles le faire. Et si elle joue principalement avec d'autres petites filles, c'est parce qu'elle croit partager leurs centres d'intérêt (Ruble et Martin, 1998; Martin et Ruble, 2004). Ainsi, dans la mise en situation, Léa est déçue lorsqu'Aurélie lui dit qu'elle est habillée comme un garçon.

Constance du genre
Dernière étape du développement de l'identité de genre où la personne prend conscience qu'elle conservera le même genre toute sa vie.

Selon Kohlberg, cette acquisition des rôles associés à un sexe pivote autour de l'établissement de la **constance du genre** qui, comme nous l'avons vu dans la section 6.2, constitue la dernière étape du développement de l'identité de genre. C'est lorsque l'enfant réalise que son genre va demeurer le même toute sa vie qu'il est motivé à adopter les comportements appropriés à son sexe. Toutefois, cette position de Kohlberg est aujourd'hui remise en question par plusieurs recherches qui démontrent que les enfants affichent des préférences liées à leur sexe (par exemple, dans le choix des jouets) bien avant d'avoir acquis la constance du genre. Les théoriciens cognitivistes actuels ne croient donc plus que la constance de genre doive nécessairement précéder l'apprentissage des rôles sexuels (Martin et Ruble, 2004).

La théorie sociale cognitive de Bandura

Selon la théorie de l'apprentissage social traditionnelle, les enfants apprennent les rôles sexuels en observant les autres, comme nous l'avons vu dans le chapitre 1. Ils choisissent généralement des modèles qui ont du pouvoir, qui sont chaleureux et qu'ils admirent. Le plus souvent, c'est le parent de même sexe qui est pris pour modèle, mais l'enfant peut aussi modeler son comportement sur celui d'autres adultes de son entourage ou même sur celui de ses pairs. Et lorsque l'enfant reproduit le comportement d'un modèle, la réaction qu'il obtient influence la fréquence avec laquelle il répétera ce comportement. Or, puisque les parents et les autres adultes approuvent généralement chez un garçon les comportements associés au sexe masculin et chez la fille des comportements dits féminins (et réprouvent par le fait même les comportements inverses), les rôles sexuels s'en trouvent alors consolidés.

Des modèles non stéréotypés

Des modèles non traditionnels permettent aux enfants d'adopter des attitudes moins stéréotypées.

Selon la théorie sociale cognitive de Bandura (1986), l'acquisition de l'identité de genre résulte d'un processus de socialisation complexe, au cours duquel l'enfant interprète puis intériorise les expériences qu'il vit avec ses parents, ses pairs et les autres adultes (Bussey et Bandura, 1999). Cependant, la façon dont l'enfant donne un sens à ses diverses expériences joue un rôle crucial. L'observation permet en effet à l'enfant d'en apprendre beaucoup sur les rôles sexuels, avant même d'en adopter les comportements. Il ne se contente pas d'imiter directement : il peut au contraire combiner mentalement ses observations de modèles différents et produire ensuite ses propres variations comportementales. Ainsi, une petite fille qui a observé les comportements de sa mère, de sa tante et de sa gardienne pourra en sélectionner certains et combiner ces observations pour produire ce qu'elle pense être un comportement féminin. Dans la mise en situation, Aurélie se compare à ses modèles féminins : Cendrillon, sa mère et sa Barbie. Bientôt, cette enfant n'aura plus besoin de la présence de modèles, ni d'être récompensée ou réprimandée pour adopter le comportement attendu d'elle par la société. D'après les chercheurs, ce passage du contrôle social extérieur à l'autorégulation se produirait en grande partie de trois à quatre ans (Bussey et Bandura, 1992).

Bien qu'il soit indéniable que l'apprentissage par observation joue un rôle dans l'acquisition de l'identité de genre, il faut se rappeler que les méthodes d'éducation des parents ne sont pas nécessairement très différentes selon le sexe de leur enfant. Les parents ont plutôt tendance à renforcer l'entraide et à punir l'agressivité, chez les garçons comme chez les filles. Par ailleurs, la théorie sociale cognitive n'expliquant pas comment les normes culturelles concernant le genre sont intériorisées, il semble intéressant d'examiner une hypothèse complémentaire.

La théorie du schème du genre de Bem

La **théorie du schème du genre**, dont Sandra Bem est l'instigatrice, s'inspire en partie de la théorie sociale cognitive, qu'elle combine à celle du développement cognitif, à qui elle emprunte le concept de *schème* (une représentation mentale qui organise l'information et influence le comportement). Selon cette théorie du schème du genre, dès la petite enfance, l'enfant commence à catégoriser des informations relatives aux personnes ou aux situations et il les organise autour d'un **schème du genre** (Bem, 1983, 1985, 1993). Il procède ainsi parce qu'il observe que la société classe les gens en fonction de leur sexe (par exemple, les garçons et les filles portent des vêtements différents, ne jouent pas aux mêmes jeux et «font pipi» dans les lieux publics à des endroits différents). Une fois que l'enfant réalise à quel sexe il appartient, il développe alors le schème de ce que signifie être un garçon ou une fille dans sa propre culture et il ajuste ensuite son comportement à ce schème. Selon la théorie du schème du genre, les schèmes du genre favorisent donc les stéréotypes sexuels parce qu'ils influencent les jugements portés sur le comportement. De fait, les enfants acceptent très rapidement les étiquettes sexuelles. Par exemple, si l'on donne un jouet neutre à un garçon et qu'on lui dit qu'il s'agit d'un jouet de fille, il est fort probable qu'il s'en débarrassera comme d'une patate chaude (Martin et Ruble, 2004).

Théorie du schème du genre
Théorie voulant que l'enfant se socialise en fonction des rôles appropriés à son sexe en se représentant ce que signifie être une fille ou un garçon.

Schème du genre
Selon Bem, représentation mentale d'un ensemble de comportements qui aide l'enfant à traiter l'information relative à ce que signifie être un garçon ou une fille.

Sandra Bem soutient quant à elle que les adultes ont un rôle à jouer auprès de l'enfant pour lui éviter d'adopter trop de comportements stéréotypés. Selon elle, l'**androgynie**, qui caractérise une personnalité possédant des caractéristiques des deux sexes,

Androgynie
Personnalité qui possède à la fois des caractéristiques féminines et masculines.

constitue la personnalité la plus saine. Ainsi, un individu androgyne pourra devenir autonome et sera capable de s'affirmer (des caractéristiques dites masculines), tout en faisant preuve de bienveillance, d'empathie et de compréhension (des caractéristiques dites féminines).

Comment les parents peuvent-ils donc combattre les stéréotypes sexuels véhiculés dans la société? D'abord, en ne se confinant pas eux-mêmes en tant qu'adultes dans des tâches traditionnelles ou des attitudes stéréotypées. Ensuite, en offrant à l'enfant la possibilité de choisir des jeux qui ne sont pas traditionnellement associés à son sexe. Par exemple, le parent peut proposer des camions aux filles et des poupées aux garçons. Dans la mise en situation, le père de Léa ne se conforme pas aux stéréotypes lorsqu'il encourage sa fille à porter un déguisement qui est plus typique pour un garçon.

Cependant, le contrôle exercé par les parents se restreint souvent au milieu familial. En effet, Sandra Bem a déjà raconté que lorsque son fils s'est présenté un jour à la garderie avec des rubans dans les cheveux parce qu'il trouvait cela joli, les réactions de ses amis lui ont fait rapidement comprendre que ce n'était pas là une attitude correcte pour un garçon.

Si la théorie du schème du genre tient compte de plusieurs facteurs qui influencent l'identité de genre chez l'enfant, il n'est cependant pas prouvé que le schème du genre influence les comportements des enfants (Yunger, Carver et Perry, 2004). La théorie n'explique pas non plus pourquoi certains enfants optent pour des comportements moins conformes à leur sexe. Enfin, un des problèmes posés par la théorie de Bem est que, dans les faits, l'identité de genre ne devient pas plus stéréotypée à mesure que l'enfant acquiert des connaissances au sujet des caractéristiques masculines et féminines. C'est même plutôt le contraire qui se produit (Bussey et Bandura, 1999). Ainsi, vers l'âge de cinq ou six ans, les enfants développent tout un répertoire de stéréotypes rigides à l'égard du genre, qu'ils appliquent autant à eux-mêmes qu'aux autres. Un garçon de cet âge s'attendra en effet à mieux réussir une tâche « de garçon » qu'une tâche « de fille ». Toutefois, à partir de sept ou huit ans, les schèmes de genre deviennent plus complexes au fur et à mesure que l'enfant intègre des informations contradictoires concernant les deux sexes (par exemple, le fait que beaucoup de filles portent des pantalons). L'enfant devient alors plus flexible dans sa perception des rôles sexuels (Martin et Ruble, 2004; Trautner *et al.*, 2005).

Plus de souplesse dans les jeux

Les parents peuvent combattre les stéréotypes sexuels véhiculés par la société en offrant à leur enfant la possibilité de choisir des jeux qui ne sont pas traditionnellement associés à son sexe.

Le tableau 6.1 résume les caractéristiques des quatre théories que nous venons de présenter.

TABLEAU 6.1 Le développement de l'identité de genre selon quatre perspectives

Théorie	Auteur	Processus en jeu	Postulat de base
Théorie psychanalytique	Sigmund Freud	Résolution de conflits émotionnels inconscients	L'identité de genre apparaît lorsque l'enfant s'identifie au parent de même sexe que lui.
Théorie développementale cognitive	Lawrence Kohlberg	Adoption de comportements compatibles avec son sexe	Lorsque l'enfant apprend qu'il est une fille ou un garçon, il recherche les informations en accord avec son sexe et agit en fonction de ces données.
Théorie sociale cognitive	Albert Bandura	Observation et sélection de modèles, imitation et renforcement, socialisation	L'identité de genre résulte de l'observation, de l'interprétation et de l'intériorisation de standards sociaux relatifs au sexe des individus.
Théorie du schème du genre	Sandra Bem	Catégorisation cognitive combinée à l'observation de modèles	L'enfant organise les informations au sujet des comportements appropriés pour un garçon ou pour une fille en se basant sur les normes culturelles. Il intègre ensuite ces comportements dans un schème du genre et y adapte son comportement.

FAITES LE POINT

9. Selon l'approche psychanalytique, comment se déroule le processus d'identification de l'enfant ?
10. Expliquez le rôle joué par l'établissement de la constance de genre dans la théorie de Kohlberg.
11. Selon la théorie sociale cognitive de Bandura, comment s'acquiert l'identité de genre chez l'enfant ?

6.4 Les théories du développement de la personnalité

L'identité de genre ne représente qu'un aspect de la personnalité du jeune enfant. Plusieurs théoriciens se sont aussi penchés sur le développement affectif et social des enfants de trois à six ans.

6.4.1 La théorie psychosexuelle de Freud

Le stade phallique

Nous avons vu dans le chapitre 4 que l'enfant traverse le stade anal entre 18 mois et 3 ans, alors qu'il fait l'apprentissage de la propreté. Ce sont les organes génitaux qui vont devenir la zone érogène investie de trois à six ans. Cette découverte marque en effet le début du **stade phallique**, un terme qui vient du mot latin *phallus* (pénis, symbole de pouvoir). Durant cette période, cruciale pour le développement de l'identité sexuelle, les enfants découvrent qu'il est agréable de toucher ses propres organes génitaux et ils expérimentent la masturbation. Ils développent aussi une curiosité sexuelle qu'ils ne possédaient pas auparavant, puisqu'ils font maintenant la différence anatomique entre les sexes, une différence qui, à cet âge, se résume selon Freud au fait d'avoir un pénis ou pas.

Stade phallique
Selon Freud, troisième stade du développement psychosexuel, caractérisé par le déplacement de la libido vers les organes génitaux et au cours duquel l'enfant perçoit la différence sexuelle selon la présence ou l'absence du pénis.

Le complexe d'Œdipe

Le **complexe d'Œdipe** représente sans doute l'événement psychique le plus important de ce stade. Celui-ci peut être défini comme le désir inconscient que ressent l'enfant pour le parent du sexe opposé. À ce stade, le garçon veut en effet entretenir une relation unique avec sa mère, à l'image de celle qu'elle entretient avec le père. Il devient donc jaloux de son père, qu'il perçoit comme un rival, et désire inconsciemment le supprimer. Par ailleurs, selon Freud, le petit garçon se sent très coupable de ce désir et des pensées qui y sont associées. Ce conflit psychique est pour lui une source d'anxiété, car il craint son père, qui représente pour lui un puissant symbole d'autorité. En outre, il a peur de perdre son pénis en se liant à une mère qui n'en possède pas : c'est ce que Freud nomme l'« angoisse de castration », qui incite le garçon à s'identifier à son père et à acquérir ainsi un peu de son pouvoir plutôt que de risquer la perte de son pénis. Les conceptions théoriques de Freud trouvent leur écho dans les anecdotes relatées par des parents, qui témoignent d'une affection particulière pour le parent du sexe opposé.

Complexe d'Œdipe
Conflit central du stade phallique au cours duquel l'enfant éprouve inconsciemment un désir sexuel pour le parent du sexe opposé et désire la mort de celui du même sexe. Idéalement, une fois le conflit résolu, l'enfant voudra s'inscrire dans sa société et sa culture pour y établir plus tard une relation avec un partenaire du sexe opposé étranger à sa famille.

Quant à la fille, sa déception relative à l'absence de pénis la fait se tourner vers son père qui, lui, en possède un : c'est ce que Freud appelle l'« envie du pénis ». La fille devient jalouse de sa mère, qu'elle perçoit comme une rivale, et elle manifeste un désir de rapprochement avec son père. Toutefois, selon Freud, le conflit psychique inconscient qui en résulte est plus difficile à surmonter pour elle, la mère étant, pour la fille comme pour le garçon, le premier objet d'amour. De plus, même si elle s'identifie

Est-ce qu'Aurélie adopte des comportements en accord avec les conceptions théoriques de Freud ?

Le complexe d'Œdipe

Au stade phallique, l'enfant accorde beaucoup d'importance au parent du sexe opposé.

à sa mère, la petite fille ne pourra jamais obtenir le pénis qu'elle convoite. La théorie psychosexuelle accorde une grande importance à l'homme et au pénis à titre de symbole de supériorité. Dans les faits, ce serait davantage le statut social de l'homme, et non son pénis, qui serait envié par la femme (Horney, 1967). Horney suggère aussi que certains comportements masculins, comme le désir de reconnaissance sociale, pourraient constituer en réalité une compensation à l'impossibilité pour les hommes d'enfanter. Dans ce contexte, les hommes auraient une «envie de l'utérus», soit le désir inconscient de porter des enfants (Horney, 1967).

Pour l'un comme pour l'autre, le complexe d'Œdipe n'est donc pas le reflet d'un amour idyllique, mais une source de remords et d'anxiété. La résolution de l'Œdipe passe par un processus d'identification au parent de même sexe et par la formation du surmoi. Prenant conscience qu'il ne peut former un couple avec le parent de sexe opposé, l'enfant choisit plutôt de devenir comme son parent de même sexe. Le surmoi, la troisième instance de la personnalité, apparaît environ au même moment, comme nous l'avons vu dans le chapitre 1. Le surmoi intègre les valeurs et les règles sociales, dont l'interdit de l'inceste. Étant donné l'importance fondamentale de l'identification au parent de même sexe dans la résolution du complexe d'Œdipe, on peut se demander comment Freud aurait expliqué le développement des enfants qui vivent aujourd'hui dans une famille dont les deux parents sont de même sexe.

6.4.2 La théorie psychosociale d'Erikson

Crise de l'initiative *versus* la culpabilité
Selon Erikson, troisième crise du développement psychosocial, au cours de laquelle l'enfant de trois à six ans doit réaliser l'équilibre entre le désir d'atteindre des buts et les jugements moraux liés à ce qu'il veut faire.

Selon Erikson, vers trois ans, l'enfant entre dans la **crise de l'initiative *versus* la culpabilité**. L'autonomie acquise au stade précédent ainsi que le développement de ses nouvelles habiletés cognitives amènent l'enfant non seulement à agir de plus en plus de façon indépendante, mais aussi à vouloir prendre des initiatives, élaborer des projets et les réaliser. Cependant, l'enfant perd parfois de vue ses limites, ce qui peut entraîner un sentiment de culpabilité à l'égard de ses motivations ou de ses actes. Par ailleurs, l'enfant désire fortement être approuvé par les adultes. C'est pourquoi il peut aussi se sentir coupable lorsque ses parents freinent ses initiatives.

L'enfant qui traverse bien cette crise développera le sens de l'initiative et le *courage*, une force adaptative qui lui permettra de se donner des buts, comme nous l'avons vu dans le tableau 1.3. (*voir la page 16*) Il pourra agir sans être inhibé par la culpabilité et la peur de la punition, sera en mesure d'assumer pleinement ses responsabilités et fera donc preuve d'une certaine mesure dans ses initiatives (Erikson, 1982). Quant à l'enfant qui traverse cette crise avec difficulté, il pourra être dépourvu de toute spontanéité et rongé par la culpabilité, ce qui influencera sa façon d'amorcer la crise suivante. En effet, l'initiative de l'enfant va bien souvent au-delà des cadres établis par les parents et peut l'amener à transgresser leurs règles. Si l'enfant est critiqué ou puni sans explication, il ressentira la honte d'avoir déçu le parent. Comme nous l'avons vu précédemment, l'enfant d'âge préscolaire ne perçoit pas de nuances dans les rétroactions qu'il reçoit des adultes. Ainsi, devant la critique, l'enfant perçoit qu'il est incompétent ou méchant, et le sentiment de honte associé à cette interprétation peut entraver le stade de développement suivant. À l'opposé, il est également possible qu'un enfant n'ayant subi aucun contrôle de la part de ses parents ressorte de cette crise avec un sens de l'initiative trop exubérant et qu'il ne tienne pas compte des autres. Or, cela n'est pas non plus souhaitable, puisque le monde de l'enfant s'ouvre désormais à des interactions sociales toujours plus nombreuses et diverses auxquelles il doit s'ajuster. La résolution de ce stade repose ainsi en grande partie sur la réponse des parents envers les initiatives de l'enfant et sur leur façon de favoriser son autonomie tout en maintenant la discipline et l'autorité nécessaires à son développement.

6.4.3 La perspective sociale cognitive

La perspective sociale cognitive présente une vision différente des approches psychanalytiques traditionnelles en ce qui a trait au développement de la personnalité. Elle suggère en effet un lien étroit entre les nouvelles capacités cognitives des enfants d'âge préscolaire et les nombreux changements émotionnels qu'ils expérimentent (Macrae et Bodenhausen, 2000). La métacognition, c'est-à-dire la capacité de réfléchir au sujet de la pensée, a maintenant un rôle à jouer dans l'élaboration du concept de soi (Flavell, 1985). De fait, l'enfant peut désormais réfléchir sur les connaissances relatives à sa personnalité. Le concept de soi passe donc par une conscience des expériences métacognitives intimes et par l'acquisition de connaissances significatives sur soi-même.

Piaget (1954) avait déjà démontré la capacité des enfants à catégoriser, sur la base de ressemblances ou de divergences, non seulement les objets, mais également les personnes (dont eux-mêmes). Cette acquisition logicocognitive permet, entre autres, à l'enfant de deux à sept ans de mieux se connaître par le traitement d'affects intuitifs tels que les sentiments sociaux élémentaires ou les premiers sentiments moraux de reconnaissance (Cloutier, Gosselin et Tap, 2005).

FAITES LE POINT

12. Expliquez à quel stade et comment se manifeste le complexe d'Œdipe chez le garçon et chez la fille selon la théorie psychosexuelle de Freud.
13. Quelle est l'issue positive de la crise de l'initiative *versus* la culpabilité dans la théorie psychosociale d'Erikson ?
14. Expliquez le postulat de base de la perspective sociale cognitive.

6.5 Le développement social

De trois à six ans, le cercle social de l'enfant s'élargit. Celui-ci fréquente la garderie, puis la maternelle, et il rencontre d'autres enfants et adultes, ce qui lui donne l'occasion de faire de nouveaux apprentissages comme celui de l'amitié. L'enfant peut alors développer des compétences sociales ou encore éprouver certaines difficultés comportementales (par exemple, l'agressivité). Des études ont été effectuées afin de déterminer si les enfants uniques, qui représentent 47 % des foyers québécois (Statistique Canada, 2011), éprouvaient plus de difficulté dans ce processus de socialisation. En effet, ces derniers doivent apprendre à partager leur espace avec des pairs, à attendre leur tour, à tenir compte des autres et à les écouter. Or, les recherches ne montrent pas de différences significatives entre les enfants uniques et ceux ayant des frères et des soeurs en ce qui a trait à la capacité de s'adapter, à la sociabilité et à la popularité (Falbo, 2006). Les observations montrent plutôt que les enfants uniques sont non seulement motivés, mais qu'ils possèdent aussi les habiletés à entrer en relation avec les autres à l'âge préscolaire (Royer, 2004).

6.5.1 Les premiers amis

L'ouverture de plus en plus grande de l'enfant sur le monde extérieur le rend curieux des autres et plus particulièrement des enfants qui l'entourent. En très bas âge, les enfants peuvent jouer les uns à côté des autres sans avoir d'interaction véritable. Toutefois, autour de trois ans, ils sont en mesure de développer de l'amitié. Comme pour les relations avec les frères et sœurs, que nous avons décrites dans le chapitre 4, les interactions amicales ont des fonctions précises. De fait, elles aident l'enfant à s'adap-

Deux amis

Les enfants d'âge préscolaire préfèrent entrer en relation avec des enfants du même sexe et du même âge qu'eux et apprennent que, pour avoir des amis, il faut soi-même se montrer amical.

ter aux autres, à se montrer empathique, à apprendre à résoudre des conflits et à observer divers modèles de comportements. Les enfants apprennent également les normes qui régissent les rôles sexuels ainsi que les valeurs morales nécessaires à la vie en société. Ils apprennent enfin à gérer leur agressivité.

Généralement, les enfants d'âge préscolaire préfèrent entrer en relation avec des enfants du même sexe et du même âge qu'eux, et les enfants qui ont ensemble des expériences positives fréquentes sont plus susceptibles de devenir amis (Rubin, Bukowski et Parker, 1998). On estime qu'à cet âge, 75 % des enfants entretiennent des amitiés mutuelles (Hartup et Stevens, 1999). Que recherchent donc les enfants de cet âge dans l'amitié ? Ils recherchent tout d'abord des caractéristiques similaires aux leurs, préfèrent les enfants qui démontrent des comportements prosociaux (Hart *et al.*, 1992) et rejettent les enfants perturbateurs, intrusifs ou agressifs (Ramsey et Lasquade, 1996). Pour eux, les aspects les plus importants de l'amitié consistent à faire des activités ensemble, à s'apprécier, à s'aider mutuellement et, dans une moindre mesure, à habiter à proximité et à fréquenter la même école.

Ce développement de l'amitié comporte plusieurs conséquences bénéfiques pour l'enfant. Les enfants qui ont des amis, qui se sentent appréciés par eux et qui bénéficient de leur soutien sont en effet plus heureux. Ils vont, au besoin, chercher de l'aide auprès de leurs amis. Les enfants apprennent aussi très vite à différencier les comportements qui sont acceptables de ceux qui ne le sont pas pour leur groupe de pairs. Au moyen des renforcements ou des punitions en provenance des pairs, ils vont ainsi avoir tendance à éliminer les comportements inadéquats et à maintenir ceux qui sont appréciés. L'importance du développement cognitif dans l'élaboration des habiletés sociales est donc ici manifeste : l'enfant doit être en mesure de se forger une représentation réaliste de son comportement, de porter un jugement et ensuite de décider de modifier le comportement en question (Royer et Provost, 2004). Les relations amicales consolident également le développement affectif. Par exemple, lors d'une situation de conflit, l'enfant doit apprendre à les exprimer en tenant compte des règles établies dans le contexte social dans lequel il se trouve (Bouchard, Coutu et Landry, 2011). Un tempérament facile (comme nous l'avons vu dans le chapitre 4) et une estime de soi élevée sont positivement corrélés aux compétences sociales des enfants.

Les comportements sociaux des enfants se regroupent en trois grandes catégories : les comportements prosociaux, les comportements internalisés et les comportements externalisés. Nous allons examiner ces trois types de comportement dans les sections qui suivent.

6.5.2 Le comportement prosocial

Nous avons vu dans le chapitre 4 que le lien d'attachement développé durant la petite enfance est déterminant pour l'établissement des futurs liens interpersonnels. En effet, les enfants qui ont connu un attachement sécurisant lorsqu'ils étaient nourrissons ont davantage de chances de bien s'entendre avec les autres et de développer par la suite des amitiés fortes. Des études longitudinales ont aussi démontré que ces enfants deviennent plus sociables, plus populaires et qu'ils s'adaptent mieux à la vie en société (Goldberg, 2000). Ce type d'attachement prépare donc mieux l'individu à l'intimité des relations amicales (Carlson, Sroufe et Egeland, 2004).

Comportement prosocial
Comportement volontaire à l'égard d'autrui et dont l'objectif est le bénéfice de l'autre.

Altruisme
Comportement pouvant impliquer un sacrifice personnel et qui a pour but d'aider les autres, sans égard à ses propres intérêts et sans espoir de récompense.

Nous avons également vu qu'un enfant commence à éprouver de l'empathie dès l'âge de deux ans. La suite logique de cette empathie est le **comportement prosocial**, qui prend la forme de comportements volontaires à l'égard d'autrui et dont l'objectif est le bénéfice de l'autre. Ainsi, si un enfant de trois ans et demi accepte de partager sa pâte à modeler avec ses amis, malgré qu'il n'y en ait pas assez pour tous et que ce jeu soit son préféré, c'est qu'il fait preuve d'**altruisme** : il tient compte des autres, et ce, sans espérer de récompense pour lui-même en retour. Dans la mise en situation, Aurélie fait preuve d'altruisme lorsqu'elle donne un de ses bonbons à Léa.

L'altruisme est au cœur du comportement prosocial; il s'exprime par une activité volontaire ayant pour but d'aider les autres et pouvant parfois comporter des sacrifices ou des risques. Il a été démontré que les comportements de coopération chez les enfants de trois ans et demi sont préférablement adressés à trois catégories de personnes: celles qui sont proches de l'enfant, celles qui partagent avec l'enfant et également celles qui partagent avec les autres (Olson et Spelke, 2008). Ainsi, les enfants qui ont des comportements prosociaux ont également plus de chance d'être la cible de comportements prosociaux de la part des autres enfants. Ces préoccupations pour l'autre augmentent au fur et à mesure que l'enfant avance en âge (Fabes et Eisenberg, 1996). Une étude longitudinale a montré que les enfants qui partagent spontanément à l'âge préscolaire adoptent davantage de comportements prosociaux lorsqu'ils sont de jeunes adultes (Coplan *et al.*, 2004). Enfin, même si les filles sont généralement plus orientées vers des comportements prosociaux que les garçons, les différences demeurent minimes (Eisenberg et Fabes, 1998).

Le développement de qualités prosociales

Les enfants qui ont des responsabilités à la maison ont tendance à développer des qualités prosociales telles que la coopération et la serviabilité. Ils ont ainsi de fortes chances d'entretenir également des relations affectives avec les gens.

Selon une étude portant sur 9319 paires de jumeaux dont le comportement prosocial était évalué par leurs parents et par leurs enseignants aux âges de trois, quatre et sept ans, le développement des comportements prosociaux serait influencé à la fois par l'hérédité et par le milieu. Les parents qui étaient affectueux et respectaient une stratégie disciplinaire positive encourageaient la tendance naturelle de l'enfant à adopter des comportements prosociaux (Knafo et Plomin, 2006). De façon caractéristique, les parents d'enfants prosociaux le sont également: ils mettent l'accent sur des modèles de comportements prosociaux et orientent leurs enfants vers des films, des histoires et des émissions de télévision qui font la promotion de la coopération, du partage et de l'empathie (Singer et Singer, 1998). En effet, l'exposition à des médias à vocation éducative contribuerait au développement de l'altruisme, de la coopération et même de la tolérance (Wilson, 2008). En outre, lorsque l'enfant commet un acte répréhensible, ses parents lui montrent l'effet de son comportement sur les autres. Par exemple, lorsqu'un enfant prend un bonbon sans le payer, on lui fait comprendre les conséquences de cet acte sur le marchand et ce qu'il ressentirait s'il était à la place de ce dernier.

Quels éléments de la réaction de la mère d'Aurélie l'inciteront à ne plus adopter de comportement agressif envers son frère?

La culture influence également l'acquisition de comportements prosociaux. Dans la culture nord-américaine, où les familles ne comptent souvent qu'un seul enfant, l'accent est surtout mis sur l'accomplissement individuel. Dans d'autres cultures plus traditionnelles, les enfants grandissent dans des familles étendues où l'on préconise davantage le partage des tâches et où l'on inculque des valeurs prosociales aux enfants (Eisenberg et Fabes, 1998). Ceci étant, même si l'on transmet des valeurs prosociales aux enfants, il peut arriver que certains d'entre eux présentent tout de même des problèmes de comportement.

6.5.3 Les problèmes de comportement

Comment peut-on distinguer un comportement dérangeant d'un problème de comportement? La réponse n'est pas évidente, puisqu'elle varie en fonction de l'intensité et de la durée du comportement, ainsi qu'en fonction du degré de tolérance des adultes qui s'occupent de l'enfant. Les études qui sont menées auprès d'enfants d'âge préscolaire souffrant de problèmes de comportement sont plus rares que celles menées auprès d'échantillons d'enfants d'âge scolaire. Cependant, il semble que la proportion d'enfants de cet âge souffrant de ce type de problèmes se situerait entre 4% et 22% (Vitaro et Gagnon, 2000). On parle de problèmes de comportement lorsqu'un enfant, dans un contexte de groupe, dérange et perturbe ses pairs à un point tel que les adultes se sentent impuissants et dépassés, ou encore si l'enfant se retire du groupe de façon constante. Ce dernier comportement est qualifié de **comportement internalisé**: il prend la forme d'un retrait de l'enfant dans ses interactions avec les autres. Contrairement aux comportements externalisés, qui ne dérangent que les autres, les comportements internalisés affectent l'enfant lui-même et peuvent perturber sérieusement

Comportement internalisé

Trouble de comportement qui prend la forme d'un retrait de l'enfant de ses interactions avec les autres.

Retrait social
Problème de comportement caractérisé par l'isolement volontaire de l'enfant de son groupe social ainsi que par l'absence de contacts affectifs et physiques avec ses pairs.

son fonctionnement affectif et social. Le plus connu de ces comportements est le **retrait social**. L'enfant qui en souffre se tient à l'écart de ses pairs ; il ne leur parle pas et n'a pas de contacts physiques avec eux. Selon Coutu et ses collaborateurs (2004), ces enfants sont « passifs et s'intéressent peu aux activités sociales, ils sourient rarement, ils sont fréquemment distraits, ils sont peu portés à explorer de nouveaux objets, enfin, ils paraissent inquiets et dépressifs ». Certains enfants peuvent vivre des épisodes de retrait social lors de périodes de transition ou d'adaptation, mais ce comportement n'est alors que passager et non généralisé comme c'est le cas chez l'enfant qui vit un réel problème. Par ailleurs, ces auteurs nous mettent en garde contre la confusion qui peut s'établir entre l'enfant souffrant de retrait social et l'enfant solitaire. En effet, un enfant n'est pas considéré comme ayant un problème de comportement si son jeu est actif et s'il fonctionne bien tout en préférant la solitude.

Comportement externalisé
Trouble de comportement qui prend la forme de manifestations antisociales et souvent agressives.

Inversement, les **comportements externalisés**, c'est-à-dire les comportements qui présentent des manifestations antisociales et souvent agressives, sont dirigés vers autrui : l'enfant frappe, pousse ou mord les autres (Royer et Provost, 2004). Il extériorise ses difficultés en s'en prenant aux gens qui se trouvent autour de lui. Il existe trois types de problèmes externalisés : l'hyperactivité, l'opposition à l'adulte et l'agressivité. Les sections qui suivent étant spécifiquement consacrées à l'agressivité et à l'opposition à l'adulte, nous allons tout de même aborder brièvement l'hyperactivité, qui sera vue plus en détail dans le chapitre 7.

Le retrait social
L'enfant qui souffre d'un problème de retrait social n'a pas de contacts avec les autres enfants et ne leur parle pas.

L'enfant hyperactif a une faible capacité de concentration et d'attention : il est impulsif et agité, il tolère mal l'attente ou les moments d'inaction. On comprendra que, dans un groupe, cet enfant va demander beaucoup d'attention et souvent déranger les autres. Cela touchera probablement aussi ses relations sociales, puisqu'il sera peut-être rejeté à la fois par les adultes et par ses pairs.

Comme son nom l'indique, l'opposition à l'adulte est présente chez un enfant qui se montre hostile et agressif envers les figures d'autorité (parents, éducateurs, etc.). Celui-ci refuse toute forme d'encadrement ou d'obéissance et, lorsque l'adulte le punit, l'enfant réagit fortement soit en adressant des blâmes, soit en brandissant des menaces. Comme nous l'avons vu, l'opposition est une forme normale de comportement autour de deux ou trois ans et cette affirmation de l'enfant devant l'adulte peut même être saine. Aussi, l'existence d'un réel problème peut être difficile à reconnaître et, parfois, cela peut prendre du temps. En effet, c'est seulement autour de sept ou huit ans qu'un « trouble oppositionnel » peut être diagnostiqué, et ce, si le problème a persisté jusque-là.

6.5.4 L'agressivité

Agressivité instrumentale
Forme d'agressivité utilisée pour atteindre un but, comme obtenir un jouet ou exercer un contrôle sur l'espace environnant.

L'agressivité constitue le troisième type de comportement externalisé. Elle est utilisée très fréquemment dans la petite enfance sous forme d'**agressivité instrumentale**, c'est-à-dire celle qui est utilisée pour atteindre un but. De deux à cinq ans, les enfants l'utilisent souvent pour avoir un jouet ou pour exercer un contrôle sur l'espace environnant, et elle apparaît surtout lors des jeux collectifs. Par ailleurs, les enfants de cet âge qui se battent le plus tendent à être aussi les plus sociables et les plus compétents. Cette capacité à faire preuve d'une certaine agressivité instrumentale pourrait donc constituer un pas nécessaire dans le développement social. Au fur et à mesure que les enfants développent leur contrôle de soi et qu'ils sont plus aptes à s'exprimer verbalement, on note cependant une nette diminution dans le recours à l'agressivité instrumentale : ils ne se battent plus avec des coups, mais avec des mots (Coie et Dodge, 1998). Ces comportements agressifs diminueraient, pour les garçons comme pour les filles, au moment de l'entrée à l'école.

Selon Richard E. Tremblay, dont il est question dans l'encadré 6.1 (*voir la page 196*), un enfant d'âge scolaire qui présente des problèmes d'agressivité risque davantage de maintenir ces comportements à l'adolescence. La période préscolaire est donc intéressante, parce qu'elle constitue un moment privilégié d'intervention avant qu'il ne soit trop tard. Si cette intervention est plus appropriée à l'âge préscolaire, c'est parce que l'enfant est en train de développer les instruments cognitifs, affectifs et sociaux qui lui sont nécessaires pour maîtriser son agressivité : il est alors plus apte à tolérer la frustration et à la verbaliser, il peut faire preuve d'empathie et il possède un répertoire plus vaste de comportements de résolution de problèmes (Shaw, 2003).

On observe plus de comportements agressifs chez les garçons que chez les filles et ce, dès l'âge de deux ans (Baillargeon *et al.*, 2007 ; Pellegrini et Archer, 2005). Par exemple, dès la petite enfance, les garçons sont plus portés à enlever un jouet des mains d'un autre enfant. Néanmoins, les filles démontrent des signes d'agressivité plus subtile (Putallaz et Bierman, 2004). En effet, alors que les garçons s'engagent dans des comportements d'agressivité directe en utilisant la force physique et les menaces dirigées ouvertement vers l'autre, les filles adoptent plus volontiers des comportements d'**agressivité indirecte**. Ce type d'agressivité peut prendre la forme de menaces indirectes, de manipulation ou d'attitudes de dénigrement. Rejeter, se moquer, « traiter de noms », répandre des rumeurs, retirer son affection ou ostraciser sont autant de formes d'agressivité indirecte. Cependant, les filles d'âge préscolaire peuvent manifester leur agressivité directement : « je ne t'inviterai pas à ma fête si tu ne me donnes pas ton crayon » (Archer, 2004 ; Brendgen *et al.*, 2005 ; Crick, Casas et Nelson, 2002).

Agressivité indirecte
Forme d'agressivité plus souvent adoptée par les filles et qui prend la forme de menaces ou de manipulation dans le but de blesser une autre personne.

Les facteurs associés à l'agressivité chez l'enfant

L'agressivité chez l'enfant peut être associée à des facteurs biologiques comme le tempérament et des facteurs sociaux comme l'éducation. D'un point de vue biologique, les enfants dont l'émotivité est plus intense et qui font preuve de peu de contrôle de soi, comme c'est le cas pour les enfants ayant un tempérament difficile, vont exprimer plus facilement leur colère par l'agressivité (Eisenberg *et al.*, 1994). L'influence de l'hérédité sur les comportements agressifs serait variable selon le type d'agressivité (physique ou psychologique). En effet, une étude comportant 234 jumeaux âgés de 6 ans a démontré que 50 % des comportements d'agressivité physique auraient une explication génétique (Brendgen *et al.*, 2005).

Le comportement des parents influence aussi grandement le développement de l'agressivité. Ainsi, une étude a démontré que des garçons de cinq ans qui avaient été exposés à la cocaïne durant leur développement prénatal et qui vivaient avec leur mère monoparentale dans un milieu pauvre, instable ou stressant avaient tendance à adopter des comportements plus agressifs, comme la violence et l'intimidation (Bendersky, Bennett et Lewis, 2006). Tremblay (2004) note quant à lui que les garçons dont la mère a donné naissance à leur premier enfant avant l'âge de 20 ans tout en n'ayant pas terminé l'école secondaire sont ceux qui présentent le plus de risques de devenir des agresseurs physiques chroniques, et ce, à compter du moment où ils entrent à la maternelle jusqu'à l'adolescence. Comme ces mères vivent souvent en situation de monoparentalité et dans des conditions de grande précarité, on constate qu'elles peuvent avoir plus de difficultés à remplir leurs tâches parentales que celles vivant dans les milieux plus favorisés. En effet, ces femmes peuvent éprouver du mal à se trouver un emploi, vivre des difficultés financières, occuper un logement inadéquat, ressentir de la honte relativement à leur situation et disposer de peu de soutien de leur entourage ou des services de répit (Wendland et Levandowski, 2012).

Ainsi, l'agressivité peut prendre sa source dans une combinaison de facteurs stressants : une discipline sévère, un manque de comportements chaleureux de la part des parents, l'absence de soutien social ou encore l'exposition à la violence adulte à la maison ou dans le voisinage. Les enfants dont la mère présente un comportement de rejet sont aussi exposés à un facteur de risque important.

ENCADRÉ 6.1 PAROLES D'EXPERT

Richard E. Tremblay | Professeur émérite à l'Université de Montréal et chercheur au centre de recherche de l'hôpital Sainte-Justine

L'agressivité chez l'enfant

Détenteur d'une maîtrise de l'Université de Montréal et d'un doctorat de l'Université de Londres, Richard E. Tremblay est professeur de pédiatrie, de psychiatrie et de psychologie à l'Université de Montréal, professeur émérite à l'Université de Montréal et chercheur et responsable de l'axe «maladies du cerveau» au centre de recherche de l'hôpital Sainte-Justine, professeur au University College de Dublin en Irlande, fondateur et directeur du Groupe de recherche sur l'inadaptation psychosociale chez l'enfant (GRIP), directeur du Centre d'excellence pour le développement des jeunes enfants (CEDJE) et membre de l'Ordre national du Québec. Il est reconnu pour ses travaux avant-gardistes portant sur la socialisation des enfants et la prévention de la violence. En effet, le professeur Tremblay a consacré sa carrière à la compréhension du développement des comportements violents et à l'expérimentation de programmes éducatifs pouvant favoriser le développement moral et social.

Richard E. Tremblay s'intéresse aux questions d'éducation liées au développement biopsychosocial. Ses travaux sur le développement de l'agression physique durant la petite enfance ont suscité un important changement de paradigme. Alors que la recherche concernant le développement de l'agression tentait de répondre à la question suivante: «Quand et comment les enfants apprennent-ils à agresser?» en s'intéressant surtout aux enfants du primaire et du secondaire, Richard E. Tremblay a démontré que la question devrait plutôt se poser ainsi: «Quand et comment les enfants apprennent-ils à *ne pas* agresser?» La réponse est donc désormais à chercher du côté de la petite enfance.

Selon la théorie de l'apprentissage social traditionnelle, les comportements agressifs seraient acquis par l'observation de modèles de comportements similaires. Or, s'il en était ainsi, les manifestations agressives devraient augmenter avec l'âge, les enfants étant de plus en plus exposés à des modèles de comportements agressifs à mesure qu'ils vieillissent. Pourtant, c'est le phénomène inverse que le chercheur a pu observer (Tremblay, 2008, 2010). En effet, la fréquence des agressions physiques tend plutôt à diminuer chez les jeunes entre l'entrée à l'école primaire et la fin du secondaire. De plus, certaines études longitudinales portant sur la petite enfance ont démontré que les actes d'agression physique sont présents dès l'âge de 18 à 24 mois et que la fréquence de ces actes a tendance à augmenter jusqu'à l'âge de 30 à 42 mois, pour diminuer ensuite progressivement (Côté *et al.*, 2006; Tremblay *et al.*, 2004). Ces résultats amènent Richard E. Tremblay à conclure que «contrairement aux croyances traditionnelles, les enfants n'ont pas besoin d'observer des modèles d'agression physique pour commencer à user de ce genre de comportements. [...] Ainsi, plutôt que d'apprendre à recourir à l'agression physique par l'intermédiaire de leur environnement, les enfants apprennent à *ne pas recourir* à l'agression physique grâce à divers types d'interactions avec leur environnement» (Tremblay, 2008).

Richard E. Tremblay présente ainsi l'agressivité comme une tendance innée que l'enfant apprend à maîtriser au contact de la société. En effet, le plaisir retiré à observer ou à manifester des comportements agressifs serait un héritage de l'évolution au cours de laquelle l'être humain devait survivre dans des environnements hostiles. Il souligne que le sport est un excellent moyen pour l'enfant de canaliser son agressivité d'une façon socialement acceptable.

Un des apports les plus importants du professeur Tremblay réside dans la création d'études longitudinales sur le développement humain. Ces études ont été inspirées par ses premières expériences cliniques consacrées à la rééducation d'adultes et de jeunes délinquants. Une conclusion s'est alors imposée: la prévention la plus efficace contre le développement de comportements délinquants et criminels réside dans l'intervention dès la petite enfance. Appuyé par des collaborateurs aux quatre coins du monde, il est maintenant en mesure de suivre le développement de plus de 30 000 enfants. L'ampleur de ses études longitudinales est telle qu'elles couvrent aujourd'hui le développement humain de la grossesse au début de l'âge adulte.

Le professeur Tremblay a également mené à bien quelques-unes des plus importantes expérimentations en éducation pour la prévention du développement des comportements antisociaux. Ainsi, le programme qu'il a mis au point pour de jeunes enfants perturbateurs à l'école maternelle est maintenant recommandé par l'American Academy of Child and Adolescent Psychiatry, en plus d'être utilisé par le US National Institute of Mental Health comme modèle d'un programme d'intervention scientifiquement valable. Ce programme comprend trois éléments clés, soit le soutien aux parents par des visites à domicile, l'apprentissage d'habiletés sociales au contact des amis à l'école et le soutien aux enseignants. Ce programme a entraîné certains bénéfices selon une étude longitudinale menée sur des jeunes garçons québécois de la petite enfance jusqu'à l'âge adulte (Vitaro *et al.*, 2012).

En outre, il faut souligner l'engagement du professeur Tremblay à diffuser le savoir scientifique au-delà des cercles académiques. À cet égard, la création du Centre d'excellence pour le développement des jeunes enfants (CEDJE) est une importante réalisation, directement au service de l'intérêt public. En effet, grâce au CEDJE, un solide réseau international assure désormais le transfert des connaissances scientifiques aux responsables des politiques et des services destinés aux jeunes enfants.

Richard E. Tremblay a apporté une réelle contribution à la compréhension des comportements agressifs au cours de la petite enfance. Les chercheurs qui marcheront dans ses pas nous permettront de comprendre davantage les mécanismes développementaux des comportements agressifs de la naissance jusqu'à la maturité.

Une étude longitudinale a en effet démontré qu'un attachement de type insécurisant et un manque de chaleur maternelle et d'affection dans l'enfance sont des signes qui prédisent de l'agressivité durant la petite enfance (Coie et Dodge, 1998 ; MacKinnon-Lewis *et al.,* 1997).

En outre, les attitudes éducatives des parents sont également à considérer. En effet, les parents d'enfants qui ont des comportements agressifs ne renforcent généralement pas les bons comportements de l'enfant, et ils sont le plus souvent sévères et inconsistants dans l'attribution des punitions (Coie et Dodge, 1998). De plus, les parents qui abandonnent leurs demandes à la suite d'une réaction agressive de l'enfant encouragent chez lui la réapparition de ce comportement. Ainsi, l'enfant voit son agressivité renforcée par l'adulte et aura alors tendance à répéter ce type de comportement. Par ailleurs, les comportements manipulatoires des parents à l'égard de l'enfant, tels que lui retirer leur amour ou le culpabiliser et l'humilier, peuvent également favoriser chez lui une agressivité sociale (Farver *et al.,* 2005 ; Brendgen *et al.*, 2005). Enfin, des enfants battus au cours de leurs cinq premières années d'existence courent aussi plus de risques d'adopter des comportements agressifs à l'école (Pettit, Bates et Dodge, 1997). L'encadré 6.2 (*voir la page suivante*) fait état de la frustration et de l'humiliation souvent ressenties par l'enfant soumis à la punition corporelle.

Les déclencheurs de l'agressivité

L'exposition à la violence, dans la vie quotidienne ou à la télévision, peut-elle inciter à l'adoption de comportements agressifs ? Dans une étude classique de Bandura (Bandura, Ross et Ross, 1961), des enfants de trois à six ans ont eu à observer individuellement des adultes en train de s'amuser avec des jouets. Les enfants étaient divisés en trois groupes. Le premier groupe était composé d'enfants qui observaient un adulte en train de jouer calmement. Dans le deuxième groupe, les enfants observaient un modèle qui jouait avec des blocs et qui se mettait soudainement à frapper une poupée gonflable d'un mètre cinquante, à la jeter par terre et à la rouer de coups de pied. Les enfants du troisième groupe (le groupe témoin) n'observaient aucun modèle. Après cette séance, on a conduit les enfants des trois groupes dans une autre salle de jeu. On a alors noté que les enfants qui avaient observé le modèle agressif se montraient beaucoup plus agressifs que ceux des autres groupes. Ils ont en effet répété plusieurs des paroles entendues et reproduit certaines actions dont ils avaient été témoins. Quant aux enfants qui avaient été en contact avec le modèle calme, ils se sont montrés moins agressifs que ceux du groupe témoin, qui n'avaient eu aucun modèle. Cette expérience issue de la théorie de l'apprentissage social démontre que le comportement des adultes peut influer sur l'agressivité des enfants. Les parents peuvent donc apprendre à l'enfant à modérer ses réactions à la frustration en lui offrant des modèles de comportement non agressif.

L'exposition à des comportements violents

Selon la théorie de l'apprentissage social, l'exposition à des comportements adultes violents pourrait être un déclencheur de l'agressivité chez l'enfant.

Même si l'enfant a peu d'occasions d'observer des comportements agressifs, certains environnements familiaux sont plus propices que d'autres au déclenchement de comportements violents. Une atmosphère familiale stressante, offrant peu de stimulations, une discipline trop stricte, un manque d'affection et de support et un manque de relations amicales stables peuvent conduire à un risque plus élevé d'adoption de comportements agressifs (Dodge, Pettit et Bates, 1994 ; Grusec et Goodnow, 1994). L'exposition à la violence dans le quartier où demeure l'enfant peut également l'influencer et l'amener à adopter des comportements agressifs, même lorsque les adultes de son entourage immédiat ne font pas usage de la violence (Farver *et al.,* 2005).

ENCADRÉ 6.2 D'UNE CULTURE À L'AUTRE

Pour ou contre la punition corporelle ?

La punition corporelle est définie comme étant l'utilisation de la force dans l'intention de causer de la douleur ou de contrôler le comportement d'un enfant (Straus, 1994). Elle peut prendre la forme de fessées, de tapes sur le corps ou sur le visage, de pincements, etc. Certains parents prétendent que la punition corporelle permet de développer le respect de l'autorité et qu'elle est acceptable si elle est appliquée avec modération par des parents aimants (Kazdin et Benjet, 2003 ; McLoyd et Smith, 2002).

Si quelques auteurs ont appuyé par le passé cette position (Baumrind, 1996a, 1996b, 1997 ; Larzelere, 1996), de plus en plus d'études soulignent les conséquences néfastes de la punition corporelle sur le développement physique, comportemental, cognitif, relationnel, neuropsy chologique et émotionnel de l'enfant (American Academy of Pediatrics, 1998 ; Besnard *et al.*, 2011 ; CLIPP, 2005a ; Lansford, 2012 ; Straus, 2013). Selon une vaste méta-analyse (Gershoff, 2002), la punition corporelle entraînerait effectivement la conformité immédiate, mais nuirait à la relation avec le parent et au développement des contrôles internes nécessaires au fonctionnement social de l'enfant.

Certaines études soulignent l'importance des facteurs génétiques (Barnes *et al.*, 2013) et culturel (Lansford *et al.*, 2005) dans la relation entre la punition corporelle et les troubles comportementaux. Plus spécifiquement concernant les facteurs culturels, l'usage de la fessée ne serait pas accompagnée de conséquences néfastes si le contexte culturel la considère comme normale et courante (Lansford *et al.*, 2005). De plus, une étude menée auprès de 1990 enfants américains d'origine européenne, afro-américaine et hispanique démontre que la fessée n'entraîne pas de problèmes comportementaux si elle est accompagnée d'un solide soutien affectif (McLoyd et Smith, 2002). Il existe cependant trop peu d'études sur le sujet pour affirmer avec certitude quelles seront les conséquences de la punition corporelle.

Les cultures dans lesquelles le recours à la punition corporelle est le plus fréquent sont celles qui présentent des niveaux élevés de stratification sociale, un système politique antidémocratique (Ember et Ember, 2005), une religion qui encourage la punition corporelle (Greven, 1991 ; Kuczynski et Hildebrandt, 1997) un faible indice de développement humain et l'absence d'interdiction légale de recourir à la punition corporelle (Lansford et Deater - Deckard, 2012).

Ainsi, le débat sur la punition corporelle s'inscrit plus largement dans un contexte politique et légal. Selon la Charte des droits des enfants, la convention la plus largement reconnue mondialement (UNICEF, 2005) et la seule qui s'adresse spécifiquement à la petite enfance (Britto et Ulker, 2012), les châtiments corporels sont incompatibles avec le développement sain de l'enfant. Cette charte a entraîné l'interdiction de la punition corporelle dans plusieurs pays (Australie, Croatie, Chypre, Danemark, Finlande, Allemagne, Islande, Israël, Lettonie, Norvège, Roumanie, Suède et Ukraine), mais le Canada ne figure pas sur cette liste (Durrant, 2008).

La Fondation canadienne pour les enfants, la jeunesse et le droit s'est exprimée en 2000 en faveur de l'interdiction légale du châtiment corporel envers les enfants et les jeunes au Canada. Cette demande visait l'abolition de l'article 43 du *Code criminel canadien*, qui stipule que « tout instituteur, père ou mère, ou toute personne qui remplace le père ou la mère est fondé à employer la force pour corriger un élève ou un enfant, selon le cas, confié à ses soins, pourvu que la force ne dépasse pas la mesure raisonnable dans les circonstances ». En 2004, la Cour suprême du Canada a confirmé que cette loi ne dérogeait pas à la constitution par six voix contre trois. Néanmoins, les juges ont établi certaines limites aux formes de corrections pouvant être infligées aux enfants en interdisant le recours à des objets et les coups à la tête, en supprimant la punition corporelle dans les écoles et en l'interdisant sur les enfants âgés de moins de deux ans ainsi que sur les adolescents (Center for Effective Discipline, 2005).

Cette décision de la Cour suprême semble être cohérente avec l'opinion des québécois puisqu'en 2002, un sondage CROP indiquait qu'ils étaient d'accord à 59 % avec la loi (Archer, 2004). De plus, dans l'hebdomadaire d'information de l'Université de Montréal, on a présenté les résultats obtenus par Carole Despaties dans son mémoire de maîtrise : sur 2150 étudiants interrogés, 28 % des répondants se disaient favorables à l'utilisation de la punition corporelle (Baril, 2006). Force est de constater que la question est complexe, particulièrement dans les pays comprenant de nombreuses familles immigrantes, comme le Canada. De toute évidence, ce dossier n'a pas encore fini de faire couler de l'encre et des larmes...

FAITES LE POINT

15. Expliquez ce qu'est un comportement prosocial et donnez-en un exemple.
16. Quelle est la différence entre un comportement internalisé et un comportement externalisé ?
17. Nommez les trois types de problèmes externalisés.

6.6 L'encadrement des enfants

Nous avons vu à plusieurs reprises l'importance du rôle joué par les parents qui, pour amener l'enfant à devenir un adulte équilibré, doivent le guider et l'encadrer dans son processus de socialisation. La façon dont les adultes exercent cet encadrement peut prendre différentes formes selon leur propre éducation et leur style parental. Certaines de ces méthodes seront présentées en lien avec leur efficacité et leurs conséquences, positives ou négatives, pour l'enfant.

6.6.1 Les différentes formes de discipline

La discipline réfère aux méthodes utilisées pour apprendre à l'enfant à se maîtriser et à se comporter selon les attentes des parents et de la société en général. Lorsqu'on évalue l'efficacité des méthodes de discipline, il faut ainsi non seulement évaluer le résultat immédiat sur le comportement de l'enfant, mais également déterminer s'il a réussi à intérioriser la norme que le parent désire lui inculquer.

Les techniques béhavioristes : les récompenses et les punitions

Les parents ont plus souvent tendance à punir leur enfant pour un comportement jugé indésirable. Pourtant, les études révèlent que les enfants réagissent généralement mieux au renforcement d'un bon comportement. Les renforcements positifs externes peuvent être tangibles (un bonbon, un cadeau) ou intangibles (un sourire, une caresse, un mot gentil). Ainsi, lorsque Simon range ses jouets, sa mère lui sourit chaleureusement et le félicite, lui montrant ainsi que son comportement est adéquat et qu'il devrait le répéter. Quel que soit le type de renforcement, celui-ci doit être appliqué dans un délai assez court après le comportement et l'enfant doit le ressentir comme tel. Par la suite, après un certain nombre de renforcements externes, l'enfant n'en aura plus besoin et s'attribuera à lui-même ses propres récompenses internes, par exemple en se sentant fier de lui.

Cependant, la punition – que ce soit par l'isolement ou le retrait d'un privilège – est parfois nécessaire, par exemple lorsqu'un enfant frappe un ami ou traverse la rue sans regarder. Toutefois, une punition trop sévère comporte des effets pervers. En effet, un jeune enfant qui a été puni trop durement et fréquemment peut devenir plus agressif, et ce, même si la punition visait justement à faire disparaître chez lui ce comportement agressif (Nix *et al.,* 1999). Il peut aussi voir de l'hostilité là où il n'y en a pas. Enfin, la punition peut effrayer l'enfant. Ainsi, le parent qui punit sous l'impulsion d'une colère donne à l'enfant l'image d'une perte de maîtrise et engendre chez lui de la peur (Grusec et Goodnow, 1994).

Certaines lignes de conduite peuvent aider les parents à appliquer des punitions qui auront pour effet de diminuer la fréquence d'un comportement sans créer la confusion ou la peur chez l'enfant. Le parent doit exprimer clairement à l'enfant les limites de ses comportements et les conséquences qui s'appliqueront s'il les transgresse. Si l'enfant transgresse ces limites, la punition doit correspondre à ce qui avait été annoncé. Pour que l'enfant perçoive le lien avec le comportement indésirable, la punition doit être immédiate et directement liée au comportement. Enfin, pour ne pas engendrer de culpabilité ou de peur chez l'enfant, le parent devrait expliquer calmement et brièvement la raison de la punition, sans agressivité et appliquer la punition en privé (AAP, 1998).

Il est parfois difficile de tracer une démarcation entre les différentes formes de punitions possibles et la violence physique et émotionnelle. Toutefois, il est certain qu'une discipline est jugée abusive lorsqu'elle nuit à l'enfant. L'**agression psychologique** fait référence à des attaques verbales qui peuvent causer des dommages psychologiques à l'enfant. L'adulte peut crier après lui, rire de lui, le menacer de coups ou d'abandon. Il peut aussi le dénigrer en le traitant, par exemple, d'imbécile ou de paresseux.

Agression psychologique
Attaques verbales, telles que le dénigrement ou la menace, qui sont susceptibles de causer des dommages psychologiques à l'enfant.

L'utilisation du pouvoir et le retrait de l'amour

L'utilisation du pouvoir a pour but de faire cesser ou de décourager un comportement indésirable au moyen du contrôle parental. Dans un environnement contrôlant, la conformité aux attentes extérieures passe avant les besoins et les sentiments de l'enfant (Deci et Ryan, 1985; Ryan, 2005). Les parents ou les éducateurs peuvent donner des ordres, faire des menaces, induire de la culpabilité ou retirer des privilèges. Toutefois, l'utilisation du pouvoir s'avère une méthode peu efficace: elle peut entraîner des résultats immédiats, mais elle n'encourage pas l'internalisation des normes d'autorégulation par l'enfant. Ainsi, les comportements auront peu de chances d'être maintenus par l'enfant en l'absence de la personne qui détient le pouvoir (Deci et Ryan, 2000). C'est ce qui est démontré dans une étude (Kochanska, Coy et Murray, 2001) où l'on demandait à des mères d'interdire à leur enfant de toucher des objets attrayants qui étaient à leur portée. Les chercheurs ont séparé les mères en deux groupes: celles qui encadraient les enfants en douceur (raisonnement, demandes polies, suggestions positives, distraction) et celles qui utilisaient le contrôle (usage de menaces, interventions physiques sévères, déclarations négatives). Lorsqu'on laissait ensuite les enfants seuls avec les objets attrayants, ceux dont les mères avaient utilisé un encadrement en douceur respectaient davantage l'interdiction de toucher les objets que les enfants de mère contrôlante, ce qui démontre que seuls les premiers avaient internalisé la norme (Kochanska, Coy et Murray, 2001).

Le retrait de l'amour consiste à émettre envers l'enfant des comportements non verbaux (l'ignorer, l'isoler ou lui retirer le soutien émotionnel) et verbaux (lui dire, par exemple: «J'ai honte que tu sois mon enfant») pour lui manifester de la désapprobation (Renee, 2010). Cette méthode est non seulement peu efficace, mais elle serait également la forme de discipline la plus nocive (Jagers *et al.*, 1996; McCord, 1996). En effet, le retrait d'amour joue sur la peur d'abandon et de séparation de l'enfant, à un âge où il est totalement dépendant du parent.

Le soutien à l'autonomie

La théorie de l'autodétermination (Deci et Ryan, 1985, 2000, 2008) postule que le soutien à l'autonomie est une méthode d'éducation fondée sur la motivation humaine, la tendance vers la croissance personnelle et l'actualisation de soi. Elle répond aux trois besoins psychosociaux fondamentaux de l'humain, soit l'autonomie, la compétence et l'appartenance sociale et contribue à un développement sain (Deci et Ryan, 2000). Comme nous le verrons dans la prochaine section, c'est l'approche parentale qui se rapproche le plus de celle des familles dites «démocratiques» décrites par Diana Baumrind. Le soutien à l'autonomie est en opposition avec le contrôle, puisque les parents qui privilégient cette approche vont valoriser l'autonomie de l'enfant et l'internalisation des normes plutôt que l'obéissance immédiate. Ils vont également préférer le raisonnement aux récompenses et aux punitions et lui permettre des choix. Elle ne doit néanmoins pas être assimilée à la permissivité, mais bien à des objectifs structurés qui amènent l'enfant à s'approprier le processus de réalisation d'une tâche (Deci et Ryan, 2000).

Le soutien à l'autonomie

Lorsque l'objectif éducationnel est d'internaliser la motivation pour des tâches qui ne sont pas intrinsèquement agréables, par exemple, le rangement des jouets, le soutien à l'autonomie des enfants prend une forme plus proactive.

Lorsque l'objectif éducationnel est d'internaliser la motivation pour des tâches qui ne sont pas intrinsèquement agréables (par exemple, le rangement des jouets, le brossage des dents), le soutien à l'autonomie des enfants prend une forme plus proactive. Concrètement, un parent soutenant l'autonomie va expliquer les demandes comportementales qu'il adresse à l'enfant, reconnaître ses sentiments et son point de vue, offrir des choix, encourager l'initiative, et finalement, minimiser l'utilisation des ordres (Joussemet, 2008; Joussemet *et al.*, 2004). Par exemple, à un enfant qui refuse de se brosser les dents, le parent peut dire qu'il le comprend, mais que cette habitude lui évitera d'avoir des caries. Il pourra également lui donner un peu de contrôle en lui offrant de choisir s'il veut se brosser les dents avant ou après que maman lui lise une histoire.

Les tenants de la théorie de l'autodétermination s'opposent fermement au contrôle dans les pratiques parentales, qu'ils jugent contraires aux tendances naturelles du développement (Joussemet, 2008). En revanche, le soutien à l'autonomie est associé à plusieurs bienfaits tels qu'une meilleure internalisation des normes sociales (Joussemet *et al.*, 2004), une plus grande persistance dans la réalisation des tâches (Grolnick, Frodi et Bridges, 1984), un style d'attachement sécurisant (Whipple, Bernier et Mageau, 2011), et il est fortement corrélé avec le fonctionnement exécutif (processus cognitifs d'ordre supérieur qui sous-tendent les comportements orientés vers un but) (Bernier, Carlson et Whipple, 2010). À plus long terme, l'autodétermination est associée à une plus grande satisfaction de vie, une estime de soi plus élevée et moins d'affects négatifs (Galand, Boudrenghien et Rose, 2012 ; Litalien *et al.*, 2013).

6.6.2 Les styles parentaux

Devenir parent implique d'apprendre un nouveau rôle et d'assumer de nouvelles responsabilités. En fonction de leur personnalité, de leur confiance dans leur rôle parental et de la structure familiale, les parents développent des styles éducationnels qui se caractérisent par des niveaux variables de permissivité, d'affection et de recours à la punition. Chaque parent adopte des pratiques parentales qui correspondent à ses valeurs et à ses convictions. Néanmoins, nous verrons que certaines pratiques favorisent davantage un développement sain chez l'enfant.

Le modèle de Baumrind

Diana Baumrind (1971, 1996) s'est intéressée au rapport existant entre les différentes approches parentales et la compétence sociale des enfants. Ses travaux, menés auprès de 103 enfants d'âge préscolaire, combinaient des entrevues, des tests et des observations en milieu familial. Au moyen de ces méthodes, elle a pu mesurer le fonctionnement social des enfants, mettre en évidence trois styles parentaux et décrire les patrons comportementaux typiques des enfants en fonction de chacun de ces styles.

Les parents autoritaires valorisent le contrôle et la soumission aveugle. Ils attendent de l'enfant qu'il se conforme à des normes de conduite établies, et ils le punissent sévèrement et arbitrairement quand il y déroge. Comparés à d'autres parents, ils sont aussi plus indifférents et moins chaleureux, et leurs enfants sont plus insatisfaits, renfermés et méfiants.

Les parents permissifs valorisent l'expression de soi et l'autodiscipline. Ils font peu de demandes à l'enfant et le laissent libre de déterminer sa conduite. Quand ils émettent des règles, ce qui arrive rarement, ils en expliquent alors les raisons à l'enfant et lui demandent son avis quant à la légitimité de la règle. Ils utilisent aussi très peu la punition, et ils sont chaleureux, non autoritaires et peu exigeants. Les enfants d'âge préscolaire élevés par ce type de parents tendent à être plus immatures, à avoir peu de contrôle sur eux-mêmes et à être peu portés vers l'exploration.

Les parents démocratiques (ou directifs) valorisent l'individualité de leurs enfants, mais insistent sur les contraintes de la vie en société. Ils se sentent confiants quant à leurs habiletés à guider l'enfant, tout en respectant ses décisions, ses opinions et sa personnalité. Ils sont chaleureux et ouverts, mais demandent néanmoins à l'enfant de bien se tenir. Ils sont fermes dans le maintien des normes de comportement et imposent certaines limites, qui s'accompagnent de punitions justifiées si nécessaire, mais toujours dans un contexte chaleureux et soutenant pour l'enfant. Les parents de ce type utilisent la stratégie de la persuasion et du raisonnement, et ils se montrent ouverts à l'opinion de l'enfant. Selon les observations, les enfants de parents démocratiques se sentent davantage en sécurité et, dans un tel contexte, ils se savent aimés et encadrés. Les enfants d'âge préscolaire sont décrits comme plus autonomes, en meilleur contrôle d'eux-mêmes, affirmatifs, curieux et heureux.

Quel est le style parental qui semble correspondre à la mère d'Aurélie ?

Eleanor Maccoby et John Martin (1983) ont pour leur part mis en évidence un quatrième style parental : les parents négligents et distants. Ces parents, parfois à cause du stress ou de problèmes de santé mentale, sont surtout centrés sur leurs propres besoins et ignorent ceux de leurs enfants. Comme nous l'avons vu dans l'encadré 4.1 (*voir la page 118*) portant sur la maltraitance et la négligence envers les enfants, ce style parental a été associé à plusieurs problèmes qui surviennent plus tard chez l'enfant et l'adolescent (Parke et Buriel, 1998).

Les avantages du style démocratique

Les enfants d'âge préscolaire qui ont des parents démocratiques sont plus autonomes, en contrôle d'eux-mêmes, affirmatifs, curieux et heureux. Ils se savent aimés et encadrés.

Des recherches ont corroboré l'étroite association entre les styles parentaux et les comportements des enfants (Pettit, Bates et Dodge, 1997). Le style démocratique est celui qui semble donner les meilleurs résultats auprès des enfants (Baumrind, 1989 ; Darling et Steinberg, 1993). Le fait que les parents de style démocratique aient des attentes adaptées à l'enfant et qu'ils déterminent des limites réalistes pour lui y est pour beaucoup. La clarté et la constance de ces règles font que l'enfant sait à quoi s'attendre et, parce qu'il sait quelle sera la réaction de ses parents, il peut décider si le risque de transgression en vaut la peine. De plus, nous avons vu précédemment que des règles claires et stables favorisent le sentiment de sécurité, qui est un élément important du développement de l'estime de soi. Dans les foyers démocratiques, les enfants en viennent ainsi à apprécier la satisfaction de prendre des responsabilités. Lorsque des conflits surviennent, les parents démocratiques enseignent des façons constructives de communiquer son point de vue et de négocier des ententes acceptables. Par exemple, le parent peut demander à l'enfant : « Si tu ne veux pas te débarrasser de ces cailloux que tu as trouvés, où crois-tu que nous devrions les ranger ? » Ce style parental est cohérent avec les pratiques recommandées par l'approche du soutien à l'autonomie et permet à l'enfant de se sentir valorisé en pouvant exprimer son opinion. Le tableau 6.2 résume les éléments qui permettent d'identifier les différents styles parentaux.

TABLEAU 6.2 Les différents styles parentaux

Style parental	Valeur privilégiée	Comportement des parents	Méthode disciplinaire utilisée	Effet sur l'enfant
Autoritaire	Domination, contrôle et soumission aveugle	Indifférents, peu chaleureux, très exigeants	Punitions sévères et parfois arbitraires	Plus renfermé, méfiant et insatisfait
Permissif	Expression de soi et autodiscipline	Chaleureux et peu exigeants	Raisonnement ; parfois punition, mais rarement	Plus immature et peu porté à l'exploration ; manque de maîtrise de soi
Démocratique	Individualité de l'enfant et respect des contraintes de la vie en société	Confiants, chaleureux et ouverts ; fermes, mais offrant du soutien	Persuasion et raisonnement ; punition justifiée si nécessaire, mais dans un contexte soutenant pour l'enfant	Autonome, affirmatif et curieux ; fait preuve de maîtrise de soi
Négligent et distant	Indéterminée	Plus centrés sur leurs propres besoins	Absente	Retard de développement et troubles du comportement

Les recherches effectuées sur les styles parentaux ont démontré que le style parental démocratique (ou une forme similaire de style parental) était corrélé avec un plus faible taux de troubles du comportement se développant en bas âge (Dishion et Stormshak, 2007). Par ailleurs, les familles à haut risque de problèmes de comportement qui ont suivi un programme d'intervention ont vu l'apparition de ces troubles diminuer à la suite des changements dans leurs pratiques parentales (Dishion *et al.*, 2008).

Le modèle de Baumrind suscite toutefois une certaine controverse, car il semble suggérer qu'il n'existe qu'une seule « bonne » façon d'élever les enfants, sans démontrer clairement des liens de cause à effet. Les modèles proposés par Baumrind ne tiennent pas compte de certains facteurs innés, tels que le tempérament qui, comme nous l'avons vu dans le chapitre 4, peut influencer grandement les compétences de l'enfant et le comportement des parents. Il n'en demeure pas moins que l'enfant de trois à six ans rencontre de nombreux objectifs développementaux et qu'il y aurait des attitudes parentales qui peuvent le soutenir alors que d'autres peuvent lui nuire.

Les différences culturelles quant aux styles parentaux

Le modèle de Baumrind correspond à une vision nord-américaine du développement de l'enfant et il ne s'applique pas nécessairement à toutes les cultures ou groupes socioéconomiques (Bornstein et Bornstein, 2007). Chez les Américains d'origine asiatique, par exemple, l'obéissance et la sévérité ne sont pas associées à la dureté et à la domination, mais plutôt à la sollicitude, et on les considère comme nécessaires à l'harmonie familiale. Dans la culture chinoise traditionnelle, qui met l'accent sur le respect des aînés, il est de la responsabilité des adultes de maintenir l'ordre social en enseignant aux enfants les comportements sociaux adéquats. Selon Zhao (2002), cette responsabilité implique un contrôle ferme et juste de l'enfant et rend parfois nécessaire la punition physique. Ainsi, même si ces valeurs semblent plus associées au style parental autoritaire, les familles américaines d'origine asiatique sont aussi chaleureuses et valorisantes que les parents de style démocratique. Il est même apparu, à la suite d'une entrevue menée auprès de 64 mères japonaises d'enfants âgés de trois à six ans, que la description de leurs pratiques parentales reflète plutôt une recherche d'équilibre entre l'expression de l'autonomie et le contrôle disciplinaire (Yamada, 2004). Elles laissent en effet leur enfant prendre des décisions qui concernent son domaine propre, c'est-à-dire les jeux, les amis et l'habillement. Par contre, lorsqu'il s'agit de la santé, de la sécurité ou des règles sociales et morales, ces mères imposent des limites et exercent un contrôle. Enfin, lorsque des conflits surgissent, elles font plutôt appel à la persuasion et au raisonnement.

6.6.3 Les facteurs d'influence des conduites parentales

De nombreux facteurs déterminent les comportements parentaux. Une première source d'influence est d'ordre cognitif, puisqu'elle est reliée aux attitudes et aux croyances des parents au sujet du développement normal de l'enfant. En effet, les croyances des parents peuvent engendrer des attentes irréalistes envers les enfants, de même que des réactions inadéquates. Par exemple, un parent qui croit que les garçons sont prédisposés à utiliser davantage l'agressivité acceptera davantage ce type de comportement chez son garçon que chez sa fille. Il y a donc lieu d'agir sur les croyances des parents afin de favoriser un encadrement adéquat.

Une deuxième source d'influence sur les comportements parentaux concerne les caractéristiques mêmes des parents et de leur relation de couple (Rubin *et al.,* 1996). Parmi ces facteurs, on trouve l'âge du parent, son état de bien-être psychologique, son travail, la présence de conflits conjugaux ou d'une séparation maritale et son soutien social. Ainsi, les mères plus âgées seraient plus disponibles et sensibles à l'égard de leur enfant que les mères plus jeunes. Les mères dépressives seraient quant à elles moins positives et moins impliquées, elles pourraient ne pas tenir compte des demandes de l'enfant ou y réagir excessivement. Le travail de la mère peut également avoir une incidence positive sur ses pratiques éducatives, à la condition que celle-ci se sente valorisée par son emploi et ne souffre pas d'un conflit entre son rôle de mère et celui de travailleuse. Par ailleurs, une relation conjugale harmonieuse influence positivement les comportements parentaux. En effet, les personnes heureuses en couple se sentent généralement compétentes en tant que parents et elles sont plus sensibles et affectueuses. Enfin, la présence d'une personne à qui la mère peut se confier, qui peut l'aider et avec qui elle peut partager certaines activités est négativement corrélée aux comportements punitifs et restrictifs (Rubin *et al.,* 1996).

Finalement, la troisième source qui influe sur les comportements parentaux est le contexte de vie et le bagage personnel des parents. En effet, les parents sont avant tout des adultes qui ont eux-mêmes déjà été enfants et qui possèdent un certain bagage intellectuel, affectif et social influençant leur façon d'être. Leurs expériences personnelles modèlent donc leurs comportements de multiples façons. Ainsi, le modèle écologique que nous avons vu dans le chapitre 1 permet d'élargir cette analyse et de prendre en compte plusieurs facteurs. Les parents occupent effectivement ou non un travail plus ou moins satisfaisant et plus ou moins rémunérateur. Ils bénéficient ou non d'un groupe d'amis qui les soutient dans leur rôle parental et vivent dans un quartier qui met à leur disposition des services plus ou moins nombreux leur permettant d'alléger leurs tâches parentales. Or, des études inspirées du modèle écologique confirment que le fait d'être économiquement défavorisé, d'être sans emploi ou de vivre dans un environnement malsain représente des conditions suffisantes pour diminuer la sensibilité et l'attention des parents à l'égard de leurs enfants. La pauvreté peut à elle seule engendrer un niveau de stress élevé, des conflits conjugaux et une attitude plus punitive à l'égard des enfants (Rubin *et al.*, 1996). C'est la raison pour laquelle certaines mesures de soutien à l'intention des familles les plus vulnérables doivent être mises en place. Voyons comment ce soutien peut leur être utile.

6.6.4 Le soutien aux familles en état de vulnérabilité

i+

L'encadré 6.1W présente une description de l'approche de l'*empowerment*.

Empowerment
Approche axée sur le développement du pouvoir d'agir des personnes et des collectivités.

Nous venons de voir que les familles qui cumulent un certain nombre de facteurs de risque sont plus susceptibles d'éprouver des difficultés sur le plan des rôles parentaux. Traditionnellement, psychologues et travailleurs sociaux se sont davantage centrés sur les problèmes des familles plutôt que sur leurs forces (Lavigueur *et al.*, 2004). Or, cette culture professionnelle favorise une certaine perception négative des familles qui vivent dans un contexte de pauvreté, les intervenants ayant tendance à penser que « si elles le voulaient vraiment, elles pourraient s'en sortir ». Ces derniers approchent donc ces familles avec un certain nombre de préjugés défavorables qui influent non seulement sur les solutions qu'ils proposent, mais aussi sur l'attitude des parents à l'égard de l'intervention. Parce qu'elles se sentent jugées, mal perçues et qu'elles craignent de voir leur enfant placé en famille d'accueil, ces familles sont bien souvent méfiantes et manifestent une certaine résistance à l'égard de l'intervention proposée. L'***empowerment*** (appropriation de pouvoir) est une nouvelle approche axée sur le développement du pouvoir d'agir des personnes et des collectivités (LeBossé, 2012). Un exemple de programme fondé sur l'*empowerment* est présenté dans l'encadré 1.2. (*voir la page 31*)

FAITES LE POINT

18. Quels sont les effets négatifs de la punition chez les enfants ?
19. Décrivez, pour chacun des quatre styles parentaux, le comportement type du parent qui l'adopte.
20. Louisa et Julie ne veulent pas accompagner leur mère pour rendre visite à leur grand-mère, qui est en maison de retraite depuis la mort de leur grand-père. Comment un parent de style démocratique s'y prendrait-il pour les convaincre ?

Résumé

L'évolution de la conscience de soi

- L'enfant de trois à six ans élabore son concept de soi par l'intermédiaire des expériences quotidiennes et des rétroactions qu'il reçoit.
- L'estime de soi se développe avec les rétroactions que l'enfant reçoit de son entourage. Il est biaisé dans sa propre évaluation et accorde davantage d'importance aux rétroactions positives.
- Une estime de soi élevée représente un atout important pour le développement ultérieur de l'enfant.
- Le concept de soi (image de soi et estime de soi) se complexifie entre l'âge de trois et six ans et deviendra plus nuancé au fil des étapes de développement subséquentes.
- Les parents et les éducateurs ont un rôle important à jouer en stimulant chez l'enfant quatre composantes fondamentales : le sentiment de sécurité, l'identité positive, le sentiment d'appartenance et le sentiment de compétence.
- L'enfant de trois à six ans apprend à comprendre et à gérer ses émotions, en plus de devenir plus sensible à ce que les autres ressentent. La capacité à interpréter deux émotions simultanées se développera lors de l'étape de développement subséquente.

Le développement de l'identité de genre

- Les différences mesurables entre les deux sexes sont peu nombreuses et celles que l'on observe peuvent s'expliquer par des influences biologiques, par le processus de socialisation (parents, modèle familial, fratrie, pairs et médias) et par l'interaction entre ces deux types de facteurs.
- Le développement de l'identité de genre s'effectue en quatre phases qui aboutissent, vers cinq ou six ans, à un sentiment physique et psychologique d'appartenance à un sexe.
- Les rôles sexuels correspondent aux traits de personnalité, comportements, centres d'intérêt, attitudes et habiletés qu'une culture associe aux femmes ou aux hommes et qu'elle souhaite les voir adopter.
- Le double standard, qui correspond à des attentes différentielles de la société en fonction du sexe d'une personne, est en diminution dans la société, mais il existe toujours des généralisations excessives sur les rôles soi-disant masculins ou féminins.

Les théories du développement de l'identité de genre

- Selon la théorie psychanalytique, le développement de l'identité de genre doit passer par un processus d'identification qui conduit l'enfant à adopter les caractéristiques, attitudes et comportements du parent de son sexe.
- Selon Kohlberg, lorsque l'enfant réalise à quel genre il appartient, il adopte des comportements qu'il estime compatibles avec ce genre. Cette acquisition des rôles associés à un sexe représente la charnière de la constance du genre.
- Selon la théorie sociale cognitive de Bandura, c'est en observant et en imitant des modèles que les enfants développent leur identité de genre, mais aussi par un processus complexe de socialisation. La télévision serait à ce titre un fournisseur important de modèles plus ou moins stéréotypés.
- Selon la théorie du schème du genre de Bem, les informations collectées par l'enfant sur les deux sexes l'amènent à s'en faire des représentations mentales.

Les théories du développement de la personnalité

- Selon la théorie psychosexuelle de Freud, l'enfant de trois à six ans se trouve au stade phallique, où l'enjeu central demeure la résolution du complexe d'Œdipe, laquelle passe par l'identification au parent de même sexe et par la formation du surmoi.
- Selon la théorie psychosociale d'Erikson, l'enfant de trois à six ans doit résoudre la crise de l'initiative *versus* la culpabilité et trouver l'équilibre entre son désir de prendre des initiatives et celui d'obtenir l'approbation des adultes.
- Selon la perspective sociale cognitive, le développement du concept de soi s'effectue parallèlement au développement cognitif, qui permet à l'enfant d'acquérir des connaissances significatives sur soi-même et d'utiliser ses capacités métacognitives.
- Il y aurait un lien étroit entre la compréhension de soi et d'autrui, entre les capacités cognitives des enfants d'âge préscolaire et les nombreux changements émotionnels et sociaux qu'ils expérimentent.

Le développement social

- Les premières relations amicales que développe l'enfant lui permettent d'apprendre l'empathie et la résolution des conflits.
- L'enfant s'inspire des comportements des adultes de son entourage et développe de plus en plus de comportements prosociaux.
- Des troubles du comportement social internalisés (retrait social) ou externalisés (manifestations antisociales, agressivité) peuvent être associés à des facteurs biologiques (tempérament) ou sociaux (éducation).
- L'agressivité se manifeste de façon plus directe chez les garçons et de manière plus subtile, voire psychologique, chez les filles.
- L'agressivité serait innée et tendrait à diminuer avec la socialisation de l'enfant.

L'encadrement des enfants

- La discipline réfère aux méthodes utilisées pour apprendre à l'enfant à se contrôler et à se comporter selon les attentes des parents et de la société en général.
- Les parents utilisent des techniques béhavioristes lorsqu'ils punissent ou qu'ils récompensent le comportement de leur enfant. Les récompenses entraîneraient de meilleurs résultats que la punition.
- Lorsqu'une punition doit être appliquée, elle doit être immédiate et directement reliée au comportement, appliquée en privé, accompagnée d'une explication calme et brève et sans agressivité ni culpabilisation.
- L'utilisation du pouvoir et le retrait de l'amour sont des méthodes disciplinaires peu efficaces à long terme et elles peuvent nuire à l'enfant.
- Le soutien à l'autonomie est une méthode d'éducation fondée sur la motivation humaine, la tendance vers la croissance personnelle et l'actualisation de soi. Elle serait associée à une plus grande internalisation des normes que les parents désirent transmettre à l'enfant.
- Si l'on compare les quatre styles parentaux mis en évidence par les chercheurs, le style démocratique semble être celui qui donne les meilleurs résultats.

CHAPITRE 7

Le développement physique et cognitif de l'enfant de six à onze ans

PLAN DU CHAPITRE

Plus forts, plus rapides et mieux coordonnés, les enfants de 6 à 11 ans ont besoin de se dépenser dans diverses activités physiques et de se nourrir sainement pour assurer leur croissance. De nouveaux progrès cognitifs permettant à l'enfant de faire des opérations mentales, sa pensée devient à la fois plus souple, moins égocentrique et de plus en plus logique et efficace. L'acquisition des différentes notions de conservation illustre bien cette évolution de la pensée, laquelle devient réversible. Le langage, l'attention et la mémoire, des instruments indispensables à la scolarisation, se développent également. Cet âge dit « de raison » coïncide en effet avec l'entrée à l'école, une étape majeure du développement de l'enfant. La réussite scolaire dépend alors notamment du sentiment d'efficacité personnelle ressenti par l'enfant, mais aussi de l'encadrement et de l'appui de ses parents et de l'ensemble des ressources du système éducatif. C'est aussi l'âge où certains enfants présentent des troubles de l'apprentissage plus ou moins importants.

Mise en situation

Dans quelques jours, Julie commencera son congé de maternité. Pendant que ses élèves travaillent sur leur projet de bande dessinée, elle jette un regard nostalgique sur ses « enfants » qu'elle devra quitter bientôt, quelques semaines avant la fin de l'année scolaire.

Mélodie, la plus petite de la classe, mais aussi la plus curieuse, cherche à voir les dessins de l'équipe d'à côté. Mélodie pose sans cesse des questions sur tout et se souvient toujours des moindres détails de ce qui se passe dans la classe ou dans la cour de récréation; elle commence d'ailleurs à développer ses propres stratégies pour ne rien oublier d'important. Les questions de Mélodie permettent souvent à Julie d'approfondir ses idées sur des sujets intéressants et tous les élèves en profitent, comme c'est le cas du projet de bande dessinée, inspiré par les questions de Mélodie.

Même si Mélodie tente de voir leur travail, Rose et Alicia, les deux inséparables, continuent de se concentrer sur leurs dessins comme si rien d'autre n'existait. Rose est dyslexique, elle a de la difficulté en lecture et en écriture, mais sa créativité est débordante. Alicia, pour sa part, possède un vocabulaire étendu et aime s'appliquer pour écrire; les deux amies se complètent bien.

Julie a bien hâte de voir les caractères de leurs personnages et les péripéties de l'histoire qu'elles auront inventée.

Pendant ses réflexions, Julie garde un œil constant sur Jacob, qui est debout à côté de Maxime, un crayon dans une main et un élastique dans l'autre. Julie a une affection particulière pour Jacob, un enfant hyperactif qui ne tient pas en place. Avec ses parents et d'autres ressources extérieures, l'école a mis en place des mesures afin de l'aider. Tout ne fonctionne pas encore parfaitement, mais Jacob a fait des progrès considérables depuis le début de l'année scolaire.

Dylan explique aux autres enfants comment ils doivent rendre leur histoire vraisemblable; il faut qu'on comprenne bien pourquoi le super héros intervient. Dylan n'aime pas beaucoup dessiner, mais c'est le champion des mathématiques. Il a l'impression qu'il n'apprend rien à l'école parce qu'il a toujours une longueur d'avance sur les autres. Par exemple, lorsque Julie a expliqué comment faire des additions à deux chiffres, Dylan l'avait déjà compris par lui-même. Heureusement, il aime bien offrir son aide à ses camarades. C'est peut-être là sa façon d'apprendre. Julie lui demande souvent de travailler avec Dimitri, un enfant obèse qui a de la difficulté à se faire accepter par les autres et qui ne réussit pas toujours malgré tous les efforts qu'il met dans ses études.

« Heureusement, Dylan aime bien offrir son aide à ses camarades. C'est peut-être là sa façon d'apprendre. »

Voilà justement Noah qui s'approche de Dylan pour lui emprunter un crayon. Julie est particulièrement fière de Noah, un enfant qui vit dans un milieu familial perturbé et qui est arrivé en troisième année avec des lacunes importantes. Toutefois, Noah excelle dans les sports, ce qui le valorise auprès de ses pairs, malgré ses faiblesses académiques. Noah s'est bien investi dans le projet et Julie constate que ses notes s'améliorent graduellement. Elle se demande si l'ajout d'une période d'activité physique quotidienne cette année n'y est pas pour quelque chose.

La cloche sonne et Julie accompagne les enfants à la récréation. Jacob et Maxime commencent déjà à se tirailler en courant vers le panier de basket alors que Rose et Alicia discutent de la prochaine fête d'anniversaire de cette dernière en se dirigeant tranquillement vers le fond de la cour. Fière de ses élèves, Julie se dit que l'enseignement, c'est vraiment sa place!

Tout au long de la lecture de ce chapitre, référez-vous à cette mise en situation pour répondre aux questions qui s'y rapportent.

7.1 Le développement physique

L'apparence des enfants de huit ou neuf ans est bien différente de celle des enfants plus jeunes de quelques années. Si vous les observez dans la cour de récréation, vous voyez un groupe d'enfants de corpulences et de tailles différentes, qui se chamaillent en riant et en criant, qui s'aventurent sur d'étroites saillies en maintenant un équilibre précaire, qui sautent ou s'efforcent de battre des records de vitesse. Toutes ces activités leur sont désormais possibles parce qu'ils sont devenus un peu plus forts, plus rapides, et parce que leur coordination s'est améliorée. Voyons comment se déroule le développement physique de 6 à 11 ans.

7.1.1 La croissance

De 6 à 11 ans, la croissance ralentit considérablement. Pourtant, même si, d'un jour à l'autre, les changements ne semblent pas très évidents, ils s'ajoutent progressivement les uns aux autres, faisant d'un enfant de 6 ans, encore petit, un jeune de 11 ans qui, parfois, atteint presque déjà la taille d'un adulte.

Au cours de cette période, les enfants des deux sexes grandissent d'environ 5 cm à 8 cm par année et doublent approximativement leur poids. Les filles développent plus de tissus adipeux que les garçons, une caractéristique qui se maintiendra jusqu'à l'âge adulte. De nos jours, un enfant de 10 ans pèse en moyenne 5 kg de plus qu'il y a 40 ans, soit environ 39 kg pour les garçons et près de 40 kg pour les filles (McDowell, Fryar, Odgen et Flegal, 2008). À partir de cet âge, la taille et le poids des filles commencent à être légèrement supérieurs à ceux des garçons et le demeurent généralement jusqu'à ce que ces derniers entreprennent à leur tour, vers l'âge de 12 ou 13 ans, la poussée de croissance pubertaire.

7.1.2 Le développement du cerveau

Des changements dans le fonctionnement et la structure du cerveau sont à la base des progrès cognitifs réalisés par les enfants de cet âge dont nous parlerons plus loin dans ce chapitre. Durant l'enfance, et même après, la maturation et l'apprentissage dépendent en effet de l'ajustement minutieux des connexions qui s'opèrent dans le cerveau, ainsi que d'une meilleure sélection des régions cérébrales associées à des tâches particulières. Ces changements augmentent la vitesse et l'efficacité des mécanismes du cerveau et renforcent sa capacité à filtrer l'information non pertinente (Amso et Casey, 2006).

L'étude de la structure du cerveau est complexe. À n'importe quel moment, elle résulte de l'interaction entre des facteurs génétiques, épigénétiques et environnementaux.

Des études basées sur l'imagerie cérébrale permettent de voir un changement important dû à la maturation du cerveau, soit une perte de densité de la **matière grise** dans certaines régions du cortex cérébral. Ce processus est dû à l'élagage de dendrites non utilisées. Ainsi, au cours du développement, le volume de matière grise augmente, puis diminue, atteignant un sommet dans les différents lobes du cerveau à des moments distincts. La matière grise des lobes pariétaux, dont relève la compréhension spatiale, atteint son volume maximal vers l'âge de 10 ans en moyenne chez les filles et de 11 ans et demi chez les garçons. Dans les lobes frontaux, siège des fonctions d'ordre supérieur comme la pensée, le volume maximum de matière grise est atteint vers l'âge de 11 ans chez les filles et de 12 ans chez les garçons. Enfin, dans les lobes temporaux, qui interviennent dans le langage, c'est vers l'âge de 16 ans, tant chez les garçons que chez les filles, que le plein volume est atteint (Lenroot et Giedd, 2006). Nous aborderons à nouveau ce sujet dans le chapitre 9.

Matière grise
Corps cellulaire des cellules nerveuses. Partie du neurone qui traite l'information.

Cette perte de densité de matière grise est contrebalancée par une augmentation constante de la **matière blanche**, qui correspond aux axones, ou fibres nerveuses, qui transmettent l'information des neurones vers les autres régions du cerveau. Ces connexions s'épaississent et se myélinisent, d'abord au niveau des lobes frontaux puis vers l'arrière du cerveau. De 6 à 13 ans, une croissance accélérée des connexions entre les lobes temporaux et pariétaux est donc en marche. Cette augmentation de la matière blanche peut aussi se poursuivre après 13 ans et ne ralentir qu'à un âge adulte relativement avancé (Kuhn, 2006; Lenroot et Giedd, 2006).

Matière blanche
Axones recouverts de myéline. Partie du neurone qui établit les connexions et qui transmet l'information.

Les neuroscientifiques mesurent aussi le développement du cerveau par les changements d'épaisseur du cortex. Ils ont observé un épaississement cortical de 5 à 11 ans dans les régions des lobes temporaux et frontaux. La quantité de matière grise dans le cortex frontal, qui est surtout d'origine génétique, a déjà été associée à des différences dans les quotients intellectuels (Toga et Thompson, 2005). Toutefois, certaines recherches suggèrent que l'explication de ces différences ne se trouverait pas dans la quantité de matière grise que l'enfant possède, mais plutôt dans le modèle de développement de son cortex préfrontal. En effet, chez les enfants d'intelligence moyenne, le cortex préfrontal est relativement épais à l'âge de sept ans, atteint son épaisseur maximale vers huit ans avant de s'amincir graduellement à mesure que les connexions non nécessaires sont élaguées.

Par contre, chez les enfants de sept ans les plus intelligents, le cortex n'atteint son épaisseur maximale que vers l'âge de 11 ou 12 ans. Cet épaississement prolongé du cortex préfrontal pourrait donc représenter une période critique plus étendue pour le développement des circuits de la pensée de haut niveau (Shaw *et al.,* 2006).

7.1.3 L'obésité infantile et l'image corporelle

L'obésité chez les enfants est devenue un problème mondial majeur. Au Québec, la proportion de jeunes ayant un surplus de poids s'est accrue de 55 % depuis 25 ans. Toutefois, les 6-12 ans sont un peu moins touchés que les adolescents et les tout-petits, mais ce sont quand même 18 % de ces jeunes qui souffrent d'embonpoint ou d'obésité (Institut national de santé publique du Québec, 2009). Selon l'*Enquête canadienne sur les mesures de la santé de 2007-2009* (Tremblay *et al.,* 2010), la taille et le poids des enfants ont significativement augmenté depuis 1981, mais les mesures obtenues indiquent que la composition corporelle des enfants est moins bonne qu'elle ne l'était. La force et la souplesse ont diminué, chez les garçons comme chez les filles, et l'augmentation de poids est liée à une plus grande adiposité et non à une musculature plus développée (Tremblay *et al.,* 2010). On croit que d'ici le milieu du siècle, l'obésité infantile pourrait raccourcir l'espérance de vie de deux à cinq années (Ludwig, 2007).

Image corporelle
Représentation que l'on se fait de son propre corps.

Ces chiffres sont préoccupants puisque **l'image corporelle**, c'est-à-dire la représentation qu'on se fait de son propre corps, devient une préoccupation de plus en plus importante à l'âge scolaire, surtout chez les filles. Cette préoccupation peut même devenir une obsession et conduire à des troubles alimentaires à l'adolescence, comme nous le verrons dans le chapitre 9. Le fait de jouer avec des poupées au physique plutôt irréaliste, comme les poupées Barbie, pourrait aussi amplifier cette tendance (*voir l'encadré 7.1*).

Par ailleurs, dans une étude longitudinale portant sur 1456 enfants australiens d'âge scolaire, ceux identifiés comme ayant un surplus de poids étaient, à l'âge de dix ans, en retard par rapport à leurs camarades de classe, non seulement sur le plan du fonctionnement physique, mais aussi sur celui du développement social (Williams, Wake, Hesketh, Maher et Waters, 2005). En effet, les enfants obèses sont souvent l'objet de railleries de la part de leurs pairs et ils en souffrent. Ces enfants risquent aussi de présenter des problèmes de comportement, d'être en proie à la dépression et d'éprouver une faible estime de soi (Datar et Sturm, 2004). Cela pourrait être le cas de Dimitri dans la mise en situation puisque des recherches faites à l'Université du Québec en Outaouais ont démontré que chez des enfants de 8 à 12 ans, ce n'est pas le poids réel de l'enfant qui a une incidence sur l'estime de soi et la réussite scolaire, mais plutôt la perception que l'enfant a de son poids. Les enfants qui se perçoivent comme trop minces ou trop gros ont un rendement inférieur en français, en mathématiques et en sciences (Aimé, 2012).

L'obésité infantile
Un enfant obèse a souvent de la difficulté à suivre ses pairs et il en résulte des répercussions importantes sur l'estime de soi.

On sait que, en matière d'obésité comme dans d'autres domaines, la prévention est plus facile, moins coûteuse et plus efficace que le traitement. C'est pourquoi les parents devraient intervenir tôt, en observant la façon dont leurs enfants se nourrissent et en encourageant un style de vie actif, et ce, sans se concentrer uniquement sur la perte de poids. Regarder la télévision, jouer à des jeux vidéo et utiliser un ordinateur sont des passe-temps fréquents chez de nombreux enfants canadiens. En 2009-2010, ces derniers écoutaient en moyenne 22,4 heures de télévision par semaine (Centre d'études sur les médias, 2013), soit plus de trois heures de temps de loisir par jour qui ne sont pas consacrées à l'activité physique. C'est lorsque les parents s'impliquent en modifiant également leurs propres comportements que la prévention donne les meilleurs résultats (Kitzman *et al.*, 2010).

ENCADRÉ 7.1 APPLICATION

La poupée Barbie influence-t-elle l'image corporelle des filles ?

Barbie est la poupée-mannequin la plus vendue dans le monde. Bien que son fabricant la présente comme une « fille ordinaire », Barbie est bien loin de correspondre à la moyenne. Ses mensurations sont irréalistes, inatteignables et malsaines. Si elle était faite de chair et d'os, Barbie mesurerait 2,13 m, aurait un tour de taille de 45 cm et un tour de poitrine de 96 à 101 cm (Natenshon, 2006). Pourtant, les poupées Barbie sont des modèles pour les fillettes et elles leur transmettent un idéal de beauté. Les filles qui ne se sentent pas à la hauteur peuvent éprouver une insatisfaction face à leur corps et entretenir des idées négatives à son égard, ce qui risque de miner leur estime de soi. Des études montrent que dès l'âge de six ans, de nombreuses fillettes aimeraient être plus minces.

Recherche : Dittmar, H., Halliwell, E. et Ive, S. (2006)
Sujets : Des fillettes âgées de 5 ans et demi à 8 ans et demi

Les chercheurs ont lu des livres illustrés aux sujets, qui étaient divisés en trois groupes :

- groupe A (groupe expérimental) : lecture d'un livre illustré de Barbie
- groupe B (groupe contrôle) : lecture d'un livre illustré d'une poupée-mannequin de taille forte
- groupe C (groupe contrôle) : lecture d'un livre illustré sans personnage de poupée

Après la lecture, les fillettes devaient répondre à un questionnaire où elles devaient exprimer leur accord ou leur désaccord avec divers énoncés tels que « Je suis plutôt satisfaite de mon apparence » ou « Je suis satisfaite de mon poids ».

Résultats :

- Chez les fillettes âgées de 5 ans et demi à 6 ans et demi, une seule exposition au livre illustré de Barbie entraîne une baisse de l'estime de soi et augmente l'écart entre leur grosseur et la grosseur qu'elles jugent idéale. Par contre, on n'observe pas cet effet sur les fillettes des deux groupes contrôle.
- Chez les fillettes âgées de 6 ans et demi à 7 ans et demi exposées au livre illustré de Barbie, l'effet sur l'image corporelle est encore plus grand que chez les plus jeunes.
- Chez les fillettes âgées de 7 ans et demi à 8 ans et demi, les images de Barbie n'ont eu aucune influence directe sur l'image corporelle.

Conclusion :

Comment expliquer cette différence ? Selon les chercheurs, on peut penser que jusqu'à sept ans, les fillettes traversent une période sensible au cours de laquelle elles acquièrent des images idéalisées de la beauté. En vieillissant, elles peuvent intérioriser et intégrer l'idéal de minceur à leur identité naissante. Une fois cet idéal intériorisé, son pouvoir ne relève plus de l'exposition directe au modèle original (Dittmar, Halliwell et Ive, 2006).

Il se peut aussi que les filles aient tout simplement passé l'âge des Barbie. Dans une autre étude, les chercheurs ont fait parler des filles de 11 à 13 ans de leurs expériences d'enfance avec Barbie. Toutes les filles avaient eu au moins deux poupées Barbie et disaient ne plus jouer avec elles. En y repensant, certaines des filles voyaient Barbie comme un modèle peu réaliste qui donne une image fausse du corps (Kuther et McDonald, 2004).

Une recherche longitudinale contribuerait à déterminer si les poupées-mannequin comme Barbie ont une incidence durable sur l'image corporelle.

7.1.4 L'état de santé

Les maladies qui surviennent pendant l'enfance ont plutôt tendance à être brèves et leur fréquence est de six ou sept « épisodes » par année, incluant les rhumes, les diarrhées ou les virus. Les germes se propagent plus facilement parmi les enfants qui jouent ensemble ou qui se côtoient à l'école.

L'asthme, une maladie chronique débutant souvent dans l'enfance, est devenu de plus en plus commun et sa fréquence est en augmentation partout dans le monde. Selon Patrick Daigneault, chef du service de pneumologie pédiatrique au Centre Mère-Enfant du CHUQ, Université Laval, environ 15 % des enfants québécois sont affectés par l'asthme (Réseau québécois de l'asthme et de la MPOC, 2013). Les causes de cette maladie respiratoire touchant davantage les garçons que les filles ne sont pas encore claires, mais elle pourrait être le fait d'une prédisposition génétique. Des chercheurs ont en effet découvert une mutation génétique qui augmente les risques de développer de l'asthme (Ober *et al.*, 2008). D'autres facteurs pourraient également être en cause, comme l'exposition à la fumée, les animaux domestiques, la pollution de l'air et les moisissures.

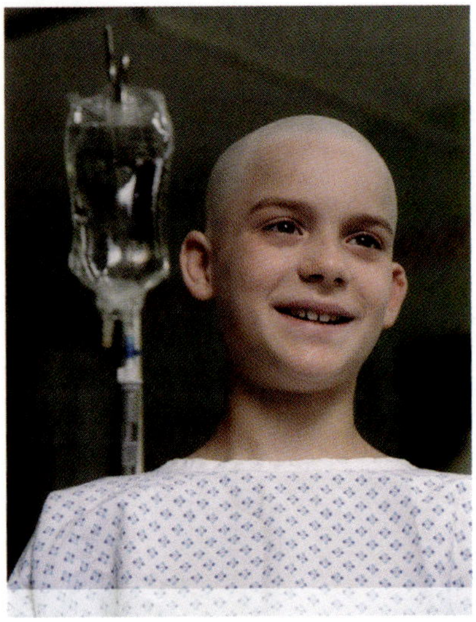

Un enfant atteint du cancer

La leucémie, une maladie des cellules du sang, est le cancer le plus fréquent chez les enfants. Heureusement, les traitements sont de plus en plus efficaces.

Le taux d'enfants atteints de cancer est demeuré stable au Canada ces dernières années. Toutefois, même si le cancer est la deuxième cause de décès par maladie chez les enfants de moins de 15 ans, on note une diminution considérable des décès liés à cette maladie. Cette diminution est principalement attribuable aux avancées réalisées dans le traitement de la leucémie, le cancer le plus fréquent chez les enfants. Ainsi, la proportion actuelle d'enfants qui reçoivent un diagnostic de cancer et qui y survivent au moins cinq ans est de 82 % (Agence de la santé publique du Canada, 2012).

Le diabète de type 1, une maladie liée à la production d'insuline, est l'une des maladies chroniques les plus fréquentes chez les enfants et son incidence est en hausse partout dans le monde. Les chercheurs croient que cette maladie est le résultat d'interactions entre des facteurs génétiques et environnementaux (Vehik et Dabelea, 2011). On contrôle la maladie par l'administration d'insuline, qui régularise la glycémie, et en surveillant l'alimentation et l'activité physique de l'enfant atteint. Des épisodes d'hypoglycémie ou d'hyperglycémie peuvent avoir des conséquences graves, pouvant aller jusqu'à une invalidité permanente et au décès (Agence de la santé publique du Canada, 2013). Au Québec, afin d'assurer aux enfants plus jeunes, ou à ceux dont le diagnostic est récent, une gestion sécuritaire de leurs injections d'insuline, un protocole d'intervention en milieu scolaire pour les élèves atteints de diabète de type 1 a été mis sur pied afin de préciser le rôle et les responsabilités des différents intervenants (Santé et Services sociaux Québec, 2011).

7.1.5 Le développement des habiletés motrices

Les jeux auxquels les enfants s'adonnent dans la cour de récréation sont souvent informels et s'organisent spontanément. Généralement, les garçons se livrent à des jeux physiques plus rudes, comme Jacob et Maxime qui se tiraillent, tandis que les filles préfèrent les jeux nécessitant une expression verbale comme le saut à la corde ou la marelle. De telles activités récréatives favorisent non seulement l'amélioration de l'agilité et de la coordination, mais aussi les compétences sociales et une meilleure adaptation à l'école.

La motricité globale et la motricité fine

Environ 10 % des jeux libres auxquels s'adonnent les élèves des premières années du primaire sont des jeux désordonnés et vigoureux, souvent accompagnés de rires et de cris, et qui impliquent du chamaillage, de la lutte, des coups de pied, des cascades, des assauts et parfois des poursuites. Ces jeux peuvent ressembler à des bagarres, mais ils se déroulent néanmoins dans un climat tout à fait amical. Ces jeux, qui favorisent le développement musculaire et squelettique, culminent dès le début de l'âge scolaire, soit vers 6 ans, puis diminuent vers l'âge de 11 ans.

Les compétences motrices continuent de s'améliorer au cours de l'enfance, avec toutefois certaines différences selon le sexe de l'enfant. Le tableau 7.1 présente quelques aspects du développement de la motricité globale de 6 à 11 ans.

Sur le plan de la motricité fine à l'âge scolaire, l'habileté dont l'amélioration est la plus évidente concerne la capacité d'écriture. Certes, le fait d'écrire relève d'un processus moteur, mais aussi très largement d'un processus cognitif. Comme nous l'avons vu dans le chapitre 5, la capacité graphique évolue, avant l'âge de six ans, du gribouillage au dessin figuratif. À l'âge scolaire, l'enfant passe alors du dessin à l'écriture.

Le jeune enfant confond d'abord dessin et écriture. C'est lorsqu'il prend conscience que le dessin et l'écriture représentent deux moyens d'expression bien différents qu'il commence à utiliser des stratégies d'écriture qui vont se rapprocher de plus en plus de l'orthographe lisible (*voir le tableau 7.2*). Il prend aussi conscience du fait que l'écriture comporte une dimension spatiale : il y a une orientation et une direction à suivre, une grosseur et un agencement des caractères les uns par rapport aux autres

TABLEAU 7.1 Quelques aspects du développement de la motricité globale des garçons et des filles de 6 à 11 ans

Âge	Comportements	
6 ans	• La fille fait preuve d'une plus grande précision de mouvement. • Le garçon accomplit mieux les actions moins complexes qui demandent de la force.	• L'enfant peut sauter à la corde. • L'enfant peut lancer un objet en transférant correctement son poids d'un pied à l'autre.
7 ans	• L'enfant est capable de se tenir en équilibre sur un pied sans regarder. • L'enfant peut marcher sur une poutre de 5 cm de largeur.	• L'enfant peut sauter et sautiller avec précision dans de petits carrés. • L'enfant peut jouer à saute-mouton.
8 ans	• La force de préhension permet à l'enfant d'exercer une pression constante de 5,5 kg. • Les enfants des deux sexes participent à un grand nombre de jeux.	• L'enfant peut sauter d'un pied à l'autre sur un rythme 2-2, 2-3 ou 3-3. • La fille peut lancer une petite balle jusqu'à une distance de 12 m.
9 ans	• Le garçon peut courir à une vitesse de 5 m/s.	• Le garçon peut lancer une petite balle à une distance de 21 m.
10 ans	• L'enfant peut juger de la trajectoire d'une petite balle lancée de loin et l'attraper.	• La fille peut courir à une vitesse de 5 m/s.
11 ans	• Le garçon peut effectuer, sans élan, un saut en longueur de 1,5 m.	• La fille saute 15 cm de moins.

Source : Adapté de Cratty, 1986.

à respecter. Il se rend compte également que des signes particuliers sont utilisés ; il trace alors ce qui commence à ressembler à des lettres. Par la suite, l'enfant comprend que les mots sont composés de syllabes et, une fois qu'il a associé les sons aux lettres, il commence à regrouper ces lettres pour former des **graphèmes**, à combiner des graphèmes pour former des syllabes et à combiner des syllabes pour former des mots. Finalement, au stade de l'orthographe, l'enfant est capable de combiner les lettres sans en ajouter ou en omettre et de respecter l'orthographe de sa langue (Noyer, 2005). Évidemment, tout ce processus se fait en même temps que l'enfant apprend à lire, ce dont nous parlerons un peu plus loin.

Graphème
Plus petite unité distinctive de l'écriture constituée d'une lettre ou d'une combinaison de lettres formant un son (ou phonème).

L'activité physique et le sport

En 2011, de nouvelles lignes directrices concernant l'activité physique ont été définies par la Société canadienne de physiologie de l'exercice (2013) afin de décrire les formes et les niveaux d'activité physique qui procurent des bénéfices sur le plan de la santé. Pour les enfants de 5 à 11 ans, on recommande au moins une heure d'activité physique d'intensité modérée (par exemple, un jeu au parc) à élevée (par exemple, la natation) quotidiennement. Selon ces normes, seulement 7 % des filles et 14 % des garçons canadiens sont suffisamment actifs (Colley *et al.*, 2011).

TABLEAU 7.2 L'évolution des différentes stratégies d'écriture

	Stratégie picturale	Stratégie spatiale	Stratégie sémiotique	Stratégie phonographique et alphabétique	Stratégie orthographique
Explication	Les premières « lettres » ressemblent à de petits dessins.	Respect de la direction, de l'orientation et de la taille (petits traits, tracé linéaire).	Utilisation de signes (lettres inventées, lettres inversées ou véritables lettres).	Utilisation de graphèmes pour former des syllabes et combinaisons de ces syllabes.	Mot correct, sans omission ou ajout de lettre.
Exemple	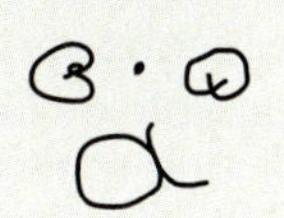	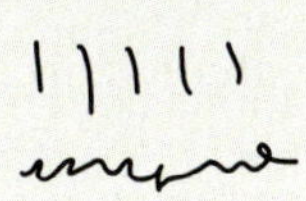	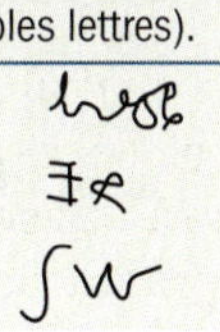	BA BAL BALON	BALLON

Source : Adapté de Noyer, 2005.

Julie se questionne sur le rendement scolaire de Noah. Que pourriez-vous dire à Julie ?

On note que les enfants participent généralement plus à un sport lorsque les parents s'y impliquent eux aussi, que ce soit à titre de participants ou de spectateurs. Le revenu familial et le niveau de scolarité des parents ont aussi une incidence sur leur participation. Le soccer est aujourd'hui le sport le plus pratiqué par les enfants canadiens, suivi par le hockey et la natation (Institut canadien de la recherche sur la condition physique et le mode de vie, 2011). Une étude ontarienne qui s'est déroulée sur une période de deux ans a montré que l'activité physique améliore le rendement scolaire. La moyenne des notes des enfants participant à cette étude a en effet augmenté de 36 % en lecture et de 24 % en mathématiques. L'exercice a par ailleurs un effet positif sur la mémoire, la concentration et la durée de l'attention (Guertin, 2007). Enfin, l'exercice influence autant la santé physique que la santé mentale, puisqu'il améliore la force et l'endurance, aide à contrôler le poids, réduit le stress et l'anxiété et augmente la confiance en soi.

Les habiletés motrices

Les activités sportives favorisent le développement de l'agilité et de la coordination. Elles contribuent aussi aux compétences sociales.

Pourtant, certaines écoles ont encore tendance à supprimer l'activité physique pour la remplacer par des périodes de travail scolaire, alors que l'inverse serait plus efficace. En effet, même si l'on retranche du temps d'étude pour faire de la place à de l'activité physique, l'effet positif de l'exercice compense cette diminution du temps d'étude et les notes s'améliorent quand même (Trudeau et Shephard, 2008).

FAITES LE POINT

1. Pendant l'enfance, d'importants changements se produisent dans la matière grise et la matière blanche du cerveau. Expliquez ces changements.
2. Comment l'obésité peut-elle influencer l'image de soi chez l'enfant ?
3. Expliquez comment l'activité physique peut avoir une incidence sur le rendement scolaire des enfants.

7.2 Le développement cognitif

Au fil des années scolaires, le développement cognitif de l'enfant se poursuit au rythme de sa capacité grandissante de conceptualiser, de se concentrer, de résoudre des problèmes et de mémoriser. Il aurait été impensable de demander à des enfants de maternelle de construire une bande dessinée, mais pour des enfants de huit ou neuf ans, comme les élèves de Julie en troisième année, ce projet vient mettre à contribution plusieurs de leurs capacités cognitives.

7.2.1 Le stade des opérations concrètes de Piaget

Stade des opérations concrètes
Selon Piaget, troisième stade du développement cognitif au cours duquel l'enfant accède à une pensée logique lui permettant de faire mentalement des opérations pour résoudre des problèmes concrets.

Décentration
Capacité de considérer plusieurs points de vue à la fois.

Selon Piaget, l'enfant atteint entre cinq et sept ans le **stade des opérations concrètes**, stade ainsi nommé parce que l'enfant est désormais capable d'utiliser des opérations mentales pour résoudre des problèmes réels et concrets. Il peut en effet exécuter de nombreuses tâches cognitives d'un niveau largement supérieur à celui qu'il pouvait atteindre au stade préopératoire. Comme il est beaucoup moins égocentrique, l'enfant parvenu au stade des opérations concrètes est capable de **décentration**, c'est-à-dire qu'il peut tenir compte de plusieurs aspects d'une situation plutôt que de fixer son attention sur un seul aspect, comme c'était le cas au stade précédent. L'enfant comprend également le caractère réversible de la plupart des opérations physiques.

Enfin, la pensée de l'enfant est beaucoup plus logique. Celui-ci comprend mieux les notions d'espace et de temps, de causalité, de catégorisation, de raisonnement inductif et déductif et de conservation. Le tableau 7.3 donne une vue d'ensemble des concepts qui servent de points de comparaison entre les deux stades piagétiens.

TABLEAU 7.3 La comparaison entre le stade préopératoire et le stade des opérations concrètes

Stade préopératoire	Stade des opérations concrètes
Égocentrisme	Plusieurs points de vue en même temps
Centration	Décentration
Non-conservation	Conservation
Irréversibilité	Réversibilité
Raisonnement transductif	Raisonnement inductif

La conservation

Comme nous l'avons vu dans le chapitre 5, la conservation est la capacité de comprendre que deux quantités égales restent égales, même si leur apparence est transformée. Au stade des opérations concrètes, l'enfant devient capable de résoudre mentalement certains types de problèmes de conservation, et ce, sans avoir à mesurer ou à peser les objets. Par exemple, si l'on donne à un enfant deux boules de pâte à modeler de même grosseur et que l'on façonne l'une des deux boules en forme de serpent, l'enfant qui a atteint le stade des opérations concrètes, contrairement à celui qui est encore au stade préopératoire (*voir le tableau 5.4, à la page 156*), est maintenant capable de dire que la boule et le serpent contiennent la même quantité de pâte à modeler. L'enfant comprend donc à la fois le **principe d'identité** (il sait que si rien n'a été ajouté ou enlevé, c'est la même boule de pâte à modeler), le **principe de réversibilité** (il sait qu'il pourrait redonner au serpent sa forme de boule) et le **principe de compensation** (le serpent est plus long, mais moins épais que la boule).

Principe d'identité
Compréhension du fait que l'identité d'un objet (sa substance, son poids, etc.) ne change pas si aucune opération (retrait ou ajout) n'est effectuée sur cet objet.

Principe de réversibilité
Compréhension du fait qu'une transformation peut se faire aussi en sens inverse.

Principe de compensation
Compréhension du fait qu'un ajout dans une dimension peut être compensé par un retrait sur une autre dimension.

En général, l'enfant est capable de résoudre des problèmes de conservation de la substance semblables à celui de l'exemple précédent vers six ou sept ans, mais ce n'est que vers neuf ou dix ans qu'il est capable de maîtriser pleinement la conservation du poids (de savoir si, par exemple, la boule et le serpent ont le même poids). Quant à la conservation du volume (la boule et le serpent déplacent-ils la même quantité de liquide lorsqu'on les place dans un verre d'eau ?), il est rare qu'un enfant la maîtrise correctement avant l'âge de 11 ou 12 ans.

Piaget nomme **décalage horizontal** cette inconséquence dans le développement des différents types de conservation. Avant 11 ou 12 ans, le raisonnement de l'enfant est tellement concret et étroitement lié à une situation particulière que celui-ci ne peut appliquer immédiatement à un autre type ce qu'il a appris à propos d'un type de conservation, même si les principes sous-jacents à chacun de ces types restent identiques. Si l'on reprend l'exemple précédent, un enfant pourrait donc répondre correctement à la question « Est-ce que la boule et le serpent ont la même quantité de pâte à modeler ? », mais pas à la question « Si on les plaçait dans un verre d'eau, est-ce que la boule et le serpent déplaceraient autant d'eau ? ».

Décalage horizontal
Selon Piaget, incapacité de l'enfant d'appliquer sa compréhension d'un type de conservation (en substance, en poids ou en volume) à un autre type. On le dit « horizontal » parce qu'il se produit à la même étape de développement et que l'action mentale n'est donc pas encore indépendante du contenu.

Ainsi, avant de maîtriser parfaitement les différentes notions de conservation, l'enfant passe par un stade de transition durant lequel il distingue plus d'une dimension (la hauteur, la largeur, la longueur et l'épaisseur), mais sans voir le lien qui existe entre elles. C'est lorsque l'enfant comprend bien ces notions de conservation qu'il peut alors justifier logiquement ses réponses en faisant appel à l'identité, à la réversibilité ou à la compensation.

La classification

Sériation
Capacité d'ordonner des éléments selon une ou plusieurs dimensions.

Inférence transitive
Compréhension de la relation qui existe entre deux objets, basée sur la connaissance de la relation qu'entretient chaque objet avec un objet tiers.

Inclusion de classe
Compréhension de la relation qui existe entre un tout et ses différentes parties.

La capacité de constituer des catégories aide l'enfant à penser de façon logique. La classification comprend des compétences aussi sophistiquées que la **sériation**, l'**inférence transitive** et l'**inclusion de classe**. L'enfant comprend le principe de sériation lorsqu'il est capable de classer une série d'objets suivant une ou plusieurs dimensions telles que le poids (du plus léger au plus lourd) ou la couleur (du plus clair au plus foncé), ce qu'il commençait à pouvoir faire vers la fin du stade préopératoire.

L'inférence transitive réfère quant à elle à la capacité de reconnaître une relation entre deux objets si l'on connaît la relation existante entre chacun d'eux et un troisième objet. Par exemple, si l'on montre trois bâtonnets à Catherine – un jaune, un vert et un bleu – et qu'on lui fait remarquer que le bâtonnet rouge est plus long que le vert et que le vert est plus long que le bleu, celle-ci sera capable d'en déduire, sans même comparer physiquement les bâtonnets rouge et bleu, que le bâtonnet rouge est plus long que le bleu (Chapman et Lindenberger, 1988).

L'inclusion de classe réfère enfin à la capacité de saisir la relation qui existe entre un tout et ses différentes parties. Selon Piaget (1964), si l'on montre un bouquet de dix fleurs – sept roses et trois œillets – à un enfant du stade préopératoire et qu'on lui demande si le bouquet compte plus de roses ou plus de fleurs, ce dernier risque fort de répondre qu'il a plus de roses, car il compare alors les roses et les œillets et non les roses et l'ensemble des fleurs du bouquet. Ce n'est qu'au stade des opérations concrètes que l'enfant peut réaliser que les roses représentent une sous-classe de fleurs et que, pour cette raison, il ne peut y avoir plus de roses que de fleurs dans le bouquet (Flavell, Miller et Miller, 2002). Cette compréhension de l'inclusion de classe est étroitement liée aux raisonnements inductif et déductif.

Le raisonnement inductif et le raisonnement déductif

Raisonnement inductif
Type de raisonnement logique qui part d'observations précises sur des membres d'une classe pour les généraliser en une conclusion au sujet de cette classe.

Raisonnement déductif
Type de raisonnement logique qui part d'une prémisse générale au sujet d'une classe pour tirer une conclusion sur un membre ou des membres particuliers de cette classe.

Nous avons vu dans le chapitre 5 qu'au stade préopératoire, l'enfant utilisait un raisonnement transductif, c'est-à-dire un raisonnement qui n'était ni inductif, ni déductif. Selon Piaget, au stade des opérations concrètes, l'enfant utilise désormais un **raisonnement inductif** grâce auquel il peut, à partir d'observations sur certains membres d'une classe d'individus, d'animaux ou d'objets, tirer des conclusions générales sur l'ensemble de la classe (« Mon chien aboie. Le chien de Claude aboie aussi, ainsi que celui de Sarah. Il semble donc que tous les chiens aboient. »). Les conclusions inductives ne sont pas définitives, car il est toujours possible de recevoir une nouvelle information qui va à l'encontre de celles-ci (un chien qui n'aboie pas).

De son côté, le **raisonnement déductif** ne se développerait, selon Piaget, qu'à l'adolescence. Ce raisonnement se construit à partir d'une affirmation générale sur une classe (ou prémisse) appliquée ensuite à tous les membres de cette classe. Si la prémisse est vraie pour l'ensemble de la classe et que le raisonnement est sensé, alors la conclusion est aussi vraie (« Tous les chiens aboient. Frimousse est un chien, donc Frimousse aboie. »).

Des chercheurs ont donné à résoudre des problèmes inductifs et déductifs à des enfants de la maternelle à la sixième année. Ces problèmes étaient conçus de manière à ne pas faire référence à des connaissances du monde réel. Or, contrairement à ce qu'énonce la théorie de Piaget, les enfants de deuxième année (mais pas ceux de maternelle) ont été capables de résoudre correctement les deux types de problèmes et de justifier leurs réponses (Galotti, Komatsu et Voelz, 1997).

Les relations spatiales

Pourquoi un enfant de six ou sept ans peut-il reconnaître le trajet qu'il doit faire pour aller et revenir de l'école, alors qu'un enfant plus jeune en est incapable ? L'une des raisons est que les enfants sont plus aptes à comprendre les relations spatiales lorsqu'ils atteignent le stade des opérations concrètes. L'enfant a alors une idée plus claire de la distance qui sépare un endroit d'un autre (sa maison et celle d'un ami, par exemple) et du temps nécessaire pour parcourir cette distance. Il peut aussi se souvenir plus facilement du parcours et des points de repère qui le jalonnent. L'expérience joue également un rôle dans ce développement des relations spatiales. En effet, un enfant qui se rend à l'école à pied se familiarise plus facilement avec l'environnement qui entoure sa maison.

La capacité d'utiliser des cartes et des plans et celle de communiquer des informations spatiales augmentent par ailleurs avec l'âge. Ainsi, un enfant de six ans aura plus de difficulté à donner à quelqu'un des indications précises pour trouver un objet caché parce qu'il ne dispose pas encore de tout le vocabulaire approprié ou qu'il ne perçoit pas encore toute l'information dont son interlocuteur a besoin.

Les nombres et les mathématiques

Vers six ou sept ans, la plupart des enfants sont capables de compter dans leur tête. Ils peuvent aussi compter « à partir de... ». Par exemple, pour additionner les nombres 5 et 3, ils peuvent commencer à compter à partir de 5 et additionner 3 en continuant de compter jusqu'à 8 (5, 6, 7 et 8). Deux ou trois ans de plus sont parfois nécessaires pour qu'ils parviennent ensuite à faire la même chose avec les soustractions, mais vers neuf ans, la plupart des enfants en sont capables.

Les enfants peuvent aussi devenir des champions dans la résolution de problèmes simples présentés sous forme d'histoire, du type : « Félix est allé au magasin du coin avec un billet de 5 $ et il a dépensé 2 $ en bonbons. Combien d'argent lui reste-t-il ? » Par contre, lorsque le même problème est présenté un peu différemment (« Félix est allé au magasin du coin et a dépensé 2 $. Il lui reste 3 $. Combien d'argent avait-il en arrivant ? »), la résolution devient plus difficile pour eux parce que l'opération qu'il leur faut faire (l'addition) n'est pas, cette fois, clairement indiquée. Peu d'enfants peuvent résoudre ce genre de problèmes avant l'âge de huit ou neuf ans (Resnick, 1989).

La résolution de problème

Des enfants peuvent résoudre certains problèmes mathématiques dans la vie de tous les jours, même s'ils ont de la difficulté à le faire dans un contexte scolaire.

Des recherches portant sur des personnes peu scolarisées démontrent par ailleurs que la capacité de faire des opérations mentales se développe de manière quasi universelle, et souvent intuitivement, par l'entremise d'expériences concrètes liées au contexte culturel (Guberman, 1996). Ces procédures intuitives sont alors différentes de celles enseignées à l'école. Par exemple, si l'on demande à des enfants brésiliens de 9 à 15 ans qui vendent des melons dans la rue à 40 cruzeiros la pièce : « J'achète deux melons et je paie avec un billet de 500 cruzeiros. Combien me revient-il ? », les enfants sont capables de compter à partir de 80 (40 + 40), de monter de dix en dix (80-90-100, etc.) et de rendre 420 cruzeiros. Toutefois, quand on présente à ces mêmes enfants des problèmes similaires en classe (« Combien font 500 moins 80 ? »), ils peuvent alors, en utilisant incorrectement une série d'étapes apprises à l'école, donner une mauvaise réponse. Ces résultats démontrent qu'il est plus efficace d'enseigner les mathématiques au moyen d'applications concrètes plutôt qu'à partir de règles abstraites.

Un résumé des compétences cognitives dont nous venons de parler est présenté dans le tableau 7.4 (*voir la page suivante*).

Les influences du développement neurologique, de la culture et de la scolarisation

Piaget considérait que le passage de la pensée rigide et illogique des jeunes enfants à la pensée flexible et logique des enfants plus âgés dépendait à la fois de la maturation neurologique et de l'adaptation à l'environnement. Cette existence d'une influence neurologique a été démontrée par des mesures de l'activité du cerveau prises durant une tâche de conservation : les enfants qui avaient acquis la conservation du volume montraient des rythmes cérébraux différents de ceux qui ne l'avaient pas encore acquise, ce qui laisse penser qu'ils utilisaient différentes régions du cerveau pour accomplir la même tâche (Stauder, Molenaar et Van der Molen, 1993).

TABLEAU 7.4 Les compétences cognitives au stade des opérations concrètes (selon Piaget)

Compétence	Description	Exemple
Conservation	Capacité de comprendre que deux quantités égales restent égales, malgré leur transformation apparente.	À 7 ans, Philippe sait qu'une boule de pâte à modeler contient toujours la même quantité de pâte à modeler une fois roulée en serpent (conservation de la substance). À 9 ans, il sait que la boule et le serpent ont le même poids (conservation du poids). Toutefois, ce n'est que vers 11 ans qu'il comprendra que la boule et le serpent déplacent le même volume de liquide s'ils sont plongés dans l'eau (conservation du volume).
Classification	Capacité de classer une série d'objets selon une ou plusieurs dimensions et de constituer des catégories.	Noémie est capable de trier des objets par catégorie de forme, de couleur ou les deux. Elle sait qu'une sous-catégorie (les roses) compte moins d'éléments que la classe d'objets dont elle fait partie (les fleurs).
Inférence transitive	Capacité de reconnaître une relation entre deux objets si l'on connaît la relation entre chacun d'eux et un troisième élément.	Catherine sait que si un bâtonnet est plus long que le second et que le second bâtonnet est plus long que le troisième, alors le premier bâtonnet est forcément plus long que le troisième.
Raisonnement inductif	Capacité de faire des raisonnements de plus en plus logiques.	Gabrielle est capable de tirer des conclusions générales (les chats n'aiment pas l'eau) à partir de cas particuliers (son chat refuse d'aller dans la piscine et celui de Nathan contourne les flaques d'eau).
Pensée spatiale	Capacité de comprendre les relations spatiales, situer les objets les uns par rapport aux autres, évaluer les distances, penser aux étapes d'un parcours.	Danielle peut utiliser une carte ou un plan pour trouver un objet caché et elle peut aussi donner les indications nécessaires pour le trouver.
Opérations mathématiques	Capacité de résoudre des problèmes mathématiques.	Kevin peut compter dans sa tête ; il peut additionner en comptant à partir du chiffre le plus petit et il peut résoudre des problèmes simples formulés sous la forme d'histoires.

Des habiletés telles que la conservation peuvent également dépendre en partie de la familiarité que les enfants ont avec les matériaux manipulés. En effet, les enfants peuvent raisonner plus logiquement lorsqu'ils le font à partir d'objets qu'ils connaissent déjà. Ainsi, des enfants mexicains qui s'adonnent à la poterie depuis leur jeune âge comprennent qu'un rouleau d'argile façonné à partir d'une boule contient toujours la même quantité d'argile qu'au départ. Ces enfants montrent qu'ils maîtrisent la conservation de la substance plus tôt que les autres formes de conservation (Broude, 1995). Cette compréhension de la conservation ne viendrait donc pas uniquement de nouveaux modèles d'organisation mentale, mais elle pourrait dépendre aussi de l'expérience avec le monde physique.

Le raisonnement moral

Pour saisir le raisonnement moral des enfants, Piaget (1932) leur racontait l'histoire suivante : « Il était une fois deux petits garçons. Un jour, Antoine remarque que l'encrier de son père est vide et décide de le remplir pour lui rendre service (à cette époque, un encrier était un objet courant). En ouvrant la bouteille, il la renverse et fait une grande tache d'encre sur la nappe. Julien, lui, joue avec l'encrier de son père, même en sachant que c'est interdit, et fait une petite tache sur la nappe. » Piaget demandait alors aux enfants : « Lequel des deux garçons est le plus désobéissant et pourquoi ? »

Jusqu'à l'âge de sept ans environ, l'enfant est porté à considérer qu'Antoine est le plus coupable des deux garçons, puisqu'il a fait la plus grande tache. Cependant, l'enfant plus âgé reconnaît l'intention louable derrière le geste d'Antoine et considère que la petite tache faite par Julien découle d'une action qu'il n'aurait pas dû faire. Pour Piaget, les jugements moraux immatures sont centrés sur un seul aspect, soit sur l'importance de la faute, et ils font donc preuve d'égocentrisme. Par contre, les jugements plus matures tiennent compte de l'intention de celui qui pose l'action.

Selon Piaget, ce raisonnement moral se développe en trois stades (*voir le tableau 7.5*) et suit le développement cognitif (Piaget, 1932 ; Piaget et Inhelder, 1969), une idée qui

TABLEAU 7.5 L'évolution du raisonnement moral chez les enfants (selon Piaget)

Stade 1	De 2 à 7 ans (stade préopératoire)	Basé sur l'obéissance à l'autorité	L'enfant croit que les règles sont dictées par une autorité adulte et que toute offense mérite une punition.
Stade 2	De 7 ou 8 ans à 10 ou 11 ans (stade des opérations concrètes)	Basé sur le respect et la coopération	L'enfant développe un code moral basé sur la justice et un traitement égal pour tous. Il prend en considération l'intentionnalité de l'acte.
Stade 3	Débute vers 11 ou 13 ans avec le raisonnement formel	Basé sur l'équité	L'enfant remplace la notion d'égalité par la notion d'équité. Il prend en considération les circonstances particulières.

sera reprise par Kohlberg, comme nous le verrons dans le chapitre 9, lorsque nous aborderons sa théorie du jugement moral.

Le premier stade, qui s'étend environ de deux à sept ans (ce qui correspond au stade préopératoire), est basé sur l'obéissance stricte à l'autorité. Pour l'enfant, un comportement ne peut être que bon ou mauvais. Comme il est égocentrique, il ne peut concevoir qu'il y ait plus d'une façon de considérer une question morale. Il croit que les règles dictées par une autorité adulte ne peuvent être modifiées et que toute offense, quelle que soit l'intention de départ, mérite une punition.

Le deuxième stade, qui dure de l'âge de 7 ou 8 ans à 10 ou 11 ans environ (ce qui correspond à peu près au stade des opérations concrètes), se caractérise par une souplesse croissante dans le raisonnement moral. À mesure que l'enfant multiplie ses interactions avec ses pairs et les adultes de son entourage, il découvre un éventail de plus en plus large de points de vue et commence alors à penser de façon moins égocentrique. L'enfant en vient ainsi à rejeter peu à peu l'idée d'un code moral unique et absolu, et il commence à développer son propre sens de la justice, un sens fondé sur l'impartialité, c'est-à-dire sur un traitement égal pour tous. Parce qu'il peut maintenant considérer plus d'un aspect dans une même situation, il peut poser des jugements moraux plus subtils et prendre en considération l'intentionnalité de l'acte.

Le troisième stade commence lorsque l'enfant devient capable de raisonnement formel (sur lequel nous reviendrons dans le chapitre 9), c'est-à-dire vers l'âge de 11 ou 12 ans. À ce stade, la notion d'égalité prend une signification différente pour l'enfant : la croyance que tous doivent être traités de façon égale est graduellement remplacée par la notion d'équité, et donc par la prise en compte de circonstances particulières. Ainsi, pour l'enfant plus âgé, un enfant de deux ans qui renverse de l'encre ne devrait pas être traité de la même façon qu'un enfant de dix ans qui agit de la même façon.

Les études de Piaget semblent soutenir l'idée que le raisonnement moral des enfants progresse généralement de cette façon. Toutefois, des recherches récentes suggèrent que le raisonnement moral des jeunes enfants est plus nuancé. Par exemple, la négligence – le fait que les gens prévoient ou non les conséquences de leurs actes – a une influence sur le blâme qu'un enfant va donner. Quand la négligence est prise en considération, les jeunes enfants sont plus susceptibles de considérer les intentions, et leur jugement à propos de la punition ressemble plus à celui des adultes (Nobes, Panagiotaki et Pawson, 2009).

7.2.2 La théorie du traitement de l'information : le développement de la mémoire

À mesure que les enfants avancent dans leur scolarité, ils réalisent des progrès constants quant à leur capacité de soutenir leur attention, de traiter et retenir l'information et de planifier et contrôler leur comportement. Tous ces progrès sont interreliés : ils font partie de la fonction exécutive, un système conscient de contrôle des pensées, des émotions et des actions permettant d'atteindre un but ou de résoudre des problèmes, comme nous l'avons déjà vu dans le chapitre 5. Au fur et à mesure que leurs connaissances augmentent, les enfants d'âge scolaire deviennent donc plus conscients du type d'information auquel il faut porter attention et qu'il faut retenir. De plus, ils comprennent mieux comment fonctionne la mémoire, ce qui les rend aptes à utiliser des stratégies qui peuvent les aider à se rappeler une information, comme nous le verrons un peu plus loin.

Le développement de la fonction exécutive

De l'enfance à l'adolescence, le développement graduel de la fonction exécutive accompagne le développement du cerveau, en particulier celui du cortex préfrontal, la région qui permet la planification, le jugement et la prise de décision (Lamm, Zelazo et Lewis, 2006). À mesure que les synapses non utilisées sont éliminées et que les connexions sont myélinisées, la vitesse de traitement de l'information – habituellement mesurée par le temps de réaction – s'améliore significativement (Camarata et Woodcock, 2006). Ce traitement plus rapide et plus efficace augmente la quantité d'information que les enfants peuvent conserver dans leur mémoire de travail, et il permet une pensée plus complexe et mieux orientée vers un objectif.

L'attention sélective

Cet enfant peut rester concentré malgré le brouhaha de la rue.

La capacité de la mémoire de travail d'un enfant, nécessaire pour emmagasiner l'information, affecte directement sa réussite scolaire. Les enfants qui possèdent une faible mémoire de travail ont de la difficulté à suivre des activités d'apprentissage structurées et à comprendre de longues instructions. Une équipe de recherche britannique a développé un outil servant à mesurer la capacité de mémoire en classe et ils ont trouvé qu'au moins 10 % des enfants d'âge scolaire présentent une faible mémoire de travail (Alloway, Gathercole, Kirkwood et Elliot, 2009).

Les enfants d'âge scolaire développent également des habiletés de planification en prenant des décisions dans leurs activités quotidiennes, les pratiques parentales influençant le rythme auquel les enfants peuvent le faire. Une étude a ainsi montré que, entre la deuxième et la quatrième année scolaire, la responsabilité de planification des activités informelles des enfants, qui incombait aux parents, passait graduellement à l'enfant. À la suite de ce changement, les enfants manifestaient une meilleure planification de leur travail scolaire (Gauvain et Perez, 2005).

L'attention sélective

Attention sélective
Habileté à diriger consciemment son attention.

À l'âge scolaire, l'enfant peut se concentrer plus longtemps qu'auparavant, en plus de pouvoir se centrer sur l'information dont il a besoin, en filtrant l'information non pertinente pour lui, comme Rose et Alicia, qui se concentrent sur leurs dessins malgré le brouhaha de la classe. C'est aussi grâce à l'attention sélective qu'un enfant peut inférer la signification approximative d'un mot qu'il lit et supprimer les autres significations qui ne sont pas appropriées au contexte. Ces progrès dans l'**attention sélective**, qui désigne l'habileté d'une personne à diriger consciemment son attention, pourraient dépendre du développement de la fonction exécutive, laquelle permet de supprimer volontairement les réponses indésirables (Luna, Garver, Urban, Lazar et Sweeney, 2004). Cette augmentation de l'attention sélective, qui est liée à la maturation neurologique, permet d'expliquer pourquoi la mémoire s'améliore durant la scolarité. En effet, les enfants plus vieux font moins d'erreurs de rappel que les plus jeunes ; ils sont désormais capables de sélectionner ce qu'ils veulent retenir et ce qu'ils peuvent oublier (Lorsbach et Reimer, 1997).

La métamémoire et les stratégies mnémoniques

Métamémoire
Connaissance du fonctionnement de la mémoire.

Stratégie mnémonique
Truc pratique utilisé pour faciliter la mémorisation.

De cinq à sept ans, les lobes frontaux subissent une réorganisation significative. Ces modifications rendent possible l'amélioration de la **métamémoire**, qui permet à l'enfant plus âgé d'utiliser des **stratégies mnémoniques** (Janowsky et Carper, 1996).

Les élèves de maternelle, comme ceux de première année, savent qu'on se souvient mieux d'une matière si on l'étudie plus longtemps. Ils savent aussi que les gens oublient des choses avec le temps, qu'il est plus facile de se rappeler un événement inattendu qu'un événement routinier et que certains petits trucs peuvent faciliter le rappel. C'est pourquoi il n'est pas surprenant que, dans la mise en situation de ce chapitre, la petite Mélodie, qui est en troisième année, puisse utiliser des stratégies pour ne rien oublier. À cet âge, les enfants savent en effet que certaines personnes ont une meilleure mémoire que d'autres et qu'il est plus facile de se souvenir de certaines choses que d'autres.

La stratégie mnémonique la plus connue des enfants et des adultes s'appuie sur l'utilisation d'aide-mémoire externes. Noter un numéro de téléphone, faire une liste ou utiliser une minuterie sont des exemples d'aide-mémoire externes : le rappel vient ici d'une source autre que la personne elle-même. Les autres stratégies mnémoniques les plus utilisées sont la **répétition**, l'**organisation** et **l'élaboration**.

Répétition
Stratégie mnémonique qui consiste à redire sans cesse une information pour ne pas l'oublier.

Organisation
Stratégie mnémonique qui consiste à placer mentalement une information dans une catégorie.

Élaboration
Stratégie mnémonique qui consiste à associer à quelque chose les éléments à mémoriser.

La répétition consiste, par exemple, à réciter sans cesse un numéro de téléphone pour ne pas l'oublier, alors que l'organisation réfère au classement mental de l'information dans une catégorie précise (les animaux, les vêtements, les fruits, etc.) afin de la retracer plus rapidement. Enfin, l'élaboration revient à associer une information à d'autres éléments, par exemple en inventant une histoire. Pour se souvenir d'apporter sa brosse à dents, ses patins, son casque et son livre, un enfant pourrait s'imaginer en train de patiner avec un livre et une brosse à dents en équilibre sur son casque.

Le tableau 7.6 présente ces quelques stratégies mnémoniques couramment utilisées par les enfants de 6 à 11 ans.

TABLEAU 7.6 Quelques stratégies de mémorisation utilisées de 6 à 11 ans

Stratégie	Définition	Place dans le développement	Exemple
Aide-mémoire externe	Utiliser une aide extérieure.	L'enfant de cinq ou six ans peut recourir à cette stratégie si on le guide, mais celui de huit ans peut penser à le faire par lui-même.	Jade note dans son agenda scolaire qu'elle doit apporter un jeu de cartes pour son cours de mathématiques du lendemain.
Répétition	Répéter de manière consciente.	L'enfant de six ans peut apprendre à l'utiliser et il le fera spontanément vers l'âge de sept ans.	Afin de mémoriser ses tables de multiplication, Zacharie les récite l'une après l'autre plusieurs fois.
Organisation	Regrouper par catégories.	La plupart des enfants ne l'utilisent pas avant l'âge de dix ans, mais on peut tout de même leur enseigner à le faire quand ils sont un peu plus jeunes.	En préparant ses bagages pour la semaine qu'elle passera chez son père, Alice pense aux activités qu'elle voudra sans doute faire : elle aura besoin de son matériel de peinture, de ses vêtements pour le soccer et de tout le matériel nécessaire pour la réalisation de son projet en sciences.
Élaboration	Associer à autre chose les éléments à retenir.	Les enfants plus âgés sont les plus susceptibles de recourir spontanément à cette stratégie et ils se rappellent d'ailleurs mieux lorsqu'ils font leur propre élaboration. Les plus jeunes, eux, se rappellent mieux lorsque quelqu'un le fait pour eux.	Lors d'une sortie au Jardin botanique, Johanna essaie de retenir le nom des fleurs qu'elle découvre en les associant aux noms de ses amies.

Le traitement de l'information et les tâches de conservation de Piaget

Les améliorations dans le traitement de l'information peuvent expliquer les progrès réalisés par l'enfant au stade opératoire, tels que décrits par Piaget. En effet, comme on l'a vu, un enfant de neuf ans est, par exemple, plus en mesure de connaître son chemin pour aller et revenir de l'école parce qu'il peut embrasser toute une scène du regard, en relever les éléments importants et se souvenir dans l'ordre de certains détails pour s'en faire des points de repère (Allen et Ondracek, 1995).

Les progrès de la mémoire peuvent par ailleurs contribuer à la maîtrise des tâches de conservation. La mémoire de travail du jeune enfant est tellement limitée que, même s'il maîtrisait le concept de conservation, il pourrait être incapable de se souvenir de toute l'information pertinente. Il pourrait, par exemple, oublier que deux formes différentes en pâte à modeler étaient identiques au départ. Or, selon Robbie Case (1992), dès l'instant où l'enfant parvient à appliquer un concept ou un schème de façon plus automatique, de l'espace serait libéré dans sa mémoire de travail, ce qui permettrait alors le traitement d'une nouvelle information. Ce processus expliquerait pourquoi les enfants ne maîtrisent pas tous les types de conservation en même temps : il faudrait d'abord que l'enfant soit suffisamment à l'aise avec un premier type de conservation (par exemple, la conservation de la substance) et capable de l'utiliser de façon automatique pour qu'il puisse ensuite étendre et adapter ce schème à d'autres types de conservation.

Ce sont tous ces progrès cognitifs qui vont aider l'enfant dans ses apprentissages scolaires et favoriser sa réussite. Plusieurs chercheurs se sont donc demandé si l'on pouvait réussir à prédire cette réussite scolaire des enfants. Cette interrogation a alors donné lieu à l'apparition des tests d'intelligence destinés à mesurer le quotient intellectuel (QI).

7.2.3 L'approche psychométrique : l'évaluation de l'intelligence

L'intelligence des enfants peut être mesurée par de nombreux tests qui sont validés par des mesures de connaissances semblables à celles utilisées pour les examens scolaires. Il existe notamment des tests individuels ou de groupe. Le test individuel pour les enfants le plus souvent utilisé au Québec, comme un peu partout dans le monde, est le WISC (Wechsler Intelligence Scale for Children). Ce test a été conçu pour les enfants de 6 à 16 ans et permet de mesurer des habiletés verbales et non verbales.

La controverse au sujet des tests d'intelligence

Les résultats obtenus à des tests d'intelligence ou de QI à l'âge scolaire sont de bons indicateurs de la réussite scolaire, surtout chez les enfants qui possèdent des aptitudes verbales très développées. On a en outre découvert que le score obtenu à un test d'intelligence effectué à 11 ans permettait de prévoir l'indépendance fonctionnelle durant la vieillesse et la présence ou l'absence de démence (Whalley et Deary, 2001).

La mesure de l'intelligence

L'utilisation des tests mesurant le quotient intellectuel est très controversée, même si les résultats obtenus à ces tests à l'âge scolaire sont de bons indices de la réussite scolaire future.

Toutefois, l'utilisation de ces tests demeure très controversée. Plusieurs de leurs détracteurs prétendent qu'ils sous-estiment notamment le degré d'intelligence des enfants qui sont en mauvaise santé ou qui travaillent lentement, car la vitesse d'exécution est un élément important de la réussite du test (Sternberg, 2004). On reproche surtout à ces tests de ne pas mesurer directement l'habileté innée, mais de juger plutôt l'intelligence par rapport aux connaissances de l'enfant, c'est-à-dire principalement à partir de ce qu'il a appris à l'école ou dans son milieu culturel, sans tenir compte des autres caractéristiques importantes du comportement intelligent. En effet, d'autres habiletés comme le bon sens, l'intuition créatrice, les habiletés sociales ou la connaissance de soi ne sont pas mesurées par les tests d'intelligence, même si elles sont tout aussi importantes dans la vie et qu'elles peuvent même être considérées comme des formes différentes d'intelligence.

Par ailleurs, l'appartenance ethnique peut influencer le développement de l'intelligence. Ainsi, aux États-Unis, avant 1990, les résultats obtenus par les enfants noirs aux tests de QI étaient en moyenne de 15 points inférieurs à ceux des enfants blancs (Neisser *et al.*, 1996). Cet écart s'est depuis résorbé, puisqu'il n'est plus que de 4 à 7 points (Dickens et Flynn, 2006). Qu'est-ce qui pourrait expliquer ces différences de résultats ? Certains chercheurs ont avancé qu'un facteur génétique important pouvait être en cause (Jensen, 1969 ; Rushton et Jensen, 2005). Or, même s'il est devenu évident qu'une influence génétique peut expliquer les différences individuelles en matière d'intelligence, aucune preuve directe ne peut démontrer que l'hérédité joue un rôle dans les différences de QI relevées entre les groupes ethniques ou culturels (Gray et Thompson, 2004). Plusieurs recherches attribuent au contraire ces différences à des facteurs environnementaux tels que le revenu, l'alimentation, les conditions de vie, la santé, les pratiques parentales, les stimulations cognitives ou le niveau de scolarisation. D'autres facteurs sont aussi évoqués, comme les effets de la discrimination et de l'oppression, qui peuvent avoir une incidence sur l'estime de soi, la motivation et les performances scolaires. La diminution de l'écart observé chez les enfants noirs américains ces dernières années va d'ailleurs de pair avec une amélioration de leurs conditions de vie et d'éducation (Nisbett, 2005). D'autre part, les Américains d'origine asiatique, dont la réussite scolaire dépasse généralement celle des autres ethnies, ne présentent aucune différence significative dans leur QI. Encore là, leur succès scolaire proviendrait donc vraisemblablement d'autres facteurs culturels tels que le respect et l'obéissance aux aînés, la valorisation de l'éducation comme moyen d'ascension sociale, et l'application qu'ils mettent dans leurs devoirs et leurs leçons (Stevensen, 1995).

Le psychologue américain Robert Sternberg (2004) soutient que l'intelligence et la culture sont inextricablement liées. En effet, un comportement jugé intelligent dans une culture peut être considéré comme insensé dans une autre. De plus, la scolarisation offerte dans une culture peut préparer un enfant à bien réussir certaines tâches, mais pas d'autres. Par conséquent, les différences ethniques observées dans les QI seraient selon lui attribuables au **biais culturel**, c'est-à-dire à la tendance à inclure dans les tests des questions qui utilisent un vocabulaire particulier ou qui font appel à des situations ou des habiletés plus significatives pour un groupe culturel donné que pour un autre (Sternberg, 2004, 2005).

Biais culturel
Tendance à inclure dans un test d'intelligence des questions utilisant un vocabulaire faisant appel à des situations ou à des habiletés plus significatives pour un groupe culturel que pour un autre.

Une recherche comparant quatre cultures différentes a constaté que les avancées technologiques (par exemple, l'électricité et la télévision) ont mené à des changements dans les performances cognitives des enfants. La modernisation a amené, par exemple, des gains dans la mémoire et la complexité des jeux. Il est important de noter que les chercheurs n'affirment pas que la modernisation rend les enfants plus intelligents, mais plutôt qu'elle est associée à des expériences qui ont affecté les types d'habiletés évaluées dans des communautés plus « modernes » (Gauvain et Munroe, 2009).

Théorie des intelligences multiples
Selon Gardner, théorie selon laquelle chaque personne possède différentes formes d'intelligence.

La théorie des intelligences multiples de Gardner

Un enfant qui démontre de l'habileté pour analyser des textes et faire des analogies est-il plus intelligent qu'un enfant capable de jouer un morceau de musique difficile au violon, qu'un enfant capable d'organiser un projet de groupe ou qu'un enfant qui réussit à marquer un but au soccer? Selon la **théorie des intelligences multiples** de Howard Gardner, la réponse est non (Gardner, 1993).

L'intelligence musicale
Cet enfant qui joue du violon doit maîtriser plusieurs aspects importants de son art. Cette capacité vient, selon Gardner, de l'intelligence musicale, un des huit types d'intelligences multiples.

Gardner, neuropsychologue et chercheur en éducation de l'Université Harvard, a d'abord identifié sept types d'intelligence. Selon lui, les tests d'intelligence classiques ne couvrent que trois types d'intelligence: l'intelligence linguistique, l'intelligence logicomathématique et, jusqu'à un certain point, l'intelligence spatiale. Les quatre autres formes d'intelligence que Gardner a identifiées et qui ne sont pas mesurées par les tests sont l'intelligence musicale, l'intelligence kinesthésique, l'intelligence interpersonnelle et l'intelligence intrapersonnelle. Gardner a ensuite ajouté une huitième forme d'intelligence, soit l'intelligence naturaliste, en plus d'en évoquer une neuvième: l'intelligence existentialiste (Gardner, 1999). Le tableau 7.7 (*voir la page suivante*) présente chacune de ces formes d'intelligence identifiées par Gardner, ainsi que des exemples de leurs champs d'application.

Être très intelligent dans un domaine ne signifie pas nécessairement qu'on l'est également dans un autre. Une personne peut donc avoir un QI peu élevé et être en même temps très douée en art (capacité spatiale), en précision de mouvement (kinesthésique), en relations sociales (interpersonnelle) ou en compréhension de soi (intrapersonnelle). Ainsi, dans la mise en situation, les enfants de la classe de Julie présentent différentes formes d'intelligence.

Quelles sont les différentes formes d'intelligences multiples exprimées par les enfants de la classe de Julie?

TABLEAU 7.7 Les neuf intelligences (selon Gardner)

Forme d'intelligence	Définition	Champs d'application
Linguistique	Capacité d'utiliser et de comprendre les mots et les nuances de sens	Écriture, édition, traduction
Logicomathématique	Capacité de manipuler les nombres et de résoudre des problèmes logiques	Science, affaires, médecine
Musicale	Capacité de percevoir et de créer des modèles de mélodies et de rythmes	Composition et direction musicale
Spatiale	Capacité de trouver son chemin dans un environnement donné et d'établir des relations entre les objets dans l'espace	Architecture, menuiserie, urbanisme
Kinesthésique	Capacité de se mouvoir de façon précise	Danse, sport, chirurgie
Interpersonnelle	Capacité de comprendre les autres et de communiquer avec eux	Enseignement, théâtre, politique
Intrapersonnelle	Capacité de se comprendre soi-même	*Counseling*, psychiatrie, psychologie
Naturaliste	Capacité de distinguer les espèces	Chasse, pêche, agriculture, jardinage, cuisine
Existentialiste	Capacité de se questionner sur le sens des choses	Philosophie, direction spirituelle

Source: Adapté de Gardner, 1993, 1999.

La théorie triarchique de l'intelligence de Sternberg

Théorie triarchique de l'intelligence
Selon Sternberg, théorie du développement de l'intelligence qui identifie trois éléments dans l'intelligence: le compositionnel, l'expérientiel et le contextuel.

Élément compositionnel
Aspect analytique de l'intelligence qui détermine l'efficacité du traitement de l'information.

Élément expérientiel
Aspect créatif de l'intelligence qui détermine la façon de réagir à la nouveauté.

Élément contextuel
Aspect pratique de l'intelligence qui détermine l'adaptation à son environnement.

La **théorie triarchique de l'intelligence** établie par Sternberg identifie trois éléments dans l'intelligence: le compositionnel, l'expérientiel et le contextuel. Tout individu posséderait chacun de ces éléments, mais à différents degrés. L'**élément compositionnel** désigne l'aspect analytique de l'intelligence; il détermine l'efficacité du traitement de l'information. Il permet de résoudre des problèmes, de trouver des solutions et d'évaluer les résultats. L'**élément expérientiel** correspond à l'aspect créatif; il détermine la façon de réagir à la nouveauté. Il permet aux individus de comparer une nouvelle information avec ce qu'ils connaissent déjà et de trouver de nouvelles manières d'envisager les choses. En d'autres termes, il permet d'avoir une pensée originale. Enfin, l'**élément contextuel** désigne l'aspect pratique; il détermine l'adaptation d'un individu à son environnement. Il permet d'évaluer une situation et d'y réagir, que ce soit en s'adaptant, en changeant la situation ou en l'évitant.

Savoir tacite
Connaissances qui ne sont pas enseignées formellement, mais qui sont néanmoins nécessaires pour avancer dans la vie.

Les tests d'intelligence traditionnels mesurent surtout l'élément compositionnel. Étant donné que cet élément correspond aux habiletés exigées dans les tâches scolaires, il n'est donc pas étonnant que ces tests soient de bons prédicteurs de la réussite scolaire. Cependant, le fait que ces tests ne tiennent pas compte de l'élément expérientiel (créatif) et de l'élément contextuel (pratique) pourrait expliquer, selon Sternberg, pourquoi ils sont moins utiles pour prédire le succès dans la vie de tous les jours. Selon des études menées au Kenya et en Alaska, le **savoir tacite** des enfants de certaines communautés dans des domaines aussi pratiques que la chasse, la pêche et l'utilisation d'herbes médicinales – un savoir glané de façon informelle et non enseigné de manière explicite – ne présente d'ailleurs aucune corrélation avec les mesures traditionnelles de l'intelligence (Sternberg, 2004).

Les autres mesures de l'intelligence

Nous avons jusqu'à présent surtout parlé des tests de QI, mais il existe d'autres tests individuels qui ont été conçus pour évaluer les habiletés cognitives des enfants ayant des besoins spéciaux (par exemple, ceux souffrant d'autisme ou présentant un trouble auditif ou langagier) et celles des enfants qui proviennent de milieux culturels et linguistiques différents. Le plus connu est le K-ABC-II (*Kaufman Assessment Battery for Children*), qui s'adresse aux enfants de 3 à 18 ans. Ce test rassemble plusieurs sous-tests destinés à minimiser les instructions et les réponses verbales, ainsi que des éléments présentant un contenu culturel restreint (Kaufman et Kaufman, 1983, 2003).

Évaluation dynamique
Procédure qui consiste à aider l'enfant lors de l'évaluation, de façon à déterminer ses capacités à tirer profit d'un entraînement.

Par ailleurs, l'**évaluation dynamique**, basée sur les théories de Vygotsky, met l'accent sur le potentiel de l'enfant plutôt que sur ses acquis, comme le font les tests traditionnels. Cette forme d'évaluation cherche à saisir la nature dynamique de l'intelligence en proposant des éléments qui dépassent le niveau de compétence courant de l'enfant et en mesurant directement le processus d'apprentissage sans passer par ce que l'enfant a déjà appris (Sternberg, 2004). Lorsque cela s'avère nécessaire, l'évaluateur aide l'enfant à accomplir la tâche par des questions dirigées, des exemples ou des démonstrations, et ce, en lui offrant une rétroaction. Le test devient alors lui-même une situation d'apprentissage, et la différence entre les éléments auxquels l'enfant est capable de répondre seul et ceux pour lesquels il doit être aidé constitue la zone proximale de développement. En identifiant ce que l'enfant est prêt à apprendre et l'importance de l'aide dont il a besoin, le test dynamique peut donc procurer plus de renseignements utiles aux enseignants que les tests psychométriques et les guider dans leurs interventions pour aider les enfants à atteindre leur plein potentiel.

FAITES LE POINT

4. Décrivez les trois stades de raisonnement moral définis par Piaget.
5. Précisez comment les améliorations dans le traitement de l'information peuvent aider l'enfant dans les tâches de conservation décrites par Piaget.
6. Expliquez la controverse soulevée au sujet des tests de quotient intellectuel.
7. Tommy a quatre ans et sa grande sœur Karina en a huit. Selon Piaget, Karina se trouve au stade des opérations concrètes. Sur le plan cognitif, qu'est-ce qui distingue Karina de son frère ?

7.3 L'évolution du langage : la communication

Le langage évolue considérablement au cours de cette période de l'enfance qui s'étend de 6 à 11 ans. En effet, l'enfant comprend et interprète mieux les messages, et il réussit davantage à se faire comprendre, ce qui améliore considérablement ses habiletés de communication.

7.3.1 Le vocabulaire, la grammaire et la syntaxe

À mesure que le vocabulaire s'accroît, les enfants d'âge scolaire utilisent des termes de plus en plus précis. Ils apprennent, par exemple, qu'un verbe comme « poser » peut avoir plusieurs significations (poser une question, poser pour une affiche, poser un décor, poser son colis, se poser sur la piste, etc.), en plus d'être capables, d'après le contexte, de savoir laquelle de ces significations s'applique. Les figures de style comme les comparaisons ou les métaphores sont de plus en plus utilisées. Néanmoins, même si l'enfant de six ans peut déjà manier une grammaire assez complexe, il utilise encore rarement des phrases à la forme passive (« j'ai été conduit à l'école par grand-papa ») et des tournures conditionnelles (« si j'étais plus grand, je pourrais entrer »).

La compréhension des règles de syntaxe (l'organisation des mots dans la phrase) se raffine avec l'âge. Ainsi, la plupart des enfants de six ans croient par exemple que les phrases « Jean a promis à Gilles d'aller au garage. » et « Jean a dit à Gilles d'aller au garage. » veulent toutes les deux dire que Gilles ira au garage. Ils n'ont donc pas encore maîtrisé les constructions grammaticales utilisant un verbe comme « promettre » tel qu'employé dans la première phrase, même s'ils savent ce qu'est une promesse, et qu'ils sont capables d'utiliser ce mot et de le comprendre correctement dans d'autres phrases. En revanche, à huit ans, la plupart des enfants interprètent correctement les deux phrases. Ils parviennent maintenant à considérer la **sémantique** d'une phrase (le sens des mots) comme un tout, au lieu de se concentrer sur les mots les uns après les autres. Les enfants plus âgés utilisent aussi davantage de propositions subordonnées (« Le garçon qui livre les journaux a frappé à la porte. »). Toutefois, ce n'est qu'au début

Sémantique
Compréhension de la signification des mots et des phrases.

de l'adolescence, au moment où les progrès cognitifs permettront de faire des raisonnements plus complexes, qu'ils utiliseront régulièrement des constructions de phrase commençant par « cependant », « quoique » ou « toutefois » (Owens, 1996).

7.3.2 La pragmatique : la capacité de communiquer

Pragmatique
Ensemble des règles linguistiques qui régissent l'utilisation du langage pour la communication.

Le domaine dans lequel les enfants progressent le plus à l'âge scolaire est la **pragmatique**, c'est-à-dire l'utilisation du langage pour communiquer, qui inclut aussi les habiletés de conversation et les habiletés de narration.

La pragmatique

Cette fillette est capable d'ajuster son langage en fonction de son interlocuteur.

Un bon communicateur décèle facilement un problème de communication et fait de son mieux pour y remédier. Sur ce plan, il existe de grandes différences individuelles, puisque certains enfants de sept ans ont une meilleure conversation que certains adultes (Anderson, Clark et Mullin, 1994). On note aussi des différences selon le genre. Ainsi, dans une étude où des garçons et des filles devaient travailler ensemble pour résoudre des problèmes mathématiques, les garçons avaient tendance à utiliser plus d'affirmations autoritaires et à provoquer plus d'interruptions négatives, alors que les filles formulaient leurs remarques de manière plus conciliante. De plus, la communication entre les enfants avait tendance à être plus marquée par la collaboration lorsqu'ils travaillaient avec un partenaire du même sexe (Leman, Ahmed et Ozarow, 2005).

Lorsque les enfants de six ou sept ans racontent des histoires, ils rapportent souvent une expérience personnelle. La plupart d'entre eux peuvent répéter l'intrigue d'une courte histoire ou d'un film et faire des liens entre les motifs d'une action, l'action et ses conséquences, comme devront le faire les élèves du Julie dans leur bande dessinée. Vers sept ou huit ans, l'enfant raconte des histoires plus longues et plus complexes, mais ses récits ont encore souvent un début et une fin classiques (du type « Il était une fois... » et « Ils vécurent heureux... » ou tout simplement « Fin »). Le vocabulaire utilisé est plus varié qu'auparavant, mais les personnages ne grandissent pas et ne changent pas vraiment, et les intrigues ne sont pas encore complètement développées. L'enfant plus âgé, lui, situe généralement la scène en décrivant le décor et en présentant les personnages, et il indique clairement les changements de temps et de lieux pendant l'histoire. Il construit aussi des épisodes plus complexes que l'enfant plus jeune, mais contenant moins de détails superflus. Il se concentre enfin davantage sur les motifs et les pensées des personnages, et réfléchit à la manière de résoudre les problèmes dans l'intrigue.

Comme nous le verrons dans le chapitre suivant, les habiletés de communication de l'enfant d'âge scolaire sont mises à profit dans ses relations avec les autres et ont une incidence réelle sur sa popularité auprès de ses pairs.

7.3.3 La littératie

Le fait d'apprendre à lire et à écrire, qui demeure l'un des principaux objectifs du programme scolaire, libère les enfants des contraintes de la communication en face à face en leur donnant accès aux idées et à l'imagination de personnes vivant dans des pays éloignés ou venant d'une autre époque.

L'identification des mots

L'enfant peut identifier un mot écrit de deux façons différentes. La première est appelée le « décodage » : l'enfant « prononce » le mot en traduisant oralement ce qu'il voit. Pour ce faire, l'enfant doit maîtriser le code phonétique, qui détermine quel son correspond aux lettres écrites. La deuxième est la reconnaissance visuelle : l'enfant regarde simplement le mot et se le remémore.

Approche phonétique
Approche d'enseignement de la lecture qui met l'accent sur le décodage de mots inconnus (aussi appelée « méthode syllabique »).

Ces deux méthodes ont inspiré des approches différentes dans l'apprentissage de la lecture. L'approche qui met l'accent sur le décodage est appelée **approche phonétique**, tandis que celle qui met l'accent sur la reconnaissance visuelle et l'utilisation d'indices contextuels est appelée **approche globale**. Cette dernière approche est basée sur la croyance que les enfants peuvent apprendre à lire et à écrire naturellement, de la même manière qu'ils apprennent à utiliser le langage. Les partisans de cette approche affirment que l'enfant apprend à lire avec une meilleure compréhension et avec plus de satisfaction lorsqu'il perçoit la langue écrite comme une façon d'obtenir de l'information et d'exprimer des idées et des sentiments, au lieu de la voir comme un système de sons et de syllabes isolés qui doivent être appris par cœur.

Approche globale
Approche d'enseignement de la lecture qui met l'accent sur la reconnaissance visuelle et sur l'utilisation d'indices contextuels.

Malgré la popularité de l'approche globale, les recherches appuient toutefois peu ces affirmations. On reproche en effet à la méthode globale d'encourager l'enfant à lire le texte en diagonale, à deviner les mots et leur signification et à négliger la correction de ses erreurs de lecture ou d'orthographe. Selon les détracteurs de cette méthode, la lecture est une compétence qui doit être enseignée, le cerveau n'étant pas programmé pour l'acquérir sans apprentissage. La **conscience phonologique**, conscience des différentes unités sonores de la langue orale, est l'élément essentiel d'un bon apprentissage de la lecture. Elle comprend, par exemple, la compréhension que les mots se divisent selon différentes unités (syllabe, début ou rime, phonème) et la capacité à faire des rimes (Réseau canadien de recherche sur le langage et l'alphabétisation, 2009).

Conscience phonologique
Conscience des différentes unités sonores de la langue orale.

De nombreux experts recommandent à l'heure actuelle de combiner les points forts des deux approches afin de permettre à l'enfant d'apprendre à la fois les compétences phonétiques et les stratégies qui lui permettront de comprendre ce qu'il lit. Étant donné que les habiletés de lecture résultent de plusieurs fonctions situées dans différentes régions du cerveau, un enseignement basé uniquement sur une sous-compétence particulière (phonétique ou compréhension) présente sans doute moins de chance de réussite (Byrnes et Fox, 1998). Les enfants qui peuvent recourir selon le cas à la méthode visuelle et à celle basée sur la phonétique (et utiliser alors à la fois la remémoration visuelle pour les mots familiers et le décodage phonétique pour les mots nouveaux) deviennent d'ailleurs des lecteurs plus chevronnés et plus polyvalents (Siegler, 1998).

La compréhension de textes

Les processus sous-jacents à la compréhension de textes écrits sont identiques à ceux qui régissent la mémoire. Ainsi, plus l'identification des mots devient automatique, plus la capacité de la mémoire de travail augmente, et plus l'enfant est capable de se concentrer sur le sens de ce qu'il lit; sa fluidité en lecture s'améliore (Kirby, 2007). De nouvelles stratégies, plus sophistiquées, permettent également à l'enfant d'ajuster sa vitesse de lecture et son attention en fonction de l'importance et du degré de difficulté de ce qu'il lit. Ainsi, la **métacognition**, soit la conscience de la façon dont son esprit fonctionne, permet à l'enfant de contrôler la compréhension de ce qu'il lit et de développer des stratégies adaptées, telles que relire les passages difficiles, lire plus lentement, essayer de visualiser ce qui est décrit ou retenir des exemples.

Métacognition
Compréhension du fonctionnement de ses propres processus mentaux.

Toutefois, certains enfants apprennent à lire plus facilement que d'autres, et ce, quelle que soit la méthode utilisée. Ces différences individuelles proviennent de facteurs génétiques; elles ont tendance à demeurer stables tout au long des études primaires, même si l'environnement continue d'exercer son influence (Harlaar, Dale et Plomin, 2007). Néanmoins, les enfants qui ont des difficultés de lecture dès le départ ne sont pas nécessairement condamnés à l'analphabétisme. En effet, une étude longitudinale qui a suivi des enfants de première année ayant de faibles résultats en lecture a montré qu'environ 30 % d'entre eux avaient progressé vers des résultats situés dans la moyenne entre la deuxième et la quatrième année. Les enfants qui s'étaient le plus améliorés étaient ceux qui, dès la maternelle, avaient un meilleur comportement en classe, ce qui leur permettait d'être plus attentifs et de profiter davantage de l'enseignement (Spira, Bracken et Fischel, 2005).

Selon l'OCDE (2010), dans tous les pays, les garçons lisent moins que les filles et leurs résultats en compréhension de l'écrit, à 15 ans, sont tels qu'ils équivalent à une année de moins que ceux des filles.

L'apprentissage de la lecture et de l'écriture

Les enfants apprennent à exprimer des idées et des pensées par l'écriture, de la même façon qu'ils apprennent à traduire ces codes écrits par la lecture.

L'écriture

L'acquisition de l'écriture va de pair avec l'apprentissage de la lecture et nécessite que l'enfant maîtrise la calligraphie, l'orthographe et la rédaction de textes. De la même façon dont l'enfant apprend à traduire le mot écrit en parole, il apprend également à utiliser des mots écrits pour exprimer des idées, des pensées et des sentiments. Comme nous l'avons vu lorsque nous avons abordé la question de la motricité fine, l'enfant parvient à faire la distinction entre dessiner et écrire lorsqu'il prend conscience du fait que l'écriture comporte des signes graphiques aux formes précises et que ces signes sont agencés d'une certaine façon dans l'espace (Levin et Bus, 2003). Il prend conscience en même temps que les mots peuvent se diviser en segments (les syllabes) et qu'il est possible de coder les sons de ces syllabes avec des lettres. Les apprentissages scolaires visent justement à lui faire connaître ces règles de codage.

Nous avons vu comment l'enfant franchit, vers l'âge de six ans, une transition importante en quittant le stade préopératoire pour celui des opérations concrètes. Ce n'est donc pas sans raison si l'âge de l'entrée en première année est fixé à six ans au 30 septembre. En effet, c'est généralement à partir de cet âge que les progrès cognitifs de l'enfant vont lui permettre de réaliser les apprentissages requis par l'école.

i+

Le tableau 7.1W présente quelques repères dans les étapes du développement de la lecture et de l'écriture.

FAITES LE POINT

8. Expliquez comment évoluent les habiletés de communication chez l'enfant d'âge scolaire.
9. Comparez les deux principales approches dans l'apprentissage de la lecture.

7.4 La scolarisation

L'entrée à l'école représente une transition majeure dans la vie de l'enfant et les premières expériences qu'il y vit sont souvent décisives pour la mise en place des bases nécessaires à ses futurs succès ou échecs scolaires. Voyons comment l'entourage familial et le milieu scolaire vont influencer le cheminement de l'enfant.

7.4.1 L'écologie de la réussite scolaire

Selon le modèle bioécologique de Bronfenbrenner, chaque niveau d'influence a des répercussions sur la réussite scolaire de l'enfant. Ce dernier arrive en effet à l'école avec un bagage accumulé depuis la petite enfance, qui inclut son tempérament, ses habiletés interpersonnelles, son estime de soi, ses habiletés cognitives et son attitude à l'égard des expériences nouvelles. Muni de ce bagage, il va devoir évoluer dans un cadre d'apprentissage particulier, dans un contexte où il reçoit certains messages de ses pairs, par exemple « ce n'est pas cool d'être intelligent », et de son milieu culturel élargi. Or, l'ensemble de ces facteurs va jouer un rôle significatif dans sa réussite scolaire.

La confiance en soi de l'enfant

Les élèves qui éprouvent un sentiment d'efficacité personnelle élevé se croient capables de maîtriser le travail scolaire et de contrôler leurs propres apprentissages.

Ils sont aussi plus susceptibles de réussir à l'école que ceux qui doutent de leurs capacités (Bandura, Barbaranelli, Caprara et Pastorelli, 1996). Les élèves qui font preuve d'autorégulation se fixent des objectifs stimulants et utilisent les stratégies appropriées pour les atteindre. Ils travaillent fort, persistent malgré les difficultés et demandent de l'aide lorsque c'est nécessaire. À l'inverse, les élèves qui ne croient pas en leurs capacités tendent à devenir frustrés et déprimés, ce qui rend leur réussite scolaire encore plus improbable. Peut-être est-ce le cas de Dimitri, qui semble avoir une faible estime de soi à cause de son obésité et qui a de la difficulté dans ses études.

Dès la maternelle, le comportement d'un enfant en classe peut donner un aperçu du développement des compétences axées sur le travail. Une étude publiée par Linda Pagani, chercheuse à l'Université de Montréal et au Centre hospitalier universitaire de Sainte-Justine, a observé la capacité d'attention d'un millier d'élèves de maternelle. Par la suite, tout au long du primaire, les enseignants ont évalué la qualité du travail de ces enfants, leur niveau de contrôle de soi et de confiance en soi et leur habileté à suivre les directives. La recherche a montré qu'un niveau d'attention élevé en maternelle est associé au fait d'avoir une participation plus élevée en classe dans les années primaires et un cheminement scolaire plus productif (Pagani, Fitzpatrick et Parent, 2012).

La confiance en soi

La confiance en soi est un facteur important de la réussite scolaire.

Le sexe de l'enfant

Les filles ont tendance à mieux réussir à l'école que les garçons et elles ont, en moyenne, de meilleurs résultats qu'eux dans toutes les matières, sauf en sciences. Elles sont moins susceptibles de redoubler et connaissent moins de problèmes à l'école (Halpern *et al.*, 2007). Même si les différences individuelles demeurent beaucoup plus importantes et plus nombreuses que les différences entre les genres, on constate que les filles ont tendance à attribuer davantage leurs succès à l'effort fourni, tandis que les garçons ont plutôt tendance à penser qu'ils sont une conséquence de leur habileté ou de leur intelligence, et ce, particulièrement en mathématiques (Chouinard et Roy, 2008). Cet écart est présent aussi bien aux États-Unis qu'au Canada ou au Québec.

Selon des chercheurs de l'Université de Montréal, environ 15 % des enfants de 12 ans sont identifiés comme à risque de décrocher au secondaire (Institut de la statistique du Québec, 2013). Ce phénomène touche beaucoup plus de garçons que de filles puisque le taux de décrochage se situe à 10,3 % chez les garçons et à 6,6 % chez les filles (Réseau d'information pour la réussite scolaire [RIRE], 2010).

Comment se fait-il que les écarts entre les garçons et les filles soient si grands ? Certains attribuent ces écarts à la « féminisation » d'un monde scolaire où les femmes sont les plus nombreuses et où l'enseignement est basé sur des valeurs dites féminines. Le processus d'identification des garçons au genre masculin les amènerait ainsi à repousser les valeurs associées à la réussite scolaire (comme la persévérance), parce qu'ils les considèrent comme des valeurs féminines (Bouchard, 2003). Bien qu'elle ne soit pas totalement fausse, cette explication est cependant insuffisante. On sait, par exemple, que les garçons ont besoin de bouger davantage et d'être plus actifs dans leurs apprentissages que les filles, ce qui pourrait alors mettre en cause les méthodes pédagogiques qu'on utilise avec eux.

Depuis une dizaine d'années, le problème de la réussite scolaire des garçons interpelle de nombreux acteurs de la société québécoise, qui se questionnent sur différentes stratégies à mettre en place. La fin de la mixité, l'ajout d'activités sportives sur l'heure du midi ainsi que des interventions psychosociales visant à modifier la perception négative que les garçons ont de l'école sont autant de pistes de solutions qui sont avancées (Saint-Amant, 2004). La pédagogie par projet, implantée depuis quelques années au Québec, suscitera peut-être davantage l'intérêt des garçons que ne le font les méthodes plus classiques, avec lesquelles l'enfant doit apprendre de façon passive.

Le rôle de la famille

Les parents des enfants qui réussissent le mieux savent créer un environnement propice à l'apprentissage (une place pour étudier, un horaire faisant place aux devoirs, des heures de télévision réduites, etc.). Ils démontrent aussi de l'intérêt pour la vie scolaire de l'enfant et s'impliquent dans les activités de l'école (Hill et Taylor, 2004). Enfin, ils demeurent disponibles pour offrir un accompagnement à l'enfant dans ses devoirs à la maison.

i+

L'encadré 7.1W présente les pour et les contre des devoirs à la maison.

Pour encourager leurs enfants, certains parents ont recours à la motivation extrinsèque (basée sur des ressources externes): ils offrent de l'argent ou des cadeaux en récompense pour les bonnes notes et ils punissent pour les mauvaises. D'autres encouragent plutôt leurs enfants à développer une motivation intrinsèque (basée sur des ressources internes) en les félicitant pour leur travail et en valorisant leurs efforts, ce qui s'avère en réalité beaucoup plus efficace que le recours aux moyens extrinsèques. Les enfants développent ainsi le plaisir de travailler et le sentiment de leur efficacité personnelle.

Le rôle des parents

L'implication des parents est un facteur important de la réussite scolaire des enfants.

Le style éducatif des parents peut également influencer la motivation de l'enfant et, par conséquent, son succès scolaire. Une étude a montré que les enfants qui ont des parents démocratiques sont ceux qui réussissent le mieux à l'école. Ces enfants sont curieux et désireux d'apprendre; ils aiment les tâches qui représentent un défi et ils prennent plaisir à résoudre des problèmes par eux-mêmes. Les parents de style autoritaire qui surveillent de près leurs enfants afin qu'ils fassent leurs devoirs, qui les supervisent et qui utilisent des motivations extrinsèques ont tendance à avoir au contraire des enfants qui réussissent moins bien. C'est aussi le cas des parents permissifs qui ne semblent pas se préoccuper de ce que l'enfant fait à l'école (Ginsburg et Bronstein, 1993).

La participation du parent à la vie scolaire diminue également les problèmes de comportements des enfants et augmente à la fois leur perception positive de l'école et leurs résultats scolaires. Plus les parents font confiance à l'enseignant, plus ils ont l'occasion de parler avec lui des progrès de leur enfant ou de leurs préoccupations à son sujet, plus l'enfant se sent à l'aise à l'école et plus il s'ajuste à son environnement. La communication entre la famille et l'école est primordiale, mais l'implication de toute la communauté est aussi un avantage pour tous. Quand la communauté participe à la réalisation de projets scolaires, les enseignants ont une attitude plus favorable envers leur école et leur enseignement, les parents deviennent plus actifs, les élèves, plus assidus et toute la communauté en bénéficie (Deslandes, 2010).

Le niveau socioéconomique

Le niveau socioéconomique de la famille est un autre facteur important de la réussite scolaire. Son influence s'exerce par l'entremise de l'ambiance familiale, du voisinage, de la qualité des écoles disponibles, des attentes des parents ainsi que la façon dont ces derniers élèvent leurs enfants. L'écart entre les enfants avantagés et désavantagés a tendance à s'accroître avec les années. Les élèves qui proviennent des milieux les moins favorisés sont trois fois plus nombreux à présenter un retard dans leur cheminement scolaire que ceux qui viennent d'un milieu favorisé (Santé et Services sociaux Québec, 2007). Les enfants de familles à faible revenu ne récupèrent donc jamais leur retard, lequel se poursuit jusqu'au secondaire et même jusqu'à la fin des études collégiales (Alexander, Entwisle et Olson, 2007). Dans plusieurs écoles du Québec, on a implanté le Club des petits déjeuners afin de minimiser ces différences (*voir l'encadré 7.2*).

ENCADRÉ 7.2 APPROFONDISSEMENT

Le Club des petits déjeuners du Québec : un projet communautaire de lutte contre la pauvreté

Le Club des petits déjeuners a été fondé en 1994 par Daniel Germain, afin de venir en aide aux enfants de milieux défavorisés. Ce projet a débuté dans une école primaire d'un secteur défavorisé de Longueuil. Il visait à permettre à des enfants qui ne déjeunaient pas ou qui prenaient un repas peu nutritif de commencer leur journée par un déjeuner nutritif, ceci afin d'améliorer leur bien-être et d'augmenter leurs chances de réussite scolaire. Depuis, le Club des petits déjeuners s'est étendu à toutes les régions du Québec, et sert actuellement environ 18 000 enfants répartis dans 297 écoles primaires et secondaires (Club des petits déjeuners, 2012).

Des milliers de bénévoles, dont 60 % sont des parents ou des personnes âgées, donnent leur temps et leur énergie afin de permettre aux enfants de bien grandir et de mieux fonctionner à l'école. Le Club peut aussi compter sur diverses subventions provenant de plusieurs partenaires ou organismes sociaux. Pour qu'une école soit sélectionnée, elle doit être située sur un territoire qui a un indice de « défavorisation » établi par le ministère de l'Éducation, du Loisir et du Sport. Il faut ensuite qu'un nombre minimum de parents inscrivent leurs enfants au Club de l'école qui, elle, fournit le local et les installations matérielles. Une fois qu'une école est sélectionnée, tous les enfants de cette école peuvent faire partie du Club, peu importe la situation financière des parents, et cela afin d'éviter la discrimination envers les moins nantis.

Selon une étude réalisée par le ministère de l'Emploi et de la Solidarité sociale (MESS, 2007), les taux de satisfaction des parents concernant l'aspect nutritif, la qualité de la nourriture et la variété des menus dépassent les 95 % dans tous les cas. De leur côté, les enseignants notent une meilleure concentration chez les enfants, une plus grande réceptivité et une énergie accrue dans leur travail scolaire. On a aussi remarqué des effets positifs de ce programme sur le moral des enfants, leur sociabilité et sur leur comportement général.

En 2000, le volet JeunEstime s'est ajouté aux petits déjeuners afin de nourrir aussi les rêves des enfants. Diverses activités aident les jeunes à découvrir leurs habiletés et à prendre conscience de leur valeur. Les activités proposées sont variées et touchent toutes les sphères du développement : par exemple, on organise des camps de leadership, des cours de journalisme, des sorties au musée, des ateliers de musique et des concerts, des camps sportifs et bien d'autres. « Les responsables de camps rencontrés mentionnent que leurs effets sur les jeunes sont visibles, même physiquement. Certains enfants adoptent une posture différente, plus assurée. D'un point de vue psychologique, les jeunes qui participent aux camps trouvent un climat d'entraide, une attention spéciale et ils peuvent s'ouvrir en confiance, ce qui leur apporte apaisement et réconfort. » (MESS, 2007) Le personnel et les bénévoles reçoivent une formation pour les aider à développer l'estime de soi des enfants qui fréquentent le Club, au moyen d'une attitude attentionnée et valorisante.

Le succès du Club des petits déjeuners dépasse les frontières du Québec puisque ses activités se sont étendues à l'ensemble du Canada, où a été fondé le Club des petits déjeuners du Canada. Il commence aussi à s'étendre à l'échelle mondiale. Par exemple, au Cameroun, le Club Africain de Petits Déjeuners veut appuyer les efforts des populations démunies et lutter contre la pauvreté en offrant le petit déjeuner aux enfants des écoles de milieux défavorisés. On a observé immédiatement une réduction du taux d'absentéisme (Club Africain de Petits Déjeuners, 2012).

Le Club des petits déjeuners a un effet positif sur les enfants qui va au-delà de l'apport nutritionnel ; il réduit l'inégalité des chances de réussite scolaire et, conséquemment, favorise les chances de réussite dans la vie.

Il est important de souligner que plusieurs enfants provenant de milieux défavorisés réussissent tout de même bien à l'école. En effet, ce qui fait la différence, c'est le **capital social**, c'est-à-dire les ressources familiales et communautaires sur lesquelles ces enfants peuvent compter. Ainsi, dans le cadre d'une recherche expérimentale américaine qui s'est échelonnée sur trois ans, on a augmenté le salaire des parents de manière à ce que leurs revenus se situent au-dessus du seuil de pauvreté et on leur a offert également un montant d'argent supplémentaire destiné aux soins de santé des enfants. Ces parents ont alors manifesté moins de stress et plus d'optimisme que le groupe témoin, et leurs enfants d'âge scolaire ont amélioré à la fois leur comportement et leur rendement scolaire. Deux ans après la fin du programme, son incidence sur la réussite scolaire et sur la motivation des enfants s'était maintenue (Huston *et al.*, 2005).

Capital social
Ressources familiales et communautaires sur lesquelles les enfants peuvent compter.

L'influence du groupe de pairs

Le groupe de pairs tend également à avoir une influence sur la performance de l'enfant. En effet, lorsque celui-ci valorise la réussite scolaire, on note un effet d'entraînement chez l'enfant qui, en voulant s'identifier à son groupe, va valoriser à son tour

Un ordinateur pour tous?

S'il est bien utilisé, l'ordinateur peut favoriser l'apprentissage et stimuler la motivation.

la participation à l'école. En outre, puisque les enfants ont tendance à se regrouper avec ceux qui ont des performances scolaires similaires, les apprentissages nécessaires à la réussite scolaire tels que la persévérance, la détermination ou le dynamisme peuvent être imités par les enfants d'un même groupe (Gagnon, 1999).

Les pratiques pédagogiques

Comment l'école peut-elle favoriser le développement de l'enfant? Tout au long du XXe siècle, plusieurs philosophies de l'éducation contradictoires se sont succédé, allant de l'apprentissage par cœur aux modèles sociocognitifs, en passant par la pédagogie ouverte et de nombreuses autres théories éducatives.

De nombreux éducateurs recommandent aujourd'hui d'intégrer à l'enseignement donné aux enfants des projets liés à leurs champs d'intérêt et à leurs talents naturels. Selon ces éducateurs, il faut favoriser les projets coopératifs et la résolution de problèmes pratiques, car les élèves apprennent mieux lorsqu'on utilise différents moyens d'apprentissage et qu'on met l'accent sur la créativité et les habiletés pratiques autant que sur la mémorisation et l'esprit critique (Sternberg et Horvath, 1998).

L'utilisation des ordinateurs et la possibilité de naviguer sur Internet à l'école ouvrent de nouvelles avenues: apprentissage individualisé, communications élargies et développement précoce des habiletés de recherche. Toutefois, ces nouveaux outils représentent aussi un danger. Au-delà du risque d'être exposé à de l'information pernicieuse ou inappropriée, les jeunes doivent donc apprendre à exercer leur esprit critique afin d'évaluer la qualité de l'information trouvée et trier les faits des opinions ou des publicités. L'encadré 7.3 fait le point sur le sujet.

Le PISA 2012 a évalué des élèves de 15 ans provenant de 65 pays. Si l'on se fie aux résultats de cette enquête, le système d'éducation au Canada se classe dans les premiers rangs en ce qui concerne l'efficacité et l'excellence puisqu'on observe des performances élevées et une grande égalité dans les possibilités d'apprentissage (OCDE, 2013).

7.4.2 Les besoins d'éducation particuliers

Si les écoles s'adaptent de plus en plus aux enfants provenant de divers milieux et cultures, elles doivent aussi tenir compte des enfants qui ont des besoins d'éducation particuliers, tels que les enfants qui présentent des problèmes d'apprentissage ou ceux qui sont plus doués que la moyenne.

La déficience intellectuelle

Déficience intellectuelle
Fonctionnement intellectuel situé bien en deçà de la moyenne et accompagné d'importantes lacunes sur le plan de la communication et de la socialisation.

Traditionnellement, la **déficience intellectuelle** est définie comme étant un fonctionnement intellectuel situé bien en deçà de la moyenne, c'est-à-dire un QI de 70 ou moins. Selon le DSM-V, le QI de 70 ou moins n'est plus le critère formel du diagnostic, puisqu'il faut aussi prendre en considération les problèmes d'adaptation liés à l'indépendance personnelle et la responsabilité sociale. On parle désormais de déficience légère, modérée, sévère ou profonde (APA, 2013). La déficience intellectuelle apparaît avant l'âge de 18 ans; elle touche moins de 1 % des enfants américains et sensiblement le même nombre d'enfants au Québec (Institut de la statistique du Québec, 2006a). Dans près de la moitié des cas, sa cause reste inconnue. Les causes connues, elles, sont liées à des troubles génétiques (trisomie 21), à des problèmes lors du développement de l'embryon (syndrome d'alcoolisation fœtale, par exemple), à des complications durant la grossesse et l'accouchement (malnutrition du fœtus, manque d'oxygène à la naissance, etc.) ou à des troubles physiques survenus dans l'enfance (traumatisme, empoisonnement au plomb, etc.).

Lorsque la déficience intellectuelle est faible ou modérée, les enfants déficients peuvent habituellement bénéficier d'une scolarisation. Un milieu favorable et stimulant dès les premières années et un encadrement soutenu favorisent le développement de ces

ENCADRÉ 7.3 PAROLES D'EXPERT

Thierry Karsenti | Titulaire de la Chaire de recherche du Canada sur les technologies en éducation et professeur titulaire à l'Université de Montréal

Un ordinateur pour chaque élève ?

Selon Karsenti, les technologies de l'information et de la communication (TIC) viennent bouleverser l'enseignement traditionnel et la Chaire de recherche qu'il dirige cherche à définir leur incidence sur le monde de l'éducation. Les TIC sont de plus en plus présentes dans les écoles du Québec. Selon Thierry Karsenti, les technologies ont un immense potentiel, mais il faut que les enseignants sachent les utiliser en contexte d'apprentissage pour développer des compétences, et non seulement pour un usage ludique, ce qui est le cas actuellement dans la majorité des établissements. À l'école, il faut s'éloigner des jeux; les enfants en utilisent suffisamment à la maison.

Les avantages de l'utilisation judicieuse des outils technologiques sont nombreux. Lorsque les élèves peuvent travailler à l'ordinateur plutôt que dans un livre, leur motivation augmente, et plusieurs recherches démontrent qu'ils peuvent rester concentrés plus longtemps lorsqu'ils travaillent à l'ordinateur plutôt que dans un cahier d'exercices. Sur Internet, ils ont accès à des connaissances illimitées et à de nombreuses ressources éducatives, mais le rôle de l'enseignant est essentiel pour guider les élèves et orienter l'apprentissage (Depover, Karsenti et Komis, 2007).

Si les jeunes savent utiliser les fonctions des logiciels de traitement de texte, ils en tirent avantage pour la qualité de la langue. Lorsqu'ils écrivent un texte, le logiciel corrige l'orthographe et la grammaire et ils ont une rétroaction immédiate – comme avec les jeux vidéo – au fur et à mesure qu'ils écrivent, ce qu'un enseignant ne peut pas faire. Cela permet ainsi à l'enseignant de se concentrer sur le contenu et la structure du texte. Les résultats se font sentir à long terme puisqu'à force de se faire corriger, ils apprennent à écrire correctement (Grégoire et Karsenti, 2013).

Au Québec, la Commission scolaire Eastern Township, qui accueille une grande clientèle défavorisée en milieu rural, est la première commission scolaire à avoir donné, en 2003, un ordinateur portable à chaque élève. Après dix ans, on constate que le taux de décrochage a considérablement diminué dans cette commission scolaire, alors qu'il varie très peu, partout ailleurs au Québec. Selon les enseignants, les principaux avantages de l'utilisation des technologies en classe sont les suivants :

- Le soutien à la motivation des élèves ;
- La facilité d'accès à l'information et aux ressources éducatives, tant pour les élèves que pour les enseignants ;
- Le soutien au développement de l'habileté à écrire des élèves ;
- Le soutien au développement de méthodes de travail efficaces des élèves ;
- Le soutien au sentiment de compétence des élèves ;
- Le soutien à l'apprentissage différencié ;
- L'apport à la qualité des travaux réalisés par les élèves ;
- Le soutien à la communication et au travail d'équipe ;
- Le fait de pouvoir mieux préparer les jeunes pour la suite de leur avenir socioprofessionnel ;
- Le soutien à la créativité des élèves. (Karsenti *et al.*, 2012)

Par ailleurs, les nouvelles technologies présentent aussi des effets secondaires indésirables, et leur utilité est limitée aux usages qu'on en fait. Avant d'implanter un tel système dans toutes les écoles, il faut s'assurer que les enseignants maîtrisent bien les outils et qu'ils sauront en faire un usage judicieux. Quant à l'utilisation des tablettes, qui sont à portée de main continuellement, elles possèdent un pouvoir de déconcentration ou de distraction immense et peuvent divertir plutôt qu'inciter les élèves à écouter l'enseignant.

enfants. La plupart d'entre eux peuvent donc aller à l'école jusqu'au secondaire, occuper ensuite un emploi, vivre dans leur communauté et fonctionner relativement bien en société. Toutefois, les enfants qui souffrent d'une déficience plus profonde nécessitent des soins constants, lesquels sont généralement prodigués en institution ou dans des centres consacrés à ce type de soins.

Les troubles spécifiques des apprentissages

Les **troubles spécifiques des apprentissages** ne sont pas une autre forme de déficience intellectuelle: ce sont des troubles qui interfèrent avec des aspects spécifiques de l'apprentissage et qui nuisent à la réussite scolaire. Ils affectent l'acquisition, l'organisation, la rétention, la compréhension ou le traitement de l'information verbale ou non verbale. On estime qu'en 2016, environ 10 % des enfants de 5 à 14 ans présenteront des troubles d'apprentissage (Burke, 2010). Les enfants qui souffrent de ces troubles ont souvent une intelligence qui se situe dans la moyenne, voire au-dessus, mais ils semblent néanmoins avoir de la difficulté à traiter l'information sensorielle. Ils sont moins orientés vers la tâche, et donc plus facilement distraits que les autres enfants, ce qui peut donner l'impression, à tort, qu'ils sont paresseux. Bien sûr, ce ne sont pas

Troubles spécifiques des apprentissages
Troubles qui interfèrent avec l'acquisition d'au moins une des habiletés suivantes : le langage oral, la lecture, le langage écrit, les mathématiques, et qui nuisent à la réussite scolaire.

tous les enfants qui ont des difficultés en lecture ou en mathématiques, ou dans une autre matière, qui ont des troubles d'apprentissages. Certains sont anxieux, ont des difficultés à comprendre des consignes, ont des problèmes de vision ou d'audition, manquent de motivation ou d'intérêt, n'ont pas eu un bon enseignement ou ont un retard de développement. Tous ces facteurs peuvent disparaître. Les troubles d'apprentissage, eux, ne disparaissent pas, mais avec un dépistage précoce et une éducation appropriée, un enfant peut s'adapter et avoir une vie tout à fait normale. Le tableau 7.8 définit quelques-uns des troubles d'apprentissage.

TABLEAU 7.8 Quelques troubles d'apprentissage

Fonction touchée	Trouble	Symptômes et exemple
Traitement du langage	Dyslexie	Difficulté à lire ou à épeler, voire à parler correctement Ex. : Inversion de lettres, erreurs de prononciation des mots
Concepts mathématiques	Dyscalculie	Difficulté avec le calcul, la notion du temps, l'argent, les concepts mathématiques Ex. : Difficulté à apprendre à compter par 2, 3, 4
Expression écrite	Dysgraphie	Difficulté à exprimer des idées sur papier Ex. : Écriture illisible, difficultés à structurer des idées
Règles d'écriture	Dysorthographie	Difficulté à écrire sans faute d'orthographe ou de grammaire

Note : Avec le DSM-V, paru en mai 2013, on ne pourra plus recourir à ces appellations. On définit plutôt le trouble par les difficultés qu'il engendre, sans y apposer d'étiquette.

Source : Adapté de l'Association canadienne des troubles d'apprentissage (ACTA), 2013.

Dyslexie
Trouble d'apprentissage qui rend la lecture et la rédaction difficiles ou impossibles.

Savez-vous ce qu'ont en commun l'acteur Tom Cruise, le joueur de baseball Nolan Ryan, le cinéaste Steven Spielberg, l'inventeur du téléphone Alexander Graham Bell et le savant Albert Einstein ? Ils sont tous des personnes célèbres qui, plus jeunes, comme Rose dans la mise en situation, ont souffert de **dyslexie**, le type de trouble d'apprentissage le plus souvent diagnostiqué. Les enfants dyslexiques présentent des déficiences subtiles du langage : ils confondent souvent le haut et le bas, la gauche et la droite, ils peuvent lire « lion » au lieu de « loin ». Les études utilisant l'imagerie cérébrale ont montré que la dyslexie résulte d'un défaut neurologique qui perturbe le traitement des sons (Shaywitz, Mody et Shaywitz, 2006). Avec un entraînement systématique, la dyslexie peut être maîtrisée et il est possible d'apprendre à lire à un enfant dyslexique.

Enfin, même si certains facteurs environnementaux tels que des complications durant la grossesse ou à la naissance, des accidents ou une sous-alimentation peuvent être pointés du doigt, les recherches en génétique concluent que les troubles d'apprentissage seraient majoritairement causés par la présence de certains gènes (Plomin et Kovas, 2005).

Le trouble de déficit de l'attention/hyperactivité

Trouble de déficit de l'attention/hyperactivité (TDAH)
Syndrome caractérisé par une inattention persistante dans des situations inappropriées, accompagnée ou non d'hyperactivité et d'impulsivité.

Le **trouble de déficit de l'attention/hyperactivité (TDAH)** est un syndrome caractérisé par l'inattention persistante, l'impulsivité, une faible tolérance à la frustration et une activité supérieure à la normale au mauvais moment et au mauvais endroit. Les enfants qui présentent un TDAH ont tendance à vite oublier leurs responsabilités, à penser à voix haute plutôt que dans leur tête, à être facilement frustrés ou fâchés et à abandonner rapidement devant un problème qu'ils ne parviennent pas à résoudre. Même si, jusqu'à un certain degré, ces comportements sont propres à tous les enfants, ils sont parfois tellement prononcés qu'ils nuisent à la vie scolaire et à plusieurs aspects de la vie quotidienne.

On estime que de 3 % à 11 % des individus sont affectés par le TDAH. Ce taux varie grandement selon le genre, l'ethnie, la région géographique et certains facteurs contextuels, et pourrait également être partiellement lié aux pressions exercées sur les enfants pour qu'ils réussissent à l'école (Schneider et Eisenberg, 2006). Si ces symptômes ont tendance à diminuer avec l'âge, le TDAH peut toutefois persister jusqu'à l'adolescence ou à l'âge adulte. Le musicien John Lennon, le sénateur Robert Kennedy et les acteurs Robin Williams et Jim Carrey sont quelques-unes des personnalités connues à avoir présenté ce trouble.

Des études basées sur l'imagerie médicale révèlent que le cerveau des enfants qui souffrent du TDAH croît normalement: ses différentes régions épaississent puis amincissent à des moments différents de son développement. Toutefois, ce processus est retardé d'environ trois ans dans certaines parties du cerveau, et plus particulièrement dans les lobes frontaux. Or, ce sont ces régions frontales qui permettent à une personne de contrôler ses mouvements, de supprimer les pensées et les actions inappropriées, de concentrer son attention, de se souvenir d'un moment et de poursuivre un but. C'est la raison pour laquelle ces fonctions sont souvent perturbées chez les enfants présentant un TDAH. Le cortex moteur est la seule région qui se développe chez eux plus vite que la normale, une disparité qui pourrait expliquer l'impatience et l'agitation caractéristiques des enfants atteints par ce trouble (Shaw, Krause, Liang et Bennett, 2007).

Avec près de 80 % d'héritabilité, le TDAH possède une base génétique importante (Acosta, Arcos-Burgos et Muenke, 2004). Les chercheurs ont en effet identifié la présence d'une variation dans un gène lié à la dopamine, un neurotransmetteur essentiel dans l'attention et la cognition, et dont la carence semble ainsi associée au TDAH (Volkow *et al.*, 2007). Par ailleurs, il est possible de mettre en place des mesures d'aide, comme le font Julie et les parents de Jacob dans la mise en situation. Par exemple, on peut fractionner davantage leurs tâches en courtes séquences, faire de fréquents rappels sur les consignes et le temps à respecter et leur offrir des renforcements immédiats pour les accomplissements les plus modestes.

Le TDAH

Le TDAH, qui aurait une forte composante génétique, est un trouble qui se manifeste par une inattention persistante, une grande impulsivité et une faible tolérance à la frustration.

Le TDAH est souvent contrôlé avec des médicaments comme le Ritalin ou le Concerta, qu'on combine parfois à une thérapie comportementale, un entraînement aux habiletés sociales ou un placement en classe spéciale. Une étude comparant les traitements médicaux aux traitements non médicaux (suppléments alimentaires) relève l'efficacité supérieure des médicaments dans le contrôle des symptômes du TDAH (Cooper, 2012). Toutefois, des effets secondaires sont associés à ces médicaments, comme des difficultés de sommeil et une réduction de l'appétit, qui peuvent se traduire par un léger retard de croissance (Joober et Grizenko, 2008). Il est donc impérieux de s'assurer d'avoir un bon diagnostic avant de recourir aux médicaments. Si les effets à long terme des médicaments restent encore inconnus, on sait toutefois qu'un TDAH non maîtrisé peut avoir des conséquences dévastatrices, tant pour la santé mentale de l'enfant que pour son bulletin scolaire, puisque le comportement perturbateur influence grandement l'estime de soi de ces enfants.

Il ne faut pas confondre TDAH et EHDAA (enfants handicapés en difficulté d'adaptation et d'apprentissage). Cette dernière appellation concerne les enfants handicapés qui ne progressent pas suffisamment dans le système scolaire, malgré des mesures mises en place par l'enseignant ou par d'autres intervenants. Les enfants présentant un TDAH peuvent en faire partie ou non.

Les enfants doués

La **douance** tend traditionnellement à être associée à une intelligence générale élevée, identifiée par un QI de 130 ou plus. Cette définition semble toutefois exclure les enfants très créatifs (ceux dont les réponses inhabituelles font souvent baisser leurs résultats), les enfants de groupes minoritaires (ceux dont les habiletés ne se développeraient pas

Douance
Intelligence générale élevée, identifiée par un QI de 130 ou plus.

correctement, malgré la présence d'un potentiel) et les enfants ayant des aptitudes particulières (ceux qui sont seulement dans la moyenne dans d'autres domaines ou qui peuvent même parfois présenter certains problèmes d'apprentissage). Or, tous ces enfants doués qui se retrouvent souvent en situation d'échec ont besoin de services éducatifs particuliers qui leur permettent de développer efficacement leurs habiletés.

Les enfants doués ont tendance à provenir d'un milieu familial enrichi qui leur procure beaucoup de stimulations intellectuelles et artistiques et qui leur accorde un degré d'indépendance inhabituel. Les parents d'enfants doués ont des attentes généralement élevées envers leurs enfants, dont ils reconnaissent les capacités. Ils sont souvent eux-mêmes de grands travailleurs qui réussissent ce qu'ils entreprennent.

Les psychologues qui ont étudié la vie de personnages aux grandes réalisations ont trouvé que des niveaux de performance élevés requièrent une forte motivation intrinsèque et des années de travail rigoureux. Toutefois, la motivation et le travail ne produisent pas la douance si un enfant n'est pas né avec des habiletés particulières. Inversement, les enfants doués ont peu de chances de réussir exceptionnellement sans motivation et sans travail (Achter et Lubinski, 2003). Ainsi, les parents peuvent encourager le développement des dons présents chez leur enfant, mais ils ne peuvent en aucun cas les créer. Les recherches laissent en effet entendre que l'enfant surdoué a un fonctionnement cérébral différent puisqu'il utilise des réseaux neuronaux plus étendus et qu'il active des zones corticales supplémentaires. Il traite donc l'information globalement et simultanément, avec une grande rapidité de la pensée (Bleandonu et Revol, 2010).

Les programmes destinés aux enfants doués se concentrent généralement sur l'enrichissement ou sur l'accélération. Les programmes enrichis approfondissent les connaissances et les habiletés de l'enfant au moyen d'activités parascolaires, de projets de recherche, d'excursions ou d'un encadrement spécialisé. Les autres programmes qui sont parfois recommandés pour les enfants extrêmement doués misent quant à eux sur l'accélération de la scolarisation, que ce soit par une entrée précoce à l'école, par le saut d'une année, par le placement dans une classe au rythme plus rapide ou par des cours plus avancés. Une accélération modérée de la scolarisation ne semble pas nuire à l'ajustement social de ces enfants, du moins à long terme. En effet, une étude de 30 ans portant sur près de 4000 jeunes ayant suivi des cours d'un niveau avancé au secondaire a montré qu'ils étaient plus satisfaits de leur expérience scolaire et qu'ils réussissaient mieux que d'autres jeunes aussi doués qu'eux et qui n'avaient pas suivi de cours avancés (Bleske-Rechek, Lubinski, et Benbow, 2004).

Comment le projet de bande dessinée, dans la classe de Julie, peut-il répondre aux besoins d'un enfant doué?

Il est difficile d'établir une marge claire entre le fait d'être doué ou non. Tous les enfants profitent en effet du fait d'être encouragés dans leurs domaines d'intérêt et d'habileté. Ce qu'on apprend en encourageant les enfants talentueux peut donc aussi aider tous les autres enfants à atteindre le maximum de leur potentiel. La mesure dans laquelle ils peuvent le faire influencera alors leur estime de soi ainsi que d'autres aspects de leur personnalité, comme nous le verrons dans le prochain chapitre.

FAITES LE POINT

10. Comment le niveau socioéconomique d'un enfant peut-il avoir un impact sur sa réussite scolaire?
11. Quelles sont les principales causes attribuées au déficit de l'attention avec ou sans hyperactivité?
12. Dans le cadre de vos études universitaires en enseignement au primaire, vous vous apprêtez à faire un stage dans une classe de deuxième année. Avant de commencer votre stage, vous révisez vos notions sur les facteurs qui favorisent la réussite scolaire d'un enfant. Quels sont les aspects importants que vous devez retenir?

Résumé

Le développement physique

- De 5 à 11 ans, la myélinisation du cerveau se poursuit et des changements dans l'épaisseur du cortex sont liés au développement de l'intelligence.
- À cet âge, de plus en plus d'enfants présentent un surplus de poids, ce qui peut avoir de sérieuses répercussions sur leur santé et sur leur fonctionnement affectif et social.
- La capacité d'écrire, qui passe du dessin à l'orthographe lisible, représente un progrès important lié au développement de la motricité fine.
- L'activité physique a des effets positifs considérables sur la santé physique et mentale des enfants ainsi que sur leurs performances à l'école.

Le développement cognitif

- Au stade des opérations concrètes, l'enfant peut utiliser des opérations mentales pour résoudre des problèmes concrets.
- À ce stade, l'enfant est aussi moins égocentrique et sa pensée devient de plus en plus logique. L'enfant maîtrise maintenant les notions de conservation parce qu'il comprend le principe d'identité, le principe de réversibilité et qu'il est capable de décentration. Cependant, certains types de conservation sont acquis plus tardivement que d'autres, parce que l'action mentale de l'enfant n'est pas indépendante du contenu traité.
- Selon Piaget, le raisonnement moral suit le développement cognitif. Ce n'est qu'au stade opératoire que l'enfant commence à prendre en considération l'intention derrière l'action et qu'il acquiert le sens de l'équité.
- L'enfant d'âge scolaire fait des progrès sur les plans de la fonction exécutive et de la vitesse de traitement de l'information. Il commence aussi à utiliser des stratégies mnémoniques et parvient mieux à canaliser son attention sur l'information pertinente dans une situation donnée.
- Même si les tests d'intelligence permettent de prédire la réussite scolaire, on leur reproche toutefois de mesurer surtout des connaissances acquises plutôt que des habiletés innées. De plus, les biais culturels qu'ils comportent sont difficiles à éviter.
- Gardner considère qu'il existerait huit ou neuf types d'intelligence, qui ne sont pas tous mesurés par les tests.
- Selon la théorie triarchique de Sternberg, trois éléments se combinent à différents degrés pour former l'intelligence: l'élément compositionnel, l'élément expérientiel et l'élément contextuel.

L'évolution du langage: la communication

- À l'âge scolaire, l'enfant a acquis une bonne maîtrise du langage. Il peut manier une grammaire complexe et utiliser un vocabulaire assez étendu. Même s'il a parfois encore de la difficulté à saisir toutes les subtilités de la syntaxe, cela lui permet de progresser rapidement dans ses habiletés de communication.
- L'apprentissage de la lecture peut combiner une approche phonétique, basée sur un décodage des syllabes et des mots, et une approche plus globale mettant l'accent sur la reconnaissance visuelle. Plus la reconnaissance des mots devient automatique, plus l'enfant peut se concentrer sur le sens de ce qu'il lit.
- L'apprentissage de l'écriture fait appel à la motricité fine et impose à l'enfant un certain nombre de contraintes comme l'orthographe, la ponctuation et la grammaire, ainsi que la nécessité de vérifier si ses textes sont compris par les autres.

La scolarisation

- Selon le modèle écologique de Bronfenbrenner, plusieurs facteurs jouent un rôle dans la réussite scolaire de l'enfant: la confiance en ses capacités, l'appartenance à un sexe donné, l'implication des parents auprès de l'enfant et de l'école ainsi que leur style d'éducation, le niveau socioéconomique de la famille, la valorisation de la part des pairs et des pratiques pédagogiques stimulantes.
- L'école doit tenir compte des enfants ayant des besoins particuliers, comme ceux qui présentent une déficience intellectuelle, des troubles spécifiques d'apprentissage ou un trouble de déficit de l'attention avec ou sans hyperactivité.
- Les programmes scolaires destinés aux enfants doués, caractérisés par un QI de 130 ou plus, se concentrent surtout sur l'enrichissement et le rythme d'apprentissage.

CHAPITRE

8

Le développement affectif et social de l'enfant de six à onze ans

PLAN DU CHAPITRE

Les nouvelles capacités cognitives permettent à l'enfant d'âge scolaire de développer un concept de soi plus réaliste et plus complet. L'entrée à l'école apporte aussi un changement majeur dans sa vie affective et sociale, puisqu'il passe maintenant de nombreuses heures en dehors de sa famille. Ainsi, même si les relations familiales sont toujours d'une importance fondamentale, l'univers de l'enfant d'âge scolaire s'élargit considérablement, ce qui l'amène à se créer une vie de plus en plus autonome et indépendante. La présence des parents demeure d'une importance capitale pour assurer l'encadrement nécessaire au désir d'autonomie croissant de l'enfant. Néanmoins, certains problèmes soulevés par la conciliation travail-famille rendent parfois cet encadrement difficile. En outre, les interactions avec les pairs, qui sont de plus en plus présents dans la vie de l'enfant, lui ouvrent de nouvelles perspectives, l'aident à mieux se connaître et lui procurent les joies de l'amitié.

Mise en situation

Dans le cadre d'un cours d'expression écrite, l'enseignante de quatrième année a mis sur pied un projet de correspondance par courriel avec des élèves du même âge en Belgique. Voici donc la première lettre que Charlotte, 10 ans, écrit à sa nouvelle correspondante, Delphine.

Bonjour Delphine,

Je suis heureuse de pouvoir t'écrire et j'ai hâte de savoir comment ça se passe dans ton pays. Aujourd'hui, je vais te parler de moi, de ma famille et de mes amis. Je m'appelle Charlotte, j'ai 10 ans, j'ai les cheveux châtains, longs, et les yeux bruns. J'habite Montréal et je suis en quatrième année B. Dans ma classe, on est 26 élèves. Ma meilleure amie s'appelle Florence et quand on se dispute, je suis un peu fâchée, mais je continue quand même de jouer avec elle parce que je sais qu'on a presque toujours les mêmes goûts.

À l'école, je suis très bonne en lecture et en dictée, mais pas très bonne en anglais. La plupart de mes amis sont bien meilleurs que moi, mais je veux quand même apprendre l'anglais pour aller visiter d'autres pays et pouvoir parler avec les gens. Les mathématiques, c'est ma matière préférée. Hier, j'ai réussi à résoudre tous les problèmes et Valérie, mon enseignante, m'a demandé ensuite d'aider ceux qui n'avaient pas compris. J'aime beaucoup aider les autres à l'école, même Frédéric. Il est tout le temps trop gêné et personne ne veut jouer avec lui. Il y a même des grands de sixième année qui lui volent des choses et il ne dit rien.

« J'aime beaucoup aider les autres à l'école, même Frédéric. Il est tout le temps trop gêné et personne ne veut jouer avec lui. »

Je vais te présenter ma famille, mais tu vas voir, c'est un peu compliqué. Pendant la semaine, je vis avec ma mère qui s'appelle Diane, mon beau-père Greg et mon frère William, qui a trois ans. Je l'aime beaucoup, même si des fois il dessine dans mes cahiers d'école. Le matin, c'est moi qui prépare ses céréales et qui l'aide à s'habiller pendant que maman prépare les boîtes à lunch. La fin de semaine, c'est différent. Une fin de semaine sur deux, je vais chez mon père qui s'appelle Marc-André, mais pas William parce que ce n'est pas son père à lui. Là, je vois ma sœur Alice, qui est encore un bébé et qui est en fait ma demi-sœur, et aussi Julie, qui a sept ans. C'est la fille de Josée, l'amie de mon père. Julie et moi, on joue ensemble, mais je la trouve un peu bébé des fois. Sinon, l'autre fin de semaine, c'est Jonathan, le fils de Greg, qui vient vivre avec nous. Il a 13 ans et il fait surtout des activités avec son père. Sinon, il joue tout le temps à des jeux vidéo, mais des fois, il accepte de me laisser jouer un peu. As-tu deux familles toi aussi ?

J'ai hâte de recevoir ta lettre et de te connaître un peu plus.

Charlotte

Tout au long de la lecture de ce chapitre, référez-vous à cette mise en situation pour répondre aux questions qui s'y rapportent.

8.1 Le soi en développement

Les progrès de l'enfant d'âge scolaire sur le plan cognitif lui permettent désormais de développer une image de soi beaucoup plus complexe et réaliste. Or, cette transition favorise l'approfondissement du développement de l'enfant sur le plan émotionnel.

8.1.1 La représentation de soi

La lettre écrite par Charlotte, présentée dans la mise en situation, montre bien comment l'enfant d'âge scolaire est désormais capable de parler de lui plus facilement que dans la période précédente. En effet, les nouvelles capacités cognitives de l'enfant qui a atteint l'âge de sept ou huit ans l'amènent à développer un concept de soi beaucoup plus nuancé qu'auparavant. Les jugements qu'il porte sur lui-même deviennent plus complets et plus réalistes puisqu'ils peuvent maintenant inclure à la fois des éléments positifs et négatifs.

La description que Charlotte fait d'elle-même le démontre : elle peut décrire plusieurs aspects différents de sa personne, et elle le fait en apportant des nuances. Elle se décrit ainsi comme une élève bonne dans certaines matières et moins bonne dans d'autres. De plus, sa description inclut des jugements concernant ses propres valeurs ou préférences : « J'aime bien aider les autres. » Enfin, Charlotte peut se définir en se comparant à d'autres enfants de son âge, ce qui contribue au développement de son estime de soi.

Comme nous l'avons vu au chapitre 6, le concept de soi d'un enfant évolue avec l'âge. Vers sept ou huit ans, les jugements qu'on porte sur soi-même deviennent plus réalistes et plus nuancés.

Le soi réel et le soi idéal

Durant la période préscolaire, la conception de soi de l'enfant était relativement simple : les enfants se décrivaient en termes concrets et selon un seul point de vue. À l'âge scolaire apparaissent les notions du **soi réel**, qui représente ce qu'une personne est vraiment, et du **soi idéal**, qui correspond à ce que la personne voudrait être. Lorsque l'enfant acquiert la nuance entre ces deux notions, il est davantage en mesure de prendre conscience de la distance qui le sépare de son idéal ou de son objectif, à la manière de ce que fait Charlotte lorsqu'elle évoque ses performances en anglais.

Soi réel
Idée qu'une personne se fait de ce qu'elle est vraiment.

Soi idéal
Idée qu'une personne se fait de ce qu'elle aimerait être.

Un écart important entre le soi réel et le soi idéal est habituellement un signe de maturité (Maccoby, 1980). En effet, en évaluant la différence entre le soi réel et le soi idéal, l'enfant peut se fixer des objectifs plus élevés qui le feront alors évoluer ; il contribue par le fait même à son propre développement. Le soi idéal, qui fait partie intégrante du concept de soi, est nettement influencé par les standards de la société. En effet, les jugements que les enfants portent sur eux-mêmes se basent sur les normes véhiculées dans leur société. Par exemple, la réussite scolaire est généralement favorisée, mais dans certains milieux, cela est tout à fait secondaire, surtout pour les filles.

Dans la mise en situation, comment l'enseignante aide-t-elle Charlotte à développer une bonne estime de soi ?

L'évolution de l'estime de soi et le soutien social

Le soutien social que l'enfant reçoit de ses parents, de ses copains de classe et de ses professeurs lui fournit des messages importants. Les gens de son entourage sont-ils attentifs à lui ? Le traitent-ils comme une personne qui a de la valeur à leurs yeux, qui a des choses intéressantes à dire ? Si l'enfant ressent qu'il occupe une place bien à lui dans l'esprit des personnes qui sont importantes dans sa vie, il se sent alors valorisé. De fait, un enfant qui n'est pas soutenu dans ses perceptions par les messages de son entourage ne pourra pas entretenir une estime de soi élevée. Par contre, la présence de ce soutien accentue alors son estime de soi qui, comme nous l'avons déjà mentionné, représente sur plusieurs plans, et notamment sur le plan émotionnel, un gage de développement sain pour l'enfant (Duclos, 2000).

L'importance des pairs dans l'estime de soi
La valorisation des pairs est importante pour l'estime de soi à l'âge scolaire.

8.1.2 Le développement émotionnel

Plus les enfants vieillissent, plus ils sont conscients de leurs émotions et de celles des autres. Ils peuvent donc adapter leurs réactions émotionnelles aux situations dans lesquelles ils se trouvent et, comme nous l'avons vu dans le chapitre 4, ils peuvent expérimenter des émotions plus complexes comme la fierté, la honte et la culpabilité. Vers l'âge de sept ou huit ans, cette perception devient particulièrement aiguë, les enfants de cet âge faisant très bien la distinction entre la culpabilité et la honte. Cet âge est également marqué par une plus grande aptitude de l'enfant à verbaliser des émotions contradictoires, ce qui représente une nouvelle habileté émotionnelle. Dans la mise en situation, on voit en effet que Charlotte parvient à nuancer ses émotions lorsqu'elle parle de son amie Florence. Harter (1996) identifie ainsi chez l'enfant plusieurs niveaux de compréhension des émotions contradictoires (*voir le tableau 8.1*).

TABLEAU 8.1 Les niveaux de compréhension des émotions contradictoires chez les enfants (selon Harter)

Niveau (âge)	Ce que l'enfant comprend	Ce que l'enfant pourrait dire
Niveau 0 (3-6 ans)	Les enfants ne peuvent comprendre l'existence d'émotions contradictoires. Ils ne peuvent même pas concevoir que deux émotions telles que la colère et la tristesse puissent coexister.	« Tu ne peux pas avoir deux émotions en même temps, parce que tu n'as qu'un seul cœur. »
Niveau 1 (6-7 ans)	Les enfants catégorisent les émotions en émotions positives ou négatives. Ils peuvent reconnaître l'existence de deux émotions simultanées, mais seulement lorsque les émotions sont similaires et qu'elles concernent une même situation.	« Si mon frère me frappait, je serais triste et en colère. »
Niveau 2 (7-8 ans)	Les enfants peuvent reconnaître la coexistence de deux émotions similaires se rapportant à des situations différentes. Toutefois, ils ne comprennent pas encore la coexistence de deux émotions contradictoires.	« J'étais très excité d'aller rendre visite à mes grands-parents au Mexique. Je n'avais pas peur de prendre l'avion. Je ne pourrais pas avoir peur et être content en même temps. »
Niveau 3 (8-10 ans)	Les enfants peuvent comprendre que l'on peut avoir des émotions contradictoires, mais seulement si elles se rapportent à des objets différents.	« J'étais fâchée contre mon frère, alors je l'ai pincé, mais je suis contente parce que mon père ne s'est pas fâché contre moi. »
Niveau 4 (11 ans)	Les enfants peuvent décrire des émotions contradictoires dirigées vers une même situation.	« Je suis contente de fréquenter ma nouvelle école, mais j'ai aussi un peu peur. »

Le contrôle des émotions négatives est une autre dimension du développement émotionnel. Les enfants d'âge scolaire sont de plus en plus en mesure de comprendre ce qui les met en colère, les rend tristes et leur fait peur, ainsi que la façon dont les autres réagissent à ces émotions. Ils font aussi la différence entre ressentir une émotion et l'exprimer, et en prenant conscience des normes culturelles qui régissent l'expression des émotions, ils apprennent à se comporter selon les attentes de leur milieu (Cole, Bruschi et Tamang, 2002).

Les comportements prosociaux

Les comportements prosociaux sont plus fréquents chez les enfants qui ont une estime de soi élevée.

L'autorégulation émotionnelle implique une volonté et un effort pour contrôler ses émotions, son attention et son comportement. Les enfants qui ont une faible volonté de contrôle ont tendance à se mettre visiblement en colère et à être frustrés lorsqu'on les interrompt ou qu'on les empêche de faire ce qu'ils veulent. Au contraire, ceux qui ont une bonne volonté de contrôle peuvent réprimer leur impulsion de manifester une émotion négative dans un moment inapproprié. Cette capacité de contrôler ses émotions, qui influe sur l'adaptation de l'enfant à l'école, peut être liée au tempérament, mais elle augmente généralement avec l'âge. Une faible volonté de contrôle peut aussi indiquer des problèmes de comportement ultérieurs (Eisenberg *et al.*, 2004).

Les comportements prosociaux apparaissent à l'âge préscolaire et se renforcent à la période scolaire, alors que les enfants deviennent encore plus enclins à l'empathie. Il semble que l'empathie soit « programmée » dans le cerveau des enfants normaux. Une étude de l'activité cérébrale chez des enfants de 7 à 12 ans a montré que la région préfrontale était activée lorsqu'on leur montrait des images de personnes souffrantes (Decety *et al.*, 2009).

Les comportements prosociaux sont le signe d'une bonne adaptation émotionnelle de l'enfant, qui aura tendance à agir correctement dans une situation sociale, à manifester peu d'émotions négatives et à gérer les problèmes de manière constructive. Les enfants qui possèdent une estime de soi élevée semblent plus portés à offrir spontanément leur aide à ceux qui ont moins de chance qu'eux, ce qui, en retour, renforce leur estime de soi, comme le fait Charlotte avec Frédéric dans la mise en situation (Karafantis et Levy, 2004).

FAITES LE POINT

1. Expliquez pourquoi l'enfant d'âge scolaire est capable de faire une description de lui-même plus juste qu'auparavant.
2. Faites la distinction entre le soi réel et le soi idéal.
3. Quel lien peut-on faire entre l'estime de soi et les comportements prosociaux?

8.2 Le développement de la personnalité de 6 à 11 ans : les approches théoriques

Comme ce fut le cas pour les périodes d'âge précédentes, nous allons examiner l'évolution de la personnalité de l'enfant de 6 à 11 ans selon les théories de Freud et d'Erikson.

8.2.1 La théorie psychosexuelle de Freud

Selon Freud, après la « tempête » provoquée par le complexe d'Œdipe décrite dans le chapitre 6, au cours de laquelle l'enfant vit beaucoup d'anxiété et d'émotions intenses, survient la **période de latence**. Cette période se distingue par l'absence d'investissement de l'enfant dans une zone érogène particulière, d'où son nom de « période » plutôt que de « stade ». Pour Freud, il s'agit d'une période de repos pendant laquelle l'enfant se détourne des préoccupations d'ordre sexuel. Si l'enfant a résolu son complexe d'Œdipe en s'identifiant au parent de même sexe, il bénéficie maintenant d'un surmoi qui le rend plus conscient des règles sociales, règles qu'il choisit désormais de suivre volontairement. Ainsi, la présence du surmoi facilite son respect des règlements et de la discipline inhérents à la vie scolaire (Golse, 2001). L'identification peut en outre favoriser la motivation scolaire de l'enfant, puisque celui-ci voudra alors, par son entrée à l'école, suivre les traces de ses parents. La période de latence se caractérise par le développement de compétences intellectuelles et d'habiletés sociales largement présentes dans le contexte scolaire.

Période de latence
Selon Freud : quatrième étape du développement psychosexuel caractérisée par le refoulement des pulsions sexuelles causé par la présence du surmoi et par leur sublimation dans des activités scolaires, sociales et culturelles.

C'est aussi à cette étape du développement de sa personnalité que l'enfant commence à utiliser plus fréquemment les mécanismes de défense dont nous avons mentionné l'existence dans le chapitre 1. Dans la théorie freudienne, un mécanisme de défense est une stratégie inconsciente mise en place par le moi et qui tente de diminuer l'angoisse provenant généralement d'un conflit psychique entre une pulsion et les règles morales imposées par la société. C'est donc un moyen souvent irrationnel de réagir à l'anxiété en niant ou en déformant la réalité. Le tableau 8.2 (*voir la page suivante*) présente les principaux mécanismes de défense du moi.

8.2.2 La théorie psychosociale d'Erikson

Comme Freud, Erikson considère les années scolaires comme une période plus calme sur le plan affectif. En parallèle avec la période de latence, il met l'accent sur la maîtrise d'habiletés qui serviront à l'enfant dans un contexte scolaire. La quatrième crise, qui survient de 6 à 11 ans, est celle qu'Erikson appelle **travail versus infériorité**. À cet âge, l'enfant doit faire l'apprentissage des habiletés et des tâches qui sont requises dans sa société d'appartenance et doit fournir un travail productif. C'est l'âge où les enfants inuits apprennent à chasser et à pêcher, et où les garçons arapesh de Nouvelle-Guinée apprennent à fabriquer des arcs et des flèches et à poser des pièges, tandis que les filles apprennent à semer, à désherber et à récolter. Les enfants des pays industrialisés apprennent pour leur part à lire, à écrire, à compter et à utiliser

Travail *versus* infériorité
Selon Erikson : quatrième crise dans la théorie du développement psychosocial, au cours de laquelle l'enfant doit faire l'apprentissage de certaines habiletés favorisées par la culture. Il doit aussi être conscient de ses limites, sans développer un sentiment d'infériorité.

TABLEAU 8.2 Les mécanismes de défense du moi (selon Freud)

Mécanisme de défense	Description	Exemple
Le déni ou la négation	Nier la réalité d'une situation angoissante.	Vincent a perdu son père dans un accident de travail, mais il continue de parler de son père à ses camarades de classe comme si celui-ci était toujours vivant.
Le déplacement	Déplacer une réaction sur une autre cible que celle sur laquelle elle est réellement dirigée.	Maya, qui vient d'être grondée par son père, s'emporte contre son frère qui veut lui emprunter son jeu vidéo.
La formation réactionnelle	Exprimer des émotions ou agir de façon contraire à ce qu'on ressent réellement.	Carl aimerait être choisi pour représenter sa classe aux olympiades de mathématiques, mais comme il a peu de chances d'être élu, il clame haut et fort que ces olympiades ne sont qu'une perte de temps et que cela ne l'intéresse pas.
La projection	Prêter à l'autre des intentions, des désirs et des besoins (généralement négatifs) qui sont inconsciemment les nôtres.	Maryse joue à un jeu de société et meurt d'envie de tricher, mais se retient. Cependant, elle accuse constamment les autres d'essayer de tricher.
Le refoulement	Reléguer dans l'inconscient un souvenir ou une représentation qui suscite trop d'angoisse.	Caroline a subi des attouchements sexuels de la part de son beau-père lorsqu'elle avait cinq ans, mais elle n'en garde aucun souvenir conscient.
La régression	Retourner à des modes d'expression ou à des conduites caractéristiques d'un stade antérieur.	Depuis la séparation de ses parents, Justin, cinq ans, recommence à mouiller son lit la nuit.
La sublimation	Canaliser dans une activité socialement acceptable une pulsion qui ne l'est pas.	Marco manifestait des problèmes d'agressivité. Il s'est inscrit à un club de boxe, ce qui l'aide à canaliser cette agressivité.

l'ordinateur. Ils apprennent aussi à jouer en équipe et peuvent développer des talents artistiques. Par ailleurs, comme Charlotte qui s'occupe de son frère plus jeune, tous les enfants apprennent à participer aux rouages de la vie en société.

Les habiletés culturelles

Selon Erikson, en s'initiant à la préparation du repas, cette jeune fille apprend le fonctionnement de la société dans laquelle elle vit et la signification d'un travail correctement effectué.

Selon Erikson, si l'enfant résout cette crise, il développe une force adaptative particulière : la compétence, c'est-à-dire le sentiment de pouvoir maîtriser et accomplir les tâches qui lui incombent. En comparant ses propres compétences à celles de ses pairs, l'enfant va alors acquérir une meilleure connaissance de lui-même et de ses limites. Toutefois, la comparaison sociale inhérente à cette période qui s'étend de 6 à 11 ans peut aussi amener l'enfant à développer un sentiment d'infériorité vis-à-vis de ses pairs. Comme dans les crises précédentes, c'est un juste équilibre entre les deux pôles (travail et infériorité) qui va favoriser le développement d'une saine personnalité. Ainsi, l'enfant doit être conscient de la possibilité de l'échec. Le sentiment d'infériorité ressenti par l'enfant ne s'avère donc pas obligatoirement négatif, car il l'aide à développer un concept de soi plus réaliste. Cependant, si l'enfant est constamment écrasé par un sentiment d'infériorité, il tend alors à être incompétent et à perdre toute motivation pour le travail et l'apprentissage. L'enfant peut même régresser à une crise antérieure et perdre alors le sens de l'initiative. À l'opposé, un enfant trop axé sur la performance et la perfection peut devenir un bourreau de travail ou ne pas tolérer l'échec. Pour Erikson (1982), la résolution de cette crise est donc déterminante pour l'estime de soi de l'enfant.

Les parents influencent fortement le sentiment de compétence d'un enfant. Dans une étude longitudinale portant sur 514 enfants américains de classe moyenne, les croyances des parents au sujet des compétences de leurs enfants en mathématiques et en sports étaient fortement associées aux croyances des enfants sur leurs propres compétences (Fredericks et Eccles, 2002).

FAITES LE POINT

4. Décrivez ce qui se passe, selon Freud, au cours de la quatrième étape du développement psychosexuel.
5. Selon l'approche psychanalytique, qu'est-ce qu'un mécanisme de défense? Décrivez-en trois.
6. Jérémie, neuf ans, a trouvé un petit chien abandonné et il aimerait bien le garder. Ses parents hésitent, puis ils finissent par accepter à la condition que ce soit Jérémie qui s'en occupe. Ils considèrent que leur fils est maintenant capable d'assumer certaines responsabilités. Selon Erikson, comment la responsabilité de l'animal et l'attitude des parents de Jérémie contribuent-elles à son développement?

8.3 L'enfant et sa famille

L'enfant d'âge scolaire consacre désormais plus de temps qu'auparavant à l'école et aux activités organisées: il possède donc maintenant une vie bien à lui. Malgré cela, ses relations familiales demeurent une partie très importante de sa vie. Ainsi, pour comprendre ce qu'il vit, il faut examiner le climat et la structure particulière de son environnement familial et garder en tête que cet environnement est aussi influencé par ce qui se passe en dehors des murs de la maison. En effet, selon la théorie de Bronfenbrenner que nous avons abordée dans le chapitre 1, de nombreux éléments (tels que les revenus des parents, leur scolarité, le quartier qu'ils habitent, la qualité des services qui y sont offerts, etc.) situés à différents niveaux systémiques ont une incidence sur la famille et, par conséquent, sur le développement des enfants qui grandissent en son sein. La culture définit également le rythme de la vie familiale ainsi que les rôles tenus par ses membres. C'est pourquoi il importe de jeter un œil attentif sur l'environnement familial, en gardant à l'esprit que celui-ci est toujours influencé par des forces extérieures.

8.3.1 Les relations familiales

Le climat familial exerce une influence prédominante sur le développement de l'enfant. Est-il chaleureux et aidant ou est-il plutôt conflictuel? Une étude portant sur 226 familles d'origines ethniques différentes a montré que les conflits conjugaux étaient systématiquement associés à une éducation parentale inappropriée et que les enfants exposés à un tel climat présentaient généralement des problèmes de comportement associés à de la crainte, à de l'anxiété, à de la désobéissance ou à de l'agressivité (Kaczynski *et al.*, 2006).

La relation parent-enfant n'est pas à sens unique; elle résulte de l'interaction entre le tempérament de l'enfant et le style parental. Par exemple, certains enfants sont plus sensibles aux influences parentales que d'autres, en particulier les enfants au tempérament difficile qui répondent à la fois mieux à de bons parents et plus négativement à des parents moins outillés. Dans une étude, des enfants au tempérament difficile ont mieux répondu aux qualités parentales – telles que mesurées par les compétences scolaires, les habiletés sociales et les relations avec les autres – que ceux avec des tempéraments faciles. En d'autres mots, les enfants au tempérament difficile étaient pires que les enfants faciles quand les qualités parentales étaient de piètre qualité, mais mieux que les enfants faciles quand les pratiques parentales étaient de haute qualité (Stright *et al.*, 2008).

La corégulation et la discipline

Un des changements typiques affectant les relations parent-enfant à l'âge scolaire est le fait que la fonction du contrôle des comportements passe graduellement des parents à l'enfant. La **corégulation** représente ce mécanisme par lequel les parents

Corégulation
Stade transitionnel dans le contrôle du comportement de l'enfant durant lequel les parents supervisent l'enfant de façon moins intense qu'auparavant, en lui laissant plus de possibilités d'utiliser l'autorégulation.

et l'enfant partagent désormais le pouvoir : les parents supervisent le comportement général de l'enfant et ce dernier fait montre d'autorégulation. Les interventions des parents peuvent alors devenir de moins en moins fréquentes, l'enfant étant apte à exercer un meilleur contrôle sur lui-même. Celui-ci peut donc choisir ses propres vêtements, l'heure à laquelle il fait ses devoirs, les activités parascolaires auxquelles il s'inscrit, etc. Ainsi, les parents ne devraient intervenir de manière directe que lorsque c'est nécessaire, puisque la maturité de l'enfant sera davantage favorisée si les parents lui permettent de réfléchir par lui-même et d'exercer son jugement. Par exemple, dans les conflits avec les pairs, les parents n'interviennent plus directement, mais ils réagissent en discutant avec leur enfant (Parke et Buriel, 1998). Les enfants sont plus enclins à se conformer aux désirs de leurs parents lorsqu'ils se rendent compte que leurs parents sont équitables et qu'ils se préoccupent de leur bien-être.

Le passage à la corégulation agit sur la façon dont les parents disciplinent leurs enfants. La plupart des parents d'enfants d'âge scolaire ont en effet tendance à recourir plus souvent à des techniques de persuasion qu'à des stratégies de punition. Par exemple, ils peuvent montrer à l'enfant comment ses actions affectent les autres (« rire d'un autre enfant va le rendre triste »), faire appel à son estime de soi (« qu'est-il arrivé au petit garçon d'hier soir, si serviable ? »), recourir à des valeurs morales (« un grand garçon comme toi devrait laisser une chance à un plus petit ») ou lui laisser subir les conséquences de ses actes (« tu as manqué ton autobus parce que tu t'es couché trop tard hier soir ; tu devras donc marcher pour te rendre à l'école »). Par ailleurs, la façon dont parents et enfants gèrent leurs conflits peut être plus importante que leur résolution elle-même. En effet, un conflit familial peut s'avérer constructif s'il aide l'enfant à apprendre quelles sont les stratégies efficaces pour résoudre un problème, et à comprendre que des règles sont nécessaires pour vivre en société (Eisenberg, 1996).

Les relations avec les frères et sœurs

Dans certaines régions isolées d'Asie, d'Afrique, d'Amérique centrale et d'Amérique du Sud, il est fréquent de voir des fillettes plus âgées prendre soin de trois ou quatre frères et sœurs plus jeunes. Dans ces communautés, les aînés ont un rôle important, défini culturellement. Par exemple, ils doivent apprendre aux plus jeunes comment trouver du bois pour le feu, s'occuper des animaux et cultiver la terre. Ces jeunes intériorisent progressivement les valeurs de leur communauté : respecter les aînés et placer le bien-être collectif au-dessus du bien-être individuel. Par contre, dans les sociétés industrialisées, comme le Canada et les États-Unis, les parents essaient généralement de ne pas « embêter » leurs enfants plus vieux avec les soins quotidiens des plus jeunes. Les plus vieux transmettent quand même un savoir à leurs jeunes frères et sœurs, mais cela survient généralement d'une manière informelle, et non comme un élément établi du système social (Cicirelli, 1994).

Prendre soin de son frère

Dans les sociétés non industrialisées, on attend généralement des aînés qu'ils prennent soin de leurs frères et sœurs plus jeunes. C'est un rôle important, défini culturellement.

Le nombre de frères et sœurs dans une famille, leur espacement en âge, leur ordre de naissance ainsi que leur sexe déterminent souvent leurs rôles et leurs relations au sein de la famille. Dans les sociétés industrialisées, les frères et sœurs ont tendance à être peu nombreux et plus éloignés en âge, ce qui permet aux parents de consacrer plus d'attention et de ressources à chaque enfant (Cicirelli, 1994).

Les frères et sœurs s'influencent les uns les autres, non seulement directement, à travers leurs interactions quotidiennes, mais aussi indirectement, à travers leurs relations respectives avec leurs parents. Ainsi, l'expérience des parents avec un aîné influence les attentes et la façon dont ils vont traiter un enfant plus jeune (Brody *et al.*, 2004). Réciproquement, les modèles de comportement qu'un enfant établit avec ses parents ont tendance à se répercuter dans les comportements qu'il établit avec ses frères et sœurs. Lors d'une étude sur des familles anglaises, on a ainsi montré que lorsque la relation parent-enfant était chaleureuse et affectueuse, les frères et sœurs avaient tendance à entretenir eux aussi des relations positives, alors que quand la relation parent-enfant était conflictuelle, les conflits entre les enfants étaient plus nombreux (Pike, Coldwell et Dunn, 2005).

Enfin, les relations entre frères et sœurs peuvent également être un laboratoire pour l'apprentissage de la résolution de conflits. En effet, les frères et sœurs sont plus motivés à se réconcilier après une querelle parce qu'ils savent qu'ils vont continuer de se côtoyer chaque jour. Ils apprennent ainsi qu'exprimer de la colère ne met pas fin à leur relation. On note par ailleurs que les enfants d'une même famille se disputent plus fréquemment lorsqu'ils sont de même sexe, et que deux frères se chamaillent davantage que n'importe quelle autre combinaison (Ciccirelli, 1995).

La conciliation travail-famille

Les mères qui restent à la maison pour s'occuper des enfants, ce qui était autrefois la norme, sont devenues très rares. Actuellement, au Canada, 66 % des femmes ayant des enfants de moins de 6 ans occupent un emploi, et ce taux grimpe à 78 % pour celles dont l'enfant le plus jeune est âgé de 6 à 15 ans (Statistiques Canada, 2012). De plus, au fil des ans, on observe une augmentation du nombre de pères qui restent à la maison pendant que la mère travaille ; ce taux est passé de 1 % en 1976 à 12 % en 2011, chez les familles comptant deux parents, avec au moins un enfant de moins de 16 ans (Institut Vanier de la famille, 2013).

La hausse de la participation des femmes au marché de l'emploi a ainsi fait émerger un nouvel enjeu : celui de l'effet du travail des mères sur le bien-être de leurs enfants, tant sur le plan de leur santé physique que sur celui de leur bien-être psychologique et social ou de leur réussite scolaire. Les répercussions du travail des mères sont liées à de nombreux facteurs, aussi divers que l'âge et le tempérament de l'enfant, les horaires de travail de la mère (temps plein ou partiel), le soutien qu'elle obtient de son conjoint ou son revenu et la qualité des services de garde dont elle dispose. Toutefois, d'après une vaste étude longitudinale ayant suivi plus de 1000 enfants de 0 à 7 ans, l'impact du travail de la mère sur le bien-être de l'enfant est neutre. On remarque certains points négatifs – résultats légèrement inférieurs aux tests cognitifs –, mais qui sont contrebalancés par le fait que les mères sont plus heureuses, qu'elles sont en meilleure situation financière et surtout qu'elles sont plus réceptives à leurs enfants que les mères au foyer (Brooks-Gunn et Waldfogel, 2010).

La conciliation travail-famille

Lorsque les parents travaillent, les enfants sont encouragés plus rapidement à devenir indépendants.

La participation des mères permet non seulement d'augmenter le revenu familial, mais elle offre à l'enfant des modèles positifs de productivité (Lefebvre et Merrigan, 2000). Les enfants d'âge scolaire dont la mère travaille vivent ainsi de manière plus structurée que ceux dont les mères restent à la maison. Ils sont plus encouragés à devenir indépendants et ils développent des attitudes plus égalitaires vis-à-vis des rôles sexuels (Parke et Buriel, 1998). Plusieurs études ont toutefois démontré que les enfants réussissent un peu mieux à l'école si leur mère travaille seulement à temps partiel (Goldberg et coll., 2008).

Au-delà du travail des mères, c'est l'organisation entière de la famille qui est susceptible d'influencer le développement de l'enfant. La **conciliation travail-famille** représente le processus par lequel des parents qui travaillent (aussi bien le père que la mère) arrivent à consacrer du temps et de l'énergie à la fois à leur travail et à leur famille. En général, ce sont les mères qui font le plus de compromis dans l'harmonisation de leurs responsabilités, en occupant des emplois atypiques, c'est-à-dire un emploi à temps partiel, un travail autonome ou une fonction qui comporte des horaires variés (Institut Vanier de la famille, 2007). Ces emplois atypiques sont

Conciliation travail-famille
Processus par lequel les parents tentent de répartir leurs énergies en fonction des exigences liées à la vie familiale et au monde du travail.

souvent associés à des conditions de travail plus difficiles caractérisées par de l'instabilité, un faible revenu et des heures qui s'agencent mal avec la vie familiale (Lefebvre et Merrigan, 2000). Ce sont donc les conditions de travail du parent, plus que le fait de travailler ou non, qui semblent avoir le plus d'impact sur le bien-être des enfants.

La pauvreté et l'éducation des enfants

Un enfant canadien sur dix vit dans la pauvreté (Campagne 2000, 2011). Nous avons déjà vu combien la pauvreté peut nuire au développement général des enfants. De plus, elle peut avoir un impact sur l'état émotionnel des parents, sur leurs pratiques éducatives ainsi que sur le climat familial qui en résulte. En effet, les parents qui vivent dans la pauvreté sont plus à risque d'être anxieux, dépressifs et irritables ; ils peuvent alors devenir moins attentionnés et moins affectueux envers leurs enfants et pratiquer une discipline plus incohérente, sévère et arbitraire (Evans, 2004).

Pauvres, mais heureux !
Les enfants qui vivent dans la pauvreté sont plus à risque, mais l'attitude des parents est un facteur primordial pour avoir des enfants socialement compétents.

Un comportement parental efficace peut protéger les enfants des effets négatifs de la pauvreté. En particulier, les interventions qui réduisent la colère et les conflits familiaux, et qui donc augmentent la cohésion et l'affection au sein de la famille, sont particulièrement bénéfiques.

Une étude effectuée sur une période de quatre ans portant sur 152 mères monoparentales a aussi démontré que les mères qui possèdent un bon équilibre émotionnel et qui sont dotées d'une estime de soi relativement élevée, en dépit du stress économique, ont tendance à avoir des enfants socialement compétents et qui réussissent bien à l'école, ce qui renforce positivement leur comportement parental. Cette situation, à son tour, encourage les enfants à maintenir leurs succès scolaires et leurs comportements socialement désirables (Brody *et al.*, 2004).

8.3.2 La structure familiale

La structure familiale a beaucoup changé ces dernières années, et ce, dans la plupart des pays industrialisés (*voir la figure 8.1*). Dans les générations précédentes, la grande majorité des enfants grandissaient dans des familles composées de deux parents mariés. Aujourd'hui, la majorité des enfants vivent encore avec deux parents, mais ces derniers ne sont pas nécessairement mariés ni de sexes opposés. Plusieurs enfants vivent aussi avec des grands-parents ou dans des familles recomposées. Dans les pages qui suivent, nous allons d'ailleurs passer en revue quelques-unes de ces nouvelles structures familiales.

FIGURE 8.1 L'évolution de la situation familiale des enfants au Québec

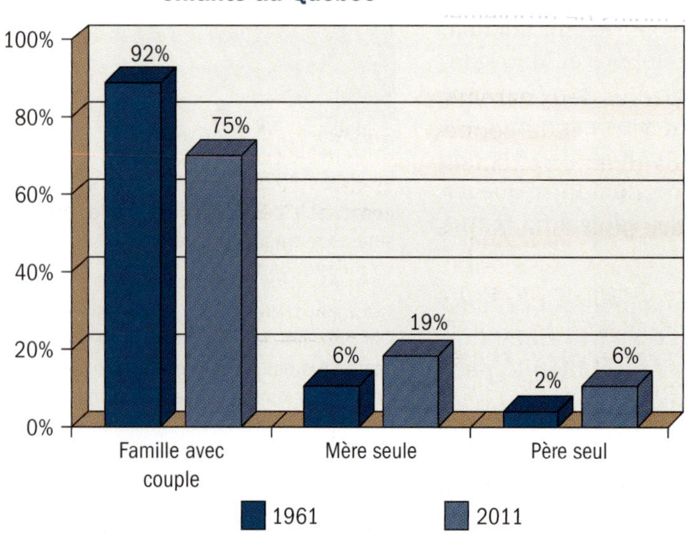

Source : Institut de la statistique du Québec, 2013.

Dans des conditions similaires, les enfants ont tendance à mieux grandir dans des familles composées de leurs deux parents mariés, surtout si ceux-ci vivent en harmonie, plutôt qu'avec des parents conjoints de fait, divorcés ou monoparentaux (Brown, 2004). Ces enfants connaissent généralement une meilleure qualité de vie. Ils ont des parents plus compétents, une meilleure coopération parentale, des relations plus proches avec les deux parents (surtout avec les pères) et ils vivent moins de situations stressantes. Toutefois, la relation entre les parents, la qualité des soins qu'ils prodiguent aux enfants et leur capacité à créer une atmosphère familiale chaleureuse influencent bien plus l'adaptation de leurs enfants que leur état matrimonial (Amato, 2005).

Par ailleurs, l'instabilité familiale peut être plus dommageable pour les enfants que le type de famille dans laquelle ils vivent. Les enfants qui vivent plusieurs transitions familiales sont en effet plus susceptibles de présenter des problèmes de comportement et de s'engager dans des activités délinquantes que les enfants qui vivent dans un foyer stable (Fomby et Cherlin, 2007).

La séparation des parents

La séparation des parents touche des milliers d'enfants chaque année. Comme nous l'avons déjà mentionné dans le chapitre 4, le divorce est une situation stressante, pour les enfants comme pour les parents. Toutefois, les problèmes affectifs et comportementaux des enfants peuvent aussi découler de l'intensité des conflits parentaux présents avant le divorce. Une étude longitudinale portant sur près de 11 000 enfants canadiens a en effet démontré que ceux dont les parents finissent par divorcer présentent plus d'anxiété, de dépression et de comportements antisociaux que ceux dont les parents restent mariés (Strohschein, 2005). Ainsi, si la discorde parentale est chronique, évidente ou destructrice durant la période qui précède le divorce, les enfants peuvent se porter aussi bien ou même mieux après celui-ci (Amato, 2005).

L'adaptation des enfants lors d'une séparation ou d'un divorce dépend en partie de leur âge, leur maturité, leur genre, leur tempérament et surtout leur ajustement psychosocial avant la séparation. Dans l'ensemble, les enfants dont les parents divorcent sont plus à risque de conséquences négatives ; malgré tout, la plupart de ces enfants s'adaptent bien. Les enfants d'âge scolaire sont sensibles aux pressions parentales et aux conflits de loyauté et, comme les jeunes enfants, ils peuvent craindre d'être abandonnés ou rejetés. Les enfants les plus jeunes risquent de présenter des problèmes de comportement, tandis que chez les enfants plus vieux, ce sont surtout les résultats scolaires et les conditions sociales qui sont affectées. Ce qui est clair, toutefois, c'est que si un enfant présentait des difficultés d'adaptation sociale avant la séparation, à long terme, la situation va empirer (Lansford 2009).

L'importance du père

Plusieurs enfants affirment que la perte de contact avec leur père est l'une des conséquences les plus douloureuses du divorce.

Dans la plupart des divorces, même si la garde paternelle est en augmentation, c'est la mère qui obtient la garde des enfants. Or, plusieurs enfants affirment que la perte de contact avec leur père est l'une des conséquences les plus douloureuses du divorce de leurs parents (Fabricius, 2003). Toutefois, la fréquence des contacts avec le père n'est pas aussi importante que la qualité de la relation père-enfant. Ainsi, les enfants qui ont un père de type démocratique et qui se sentent proches de leur père, même s'il vit ailleurs, ont tendance à mieux réussir à l'école et à présenter moins de problèmes de conduite (Kelly et Emery, 2003).

Lors d'une séparation, la garde des enfants peut être partagée par les deux parents. Cette solution peut s'avérer avantageuse si les parents sont capables de coopérer, puisqu'ils peuvent ainsi continuer de s'impliquer tous les deux étroitement auprès de leurs enfants. Quand les parents ont la **garde conjointe**, ils partagent les devoirs et les responsabilités quant aux décisions à prendre pour le bien-être de l'enfant, et ce, indépendamment du temps que chacun d'eux passe avec lui. Dans les cas moins fréquents de **garde partagée** (on parle alors de garde physique partagée), l'enfant vit à mi-temps, ou presque, avec chacun des parents. Une analyse de plusieurs études a démontré que les enfants qui vivent en garde partagée ou en garde conjointe sont mieux adaptés : ils ont une meilleure estime de soi et de meilleures relations familiales que les enfants qui sont sous la garde d'un seul parent. Ils sont même aussi bien adaptés que les enfants de parents non divorcés (Bauserman, 2002). Il est probable, toutefois, que les couples qui choisissent la garde conjointe ou partagée soient aussi ceux qui ont eu le moins de conflits avant leur séparation.

Garde conjointe
Situation où la garde légale des enfants est partagée entre les deux parents, ceux-ci assumant conjointement les devoirs, les responsabilités et les décisions à prendre pour le bien-être de l'enfant.

Garde partagée
Situation où la garde physique des enfants est partagée entre les deux parents, l'enfant vivant à mi-temps, ou presque, avec chacun des parents.

Quel est le type de garde des parents de Charlotte dans la mise en situation ?

La famille monoparentale

Les familles monoparentales résultent d'un divorce, d'une séparation, d'un parent célibataire ou d'un décès. Le taux des familles monoparentales est en hausse depuis les dernières années et, au Québec, il atteignait environ 25 % en 2011, ce qui est plus élevé que dans l'ensemble du Canada (Institut de la statistique du Québec, 2013). Néanmoins, plusieurs enfants qui vivent dans cette structure familiale cohabitent avec le nouveau conjoint du parent. Il est possible aussi qu'un enfant en garde partagée passe la moitié du temps dans une famille monoparentale et l'autre dans une famille recomposée. Ainsi, les statistiques surestiment généralement le nombre d'enfants qui vivent exclusivement avec un seul de leurs parents. Par ailleurs, les femmes sont majoritairement à la tête des familles monoparentales. Elles sont aussi généralement plus jeunes que les femmes mariées, moins scolarisées, plus pauvres et vivent souvent dans des quartiers plus défavorisés.

La structure de ces familles monoparentales est souvent sujette à des transitions et à des modifications. On dénombre en effet plusieurs cohabitations avec de nouveaux conjoints ou avec les grands-parents, une présence accrue de colocataires, etc. Pour toutes ces raisons, les familles monoparentales sont aussi plus susceptibles de déménager, ce qui suscite d'autres formes d'adaptation pour les enfants. Ainsi, les enfants qui grandissent dans une famille monoparentale connaissent souvent les mêmes conditions de vie que ceux qui vivent dans la pauvreté ; ils risquent de présenter sensiblement les mêmes problèmes d'agressivité, de provocation, d'hyperactivité, d'échecs scolaires, de problèmes relationnels et de délinquance. Plus tard, ces jeunes risquent aussi davantage d'avoir un enfant hors mariage, en particulier pendant l'adolescence, d'être moins scolarisés, d'être plus pauvres, d'avoir un casier judiciaire, de connaître des problèmes conjugaux et de divorcer (Ambert, 2006). Les études sur le sujet n'ont pas encore suffisamment exploré les forces particulières que les enfants élevés dans de telles conditions peuvent développer. Aussi, même si le tableau peut paraître sombre, il faut savoir que plusieurs enfants s'en sortent très bien, comme nous le verrons un peu plus loin.

La famille recomposée

La plupart des parents divorcés se remarient ou vivent avec un nouveau conjoint. Plusieurs mères ou pères non mariés s'unissent ainsi à des hommes ou à des femmes qui ne sont pas les pères ou mères de leurs enfants. Ils forment alors des familles recomposées. La figure 8.2 illustre les différents types de familles recomposées qui existent.

S'adapter à un beau-parent peut être stressant pour l'enfant, car sa loyauté envers le parent absent ou décédé peut interférer avec la formation des liens à créer avec cette nouvelle figure parentale. Toutefois, certaines études portant sur les enfants de mères monoparentales ont démontré que les garçons bénéficient tout de même

FIGURE 8.2 Les différents types de familles recomposées au Canada

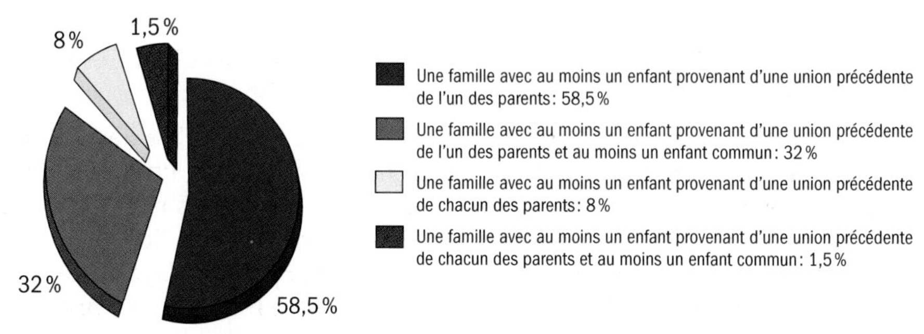

Source : Adapté de Statistique Canada, 2011.

de la présence d'un beau-père. Les filles, par contre, peuvent davantage considérer un nouvel homme dans la maison comme une menace à leur indépendance et à la relation étroite qu'elles entretiennent avec leur mère (Hines, 1997).

Par ailleurs, vivre dans une famille recomposée n'équivaut pas seulement à vivre avec un beau-père ou une belle-mère ; la réalité est beaucoup plus complexe. En effet, les enfants doivent aussi souvent composer avec des demi-frères ou des demi-sœurs nés d'une union précédente ou de la nouvelle union d'un des parents. Au sein d'une famille, certains enfants peuvent donc vivre avec leurs deux parents biologiques, alors que ce n'est pas le cas pour les autres. Toutefois, la naissance d'un enfant commun, en créant un lien génétique, semble consolider les relations entre les membres d'une famille recomposée. Ces familles vont généralement demeurer ensemble plus longtemps que celles qui n'ont pas ce lien (Juby, 2004). Enfin, la complexité des familles recomposées vient aussi du fait que plusieurs ménages de ce type peuvent aussi être liés entre eux. Ainsi, dans notre mise en situation, Charlotte a un demi-frère et une demi-sœur biologiques ainsi qu'un demi-frère et une demi-sœur par alliance ne venant pas de la même famille. La figure 8.3, qui montre les multiples relations familiales de Charlotte, illustre la complexité que peuvent prendre ces nouvelles structures familiales recomposées.

FIGURE 8.3 Les relations familiales de Charlotte

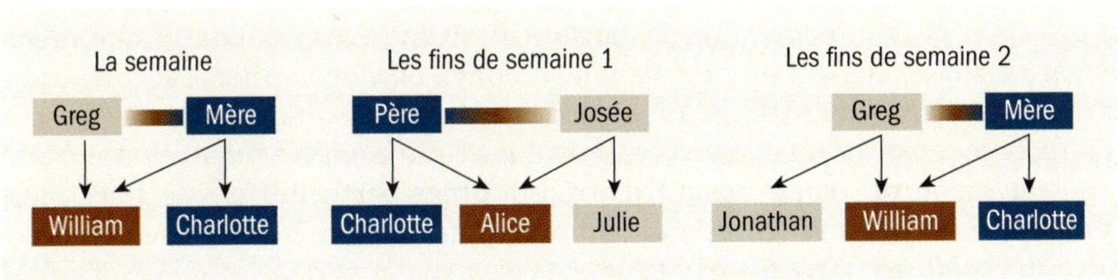

Note : Les flèches indiquent un lien biologique.

Il est irréaliste de croire que les relations entre les membres d'une famille recomposée se déroulent toujours dans l'harmonie, qu'un parent aime généralement ses enfants par alliance autant que ses propres enfants, qu'un enfant est habituellement aussi proche de sa belle-mère que de sa mère et qu'il aime son nouveau frère ou sa nouvelle petite sœur autant que la fratrie avec laquelle il a toujours vécu. Ainsi, les parents et les enfants dont les attentes sont idéalistes risquent de ressentir un fort sentiment de culpabilité. Il est plus réaliste, et donc préférable, de laisser le temps aux relations de se construire. Afin de solidifier les liens, on recommande de partager des tâches, d'établir des rituels et de vivre des expériences communes (Kelly, 2004).

La famille homoparentale

Certains couples gais ou lesbiens élèvent des enfants nés d'une précédente union hétérosexuelle. D'autres décident de concevoir un enfant par des moyens artificiels, d'avoir recours à une mère porteuse ou d'adopter des enfants.

Comme nous l'avons vu dans le chapitre 6, un nombre considérable de recherches ont étudié le développement des enfants qui grandissent avec un couple homosexuel. Leur développement a été examiné sur les plans de la santé physique et émotionnelle, de l'intelligence, de l'adaptation, de l'identité, du jugement moral et du fonctionnement social et sexuel. Aucun élément particulier n'ayant été trouvé, il en ressort qu'il n'y a pas de différence significative entre les parents homosexuels ou hétérosexuels concernant leurs attitudes ou leurs habiletés parentales. Les gais et les lesbiennes ont généralement des relations positives avec leurs enfants, et ces derniers n'ont pas plus de problèmes sociaux ou scolaires que les enfants élevés par des parents hétérosexuels (Pawelski *et al.*, 2006 ; APA, 2004 ; Gartrell *et al.*, 2005).

La famille adoptive

L'adoption a fait partie de toutes les cultures, à travers l'histoire. Elle n'est pas réservée aux personnes infertiles ; des célibataires, des personnes plus âgées, des couples de gais ou de lesbiennes et des gens ayant déjà des enfants biologiques sont devenus des parents adoptifs.

Au Québec, une personne de plus de 18 ans peut faire une demande d'adoption, qu'elle soit célibataire ou mariée. Elle doit ensuite se soumettre à une évaluation psychosociale, et il y a en général une attente d'environ quatre à six ans avant de pouvoir adopter un enfant. Tout se fait sous la supervision des Centres jeunesse du Québec. Une mère qui désire donner son bébé en adoption n'a pas droit de regard sur les gens à qui elle voudrait confier son enfant, sauf dans le cas de sa famille immédiate. L'adoption internationale se fait à travers un organisme agréé qui sert de lien entre le pays d'origine de l'enfant et les parents adoptifs. La figure 8.4 présente les pays d'origine des enfants adoptés au Québec en 2012.

Est-ce que l'adoption d'enfants de pays étrangers entraîne des problèmes particuliers ? Mis à part la possibilité de malnutrition ou d'autres conditions médicales sérieuses chez les enfants provenant de pays en développement, plusieurs études n'ont trouvé aucun problème significatif dans l'adaptation sociale de ces enfants, dans leurs performances scolaires, dans leur comportement à la maison ou dans leur façon de réagir au fait d'être adoptés (Levy-Shiff *et al.*, 1997). Les parents peuvent exposer leurs enfants adoptifs à des expériences qui les aident à connaître leur culture d'origine et discuter avec eux de racisme et de discrimination (Lee *et al.*, 2006).

FIGURE 8.4 Les adoptions internationales selon le pays d'origine de l'enfant, Québec, 2012

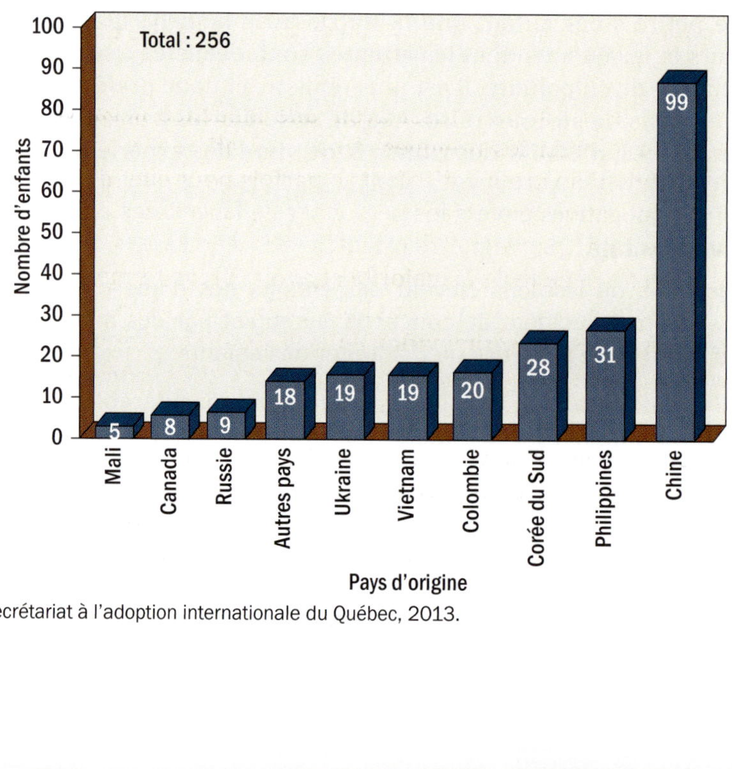

Source : Secrétariat à l'adoption internationale du Québec, 2013.

FAITES LE POINT

7. Lorsque les deux parents occupent un emploi, quelles sont les répercussions possibles sur le bien-être des enfants ?
8. On dit que la pauvreté peut avoir un effet négatif sur le développement des enfants. Expliquez pourquoi.
9. Quelles difficultés les familles recomposées sont-elles susceptibles d'éprouver ?

8.4 L'enfant d'âge scolaire et son groupe de pairs

Les groupes se forment naturellement entre les enfants qui habitent le même quartier ou qui fréquentent la même école. Les membres de ces groupes proviennent habituellement d'un milieu socioéconomique semblable, et ils sont souvent du même âge et de même sexe. Quelle influence le groupe a-t-il sur l'enfant ? Qu'est-ce qui détermine l'acceptation d'un enfant par ses pairs et sa capacité à se faire des amis ?

8.4.1 L'influence des pairs sur l'enfant

Comme nous l'avons vu dans le chapitre 6, les enfants bénéficient de la présence de leurs pairs. En les côtoyant, l'enfant découvre en effet de nouvelles perspectives qui favorisent l'apparition chez lui de jugements indépendants de ceux de sa famille. Il peut alors confronter ses propres valeurs à celles de ses pairs et décider lesquelles sont les siennes. Cette comparaison avec d'autres enfants du même âge lui permet aussi de juger ses propres habiletés de manière plus réaliste et d'acquérir une perception plus claire de sa propre efficacité (Bandura, 1994). Le groupe de pairs représente donc en quelque sorte une minisociété dans laquelle les enfants apprennent à adapter leurs besoins et leurs désirs à ceux des autres, et à reconnaître les moments où ils doivent céder et ceux où ils doivent rester fermes. Le groupe offre aussi à l'enfant une sécurité émotionnelle, car il est rassurant pour un enfant de se rendre compte, par exemple, qu'il n'est pas le seul à nourrir des pensées qui pourraient choquer les adultes. En outre, les groupes de pairs de même sexe peuvent aider les enfants à apprendre les comportements appropriés à leur genre et à intégrer à leur concept de soi les rôles sexuels. Une recherche portant sur des enfants de 8 à 11 ans a ainsi démontré que la conviction d'être conforme à son genre et d'être satisfait de ce genre augmenterait l'estime de soi et le sentiment de bien-être (Yunger, Carver et Perry, 2004).

Toutefois, le groupe de pairs peut aussi avoir une influence négative. Par exemple, il peut renforcer les préjugés. Ainsi, le sentiment d'appartenance présent au sein d'un groupe d'enfants a parfois pour effet d'augmenter les attitudes négatives envers les personnes ne faisant pas partie de ce groupe. Ces préjugés peuvent être orientés vers des enfants d'origine ethnique différente de celle de la majorité et avoir, à long terme, des répercussions néfastes sur ceux qui en sont l'objet. On peut contrer l'apparition des préjugés et de la discrimination en organisant, par exemple, des activités de groupe dans lesquelles des enfants de différentes origines ou conditions poursuivent un but commun.

L'importance des pairs

La présence de ses pairs ouvre à l'enfant de nouvelles perspectives et favorise notamment chez lui l'apparition de jugements indépendants de ceux de la famille.

Bien que le groupe de pairs soit à l'origine d'actions constructives, les préadolescents se montrent particulièrement influençables par rapport à la pression de conformité que celui-ci exerce. Ainsi, c'est habituellement en compagnie de leurs camarades que les enfants commencent à fumer et à boire, à commettre des vols à l'étalage et à adopter d'autres comportements antisociaux. Évidemment, pour ces enfants, comme pour les adultes d'ailleurs, une certaine conformité au groupe fait partie d'une saine adaptation et le conformisme n'est malsain que s'il devient destructif ou s'il entraîne l'enfant à aller à l'encontre de son propre jugement (Hartup, 1992).

8.4.2 La popularité

La popularité devient plus importante à l'âge scolaire, puisque l'enfant passe plus de temps avec ses pairs et que l'opinion de ces derniers peut avoir un impact considérable sur l'estime de soi. Ainsi, les enfants populaires et qui se sentent aimés par leurs pairs sont susceptibles d'être mieux adaptés une fois arrivés à l'adolescence. Par contre, ceux qui ne sont pas acceptés par leurs pairs ou qui sont trop agressifs risquent davantage de développer des problèmes psychologiques, de décrocher de l'école ou de devenir délinquants (Hartup, 1992).

Popularité sociométrique
Mesure de la popularité qui s'obtient en demandant aux enfants qui ils aiment le plus et qui ils aiment le moins dans leur groupe de pairs.

Popularité perçue
Mesure de la popularité qui s'obtient en demandant aux enfants quels sont les enfants les plus appréciés par leurs pairs.

Étant donné qu'il est possible de mesurer la popularité de deux façons, les résultats peuvent différer. Les chercheurs mesurent la **popularité sociométrique** en demandant aux enfants quels sont les pairs qu'ils aiment le plus et ceux qu'ils aiment le moins. De telles études ont permis d'identifier cinq statuts dans le groupe de pairs : les enfants populaires, les enfants rejetés, les enfants négligés, les enfants controversés et les enfants dans la moyenne. Quant à la **popularité perçue**, elle est mesurée en demandant aux enfants quels sont ceux qui, selon eux, sont les plus appréciés par leurs pairs.

Popularité et maturité

Les enfants immatures, hyperactifs ou renfermés, ont de la difficulté à se faire des amis.

Selon les résultats de ces deux mesures de popularité, les enfants populaires montrent de bonnes habiletés sur le plan cognitif et ils réussissent bien : ils savent résoudre les problèmes d'ordre social, ils aident les autres et s'affirment sans être dérangeants ou agressifs. Ils sont sympathiques, fiables, coopératifs, loyaux, ils sont capables d'ouverture et ils peuvent offrir du soutien émotionnel à leurs pairs. Leurs habiletés sociales supérieures font donc en sorte que leurs camarades apprécient leur compagnie (Cillessen et Mayeux, 2004). Quant aux enfants qui ont une popularité perçue, c'est-à-dire un statut jugé élevé dans le groupe, ils ont tendance à présenter une apparence attrayante, des habiletés athlétiques et, dans une moindre mesure, des habiletés scolaires.

De leur côté, les enfants impopulaires (qu'ils soient rejetés ou négligés) le sont pour plusieurs raisons. Même si certains sont agressifs, d'autres sont hyperactifs, distraits ou renfermés ; d'autres encore sont immatures ou anxieux. Ces enfants sont souvent trop centrés sur eux-mêmes, ils se montrent insensibles aux émotions de leurs pairs et s'adaptent mal à des situations nouvelles (Bierman, Smoot et Aumiller, 1993). Parmi ces enfants impopulaires, certains ont une faible estime de soi et s'attendent à ne pas être aimés. Ils développent alors un sentiment d'impuissance (comme c'est peut-être le cas pour Frédéric dans la mise en situation de ce chapitre) et ne font plus d'efforts pour tenter de se faire accepter, ce qui vient confirmer leur perception d'être rejetés et impopulaires : c'est ce qu'on nomme le phénomène de l'**autoréalisation des prophéties**. Enfin, malgré le fait que les enfants agressifs soient souvent impopulaires durant les premières années scolaires, il faut savoir qu'ils sont de plus en plus acceptés par la suite parmi les enfants plus vieux et qu'ils peuvent même devenir populaires (Xie *et al.*, 2006).

Autoréalisation des prophéties
Phénomène par lequel des comportements engendrent une réponse particulière, laquelle, à son tour, confirme la justification des comportements de départ.

Les caractéristiques liées à la popularité s'acquièrent d'abord au sein de la famille (Masten et Coatsworth, 1998). Ainsi, les parents démocratiques sont plus susceptibles d'avoir des enfants populaires que les parents autoritaires (*voir le chapitre 6*). En effet, les enfants qui sont punis et menacés par des parents autoritaires tendront à utiliser les mêmes stratégies auprès de leurs pairs, soit des comportements de menace ou d'agressivité directes qui, bien entendu, ne favorisent pas la popularité. Par contre, un style parental démocratique, axé sur le raisonnement de l'enfant, fournit à celui-ci des outils qu'il va pouvoir utiliser dans ses relations avec ses amis (Hart, Ladd et Burleson, 1990).

La culture a-t-elle une influence sur les critères de popularité? Certaines recherches ont démontré que la timidité et la sensibilité de l'enfant constituent des traits associés à la popularité en Chine, mais pas au Canada, où la popularité est davantage associée à l'affirmation de soi et à l'assurance. Toutefois, des recherches plus récentes montrent que les caractéristiques associées à la popularité en Chine ont évolué depuis, en même temps que le pays a connu ces dernières années des changements économiques et sociaux importants (Chen *et al.*, 2005).

Pour plus d'informations sur la notion de popularité, consultez l'encadré 8.1W

8.4.3 L'amitié à l'âge scolaire

L'amitié est différente de la popularité. Alors que la popularité résulte de l'opinion d'un groupe de pairs au sujet d'un enfant, l'amitié, pour sa part, est une voie à double sens. Elle est partagée par l'une et l'autre des parties. Comme Charlotte dans la mise en situation de ce chapitre, les enfants prennent surtout pour amis des enfants qui partagent les mêmes intérêts qu'eux et qui sont généralement du même âge, du même sexe et de la même ethnie. Les enfants impopulaires ont eux aussi des amis, mais en moins grande quantité que les enfants plus populaires. Ils choisissent également plus souvent des amis qui sont plus jeunes, qui ne font pas partie de leur classe ou qui ne fréquentent pas leur école (George et Hartmann, 1996).

Avec leurs amis, les enfants apprennent à communiquer et à coopérer. Cependant, les inévitables querelles leur permettent aussi d'apprendre à résoudre des conflits. En outre, un ami peut aussi offrir du soutien lors d'une période plus difficile, comme un changement d'école ou une séparation parentale. L'amitié semble donc aider l'enfant à se sentir bien avec lui-même, même s'il est aussi vrai qu'un enfant bien dans sa peau se fera plus facilement des amis. Du coup, un rejet par les pairs et un manque d'amis à l'âge scolaire peut entraîner des effets à long terme. Une étude longitudinale, à laquelle participaient des enfants de cinquième année qui n'avaient pas d'amis, a ainsi démontré que ces enfants étaient plus susceptibles d'avoir une faible estime de soi et d'afficher des symptômes de dépression une fois devenus de jeunes adultes (Bagwell, Newcomb et Bukowski, 1998).

La conception qu'ont les enfants de l'amitié, de même que la manière dont ils agissent avec leurs amis, change avec le temps. Ainsi, si les enfants d'âge préscolaire jouent volontiers ensemble, l'amitié devient plus profonde et durable à l'âge scolaire. Pour être et avoir un véritable ami, l'enfant doit en effet atteindre la maturité cognitive lui permettant de tenir compte du point de vue et des besoins de l'autre autant que des siens (Hartup et Steven, 1999).

En se fondant sur des entrevues réalisées auprès de quelque 250 personnes âgées de 3 à 45 ans, Robert Selman (1980) a relevé les changements intervenant dans la conceptualisation de l'amitié à travers le temps. Selon lui, la plupart des enfants d'âge scolaire se situent au stade de la coopération réciproque ou au stade de la relation mutuelle et intime (*voir le tableau 8.3, à la page suivante*). Ainsi, les enfants d'âge scolaire peuvent distinguer un « meilleur ami » d'un « bon ami » ou d'une « connaissance » en se basant sur l'intimité de leur relation et sur le temps qu'ils passent ensemble. La plupart des enfants de cet âge ont alors entre trois et cinq « meilleurs amis » avec lesquels ils passent le plus clair de leur temps en dyade ou en triade (Hartup et Stevens, 1999). Par ailleurs, les amitiés féminines diffèrent des amitiés masculines. Ainsi, les garçons ont plus d'amis, mais leurs relations sont moins caractérisées par l'intimité et par l'échange d'affection, qui sont plus typiques des amitiés féminines. Une étude québécoise confirme que ces différences sexuelles s'amorcent dès l'âge scolaire et se maintiennent jusqu'à l'âge adulte. En effet, l'amitié entre hommes est davantage caractérisée par des activités communes (sorties, activités sportives), tandis que l'amitié entre femmes est davantage fondée sur l'échange de confidences et sur le soutien mutuel (Devault, 1988).

L'amitié

Les amitiés féminines diffèrent des amitiés masculines. Elles sont surtout caractérisées par l'intimité et l'échange d'affection.

TABLEAU 8.3 Les stades de l'amitié (selon Selman)

Stade (âge)	Description	Exemples
Stade 0 (3-7 ans) Amitié momentanée	À ce niveau indifférencié d'amitié, les enfants sont égocentriques et ils ont de la difficulté à considérer le point de vue de l'autre. Ils ont tendance à ne penser qu'à leurs propres intérêts dans la relation. La plupart des enfants de cet âge définissent leur amitié selon la proximité géographique et attribuent de la valeur à des caractéristiques physiques ou matérielles.	«Mon amie habite dans ma rue.» «C'est mon ami parce qu'il a une piscine chez lui.»
Stade 1 (4-9 ans) Soutien unidirectionnel	À ce niveau unidirectionnel, un bon ami est celui qui fait ce qu'on veut qu'il fasse.	«Elle n'est plus mon amie parce qu'elle ne vient pas chez moi quand je veux qu'elle vienne jouer avec moi.» «Il est mon ami parce qu'il me prête toujours son jeu vidéo lorsque je lui demande.»
Stade 2 (6-12 ans) Coopération réciproque	Ce niveau de réciprocité coexiste avec le stade 1. Il inclut des échanges, mais les enfants sont encore centrés sur leurs propres intérêts.	«On est amis, on fait des choses l'un pour l'autre.» «Un ami est une personne qui joue avec toi quand tu n'as personne d'autre avec qui jouer.»
Stade 3 (9-15 ans) Relation mutuelle et intime	À ce niveau de relation mutuelle, les enfants perçoivent l'amitié comme une entité en soi. La relation, qui se développe avec le temps, demande un investissement et inclut le fait d'accomplir des choses l'un pour l'autre. Les amis deviennent possessifs et demandent l'exclusivité.	«Développer une réelle amitié prend beaucoup de temps. Donc, il n'est pas agréable d'apprendre que ton ami essaie de se faire d'autres amis que toi.»
Stade 4 (12 ans et plus) Interdépendance et autonomie	À ce stade d'interdépendance, les enfants respectent les besoins mutuels de dépendance et d'autonomie.	«Une amitié authentique demande un réel engagement. Il faut soutenir l'autre, lui faire confiance et être généreux, mais il faut aussi être capable de le laisser prendre une distance lorsqu'il en a besoin.»

8.4.4 Les agressions et l'intimidation

Au cours des années du primaire, comme nous l'avons mentionné dans le chapitre 6, les comportements agressifs diminuent graduellement et les enfants deviennent moins égocentriques, plus empathiques, plus coopératifs et plus aptes à communiquer. Cependant, un petit nombre d'enfants n'apprennent pas à contrôler leur agressivité. Qui sont donc ces enfants et quels sont les facteurs associés à l'agression?

Les types d'agressivité

Agressivité hostile
Comportement agressif dont le but recherché est de blesser l'autre.

Agressivité instrumentale
Comportement agressif qui vise à atteindre un but autre que blesser quelqu'un.

Chez les enfants qui continuent de manifester une forte propension à l'agression, le type d'agressivité change à l'âge scolaire. L'**agressivité hostile**, qui a pour objectif de blesser quelqu'un, remplace ainsi l'**agressivité instrumentale**, plus typique des enfants d'âge préscolaire et qui vise à atteindre un but. Toutefois, cette agressivité hostile prend souvent une forme verbale plutôt que physique.

Les garçons vont manifester plus de comportements agressifs directs que les filles. Toutefois, en ce qui concerne les agressions indirectes, on observe peu de différences entre les genres, ce qui contredit le portrait courant selon lequel l'agression indirecte est une forme d'agression à prédominance féminine (Card *et al.*, 2008).

Les enfants agressifs sont le plus souvent impopulaires, et ils ont tendance à avoir des problèmes psychologiques et interpersonnels. Leurs problèmes interpersonnels proviennent-ils de leur agressivité ou ces enfants deviennent-ils agressifs parce qu'ils ont des problèmes? La réponse à cette question n'a pas encore été clarifiée. Les enfants très agressifs s'entraînent parfois les uns les autres à commettre des actes antisociaux. Par conséquent, les garçons d'âge scolaire qui sont physiquement agressifs peuvent sombrer dans la délinquance à l'adolescence (Broidy *et al.*, 2003). Toutefois, une étude longitudinale portant sur des enfants de 10 à 15 ans d'un milieu urbain multiethnique a révélé que l'agression physique était jugée moins défavorablement au fur et à mesure que les enfants arrivaient à l'adolescence, et que les agressions relationnelles (par exemple, parler dans le dos de quelqu'un ou l'exclure socialement) étaient de plus en plus renforcées par un statut élevé dans le groupe de pairs (Cillessen et Mayeux, 2004).

L'évaluation cognitive de l'information et l'agressivité

Qu'est-ce qui peut pousser les enfants à agir agressivement ? Une explication pourrait provenir de la façon dont certains enfants traitent l'information sociale, c'est-à-dire à quelles caractéristiques de l'environnement ils portent attention et comment ils les interprètent.

Dans le cas de l'agressivité proactive (agressivité non provoquée ou agressivité instrumentale), les agresseurs considèrent la force et la coercition comme des moyens efficaces d'obtenir ce qu'ils désirent. Ils agissent délibérément, et non pas sous l'effet de la colère. Selon les termes de l'apprentissage social, ils sont donc agressifs parce qu'ils s'attendent à être récompensés pour cela. Aussi, en étant agressifs et en obtenant ce qu'ils désirent, ils renforcent leur croyance dans l'efficacité de l'agression (Crick et Dodge, 1996).

L'agressivité réactive (ou agressivité hostile) se manifeste, par exemple, lorsqu'un enfant placé en rang est poussé accidentellement par un autre, qu'il se retourne et pousse son camarade encore plus fort parce qu'il croit que la première poussée était volontaire. Cette réaction agressive est souvent typique des enfants qui présentent un **biais d'attribution hostile**, c'est-à-dire qui croient que les autres enfants leur veulent du mal et qui réagissent donc vivement en se défendant contre ces attaques. Ce biais d'attribution hostile devient plus fréquent de 6 à 12 ans. Les enfants qui veulent dominer et contrôler leur environnement sont particulièrement sensibles à tout ce qui peut menacer leur recherche de pouvoir. Ils attribuent ces menaces à un comportement hostile dirigé contre eux et réagissent alors par l'agressivité (de Castro *et al.*, 2002). Les enfants rejetés ou victimes d'une discipline exagérément autoritaire réagissent eux aussi souvent par ce biais d'attribution hostile (Coie et Dodge, 1998). Le problème ici est que la plupart des personnes sont portées à devenir hostiles lorsqu'elles se sentent agressées. Dès lors, celles qui ont un biais d'attribution hostile vont généralement voir leurs perceptions confirmées par l'attitude des autres à leur égard, ce qui vient renforcer encore plus leur tendance à l'agressivité hostile (de Castro *et al.*, 2002).

Discipline sévère et agressivité

Les enfants soumis à une discipline très sévère risquent de devenir des enfants agressifs.

Biais d'attribution hostile

Interprétation cognitive des comportements des autres dans un sens négatif et menaçant.

Les adultes peuvent aider ces enfants à freiner leur agressivité en les aidant à reconnaître les indices de la colère et en leur apprenant comment contrôler cette colère. Des enfants d'une école de New York ayant été soumis à un programme de résolution de conflits qui impliquait des discussions en groupe et des jeux de rôle ont démontré par la suite moins de biais d'attribution hostile, moins d'agressivité, moins de problèmes de comportement et plus de réponses efficaces aux situations sociales que les enfants qui n'avaient pas été impliqués dans un tel programme (Aber, Brown et Jones, 2003).

La violence dans les médias

Puisque la télévision, les films, les jeux vidéo, les téléphones intelligents et les ordinateurs jouent un rôle de plus en plus grand dans la vie des enfants, il est important de comprendre l'impact des médias sur le comportement des jeunes. Les images qu'ils voient peuvent devenir leurs principales sources d'information et donc leurs principaux modèles quant à la façon de se comporter dans la vie. Plusieurs recherches menées depuis les 50 dernières années sur les effets de l'exposition à la violence ont trouvé une relation de cause à effet entre la violence dans les médias et le comportement violent du spectateur (Huesmann, 2007).

Mais comment la violence dans les médias entraîne-t-elle, à long terme, l'agressivité ? Des études longitudinales ont démontré que l'exposition des enfants à la violence augmente les risques d'effets à long terme fondés sur l'apprentissage par observation et sur la désensibilisation qui se produisent automatiquement chez les enfants. Si l'exposition à la violence conduit à l'agressivité, c'est possiblement parce qu'elle fournit une excitation viscérale sans présenter les coûts humains qui en découlent et qu'elle amène les enfants à considérer l'agression comme étant acceptable. Les enfants qui voient les héros ou les méchants atteindre leurs buts au moyen de la violence sont enclins à conclure que la force est une bonne façon de résoudre des problèmes ou des conflits. Ils voient donc la violence comme un mal nécessaire et ils sont moins susceptibles d'intervenir lorsqu'ils en sont témoins.

Les jeux violents

Les jeux vidéo placent l'enfant dans le rôle de l'agresseur et le récompensent pour ses actions violentes.

En outre, plus la violence présentée aux enfants semble réelle, plus elle est susceptible d'être acceptée. Ainsi, l'influence de la violence télévisée est encore plus forte si l'enfant croit que celle-ci est réelle, s'il s'identifie au personnage violent, s'il trouve le modèle attrayant ou s'il visionne ces scènes de violence sans la supervision ou l'intervention de ses parents. Les enfants qui sont déjà très agressifs sont plus fortement influencés par la violence télévisée que les enfants qui le sont moins (Anderson *et al.*, 2003). Par ailleurs, chaque heure passée à regarder une émission violente à la télévision réduit le temps passé avec les amis. Ainsi, l'enfant qui regarde souvent de telles émissions peut développer des comportements agressifs qui l'isoleront socialement et l'amèneront à se réfugier encore davantage devant la télévision (Bickham et Rich, 2006).

Les recherches sur les effets des jeux vidéo suggèrent que l'augmentation à long terme des comportements violents pourrait être encore plus forte qu'avec la télévision ou le cinéma. Les joueurs de jeux violents sont des participants actifs qui reçoivent des renforcements positifs à leurs actions violentes (Huesmann, 2007).

En discutant avec l'enfant, les parents peuvent l'aider à faire la distinction entre le réel et la fiction et peuvent l'amener à dépasser la simple imitation de comportements violents.

L'intimidation et le taxage

Intimidation
Utilisation de la force physique, de menaces ou de l'humiliation pour faire peur à quelqu'un, ou actes répétés afin de l'exclure socialement.

Taxage
Utilisation d'intimidation pour voler quelqu'un.

L'agression devient de l'**intimidation** lorsqu'elle est délibérée et constamment dirigée vers une même cible qui, le plus souvent, est vulnérable, faible et sans défense. L'intimidation peut être physique (frapper, pousser, abîmer ou prendre des objets personnels), verbale (insulter ou menacer), relationnelle ou émotionnelle (isoler quelqu'un, l'humilier ou parler dans son dos). L'intimidation est proactive quand on l'utilise pour établir sa domination, exercer un pouvoir ou gagner de l'admiration, mais elle peut aussi être réactive lorsqu'elle répond à une attaque réelle ou imaginaire. Le **taxage** est une forme d'intimidation accompagnée d'un vol. La cyberintimidation – qui consiste à diffuser des commentaires négatifs ou des photos dénigrantes sur un site Internet – est devenue un phénomène de plus en plus courant. L'utilisation croissante des médias sociaux, messages texte et courriels a ouvert de nouvelles avenues pour les intimidateurs en leur donnant accès à des victimes hors de la protection de la famille et de la communauté (Huesmann, 2007).

L'intimidation est un problème fréquent dans les pays industrialisés. Ainsi, aux États-Unis, 34 % des écoles primaires rapportent que des élèves y exercent de l'intimidation ou du taxage au moins une fois par semaine (Guerino *et al.*, 2006). Au Québec, 1 jeune sur 10 affirme avoir déjà été victime d'intimidation ou de taxage, et 6 sur 10 en ont déjà été témoins (Ministère de la Sécurité publique du Québec, 2012).

L'intimidation peut résulter d'un penchant génétique envers l'agressivité, combiné à des influences environnementales telles des parents coercitifs et des amis délinquants. Les intimidateurs, de même que les victimes, sont plus souvent des garçons, et ils ont tendance à utiliser une agression physique et directe, alors que l'intimidation féminine cible généralement d'autres filles en utilisant une agression relationnelle (Berger, 2007).

Les modèles d'intimidation et de victimisation peuvent s'établir aussi tôt qu'en maternelle: à mesure que les groupes de pairs commencent à se former, les agresseurs repèrent rapidement quels sont les enfants qui seront les meilleures cibles. Une étude longitudinale a démontré que les enfants qui n'étaient pas victimes d'intimidation à 10 ou 11 ans étaient peu susceptibles d'en être victimes plus tard. Par ailleurs, environ la moitié des enfants victimes d'intimidation à cet âge se disaient aussi victimes à un âge plus avancé. Les auteurs en concluent que certains enfants sont résilients, tandis que d'autres sont plus vulnérables à l'intimidation par les pairs (Beran, 2008). Nous reviendrons sur la résilience un peu plus loin.

Alors que les jeunes enfants rejettent un enfant agressif, comme nous l'avons vu précédemment, au début de l'adolescence, les intimidateurs sont souvent dominants, respectés, craints et même aimés (Berger, 2007). Les intimidateurs autant que les victimes présentent des lacunes sur le plan des habiletés sociales de résolution de problèmes, et ceux qui ont aussi des problèmes scolaires sont plus susceptibles d'être intimidateurs que victimes (Cook *et al.*, 2010).

Les facteurs de risque menant à l'intimidation semblent être les mêmes à travers les différentes cultures. En effet, les enfants victimes d'intimidation sont mésadaptés: certains ont tendance à être anxieux, dépressifs, prudents, tranquilles et soumis ainsi qu'à pleurer facilement, alors que d'autres ont un penchant pour l'argumentation et la provocation. Ils ont peu d'amis, ils peuvent vivre dans des conditions difficiles et être issus d'un environnement familial punitif. En outre, les victimes ont souvent peu d'estime de soi, même s'il n'a pas été clairement établi que cette faible estime de soi précède l'intimidation ou qu'elle la suit (Veenstra *et al.,* 2005; Nansel *et al.,* 2001). Dans la mise en situation de ce chapitre, Frédéric est victime de taxage, ce qui risque d'entraîner des conséquences à long terme néfastes pour lui. En effet, les victimes d'intimidation chronique ont tendance à développer des problèmes de comportement et à devenir elles-mêmes plus agressives ou dépressives (Veenstra *et al.,* 2005). De plus, la fréquence de l'intimidation nuit au climat de l'école. Chez les élèves, elle mène à des contre-performances généralisées, à de l'isolement, à une aversion envers l'école, à des maux de tête et d'estomac et à de fréquentes absences (Berger, 2007). Le tableau 8.4 (*voir la page suivante*) présente les conséquences de l'intimidation sur celui qui l'initie et sur les victimes.

Quelles pourraient être les conséquences à long terme de l'intimidation dont Frédéric est victime?

Un programme introduit aux États-Unis auprès d'élèves de la troisième à la sixième année avait comme objectifs de sensibiliser le personnel et les responsables de l'école à l'intimidation, d'enseigner aux élèves certaines habiletés sociales et émotionnelles et de promouvoir enfin des comportements socialement responsables. Une étude contrôlée a relevé une réduction de l'intimidation dans les cours d'école et une augmentation des interactions harmonieuses chez les enfants ayant participé au programme (Frey *et al.,* 2005). Toutefois, une analyse des recherches faites sur une grande variété de ces programmes d'intervention a indiqué que l'impact sur les comportements d'intimidation est minime malgré le fait qu'ils augmentent les compétences sociales des élèves et leur estime de soi (Merrell *et al.*, 2008).

L'intimidation

La plupart des cas d'intimidation impliquent des garçons, comme intimidateurs et comme victimes.

En juin 2012, l'Assemblée générale du Québec a adopté la *Loi visant à prévenir et combattre l'intimidation et la violence à l'école*. On y définit l'intimidation, la violence et la cyberintimidation et on cible particulièrement des problèmes comme l'homophobie et les troubles de l'identité sexuelle. Toutes les écoles du Québec devront se doter

TABLEAU 8.4 Les conséquences de l'intimidation

Pour les intimidateurs	Pour les victimes
• Le comportement antisocial persiste au-delà de l'école, possiblement toute la vie. • Peut conduire à la délinquance et aux activités de gangs de rue. • Est associée à la violence dans les relations amoureuses. • Est associée à des troubles psychologiques à l'âge adulte : troubles de conduite, tendances agressives, symptômes de dépression.	• Problèmes physiques : maux de tête, maux d'estomac, problèmes de sommeil. • Perte d'estime de soi. • Symptômes de dépression : tristesse et perte d'intérêt dans les activités. • Symptômes d'anxiété : tensions, peurs et craintes, qui peuvent conduire à l'absentéisme et à la phobie de l'école. • Dans les cas extrêmes, peut conduire au suicide. • Conséquences psychologiques à long terme : détresse permanente, peurs, sentiment de culpabilité, dépression.

d'un plan d'action contre la violence et l'intimidation, en plus d'un code de vie interne, et les mesures mises en place pourront aller jusqu'à l'expulsion d'un élève harceleur.

FAITES LE POINT

10. Quelles sont les caractéristiques des enfants qui sont les moins populaires dans un groupe de pairs ?
11. La violence présentée dans les médias peut-elle encourager les comportements violents chez les enfants ? Expliquez.
12. Quels sont les facteurs de risque concernant l'intimidation ?
13. À cause des problèmes de santé d'Arnaud, sa mère, qui a une formation en enseignement, lui a fait faire sa maternelle et sa première année à la maison. Toutefois, comme Arnaud est timide et renfermé, ses parents ont décidé de l'envoyer faire sa deuxième année à l'école du quartier. Quels effets bénéfiques la présence régulière de pairs peut-elle avoir et quels sont les écueils auxquels Arnaud risque de devoir faire face à cause de sa timidité ?

8.5 La santé mentale des enfants

Un enfant ou un adolescent sur dix présente un trouble mental diagnostiqué suffisamment important pour lui causer des problèmes (Leslie *et al.*, 2005). Certes, si un enfant mange ses selles, se mutile ou commet un meurtre, il est relativement aisé de conclure à un problème grave. Cependant, la plupart des problèmes vécus par les enfants ne sont pas aussi spectaculaires et se rapprochent en réalité de la « normalité ». C'est donc souvent le degré d'intensité des problèmes qui va permettre de conclure à la présence d'un trouble réel. Pour faciliter le diagnostic, on utilise les critères suivants : on regarde si l'enfant ressent de la détresse ou est affecté dans au moins deux secteurs de fonctionnement (la famille, l'école, le groupe de pairs, etc.), si ses comportements ou ses émotions ne sont pas appropriés à son âge ou à sa culture, si ses problèmes affectent ses habiletés scolaires, sociales ou personnelles, si ses comportements sont inhabituels pour un enfant de son âge, si ses difficultés persistent même lorsqu'il obtient de l'aide et s'il présente plusieurs problèmes simultanément (APA, 1994). Il est particulièrement important de dépister la présence de troubles de santé mentale chez l'enfant, car ces derniers peuvent conduire à de graves problèmes psychiatriques à l'âge adulte.

8.5.1 Les facteurs de risque

Les problèmes de santé mentale sont complexes et aucune théorie n'est encore parvenue à expliquer totalement leur origine. L'approche psychanalytique suggère la présence de conflits inconscients et non résolus qui seraient apparus durant l'enfance, les théoriciens de l'apprentissage social évoquent plutôt l'imitation de comportements inadaptés, et l'approche écologique fait appel à une multiplicité de facteurs pour expliquer l'apparition d'un trouble.

Quoi qu'il en soit, les facteurs génétiques sont généralement les premiers à envisager. En effet, des troubles comme la déficience intellectuelle, l'autisme et la schizophrénie ont tous des origines génétiques. Quant aux troubles comportementaux, ils pourraient aussi être en partie expliqués par les gènes.

Le tempérament de l'enfant constitue un autre facteur de risque à prendre en considération, puisqu'il influence les réactions de l'enfant à son environnement. Par exemple, la mère dépressive d'un enfant au tempérament difficile peut réagir par le rejet ou l'indifférence. Or, il est probable que cette réponse ne rende pas le tempérament de l'enfant plus facile; au contraire, les interactions subséquentes entre elle et l'enfant pourront avoir pour effet d'aggraver le problème.

Enfin, les familles qui connaissent des conflits nombreux ou des épisodes récurrents de colère et d'agressivité, tout comme les parents froids ou négligents, représentent des facteurs de risque pour leurs enfants. À long terme, ces derniers peuvent en effet présenter des comportements antisociaux ou délinquants, de l'anxiété et de la dépression, ce qui peut même aller jusqu'au suicide. Ces facteurs de risque sont par ailleurs aggravés lorsque les familles vivent dans un milieu pauvre, violent ou stressant, car les enfants qui grandissent au sein de ces familles présentent souvent des lacunes dans le contrôle et l'expression de leurs émotions ainsi que dans leurs compétences sociales (Repetti, Taylor et Seeman, 2002).

8.5.2 Les principaux troubles émotionnels dans l'enfance

Les principaux troubles émotionnels dans l'enfance concernent les comportements perturbateurs, les troubles de la conduite (agression, trouble de l'opposition, comportement antisocial) et les troubles d'anxiété ou de l'humeur (tristesse, dépression, nervosité, frayeurs et solitude).

Les comportements perturbateurs

Les crises de colère, la provocation et les comportements délibérément hostiles ou agaçants – qui sont fréquents à l'âge de quatre ou cinq ans – disparaissent généralement d'eux-mêmes à l'âge scolaire. Toutefois, lorsque de tels comportements persistent jusqu'à l'âge de huit ans, on peut alors souvent diagnostiquer chez l'enfant un **trouble oppositionnel avec provocation**. Ce trouble, plus fréquent chez les garçons que chez les filles, se manifeste entre autres par une attitude de défiance, d'argumentation, d'hostilité et de non-respect des règles et des figures d'autorité. Ce comportement doit durer depuis plus de six mois et dépasser les limites d'un comportement acceptable pour un enfant de cet âge. Ainsi, les enfants qui présentent un trouble d'opposition argumentent constamment, manquent de contrôle, blâment les autres, ressentent de la colère et du ressentiment; ils ont peu d'amis, sont toujours en situation problématique à l'école et testent constamment les limites et la patience des adultes. Certains enfants qui présentent un trouble oppositionnel avec provocation vont voir leurs problèmes progresser vers des **troubles de la conduite**. Ces enfants sont agressifs envers les autres, amorcent des batailles, font du vandalisme, volent, mentent et ne se soumettent à aucune règle (Boileau, 2007).

Trouble oppositionnel avec provocation
Problème de comportement qui se manifeste entre autres par une attitude de défiance, d'argumentation, d'hostilité et de non-respect des règles et des figures d'autorité.

Trouble de la conduite
Problème de comportement qui se manifeste par des conduites antisociales répétitives.

Qu'est-ce qui détermine qu'un enfant présentant des tendances antisociales deviendra ou non plus tard un être antisocial chronique? Une déficience neurobiologique telle qu'une faiblesse des mécanismes régulateurs du stress peut rendre l'enfant incapable de réfréner ses comportements dangereux ou risqués. De telles déficiences peuvent être d'origine génétique ou être provoquées par un environnement défavorable, par exemple une éducation parentale hostile, des conflits familiaux ou un mélange des deux (van Goozen *et al.,* 2007). Par exemple, lors d'une étude portant sur 1300 mères et enfants, les chercheurs ont observé une relation entre la sévérité parentale et le tempérament difficile d'un enfant. Les enfants qui, bébés, étaient considérés comme difficiles étaient plus à risque de développer des comportements externalisés (comme les troubles de la conduite), mais seulement si leur mère utilisait des techniques d'éducation très sévères (Miner et Clarke-Stewart, 2009).

La phobie scolaire et les autres troubles anxieux

Il est normal de ressentir de l'anxiété, c'est-à-dire une sensation de détresse, de malaise ou de peur, dans certaines situations susceptibles de causer un danger. L'anxiété fait même partie du développement normal, comme dans le cas de la peur des étrangers, qui apparaît vers l'âge de 6 mois. Toutefois, lorsque cette anxiété devient envahissante au point de nuire au fonctionnement normal, on parle de troubles anxieux. Voici quelques-uns des troubles anxieux qui peuvent se manifester chez des enfants d'âge scolaire.

Phobie scolaire
Peur irrationnelle d'aller à l'école.

Les enfants qui présentent une **phobie scolaire** éprouvent une crainte irrationnelle d'aller à l'école. Certains enfants ont de bonnes raisons de ne pas vouloir aller à l'école: un enseignant dénigrant, une surcharge de travail ou le fait d'être victime d'intimidation. Dans ces circonstances, c'est l'environnement qui nécessite des changements, et non l'enfant lui-même. Par contre, la vraie phobie scolaire représente probablement une forme de **trouble d'anxiété de séparation**, lequel touche environ 4 % des enfants ou des jeunes adolescents et peut persister jusqu'à l'enseignement collégial. Ce trouble peut apparaître à la suite d'un événement traumatisant tel que la mort d'un animal de compagnie, une maladie ou un changement d'école. Les enfants qui en sont atteints proviennent souvent d'une famille unie où les liens sont très étroits (Harvard Medical School, 2004).

Trouble d'anxiété de séparation
Trouble caractérisé par l'anxiété extrême et prolongée liée au fait de se séparer de ses parents ou de quitter la maison.

Phobie sociale
Peur irrationnelle des situations sociales et désir intense de les éviter.

La phobie scolaire peut également être associée à une forme de **phobie sociale** (ou anxiété sociale), qui se traduit par une peur extrême de se retrouver en contexte social et par un désir intense d'éviter tout contexte de ce type. Les enfants qui souffrent de phobie sociale sont si anxieux qu'ils rougissent intensément, transpirent abondamment ou ont des palpitations lorsqu'on leur demande, par exemple, de parler en classe. Ce trouble n'est toutefois pas à confondre avec l'éreutophobie, qui consiste à avoir peur de rougir en public et qui a pour incidence d'accentuer au contraire le rougissement. La phobie sociale affecte environ 1 jeune sur 20 et pourrait avoir une composante génétique assez marquée. Contrairement à l'anxiété de séparation, elle a tendance à augmenter avec l'âge (eSantéMmentale.ca, 2012).

Trouble d'anxiété généralisée
Trouble caractérisé par une anxiété permanente non dirigée vers une situation particulière.

Certains enfants souffrent d'un **trouble d'anxiété généralisée**, qui se caractérise par une anxiété permanente non liée à un contexte particulier comme l'école ou les relations sociales. Ces enfants manifestent de l'anxiété à propos de tout: leur performance scolaire, les blessures, les orages, les tremblements de terre, etc. Ce sont généralement des enfants perfectionnistes, conformistes, qui doutent d'eux-mêmes, qui cherchent l'approbation et qui ressentent le besoin constant d'être rassurés. Toutefois, leurs inquiétudes semblent indépendantes de leurs performances ou de la façon dont les autres les perçoivent (Harvard Medical School, 2004).

Trouble obsessionnel compulsif
Trouble caractérisé par la présence de pensées intrusives constantes et de comportements répétitifs visant la disparition des obsessions.

Enfin, le **trouble obsessionnel compulsif**, ou TOC, est beaucoup moins fréquent. Les enfants affectés par ce trouble sont obsédés par des images ou des pensées répétitives, parfois par des peurs irrationnelles, dont ils sont incapables de se défaire. Dans le but de faire disparaître cette pensée obsessive, ils adoptent un certain comportement de façon répétée, par compulsion. Par exemple, un enfant qui souffre de trouble obsessionnel compulsif pourrait être obsédé par la saleté et, dans une tentative de faire cesser ces pensées anxiogènes, se laver constamment les mains de manière à éliminer les microbes. Comme le fait de se laver les mains ne fera pas disparaître son obsession, il se lavera alors les mains encore plus souvent.

Dans la population générale, les troubles anxieux sont plus fréquents que tout autre trouble de santé mentale et ils sont aussi en forte augmentation. En outre, les troubles anxieux sont deux fois plus présents chez les filles que chez les garçons, et cette plus grande vulnérabilité des filles à l'anxiété peut se manifester dès l'âge de six ans. Comme la dépression à laquelle elle est d'ailleurs souvent associée, l'anxiété peut avoir des causes neurologiques, mais elle peut aussi provenir d'un attachement insécurisant, d'un contact avec un parent anxieux ou déprimé ou d'autres expériences qui éveillent, chez l'enfant, le sentiment de ne pas pouvoir contrôler ce qui se passe autour de lui (Harvard Medical School, 2004).

La dépression chez l'enfant

On estime que la **dépression**, un trouble psychologique qui va au-delà d'une tristesse normale et temporaire, survient chez environ 2 % des enfants d'âge préscolaire et jusqu'à 2,8 % chez les enfants de moins de 13 ans (Costello *et al.*, 2006). La dépression est plus difficile à déceler chez l'enfant que chez l'adulte, parce que les symptômes sont variables et que la dépression est généralement accompagnée chez l'enfant d'une autre forme de problème, souvent de type anxieux.

Dépression
Trouble psychologique qui, lorsqu'il est présent chez l'enfant, se caractérise par une perte d'intérêt ou de plaisir pour presque toutes les activités, y compris le jeu. La capacité de concentration est aussi diminuée, de même que l'estime de soi.

La dépression apparaît souvent lors du passage à l'âge scolaire, et elle peut être liée à des pressions scolaires plus exigeantes et à un faible sentiment d'efficacité personnelle (Rudolph *et al.,* 2001). La dépression infantile peut être l'indice d'un problème récurrent qui risque de persister jusqu'à l'âge adulte.

Les symptômes de la dépression infantile peuvent se manifester de la façon suivante :

- Premièrement, la présence importante d'émotions négatives, en particulier la tristesse, s'exprime soit verbalement, soit par les pleurs, soit par l'absence d'expressions émotionnelles joyeuses. Bien entendu, tous les enfants affichent de la tristesse à l'occasion. Toutefois, chez les enfants dépressifs, ces périodes de tristesse sont plus longues, plus intenses et plus fréquentes. Ces signes s'accompagnent aussi parfois d'irritabilité et de colère. Les crises de colère, les hurlements ou les coups qui apparaissent à la suite d'une petite frustration constituent parfois les seuls signes susceptibles d'alerter les parents.
- Deuxièmement, des symptômes d'ordre cognitif apparaissent, tels que de la difficulté à se concentrer ou à fournir un effort intellectuel.

La dépression chez l'enfant
Une dépression non traitée chez les enfants peut conduire à des problèmes dépressifs récurrents à l'âge adulte.

- Troisièmement, une diminution du plaisir et de l'intérêt survient. L'enfant perd alors toute motivation à aller à l'école et même à jouer. Il n'a envie de rien, il s'ennuie. Il se retire et peut formuler une certaine absence d'espoir en l'avenir.
- Quatrièmement, une diminution de l'estime de soi et, parfois, des sentiments de culpabilité apparaissent. L'enfant s'évalue négativement dans plusieurs situations et se sent toujours responsable des événements, même de ceux qui lui sont étrangers. Une échelle d'évaluation de la dépression infantile utilise l'assertion suivante : « Tout ce qui ne va pas est de ma faute. » Les deux tiers des enfants dépressifs répondent en effet affirmativement à cette assertion. Enfin, certains enfants craignent la mort imminente des membres de leur famille ou les séparations qu'ils considèrent comme permanentes. Et, même si l'on pense souvent que les enfants ne songent pas au suicide, les deux tiers des enfants déprimés auraient en réalité des idées suicidaires.

Les causes exactes de la dépression chez l'enfant sont inconnues, mais les enfants dépressifs ont tendance à provenir de familles qui présentent déjà des niveaux élevés de dépression parentale, de l'anxiété, des problèmes de toxicomanie ou des comportements antisociaux (Cicchetti et Toth, 1998). Les chercheurs ont par ailleurs identifié plusieurs gènes spécifiques liés à la dépression. L'un d'eux, qui aide à contrôler la sérotonine dans le cerveau, affecte l'humeur. Une étude longitudinale réalisée en Nouvelle-Zélande a révélé en effet que les personnes nées avec deux variations courtes de ce gène étaient plus susceptibles de devenir dépressives que celles qui en avaient deux variations longues (Caspi *et al.*, 2003). Enfin, la variation d'un autre gène contrôlant également la sérotonine est aussi associée à une hypertrophie du pulvinar – l'un des noyaux du thalamus –, une région du cerveau impliquée dans les émotions négatives (Young *et al.*, 2007). La dépression devient plus fréquente à l'adolescence, comme nous le verrons dans le chapitre 9.

8.5.3 L'intervention en santé mentale infantile

Psychothérapie
Processus interactionnel structuré, fondé sur un diagnostic, qui vise le traitement d'un trouble de santé mentale à l'aide de méthodes psychologiques reconnues par la communauté scientifique.

Le traitement psychologique des enfants dépressifs ou anxieux passe par la **psychothérapie**, où le thérapeute rencontre l'enfant et l'aide à prendre conscience de ses émotions et de ses relations interpersonnelles. Ce type de thérapie individuelle peut être salutaire pour un enfant qui traverse une période difficile, comme la séparation de ses parents ou la mort de l'un d'eux. La psychothérapie peut faire appel à différentes techniques telles que la thérapie par le jeu. Des jouets, des marionnettes ou de la pâte à modeler sont alors utilisés pour aider l'enfant à verbaliser ce qu'il ressent. Selon les psychanalystes, les mises en scène élaborées par l'enfant dans un contexte de jeu sont en effet le reflet de son vécu émotionnel. La thérapie par le jeu a ainsi montré son efficacité dans diverses situations, incluant les problèmes d'ordre émotionnel et social (Bratton et Ray, 2002).

La thérapie par le jeu
Dans la thérapie par le jeu, le thérapeute observe comment l'enfant exprime ses problèmes émotionnels à travers des objets, par exemple des poupées.

De son côté, la thérapie comportementale vise à modifier les comportements indésirables de l'enfant à l'aide de renforcements, alors que la thérapie cognitivo-comportementale cherche à modifier les pensées négatives. Cette dernière a donné les résultats les plus probants dans le traitement des troubles anxieux chez l'enfant et l'adolescent (Harvard Medical School, 2004).

La thérapie familiale est une autre technique qui implique que le psychologue rencontre en même temps l'enfant et toute sa famille. Il examine alors les interactions entre les divers membres de la famille et détermine les façons de faire qui sont favorables au bien-être de la famille et celles qui lui sont nuisibles. L'identification par les parents de leurs propres difficultés est souvent la première étape vers la résolution des problèmes de l'enfant.

Enfin, le recours à la thérapie pharmacologique passe par la prescription d'antidépresseurs, de stimulants, de tranquillisants ou d'antipsychotiques. Le nombre d'enfants présentant des troubles émotionnels qui sont traités par des médicaments a plus que doublé depuis une dizaine d'années (Olfson *et al.*, 2010). Leur utilisation demeure toutefois controversée. En effet, même si certaines recherches ne relèvent pas de risque additionnel significatif, d'autres ont identifié des risques modérés de pensées suicidaires chez les enfants et adolescents prenant des antidépresseurs (Hammad, Laughren et Racoosin, 2006 ; Simon *et al.*, 2006). Une analyse de 27 études aléatoires utilisant des placebos comme mesures de contrôle montre toutefois que les bénéfices des antidépresseurs l'emportent sur les risques (Bridge *et al.*, 2007).

8.5.4 Le stress et la résilience chez les enfants

Les événements stressants font partie intégrante de la vie de l'enfant, et la plupart des jeunes apprennent à les surmonter. Toutefois, des événements majeurs, tels qu'une agression physique ou sexuelle, un enlèvement ou une fusillade dans une école, ont généralement à plus long terme des conséquences sur le bien-être physique et psychologique des enfants. Là encore, certains enfants manifestent davantage de résilience que les autres.

Le stress de la vie d'aujourd'hui

Selon le psychologue pour enfants David Elkind (1983, 1998), le jeune d'aujourd'hui est un « enfant bousculé ». On attend en effet des enfants qu'ils réussissent à l'école, qu'ils se surpassent dans les sports et qu'ils comblent les besoins émotionnels de leurs parents. La vie des familles modernes oblige ainsi les enfants à vieillir trop vite, en plus de les soumettre trop jeunes, notamment par l'entremise de la télévision, à trop de stress. Par ailleurs, le travail des parents, qui favorise une plus grande mobilité, entraîne parfois des déménagements fréquents et la perte de contact avec les amis. Les enfants sont donc exposés à des problèmes d'adulte avant même d'avoir résolu ceux de l'enfance. Or, les enfants ne sont pas de petits adultes ; ils pensent et ressentent les choses comme des enfants et ils ont besoin de leurs années d'enfance pour se développer sainement.

Compte tenu de leur rythme de vie actuel et du **stress** qu'ils ressentent, il n'est pas étonnant que l'anxiété ait beaucoup augmenté chez les enfants. La peur du danger et de la mort constitue l'une des peurs les plus fréquentes chez les enfants de tout âge, et ce, dans plusieurs pays du monde (Gullone, 2000). Les chercheurs croient que cette anxiété pourrait refléter le niveau élevé de violence que l'on retrouve dans la société à laquelle l'enfant appartient (DeVoe *et al.,* 2004).

Stress
Ensemble des réactions ou des réponses de l'organisme à toute demande d'adaptation qui lui est faite.

Les désastres causés par l'humain, comme le terrorisme ou la guerre, ont un plus grand impact psychologique sur les enfants que les désastres naturels comme une inondation ou un tremblement de terre. L'exposition aux couvertures médiatiques et aux images peut aussi en amplifier les effets négatifs (Wexler, Branski et Kerem, 2006). Ainsi, plusieurs enfants qui ont vu à la télévision les attaques du 11 septembre 2001 à New York ont vécu un stress important, même s'ils n'étaient pas directement concernés (van der Molen, 2004). En outre, les jeunes enfants, qui ne comprennent pas encore pourquoi de tels événements surviennent, ont tendance à se centrer sur les conséquences de ces désastres, alors que les enfants d'âge scolaire, qui sont plus informés, s'inquiètent aussi des forces sous-jacentes ayant causé l'événement (Hagan *et al.,* 2005).

La réaction des enfants à un événement traumatisant se déroule généralement en deux étapes. La première étape voit se succéder la frayeur, l'incrédulité, le déni, le chagrin et le soulagement si les proches sont indemnes. Toutefois, quelques jours ou quelques semaines plus tard, une seconde période s'enclenche, marquée par des signes de régression et de détresse émotionnelle (anxiété, peur, isolement, perturbation du sommeil, pessimisme envers le futur, jeux liés à l'événement stressant). Le tableau 8.5 (*voir la page suivante*) présente ces réactions typiques à un événement traumatisant, selon l'âge des enfants.

Pour certains enfants, les effets d'un événement traumatisant peuvent perdurer. Les enfants qui ont été exposés à la guerre ou au terrorisme présentent des taux élevés de dépression, de comportements perturbateurs et de symptômes physiques inexpliqués et récurrents, comme des maux de tête ou des problèmes d'estomac. Si eux ou leur famille ont été personnellement affectés, la douleur physique ou la perte des proches vient aggraver les effets psychologiques (Wexler *et al.*, 2006). La réaction des parents à un événement violent ou à un désastre, de même que la façon dont ils en parlent à leurs enfants, influence grandement la capacité de l'enfant à s'en remettre. Malheureusement, les parents ont tendance à sous-estimer le stress vécu par leurs enfants et manquent ainsi des occasions d'intervenir (APA, 2009).

La résilience

Certains enfants, grâce à leur capacité de **résilience**, n'auront pas besoin de traitement particulier. Les enfants résilients sont ceux qui, même dans des circonstances

Résilience
Capacité de bien se développer et de continuer de se projeter dans l'avenir en présence d'événements déstabilisants, de traumatismes sérieux ou de conditions de vie difficiles.

TABLEAU 8.5 Les réactions typiques à un événement traumatisant selon l'âge

Âge	Réactions typiques		
5 ans et moins	• Peur d'être séparé du parent • Pleurs, gémissements, hurlements, tremblements	• Immobilité ou actions sans but • Expressions faciales de peur	• Accaparement excessif • Comportements régressifs (sucer son pouce, mouiller son lit, peur de l'obscurité)
6 à 11 ans	• Isolement extrême • Comportement perturbateur • Incapacité de porter attention à quelque chose	• Maux d'estomac ou autres symptômes non liés à une cause physique • Baisse des résultats scolaires, refus d'aller à l'école	• Dépression, anxiété, culpabilité, irritabilité ou engourdissement émotionnel • Comportements régressifs (cauchemars, problèmes de sommeil, peurs irrationnelles, explosion de colère ou d'agressivité)
12 à 17 ans	• « Flashs-back », cauchemars • Engourdissement émotionnel, confusion • Évitement des objets ou situations qui rappellent l'événement traumatisant	• Fantasmes de vengeance • Retrait, isolement • Consommation abusive de drogues • Problèmes avec les pairs, comportement antisocial	• Abandon scolaire, déclin des résultats scolaires • Problèmes de sommeil • Dépression, pensées suicidaires

Source : NIMH, 2001.

difficiles, maintiennent leurs compétences et leur développement normal ou se relèvent d'événements traumatisants. Ces enfants ne possèdent pas de qualités exceptionnelles ; ils réussissent simplement à maintenir un fonctionnement normal et à faire appel aux ressources dont ils ont besoin.

Comme le montre l'encadré 8.1, les deux facteurs de protection qui contribuent le plus à la résilience sont d'ordre familial et cognitif. Les enfants résilients entretiennent en effet une relation d'attachement intense avec au moins un de leurs parents ou un autre adulte significatif, que Cyrulnik appelle un « tuteur de résilience ». Sur le plan cognitif, les enfants résilients tendent aussi à démontrer des QI supérieurs à la moyenne et de bons mécanismes de résolution de problème. Leurs habiletés cognitives les aident probablement à affronter l'adversité, à se protéger eux-mêmes, à adapter leurs comportements et à apprendre de leurs expériences. Leur intelligence attire aussi parfois l'intérêt de leurs enseignants, qui deviennent pour eux des guides, des confidents ou des mentors (Masten et Coatsworth, 1998).

La recherche sur la résilience s'est développée considérablement depuis quelques années. Au début, on parlait de la résilience comme d'un processus naturel chez certaines personnes. Depuis, un courant de recherche explore la possibilité de gènes de protection qui pourraient neutraliser les effets d'un environnement néfaste (Caspi *et al.*, 2002 ; Kim-Cohen *et al.*, 2004). Cependant, la plupart des recherches portent surtout sur les facteurs de prévention et de protection, sur le fait que les personnes qui vivent un événement traumatique puissent ou non compter sur un soutien social (Cyrulnik et Jorland, 2012). Une étude portant sur des quartiers de Port-au-Prince, à la suite du tremblement de terre survenu en Haïti en janvier 2010, a constaté qu'à destruction égale, le facteur qui explique le mieux la résilience dans certains quartiers, et non dans d'autres, est le capital social, c'est-à-dire le réseau de soutien de la communauté avant la catastrophe (Watters, 2012).

Les facteurs de protection les plus connus sont :

1. Le tempérament et la personnalité de l'enfant. Les enfants résilients s'adaptent en effet facilement ; ils sont sympathiques, indépendants, mais sensibles aux autres. Ils sont compétents et ils ont une estime de soi élevée. Ils sont créatifs, motivés et agréables à fréquenter. Enfin, quand ils subissent un stress, ils sont capables de réguler leurs émotions en portant attention à autre chose.

ENCADRÉ 8.1 APPROFONDISSEMENT

La résilience

C'est dans les années qui ont suivi la Seconde Guerre mondiale et les atrocités qui y sont associées qu'on a commencé à parler de résilience. Différent de l'invulnérabilité, le concept de résilience réfère au fait qu'une personne va relativement bien en dépit des situations d'adversité qu'elle a traversées et des souffrances qu'elle a vécues.

Dans les années 1960, Emmy Werner, une psychologue américaine, a suivi pendant plus de 30 ans un grand nombre d'enfants ayant subi de graves traumatismes (agressions physiques et sexuelles, grande pauvreté, absence de structure familiale, abandon). Or, à l'âge de 18 ans, une partie d'entre eux avaient commencé à mieux fonctionner. À 30 ans, 30 % avaient appris à lire et à écrire sans jamais être allés à l'école. Ils avaient appris un métier et fondé une famille. Par quel mystère 30 % de ces enfants avaient-ils réussi à se développer malgré des privations affectives, des troubles organiques et une absence de structure familiale et sociale ? La question fondamentale de la résilience était alors posée.

Le terme « résilience » a d'abord été utilisé par Bowlby (1958), qui le définissait comme un ressort moral, comme la qualité d'une personne qui ne se décourage pas et qui ne se laisse pas abattre par les épreuves de la vie. Des auteurs plus récents, tels que Boris Cyrulnik ou Michel Manciaux, le définissent désormais comme la capacité d'une personne ou d'un groupe de bien se développer et de continuer de se projeter dans l'avenir malgré la présence d'événements déstabilisants, de traumatismes sérieux ou de conditions de vie difficiles. Autrement dit, on parle de résilience lorsqu'une personne qui s'est un jour retrouvée dans une situation très difficile (guerre, génocide, agression, abandon, etc.) semble s'en sortir pratiquement indemne, sans paraître affectée (Cyrulnik, 2001 ; Manciaux, 2001). Comment la résilience se développe-t-elle ? La résilience survient à la suite d'un trauma, c'est-à-dire un événement qui crée une souffrance personnelle. Puis survient le traumatisme, c'est-à-dire la représentation qu'une personne se fait du trauma, sa façon de se remémorer l'événement ou de le raconter à d'autres. Disons d'emblée que le trauma ne peut être modifié ; c'est un événement passé sur lequel il est impossible de revenir. Cependant, le traumatisme, lui, peut évoluer avec le temps. C'est par ce processus que la résilience se réalise, en modifiant cette représentation du traumatisme et en s'en servant pour produire autre chose. L'art, l'humour et l'engagement sont souvent considérés comme des outils de résilience (Cyrulnik, 2008).

Parmi les caractéristiques observées chez les personnes résilientes, on trouve un attachement sécurisant, la capacité d'utiliser des stratégies de résistance et une propension à l'épanouissement (sociabilité, don d'éveiller la sympathie, sens de l'humour, créativité). L'entourage des enfants résilients compte presque toujours une personne qui aime l'enfant, qui l'écoute, qui croit ce qu'il dit et qui éveille sa conscience. Cyrulnik parle ainsi de « tuteurs de résilience ». Parfois, ces tuteurs ne sont même pas conscients de l'être. Ainsi, un enseignant qui dit à un élève, qui l'entend pour la première fois, qu'il est capable de faire quelque chose peut marquer cet élève pour le restant de sa vie et lui donner l'énergie nécessaire pour aller de l'avant. Les liens d'attachement que l'enfant tisse avec son tuteur de résilience lui donnent la force ou la sécurité nécessaire pour chercher à comprendre la situation.

Par rapport à l'adversité, plusieurs réactions sont possibles : on peut s'abandonner à la souffrance, tenter d'être indifférent ou se complaire dans un rôle de victime. Or, selon Cyrulnik, ces réactions empêchent toutes la poursuite d'un sain développement. La résilience, au contraire, est une lutte pour revenir à la vie. C'est résilier son contrat avec l'adversité pour décider de se reconstruire. La base du processus de résilience est donc la capacité d'une personne de remanier le récit de son expérience traumatique de manière à en transformer le sens et le vécu émotionnel. En effet, l'expérience traumatique peut influencer directement, et le plus souvent de façon négative, la représentation qu'une personne se fait d'elle-même. Or, cette représentation peut toujours évoluer malgré tout, que ce soit, par exemple, avec l'aide d'un tuteur ou par l'entremise de la psychothérapie ou de l'engagement social. Tous ces moyens permettent aux enfants traumatisés de se comprendre eux-mêmes, d'exprimer leur souffrance, d'être entendus et, éventuellement, de cesser de se concevoir uniquement comme des victimes, et de poursuivre alors leur développement.

2. La présence d'expériences compensatoires. Un environnement scolaire favorable, des expériences de succès dans d'autres domaines, comme le sport ou la musique, ou encore le soutien des adultes, comme un professeur particulièrement compréhensif et aidant, sont autant d'éléments qui peuvent aider l'enfant à se protéger, par exemple, d'un milieu familial destructeur et favoriser sa résilience.
3. Le facteur de risque réduit. Les enfants qui n'ont été exposés qu'à un seul facteur parmi les nombreux facteurs de risques possibles (la discorde des parents, un faible statut social, une mère perturbée, un père criminel, une expérience en foyer

La résilience et le soutien social

Un environnement social et scolaire favorable peut protéger un enfant d'un milieu familial destructeur.

d'accueil ou en institution, etc.) sont souvent plus aptes à surmonter le stress que les enfants qui ont été exposés à plus d'un facteur de risque (Eisenberg *et al.*, 2004).

Le fait que certains enfants soient plus résilients ne signifie pas que les difficultés de la vie ne les affectent pas. Ainsi, de manière générale, les enfants issus de milieux difficiles présentent davantage de problèmes d'adaptation que les enfants de milieux plus favorables. En outre, même les enfants apparemment les plus résilients peuvent ressentir une détresse intérieure qui peut engendrer certaines conséquences à long terme (Masten et Coatsworth, 1998).

Malgré tout, les recherches portant sur les enfants résilients sont optimistes : elles permettent de constater que les expériences négatives durant l'enfance ne déterminent pas inévitablement ce qu'une personne deviendra. Certains enfants trouvent en effet la force de naviguer à travers les difficultés et réussissent à maintenir le cap vers leur bon développement.

L'adolescence est aussi une période remplie de stress et de risques, beaucoup plus qu'à l'âge scolaire. Toutefois, la plupart des adolescents développent les habiletés et les compétences pour faire face aux défis auxquels ils sont confrontés, comme nous le verrons dans les prochains chapitres.

FAITES LE POINT

14. Quels sont les facteurs de risque les plus souvent associés à la maladie mentale d'un enfant ?
15. Identifiez les principaux symptômes qui permettent de diagnostiquer un trouble de l'opposition.
16. Pourquoi la dépression est-elle parfois difficile à déceler chez les enfants ?
17. Quels sont les facteurs de protection qui contribuent le plus à la résilience ?

Résumé

Le soi en développement

- Les progrès sur le plan cognitif permettent à l'enfant d'âge scolaire de développer un concept de soi plus nuancé et plus réaliste. Le soi réel et le soi idéal se différencient et l'enfant peut désormais se fixer des objectifs en fonction de ce qu'il voudrait devenir.
- À l'âge scolaire, les enfants deviennent de plus en plus conscients de leurs émotions et de celles des autres, et ils les comprennent donc davantage.
- Comme les comportements prosociaux augmentent, les enfants peuvent mieux adapter leur comportement dans diverses situations et avoir un meilleur contrôle de leurs émotions négatives.

Le développement de la personnalité de 6 à 11 ans : les approches théoriques

- Selon la théorie psychosexuelle de Freud, l'enfant traverse une période de latence en ce qui a trait aux pulsions sexuelles. La présence du surmoi lui permet maintenant de suivre volontairement les règles sociales, et l'utilisation des mécanismes de défense devient plus fréquente.
- Selon la théorie psychosociale d'Erikson, les années scolaires sont également une période d'accalmie. L'enfant doit résoudre la crise « travail *versus* infériorité » et trouver un équilibre qui lui permettra de développer un sentiment de compétence, tout en étant conscient de ses propres limites. La résolution de cette crise est fortement liée à l'estime de soi.

L'enfant et sa famille

- Même si l'enfant passe désormais moins de temps auprès de sa famille, le climat familial demeure un élément important de son développement.
- Alors que le contrôle de ses parents sur son comportement diminue, la corégulation permet à l'enfant d'avoir plus de pouvoir et d'autonomie.
- Les relations entre frères et sœurs, qui peuvent être un laboratoire pour la résolution de conflits, sont à leur tour influencées par les modèles de relations parent-enfant.
- La conciliation travail-famille représente un défi majeur, puisque le travail des parents est susceptible d'avoir une incidence sur le développement de l'enfant en augmentant le stress quotidien et en diminuant le temps consacré à la famille.
- La pauvreté a aussi un impact majeur sur le développement de l'enfant, mais il peut être réduit par des pratiques parentales efficaces.
- La structure familiale est beaucoup plus diversifiée qu'auparavant.
- L'impact d'un divorce sur les enfants peut être minimisé si ces derniers restent en contact avec les deux parents.
- Les enfants de familles monoparentales vivent plus souvent dans la pauvreté et sont susceptibles de connaître des conditions de vie plus difficiles que la normale, ainsi que différentes formes de transition qui risquent d'avoir des effets sur leur développement.
- La famille recomposée présente parfois une structure assez complexe qui peut constituer un vrai défi, pour les parents comme pour les enfants et beaux-enfants.
- Les enfants adoptés et ceux qui grandissent avec un couple homosexuel ne présentent généralement pas plus de problèmes de développement que les autres enfants.

L'enfant d'âge scolaire et son groupe de pairs

- La présence croissante des pairs dans la vie de l'enfant entraîne une diminution de son égocentrisme et favorise son ouverture aux autres.
- Les enfants populaires au sein d'un groupe de pairs présentent généralement de grandes habiletés dans les relations interpersonnelles et leur popularité peut avoir une influence considérable sur leur estime de soi.
- L'agressivité et le retrait social entraînent souvent une impopularité qui affaiblit l'estime de soi de l'enfant.
- À l'âge scolaire, l'agressivité hostile remplace l'agressivité instrumentale. Les enfants présentent alors souvent un biais qui les porte à croire que les autres leur veulent du mal.
- Selon des études récentes, un lien de causalité entre l'observation fréquente de la violence à la télévision et l'utilisation de comportements violents peut être démontré.
- Les modèles d'intimidation et de victimisation peuvent s'établir dès les premières années d'école et ont des effets à long terme. Les victimes d'intimidation sont souvent des enfants mésadaptés qui manquent notamment d'estime de soi.

La santé mentale des enfants

- Les problèmes de santé mentale sont plus fréquents qu'on le pense et ils ne sont pas toujours faciles à déceler chez l'enfant. Plusieurs facteurs peuvent être à l'origine de ces troubles, soit des facteurs génétiques, des facteurs liés à la famille ou des facteurs liés à un environnement plus large.
- Le trouble oppositionnel avec provocation peut avoir une origine génétique ou découler d'une éducation hostile et de conflits familiaux.
- La phobie scolaire est une forme de trouble anxieux où l'enfant présente une peur irrationnelle de l'école.
- La phobie sociale, le trouble d'anxiété généralisée et le trouble obsessionnel compulsif sont également des troubles anxieux.
- La dépression est difficile à déceler chez l'enfant, car elle est souvent accompagnée d'autres formes de problèmes.
- Les problèmes de santé mentale chez les enfants peuvent être traités par la psychothérapie individuelle, par la thérapie familiale ou par certains médicaments.
- Certains enfants sont soumis à un stress élevé ou vivent des expériences réellement traumatisantes. Parmi eux, certains feront plus ou moins preuve de résilience par rapport à ces menaces à leur développement. Deux facteurs de protection semblent plus importants: la présence d'un tuteur de résilience et des capacités cognitives supérieures qui permettent à l'enfant de mieux s'adapter.

BIBLIOGRAPHIE

ABDELILAH-BAUER, B. (2006). *Le défi des enfants bilingues*, Paris, La Découverte.

ABER, J.L., J.L. BROWN et S.M. JONES (2003). « Developmental trajectories toward violence in middle childhood: Course, demographic differences, and response to school-based intervention », *Developmental Psychology*, vol. 39, p. 324-348.

ACADÉMIE AMÉRICAINE DE PÉDIATRIE et SOCIÉTÉ CANADIENNE DE PÉDIATRIE (2000). « Prevention and management of pain and stress in the neonate », *Pediatrics*, vol. 105, n° 2, p. 454-461.

ACOSTA, M.T., M. ARCOS-BURGOS et M. MUENKE (2004). « Attention deficit/ hyperactivity disorder (ADHD): Complex phenotype, simple genotype ? », *Genetics in Medicine*, vol. 6, p. 1-15.

ACTA - ASSOCIATION CANADIENNE DES TROUBLES D'APPRENTISSAGE (2013). *Ce qu'il faut savoir sur les TA*, www.ldac-acta.ca

ADOLPH, K.E. (2008). « Learning to move », *Current Directions in Psychological Science*, vol. 17, p. 213-218.

AGENCE DE LA SANTÉ PUBLIQUE DU CANADA (2012). *Énoncé conjoint sur le sommeil sécuritaire*, www.phac-aspc.gc.ca

AGENCE DE LA SANTÉ PUBLIQUE DU CANADA (2012). *Ensemble des troubles causés par l'alcoolisation fœtale*, www.phac-aspc.gc.ca

AGENCE DE LA SANTÉ PUBLIQUE DU CANADA (2012). *Le cancer chez les enfants (de 0 à 14 ans) au Canada*, www.phac-aspc.gc.ca

AHNERT, L. *et al.* (2004). « Transition to child care: Associations with infant-mother attachment, infant negative emotion and cortical elevation », *Child Development*, vol. 75, p. 639-650.

AIMÉ, A. (2012). « Quand l'obésité impose un régime minceur aux résultats scolaires », *Le Monde de l'Éducation*, 12 mars, p. 45-48.

AINSWORTH, M.D.S. (1979). « Infant-mother attachment », *American Psychologist*, vol. 34, n° 10, p. 932-937.

AINSWORTH, M.D.S. (1989). « Attachments beyond infancy », *American Psychologist*, vol. 44, p. 709-716.

AINSWORTH, M.D.S. *et al.* (1978). *Patterns of Attachment: A Psychological Study of the Strange Situation*, Hillsdale, New Jersey, Erlbaum.

ALEXANDER, K.L., D.R. ENTWISLE et L.S. OLSON (2007). « Lasting consequences of the summer learning gap », *American Sociological Review*, vol. 72, p. 167-180.

ALLEN, G.L. et P.J. ONDRACEK (1995). « Age-sensitive cognitive abilities related to children's acquisition of spatial knowledge », *Developmental Psychology*, vol. 31, p. 934-945.

ALLOWAY, T.P., S.E. GATHERCOLE, H. KIRKWOOD et J. ELLIOT (2009). « The cognitive and behavioral characteristics of children with low working memory », *Child Development*, vol. 80, n° 2, p. 606-621.

ALUTI, A., F. CATTANEO, S. GALIMBERTI, U. BENNINGHOFF, B. CASSANI, L. CALLEGARO, ... RONCAROLO, M.G. (2009). « Gene therapy for immunodeficiency due to adenosine deaminase deficiency », *New England Journal of Medicine*, 360, p. 447-458.

AMATO, P.R. (2005). « The impact of family formation change on the cognitive, social, and emotional well-being of the next generation », *Future of Children*, vol. 15, p. 75-96.

AMBERT, A.-M. (2006). *Les familles monoparentales. Caractéristiques, causes, répercussions et questions*, Montréal, Institut Vanier de la famille, www.vifamily.ca

AMERICAN ACADEMY OF PEDIATRICS (AAP) (1992). Committee on Sports Medicine and Fitness. « Fitness, Activity, and Sports Participation in the Preschool Child », *Pediatrics*, vol. 90, p. 1002-1004.

AMERICAN ACADEMY OF PEDIATRICS (AAP) (1996). Committee on Genetics. « Newborn Screening Fact Sheet », *Pediatrics*, vol. 98, p. 1-29.

AMERICAN ACADEMY OF PEDIATRICS (AAP) (2000). Committee on Psychosocial Aspects of Child and Family Health. « The Pediatrician and Childhood Bereavement », *Pediatrics*, vol. 105, p. 445-447.

AMERICAN ACADEMY OF PEDIATRICS (AAP) (2001). Committee on Public Education. « Policy Statement: Children, Adolescents, and Television », *Pediatrics*, vol. 107, p. 423-426.

AMERICAN ACADEMY OF PEDIATRICS-COUNCIL ON COMMUNICATIONS AND MEDIA EXECUTIVE COMMITTEE (novembre 2011). « Media Use by Children Younger Than 2 Years », vol. 128, n° 5.

AMERICAN COLLEGE OF OBSTETRICIANS AND GYNECOLOGISTS (ACOG) (2000). « Premenstrual syndrome », *ACOG Practice Bulletin*, 15, Washington DC, ACOG.

AMERICAN COLLEGE OF OBSTETRICIANS AND GYNECOLOGISTS (ACOG) (2001). « Repeated miscarriage », *ACOG Education Pamphlet* AP1000, Washington DC, ACOG.

AMERICAN PSYCHIATRIC ASSOCIATION (2012). *News Release, janv. 2012, release 12-03, DSM-5 Proposed Criteria for Autism Spectrum Disorder Designed to Provide More Accurate Diagnosis and Treatment*, www.dsm5.org

AMERICAN PSYCHOLOGICAL ASSOCIATION (APA) (2010). *APA Resolution on End-of-Life Issues and Care*, www.apa.org

AMERICAN PSYCHOLOGICAL ASSOCIATION (APA) (n. d.). *Answers to your Questions about Sexual Orientation and Homosexuality*, Washington DC, American Psychological Association.

AMERICAN PSYCHOLOGICAL ASSOCIATION (APA), APA Working Group on Assisted Suicide and End-of-Life Decisions (2001). *Formation of APA Working Group on Assisted Suicide and End-of-Life Decisions*, www.apa.org

AMES, E.W. (1997). *The Development of Romanian Orphanage Children Adopted to Canada: Final Report*, National Welfare Grants Program, Human Resources Development, Canada.

AMSO, D. et B.J. CASEY (2006). « Beyond what develops when: Neuroimaging may inform how cognition changes with development », *Psychological Science*, vol. 15, p. 24-29.

ANDERSON, A.H., A. CLARK et J. MULLIN (1994). « Interactive communication between children: Learning how to make language work in dialog », *Journal of Child Language*, vol. 21, p. 439-463.

ANDERSON, C.A. *et al.* (2003). « The influence of media violence on youth », *Psychological Science in the Public Interest*, vol. 4, p. 81-110.

ANDERSON, D.A. et M. HAMILTON (2005). « Gender role stereotyping of parents in children's picture books: The invisible father », *Sex Roles: A Journal of Research*, 52, p. 145-151.

ANIM-SOMUAH, M., R. SMYTH et L. JONES (2011). *Epidural versus non-epidural or analgesia in labor, Cochrane Library*, http://online library.wiley.com

ANSERMET, F. (2005). « Clinique de l'ambiguïté génitale chez l'enfant », *Psychothérapies*, vol. 3, n° 25, p. 165-172.

APA (2013). *American Psychiatric Association, Psychiatric News, DSM-5 Provides New Take on Neurodevelopment Disorders*, http://psychnews.psychiatryonline.org

ARCHER, J. (2004). « Sex differences in aggression in real-world settings: A meta-analytic review », *Review of General Psychology*, vol. 8, n° 4, p. 291-322.

ARIAS, E., M.F. MACDORMAN, D.M. STROBINO et B. GUYER (2003). « Annual summary of vital statistics-2002 », *Pediatrics*, 112, p. 1215-1230.

ARIES, P. (1960). *L'enfant et la vie familiale sous l'Ancien Régime*, Paris, Plon.

ASSOCIATION DES MÉDECINS PSYCHIATRES DU QUÉBEC. (2012). *L'autisme*, www.ampq.org/index.cfm

AUTISM SOCIETY (2008). *Frequently Asked Questions*, www.autism-society.org

AUTISM SPEAKS (2012). *Autism and your family*, www.autismspeaks.org

BADDELEY, A. (1996). « Exploring the central executive », *Quarterly Journal of Experimental Psychology*: Human *Experimental Psychology* (Special Issue: Working Memory), 49A, p. 5-28.

BADDELEY, A. (1998). « Recent developments in working memory », *Neurobiology*, vol. 8, p. 234-238.

BAGWELL, C.L., A.F. NEWCOMB et W.M. BUKOWSKI (1998). « Preadolescent friendship and peer rejection as predictors of adult adjustment », *Child Development*, vol. 69, p. 140-153.

BAILLARGEON, R.H. *et al.* (2007). « Gender differences in physical aggression: A prospective population-based survey of children before and after 2 years of age », *Developmental Psychology*, vol. 43, n° 1, p. 13-26.

BAINBRIDGE, J.W.B. *et al.* (2008). « Effect of gene therapy on visual function in Leber's congenital amaurosis », *New England Journal of Medicine*, vol. 358, p. 2231-2239.

BAKER, J.L., L.W. OLSEN et T.I.A. SORENSEN (2007). « Childhood body-mass index and the risk of coronary heart disease in adulthood », *New England Journal of Medicine*, vol. 357, p. 2329-2336.

BALDY, R. (2002). *Dessine-moi un bonhomme. Dessins d'enfants et développement cognitif*, Paris, In Press.

BALDY, R. (2005). « Dessin et développement cognitif. Comment l'enfant devient-il dessinateur ? », Enfance, vol. 57, n° 1, p. 34-44.

BALTES, P.B. (1987). « Theoreticalproposition of life-span development psychology: On the dynamics between growth and decline », *Developmental Psychology*, vol. 23, n° 5, p. 611-626.

BALTES, P.B. (1997). « On the incomplete architecture of human ontogeny: Selection, optimization, and compensation as foundation of developmental theory », *American Psychologist*, vol. 52, p. 366-380.

BALTES, P.B. et J. SMITH (2004). « Life-span psychology: From developmental contextualism to developmental biocultural co-constructivism », *Research in Human Development*, vol. 1, p. 123-144.

BALTES, P.B. et M.M. BALTES (1990). « Psychological perspectives on successful aging: The model of selective optimization with compensation », dans P.B. BALTES et M.M. BALTES (dir.), *Successful Aging: Perspectives from the Behavioral Sciences*, New York, Cambridge University Press, p. 1-34.

BANDURA, A. (1986). *Social Foundations of Thought and Action: A Social Cognitive Theory*, Englewood Cliffs, New Jersey, Prentice-Hall.

BANDURA, A. (1989). « Social cognitive theory », dans R. VASTA (dir.), *Annals of Child Development*, Greenwich, Connecticut, JAL.

BANDURA, A. (1994). « Self-efficacy », dans V.S. RAMACHAUDRAN (dir.), *Encyclopedia of Human Behavior*, vol. 4, p. 71-81.

BANDURA, A. *et al.* (1996). « Multifaceted impact of self-efficacy beliefs on academic functioning », *Child Development*, vol. 67, p. 1206-1222.

BANDURA, A. *et al.* (2001). « Self-efficacy beliefs as shapers of children's aspirations and career trajectories », *Child Development*, vol. 72, n° 1, p. 187-206.

BANDURA, A., D. ROSS et S.A. ROSS (1961). « Transmission of aggression through imitation of aggressive models », *Journal of Abnormal and Social Psychology*, vol. 63, p. 575-582.

BARAC, R. et E. BIALYSTOK (2012). « Bilingual Effects on Cognitive and Linguistic Development: Role of Language, Cultural Background, and Education », *Child Development*, vol. 83, n° 2, p. 413-422.

BARBEAU, D. (2007). Interventions pédagogiques et réussite au cégep. Méta-analyse, Québec, Presses de l'Université Laval.

BARIL, D. (2006). « 28 % des étudiants sont favorables aux punitions corporelles », *Forum*, mars, vol. 40, n° 24.

BARNES, J.C., B. BOUTWELL BRIAN, M. BEAVER KEVIN, GIBSON et L. CHRIS (2013). « Analyzing the Origins of Childhood Externalizing Behavioral Problems », *Developmental Psychology*, p. 1-13.

BARNETT, W. *et al.* (2008). « Educational effects of the tools of the mind curriculum: A randomized trial », *Early Childhood Research Quarterly*, vol. 23, n° 3, p. 299-313.

BARON, L. et M. HOLMAN (2007). « Violence envers les jeunes qui font du sport: Les écoles peuvent s'engager à y remédier », *Magazine Santé et Apprentissage*, Fédération canadienne des enseignantes et des enseignants, printemps, www.ctf.fce.ca

BARON-COHEN, S. (2005). « The essential difference: The male and female brain », *Phi Kappa Phi Forum*, vol. 85, n° 1, p. 23-26.

BARRETTE, J. (2009). *Conciliation travail-famille: Qu'en savons-nous vraiment?*, Institut Vanier de la famille, www.vifamily.ca

BARTICK M. et A. REINHOLD (2010). « The Burden of suboptimal breastfeeding in the United States: A pediatric cost analysis », *Pediatrics*, 125, p. e1048-e1056.

BAUER, P.J. (2002). « Long-term recall memory: Behavioral and neuro-developmental changes in the first 2 years of life », *Current Directions in Psychological Science*, vol. 11, p. 137-141.

BAUER, P.J. *et al.* (2003). « Developments in long-term explicit memory late in the first year of life: Behavioral and electrophysiological indices », *Psychological Science*, vol. 14, p. 629-635.

BAUMRIND, D. (1971). « Harmonious parents and their preschool children », *Developmental Psychology*, vol. 41, p. 92-102.

BAUMRIND, D. (1989). « Rearing competent children », dans DAMON, W. (dir.), *Child Development Today and Tomorrow*, San Francisco, Jossey-Bass, p. 349-378.

BAUMRIND, D. (1996). « The discipline controversy revisited », *Family Relations*, vol. 45, p. 405-414.

BAUMRIND, D. (1996a). « A blanket injunction against disciplinary use of spanking is not warranted by the data », *Pediatrics*, vol. 98, 4, Pt. 2, p. 828-831.

BAUMRIND, D. (1997). « Necessary distinctions », *Psychological Inquiry*, 8, p. 176-182.

BAUMRIND, D. (2005). « Patterns of parental authority and adolescent autonomy », dans J. SMETANA (dir.), *Changing Boundaries of Parental Authority during Adolescence, New Directions for Child and Adolescent Development*, 108 San Francisco, Jossey-Bass, p. 61-70.

BAUSERMAN, R. (2002). « Child adjustment in joint-custody versus sole-custody arrangements: A meta-analytic review », *Journal of Family Psychology*, vol. 16, p. 91-102.

BAYLEY, N. (1969). *Bayley Scales of Infant Development*, New York, Psychological Corporation.

BAYLEY, N. (1993). *Bayley Scales of Infant Development*, (2e éd.), New York, Psychological Corporation.

BAYLEY, N. (2005). *Bayley Scales of Infant Development*, (3e éd.; Bayley-III), New York, Harcourt Brace.

BEACH *et al.* (2009). *Beach, Jane, Martha Friendly, Carolyn Ferns, Nina Prabhu et Barry Forer. 2009. Early Childhood Education and Care in Canada 2008*, Toronto, Childcare Resource and Research Unit.

BEAULNE, S. (2012). « La conceptualisation de l'autisme depuis Kanner: où en sommes-nous? », *Journal on Development disabilities*, vol. 18, n° 1.

BECKETT, C. *et al.* (2006). « Do the effects of severe early deprivation on cognition persist into early adolescence? Findings from the English and Romanian adoptees study », *Child Development*, vol. 77, p. 696-711.

BELLINGER, D. (2004). « Lead », *Pediatrics*, vol. 113, p. 1016-1022.

BEM, S.L. (1983). « Gender schema theory and its implications for child development: Raising gender-aschematic children in a gender-schematic society », *Signs*, vol. 8, p. 598-616.

BEM, S.L. (1985). « Androgyny and gender schema theory: A conceptual and empirical integration », dans T.B. SONDREGGER (dir.), Nebraska Symposium on Motivation, 1984: Psychology and Gender, Lincoln, Nebraska, University of Nebraska Press.

BENDERSKY, M., D. BENNETT et M. LEWIS (2006). « Aggression at age 5 as a function of prenatal exposure to cocaine, gender, and environmental risk », *Journal of Pediatric Psychology*, vol. 37, p. 71-84.

BERAN, T. (2008). « Stability of Harassment in Children: Analysis of the Canadian National Longitudinal Survey of Children and Youth Data », *The Journal of Psychology*, vol. 142, n° 2, p. 131-146.

BERGEN, D. (2002). « The role of pretend play in children's cognitive development », *Early Childhood Research & Practice*, vol. 4, n° 1, http://ecrp.uiuc.edu

BERGER, K.S. (2007). « Update on bullying at school: Science forgotten? », *Developmental Review*, vol. 27, p. 91-92.

BERK, L.E. (1992). « Children's private speech: An overview of theory and the status of research », dans R.M. DIAZ et L.E. BERK (dir.), *Private Speech: From Social Interaction to Self-Regulation*, Hillsdale, New Jersey, Lawrence Erlbaum Associates, p. 17-53.

BESNARD, T, P. VERLAAN, F. CAPUANO, F. POULIN et F. VITARO (2011). « Les pratiques parentales des parents d'enfants en difficultés de comportement: Effets de la dyade parent-enfant », *Canadian Journal of Behavioural Science/Revue canadienne des sciences du comportement*, vol. 43, n° 4, p. 254.

BIALYSTOK, E. (2006). « L'acquisition d'une deuxième langue, le bilinguisme pendant la petite enfance et leur impact sur le développement cognitif précoce », dans R.E. TREMBLAY, R.G. BARR et R. De V. PETERS (dir.), *Encyclopédie sur le développement des jeunes enfants*, Montréal, Centre d'excellence pour le développement des jeunes enfants, www.enfant-encyclopedie.com

BIALYSTOK, E., G. LUK et E. KWAN (2005). « Bilingualism, biliteracy, and learning to read: Interactions among languages and writing systems », *Scientific Studies of Reading*, vol. 9, p. 43-61.

BIALYSTOK, E., S. MAJUMDER et M.M. MARTIN (2003). « Developing phonological awareness – is there a bilingual advantage? », *Applied Psycholinguistics*, vol. 24, p. 27-44.

BICKHAM, D. et M. RICH (2006). « Is television viewing associated with social isolation?: Roles of exposure time, viewing context, and violent content », *Archives of Pediatrics and Adolescent Medicine*, vol. 160, p. 387-392.

BIERMAN, K.L., D.L. SMOOT et K. AUMILLER (1993). « Characteristics of aggressive rejected, aggressive (non-rejected), and rejected (non-aggressive) boy », *Child Development*, vol. 64, p. 139-151.

BIGRAS, N. et L. LEMAY (2012). *Petite enfance, services de garde éducatifs et développement des enfants, État des connaissances*, Presses de l'Université du Québec.

BJORKLUND, D.F. (1997). « The role of immaturity in human development », *Psychological Bulletin*, vol. 122, p. 153-169.

BJORKLUND, D.F. et A.D. PELLEGRINI (2000). « Child development and evolutionary psychology », *Child Development*, vol. 71, n° 6, p. 1687-1708.

BJORKLUND, D.F. et A.D. PELLEGRINI (2002). The Origins of Human Nature: Evolutionary *Developmental Psychology*, Washington DC, American Psychological Association.

BLEANDONU, G. et O. REVOL (2010). *Précocité, talents et troubles des apprentissages, Approche neuropsychologique des troubles d'apprentissages*, Éditions Solal, juillet 2010.

BLESKE-RECHEK, A., D. LUBINSKI et C.P. BENBOW (2004). « Meeting the educational needs of special populations. Advanced placement's role in developing exceptional human capital », *Psychological Sciences*, vol. 15, p. 217-224.

BLOODGOOD, J.M, W.H. TURNLEY et P. MUDRACK (2008). « The influence of ethics instruction, religiosity and ethics on cheating behavior », *Journal of Business Ethics*, vol. 82, n° 3, p. 0167-4544.

BLUM, N.J., B. TAUBMAN et N. NEMETH (2003). « Relationships between age at initiation of toilet training and duration of training: A prospective study », *Pediatrics*, vol. 111, p. 810-814.

BOCHUKOVA, E.G. *et al.* (2009). « Large, rare chromosomal deletions associated with severe early-onset obesity », *Nature*, 463, p. 666-670.

BOCSKAY, K.A, D. TANG, M.A. ORJUELA, X. LIU, D.P. WARBURTON et F.P. PERERA (2005). « Chromosomal aberrations in cord blood are associated with prenatal exposure to carcinogenic polycyclic aromatic hydrocarbons », *Cancer Epidemiology Biomarkers and Prevention*, 14, p. 506-511.

BOILEAU, B. (2007). *Les troubles de comportement en pédopsychiatrie: pas si simple que ça, Hôpital Sainte-Justine*, www.chu-sainte-justine.org

BOJCZYK, K.E. et D. CORBETTA (2004). « Object retrieval in the 1st year of life : Learning effects of task exposure and box transparency », *Developmental Psychology,* 40, p. 54-66.

BOLLINGER, M.B. (2003). « Involuntary smoking and asthma severity in children : Data from the Third National Health and Nutrition Examination Survey (NHANES III) », *Pediatrics,* 112, p. 471.

BORNSTEIN, M.H. *et al.* (1999). « Play in two societies : Pervasiveness of process, specificity of structure », *Child Development,* vol. 70, p. 317-331.

BORNSTEIN, M.H. *et al.* (2004). « Cross-linguistic analysis of vocabulary in young children ; Spanish, Dutch, French, Hebrew, Italian, Korean, and American English », *Child Development,* vol. 75, p. 1115-1139.

BORNSTEIN, M.H. et C.S. TAMIS-LEMONDA (1989). « Maternal responsiveness : Characteristics and consequences », *New Directions for Child Development,* 43 San Francisco, Jossey-Bass.

BOS, H. et T.G.M. SANDFORT (2010). « Children's Gender Identity in Lesbian and Heterosexual Two-Parent Families. », *Sex Roles : A Journal of Research,* vol. 62, n° 1/2, p. 114-26.

BOUCHARD M.F., J. CHEVRIER, K.G. HARLE, K. KOGUT, M. VEDAR, N. CALDERON, C. TRUJILLO, C. JOHNSON, A. BRADMAN, D.B. BARR et B. ESKENAZI (2011). « Prenatal Exposure to Organophosphate Pesticides and IQ in 7-Year Old Children », *Environmental Health Perspectives,* vol. 119, n° 8, p. 1189-9.

BOUCHARD, C., S. COUTU et S. LANDRY (2012). « Le développement de la prosocialité chez l'enfant », dans J.-P. Lemelin, M.A. Provost, G.M. Tarabulsy, A. Plamondon et C. Dufresne (dir.), *Développement social et émotionnel de l'enfant et de l'adolescent, tome 1,* (p. 402-443), Québec.

BOUCHARD, C. *et al.* (2009). « Gender differences in language development in French Canadian children between 8 and 30 months of age », *Applied Psycholinguistics,* vol. 30, n° 4, Cambridge University Press, octobre, p. 685-707.

BOUCHARD, P. et J.-C. SAINT-AMANT (2000). « L'axe mère-enfant de la réussite scolaire au primaire en milieu populaire », dans M. SIMARD et J. ALARY (dir.), Comprendre la famille – 5ᵉ symposium québécois, Conseil de développement de la recherche sur la famille du Québec, Presses de l'Université du Québec.

BOUCHARD, P. (2003). La réussite scolaire comparée selon le sexe, Condition féminine Canada, http://dsp-psd.tpsgc.gc.ca/Collection

BOUCHARD, T.J. (2004). « Genetic influence on human psychological traits : A survey », *Current Directions in Psychological Science,* vol. 13, p. 148-154.

BOUDREAULT, M.-C., N. TRUDEAU et C. BOUCHARD (2006). Influence de facteurs biologiques et environnementaux sur le développement langagier du jeune enfant francophone, Poster Presentation at the Annual CLLRN and Conference, Charlottetown, Île-du-Prince-Édouard.

BOWLBY, J. (1958). «The nature of the child's tie to his mother», *International Journal of Psycho-Analysis,* xxxix, p. 1-23.

BOWLBY, J. (1969). «Attachment and loss», *Attachment,* 1 London, Hogarth Press et Institute of Psycho-Analysis.

BRATTON, S.C. et D. RAY (2002) « Humanistic play therapy », dans D.J. CAIN (dir.), *Humanistic Psychotherapies : Handbook of Research and Practice,* p. 369-402.

BRAY, J.H. (1999). « From marriage to remarriage and beyond : Findings from the developmental issues in stepfamilies research project », dans E.M. HETHERINGTON (dir.), *Coping with Divorce, Single Parenting and Remarriage : A Risk and Resiliency Perspective,* Hillsdale, New Jersey, Lawrence Erlbaum Associates.

BRAZELTON, T.B. (1973). *Neonatal Behavioral Assessment Scale,* Philadelphia, Lippincott.

BRENDGEN, M, G. DIONNE, A. GIRARD, M. BOIVIN, F. VITARO et D. PERUSSE (2005). « Examining genetic and environmental effects on social aggression : A study of 6-year-old twins », *Child Development,* 76, p. 930-946.

BRIDGE, J.A. *et al.* (2007). « Clinical response and risk for reported suicidal ideation and suicide attempts in pediatric antidepressant treatment : A meta-analysis of randomized controlled trials », *Journal of the American Medical Association,* vol. 297, p. 1683-1696.

BRITTO, P.R. et N. ULKER (2012). « Child Development in Developing Countries : Child Rights and Policy Implications », *Child Development,* vol. 83, n° 1, p. 92-103.

BRODY, G.H. *et al.* (2004). « Protective longitudinal paths linking child competence to behavioral problems among African American siblings », *Child Development,* vol. 75, p. 455-467.

BRODY, G.H. *et al.* (2006). « Perceived discrimination and the adjustment of African American youths : A five-year longitudinal analysis with contextual moderation effects », *Child Development,* vol. 77, n° 5, p. 1170-1189.

BROIDY, L.M. *et al.* (2003). « Developmental trajectories of childhood disruptive behaviors and adolescent delinquency : A six-site cross-national study », *Developmental Psychology,* vol. 39, p. 222-245.

BRONFENBRENNER, U. (1979). *The Ecology of Human Development,* Cambridge, Massachusetts, Harvard University Press.

BRONFENBRENNER, U. (1986). « Ecology of the family as a context for human development : Research perspectives », *Developmental Psychology,* vol. 22, p. 723-742.

BRONFENBRENNER, U. (1994). « Ecological model of human development », dans T. HUSEN et T.N. POSTLETHWAITE (dir.), *International Encyclopaedia of Education,* vol. 3 (2ᵉ éd.), Oxford, Pergamon Press/Elsevier Science.

BRONFENBRENNER, U. (2001). «The bioecological theory of human development», dans N. SMELSER et P. BALTES (dir.), *International Encyclopedia of the Social and Behavioral Sciences,* New York, Elsevier, p. 6963-6970.

BRONFENBRENNER, U. (2004). *Making humain being human. Bioecological perspectives on human development,* Thousand Oaks, CA, Sage Publications, 336 p.

BRONFENBRENNER, U. et P.A. MORRIS (1998). «The ecology of developmental processes », dans W. DAMON et R.M. LERNER (dir.), *Handbook of Child Psychology,* vol. 1, New York, John Wiley & Sons, p. 993-1028.

BROOKS-GUNN, J. (2003). « Do you believe in magic ? What can we expect from early childhood intervention programs ? », *SRCD Social Policy Report,* vol. 17, n° 1.

BROOKS-GUNN, J., W.-J. HAN et J. WALDFOGEL (2010). « First-year maternal employment and child development in the first seven years », *Monographs of the Society for Research in Child Development,* vol. 75, n° 2.

BROUDE, G.J. (1995). *Growing Up : A Cross-Cultural Encyclopedia,* Santa Barbara, Californie, ABC-CLIO.

BROWN, S.L. (2004). « Family structure and child well-being : The significance of parental cohabitation », *Journal of Marriage and Family,* vol. 66, p. 351-367.

BRUCK, M., S.J. CECI et H. HEMBROOKE (1998). « Reliability and credibility of young children's reports : From research to policy and practice », *American Psychologist,* vol. 53, p. 136-151.

BRUER, J.T. (2001). «A critical and sensitive period primer», dans D.B. BAYLEY *et al.* (dir.), *Critical Thinking about Critical Period : A Series from the National Center for Early Development and Learning,* Baltimore, Maryland, Paul Brooks Publishing, p. 289-292.

BRYCE, J. *et al.* (2005). «Who estimates of the causes of death in children », *The Lancet,* vol. 365, p. 1147-1152.

BURHANS, K.K. et C.S. DWECK (1995). « Helplessness in early childhood : The role of contingent worth », *Child Development,* vol. 66, p. 1719-1738.

BURKE, K. (2010). *LD by the Numbers : Estimates of the Prevalence of Learning Disabilities in Canada, March 19,* www.ldexperience.ca

BURKE, S.N. et C.A. BARNES (2006). « Neural plasticity in the ageing brain », *Nature Review Neuroscience,* vol. 7, p. 30-40.

BUSHNELL, E.W. et J.P. BOUDREAU (1993). « Motor development and the mind : The potential role of motor abilities as a determinant of aspects of perceptual development », *Child Development,* 64, p. 1005-1021.

BUSHNIK, T, J.L. COOK, A.A. YUZPE *et al.* (2012). « Estimating the prevalence of infertility in Canada », *Human Reproduction,* 27, p. 738-74.

BUSSEY, K. et A. BANDURA (1992). « Self-regulatory mechanisms governing gender development », *Child Development,* vol. 63, p. 1236-1250.

BUSSEY, K. et A. BANDURA (1999). « Social cognitive theory of gender development and differentiation », *Psychological Review,* vol. 106, p. 676-713.

BYRNE, M. *et al.* (2003). « Parental age and risk of schizophrenia : A case-control study », *Archives of General Psychiatry,* vol. 60, p. 673-678.

BYRNES, J.P. et N.A. FOX (1998). «The educational relevance of research in cognitive neuro-science », *Educational Psychology Review,* vol. 10, p. 297-342.

CABRERA, N.J. *et al.* (2000). « Fatherhood in the twenty-first century », *Child Development,* vol. 71, p. 127-136.

CAMARATA, S. et R. WOODCOCK (2006). « Sex differences in processing speed : Developmental effects in males and females », *Intelligence,* vol. 34, n° 3, p. 231-252.

CAMPAGNE 2000 (2007). Rapport 2007 sur la pauvreté des enfants et des familles au Canada, www.campaign2000.ca

CAMPBELL, A., L. SHIRLEY et J. CANDY (2004). «A longitudinal study of gender-related cognition and behaviour», *Developmental Science,* 7, p. 1-9.

CANADA, SANTÉ CANADA (1996). Prévention du syndrome d'alcoolisme fœtal (SAF) et des effets de l'alcool sur le fœtus (EAF) au Canada, octobre, déclaration conjointe.

CANADA, SANTÉ CANADA (2007). Syndrome de l'alcoolisme fœtal/Effets de l'alcool sur le fœtus, www.hc-sc.gc.ca

CANADA, SANTÉ CANADA (2007a). Aliments et nutrition – L'allaitement maternel, www.hc-sc.gc.ca

CANADA, SANTÉ CANADA (2008). Procréation assistée, www.hc-sc.gc.ca

CANADA, STATISTIQUE CANADA (2002). La diversification de la vie conjugale au Canada, http://dsp-psd.pwgsc.gc.ca

CANADA, STATISTIQUE CANADA (2003). «Tableau 10. Exposition des enfants à la fumée secondaire du tabac à la maison, par province et selon le groupe d'âge », Enquête de surveillance de l'usage du tabac au Canada (ESUTC), Statistique Canada.

CANADA, STATISTIQUE CANADA (2004). *Rapports sur la santé,* vol. 1, n° 4.

CANADA, STATISTIQUE CANADA (2006). Ressources humaines et Développement des compétences Canada, Apprentissage - Décrochage scolaire, www4.hrsdc.gc.ca

CANADA, STATISTIQUE CANADA (2007). Recensement 2006, www4.hrsdc.gc.ca

CANADA, STATISTIQUE CANADA (2008). « Étude : La participation aux sports organisés chez les enfants », Le Quotidien, www.statcan.gc.ca

CANADA, STATISTIQUE CANADA (2008a). « Décès », Le Quotidien, www.statcan.gc.ca

CARLSON, E.A., L.A. SROUFE et B. EGELAND (2004). « The construction of experience : A longitudinal study of representation and behaviour », *Child Development*, vol. 69, n° 4, p. 1107-1128.

CARLSON, M.J. (2006). « Family structure, father involvement, and adolescent behavioral outcomes », *Journal of Marriage and Family*, vol. 68, p. 137-154.

CARLSON, S. et M. TAYLOR (2005). « Imaginary companions and impersonated characters : Sex differences in children's fantasy play », Merrill-Palmer Quarterly, vol. 51, n° 1, p. 93-118.

CARLSON, S.M. *et al.* (2005). « Gesture as a window in children's beginning understanding of false belief », *Child Development*, vol. 76, p. 73-86.

CARLSON, S.M., L.J. MOSES et H.R. HIX (1998). « The role of inhibitory processes in young children's difficulties with deception and false belief », *Child Development*, vol. 69, n° 3, p. 672-691.

CASE, R. (1985). *Intellectual development : Birth to adulthood*, Orlando, Florida, Academic Press.

CASE, R. (1992). « Neo-piagetian theories of child development », dans R. STERNBERG et C. BERG (dir.), *Intellectual development*, New York, Cambridge University Press, p. 161-196.

CASPI, A. (1998). « Personality development across the life course », dans W. DAMON et N. EISENBERG (dir.), *Handbook of Child Psychology : Social, Emotional, and Personality Development*, 5ᵉ éd. (3), New York, Wiley, p. 311-388.

CASPI, A. *et al.* (2002). « Role of genotype in the cycle of violence in maltreated children », *Science*, vol. 297, p. 851-854.

CASPI, A. *et al.* (2003). « Influence of life stress on depression : Moderation by a polymorphism in the 5-htt gene », *Science*, vol. 301, p. 386-389.

CASSIDY, K.W. *et al.* (2003). « The relationship between psychological understanding and positive social behaviors », *Social Development*, vol. 12, p. 198-221.

CASTEL, P.-H. (2003). *La métamorphose impensable : Essai sur le transsexualisme et l'identité personnelle*, Paris, Gallimard.

CENTERS FOR DISEASE CONTROL AND PREVENTION (2012). « Prevalence of Autism Spectrum Disorders - Autism and Developmental Disabilities Monitoring Network, 14 Sites, United States, 2008 », *Morbidity and Mortality Weekly Report (MMWR) Surveillance Summaries*, vol. 61, n° 3, p. 1-19.

CENTRE DE LIAISON SUR L'INTERVENTION ET LA PRÉVENTION PSYCHOSOCIALES (CLIPP) (2005). Le syndrome du bébé secoué - Bilan de connaissances, www.clipp.ca

CENTRE DE LIAISON SUR L'INTERVENTION ET LA PRÉVENTION PSYCHOSOCIALES (CLIPP) (2005a). Les mauvais traitements physiques et psychologiques envers les enfants, Bilan de connaissances, février, www.clipp.ca

CHANG, A.B. *et al.* (2003). « Altered arousal response in infants exposed to cigarette smoke », *Archives of Diseases in Children*, vol. 88, p. 30-33.

CHAPMAN, M. et U. LINDENBERGER (1988). « Functions, operations, and decalage in the development of transitivity », *Developmental Psychology*, vol. 24, p. 542-551.

CHARIL, A, D.P. LAPLANTE, C. VAILLANCOURT et S. KING, (2010). « Prenatal Stress and Brain Development », *Brain Research Reviews*, 65, p. 56-79.

CHEN, W. *et al.* (2004). « An autosomal genome scan for loci influencing longitudinal burden of body mass index from childhood to young adulthood in white sibships. The bogalusa heart study », *International Journal of Obesity*, vol. 28, p. 462-469.

CHEN, X. *et al.* (1998). « Child-rearing attitudes and behavioural inhibition in Chinese and Canadian toddlers : A cross-cultural study », *Developmental Psychology*, vol. 34, n° 4, p. 677-686.

CHEN, X. *et al.* (2005). « Social functioning and adjustment in Chinese children : The imprint of historical time », *Child Development*, vol. 76, p. 182-195.

CHEN, X., K.H. RUBIN et Y. SUN (1992). « Social reputation and peer relationships in Chinese and Canadian children : A cross-cultural study », *Child Development*, vol. 63, p. 1336-1343.

CHEN, X., K.H. RUBIN et Z. LI (1995). « Social functioning and adjustment in Chinese children : A longitudinal study », *Developmental Psychology*, vol. 31, p. 531-539.

CHIRIBOGA, D.A. (1989). « Mental health at the midpoint : Crisis, challenge, or relief », dans S. HUNTER et M. SUNDEL (dir.), *Midlife Myths*, Newbury Park, Californie, Sage.

CHOMITZ, V.R, L.W.Y. CHEUNG et E. LIEBERMAN (1995). « The role of lifestyle in preventing low birth weight », *Future of Children*, vol. 5, n° 1, p. 121-138.

CHOMSKY, N. (1957). *Syntactic Structures*, La Haye, Mouton.

CHOMSKY, N. (1972). *Language and Mind* (2ᵉ éd.), New York, Harcourt Brace Jovanovich.

CHOUINARD, R. et N. ROY (2008). « Changes in high-school students' competence beliefs, utility value, and achievement goals in mathematics », *British Journal of Educational Psychology*, vol. 78, n° 1, 31-50.

CHOUINARD, R., T. KARSENTI et N. ROY (2007). « Relations among competence beliefs, utility value, achievement goals, and effort in mathematics », *British Journal of Educational Psychology*, vol. 77, n° 3, p. 501-517. p. 933-1016.

CHRISTAKIS, D.A. *et al.* (2004). « Early television exposure and subsequent attentional problems in children », *Pediatrics*, vol. 113, p. 708-713.

CICCHETTI, D. et S.L. TOTH (1998). « The development of depression in children and adolescents », *American Psychologist*, vol. 53, p. 221-241.

CICIRELLI, V.G. (1994). « Sibling relationships in cross-cultural perspective », *Journal of Marriage and Family*, vol. 56, p. 7-20.

CICIRELLI, V.G. (1995). *Sibling Relationships Across the Life Span*, New York, Plenum Press.

CICIRELLI, V.G. (2002). *Older Adults' Views on Death*, New York, Springer.

CLARK, A.G. *et al.* (2003). « Inferring nonneutral evolution from human-chimp-mouse orthologous gene trios », *Science*, vol. 302, p. 1960-1963.

CLAYTON, E.W. (2003). « Ethical, legal and social implications of genomic medicine », *New Journal of Medicine*, vol. 349, p. 562-569.

CLIFTON, R.K, D.W. MUIR, D.H. ASHMEAD et M.G. CLARKSON (1993). « Is visually guided reaching in early infancy a myth ? », *Child Development*, 64, p. 1099-1110.

CLOUTIER, H. et J. MOREAU (1990). « L'intervention précoce auprès de clientèles à risque : Un investissement qui a ses exigences », *Apprentissage et socialisation*, vol. 13, n° 3, p. 205-212.

CLOUTIER, R. et S. DRAPEAU (2008). *Psychologie de l'adolescence* (3ᵉ éd.), Montréal, Gaëtan Morin éditeur.

CLOUTIER, R., P. GOSSELIN et P. TAP (2005). *Psychologie de l'enfant*, Montréal, Gaëtan Morin.

CLUB AFRICAIN DE PETITS DÉJEUNERS (2012), http://afrique dejeuners.org

CLUB DES PETITS DÉJEUNERS DU QUÉBEC (2012). *Rapport d'activités 2011-2012*, www.clubdejeuner.org

COHEN, D.A. *et al.* (1999). « Repeated schoolbased screening for sexually transmitted diseases : A feasible strategy for reaching adolescents », *Pediatrics*, vol. 104, no 6, p. 1281-1285.

COIE, J.D. et K.A. DODGE (1998). « Aggression and antisocial behavior », dans W. DAMON et N. EISENBERG (dir.), *Handbook of Child Psychology*, Social, Emotional and Personality Development (5ᵉ éd.), New York, Wiley, p. 780-862.

COLE, M. et S.R. COLE (1989). *The Development of Children*, New York, Freeman.

COLE, P.M., C.J. BRUSCHI et B.L. TAMANG (2002). « Cultural differences in children's emotional reactions to difficult situations », *Child Development*, vol. 73, n° 3, p. 983-996.

COLEY, R.L. (2001). « (In)visible Men : Emerging Research on Low-Income, Unmarried, and Minority Fathers », *American Psychologist*, vol. 56, p. 743-753.

COLLÈGE DES MÉDECINS DU QUÉBEC et ORDRE DES PSYCHOLOGUES DU QUÉBEC (2012). *Les troubles du spectre de l'autisme et l'évaluation clinique, Lignes directrices, janvier 2012*, www.autisme.qc.ca

COLLEY, R.C., D. GARRIGUET, I. JANSSEN, C.L. CRAIG, J. CLARKE et M.S. TREMBLAY (2010). *Activité physique des enfants et des jeunes au Canada : résultats d'accélérométrie de l'Enquête canadienne sur les mesures de la santé de 2007-2009*, Statistique Canada, www.statcan.gc.ca

COLOMBO, J. (1993). *Infant Cognition : Predicting Later Intellectual Functioning*, Thousand Oaks, Californie, Sage.

COLOMBO, J. *et al.* (2004). « Maternal DHA and the development of attention in infancy and toddlerhood », *Child Development*, vol. 75, p. 1254-1267.

COLTRANE, S. et K.Y. SHIH (2010). « Gender and the division of labor », dans J.C. Chrisler et D.R. McCreary (dir.), *Handbook of gender research in psychology*, (p. 401-422), New York, Springer.

CONSEIL CANADIEN DE DÉVELOPPEMENT SOCIAL (2002). *Le progrès des enfants au Canada 2002*, Conseil canadien de développement social, Canada.

CONSEIL CANADIEN SUR L'APPRENTISSAGE (2008). Le rôle des parents dans les devoirs de leurs enfants, www.ccl-cca.ca

CONSEIL DE RECHERCHES EN SCIENCES HUMAINES DU CANADA (2005). Institut de recherche en santé du Canada, Conseil de recherches en sciences naturelles et en génie du Canada (1998, avec les modifications de 2000, 2003, 2005), Énoncé de politique des trois Conseils : Éthique de la recherche avec des êtres humains, Travaux publics et Services gouvernementaux Canada.

CONSTANTINO, J.N, D. GROSZ, P. SAENGER, D.W. CHANDLER, R. NANDI et F.J. EARLS (1993). « Testosterone and aggression in children », *Journal of the Academy of Child and Adolescent Psychiatry*, 32, p. 1217-1222.

COOPER, H. *et al.* (1999). « Relationships between five after-school activities and academic achievement », *Journal of Educational Psychology*, vol. 91, n° 2, p. 369-378.

COOPER, W.O, S. HERNANDEZ-DIAZ, P.G. ARBOGAST, J.A. DUDLEY, S. DYER,

P.S. GIDEON, K. HALL et W.A. RAY (2006). « Major congenital formations after first-trimester exposure to ACE inhibitors », *New England Journal of Medicine,* 354, p. 2443-2451.

COPLAN, R.J. *et al.* (2004). « Do you "want" to play? distinguishing between conflicted-shyness and social disinterest in early childhood », *Developmental Psychology*, vol. 40, p. 244-258.

CORREA, A., *et al.* (2008). « Diabetes mellitus and birth defects », *American Journal of Obstetrics & Gynecology,* vol. 199, n° 237, p. e1-e9.

COSTELLO, E.J. *et al.* (2003). « Relationship between poverty and psychopathology : A natural experiment », *Journal of the American Medical Association*, vol. 290, p. 2023-2029.

CÔTÉ, M.-P., (2012). *Le suivi de deuil dans La vie... avant, pendant et après, Les soins palliatifs pédiatriques,* Montréal, Éditions du CHU Ste-Justine, p.303-31.

CÔTÉ, S. *et al.* (2006). «The development of physical aggression from toddlerhood to pre-adolescence : A nation-wide longitudinal study of Canadian children », *Journal of Abnormal Child Psychology*, vol. 34, n° 1, p. 68-82.

COURAGE, M.L. et A.E. SETLIFF (2009). « Debating the impact of television and video material on very young children : Attention, learning and the developing brain », *Child Development Perspectives,* vol. 3, n° 1, p. 72-78.

COUTU, S., G. TARDIF et D. PELLETIER (2004). « Les problèmes de comportement chez les enfants d'âge préscolaire : Quelques pistes pour l'évaluation, la prévention et l'intervention », dans N. ROYER (dir.), *Le monde du préscolaire*, Montréal, Gaëtan Morin.

CRATTY, B.J. (1986). *Perceptual and Motor Development in Infants and Children* (3e éd.), Englewood Cliffs, New Jersey, Prentice-Hall.

CRICK, N.R, J.F. CASAS et D.A. NELSON (2002). «Toward a more comprehensive understanding of peer maltreatment : Studies of relational victimization », *Current Directions in Psychological Science,* vol. 11, n° 3, p. 98-101.

CRICK, N.R. et J.K. GROTPETER (1995). « Relational aggression, gender, and social psychological adjustment », *Child Development,* vol. 66, p. 710-722.

CRICK, N.R. et K.A. DODGE (1996). « Social information-processing mechanisms in reactive and proactive aggression », *Child Development,* vol. 67, p. 993-1002.

CRISP, J., J.A. UNGERER et J.J. GOODNOW (1996). «The impact of experience on children's understanding of illness », *Journal of Pediatric Psychology*, vol. 21, p. 57-72.

CROSS, D. et J. WATSON (2001). « Meta-analysis of theory-of-mind development : The truth about false belief », *Child Development,* vol. 72, n° 3, p. 655-684.

CROWE, M. *et al.* (2003). « Does participation in leisure activities lead to reduced risk of Alzheimer's disease? A prospective study of Swedish twins », *Journal of Gerontology : Psychological Sciences*, 58B, p. 249-255.

CURRIE, C. *et al.* (2004). *Young People's Health in Context*, Genève, World Health Organization.

CYR, M. et M.E. LAMB (2009). «Assessing the effectiveness of the NICHD investigative interview protocol when interviewing French-speaking alleged victims of child sexual abuse in Quebec », *Child Abuse & Neglect,* vol. 33, n° 5, p. 257-268.

CYRULNIK, B. (2001). *Les vilains petits canards*, Paris, Odile Jacob.

CYRULNIK, B. (2008). *Autobiographie d'un épouvantail*, Paris, Odile Jacob.

CYRULNIK, B. et G. JORLAND (2012). *Résilience : connaissances de base,* (collectif), Odile Jacob.

DALGALIAN, G. (2000). Enfances plurilingues. Témoignage pour une éducation bilingue et plurilingue, Paris, Harmattan.

DALLAIRE, Y. (2002). *La violence faite aux hommes. Une réalité taboue et complexe*, Montréal, Les Éditions Option Santé.

DAMANT, D. *et al.* (1999). « 1, 2, 3 GO ! Modèle théorique et activités d'une initiative communautaire pour les enfants et parents de six voisinages de la grande région de Montréal », *Nouvelles Pratiques Sociales*, vol. 12, p. 133-150.

DARLING, N. et L. STEINBERG (1993). « Parenting style as context : An integrative model », *Psychological Bulletin*, vol. 113, p. 487-496.

DATAR, A. et R. STURM (2004). « Childhood overweight and parent and teacher-reported behavior problems », *Archives of Pediatric and Adolescent Medicine*, vol. 158, p. 804-810.

DE CASTRO, B.O. *et al.* (2002). « Hostile attribution of intent and aggressive behavior : A meta-analysis », *Child Development,* vol. 73, p. 916-934.

DE LA CHICA, R.A. *et al.* (2005). « Chromosomal instability in amniocytes from fetuses of mothers who smoke », *Journal of the American Medical Association*, vol. 293, p. 1212-1222.

DEAUDELIN, C. et M. BRODEUR (2004). « Les médias au préscolaire : Théorie et pratique », dans N. ROYER (dir.), *Le monde du préscolaire*, Montréal, Gaëtan Morin.

DECASPER, A.J. *et al.* (1994). « Fetal reactions to recurrent maternal speech », *Infant Behavior and Development*, vol. 17, p. 159-164.

DECI, E.L. et R.M. RYAN (2000). «The "what" and "why" of goal pursuits : Human needs and the self-determination of behavior », *Psychological Inquiry,* 11, p. 227-268.

DELOACHE, J. et A. GOTTLIEB (2000). « If Dr spock were born in Bali : Raising a world of babies », *A World of Babies : Imagined Childcare Guides for Seven Societies*, New York, Cambridge University Press, p. 1-27.

DELOACHE, J.S. (2006). « Mindful of symbols », *Scientific American Mind*, vol. 17, p. 70-75.

DELOACHE, J.S. *et al.* (2010). « Do babies learn from baby media? », *Psychological Science,* vol. 21, n° 11, p. 1570-1574.

DELOACHE, J.S., S.L. PIERROUTSAKOS et D.H. UTTAL (2003). «The origins of pictorial competence », *Current Directions in Psychological Science*, vol. 12, p. 114-118.

DENHAM, S.A. *et al.* (2003). « Preschool emotional competence : Pathway to social competence ? », *Child Development,* vol. 74, p. 238-256.

DENNIS, T. (2006). « Emotional self-regulation in preschoolers : The interplay of child approach reactivity, parenting, and control capacities », *Developmental Psychology*, vol. 42, p. 84-97.

DESLANDES, R. (2010). *Les conditions essentielles à la réussite des partenariats école-famille-communauté,* Centre de transfert pour la réussite éducative du Québec, http://rire.ctreq.qc.ca

DESLANDES, R. et M. JACQUES (2004). « Relations famille-école et l'ajustement du comportement socioscolaire de l'enfant à l'éducation préscolaire », *Éducation et francophonie*, vol. 32, p. 172-200.

DESROSIERS, H., J.-F. CARDIN et L. BELLEAU (2012). *L'impact de la séparation des parents sur la santé mentale des jeunes enfants,* Étude longitudinale du développement des enfants du Québec (ÉLDEQ 1998-2010) – De la naissance à 10 ans, Institut de la statistique du Québec, vol. 6, fascicule 3.

DEVAULT, A. (1988). « L'intimité et la révélation de soi », *Science et Comportement*, vol. 18, n° 3, p. 123-140.

DÉVELOPPEMENT DURABLE, ENVIRONNEMENT, FAUNE et PARCS QUÉBEC (2013). www.mddep.gouv.qc.ca

DEVOE, J.F. *et al.* (2004). *Indicators of School Crime and Safety : 2004* (NCES 2005-002/NCJ 205290), Washington DC, Departments of Education and Justice.

DEWEY, J. (1910 / 1991). *How we think*, Amherst, New York, Prometheus Books.

DEWING, P. *et al.* (2003). « Sexually dimorphic gene expression in mouse brain precedes gonadal differentiation », *Molecular Brain Research*, vol. 118, p. 82-90.

DIAKITÉA, M.L., G.J. BERTHÉ H., A. TIMBELY, M. DIALLO, M. MAIGA, A. DIAKITÉ, M. DIALLO, K. OUATTARA et A. FAURE (2013). « Problématique de la prise en charge des anomalies de la différenciation sexuelle dans le service d'urologie : CHU Point G », *Progrès en urologie,* 23, p. 66-7.

DIAMOND, M. et H.K. SIGMUNDSON (1997). « Sex reassignment at birth : Longterm review and clinical implications », *Archives of Pediatric and Adolescent Medicine*, vol. 151, p. 298-304.

DICKENS, W.T. et J.R. FLYNN (2006). « Black Americans reduce the racial IQ gap : Evidence from standardization samples », *Psychological Science*, vol. 17, n° 10, p. 913-920.

DIEGO, M.A. *et al.* (2007). « Preterm infant massage elicits consistent increases in vagal activity and gastric motility that are associated with greater weight gain », *Acta Pædiatrica*, vol. 96, p. 1588-1591.

DIEN, D.S.F. (1982). «A Chinese perspective on Kohlberg's theory of moral development », *Developmental Review,* 2, p. 331-341.

DIETERT, R.R. (2005). *Developmental immunotoxicology (DIT) : Is DIT testing necessary to ensure safety ?,* Proceedings of the 14th Immunotoxicology Summer School (p.246-257), Lyon, France.

DIFRANZA, J.R., C.A. ALIGNE et M. WEITZMAN (2004). « Prenatal and postnatal environmental tobacco smoke exposure and children's health », *Pediatrics*, vol. 113, p. 1007-1015.

DIOP, I.S, (2012). «Approche interculturelle de la dépression post-par tum », *Dialogue,* 195, p. 127-137.

DIPIETRO, J.A, K.T. KIVLIGHAN, K.A. COSTIGAN, S.E. RUBIN, D.E. SHIFFLER, J.L. HENDERSON et J.P. PILLION (2010). « Prenatal antecedents of newborn neurological maturation », *Child Development,* vol. 81, n° 1, p. 115-130.

DIPIETRO, J.A. (2004). «The role of prenatal maternal stress in child development », *Current Directions in Psychological Science*, vol. 13, n° 2, p. 71-74.

DIPIETRO, J.H. *et al.* (2002). « Maternal stress and affect influences fetal neurobehavioral development », *Developmental Psychology*, vol. 38, p. 659-668.

DITTMAR, H., E. HALLIWELL et S. IVE (2006). « Does Barbie make girls want to be thin ? The effect of experimental exposure to images of dolls on the body image of 5- to 8-year-old girls », *Developmental Psychology*, vol. 42, p. 283-292.

DREWNOWSKI, A. et P. EICHELSDOERFER (2009). «The Mediterranean diet : Does it have to cost more ? », *Public Health Nutrition,* vol. 12, n° 9A, p. 1621-1628.

DUBÉ, M. et D. JULIEN (2000). « Le développement des enfants de parents homosexuels : État des recherches et prospective », dans M. SIMARD et J. ALARY (dir.), Comprendre la famille – 5e symposium québécois, Conseil de développement de la recherche sur la famille du Québec, Presses de l'Université du Québec.

DUBEAU, D., S. COUTU et E. MOSS (2000). « Comment va le père ? Conceptualisation de la complémentarité parentale durant la période d'âge préscolaire de l'enfant », *Revue internationale de l'éducation familiale*, vol. 4, p. 93-115.

DUBOIS, J. *et al.* (2011). « Neurophysiologie clinique : développement cérébral du nourrisson et imagerie par résonnance magnétique », *Neurophysiologie clinique*, vol. 42, n° 1.

DUCLOS, G. (2004). *L'estime de soi, un passeport pour la vie* (2e éd.), Montréal, Éditions CHU Sainte-Justine.

DUCLOS, G. (2010). *L'estime de soi, un passeport pour la vie* (3e éd.), Montréal, Éditions du CHU Sainte-Justine Montréal.

DUNCAN, G.J. *et al.* (2007). « School readiness and later achievement », *Developmental Psychology*, vol. 43, n° 6, p. 1428-1446.

DURKIN, K. et BRADLEY, N. (1998). « Kindergarten children's gender-role expectations for television actors », *Sex Roles : A Journal of Research*, vol. 38, n° 5-6, p. 387-402.

DURRANT, J.E. (1996). « The Swedish ban on corporal punishment : its history and effects », dans J.E. Durrant (dir.), *Family Violence against Children : A Challenge for Society*, (p. 19–25), New York, Walter de Gruyter & Co.

DURRANT, J.E., R. ENSOM, et la COALITION SUR LES PUNITIONS CORPORELLES DONNÉES AUX ENFANTS ET AUX ADOLESCENTS (2004). « Déclaration conjointe sur les punitions corporelles données aux enfants et aux adolescents », Coalition sur les punitions corporelles données aux enfants et aux adolescents, www.cheo.on.ca

EDEN, G.F. *et al.* (2004). « Neural changes following remediation in adult developmental dyslexia », *Neuron*, vol. 44, p. 411-422.

EDER, W., M.J. EGE et E. VON MUTIUS (2006). « The asthma epidemic », *New England Journal of Medicine*, vol. 355, p. 2226–2235.

EIBERG, H. (1995). « Nocturnal enuresis is linked to a specific gene », *Scandinavian Journal of Urology*, vol. 173, n° 15-6, discussion 17.

EISENBERG, A.R. (1996). « The conflict talk of mothers and children : Patterns related to culture, SES, and gender of child », *Merrill-Palmer Quarterly*, vol. 42, p. 438-452.

EISENBERG, N. (2000). « Emotion, regulation, and moral development », *Annual Review of Psychology*, vol. 51, p. 665-697.

EISENBERG, N. et A.D. MORRIS (2004). « Moral cognitions and prosocial responding in adolescence », dans R.M. LERNER et L. STEINBERG (dir.), *Handbook of Adolescent Psychology* (2e éd.), Hoboken, New Jersey, Wiley, p. 155-188.

EISENBERG, N. *et al.* (1994). « The relations of emotionality and regulation to children's anger-rela ted reactions », *Child Development*, vol. 65, p. 109-128.

EISENBERG, N. *et al.* (2004). « The relations of effortful control and impulsivity to children's resiliency and adjustment », *Child Development*, vol. 75, p. 25-46.

EISENBERG, N. et R.A. FABES (1998). « Prosocial development », dans W. DAMON et N. EISENBERG (dir.), *Handbook of Child Psychology*, vol. 3, Social, Emotional, and Personality Development (5e éd.), New York, Wiley, p. 701-778.

ELICKER, J., M. ENGLUND et L.A. SROUFE (1992). « Predicting peer competence and peer relationships in childhood from early parent-child relationships », dans R. PARKE et G. LADD (dir.), *Family Peer Relationships : Modes of Linkage*, Hillsdale, New Jersey, Erlbaum, p. 77-106.

ELKIND, D. (1984). *All Grown-Up and Po Place to Go : Teenagers in Crisis, Reading*, Massachusetts, Addison-Wesley.

ELKIND, D. (1987). *Miseducation*, New York, Knopf.

ELKIND, D. (1998). *Teenagers in Crisis : All Grown Up and No Place to Go*, Massachusetts, Perseus Books Group.

EMBER, C.R. et M. EMBER (2005). « Explaining corporal punishment of children : A cross-cultural study », *American Anthropologist*, 107, p. 609-619.

EMDE, R.N. (1992). « Individual meaning and increasing complexity : Contributions of Sigmund Freud and René Spitz to developmental psychology », *Developmental Psychology*, vol. 28, p. 347-359.

ENGLAND, D.E, L. DESCARTES et M.A. COLLIER-MEEK (2011). « Gender Role Portrayal and the Disney Princesses », *Sex Roles : A Journal of Research*, 64, p. 555-567.

ERIKSON, E. (1972). *Adolescence et crise : La quête de l'identité*, Paris, Flammarion.

ERIKSON, E.H. (1963). *Childhood and Society*, New York, Norton.

ERIKSON, E.H. (1973). « The wider identity », dans K. ERIKSON (dir.), *In Search of Common Ground : Conversations with Erik H. Erikson and Huey P. Newton*, New York, Norton.

ERIKSON, E.H. (1982). *The Life Cycle Completed*, New York, Norton.

ERIKSON, E.H., J.M. ERIKSON et H.Q. KIVNIK (1986). *Vital Involvement in Old Age : The Experience of Old Age in Our Time*, New York, Norton.

eSANTÉ MENTALE.CA (2012). *La façon d'aider les enfants et les jeunes aux prises avec des problèmes d'anxiété sociale : Feuille de renseignements à l'intention des parents et des aidants*, www.esantementale.ca

EVANS, G.W. (2004). « The environment of childhood poverty », *American Psychologist*, vol. 59, p. 77-92.

EVANS, R.I. (1967). *Dialogue with Erik Erikson*, New York, Harper & Row.

FABES, R.A. et N. EISENBERG (1996). *An Examination of Age and Sex Differences in Prosocial Behavior and Empathy*, Données non publiées, Phoenix, Arizona, Arizona State University.

FABRICIUS, W.V. (2003). « Listening to children of divorce : New findings that diverge from Wallerstein, Lewis, and Blakeslee », *Family Relations*, vol. 52, p. 385-394.

FALBO, T. (2006). « Your One and Only : Educational psychologist dispels myths surrounding only children », The University of Texas at Austin, www.utexas.edu

FARVER, J.A.M. *et al.* (2005). « Community violence, family conflict, and preschoolers' socioemotional functioning », *Developmental Psychology*, vol. 41, p. 160-170.

FAUGERAS, F., S. MOISAN et C. LAQUERRE (2000). *Les problématiques en centre jeunesse, module pédagogique*, Québec, Centre jeunesse de Québec, Institut universitaire.

FAUSTO-STERLING, A. (2000). *Sexing the body. Gender, politics and the construction of sexuality*, New-York, Basic Books.

FEARON, P. *et al.* (2004). « Brain volume in adult survivors of very low birth weight : A sibling-controlled study », *Pediatrics*, 114, p. 367-371.

FELDMAN, R., C.W. GREENBAUM et N. YIRMIYA (1999). « Mother-infant affect synchrony as an antecedent of the emergence of self-control », *Developmental Psychology*, vol. 35, p. 223-231.

FERBER, R. (1985). *Solve Your Child's Sleep Problems*, New York, Simon & Schuster.

FERBER, S.G. et MAKHOUL, I.R. (2004). « The effect of skin-to-skin contact (kangaroo care) shortly after birth on the neuro-behavioral responses of the term newborn : A randomized, controlled trial », *Pediatrics*, vol. 113, p. 858-865.

FERNALD, A, A. PERFORS et V.A. MARCHMAN (2006). « Picking up speed in understanding : Speech processing efficiency and vocabulary growth across the second year », *Developmental Psychology*, 42, p. 98-116.

FISCHER, K. (1980). « A theory of cognitive development : The control and construction of hierarchies of skills », *Psychological Review*, vol. 87, p. 477-531.

FIVUSH, R. et C.A. HADEN (2006). « Elaborating on elaborations : Role of maternal reminiscing style in cognitive and socioemotional development », *Child Development*, vol. 77, p. 1568-1588.

FLAVELL, J.H. (1985). *Cognitive Development* (2e éd.), Englewood Cliffs, New Jersey, Prentice-Hall.

FLAVELL, J.H. *et al.* (1997). « The development of children's knowledge about inner speech », *Child Development*, vol. 68, p. 39-47.

FLAVELL, J.H., F.L. GREEN et E.R. FLAVELL (1995). « Young children's knowledge about thinking », *Monographs of the Society for Research in Child Development*, vol. 60, p. 1-243.

FLAVELL, J.H., P.H. MILLER et S.A. MILLER (2002). *Cognitive Development*, Englewood Cliffs, New Jersey, Prentice-Hall.

FOMBY, P. et A.J. CHERLIN (2007). « Family instability and child well-being », *American Sociological Review*, vol. 72, n° 2, p. 181-204.

FRAGA, M.F. *et al.* (2005). « Epigenetic differences arise during the lifetime of monozygotic twins », *Proceedings of the National Academy of Sciences of the United States of America*, 102, p. 10604-10609.

FRANKENBURG, W.K. *et al.* (1992). *Denver II Training Manual*, Denver, Colorado, Denver Developmental Materials.

FRANS, E. M, S. SANDIN, A. REICHENBERG, P. LICHTENSTEIN, LÅNGSTRÖM, N. et C.M. HULTMAN (2008). « Advancing paternal age and bipolar disorder », *Archives of General Psychiatry*, 65, p. 1034-1040.

FRASER, A.M., J.F. BROCKERT et R.H. WARD (1995). « Association of young maternal age with adverse reproductive outcomes », *The New England Journal of Medicine*, vol. 332, n° 17, p. 1113-1117.

FREY, K.S. *et al.* (2005). « Reducing playground bullying and supporting beliefs : An experimental trial of the steps to respect program », *Developmental Psychology*, vol. 41, p. 479-491.

FRIED, P.A. et A.M. SMITH (2001). « A literature review of the consequences of prenatal marijuana exposure : An emerging theme of a deficiency in aspects of executive function », *Neurotoxicology and Teratology*, 23, p. 1-11.

FRISCH, H. (1977). « Sex stereotypes in adult-infancy play », *Child Development*, vol. 48, p. 1671-1675.

GABBARD, C. p. (1996). *Lifelong Motor Development* (2e éd.), Madison, Wisconsin, Brown and Benchmark.

GAFFNEY, M. *et al.* (2003). « Infants tested for hearing loss-United States, 1999-2001 », *Morbidity and Mortality Weekley Report*, vol. 51, p. 981-984.

GAGNON, C. (1999). *Pour réussir dès le primaire. Filles et garçons face à l'école*, Montréal, les Éditions du remue-ménage.

GALOTTI, K.M., L.K. KOMATSU et S. VOELZ (1997). « Children's differential performance on deductive and inductive syllogisms », *Development Psychology*, vol. 33, p. 70-78.

GANNON, P.J. *et al.* (1998). « Asymmetry of chimpanzee planum temporale : Human-like pattern of wernicke's brain language homolog», *Science*, vol. 279, p. 22-222.

GARDINER, H.W. et C. KOSMITZKI (2005). *Lives Across Culture : Cross-Cultural Human Development*, Boston, Allyn & Bacon.

GARDNER, H. (1993). *Frames of Mind : The Theory of Multiple Intelligences*, New York, Basic Books.

GARDNER, H. (1999). *Intelligence Reframed : Multiple Intelligences for the 21st Century*, New York, Basic Books.

GATEWOOD, J.D, A. WILLS, S. SHETTY, J. XU, A.P. ARNOLD, P.S. BURGOYNE et E.F. RISSMAN (2006). « Sex chromosome complement and gonadal sex influence aggressive and parental behaviors in mice », *Journal of Neurosciences, 26*, p. 2335-2342.

GAUVAIN, M. et R.L. MUNROE (2009). « Contributions of societal modernity to cognitive development : A comparison of four cultures », *Child Development*, vol. 80, nº 6, p. 1628-1642.

GAUVAIN, M. et S.M. PEREZ (2005). « Parent-child participation in planning children's activities outside of school in European American and Latino families », *Child Development*, vol. 76, p. 371-383.

GELMAN, R., E.S. SPELKE et E. MECK (1983). «What preschoolers know about animate and inanimate objects », dans D.R. ROGERS et J.S. SLOBODA (dir.), *The Acquisition of Symbolic Skills*, New York, Plenum Press, p. 297-326.

GEORGE, T.P. et D.P. HARTMANN (1996). « Friendship networks of unpopular, average, and popular children », *Child Development*, vol. 67, p. 2301-2316.

GERARDIN, P. (2012). « Spécificité et enjeux de la dépression de la grossesse », *Neuropsychiatrie de l'enfance et de l'adolescence, 60*, p. 138-146.

GERMAIN, B. et P. LANGIS (2003). *La sexualité. Regards actuels*, Laval, Groupe Beauchemin.

GERSHOFF, E.T. (2002). « Corporal punishment by parents and associated child behaviors and experiences : A meta-analytic and theoretical review », *Psychological Bulletin, 128*, p. 539-579.

GILMORE, J. *et al.* (2007). « Regional gray matter growth, sexual dimorphism, and cerebral asymmetry in the neonatal brain », *Journal of Neuroscience*, vol. 27, nº 6, p. 1255-1260.

GINSBURG, G.S. et P. BRONSTEIN (1993). « Family factors related to children's intrinsic/extrinsic motivational orientation and academic performance », *Child Development*, vol. 64, p. 1461-1474.

GIRARD, C. et F.F. PAYEUR (2009). « Population, ménages et familles », dans INSTITUT DE LA STATISTIQUE DU QUÉBEC, Données sociales du Québec, Québec.

GLASSON, E.J. *et al.* (2004). « Perinatal factors and the development of autism : A population study », *Archives of General Psychiatry*, vol. 61, p. 618-627.

GLEASON, T.R., A.M. SEBANC et W.W. HARTUP (2000). « Imaginary companions of preschool children », *Developmental Psychology*, vol. 36, p. 419-428.

GOETZ, P. J. (2003). «The effects of bilingualism on theory of mind development », *Bilingualism : Language and Cognition*, vol. 6, p. 1-15.

GOLDBERG A.E. (2010). « Studying complex families in context », *Journal of Marriage and Family, 72*, p. 29-34.

GOLDBERG, S. (2000). *Attachment and Development*, Londres, Arnold.

GOLDBERG, W.A. *et al.* (2008). « Maternal employment and children's achievement in context : A meta-analysis of four decades of research », *Psychological Bulletin*, vol. 134, p. 77-108.

GOLDBERG, W.A., E. GREENBERGER et S.K. NAGEL (1996). « Employment and achievement : Mothers' work involvement in relation to children's achievement behaviors and mothers' parenting behaviors », *Child Development*, vol. 67, p. 1512-1527.

GOLOMBOK, S, J. RUST, K. ZERVOULIS, T. CROUDACE, J. GOLDING et M. HINES (2008). « Developmental trajectories of sex-typed behaviors in boys and girls : A longitudinal general population study of children aged 2.5-8 years », *Child Development, 79*, p. 1583-1593.

GOLSE, B. (2001). *Le développement affectif et intellectuel de l'enfant*, Paris, Masson.

GOODWYN, S.W. et L.P. ACREDOLO (1998). « Encouraging Symbolic gestures : A new perspective on the relationship between gesture and speech », dans J.M. IVERSON et S. GOLDIN-MEADOW (dir.), *The Nature and Functions of Gesture in Children's Communication*, San Francisco, Jossey-Bass, p. 61-73.

GOODWYN, W.S, L.P. ACREDOLO, C.A. BROWN (2000). « Impact of Symbolic Gesturing on Early Language Development », *Journal of Nonverbal Behavior, 24*, p. 81-103.

GOTTLIEB, G. (2007). « Probabilistic epigenesis », *Developmental Science*, 10, p. 1-11.

GOUBET, N. et R.K. CLIFTON (1998). « Object and event representation in 6 ½-month-old-infants », *Developmental Psychology*, vol. 34, p. 63-76.

GRAY, J.R. et P.M. THOMPSON (2004). « Neurobiology of intelligence : Science and ethics », *Neuroscience*, vol. 5, p. 471-492.

GREENFIELD, P. (2009). « Linking social change and developmental change : Shifting pathways of human development », *Developmental Psychology*, vol. 45, nº 2, p. 401-418.

GREGG, E.W. *et al.* (2003). « Relationship of changes in physical activity and mortality among older women », *Journal of the American Medical Association*, vol. 289, p. 2379-2386.

GRÉGOIRE, P. et T. KARSENTI (2013). « Le processus de révision et l'écriture technologique : description des utilisations du traitement de texte par des élèves du secondaire au Québec », *ALSIC, vol. 16, no 3, p. 5-24.*

GRUSEC, J.E. et J.J. GOODNOW (1994). « Impact of parental discipline methods on the child's internalization of values : A reconceptualization of current points of view », *Developmental Psychology*, vol. 30, p. 4-19.

GRUSEC, J.E., J.J. GOODNOW et L. KUCZYNSKI (2000). « New directions in analyses of parenting contributions to children's acquisition of values », *Child Development*, vol. 71, p. 205-211.

GUBERMAN, S.R. (1996). «The development of everyday mathematics in Brazilian children with limited formal education », *Child Development*, vol. 67, p. 1609-1623.

GUERINO, P. *et al.* (2006). *Crime, Violence, Discipline, and Safety in U.S. Public Schools : Findings from the School Survey on Crime and Safety : 2003–2004* (NCES 2007-303), Washington DC, National Center for Education Statistics.

GUERTIN, M. (2007). *An Examination of the Effect of a Comprehensive School Health Model on Academic Achievement – The Effect of Living School on EQAO Test Scores*, Toronto, Ontario, University of Toronto.

GUILLETTE, E.A. *et al.* (1998). «An anthropological approach to the evaluation of preschool children exposed to pesticides in Mexico », *Environmental Health Perspectives*, vol. 106, p. 347-353.

GULLONE, E. (2000). «The development of normal fear : A century of research », *Clinical Psychology Review*, vol. 20, p. 429-451.

HABERSAAT, S, R. TESSIER, S. LAROSE, L. NADEAU, G. TARABULSY, E. MOSS, B. PIERREHUMBERT (2010). «Adoption, adolescence et difficultés de comportement : quels facteurs de risque ? », *Annales médico-Psychologiques*, vol. 168, p.343-349.

HAGAN, J.F. et COMMITTEE ON PSYCHOSOCIAL ASPECTS OF CHILD AND FAMILY HEALTH, AND THE TASK FORCE ON TERRORISM (2005). « Psychosocial implications of disaster or terrorism on children : A guide for pediatricians », *Pediatrics*, vol. 116, p. 787-796.

HALL, S. (1904). *Adolescence*, New York, Appleton.

HALL, S. (1922). *Senescence : The Last Half of Life*, New York, Appleton.

HALPERN, D.F. *et al.* (2007). «The science of sex differences in science and mathematics », *Psychological Science in the Public Interest*, vol. 8, p. 1-51.

HAMILTON, C.E. (2000). « Continuity and discontinuity of attachment from infancy through adolescence », *Child Development*, vol. 71, p. 690-694.

HAMILTON, M.C, D. ANDERSON, M. BROADDUS et K. YOUNG (2006). « Gender stereotyping and underrepresentation of female characters in 200 popular children's picture books : A 21st century update », *Sex Roles : A Journal of Research*, 55, p. 757-765.

HAMMAD, T.A., T. LAUGHREN et J. RACOOSIN (2006). « Suicidality in pediatric patients treated with antidepressant drugs », *Archives of General Psychiatry*, vol. 63, p. 332-339.

HAMOSH, M. (1996). « Digestion in the newborn », *Clinics in Perinatology : Neonatal Gastroenterology*, vol. 23, nº 2, p. 191-20.

HARLAAR, N., P.S. DALE et R. PLOMIN (2007). « From learning to read to reading to learn : Substantial and stable genetic influences », *Child Development*, vol. 78, p. 116-131.

HARLOW, H.F. et M.K. HARLOW (1962). «The effect of rearing conditions on behaviour », *Bulletin of the Menninger Clinic*, vol. 26, p. 213-224.

HARRIS, G. (1997). « Development of taste perception and appetite regulation », dans G. BREMNER, A. SLATER et G. BUTTERWORTH (dir.), *Infant Development : Recent Advances*, East Sussex, Royaume-Uni, Psychology Press, p. 9-30.

HARRIS, G. (2005). « Gene therapy is facing a crucial hearing », *New York Times*, 3 mars, www.nytimes.com

HARRIS, P.L. *et al.* (1991). « Monsters, ghosts, and witches : Testing the limits of the fantasy-reality distinction in young children », dans G.E. BUTTERWORTH *et al.* (dir.), *Perspectives on the Child's Theory of Mind*, Oxford, Oxford University Press.

HART, C.H. *et al.* (1992). « Maternal and paternal disciplinary styles : Relations with preschoolers' playground behavioral orientation and peer status », *Child Development*, vol. 63, p. 879-892.

HART, C.H., G.W. LADD et B.R. BURLESON (1990). « Children's expectations of the outcome of social strategies : Relations with sociometric status and maternal disciplinary style », *Child Development*, vol. 61, p. 127-137.

HARTER, S. (1985). « Competence as a dimension of self-worth », dans R. LEAHY (dir.), *The Development of the Self*, New York, Academic Press.

HARTER, S. (1990). « Causes, correlates, and the functional role of global self-worth : A life-span perspective », dans J. Kolligan et R. Sternberg (dir.), *Competence considered : Perceptions of competence and incompetence across the life-span*, (p. 67-97), New Haven, CT, Yale University Press.

HARTER, S. (1993). « Developmental changes in self-understanding across the 5 to 7 shift », dans A. Sameroff et M. Haith (dir.), *Reason and responsibility : The passage through childhood,*

(p. 207-236), Chicago, University of Chicago Press.

HARTER, S. (1996). « Developmental changes in self-understanding across the 5 to 7 shift », dans A.J. SAMEROFF et M.M. HAITH (dir.), *The Five to Seven Year Shift: The Age of Reason and Responsibility*, Chicago, University of Chicago Press, p. 207-235.

HARTER, S. (1998). «The development of self-representations », dans W. DAMON et N. EISENBERG, Social, Emotional, and Personality Development », *Handbook of Child Psychology*, 3 New York, Wiley, p. 553-617.

HARTUP, W.W. (1992). « Peer relations in early and middle childhood », dans V.B. VAN HASSELT et M. HERSEN (dir.), *Handbook of Social Development: A Lifespan Perspective*, New York, Plenum Press, p. 257-281.

HARTUP, W.W. et N. STEVENS (1999). « Friendships and adaptation across the life span », *Current Directions in Psychological Science*, vol. 8, p. 76-79.

HARVARD MEDICAL SCHOOL (2004). « Children's fears and anxieties », *Harvard Mental Health Letter*, vol. 21, n° 6, p. 1-3.

HASWELL, K., E. HOCK et C. WENAR (1981). « Oppositional behavior of preschool children: Theory and prevention », *Family Relations*, vol. 30, p. 440-446.

HAUCK, F.R, J. THOMPSON, K.O. TANABE, R.Y. MOON, M.M. VENNEMANN (2011). « Breastfeeding and reduced risk of sudden infant death syndrome: A meta-analysis », *Pediatrics*, vol. 128, n° 1, p. 103-110.

HAY, D.F, S. PAWLBY, C.S. WATERS, O. PERRA et D. SHARP (2010). « Mothers' antenatal depression and their children's antisocial outcomes », *Child Development*, vol. 81, n° 1, p. 149-165.

HEDLEY, A. *et al.* (2004). « Prevalence of overweight and obesity among U.S. children, adolescents, and adults, 1999-2002 », *Journal of the American Medical Association*, vol. 291, p. 2847-2850.

HERTENSTEIN, M.J. et J.J. CAMPOS (2004). «The retention effects of an adult's emotional displays on infant behaviour », *Child Development*, vol. 75, p. 595-613.

HETHERINGTON, E.M, R.J. STOUWIE et E.H. RIDBERG (1971). « Patterns of family interaction and child-rearing attitudes related to three dimensions of juvenile delinquency », *Journal of Abnormal Psychology*, 78, p. 160-176.

HILL, N.E. et L.C. TAYLOR (2004). « Parental school involvement and children's academic achievement: Pragmatics and issues », *Current Directions in Psychological Science*, vol. 13, p. 161-168. p. 619-700.

HINES, A.M. (1997). « Divorce-related transitions, adolescent development, and the role of the parent-child relationship: A review of the literature », *Journal of Marriage and Family*, vol. 59, p. 375-388.

HOBAN, T.E. (2004). « Sleep and its disorders in children », *Seminars in Neurology*, vol. 24, p. 327-340.

HOBSON, J.A. et L. SILVESTRI (1999). « Parasomnias », *Harvard Mental Health Letter*, février, p. 3-5.

HOFF, E. (2003). «The specificity of environmental influence: Socioeconomic status affects early vocabulary development via maternal speech », *Child Development*, vol. 74, p. 1368-1378.

HOFF, E. (2006). « How social contexts support and shape language development », *Developmental Review*, vol. 26, p. 55-88.

HOFFMAN, M.L. (1970a). « Conscience, personality, and socialization techniques », *Human Development*, 13, p. 90-126.

HOFFMAN, M.L. (1970b). « Moral development », dans P.H. Mussen (dir.), *Carmichael's manual of child psychology*, (Vol. 2, 3rd ed, p. 261-360), New York, Wiley.

HOFFMAN, M.L. (1998). «Varieties of empathy-based guilt », dans J. BYBEE (dir.), *Guilt and Children*, San Diego, Academic, p. 91-112.

HOHMANN, M. *et al.* (2000). *Partager le plaisir d'apprendre. Guide d'intervention éducative au préscolaire*, Boucherville, Gaëtan Morin Éditeur.

HOLOWKA, S. et L.A. PETITTO (2002). « Left hemisphere cerebral specialization for babies while babbling », *Science*, vol. 297, p. 1515.

HOLZER, H. (2012). Centre universitaire de santé McGill, Affaires publiques et Planification stratégique, http://cusm.ca

HOYERT, D.L., H.-C. KUNG et B.L. SMITH (2005). « Deaths: Preliminary data for 2003 », *National Vital Statistics Reports*, vol. 53, n° 15, Hyattsville, Maryland, National Center for Health Statistics.

HUBKA, D., W. HOVDESTAD et L. TONMYR (2009). « Child maltreatment in Disney animated feature films: 1937-2006 », *The Social Science Journal*, 46, p. 427-441.

HUGHES, M. (1975). *Egocentrism in Preschool Children*, thèse de doctorat non publiée, Edinburgh University, Edinburgh, Écosse.

HUSTON, A.C. *et al.* (2005). « Impacts on children of a policy to promote employment and reduce poverty for low-income parents: New hope after 5 years », *Developmental Psychology*, vol. 41, p. 902-918.

HUTTENLOCHER, J. *et al.* (2002). « Language input and child syntax », *Cognitive Psychology*, vol. 45, p. 337-374.

HYDE, J.S. (2005). «The gender similarity hypothesis », *American Psychologist*, vol. 60, p. 581-592.

ICIS -INSTITUT CANADIEN D'INFORMATION SUR LA SANTÉ, (2010). *Un nouveau-né sur seize au Canada a un faible poids à la naissance*, www.cihi.ca

IERVOLINO, A.C. *et al.* (2005). « Genetic and environmental influences on sex-types behavior during the preschool years », *Child Development*, vol. 76, p. 826-840.

IGLOWSTEIN, I. *et al.* (2003). « Sleep duration from infancy to adolescence: Reference values and generational trend », *Pediatrics*, vol. 111, p. 302-307.

IMADA, T. *et al.* (2006). « Infant speech perception activates Broca's area: A developmental magnetoencephalography study », *Neuro-Report*, vol. 17, p. 957-962.

INESSS (2012). *Mesures prometteuses pour diminuer le recours aux interventions obstétricales évitables pour les femmes à faible risque*, www2.cfpc.ca

INSTITUT CANADIEN DE LA RECHERCHE SUR LA CONDITION PHYSIQUE et LE MODE DE VIE (2011). *Activités sportives des enfants et des adolescents*, www.cflri.ca

INSTITUT DE LA STATISTIQUE DU QUÉBEC (2012). « Les mariages au Québec en 2011: l'âge au premier mariage continue d'augmenter », *Coup d'œil sociodémographique*, juin 2012, 18, 5 p.

INSTITUT DE LA STATISTIQUE DU QUÉBEC (2012). « Les naissances au Québec en 2011: situation stable (par Chantal Girard) », *Coup d'œil sociodémographique*, avril 2012, 16, 5 p.

INSTITUT DE LA STATISTIQUE DU QUÉBEC (2012). *Coup d'œil sociodémographique*, avril 2012, numéro 16, Chantal Girard, www.stat.gouv.qc.ca

INSTITUT DE LA STATISTIQUE DU QUÉBEC (2012). *Documents de travail de l'Étude longitudinale du développement des enfants du Québec*, www.jesuisjeserai.stat.gouv.qc.ca

INSTITUT DE LA STATISTIQUE DU QUÉBEC (2012). *L'Enquête québécoise sur la santé des jeunes du secondaire 2010-2011*, www.stat.gouv.qc.ca

INSTITUT DE LA STATISTIQUE DU QUÉBEC (2013). *Enfants de tous âges dans les familles selon la structure de la famille*, www.stat.gouv.qc.ca

INSTITUT DE LA STATISTIQUE DU QUÉBEC (2013). *Le décrochage scolaire: un processus qui peut prendre racine dès l'entrée à l'école*, www.stat.gouv.qc.ca

INSTITUT NATIONAL DE SANTÉ PUBLIQUE DU QUÉBEC, G. LÉGARÉ *et al.* (2013). *La mortalité par suicide au Québec: 1981-2010*, Rapport du Gouvernement du Québec, 14. p.

INSTITUT NATIONAL DE SANTÉ PUBLIQUE QUÉBEC (2009). *Le poids corporel chez les enfants et adolescents du Québec: de 1978 à 2005*, www.inspq.qc.ca

INSTITUT VANIER DE LA FAMILLE (2013). *Les mères au Canada 2013*, www.vanierinsti tute.ca

IVIC, I. (1994). « L.S. Vygotsky (1896-1934) », *Perspectives: revue trimestrielle d'éducation comparée*, vol. 24, n° 3-4, p. 793-820.

IZARD, C.E. *et al.* (1980). «The young infant's ability to produce discrete emotional expressions », *Developmental Psychology*, vol. 16, p. 132-140.

JAFFARI-BIMMEL, N. *et al.* (2006). « Social development from infancy to adolescence: Longitudinal and concurrent factors in an adoption sample », *Developmental Psychology*, vol. 42, p. 1143-1153.

JAGERS, R.J, K. BINGHAM et S.L. HANS (1996). « Socialization and social judgments among inner-city African-American kindergartners », *Child Development*, 67, p. 140-150.

JANOWSKY, J.S. et R. CARPER (1996). « Is there a neural basis for cognitive transitions in school-age children? », dans A.J. SAMEROFF et M.M. HAITH (dir.), *The Five to Seven Year Shift: The Age of Reason and Responsibility*, Chicago, University of Chicago Press, p. 33-56.

JANSSEN, I. *et al.* (2004). « Associations between overweight and obesity with bullying behaviors in school-aged children », *Pediatrics*, vol. 113, p. 1187-1194.

JANVIER, A. (2011). *Québec met fin aux naissances multiples en finançant la FIV*, Association canadienne de sensibilisation à l'infertilité, www.iaac.ca

JARRELL, R.H. (1998). « Play and its influence on the development of young children's mathematical thinking », dans D.P. FROMBERG et D. BERGEN (dir.), *Play from Birth to Twelve and Beyond: Contexts, Perspectives, and Meanings*, New York, Garland, p. 56-67.

JENSEN, A.R. (1969). « How much can we boost IQ and scholastic achievement? », Harvard Educational Review, vol. 39, p. 1-123.

JENSEN, C.D. *et al.* (2004). « Maternal dietary risks factors in childhood acute lymphoblastic leukemia », *Cancer Causes and Control*, vol. 15, p. 559-570.

JOHNSON, C.P. *et al.* (2007). « Identification and evaluation of children with autism spectrum disorders », *Pediatrics*, vol. 120, p. 1183-1215.

JOOBER, R. et N. GRIZENKO (2008). *Douglas Institut universitaire ne santé mentale, Réponses d'experts, juillet 2012*, www.douglas.qc.ca

JORDAN, N.C. *et al.* (2006). « Number sense growth in kindergarten: A longitudinal investigation of children at risk for mathematics difficulties », *Child Development*, vol. 77, p. 153-175.

JUBY, H. (2004). Les tiens, les miens et les nôtres: De nouvelles frontières pour la famille recomposée d'aujourd'hui, Institut Vanier de la famille, www.vifamily.ca

JUST, M.A. *et al.* (2007). « Functional and anatomical cortical underconnectivity in autism : Evidence from an FMRI study of an executive function task and corpus callosum morphometry », *Cerebral Cortex*, vol. 17, n° 4, p. 951-961.

JUTRAS, S. (1999). « Difficultés vécues dans de nouvelles structures familiales : État des recherches récentes », dans J. ALARY *et al.* (dir.), *Familles en transformation. Récits de pratique en santé mentale*, Montréal, Gaëtan Morin.

KACZYNSKI, K.J. *et al.* (2006). « Marital conflict, maternal and paternal parenting, and child adjustment : A test of mediation and moderation », *Journal of Family Psychology*, vol. 20, p. 199-208.

KAGAN, J. (1989). The Nature of the Child, New York, Basic Books.

KAGAN, J. (2008). « In defense of qualitative changes in development », *Child Development,* 79, p. 1606-1624.

KARAFANTIS, D.M. et S.R. LEVY (2004). « The role of children's lay theories about the malleability of human attributes in beliefs about and volunteering for disadvantaged groups », *Child Development,* vol. 75, p. 236-250.

KAUFMAN, A.S. et N.L. KAUFMAN (2003). *Kaufman Assessment Battery for Children* (2e éd.), Circle Pines, Minnesota, American Guidance Service.

KAZDIN, A.E. et C. BENJET (2003). « Spanking children : Evidence and issues », *Current Directions in Psychological Science*, vol. 12, p. 99-103.

KEEGAN, R.T. (1996). « Creativity from childhood to adulthood : A difference of degree and not of kind », *New Directions for Child Development*, 72 San Francisco, Jossey-Bass, p. 57-66.

KEEGAN, R. T et H.E. GRUBER (1985). « Charles Darwin's unpublished "diary of an infant" : An early phase in his psychological work », dans G. ECKARDT, W.G. PRINGMANN et L. SPRUNG (dir.), *Contribution to a History of Developmental Psychology* : International William T. Prayer Symposium, Berlin, Allemagne, Walter de Gruyter, p.127-145.

KEENAN, K. et D. SHAW (1997). « Developmental and social influences on young girls' early problem behaviour », *Psychological Bulletin*, vol. 121, n° 1, p. 95-113.

KELLMAN, P.J. et M.E. ARTERBERRY (1998). *The Cradle of Knowledge. Development of Perception in Infancy*, Cambridge, Massachusetts, MIT.

KELLY, P. (2004). Frères et sœurs du jour au lendemain : Faciliter l'adaptation des enfants qui se retrouvent en famille recomposée, Institut Vanier de la famille, www.vifamily.ca

KERE, J. *et al.* (2005). Identification of the Dyslexia Susceptibility Gene for DYX5 on Chromosone 3, document présenté au colloque de l'American Society of Human Genetics, Salt Lake City, Utah.

KIM, Y.S., Y.-J. KOH et B. LEVENTHAL (2005). « School bullying and suicidal risk in Korean middle school students », *Pediatrics,* vol. 115, p. 357-363.

KIM-COHEN, J. *et al.* (2004). « Genetic and environmental processes in young children's resilience and vulnerability to socioeconomic deprivation », *Child Development,* vol. 75, p. 651-668.

KIRBY, D. et B. LARIS (2009). « Effective curriculum-based sex and STD/HIV education programs for adolescents », *Child Development Perspectives,* 3, p. 21-29.

KIRKORIAN, H.L, T.A. PEMPEK, L.A. MURPHY, M.E. SCHMIDT et D.R. ANDERSON (2009). « The impact of background television on parent-child interaction », *Child Development,* vol. 80, n° 5, p. 1350-1359.

KISILEVSKY, B.S. *et al.* (2003). « Effects of experience on fetal voice recognition », *Psychological Science*, vol. 14, p. 220-224.

KJOS, S.L. et T.A. BUCHANAN (1999). « Gestational diabetes mellitus », *New England Journal of Medicine*, 341.

KNAFO, A. et R. PLOMIN (2006). « Parental discipline and affection and children's prosocial behavior : Genetic and environmental links », *Journal of Personality and Social Psychology*, vol. 90, p. 147-164.

KNICKMEYER, R. *et al.* (2005). « Fetal testosterone, social relationships, and restricted interests in children », *Journal of Child Psychology and Psychiatry*, vol. 46, p. 198-210.

KOCHANSKA, G. (1997). « Mutually responsive orientation between mothers and their young children : Implications for early socialization », *Child Development,* vol. 68, p. 94-112.

KOCHANSKA, G. (2001). « Emotional development in children with different attachment histories : The first three years », *Child Development,* vol. 72, p. 474-490.

KOCHANSKA, G. *et al.* (2004). « Parents' personality and infants' temperament as contributors to their emerging relationship », *Journal of Personality and Social Psychology*, vol. 86, n° 5, p. 744-759.

KOCHANSKA, G. et N. AKSAN (1995). « Mother-child positive affect, the quality of child compliance to requests and prohibitions, and maternal control as correlates of early internalization », *Child Development,* vol. 66, p. 236-254.

KOCHANSKA, G, K.C. COY et K.T. MURRAY (2001). « The development of self-regulation in the first four years of life », *Child Development,* 72, p. 1091-1111.

KOCHANSKA, G., T.L. TJEBKES et D.R. FORMAN (1998). « Children's emerging regulation of conduct : Restraint, compliance, and internalization from infancy to the second year », *Child Development,* vol. 69, n° 5, p. 1378-1389.

KOHLBERG, L. (1966). « A cognitive-developmental analysis of children's sex role concepts and attitudes », dans E.E. MACCOBY (dir.), *The Development of Sex Differences*, Stanford, Californie, Stanford University Press.

KOREN, G., A. PASTUZAK et S. ITO (1998). « Drugs in pregnancy », *New England Journal of Medicine*, vol. 338, p. 1128-1137.

KRAMER, M.S. et R. KAKUMA (2002). « Optimal duration of exclusive breastfeeding », *Cochrane Database of Systematic Reviews*, n° 1.

KRAUSE, N. et K.S. ROOK (2003). « Negative interaction in late life : Issues in the stability and generalizability of conflict across relationships », *Journal of Gerontology : Psychological Sciences,* 58B, p. P88-P99.

KREICBERGS, U. *et al.* (2004). « Talking about death with children who have severe malignant disease », *The New England Journal of Medicine*, vol. 351, p. 1175-1253.

KREVANS, J. et J.C. GIBBS (1996). « Parents' use of inductive discipline : Relations to children's empathy and prosocial behaviour », *Child Development,* vol. 67, p. 3263-3277.

KUCZYNSKI, L. et G. KOCHANSKA (1995). « Function and content of maternal demands : Developmental significance of early demands for competent action », *Child Development,* vol. 66, p. 616-628.

KUHL, P.K, B.T. CONBOY, D. PADDEN, T. NELSON et J. PRUITT (2005). « Early speech perception and later language development : Implications for the critical period." », *Language Learning and Development,* 1, p. 237-264.

KUHL, P.K. *et al.* (1997). « Cross-language analysis of phonetic units in language addressed to infants », *Science*, vol. 277, p. 684-686.

KUHN, D. (2006). « Do cognitive changes accompany developments in the adolescent brain ? », *Perspectives on Psychological Science*, vol. 1, p. 59-67.

LABERGE, L. *et al.* (2000). « Development of parasomnias from childhood to early adolescence », *Pediatrics,* vol. 106, p. 67-74.

LAGATTUTA, D.H. (2005). « When you shouldn't do what you want to do : Young children's understanding of desires, rules, and emotions », *Child Development,* vol. 76, p. 713-733.

LAGERCRANTZ, H. et T.A. SLOTKIN (1986). « The stress of being born », *Scientific American*, vol. 254, n° 4, p. 100-107.

LAIBLE, D.J. et R.A. THOMPSON (1998). « Attachment and emotional understanding in preschool children », *Developmental Psychology,* vol. 34, n° 5, p. 1038-1045.

LAIBLE, D.J. et R.A. THOMPSON (2002). « Mother-child conflict in the toddler years : Lessons in emotion, morality, and relationships », *Child Development,* vol. 73, p. 1187-1203.

LALONDE, C.E. et J.F. WERKER (1995). « Cognitive influences on cross-language speech perception in infancy », *Infant Behavior and Development*, vol. 18, p. 459-475.

LAMB, M.E. (2004). *The Role of the Father in Child Development* (3e éd.), New York, John Wiley & Sons.

LAMM, C., P.D. ZELAZO et M.D. LEWIS (2006). « Neural correlates of cognitive control in childhood and adolescence : Disentangling the contributions of age and executive function », *Neuropsychologia*, vol. 44, p. 2139-2148.

LANOUE, J. et R. CLOUTIER (1996). *La spécificité du rôle de père auprès de l'enfant*, Québec, Université Laval, Centre de recherche sur les services communautaires.

LANSFORD, J.E. *et al.* (2005). « Physical discipline and children's adjustment : Cultural normativeness as a moderator », *Child Development,* vol. 76, p. 1234-1246.

LANSFORD, J.E. *et al.* (2006). « Trajectories of internalizing, externalizing, and grades for children who have and have not experienced their parents' divorce or separation », *Journal of Family Psychology*, vol. 20, p. 292-301.

LANSFORD, J.E. et K. DEATER-DECKARD (2012). « Childrearing discipline and violence in developing countries », *Child Development,* 83, p. 62-75.

LAPLANTE, D.P. *et al.* (2008). « Project ice storm : Prenatal maternal stress affects cognitive and linguistic functioning in 5 ½ year old children », *Journal of the American Academy of Child and Adolescent Psychiatry*, vol. 47, n° 9, p. 1063-1072.

LAPORTE, D. (2002). *Favoriser l'estime de soi des 0-6 ans*, Montréal, Éditions CHU Sainte-Justine.

LARSON, R.W. et S. VERMA (1999). « How children and adolescents spend time across the world : Work, play, and developmental opportunities », *Psychological Bulletin*, vol. 125, p. 701-736.

LARZELERE, R.E. (1996). « A review of the outcomes of parental use of nonabusive or customary physical punishment », *Pediatrics,* vol. 98, (4, Pt. 2), p. 824-828.

LAVIGUEUR, S. *et al.* (2004). Les compétences des parents et les ressources qui les soutiennent, http://W3.uqo.ca

LAVIGUEUR, S., S. COUTU et D. DUBEAU (2001). « L'intervention auprès des familles à risque. Une approche multimodale qui mise sur la résilience », dans L. LEBLANC et M. SÉGUIN (dir.), *La relation d'aide. Concepts de base et interventions spécifiques*, Outremont, Les éditions Logiques, p. 171-220.

LAW, K.L. *et al.* (2003). « Smoking during pregnancy and newborn neurobehavior», *Pediatrics,* vol. 111, p. 1318-1323.

LEAPER, C. (2000). «The social construction and socialization of gender during development», dans P.H. Miller et E. Kofsky Scholnick (dir.), *Toward a feminist developmental psychology,* (p. 127-152), Florence, Taylor & Frances/Routledge.

LEAPER, C, L. BREED, L. HOFFMAN et C.A. PERLMAN (2002). «Variations in the gender-stereotyped content of children's television cartoons across genres», *Journal of Applied Social Psychology,* 32, p. 1653-166.

LEE, S.J. *et al.* (2005). «Fetal pain: A systematic multidisciplinary review of the evidence», *Journal of the American Medical Association,* vol. 294, p. 947-954.

LEGERSTEE, M. et J. VARGHESE, (2001). «The role of maternal affect mirroring on social expectancies in three-month-old infants», *Child Development,* vol. 72, p. 1301-1313.

LEICHTMAN, M.D. et S.J. CECI (1995). «The effects of stereotypes and suggestions on preschoolers' reports», *Developmental Psychology*, vol. 31, p. 568-578.

LEMAN, P.J., S. AHMED et L. OZAROW (2005). «Gender, gender relations, and the social dynamics of children's conversations», *Developmental Psychology*, vol. 41, p. 64-74.

LEMAY, L. (2004). Conditions et conséquences des pratiques d'empowerment. Une étude interdisciplinaire et intersystémique des rapports de pouvoir professionnels-clients, thèse de doctorat, Université de Montréal.

LEMAY, L. (2006). «Développer une pratique réflexive: Une compétence incontournable. Le cas de la formation continue en empowerment», *Revue en marche*, 6 décembre, Montréal, Ordre des conseillères et conseillers en orientation et des psychoéducatrices et psychoéducateurs du Québec.

LEMAY, L. (2008-2009). Analyse des rapports de pouvoir entre les intervenants et les parents au sein des pratiques axées sur l'empowerment des parents d'enfants en situation de négligence dans le contexte de la protection de la jeunesse, Fonds de recherche sur la société et la culture (FQRSC), Québec, www.fqrsc.gouv.qc.ca

LEMAY, L. (2009). «Le pouvoir et le développement du pouvoir d'agir (empowerment): un cadre d'intervention auprès des familles en situation de vulnérabilité», dans Lacharité et Gagnier (dir.), *Les familles en action. Réalités plurielles, repères conceptuels et logiques d'action,* (p. 101-127), Québec, Éditions Chenelière.

LEMELIN, J.P, G.M. TARABULSY et M.A. PROVOST (2006). «Predicting preschool cognitive development from infant temperament, maternal sensitivity, and psychosocial risk», *Merill Palmer Quaterly,* 52, p. 779-80.

LEMIRE, N, K. RAYNOR, M. SAINT-ONGE et R. LATULIPPE (2009). *Les mauvais traitements physiques envers les jeunes enfants: bilan des connaissances,* Centre de Liaison sur l'Intervention et la Prévention psychosociales (CLIPP), Laval, Édition Henri Marti.

LENNEBERG, E.H. (1969). «On explaining language», *Science*, vol. 164, n° 3880, p. 635-643.

LENROOT, R.K. et J.N. GIEDD (2006). «Brain development in children and adolescents: Insights from anatomical magnetic resonance imaging», *Neuroscience and Biobehavioral Reviews*, vol. 30, n° 6, p. 718-729.

LEPPER, M.R. (1983). «Social-control processes and the internalization of social values: An attributional perspective», dans E.T. Higgins, D.N. Ruble et W.W. Hartup (dir.), *Social cognition and social development,* (p. 294-330), New York, Cambridge University Press.

LES DIÉTÉTISTES DU CANADA (2012). *Les courbes de croissance de l'OMS adaptées pour le Canada*, http://pew socialtrends.org

LESLIE, L.K. *et al.* (2005). «The food and drug administration's deliberations on antidepressant use in pediatric patients», *Pediatrics,* vol. 116, p. 195-204.

LEVE, L.D. et B.I. FAGOT (1997). «Gender-role socialization and discipline processus in one- and two-parent families», *Sex Roles*, vol. 36, n° 1-2, p. 1-21.

LEVIN, I. et A. BUS (2003). «How is emergent writing based on drawing? Analyses of children's products and their sorting by children and mothers», *Developmental Psychology*, vol. 39, p. 891-905.

LEWIS, M. (1997). «The self in self-conscious emotions», dans S.G. SNODGRASS et R.L. THOMPSON (dir.), *The Self Across Psychology: Self-Recognition, Self-Awareness, and the Self-Concept*, Annals of the New York Academy of Sciences, 818 New York, The New York Academy of Sciences.

LEWIS, M. (1998). «Emotional competence and development», dans D. PUSHKAR *et al.* (dir.), *Improving Competence across the Life-Span*, New York, Plenum, p. 27-36.

LILLARD, A. et S. CURENTON (1999). «Do young children understand what others feel, want, and know?», *Young Children*, vol. 54, n° 5, p. 52-57.

LOCK, A. *et al.* (1990). «Some observations on the origin of the pointing gesture», dans V. VOLTERRA et C.J. ERTING (dir.), *From Gesture to Language in Hearing and Deaf Children*, New York, Springer.

LORSBACH, T.C. et J.F. REIMER (1997). «Developmental changes in the inhibition of previously relevant information», *Journal of Experimental Child Psychology*, vol. 64, p. 317-342.

LUDWIG, D.S. (2007). «Childhood obesity – the shape of things to come», *New England Journal of Medicine*, vol. 357, p. 2325-2327.

LUNA, B. *et al.* (2004). «Maturation of cognitive processes from late childhood to adulthood», *Child Development,* vol. 75, p. 1357-1372.

LYTTON, H. (1997). «Physical punishment is a problem, whether conduct disorder is endogenous or not», *Psychological Inquiry,* 8, p. 211-214.

LYTTON, H. et D.M. ROMNEY (1991). «Parents' differential socialization of boys and girls: A meta-ana lysis», *Psychological Bulletin*, vol. 109, p. 267-296.

MACCOBY, E. (1980). *Social Development*, New York, Harcourt Brace Jovanovich.

MACCOBY, E. (1984). «Middle childhood in the context of the family», dans W.A. COLLINS (dir.), *Development during Middle Childhood*, Washington DC, National Academy.

MACCOBY, E.E. et C.N. JACKLIN (1974). *The Psychology of Sex Differences*, Stanford University Press.

MACCOBY, E.E. et J.A. MARTIN (1983). «Socialization in the context of the family: Parent-child interaction», dans P.H. MUSSEN et E.M. HETHERINGTON (dir.), *Handbook of Child Psychology*, vol. 4, Socialization, Personality, and Social Development, New York, Wiley, p. 1-101.

MACDORMAN, M.F. et S. KIRMEYER (2009). «Fetal and perinatal mortality, United States, 2005», *National Vital Statistics Reports,* vol. 57, n° 8, Hyattsville, MD: National Center for Health Statistics.

MACFARLANE, A. (1975). «Olfaction in the development of social preferences in the human neonate», *Parent-Infant Interaction* (CIBA Foundation Symposium n° 33), Amsterdam, Elsevier.

MACKINNON-LEWIS, C. *et al.* (1997). «Perceptions of parenting as predictors of boys' sibling and peer relations», *Developmental Psychology*, vol. 33, p. 1024-1031.

MACRAE, C. et G. BODENHAUSEN (2000). «Social cognition: Thinking categorically about others», *Annual Review of Psychology*, vol. 51, p. 93-120.

MAHESHWARI, A. (2010). «Overweight and obesity in infertility: Cost and consequences», *Human Reproductive Updates,* vol. 16, n° 3, p. 229-230.

MAIN, M. et J. SOLOMON (1986). «Discovery of an insecure, disorganized - disoriented attachment pattern: Procedures, findings, and implications for the classification of behaviour», dans M. YOGMAN et T.B. BRAZELTON (dir.), *Affective Development in Infancy*, Norwood, New Jersey, Ablex.

MANCIAUX, M. (2001). La *résilience: résister pour se construire*, Genève, Médecine et hygiène.

MARCH OF DIMES FOUNDATION (2002). *Toxoplasmosis (Fact Sheet)*, Wikes-Barre, Pennsylvania, March of Dimes Foundation.

MARCON, R.A. (1999). «Differential impact of preschool models on development and early learning of inner-city children: A three-cohort study», *Developmental Psychology*, vol. 35, n° 2, p. 358-375.

MARKEL, H. (2007). «Is there an autism epidemic?», Medscape Pediatrics, www.meds cape.com

MARTIN, C.L. et D. RUBLE (2004). «Children's search for gender cues: Cognitive perspectives on gender development», *Current Directions in Psychological Science*, vol. 13, p. 67-70.

MARTIN, C.L., D.N. RUBLE et J. SZKYBALO (2002). «Cognitive theories of early gender development», *Psychological Bulletin*, vol. 128, p. 903-933.

MARTIN, J.A. *et al.* (2005). «Annual summary of vital statistics – 2003», *Pediatrics,* vol. 115, p. 619-634.

MARTIN, J.A. *et al.* (2007). «Births: Final data for 2005», *National Vital Statistics Reports*, vol. 56, n° 6, Hyattsville, Maryland, National Center for Health Statistics.

MASLOW, A. (1968). *Toward a Psychology of Living*, Princeton, New Jersy, Van Nostrand Reinhold.

MASLOW, A.H. (1968). *Toward a Psychology of Being*, Princeton, New Jersey, Van Nostrand Reinhold.

MASLOW, A.H. (1971). *The Farther Reaches of Human Nature*, New York, Viking.

MASLOW, A.H. (1987). *Motivation and Personality* (3e éd.), New York, Harper & Row.

MASTEN, A.S. (2001). «Ordinary magic: Resilience processes in development», *American Psychologist*, vol. 56, p. 227-238.

MATHEWS, T.J. et M.F. MACDORMAN (2008). «Infant mortality statistics from the 2005 period linked birth/infant death data set», *National Vital Statistics Report,* vol. 57, n° 2, Hyattsville, MD: National Center for Health Statistics.

MATLIN, M.W. (1987). *The Psychology of Women*, New York, Holt, Rinehart, and Winston.

MAYER, M. (2007). «La pauvreté comme facteur de risque et de négligence», *Revue de psychoéducation*, vol. 36, n° 2, p. 353-362.

MAYO FOUNDATION FOR MEDICAL EDUCATION AND RESEARCH. (2009, JANUARY). «Beyond the human genome: Meet the epigenome», *Mayo Clinic Health Letter,* vol. 27, n° 1, p. 4-5.

McCORD, J. (1996). «Unintended consequences of punishment», *Pediatrics,* vol. 98, p. 832-834.

McCORD, J. (1997). «On discipline», *Psychological Inquiry,* 8, p. 215-217.

McCREARY CENTRE SOCIETY. (2009). *A Picture of Health: Highlights from the*

2008 British Columbia Adolescent Health Survey, Vancouver, BC, McCreary Centre Society.

McGUFFIN, P., B. RILEY et R. PLOMIN (2001). « Toward behavioral genomics », *Science*, vol. 291, p. 1232, 1249.

McGUIGAN, F. et K. SALMON (2004). « The time to talk : The influence of the timing of adult-child talk on children's event memory », *Child Development*, vol. 75, p. 669-686.

McHALE, S.M. *et al.* (2001). « Sibling influences on gender development in middle childhood and early adolescence : A longitudinal study », *Developmental Psychology*, vol. 37, p. 115-125.

McLOYD, V.C, T.E. JAYARATNE, R. CEBALLO et J. BORQUEZ (1994). « Unemployment and work interruption among African American single mothers : Effects on parenting and adolescent socioemotional functioning », *Child Development*, 65, p. 562-589.

McLOYD, V.C. et J. SMITH (2002). « Physical discipline and behavior problems in African American, European American, and Hispanic children : Emotional support as a moderator », *Journal of Marriage and Family*, vol. 64, p. 40-53.

McQUEENY, T, B.C. SCHWEINSBURG, A.D. SCHWEINSBURG, J. JACOBUS, S. BAVA, L.R. FRANK et S.F. TAPERT (2009). « Altered white matter integrity in adolescent binge drinkers », *Alcoholism : Clinical and Experimental Research*, vol. 33, n° 7, p. 1278-1285.

MEINS, E. (1998). « The effects of security of attachment and maternal attribution of meaning on children's linguistic acquisitional style », *Infant Behavior and Development*, vol. 21, p. 237-252.

MELTZOFF, A.N. et M.K. MOORE (1983). « Newborn infants imitate adult facial gestures », *Child Development*, vol. 54, p. 702-709.

MELTZOFF, A.N. et M.K. MOORE (1998). « Object representation, identity, and the paradox of early permanence : Steps toward a new framework », *Infant Behavior and Development*, vol. 21, p. 201-235.

MENEGAUX, F. *et al.* (2006). « Household exposure to pesticides and risk of childhood acute leukemia », *Occupational and Environmental Medicine*, vol. 63, n° 2, p. 131-134.

MENT, L.R. *et al.* (2003). « Changes in cognitive function over time in very low-birth-weight infants », *Journal of the American medical Association*, vol. 289, p. 705-711.

MIEDZIAN, M. (1991). *Boys Will Be Boys : Breaking the Link between Masculinity and Violence*, New York, Doubleday.

MINISTÈRE DE LA SANTÉ et SERVICES SOCIAUX QUÉBEC (2013). *L'Espace informationnel, Anomalies - Prévalence de certaines anomalies congénitales au Québec*, www.informa.msss.gouv.qc.ca

MINISTÈRE DE LA SÉCURITÉ PUBLIQUE (2012). *Intimidation et taxage*, www.securi tepublique.gouv.qc.ca

MIRON, J.M. (2004). « Les services préscolaires et la famille : Un partenariat à créer », dans N. ROYER (dir.), *Le monde du préscolaire*, Montréal, Gaëtan Morin.

MONEY, J., J.G. HAMPSON et J.L. HAMPSON (1955). « Hermaphroditism : Recommendations concerning assignment of sex, change of sex and psychological management », *Bulletin of the Johns Hopkins Hospital*, vol. 97, n° 4, p. 284-300.

MONTAGUE, D.P.F. et A.S. WALKER-ANDREWS (2001). « Peekaboo : A new look at infants' perception of emotion expressions », *Developmental Psychology*, vol. 37, p. 826-838.

MOORE, S.E. *et al.* (1997). « Season of birth predicts mortality in rural Gambia », Nature, vol. 388, p. 434.

MOSES, L.J. *et al.* (2001). « Evidence for referential understanding in the emotions domain at twelve and eighteen months », *Child Development*, vol. 72, p. 718-735.

MUMME, D.L. et A. FERNALD (2003). « The infant as onlooker : Learning from emotional reactions observed in a television scenario », *Child Development*, vol. 74, p. 221-237.

MUNK-OLSEN, T, T.M. LAURSEN, C.B. PEDERSEN, O. MORS et P.B. MORTENSEN (2006). « New parents and mental disorders : A population-based register study », *Journal of the American Medical Association*, 296, p. 2582-2589.

MUTER, V. *et al.* (2004). « Phonemes, rimes, vocabulary, and grammatical skills as foundations of early reading development : Evidence from longitudinal study », *Developmental Psychology*, vol. 40, p. 665-681.

MYERS, S.M. *et al.* (2007). « Management of children with autism spectrum disorders », *Pediatrics*, vol. 120, n° 5, p. 1162-1182.

NACHSHEN, J. *et al.* (2008). *Guide des pratiques exemplaires canadiennes en matière de dépistage, d'évaluation et de diagnostic des troubles du spectre de l'autisme chez les enfants en bas âge*, Montréal, Miriam Fondation.

NANSEL, T.R. *et al.* (2001). « Bullying behaviors among U.S. youth : Prevalence and association with psychosocial adjustment », *Journal of the American Medical Association*, vol. 285, p. 2094-2100.

NASH, J.M. (1997). « Fertile minds », *Times*, 3 février, p. 49-56.

NATIONAL CENTER FOR HEALTH STATISTICS (NCHS) (2006). Health, United States, 2006, Hyattsville, Maryland, National Center for Health Statistics.

NATIONAL INSTITUTE OF MENTAL HEALTH (NIMH) (2001). Helping Children and Adolescents Cope with Violence and Disasters : What Rescue Workers Can Do (NIH Publication no 01-3518), Bethesda, Maryland.

NEISSER, U. *et al.* (1996). « Intelligence : Knowns and unknowns », *American Psychologist*, vol. 51, n° 2, p. 77-101.

NEITZEL, C. et A.D. STRIGHT (2003). « Relations between parents' scaffolding and children's academic self-regulation : Establishing a foundation of self-regulatory competence », *Journal of Family Psychology*, vol. 17, p. 147-159.

NELSON, C.A. (1995). « The ontogeny of human memory : A cognitive neuroscience perspective », *Developmental Psychology*, vol. 31, p. 723-738.

NELSON, C.A. (2008). « A neurobiological perspective on early human deprivation », *Child Development Perspectives*, 1, p. 13-18.

NELSON, C.A. *et al.* (2000). « Functional neuroanatomy of spatial working memory in children », *Developmental Psychology*, vol. 36, p. 109-116.

NELSON, K. (2005). « Evolution and development of human memory systems », dans B.J. ELLIS et D.F. BJORKLUND (dir.), *Origins of the Social Mind : Evolutionary Psychology and Child Development*, New York, Guilford Press, p. 319-345.

NELSON, K. et R. FIVUSH (2004). « The emergence of autobiographical memory : A social cultural developmental theory », *Psychological Bulletin*, vol. 111, p. 486-511.

NEUGEBAUER, R., H.W. HOEK et E. SUSSER (1999). « Prenatal exposure to wartime famine and development of antisocial personality disorder in early adulthood », *Journal of the American Medical Association*, vol. 282, p. 455-462.

NICHD EARLY CHILD CARE RESEARCH NETWORK (2005). « Predicting individual differences in attention, memory, and planning in first graders from experiences at home, child care, and school », *Developmental Psychology*, vol. 41, p. 99-114.

NIRMALA, A, B.M. REDDY et P.P. REDDY (2008). « Genetics of human obesity : An overview », *International Journal of Human Genetics*, 8, p. 217-226.

NISBETT, R.E. (2005). « Heredity, environment, and race differences in IQ : A commentary on Rushton and Jensen », *Psychology, Public Policy, and Law*, vol. 11, p. 302-310.

NISHIMURA, H. *et al.* (1999). « Sign language "heard" in the auditory cortex », *Nature*, vol. 397, p. 116.

NIX, R.R. *et al.* (1999). « The relation between mothers' hostile attribution tendencies and children's externalizing behaviour problems : The mediating role of mothers' harsh discipline practices », *Child Development*, vol. 70, n° 4, p. 896-909.

NOBES, G, G. PANAGIOTAKI et C. PAWSON (2009). « The influence of negligence, intentions and outcome on children's moral judgments », *Journal of Experimental Child Psychology*, vol. 104, n° 4, p. 382-397.

NOBRE, A.C. et K. PLUNKETT (1997). « The neutral system of language : Structure and development », *Current Opinion in Neurobiology*, vol. 7, p. 262-268.

NOYER, M. (2005). « Écrire avant de savoir écrire : Comment l'enfant devient-il dessinateur ? », *Enfance*, vol. 57, n° 1, p. 11-23.

O'CONNOR, T. *et al.* (2002). « Maternal antenatal anxiety and children's behavioural/emotional problems at 4 years », *British Journal of Psychiatry*, vol. 180, p. 502-508.

OBER, C. *et al.* (2008). « Effect of variation in ch13l1 on serum ykl-40 level, risk of asthma, and lung function », *New England Journal of Medicine*, vol. 358, p. 1682-1691.

OCDE (2013). *Principaux résultats de l'Enquête Pisa 2012*, www.oecd.org

OGDEN, C.L. *et al.* (2004). *Mean Body Weight, Height, and Body Mass Index, United States 1960–2002, Advance Data from Vital and Health Statistics*, 347, Hyattsville, Maryland, National Center for Health Statistics.

OLFSON, M. *et al.* (2006). « National trends in the outpatient treatment of children and adolescents with antipsychotic drugs », *Archives of General Psychiatry*, vol. 63, p. 679-685.

OMS (2010). *Organisation mondiale de la santé, Soixante-troisième assemblée mondiale de la santé, avril 2010*, http://apps.who.int/gb/ebwha

ONUSIDA (2011). *Plan mondial pour éliminer les nouvelles infections à VIH chez les enfants à l'horizon 2015 et maintenir leurs mères en vie*, www.unaids.org

ORATHINKAL, J. et A. VANSTEENWEGEN (2007). « Do demographics affect marital satisfaction ? », *Journal of Sex & Marital Therapy*, vol. 33, n° 1, p. 73-85.

ORDRE DES SAGES-FEMMES DU QUÉBEC (2013). *Un rapport encourageant pour l'Ordre des sages-femmes du Québec*, www.osfq.org

ORGANISATION DE COOPÉRATION ET DE DÉVELOPPEMENT ÉCONOMIQUES (OCDE) (2007). Finland Takes Number One Spot in OECD's Latest PISA Survey, Advance Figures Show, www.oecd.org

ORGANISATION MONDIALE DE LA SANTÉ (2006). Normes de croissance de l'enfant, Étude multicentrique de l'OMS sur la référence de croissance, www.who.int/childgrowth

OWENS, R.E. (1996). *Language Development* (4e éd.), Boston, Allyn and Bacon.

PAGANI, L.S, C. FITZPATRICK et S. PARENT (2012). « Relating Kindergarten Attention to Subsequent Developmental Pathways of Classroom Engagement in Elementary School », *Journal of Abnormal Child Psychology*, janvier 2012.

PAGANI, L.S, C. FITZPATRICK et T.A. BARNETT (2010). « Prospective Associations Between Early Childhood Television Exposure and Academic, Psychosocial and Physical Well Being by Middle Childhood », *Archives of Pediatrics & Adolescent Medicine,* 2010, p. 425-431.

PARENT, S. et J.-F. SAUCIER (1999). « La théorie de l'attachement », dans E. HABIMANA *et al.* (dir.), *Psychopathologie de l'enfant et de l'adolescent*, Montréal, Gaëtan Morin.

PARKE, R.D. et R. BURIEL (1998). « Socialization in the family : Ethnic and ecological perspectives », dans W. DAMON et N. EISENBERG (dir.), *Handbook of Child Psychology*, vol. 3, Social, Emotional, and Personality Development (5e éd.), New York, Wiley, p. 463-552.

PARKER, J.D, T.J. WOODRUFF, R. BASU et K.C. SCHOENDORF (2005). « Air pollution and birth weight among term infants in California », *Pediatrics,* 115, p. 121-128.

PARTEN, M. (1932). « Social play among preschool children », *Journal of Abnormal and Social Psychology*, vol. 27, p. 243-269.

PATTERSON, C.J. et R.H. FARR (2011). « Co-parenting among lesbian and gay couples », dans J.P. McHale and K.M. Lindahl (dir.), *Co-parenting : A conceptual and clinical examination of family systems,* Washington, DC, American Psychological Association.

PATTERSON, G.R. et M. STOUTHAMER-LOEBER (1984). « The correlation of family management practices and delinquency », *Child Development,* 55, p. 1299-1307.

PELLEGRINI, A.D. et J. ARCHER (2005). « Sex differences in competitive and aggressive behaviour : A view from sexual selection theory », dans B.J. ELLIS et D.F. BJORKLUND (dir.), *Origins of the Social Mind : Evolutionary Psychology and Child Development*, New York, Guilford Press, p. 219-244.

PELLETIER, G. et J. LAPOINTE (2012). *L'espace des tout-petits, 1,2,3 GO ! Limoilou*, www.123golimoilou.org

PERERA, F.P. *et al.* (2004). « Molecular evidence of an interaction between prenatal environmental exposures and birth outcomes in a multiethnic population », *Environmental Health Perspectives,* vol. 112, p. 626-630.

PERLS, T. T *et al.* (2009). « Personality traits of centenarians' offsprings », *Journal of the American Geriatrics Society*, vol. 57, nº 4, p. 683-685.

PERRENOUD, P. (2000). « Trois pour deux : Langues étrangères, scolarisation et pensée magique », *Éducateur*, nº 13, 24 novembre, p. 31-36.

PÉRUSSE, L. *et al.* (1999). « The human obesity gene map : The 1998 update », *Obesity Research*, vol. 7, p. 111-129.

PETERS, V. *et al.* (2003). « Missed opportunities for perinatal HIV prevention among HIV -exposed infants born 1996-2000, pediatric spectrum of HIV disease cohort », *Pediatrics,* vol. 111, p. 1186-1191.

PETITTO, L.A. et I. KOVELMAN (2003). « The bilingual paradox : How signing-speaking bilingual children help us to resolve it and teach us about the brain's mechanisms underlying all language acquisition », *Learning Languages*, vol. 8, p. 5-18.

PETRILL, S.A. *et al.* (2004). « Genetic and environmental contributions to general cognitive ability through the first 16 years of life », *Developmental Psychology*, vol. 40, p. 805-812.

PETTIT, G., J.E. BATES et K.A. DODGE (1997). « Supportive parenting, ecological context, and children's adjustment : A seven-year longitudinal study », *Child Development,* vol. 68, p. 908-923.

PIAGET, J. (1929). *The Child's Conception of the World*, New York, Harcourt Brace.

PIAGET, J. (1932). *The Moral Judgment of the Child*, New York, Harcourt Brace.

PIAGET, J. (1962). *Les relations entre l'intelligence et l'affectivité dans le développement de l'enfant et de l'adolescent* (2e éd.), Paris, Centre de documentation universitaire.

PIAGET, J. (1964). *Six études de psychologie*, Genève, Éditions Gonthier.

PIAGET, J. (1965). *The moral judgment of the child,* (trad. par M. Gabain), New York, Free Press. (Original work published 1932.

PIAGET, J. et B. INHELDER (1967). *The Child's Conception of Space*, New York, Norton.

PIAGET, J. et B. INHELDER (1969). *The Psychology of the Child*, New York, Basic Books.

PIKE, A., J. COLDWELL et J.F. DUNN (2005). « Sibling relationships in early/middle childhood : Links with individual adjustment », *Journal of Family Psychology*, vol. 19, p. 523-532.

PILLOW, B.H. et A.J. HENRICHON (1996). « There's more to the picture than meets the eye : Young children's difficulty understanding biased interpretation », *Child Development,* vol. 67, p. 803-819.

PLOMIN, R. et Y. KOVAS (2005). « Generalist genes and learning disabilities », *Psychological Bulletin*, vol. 131, p. 592-617.

POLLOCK, L.A. (1983). *Forgotten Children*, Cambridge, Massachusetts, Cambridge University Press.

POMERANTZ, E.M. et J.L. SAXON (2001). « Conceptions of ability as stable and self-evaluative processes : A longitudinal examination », *Child Development,* vol. 72, p. 152-173.

POTVIN, F. (2007). *Attendre un enfant et enrichir votre couple,* Ressources en Développement, http://redpsy.com

POTVIN, P. (2012). *Prévenir le décrochage scolaire : Mieux comprendre la réussite ou l'échec scolaire de nos enfants et adolescents, Collection Psychoéducation : fondements et pratiques,* Béliveau éditeur.

POVINELLI, D.J. et S. GIAMBRONE (2001). « Reasoning about beliefs : A human specialization ? », *Child Development,* vol. 72, p. 691-695.

POWER, T.G. et M.L. CHAPIESKI (1986). « Childrearing and impulse control in toddlers : A naturalistic investigation », *Developmental Psychology*, vol. 22, p. 271-275.

PRICE, T.S. *et al.* (2001). « Hyperactivity in preschool children is highly heritable », *Journal of the American Academy of Child & Adolescent Psychiatry*, vol. 40, nº 12, p. 1362-1364.

PUTALLAZ, M. et K.L. BIERMAN (dir.) (2004). *Aggression, Antisocial Behavior, and Violence among Girls : A Developmental Perspective*, New York, Guilford Press.

QUÉBEC, COMMISSAIRE À LA SANTÉ ET AU BIEN-ÊTRE QUÉBEC (2009). Consultation sur les enjeux éthiques du dépistage prénatal de la trisomie 21, ou syndrome de Down, au Québec, www.csbe.gouv.qc.ca

QUÉBEC, INSTITUT DE LA STATISTIQUE DU QUÉBEC (2006). Enquête québécoise sur le tabac, l'alcool, les drogues et le jeu chez les élèves du secondaire, www.stat.gouv.qc.ca

QUÉBEC, INSTITUT DE LA STATISTIQUE DU QUÉBEC (2006a). L'incapacité et les limitations d'activité au Québec, www.stat.gouv.qc.ca

QUÉBEC, INSTITUT DE LA STATISTIQUE DU QUÉBEC (2006b). Recueil statistique sur l'allaitement maternel au Québec 2005-2006, www.stat.gouv.qc.ca

QUÉBEC, MINISTÈRE DE L'ÉDUCATION DU QUÉBEC (2006). Programme de formation de l'école québécoise, Québec, Éducation, Loisirs et Sports, www.mels.gouv.qc.ca

QUÉBEC, MINISTÈRE DE L'EDUCATION, DU LOISIR ET DU SPORT (2004, 2008). Banque de cheminement scolaire, Direction de la recherche, des statistiques et des indicateurs.

QUÉBEC, MINISTÈRE DE L'ÉDUCATION, DU LOISIR ET DU SPORT (2009). « Dossier : Réflexion d'une enseignante sur l'école en milieu autochtone », Revue vie pédagogique, www.mels.gouv.qc.ca

QUÉBEC, MINISTERE DE LA FAMILLE ET DE L'ENFANCE (1998). Jouer, c'est magique : programme favorisant le développement global de l'enfant, t. 1, Québec, ministère de la Famille et de l'Enfance.

QUÉBEC, MINISTÈRE DE LA SANTÉ ET DES SERVICES SOCIAUX (2007). *Registre des événements démographiques du Québec*, compilations effectuées par le Service de la surveillance de l'état de santé, Direction générale de la santé publique, ministère de la Santé et des Services sociaux.

QUÉBEC, MINISTÈRE DE LA SANTÉ ET DES SERVICES SOCIAUX (2008a). *Les traitements offerts dans le domaine de la procréation assistée* http://ethique.msss.gouv.qc.ca

QUÉBEC, MINISTÈRE DE LA SANTÉ ET DES SERVICES SOCIAUX (2008b). *Politique de périnatalité 2008-2018*, Gouvernement du Québec.

QUÉBEC, MINISTÈRE DE LA SECURITÉ PUBLIQUE DU QUÉBEC (2002). *Les jeunes et le taxage*, Québec, Publications du Québec.

QUIGLEY, M.A, C. HOCKLEY, C. CARSON, Y. KELLY, M.J. RENFREW et A. SACKER (2011). « Breastfeeding is associated with improved child cognitive development : A population-based cohort study », *The Journal of Pediatrics,* 160, p. 25-32.

RAKOCZY, H., M. TOMASELLO et T. STRIANO (2004). « Young children know that trying is not pretending : A test of the "behaving-as-if" construal of children's early concept of pretense », *Developmental Psychology*, vol. 40, p. 388-399.

RAM, A. et H.S. ROSS (2001). « Problem solving, contention, and struggle : How siblings resolve a conflict of interests », *Child Development,* vol. 72, p. 1710-1722.

RAMEY, C.T. et S.L. RAMEY (1998). « Early intervention and early experience », *American Psychologist*, vol. 53, p. 109-120.

RAMSEY, P.G. et C. LASQUADE (1996). « Preschool children's entry attempts », *Journal of Applied Developmental Psychology,* 17, p. 135-150.

RANDALL, D. (2005). States with Corporal Punishment in School, *FamilyEducation.com* (20 avril), http://school.familye ducation.com

RAO, R. et M.K. GEORGIEFF (2000). « Early nutrition and brain development. the effects of early adversity on neurobehavioral development », *The Minnesota Symposia on Child Psychology*, vol. 31, p. 1-30.

RATNER, C. (2000). « Outline of a coherent comprehensive concept of culture », *Croos-cultural Psychology Bulletin,* vol. 34, nº 1-2, p. 5-11.

REESE, E. et A. COX (1999). « Quality of adult book reading affects children's emergent literacy », *Developmental Psychology*, vol. 35, p. 20-28.

REICHENBERG, A. *et al.* (2006). « Advancing paternal age and autism », *Archives of General Psychiatry*, vol. 63, nº 9, p. 1026-1032.

REINER, W. (2000). *Cloacal Exstrophy : A Happenstance Model for Androgen Imprinting*, présentation à une rencontre de la Pediatric Endocrine Society, Boston.

REISS, A.L. *et al.* (1996). « Brain development, gender and IQ in children : A volumetric imaging study », *Brain*, vol. 119, p. 1763-1774.

REPETTI, R.L., S.E. TAYLOR et T.S. SEEMAN (2002). « Risky families : Family social environments and the mental and physical health of the offspring », *Psychological Bulletin*, vol. 128, n° 2, p. 330-366.

RÉSEAU CANADIEN DE RECHERCHE SUR LE LANGAGE et L'ALPHABÉTISATION (2009). *Pour un enseignement efficace de la lecture et de l'écriture*, www.treaqfp.qc.ca

RESNICK, L.B. (1989). « Developing mathematical knowledge », *American Psychologist*, vol. 44, p. 162-169.

RIORDAN, J. et K. WAMBACH (2010). *Breastfeeding and Human Lactation*, Sudbury MA, Jones and Bartlett Publishers, Inc. p. 497-518.

RIRE - RÉSEAU D'INFORMATION POUR LA RÉUSSITE SCOLAIRE (2010). *De nouvelles données sur le décrochage au Québec et au Canada*, http://rire.ctreq.qc.ca

RITTER, J. (1999). « Scientists close in on dna code », Chicago Sun-Times, 23 novembre, p. 7.

ROBINSON, G, U. EICKELKAMP, J. GOODNOW et I. KATZ (DIR.). (2008). *Contexts of child development : Culture, policy and intervention*, Darwin, Australia, Charles Darwin University Press.

RODIER, P.M. (2000). « The early origins of autism », *Scientific American*, février, p. 56-63.

ROGLER, L.H. (2002). « Historical generations and psychology : The case of the Great Depression and World War II », *American Psychologist*, vol. 57, n° 12, p. 1013-1023.

ROGOFF, B. *et al.* (1993). « Guided participation in cultural activity by toddlers and caregivers », *Monographs of the Society for Research in Child Development*, vol. 58, n° 8, n° 236.

ROGOFF, B. et G. MORELLI (1989). « Perspectives on children's development from cultural psychology », *American Psychologist*, vol. 44, p. 343-348.

RONALD, A. et R.A. HOESKSTRA (2011). « Autism spectrum disorders and autistic traits : A decade of new twin studies », *American Journal of Medical Genetics Part B*, 156, p. 255-274.

ROOSA, M.W. *et al.* (2005). « Family and child characteristics linking neighborhood context and child externalizing behavior », *Journal of Marriage and Family*, vol. 667, p. 515-529.

ROSE, S.A. et J.F. FELDMAN (2000). « The relation of very low birth weight to basic cognitive skills in infancy and childhood », dans C.A. NELSON (dir.), *The Effects of Early Adversity on Neurobehavioral Development*. The Minnesota Symposia on Child Psychology, 31 Mahwah, New Jersey, Lawrence Erlbaum Associates, p. 31-59.

ROSE, S.A., J.F. FELDMAN et J.J. JANKOWSKI (2001). « Attention and recognition memory in the 1st year of life : A longitudinal study of preterm and full-term infants », *Developmental Psychology*, vol. 37, p. 135-151.

ROSEBERRY, S, K. HIRSCH-PASEK, J. PARISH-MORRIS et R.M. GOLINKOFF (2009). « Live action : Can young children learn verbs from video ? », *Child Development*, vol. 80, n° 5, p. 1360-1375.

ROSENBLUM, K.L. *et al.* (2002). « Maternal representations of the infant : Associations with infant response to the still face », *Child Development*, vol. 73, p. 999-1015.

ROTENBERG, K.J. et N. EISENBERG (1997). « Developmental differences in the understanding of and reaction to others' inhibition of emotional expression », *Developmental Psychology*, vol. 33, p. 526-537.

ROTHBART, M.K., S.A. AHADI et D.E. EVANS (2000). « Temperament and personality : Origins and outcomes », *Journal of Personality and Social Psychology*, vol. 78, p. 122-135.

ROVEE-COLLIER, C. (1999). « The development of infant memory », *Current Directions in Psychological Science*, vol. 8, p. 80-85.

ROWER, M.L. et S. GOLDIN-MEADOW (2009). « Differences in early gesture explain SES disparities in child vocabulary size at school entry », *Science*, vol. 323, p. 951-953.

ROYER, N. (2004). *Le monde du préscolaire*, Montréal, Gaëtan Morin.

ROYER, N. et M.A. PROVOST (2004). « La vie de groupe au préscolaire : Aspects sociaux et affectifs », dans N. ROYER (dir.), *Le monde du préscolaire*, Montréal, Gaëtan Morin.

RQMO - REGROUPEMENT QUÉBÉCOIS DES MALADIES ORPHELINES (2011). *Dépistage des maladies génétiques chez les nouveau-nés au Québec - Où en sommes-nous en 2011 ?*, http://mosaique-maladies-rares.org

RUBIN, K. (1982). « Nonsocial play in preschoolers : Necessary evil ? », *Child Development*, vol. 53, p. 651-657.

RUBIN, K.H. *et al.* (1997). « The consistency and concomitants of inhibition : Some of the children, all the time », *Child Development*, vol. 68, p. 467-483.

RUBIN, K.H., W. BUKOWSKI et J.G. PARKER (1998). « Peer interactions, relationships, and groups », dans W. DAMON et N. EISENBERG (dir.), *Social, Emotional, and Personality Development, Handbook of Child Psychology*, vol. 3, n° 5, New York, Wiley,

RUBLE, D.N. et C.S. DWECK (1995). « Self-conceptions, person conceptions, and their development », dans N. Eisenberg (dir.), *Social development : Review of personality and social psychology*, (p. 109-139), Thousand Oaks, CA, Sage.

RUBLE, D.N. et C.L. MARTIN (1998). « Gender development », dans W. DAMON et N. EISENBERG (dir.), *Social, Emotional, and Personality Development, Handbook of Child Psychology*, vol. 3, n° 5, New York, Wiley,

RUDOLPH, K.D. *et al.* (2001). « Negotiating the transition to middle school : The role of self-regulatory processes », *Child Development*, vol. 72, n° 3, p. 929-946.

RUSHTON, J.P. et A.R. JENSEN (2005). « Thirty years of research on race differences in cognitive ability », *Psychology, Public Policy, and Law*, vol. 11, p. 235-294.

RUTTER, M. *et al.* (2004). « Sex differences in developmental reading disability : New findings from 4 epidemiological studies », *Journal of the American Medical Association*, vol. 291, n° 16, p. 2007-2012.

SABBAGH, M.A. et D.A. Baldwin (2001). « Learning words from knowledgeable versus ignorant speakers : Links between preschoolers' theory of mind and semantic development », *Child Development*, vol. 72, n° 4, p. 1054-1070.

SAIGAL, S, B. STOSKOPF, D. STREINER, M. BOYLE, J. PINELLI, N. PANETH et J. GODDEERIS (2006). « Transition of extremely low-birth-weight infants from adolescence to young adulthood : Comparison with normal birth-weight controls », *Journal of the American Medical Association*, 295, p. 667-675.

SAINT-AMANT, J.-C. (2004). *L'école québécoise et les garçons : l'apprentissage de la domination*, http://sisyphe.org

SAINT-JACQUES, M.-C. et S. DRAPEAU (2009). « Grandir au Québec dans une famille au visage diversifié », dans C. LACHARITÉ et J.P. GAGNIER (dir.), *Comprendre les familles pour mieux intervenir*, Montréal, Gaëtan Morin, Chenelière Éducation.

SALIBU, H.M. *et al.* (2003). « Childbearing beyond maternal age 50 and fetal outcomes in the United States », *Obstetrics and Gynecology*, vol. 102, p. 1006-1014.

SALLMEN, M, D.P. SANDLER, J.A. HOPPIN, A. BLAIR et D. DAY (2006). « Reduced fertility among overweight and obese men », *Epidemiology*, vol. 17, n° 5, p. 520-523.

SANDNABBA, H.K. et C. AHLBERG (1999). « Parents' attitudes and expectations about children's cross-gender behaviour », *Sex Roles*, vol. 40, p. 249-263.

SANTÉ CANADA (2011). *Consultation - La nutrition du nourrisson né à terme et en santé : Recommandations de la naissance à six mois- Ébauche*, www.hc-sc.gc.ca

SANTÉ CANADA (2012). *La nutrition du nourrisson né à terme et en santé : Recommandations de la naissance à six mois*, www.hc-sc.gc.ca

SANTÉ CANADA (2013). *Les allergies alimentaires et les intolérances alimentaires*, www.hc-sc.gc.ca

SANTÉ ET SERVICES SOCIAUX QUÉBEC (2007). *Tous Riches de nos enfants. La pauvreté et ses répercussions sur la santé des jeunes de moins de 18 ans*, http://publications.msss.gouv.qc.ca

SANTÉ ET SERVICES SOCIAUX QUÉBEC (2011). *Protocole d'intervention en milieu scolaire pour les élèves atteints de diabète de type 1*, http://publications.msss.gouv.qc.ca

SANTÉ ET SERVICES SOCIAUX QUÉBEC (2012). *Espace informationnel C-14 Naissances - Évolution du taux d'accouchement selon le type et selon l'âge de la mère*, www.informa.msss.gouv.qc.ca

SANTÉ ET SERVICES SOCIAUX QUÉBEC (2013). *Allergies et intolérances alimentaires*, www.msss.gouv.qc.ca

SANTÉ ET SERVICES SOCIAUX QUÉBEC (2013). *Obésité chez l'enfant*, www.msss.gouv.qc.ca

SANTÉ ET SERVICES SOCIAUX QUÉBEC (2013). *Trisomie 21, Génétique et incidence*, www.msss.gouv.qc.ca

SAUDINO, K.J. *et al.* (2004). « Night and day : Are siblings as different in temperament as parents say they are ? », *Journal of Personality and Social Psychology*, vol. 87, p. 698-706.

SCHACHTER, D.L. (1999). « The seven sins of memory : Insights from psychology and cognitive neuro-science », *American Psychologist*, vol. 54, p. 182-203.

SCHAEFER, E.S. (1965). « A configurational analysis of children's reports of parent behavior », *Journal of Consulting Psychology*, 29, p. 552-557.

SCHETTER, C.D. (2009). « Stress processes in pregnancy and preterm birth », *Current Directions in Psychological Science*, vol. 18, n° 4, p. 205-209.

SCHMIDT, M. E, M. RICH, S. RIFAS-SHIMAN, E. OKEN et E. TAVERAS (2009). « Television viewing in infancy and child cognition at 3 Years of age in a U.S. cohort », *Pediatrics*, vol. 123, n° 3, p. e370-375.

SCHNEIDER, B.H., L. ATKINSON et C. TARDIF (2001). « Child-parent attachment and children's peer relation : A quantitative review », *Developmental Psychology*, vol. 37, p. 86-100.

SCHNEIDER, E.L. (1992). « Biological theories of aging », *Generations*, vol. 16, n° 4, p. 7-10.

SCHNEIDER, H. et D. EISENBERG (2006). « Who receives a diagnosis of attention-deficit hyperactivity disorder in the United States elementary school population ? », *Pediatrics*, vol. 117, p. 601-609.

SCHOLTENS, S., A.H. WIJGA, B. BRUNEKREEF, M. KERKHOF, M.O. HOEKSTRA, J. GERRITSEN, R. AALBERSE, J.C. DE JONGSTE,

H.A. SMIT. (2009). « Breast feeding, parental allergy and asthma in children followed for 8 years », *The PIAMA birth cohort study,* 64, p. 604-609.

SCHUMANN, C.M. et D.G. AMARAL (2006). « Stereological analysis of amygdala neuron number in autism », *Journal of Neuroscience*, vol. 26, n° 29, p. 7674-7679.

SCHWARTZ, E.B., J.S. BROWN, J.M. CREASMAN, A. STUEBE, C.K. McCLURE, S.K. VAN DEN EEDEN et D. THOM (2010). « Lactation and maternal risk of type 2 diabetes : A population-based study », *The American Journal of Medicine,* vol. 123, n° 9, p. 863.

SECRÉTARIAT À L'ADOPTION INTERNATIONALE DU QUÉBEC (2013). *Adoptions internationales Québec,* Statistiques 2012, http://adoption.gouv.qc.ca

SECRÉTARIAT À L'ADOPTION INTERNATIONALE DU QUÉBEC, (2012). *Les adoptions internationales au Québec,* www.adoption.gouv.qc.ca

SÉCURITÉ PUBLIQUE, CANADA (2011). *La prévention de l'intimidation à l'école* www.securitepu blique.gc.ca

SELMAN, R.L. (1980). *The Growth of Interpersonal Understanding : Developmental and Clinical Analyses*, New York, Academic Press.

SENGHAS, A., S. KITA et A. OZYÜREK (2004). « Children creating core properties of language : Evidence from an emerging sign language in Nicaragua », Science, vol. 305, p. 1779-1782.

SHANKARAN, S, A. DAS, C.R. BAUER, H.S. BADA, B. LESTER, L.L. WRIGHT et V. SMERIGLIO (2004). « Association between patterns of maternal substance use and infant birth weight, length, and head circumference », *Pediatrics,* 114, p. e226-e234.

SHAW, B.A. *et al.* (2007). « Tracking changes in social relations throughout late life », *Journal of Gerontology : Social Sciences*, 62B, p. 90-99.

SHAW, P. *et al.* (2006). « Intellectual ability and cortical development in children and adolescents », *Nature*, vol. 440, p. 676-679.

SHAW, P. *et al.* (2007). « Attention-deficit/hyperactivity disorder is characterized by a delay in cortical maturation », *Proceedings of the National Academy of Sciences*, vol. 104, p. 19 649-19 654.

SHAYER, M., D. GINSBURG et R. COE (2007). « Thirty years on – a large anti-Flynn effect ? The Piagetian test volume & heaviness norms 1975-2003 », *British Journal of Educational Psychology*, vol. 77, n° 1, p. 25-41.

SHAYWITZ, S.E., M. MODY et B.A. SHAYWITZ (2006). « Neural mechanisms in dyslexia », *Current Directions in Psychological Science*, vol. 15, p. 278-281.

SIEGLER, R.S. (1998). *Children's Thinking* (3e éd.), Upper Saddle River, New Jersey, Prentice-Hall.

SIMPSON, J.A. *et al.* (2007). « Attachment and the experience and expression of emotions in romantic relationships : A developmental perspective », *Journal of Personality and Social Psychology*, vol. 92, p. 355-367.

SIMPSON, K. (2001). « The role of testosterone in aggression », *McGill Journal of Medicine*, vol. 6, p. 32-40.

SINGH, K.K. *et al.* (2003). « Genetic influence of CCR5, CCR2, and SDF1 variants on human immunodeficiency virus 1 (HIV-1)-related disease progression and neurological impairment, in children with symptomatic HIV-1 infection », *Journal of Infectious Diseases*, vol. 188, n° 10, p. 1461-1472.

SIROL, F. (2002). « Aspects psychologiques des ambiguïtés sexuelles », *Journal de Pédiatrie et de Puériculture,* vol. 15, n° 2, p. 111-6.

SKINNER, B.F. (1938). *The Behavior of Organism : An Experimental Approach*, New York, Appleton-Century.

SKINNER, B.F. (1957). *Verbal Behavior*, New York, Appleton-Century-Crofts.

SKULACHEV, V.P. *et al.* (2009). « An attempt to prevent senescence : A mitochondrial approach », *Biochimica et biophysica acta,* vol. 1787, n° 5, p. 437-461.

SMILANSKY, S. (1968). *The Effects of Sociodramatic Play on Disadvantaged Preschool Children*, New York, Wiley.

SMITH, D. (2003). « Angry thoughts, at-risk hearts », *Monitor on Psychology*, vol. 34, n° 3, p. 46-48.

SMITH, L.B. et E. THELEN (2003). « Development as a dynamic system », *Trends in Cognitive Sciences,* 7, p. 343-348.

SMITH, P.K. (2005). « Social and pretend play in children », dans A.D. PELLEGRINI et P.K. SMITH (dir.), *The Nature of Play*, New York, Guilford, p. 173-209.

SOCIÉTÉ CANADIENNE DE PÉDIATRIE (SCP) (2007). « Mouiller son lit », *Soins de nos enfants,* www.soinsdenosenfants.cps.ca

SOCIÉTÉ CANADIENNE DE PÉDIATRIE (SCP) (2007a). *Comité de la pédiatrie communautaire, La prise en charge de l'énurésie nocturne primaire,* www.cps.ca

SOCIÉTÉ CANADIENNE DE PHYSIOLOGIE DE L'EXERCICE (2013). *Directives canadiennes en matière d'activité physique et en matière de comportement sédentaire,* www.csep.ca

SOCIÉTÉ CANADIENNE DU CANCER (2009). *Statistiques canadiennes sur le cancer 2009,* www.cancer.ca

SOCIÉTÉ DES OBSTÉTRICIENS et DES GYNÉCOLOGUES DU CANADA (2012). *Contraception- Quel est le meilleur choix pour moi ?,* www.masexualite.ca

SOCIÉTÉ DES OBSTÉTRICIENS et GYNÉCOLOGUES DU CANADA (SOGC) (2008). *Directive clinique sur la prise en charge du virus de l'herpès simplex pendant la grossesse,* www.sogc.org

SOCIETY FOR NEUROSCIENCE (2008). « Neural disorders : Advances and challenges », dans *Brain facts : A primer on the brain and nervous system,* (p. 36-54), Washington, DC, Auteur.

SOKOL, R.J., V. DELANEY-BLACK et B. NORDSTROM (2003). « Fetal alcohol spectrum disorder », *Journal of the American medical Association*, vol. 209, p. 2996-2999.

SOKOL, R.Z, P. KRAFT, I.M. FOWLER, R. MAMET, E. KIM et K.T. BERHANE (2006). « Exposure to environmental ozone alters semen quality », *Environmental Health Perspectives,* vol. 114, n° 3, p. 360-365.

SOLLER, L. *et al.* (2012). « Overall Prevalence of Self-reported Food Allergy in Canada », *Journal of Allergy and Clinical Immunology*.

SOOD, B. *et al.* (2001). « Prenatal alcohol exposure and childhood behavior at age of 6 to 7 years. dose-response effect », *Pediatrics,* vol. 108, n° 8, p. 461-462.

SOROF, J.M. *et al.* (2004). « Overweight, ethnicity, and the prevalence of hypertension in school-aged children », *Pediatrics,* vol. 113, p. 475-482.

SOUTER, V.L. *et al.* (2007). « A case of true hermaphroditism reveals an unusual mechanism of twinning », *Human Genetics Journal,* vol. 121, n° 2, p. 179-185.

SPELKE, E.S. (2005). « Sex differences in intrinsic aptitude for mathematics and science ? A critical review », *American Psychologist*, vol. 60, p. 950-958.

SPERLING, M.A. (2004). « Prematurity - a window of opportunity ? », *New England Journal of Medicine*, vol. 351, p. 2229-2231.

SPIRA, E.G., S.S. BRACKEN et J.E. FISCHEL (2005). « Predicting improvement after first-grade reading difficulties : The effects of oral language, emergent literacy, and behavior skills », *Developmental Psychology*, vol. 41, p. 225-234.

SPRING, CHARLES L. *et al.* (2007). « Attitudes of European physicians, nurses, patients, and families regarding end-of-life decisions : The Ethicatt study », *Intensive Care Medicine,* vol. 33, p. 104-110.

SROUFE, L.A. (1979). « Socioemotional development », dans J. OSOFSKY (dir.), *Handbook of Infant Development*, New York, Wiley.

SROUFE, L.A. (1997). *Emotional Development*, Cambridge, Angleterre, Cambridge University Press.

SSSQ-SANTÉ et SERVICES SOCIAUX QUÉBEC (2008). *Politique de périnatalité 2008-2018* http://publications.msss.gouv.qc.ca

STATISTIQUE CANADA (2008). *Les enfants des femmes plus âgées qui sont mères pour la première fois au Canada : leur santé et leur développement,* n° 89-599M, nu. 5.

STATISTIQUE CANADA (2010). *Étude canadienne sur le don, le bénévolat et la participation,* www.statcan.gc,ca

STATISTIQUE CANADA (2010). *La violence familiale au Canada : un profil statistique 2010, p. 12,* www.statcan.gc.ca

STATISTIQUE CANADA (2010). *Mortalité infantile selon le groupe d'âge - et le sexe, Canada, Tableau 6-1,* www.statcan.gc.ca

STATISTIQUE CANADA (2010). *Tendances du taux de décrochage et des résultats sur le marché du travail des jeunes décrocheurs,* www.statcan.gc.ca

STATISTIQUE CANADA (2011). *Enquête nationale auprès des ménages de 2011, Scolarité au Canada : niveau de scolarité, domaines d'études et lieu des études,* n° 99-012-x1F2011001.

STATISTIQUE CANADA (2011). *La violence familiale au Canada : un profil statistique,* wwwstatcan.gc.ca

STATISTIQUE CANADA (2011). *Les dix principales causes de décès infantile, selon le sexe,* www.statcan.gc.ca

STATISTIQUE CANADA (2011). *Recensement du Canada de 2011 : Tableaux thématiques,* www12.statcan.gc.ca

STATISTIQUE CANADA (2012). *Recensement de la population de 2011 : Familles, ménages, état matrimonial, type de construction résidentielle, logements collectifs,* www.statcan.gc.ca

STATISTIQUE CANADA (2012b). *Rapport sur la santé : taux de mortalité chez les enfants et les adolescents vivant dans l'Inuit Nunangat de 1994-2008, 23(3),* www.statcan.gc.ca

STATISTIQUE CANADA (2013). *Le Revenu des Canadiens, 2011,* www.statcan.gc.ca

STATISTIQUE CANADA (2013). *Répartition (nombre et pourcentage) des familles comptant un couple avec enfants selon le statut de la famille recomposée, Canada, 2011,* www12.statcan.gc.ca

STATISTIQUE CANADA (2013). *Travail rémunéré,* www.statcan.gc.ca

STAUDER, J.E.A., P.C.M. MOLENAAR et M.W. VAN der MOLEN (1993). « Scalp topography of event-rela ted brain potentials and cognitive transition during childhood », *Child Development,* vol. 64, p. 769-788.

STERNBERG, L. (1997). « Risk taking in adolescence : New perspectives from brain and behavioral science », *Current Directions in Psychological Science,* vol. 16, p. 55-59.

STERNBERG, R.J. (2004). « Culture and intelligence », *American Psychologist,* vol. 59, p. 325-338.

STERNBERG, R.J. (2005). « There are no public policy implications : A reply to Rushton and Jensen », *Psychology, Public Policy, and Law*, vol. 11, p. 295-301.

STERNBERG, R.J. et J.A. HOVATH (1998). « Cognitive conceptions of expertise and their relations to giftedness », dans R.C. FRIEDMAN et K.B. ROGERSE (dir.), *Talent in Context: Historical and Social Perspectives on Giftedness*, Washington, American Psychological Association, p. 177-191.

STICK, S.M. *et al.* (1996). « Effects of maternal smoking during pregnancy and a family history of asthma on respiratory function in newborn infants », *The Lancet*, vol. 348, p. 1060-1064.

STIFTER, C., C., M. COULEHAN et M. FISH (1993). « Linking employment to attachment », *International Journal of Behavior Development*, vol. 14, p. 45-65.

STIPEK, D., H. GRALINSKI et C.B. KOPP (1990). « Self-concept development in the toddler years », *Developmental Psychology*, vol. 26, p. 972-977.

STOELHORST, M.S.J. *et al.* pour LEIDEN-FOLLOW-UP PROJECT ON PREMATURITY (2005). « Changes in neonatology: Comparison of two cohorts of very preterm infants (gestational age < 32 weeks) », *Pediatrics*, vol. 115, p. 396-405.

STOLL, B.J. *et al.* (2004). « Neuro-developmental and growth impairment among extremely low-birth-weight infants with neonatal infection », *Journal of the American Medical Association*, vol. 292, p. 2357-2365.

STOLLER, R.J. (1978). *Recherches sur l'identité sexuelle,* Paris, Gallimard.

STRAUS, M.A. (1994). *Beating the Devil Out of Them: Corporal Punishment in American Families*, San Francisco, Jossey-Bass.

STRAUS, M.A. (1999). « The benefits of avoiding corporal punishment: New and more definitive evidence », *Raising America's Children, Durham, New Hampshire, Family Research Laboratory*, University of New Hampshire.

STRAUS, M.A, E.M. DOUGLAS et R.A. MEDEIROS (2013). *Corporal Punishment and Its Effects on Children's Cognitive and Social Development*, Routledge.

STRIANO, T. (2004). « Direction of regard and the still-face effect in the first year: Does intention matter? », *Child Development*, vol. 75, p. 468-479.

STROHSCHEIN, L. (2005). « Parental divorce and child mental health trajectories », *Journal of Marriage and Family*, vol. 67, p. 1286-1300.

SUOMI, S. et H. HARLOW (1972). « Social rehabilitation of isolate-reared monkeys », *Developmental Psychology*, vol. 6, p. 487-496.

SWAN, S.H. *et al.* (2003). « Semen quality in relation to biomarkers of pesticide exposure », *Environmental Health Perspectives*, vol. 111, p. 1478-1484.

SZATMARI, P. *et al.* (2007). « Mapping autism risk loci using genetic linkage and chromosomal rearrangements », *Nature Genetics*, vol. 39, p. 319-328.

SZKRYBALO, J. et D.N. RUBLE (1999). « God made me a girl: Sex category constancy judgments and explanations revisited », *Developmental Psychology*, 35, p. 392-403.

TAMIS-LEMONDA, C.S., M.H. BORNSTEIN et L. BAUMWELL (2001). « Maternal responsiveness and children's achievement of language milestones », *Child Development*, vol. 72, n° 3, p. 748-767.

TARABULSY, G.M. *et al.* (2003). « Individual differences in infant still-face response at 6 months », *Infant Behavior & Development*, vol. 26, p. 421-438.

TARABULSY, G.M., S. LAROSE, A. BERNIER, K. TROTTIER-SYLVAIN, D. GIRARD, M. VARGAS et C. NOËL (2012). « Attachment states of mind in late adolescence and the quality and course of romantic relationships in adulthood », *Attachment and Development*, vol. 14, n° 6, p. 621-643.

TASKER, F.L. et S. GOLOMBOK (1997). *Growing up in a lesbian family: Effects on child development,* New-York, Guilford Press.

TAYLOR, H.G. *et al.* (2001). « Middle-school-age outcomes in children with very low birthweight », *Child Development*, vol. 71, n° 6, p. 1495-1511.

TAYLOR, M. (1997). « The role of creative control and culture in children's fantasy/reality judgments », *Child Development*, vol. 68, p. 436-455.

TAYLOR, M. *et al.* (2004). « The characteristics and correlates of fantasy in school-age children: Imaginary companions, impersonation, and social understanding », *Developmental Psychology*, vol. 40, p. 1173-1187.

TAYLOR, S.E. (2006). « Tend and befriend: Biobehavioral bases of affiliation under stress », *Current Directions in Psychological Science*, vol. 15, p. 273-276.

TERRY, D.J., L. MAYOCCHI et G.J. HYNES (1996). « Depressive symptomatology in new mothers: A stress and coping perspective », *Journal of Abnormal Psychology*, 105, p. 220-231.

TESSIER, R, M. CRISTO, L. NADEAU et C. SCHNEIDER (2011). « Prematurity and morbidity: could KMC reverse the process? », *Current Women's Health Review*, vol. 7, n° 3, p. 254-261.

TESSIER, R. *et al.* (2003). « Kangaroo mother-care: A method of protecting high-risk premature infants against developmental delay », *Infant Behavior and Development*, vol. 26, n° 3, p. 384-397.

TETI, D.M. et K.E. ABLARD (1989). « Security of attachment and infant-sibling relationships: A laboratory study », *Child Development*, vol. 60, p. 1519-1528.

THAPAR, A. *et al.* (2003). « Maternal smoking during pregnancy and attention deficit hyperactivity disorder symptoms in offspring », *Archives of General Psychiatry*, vol. 160, p. 1985-1989.

THELEN, E. (1995). « Motor development: A new synthesis », *American Psychologist*, vol. 50, n° 2, p. 79-95.

THOMAS, A. et S. CHESS (1984). « Genesis and evolution of behavioral disorders: From infancy to early adult life », *American Journal of Orthopsychiatry*, vol. 141, n° 1, p. 1-9.

THOMAS, M.R. (2004). *Comparing Theories of Child Development* (5e éd.), Pacific Grove, Californie, Brooks/Cole.

THOMAS, M. R. et C. MICHEL (1998). *Théories du développement de l'enfant. Études comparatives*, Bruxelles, De Boeck Université.

THOMPSON, R.A. (1998). « Early sociopersonality development », dans W. DAMON et N. EISENBERG (dir.), *Handbook of Child Psychology*: Social, Emotional, and Personality development (4e éd.), 3 New York, Wiley, p. 25-104.

THOMPSON, R.A. (2001). « Development in the first years of life », dans R.E. BEHRMAN (dir.), *Caring for Infants and Children, The Future of Children*, vol. 11, p. 21-33.

THORDARDOTTIR, E., S. ELLIS-WEISMER et J. EVANS (2002). « Continuity in lexical and morphological development in Icelandic and English-speaking two-years-olds », *First Language*, vol. 22, n° 1.

THORNE, A. et Q. MICHAELIEU, (1996). « Situating adolescent gender and self-esteem with personal memories », *Child Development*, vol. 67, p. 1374-1390.

TISDALE, S. (1988). « The mother », *Hippocrates*, vol. 2, n° 3, p. 64-72.

TOGA, A.W. et P.M. THOMPSON (2005). « Genetics of brain structure and intelligence », *Annual Review of Neurology*, vol. 28, p. 1-23.

TOGA, A.W., P.M. THOMPSON et E.R. SOWELL (2006). « Mapping brain maturation », *Neuro-Sciences*, vol. 29, n° 3, p. 148-159.

TRAUTNER, H.M, D.N. RUBLE, L. CYPHERS, B. KIRSTEN, R. BEHRENDT et P. HARTMANN (2005). « Rigidity and flexibility of gender stereotypes in childhood: Developmental or differential? », *Infant and Child Development*, vol. 14, n° 4, p. 365-381.

TREMBLAY, M.S, M. SHIELDS, M. LAVIOLETTE, C.L. CRAIG, I. JANSSEN et CONNER GORBER, S. (2010). *Condition physique des enfants et des jeunes au Canada: résultats de l'Enquête canadienne sur les mesures de la santé de 2007-2009,* Statistique Canada, www.rsfs.ca

TREMBLAY, R.E. (2000). « The development of aggressive behaviour during childhood: What have we learned in the past century? », *International Journal of Behavioral Development*, vol. 24, n° 2, p. 129-141.

TREMBLAY, R.E. (2004). « Development of physical aggression during infancy », *Infant Mental Health Journal*, vol. 25, n° 5, p. 399-407.

TREMBLAY, R.E. (2008). « Développement de l'agressivité physique depuis la jeune enfance jusqu'à l'âge adulte », dans R.E. TREMBLAY, R.G. BARR et R. DE V. PETERS (dir.), *Encyclopédie sur le développement des jeunes enfants*, Montréal, Centre d'excellence pour le développement des jeunes enfants, p. 1-7 www.enfant-en cyclopedie.com

TREMBLAY, R.E. (2010). « Developmental origins of disruptive behaviour problems: The original sin hypothesis, epigenetics and their consequences for prevention », *Journal of Child Psychology and Psychiatry,* vol. 51, n° 4, p. 341-367.

TREMBLAY, R.E. (DIR.) (2008). *Prévenir la violence dès la petite enfance,* Éditions Odile Jacob. 272 p.

TREMBLAY, R.E. *et al.* (2004). « Physical aggression during early childhood: Trajectories and predictors », *Pediatrics*, vol. 114, n° 1, p. 43-50.

TREMBLAY, R.E. et D.S. NAGIN (2005). « The developmental origins of physical aggression in humans », dans R.E. TREMBLAY, W.W. HARTUP et J. ARCHER (dir.), *Developmental Origins of Aggression*, New York, Guilford Press, p. 84-106.

TREMBLAY, R.E, L. PAGANI-KURTZ, L.C. MÂSSE, F. VITARO et R.O. PIHL (1995). « A bimodal preventive intervention for disruptive kindergarten boys: Its impact through mid-adolescence », *Journal of Consulting and Clinical Psychology,* 63, p. 560-56.

TREMBLAY, S. (2003). *Enquête Grandir en qualité, Recension des écrits sur la qualité des services de garde*, Québec, ministère de la Famille et de l'Enfance, Direction de la recherche de l'évaluation et de la statistique.

TROADEC, B. (2010). « Culture et interculturel en psychologie: préférence pour la démarche scientifique et conséquences épistémologiques, Éducation et formations interculturelles: regards critiques », *Recherches en éducation,* n° 9, p. 18-31.

TROLL, L.E. et K.L. FINGERMAN (1996). « Connections between parents and their adult children », dans C. MAGAI et S.H. MCFADDEN (dir.), *Handbook of Emotion, Adult Development, and Aging*, San Diego, Academic Press, p. 185-205.

TRONICK, E. *et al.* (1978). « The infants' response to entrapment between contradictory messages in face-to-face interaction », *American Academy of Child Psychiatry*, vol. 17, p. 1-13.

TRONICK, E.Z., G.A. MORELLI et P. IVEY (1992). « The EFE forager infant and toddler's pattern of social relationships: Multiple and simultaneous », *Developmental Psychology*, vol. 28, p. 568-577.

TRUDEAU, F. et R. SHEPHARD (2008). « Physical education, school physical activity, school sports and academic performance », *International Journal of Behavioral Nutrition and Physical Activity*, vol. 5, n° 10.

TRUDEAU, N. *et al.* (2006). « Comparaisons interlinguistiques dans le développement de la communication entre 8 et 30 mois », Poster presentation at the annual CLLRN and conference, Charlottetown, Île-du-Prince-Édouard.

TRUDEAU, N. et A. SUTTON (2011). « Expressive vocabulary and early grammar of 16- to 30-month-old children acquiring Quebec French », *First Language*, 31, p. 480-507.

TSUCHIYA, K. *et al.* (2008). « Paternal age at birth and high-functioning autistic-spectrum disorder in offspring », *British Journal of Psychiatry*, 193, p. 316-321.

TURATI, C. *et al.* (2002). « Newborn's preference for faces : What is crucial ? », *Developmental Psychology*, vol. 38, p. 875-882.

TURNER, P.J. et J. GERVAI (1995). « A multidimensional study of gender typing in preschool children and their parents : Personality, attitudes, preferences, behavior, and cultural differences », *Developmental Psychology*, vol. 31, p. 759-772.

TWENGE, J.M. (2000). « The age of anxiety ? Birth cohort change in anxiety and neuroticism, 1952-1993 », *Journal of Personality and Social Psychology*, vol. 79, p. 1007-1021.

TWENGE, J.M., W.K. CAMPBELL et C.A. FOSTER (2003). « Parenthood and marital satisfaction : A meta-analytic review », *Journal of Marriage and Family*, vol. 65, p. 574-583.

U.S. DEPARTMENT OF ENERGY OFFICE OF SCIENCE, OFFICE OF BIOLOGICAL AND ENVIRONMENTAL RESEARCH, HUMAN GENOME PROGRAM (2008a). *Human genome project information : Gene testing*, www.ornl.gov

UNAIDS (2008). *Report on the Global AIDS Epidemic*, www.unaids.org

UNAIDS/WHO (2004). Joint United Nations Programme on HIV/AIDS et World Health Organization. AIDS Epidemic Update, publication n° UNAIDS/04.45E, Genève, UNAIDS/WHO.

UNICEF (2007). *Progrès pour les enfants : Un monde digne des enfants*, bilan statistique, www.unicef.org

UNICEF PRESS CENTRE (2007). « Child deaths fall below 10 million for the first time », UNICEF Reports Solid Progress on Child Survival, New York, UNICEF Press Centre.

UNITED NATIONS CHILDREN'S FUND (2005). *Convention on the Rights of the Child*, www.unicef.org/crc

UNITED NATIONS CHILDREN'S FUND. (2008). *The State of the World's Children 2009 : Maternal and newborn health, New York*, www.unicef.org

UNITED NATIONS GENERAL ASSEMBLY. (1948). *Universal Declaration of Human Rights (General Assembly resolution 217 A (III))*, www.unhcr.org

UNIVERSITÉ DE MONTRÉAL (2012). *Portail Enfance et Familles*, www.portailenfance.ca

UNIVERSITÉ DE TORONTO (2008). *Cyber Bullying Survey*, www.governmentevents.ca

VAN DER MOLEN, J. (2004). « Violence and suffering in television news : Toward a broader conception of harmful television content for children », *Pediatrics*, vol. 113, p. 1771-1775.

VAN GOOZEN, S. *et al.* (2007). « The evidence for a neurobiological model of childhood antisocial behaviour », *Psychological Bulletin*, vol. 133, p. 149-182.

VAN IJZENDOORN, M.H. et A. SAGI (1999). « Cross-cultural patterns of attachment : Universal and contextual dimensions », dans J. CASSIDY et P.R. SHAVER (dir.), *Handbook of Attachment : Theory, Research, and Clinical Applications*, New York, Guilford Press, p. 713-734.

VAN IJZENDOORN, M.H., C. SCHUENGEN et M.J. BADERMANS-KRANENBURG (1999). « Disorganized attachment in early childhood : Meta-analysis of precursors, concomitants, and sequalea », *Development and Psychopathology*, vol. 11, p. 225-250.

VANDELL, D.L. et M.D. BAILEY (1992). « Conflicts between siblings », dans C.U. SHANTZ et W.W. HARTUP (dir.), *Conflicts in Child and Adolescent Development*, New York, Cambridge University Press, p. 242-269.

VEENSTRA, R. *et al.* (2005). « Bullying and victimization in elementary schools : A comparison of bullies, victims, bully/victims, and uninvolved preadolescents », *Developmental Psychology*, vol. 41, p. 672-682.

VEHIK, K. et D. DABELEA (2011). « The changing epidemiology of type 1 diabetes : Why is it going through the roof ? », *Diabetes/Metabolism Research and Reviews*, vol. 27, n° 1, p. 3-13.

VERSCHUEREN, K., P. BUYCK et A. MARCOEN (2001). « Self-representation and socioemotional competence in young children : A 3-year longitudinal study », *Developmental Psychology*, vol. 37, p. 126-134.

VERSCHUEREN, K. et A. MARCOEN (1999). « Representation of self and socioemotional competence in kindergartners : Differential and combined effects of attachment to mother and father », *Child Development*, vol. 70, p. 183-201.

VIRDEN, S.F. (1988). « The relationship between infant feeding method and maternal role adjustment », *Journal of Nurse-Midwifery*, vol. 33, p. 31-35

VITARO, F. *et al.* (1997). « Disruptiveness, friends' characteristics, and delinquency in early adolescence : A test of two competing models of development », *Child Development*, vol. 68, p. 676-689.

VITARO, F. et C. GAGNON (dir.) (2000). *Prévention des problèmes d'adaptation chez les enfants et les adolescents*, t. 1 et 2, Montréal, Presses de l'Université du Québec.

VOLKOW, N. *et al.* (2007). « Depressed dopamine activity in caudate and preliminary evidence of limbic involvement in adults with attention-deficit/hyperactivity disorder », *Archives of General Psychiatry*, vol. 64, p. 932-940.

VRIJHELD, M. *et al.* (2002). « Chromosomal congenital anomalies and residence near hazardous waste landfill sites », *The Lancet*, vol. 359, p. 320-322.

VYGOTSKY, L.S. (1978). *Mind in Society : The Development of Higher Psychological Processes*, Cambridge, Massachusetts, Harvard University Press.

WALK, R.D. et E.J. GIBSON (1961). « A comparative and analytical study of visual depth perception », *Psychology Monographs*, vol. 75, n° 15 .

WARNEKEN, F. et M. TOMASELLO (2006). « Altruistic helping in human infants and young chimpanzees », *Science*, 311, p. 1301-1303.

WATERS, E. et K.E. DEANE (1985). « Defining and assessing individual differences in attachment relationships : Q-methodology and the organization of behaviour in infancy and early childhood », *Monographs of the Society for Research in Child Development*, vol. 50, p. 41-65.

WATTERS, J. (2012). *Résilience des quartiers précaires de Port-au-Prince : une étude comparative*, Mémoire, Université du Québec à Montréal, www.archipel.uqam.ca

WEINBERG, M.K. et E.Z. TRONICK (1996). « Infant affective reactions to the resumption of maternal interaction after still face », *Child Development*, vol. 67, p. 905-914.

WEISS, B. *et al.* (1992). « Some consequences of early harsh discipline : Child aggression and a maladaptive social information processing style », *Child Development*, vol. 63, p. 1321-1335.

WEISS, B., S. AMLER et R.W. AMLER (2004). « Pesticides », *Pediatrics*, vol. 113, p. 1030-1036.

WEISS, R. (2007). « Patient in gene-therapy trial dies », *Washington Post*, 27 juillet, www.philly.com

WEISSMAN, M.M. *et al.* (1999). « Maternal smoking during pregnancy and psychopathology in offspring followed to adulthood », *Journal of the American Academy of Child and Adolescent Psychiatry*, vol. 38, p. 892- 899.

WESTEN, D. (1998). « The scientific legacy of Sigmund Freud : Toward a psychodynamically informed psychological science », *Psychological Bulletin*, vol. 124, p. 333-371.

WEXLER, I.D., D. BRANSKI et E. KEREM (2006). « War and children », *Journal of the American Medical Association*, vol. 296, p. 579-581.

WHALLEY, L.J. et I.J. DEARY (2001). « Longitudinal cohort study childhood IQ and survival up to age 76 », *British Medical Journal*, vol. 322, p. 819.

WHITEHURST, G.J. et C.J. LONIGAN (1998). « Child development and emergent literacy », *Child Development*, vol. 69, p. 848-872.

WILLIAMS, G.J. (2001). « The clinical significance of visual-verbal processing in evaluating children with potential learning-related visual problems », *Journal of Optometric Vision Development*, vol. 32, n° 2, p. 107-110.

WILLIAMS, J. *et al.* (2005). « Health-related quality of life of overweight and obese children », *Journal of the American Medical Association*, vol. 293, p. 70-76.

WILSON, B.J. (2008). « Media and children's aggression, fear, and altruism », *Future of Children*, 18, p. 87-118.

WILSON, J.Q. et R.J. HERRNSTEIN (1985). *Crime and human nature*, New York, Simon & Schuster.

WINNER, E. (2000). « The origins and ends of giftedness », *American Psychologist*, vol. 55, p. 159-169.

WISERMA, B.A. (2001). « The gendered world of Disney : A content analysis of gender themes in full-length animated Disney feature films [Abstract] », *Dissertation Abstracts International*, 61, p. 4973.

WISNER, K.L, C. CHAMBERS et D.K.Y. SIT (2006). « Postpartum depression : A major public health problem », *Journal of the American Medical Association*, 296, p. 2616-261.

WOLFF J.J. *et al.*(2012). « Differences in white matter fiber tract development present from 6 to 24 months in infants with autism », *American Journal of Psychiatry*, 169, p. 589-600.

WOOD B, HASSALL I, HOOK G. (2011). « Unreasonable Force : New Zealand's Journey Towards Banning the Physical Punishment of Children », *Wellington : Journal of Pediatrics and Child Health*, 47, p. 491-49.

WOOD, D. (1980). « Teaching the young child : Some relationships between social interaction, language and thought », dans D. Olson (dir.), *The social foundation of language and thought*, New York, Norton, p. 280-296.

WOODRUFF, T.J. *et al.* (2004). « Trends in environmentally related childhood illnesses », *Pediatrics*, vol. 113, p. 1133-1140.

WOOLLEY, J.D. (1997). « Thinking about fantasy - are children fundamentally different thinkers and believers from adults ? », *Child Development*, vol. 68, n° 6, p. 991-1011.

WOOLLEY, J.D. et E.A. BERGER (2002). « Development of beliefs about the origins and controllability of dreams», *Developmental Psychology*, vol. 38, n° 1, p. 24-41.

WORLD HEALTH ORGANIZATION (2009). *Infant and young child feeding (model chapter for textbooks for medical students and allied health professionals),* p. 9-17 Genève, World Health Organization.

WORLD HEALTH ORGANIZATION (WHO). (2003). *The world health report– shaping the future,* www.who.int

WORLD HEALTH ORGANIZATION (2011). *World health statistics 2011,* Genève, Author.

WORTMAN, C.B. et R.C. SILVER (1989). «The myths of coping with loss», *Journal of Consulting and Clinical Psychology*, vol. 57, n° 3, p. 349-357.

XIE, H. *et al.* (2006). «What makes a girl (or a boy) popular (or unpopular)? African American children's perceptions and developmental differences», *Developmental Psychology*, vol. 42, p. 599-612.

YAMADA, A. et T. SINGELIS (1999). «Biculturalism and self-construal», *International Journal of Intercultural Relations*, vol. 23, p. 697-709.

YAMADA, H. (2004). «Japanese mothers' views of young children's areas of personal discretion», *Child Development,* vol. 75, p. 164-179.

YAZIGI, R.A., R.R. ODEM et K.L. POLAKOSKI (1991). «Demonstration of specific binding of cocaine to human spermatozoa», *Journal of the American Medical Association*, vol. 266, p. 1956-1959.

YINGLING, C.D. (2001). «Neural mechanisms of unconscious cognitive processing», *Clinical Neurophysiology*, vol. 112, n° 1, p. 157-158.

YOUNG, K.A. *et al.* (2007). «5HTTLPR Polymorphism and Enlargement of the Pulvinar: Unlocking the Backdoor to the Limbic System», *Biological Psychiatry*, vol. 61, n° 1, p. 813-818.

YOUNG, M. et G. DUMBRILL (2010). *Le counseling clinique: une composante essentielle des services du bien-être de l'enfance,* Toronto Ontario Association of Children's Aid Societies, 149 p.

YUNGER, J.L., P.R. CARVER et D.G. PERRY (2004). «Does gender identity influence children's psychological well-being?», *Developmental Psychology*, vol. 40, p. 572-582.

ZAHN-WAXLER, C, M. RADKE-YARROW, E. WAGNER et M. CHAPMAN (1992). «Development of concern for others», *Developmental Psychology,* 28, p. 126-136.

ZELAZO, P.D., J.S. REZNICK et J. SPINAZZOLA (1998). «Representational flexibility and response control in a multistep, multilocation search task», *Development Psychology*, vol. 34, p. 203-214.

ZHAO, Y. (2002). «Cultural divide over parental discipline», *New York Times*, 29 mai.

ZIMMERMAN, F.J, D.A. CHRISTAKIS et A.N. MELTZOFF (2007). «Associations between media viewing and language development in children under age 2 years», *Journal of Pediatrics,* vol. 151, n° 4, p. 364-368.

SOURCES ICONOGRAPHIQUES

Photo de la couverture : © Image Source/Corbis

CHAPITRE 1

Ouverture de chapitre : ©Frédéric Cirou/PhotoAlto/Agefotostock ; p. 4 : © dbrskinner/iStockphoto ; p. 6 : Brand X Pictures/Jupiter Images ; p. 9 : atikinka/Shutterstock.com ; p. 13 : © Hulton-Deutsch Collection/CORBIS ; p. 15 : © Ted Streshinsky/CORBIS ; p. 17 : © Hulton-Deutsch Collection/CORBIS ; p. 18 (photo du haut) : © Bettmann/CORBIS ; p. 18 (photo du bas) : © Bettmann/CORBIS : p. 19 : Albert Bandura ; p. 21 ; © Bettmann/CORBIS ; p. 23 : © Davidson Films Inc. ; p. 24 : © John Hopkins/Alamy ; p. 26 : © Roger Ressmeyer/CORBIS ; p. 27 : © Bettmann/CORBIS ; p. 28 : Courtesy of the Division of Rare and Manuscript Collections, Cornell University Library ; p. 31 : Jacques Nadeau.

CHAPITRE 2

Ouverture de chapitre : © Michael Pettigrew/Dreamstime.com ; p. 40 (photo du haut) : Michael McCann Photography/Getty Images ; p. 40 (photo du bas) : MEDI-MATION/SCIENCE PHOTO LIBRARY ; p. 41 : Ray Evans/Media Bakery ; p. 43 : SIGRID GOMBERT/SCIENCE PHOTO LIBRARY ; p. 44 : Lennart Nilsson/Albert Bonniers Forlag AB, A CHILD IS BORN, Dell Publishing Company ; p. 46 : JOTI/SCIENCE PHOTO LIBRARY ; p. 47 : © ilbusca/iStockphoto ; p. 48 : M. Scott Brauer/Alamy ; p. 50 : © NewVillage/iStockphoto ; p. 52 : © Kristian Buus/Alamy ; p. 53-54 (tableau 2.2) : Petit Format/Nestle/Science Source/Photo Researchers ; DR G. MOSCOSO/SCIENCE PHOTO LIBRARY ; DOPAMINE/SCIENCE PHOTO LIBRARY ; EDELMANN/SCIENCE PHOTO LIBRARY ; JAMES STEVENSON/SCIENCE PHOTO LIBRARY ; Petit Format/Nestle/Science Source/Photo Researchers ; Claude Edelmann/Gamma-Rapho ; Maciej Bogacz/iStockphoto ; p. 56 (photo du haut) : Frederic Cirou/Media Bakery ; p. 56 (photo du bas) : skynesher/iStockphoto ; p. 57 : © George Steinmetz ; p. 59 : REUTERS/Kyodo ; p. 61 : © Sebastien Desarmaux/GODONG/Godong/Corbis ; p. 63 : © Fertnig/iStockphoto ; p. 66 : John Cole/Science Source ; p. 68 : © Qwasyx/iStockphoto.

CHAPITRE 3

Ouverture de chapitre : © princessdlaf/iStockphoto ; p. 74 :Maria Uspenskaya/Shutterstock.com ; p. 78 (tableau 3.1) : Pidjoe/iStockphoto ; Vladimirs Prusakovs/iStockphoto ; Laura Dwight ; Laura Dwight ; © Zena Holloway/Corbis ; © Blend Images/SuperStock : Elli Thor Magnusson/Media Bakery ; p. 80 : © Mcont/Dreamstime.com ; p. 81 : © zergkind/iStockphoto ; p. 84 (tableau 3.2) : © Renata Osinska - Fotolia.com ; Monkey Business Images/Shutterstock ; Derek Latta/iStockphoto ; Yvonne Chamberlain/iStockphoto ; © kolosm/iStockphoto ; dra_schwartz/iStockphoto ; Eduard Titov/Shutterstock ; Jennie Endriss/Shutterstock ; gary sludden/iStockphoto ; p. 85 : Elena Korenbaum/iStockphoto ; p. 86 : © Greenland/Dreamstime.com ; p. 87 : © vgajic/iStockphoto ; p. 89 : © Alex-Zabusik/iStockphoto ; p. 91 : Tatyana Vyc/Shutterstock.com ; p. 92 : © ersler/iStockphoto ; p. 94 : Uniquely India/Age Fotostock ; p. 95 : greenland/Shutterstock.com ; p. 96 (photo du haut) : © Nadine Mitchell/Dreamstime.com ; p. 96 (photo du bas) : © JackF/iStockphoto ; p. 97 : Dustin Steller/iStockphoto ; p. 100 : Jordan Reeder - Reeder Studios, LLC/Getty Images ; p. 103 : © jtyler/iStockphoto ; p. 104 Huntstock/Getty Images ; p. 106 : © Peter Dressel/Blend Images/Corbis ; p. 107 : Olesya Feketa/Shutterstock.com.

CHAPITRE 4

Ouverture de chapitre : © JonathanCohen/iStockphoto ; p. 112 : Dave Clark Digital Photo/Shutterstock.com ; p. 113 : MaxTopchii/Shutterstock.com ; p. 114 (photo du haut) : Olesya Feketa/Shutterstock.com ; p. 114 (photo du bas) : © Dr_Terwilliger/iStockphoto ; p. 115 : © diane39/iStockphoto ; p. 117 : kitty/Shutterstock.com ; p. 118 : © sturti/iStockphoto ; p. 120 : Monkey Business Images/Shutterstock.com ; p. 121 : Jean-François Lemire/shootstudio.ca ; p. 123 : © Maya23K/iStockphoto ; p. 125 : © Yuri_Arcurs/iStockphoto ; p. 127 (photo du haut) : Time & Life Pictures/Getty Images ; p. 127 (photo du bas) : © stu99/iStockphoto ; p. 130 : © Ammentorp/Dreamstime.com ; p. 131 : Tanee/Shutterstock.com ; p. 132 : Muriel Leclerc/Regroupement des CPE des régions ; p. 134 : norhazlan/Shutterstock.com ; p. 135 : © sundikova/iStockphoto ; p. 136 : © jordanchez/iStockphoto.

CHAPITRE 5

Ouverture de chapitre : © Shae Cardenas/Dreamstime.com ; p. 142 (photo du haut) : Julia Pivovarova/Thinkstock ; p. 142 (photo du bas) : © jaroon/iStockphoto ; p. 144 : Dave Clark Digital Photo/Shutterstock.com ; p. 146 : © Maica/iStockphoto ; p. 147 : Ilike/Shutterstock.com ; p. 148 : Morales/Media Bakery ; p. 149 : Jozef Sedmak | Dreamstime.com ; p. 150 : Ingrid Balabanova/Shutterstock.com ; p. 152 : gorillaimages/Shutterstock.com ; p. 153 (figure 5.1) : Serge Rousseau ; p. 145 (tableau 5.3) : Serge Rousseau ; p. 158 : © Juanmonino/iStockphoto ; p. 160 : Olimpik/Shutterstock.com ; p. 161 : André-Olivier Lyra/Carnaval de Québec ; p. 162 : auremar/Shutterstock.com ; p. 164 : © paulaphoto/iStockphoto ; p. 165 : photobank.ch/Shutterstock.com ; p. 166 : Julia Metkalova/Shutterstock.com ; p. 167 (tableau 5.6) : 1-Tao Peng/iStockphoto, 2- Jan Vancura/iStockphoto, 3- Graham Mitchell/iStockphoto, 4- Baris Simsek/iStockphoto ; p. 168 : KidStock/Media Bakery ; p. 169 : © TatyanaGl/iStockphoto ; p. 170 : Tyler Olson/Shutterstock.com.

CHAPITRE 6

Ouverture de chapitre : yanlev - Fotolia.com ; p. 177 : Maryna Kulchytska/Shutterstock.com ; p. 178 : waldru/Shutterstock.com ; p. 179 : Pressmaster/Shutterstock ; p. 182 : Tracey Helmboldt/Shutterstock.com ; p. 183 : Iakov Filimonov/Shutterstock.com ; p. 187 : © Tyler Olson/Dreamstime.com ; p. 188 : Jennie Hart/Alamy ; p. 190 : auremar/Shutterstock.com ; p. 192 : greenland/Shutterstock.com ; p. 193 (photo du haut) : © matka_Wariatka/iStockphoto ; p. 193 (photo du bas) : Fuse/Thinkstock ; p. 197 : CandyBox Images/Shutterstock.com ; p. 198 : Sandro Di Carlo Darsa/Media Bakery ; p. 200 : kilukilu/iStockphoto ; p. 202 : herjua/Shutterstock.com.

CHAPITRE 7

Ouverture de chapitre : DNF Style/Shutterstock.com ; p. 209 : Smailhodzic/Shutterstock.com ; p. 210 : © David Young-Wolff/PhotoEdit ; p. 211 : Kais Tolmats/iStockphoto ; p. 212 : John Birdsall/maxx images ; p. 214 : Denis Kuvaev/Shutterstock.com ; p. 217 ; Jason_V/iStockphoto ; p. 220 ; Bogumil/Shutterstock.com ; p. 222 : Bob Daemmrich/Image Works ; p. 223 : José Luis Girarte/iStockphoto ; p. 226 : AVAVA/Shutterstock.com ; p. 228 : wavebreakmedia/Shutterstock.com :Pressmaster/Shutterstock.com ;p.230 :wavebreakmedia/Shutterstock.com ; p. 231 : Timothée B Guzzo/Club des petits déjeuners ; p. 232 : Monkey Business Images/Shutterstock.com ; p. 235 : ableimages/Alamy.

CHAPITRE 8

Ouverture de chapitre : Pressmaster/Shutterstock.com ; p. 240 : Goodluz/Shutterstock.com ; p. 241 : Tim MacPherson/Media Bakery ; p. 242 : uwe umstätter/Media Bakery ; p. 244 : Jupiterimages/Thinkstock ; p. 246 : Robert Harding Picture Library/SuperStock ; p. 247 : IPGGutenbergUKLtd/iStockphoto ; p. 248 : Jacques Nadeau ; p. 249 Alexey Khromushin/iStockphoto ; p. 254 : Shepic/Alamy ; p. 255 : Monkey Business Images | Dreamstime.com ; p. 257 : Squaredpixels/iStockphoto ; p. 258 : YAY Media AS/Alamy ; p. 259 : Twin Design/Shutterstock.com ; p. 263 : Dawna Stafford/Thinkstock ; p. 264 : Michael Newman/PhotoEdit ; p. 267 : © dmbaker/iStockphoto ; p. 268 : Szasz-Fabian Ilka Erika/Shutterstock.com.

INDEX

T

V

W

Z